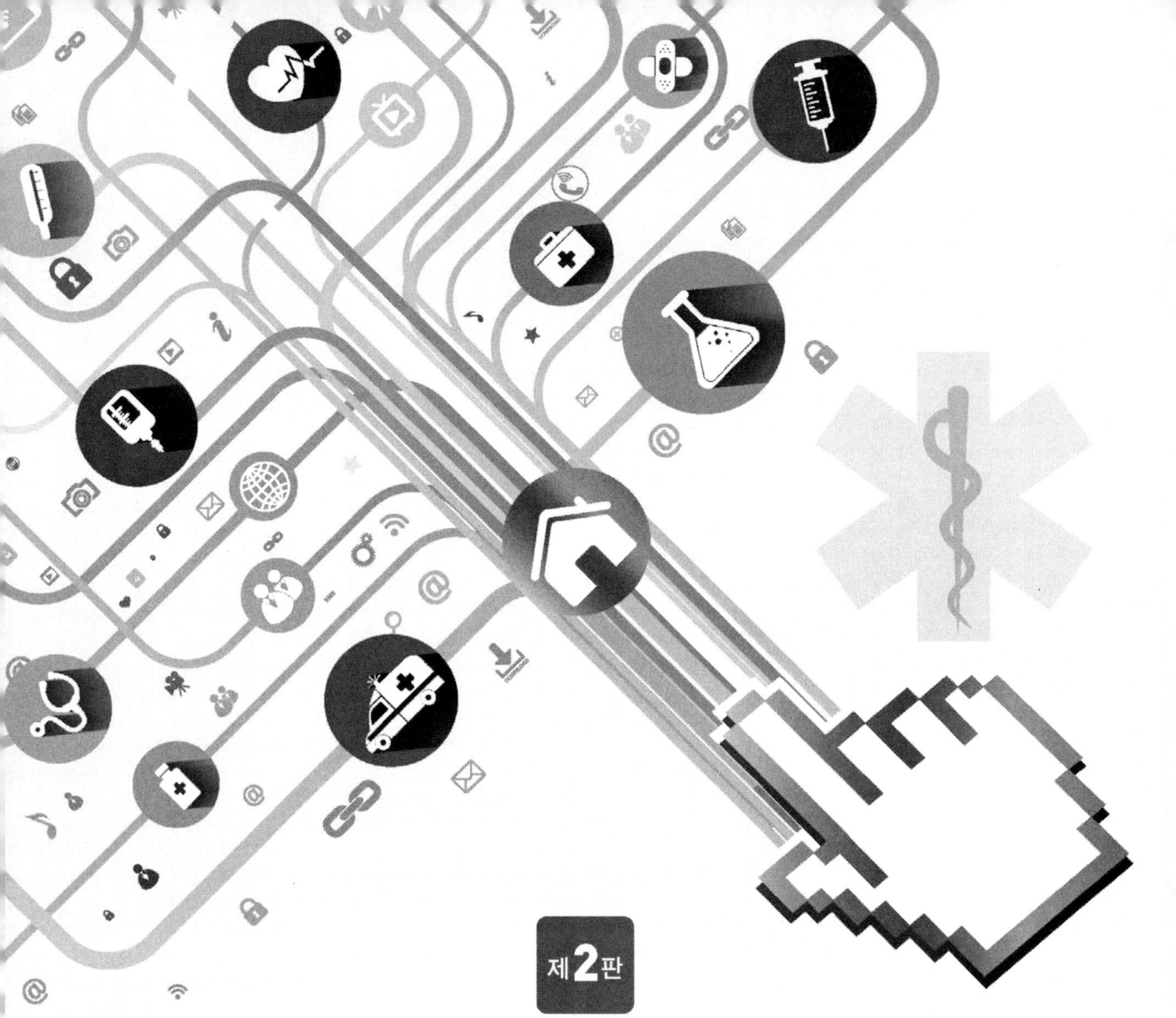

제2판

SPSS를 이용한

# 의학데이터의 통계분석

박미라 · 이재원 · 조숙정 지음

자유아카데미

# 머리말

최근 의학 분야의 연구에서 통계적 분석과 해석의 필요성이 크게 증대되었다. 이에 따라 많은 의과대학 또는 보건대학 등에서 통계학 강의 및 분석실습이 이루어지고 있으며, 이러한 강의를 위한 교재도 많이 개발되었다. SPSS는 통계학을 전공하지 않은 연구자들이 선호하는 통계분석 패키지 중 하나이다. 단순한 매뉴얼 형식의 SPSS 교재는 쉽게 찾을 수 있으나, 정작 필요한 배경지식을 함께 다룬 서적은 많지 않으며, 의학데이터를 주로 다룬 것도 드물다. 기본적인 통계지식 없이 단순히 '클릭'만으로 결과를 얻게 되면, 분석방법의 선택이나 과정, 그리고 해석에 이르기까지 수많은 오류를 범하게 될 것이다. 이 책에서는 비전공자들이 기초적인 통계지식을 쌓는 한편, SPSS를 이용해서 직접 분석할 수 있도록 통계적 방법들의 개념을 요약·정리하고 예제를 통해 실질적인 지침을 제시하고자 노력하였다.

이 교재는 기본적으로 저자들의 저서 "EXCEL을 이용한 의학데이터의 통계분석"(자유아카데미, 2014)에 대한 SPSS 버전이라고 할 수 있다. 이론적인 배경설명에서 많은 부분이 같음을 밝혀둔다. 하지만 SPSS가 EXCEL보다 전문적인 분석도구인 만큼 이전의 책에서 다루지 않았던 내용이 상당부분 추가되었으며, 저자들의 강의경험과 주위의 의견을 수렴하여 기존 내용을 수정·보완하기도 하였다. 이 책은 의과대학을 비롯하여 간호학/보건학/약학 분야에서 통계학을 전공하고 있지 않는 학생들을 위한 한 학기용 기초통계학 교재로 적당하다.

1장에서는 통계를 시작하는 데 있어 필요한 기본적인 개념 및 전반적인 흐름을 소개하였고, 2장에서는 SPSS를 처음 시작하는 독자들을 위해 기본적인 사용방법을 설명하였다. 3장에서는 데이터들을 체계적으로 정리·요약하는 기술통계에 대해 설명하였고, 4 ~ 5장에서는 확률 및 확률변수, 확률분포에 관한 기초이론과 통계적 추론에 관한 기본 원리를 각각 설명하였다. 6 ~ 11장에서는 $t$-검정, 회귀분석, 분산분석 등 자주 쓰이는 분석방법들을 소개하였으며, 부록의 표에는 여러 확률분포표를 실었다. 모든 장에서 의학데이터를 예제로 하여 개념과 방법을 기술하고, 각 방법마다 SPSS를 이용한 분석방법을 단계별로 화면 그림과 함께 실음으로써 의학연구자들로 하여금 보다 쉽게 자신의 데이터에 적절한 통계적 방법을 찾아 활용할 수 있도록 하였다.

아무리 저자들의 노력이 있다고 하더라도, 기초통계 교재 하나로 의학통계에서 필요한 여러 분야를 섭렵한다는 것은 무리이다. 보다 고급 통계기법을 적용하기 위해서는 통계를 전문적으로 하는 이의 도움을 받거나 또는 그에 상응하는 노력을 기울여야 함이 물론이다. 하지만 이 책을 잘 소화한 독자라면 자주 사용되는 기법들을 깔끔하게 분석하는 데에는 크게 문제가 없을 것으로 생각된다. 통계가 올바로 활용되는 데에 이 교재가 도움이 되었으면 하는 바람이다. 이 책에서 설명된 데이터 및 출간 후 나올 수 있는 수정사항들은 자유아카데미 홈페이지(http://www.freeaca.com) 자료실에서 다운로드 받을 수 있다.

마지막으로 이 책의 출판을 독려해 주신 자유아카데미 임직원 여러분께 감사를 드린다.

2009년 6월

저자 일동

# 제2판 머리말

첫 출간 이후 시간이 제법 많이 흘렀다. 그간 독자들의 크고 작은 요청사항들을 접하면서 교재 개정의 필요성을 느끼게 되어 제2판을 준비하였다.

주요 변경사항은 다음과 같다.

(1) SPSS의 화면과 메뉴, 분석 및 옵션의 명칭 등이 바뀜에 따라 기존에 SPSS 14 버전으로 작성된 결과를 SPSS 23 버전으로 업데이트하였다.
(2) 고급분석이라고 할 수 있지만 실제 의학자료 분석에서는 많이 사용되고 있는 로지스틱 회귀분석의 필요성을 고려하여, 이론보다는 적용에 중점을 두고 새로운 장을 구성하였다.
(3) 기존의 이론적 내용과 예제를 보다 이해하기 쉽도록 수정, 보완하였다.
(4) 연습문제를 추가하고 일부 연습문제에 대한 해답을 수록하였다.

이 밖에 오탈자나 문맥상 매끄럽지 않은 부분도 수정하였다. 모쪼록 이러한 노력이 독자들이 의학통계 방법을 이해하고 적용하는 데 조금이라도 더 도움이 될 수 있기를 바랄 뿐이다. 또한 앞으로도 독자들의 기탄없는 의견을 고대한다.

마지막으로 이러한 작업을 수행하는 데 고려대학교 대학원 정대천 학생의 헌신적인 노력이 있었다. 이 지면을 빌어 깊은 감사를 표하는 바이다.

2016년 10월
저자 일동

# 차례

# 1장

# 서론

신뢰할 만한 최신의 정보가 가장 많이 필요한 분야 중의 하나가 의학연구 분야이다. 실험이나 표본조사로부터 올바른 결론이 나올 수 있으려면 연구의 계획과 설계, 데이터의 수집과정 및 분석과 해석에 이르기까지의 전 과정이 과학적이고 합리적으로 진행되어야 할 것이다. 통계학은 이러한 일련의 과정을 뒷받침해 주는 역할을 한다고 하겠다. 이 장에서는 의학연구에 있어서의 통계의 필요성에 대해 간략히 이야기하고, 모집단과 표본의 개념에 대해 설명하겠다. 또한 의학연구에서 접할 수 있는 데이터의 형태를 소개하고, 데이터의 형태에 따른 통계적 방법들을 정리하여 보기로 한다.

## 1.1 의학연구와 통계

의학연구자나 임상의들이 왜 통계를 알아야 할까? 예를 들어 다음의 문장을 보자. 이는 국내외 학회지에 실린 의학논문 중 일부의 내용을 발췌한 것이다.

① T30 또는 T90 시점에서 구한 부위별 $P_{(a-ET)}CO_2$ 차이의 비교는 paired t-test를 이용하였다.
② 운동 후 SFA는 $295.2 \pm 48.1 cm^2$에서 $232.0 \pm 49.9 cm^2$로 감소하였다($p < 0.05$).
③ VAS score 평가는 Kruskal-Wallis test를 이용하여 $p < 0.05$를 통계적으로 유의한 것으로 간주하였다.
④ No significant effect was found in SW-adapted eel(ANOVA: $p > 0.05$).
⑤ The relative risk(RRs) of developing colorectal cancer were elevated 1.0 to 2.5(95% CI, 1.1 to 5.8).
⑥ Patients were followed for a median of 10.9 months(IQR 2.9-19.5).

어느 분야를 막론하고 의학논문집에서는 흔히 이와 유사한 형태의 내용들을 발견할 수 있다. 이러한 내용을 이해하기 위해서는 '$p < 0.05$'이나 '95% CI' 등과 같은 표현의 의미를 알아야 할 것이며, 'paired t-test'나 'Kruskal-Wallis test', 'ANOVA'와 같은 방법에 대해서도 기본적인 지식이 필요하다.

출판된 논문이라 하더라도 실험의 설계나 분석에 있어서 통계적인 오류가 있을 수 있다. 통계적인 오류는 잘못된 결론을 유도하게 된다. 특히 연구결과를 실제 임상에 적용시키거나 향후의 연구과제에 대한 토대로 사용하고자 할 때에는 게재된 논문이라도 분석이나 결과도출에 오류가 있지는 않은지 비판적으로 검토하는 안목이 필요하게 된다. 또한 똑같은 이유로 자신의 연구를 설계하거나 분석하고자 할 때 올바른 결론을 유도하기 위해서 통계적인 고려가 필요하다.

의학연구에서 일반적으로 거치는 과정은 다음과 같이 나타낼 수 있다.

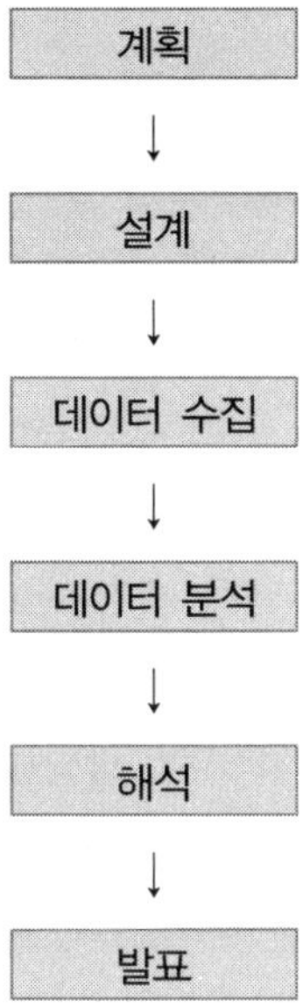


이러한 전 과정에 걸쳐 통계적인 고려가 필요할 것이다. 예를 들어, 임상시험연구를 한다면 적정한 환자의 수는 얼마인지를 알아야 할 것이고, 연구목적을 달성하기 위한 최적의 실험계획법은 무엇인지 정해야 할 것이다. 또한 데이터의 수집단계에서도 여러 가지 고려할 사항들이 발생되기 마련이다.

대부분의 사용자에게 있어서 통계를 배우는 1차적인 동기는 통계 데이터 분석에 있을 것이다. 이 책에서도 통계가 관여해야 할 여러 분야 중에서 주로 데이터 분석기법에 초점을 맞추었다. 그러나 수많은 분석방법 중에서 어느 것을 어떻게 적용하는 것이 옳은 것인지를 판단하는 것이 그리 간단한 일은 아니다. 또한 통계분석 결과의 해석이 항상 명약관화하지도 않다. 하지만 연구의 목적이 분명하고 연구의 기반이 되는 일반적인 원칙에 대한 적절한 이해와 인식이 있다면 결과의 해석은 보다 쉬워지게 된다. 이 책은 연구의 설계보다는 데이터의 분석 및 해석에 중점을 두고 있다. 연구의 설계나 운영에 관한 통계적 고찰은 박미라·이재원·유한나(2011)나 Meinert(2012), Chow and Liu(2013)와 같은 책을 참고하기 바란다.

## 1.2 모집단과 표본

의학연구를 비롯한 모든 분야의 연구에서 관심의 대상이 되는 데이터를 모두 수집하는 것은 불가능하거나 현실적이지 못할 수가 있다. 예를 들어서 임신 중에 증가한 체중과 신생아의 체중 간에 어떤 상관이 있는지 알아보기 위한 조사를 한다고 하자. 연구자가 지구상의 모든 임신한 여성과 그 신생아를 대상으로 체중을 조사할 수는 없을 것이다. 그보다는 일정한 수의 임산부와 신생아를 대상으로 하여 결과를 얻게 된다. 알고자 하는 것들의 총체를 모집단(母集團; population)이라고 하고, 모집단의 일부로서 모집단을 대표하기 위해 선정된 부분을 표본(標本; sample)이라고 한다.

이와 같이 표본을 선정한 연구의 경우에, 수집된 데이터의 형태를 적절히 기술하기 위해 데이터를 표현하고 특성화하는 방법들을 기술통계(記述統計; descriptive statistics)라고 한다. 예컨대 도수표를 작성한다든가 그래프를 그린다든가 하는 방법들을 말한다. 한편 연구의 궁극적인 목적은 표본의 특성으로부터 모집단에 대한 정보를 유추하고자 하는 데 있다. 표본에 근거하여 모집단의 특성을 추측하거나 가설을 판단하는 통계적 방법들을 추측통계(推測統計; inferential statistics)라고 한다. 추측통계의 중요한 과정 중 하나는 모집단의 모수에 대한 결론을 유추하기 위해 표본의 통계량을 이용하는 것이다. 여기서 모수(parameter)란 모집단의 특성을 기술하는 요약된 측도이며, 통계량(sample statistic)이란 표본의 특성을 기술하는 요약된 측도를 말한다. 예를 들어 모집단의 평균이나 분산 등을 모수라고 하며, 이를 알아보기 위해 수집된 표본에서 구한 평균이나 분산 등을 통계량이라고 한다. 보통 모수는 그리스문자로 표현한다. 아래의 표는 자주 쓰이는 모수와 통계량의 기호를 보여 준다. 이 책에서 여러 가지 기술통계와 추측통계적 방법들을 배우게 될 것이다.

| 특성 | 모수 | 통계량 |
|---|---|---|
| 평균 | $\mu$ | $\bar{x}$ |
| 표준편차 | $\sigma$ | $s$ |
| 분산 | $\sigma^2$ | $s^2$ |
| 상관계수 | $\rho$ | $r$ |

## 1.3 데이터의 유형

연구의 결과로 얻게 되는 데이터는 크게 질적자료(qualitative data)와 양적자료(quantitative data)로 분류할 수 있다. 질적인 자료를 범주형 자료(categorical data), 양적인 자료를 수치자료(numerical data)로 표현하기도 한다. 이제 유형별로 간단히 살펴보기로 하자.

### 1.3.1 질적자료

질적인 자료의 가장 단순한 형태는 각 데이터의 속성을 두 개의 범주 중 하나로 분류하는 것이다. 예를 들어 남/녀, 기혼/미혼, 흡연/비흡연 등으로 환자들을 분류하는 것이다. 임상자료에서 이러한 예는 흔히 찾아볼 수 있다. 예를 들어 호지킨 림프종의 경우 4주 동안 종양이 사라지는 것을 '성공', 그렇지 않으면 '실패'와 같이 이분할 수 있다. 이렇게 이분된 자료는 '남자=1, 여자=0'과 같이 각각의 범주에 1 또는 0을 대입하여 입력하는 방법이 선호된다. 그 이유는 분석 시에 편리한 부분이 있기 때문인데, 한 예로 회귀분석 등에서 이러한 입력방식으로 성별을 가변수(dummy variable)화하여 설명변수에 포함시킬 수 있게 된다.

대부분의 경우에는 이보다 많은 범주로 나뉘게 된다. 예를 들어 ABO식 혈액형에서는 모든 사람을 A/B/AB/O의 4개 범주로 분류한다. 이러한 범주에는 아무런 순서가 없으며 이를 명목형 자료(nominal data)라고 한다. 반면 순서에 의미가 있는 범주들이 있을 수 있는데 환자들에게 투약에 따른 통증의 완화 정도를 "전혀 효과 없음", "조금 있음", "매우 효과 있음" 식으로 묻는 것이다. 또는 유방암의 진행단계를 stage I부터 stage IV의 4단계로 구분하여 분류하는 것 등이다. 이러한 데이터를 순서형 자료(ordinal data)라고 한다.

### 1.3.2 양적자료

양적자료는 크게 이산형(discrete) 자료와 연속형(continuous) 자료로 나뉜다. 이산형 자료는 자녀의 수라든가 24시간 동안의 전위성 심장박동(ectopic heart beats)의 수 등과 같이 이산적인 값을 갖는 데이터를 말한다.

연속형 자료는 키나 체중, 혈압, 혈청 콜레스테롤 등과 같이 연속적인 값을 갖는 데이터를 말한다. 종종 연속형 자료를 몇 개의 범주로 나누어 기록하게 되는 경우가 있다. 예를 들어 하루에 몇 개비의 담배를 피우는가를 알아보고자 할 때 흔히 정확한 개수를 묻기보다는 0개비/1-10개비/11-20개비/21개비 이상 등으로 분류하여 묻게 된다. 그렇지만 혈압이나 헤모글로빈 등의 수치는 정확한 값으로 기록하는 것이 좋다.

이러한 값들을 몇 개의 범주로 나누어 기록하면 정보의 손실이 발생하기 때문이다. 예를 들어 혈압을 90mmHg 이상과 미만의 두 범주로 나누어 기록한다면 혈압이 95mmHg인 사람과 120mmHg인 사람과의 구별이 없어지게 된다. 또한 연속형 데이터로 분석하는 방법이 범주형 데이터의 분석보다 강력하고 간편할 때가 많다.

### 1.3.3 그 밖의 유형

위에서 소개한 데이터 유형 외에도 간간이 사용되는 형태로 순위 데이터나 비율 데이터, 비 데이터, 중도절단 데이터 등이 있다. 순위(rank) 데이터는 자료가 수치 대신 순위로 되어 있는 것을 말하는데, 예를 들어 환자로 하여금 여러 개의 처치에 대해 선호하는 순서대로 순위를 매기게 하여 얻어지는 자료가 이에 속한다. 비율(rate) 데이터는 신생아 분만 시 사망률(perinatal mortality)과 같이 전체도수에 대한 관측도수를 구하여 비율로 변환한 자료를 말한다. 이때 사망률은 사망신생아수를 전체신생아수로 나누어 구할 것이다. 이와는 달리 비(ratio) 데이터는 한 병원에서의 환자 대 의사의 비, 의과대학에서의 학생 대 교수의 비 등과 같이 분자가 분모의 일부분일 필요가 없는 형태를 말한다. 한편, 중도절단(censored) 데이터는 어떤 한계점까지는 정확하게 알려졌으나 그 이후에는 측정되지 않은 데이터를 말한다. 예를 들어, 암환자의 생존시간에 대한 연구에서 어떤 환자가 수술 후 30개월까지는 그 병원에서 진료를 받아 30개월까지 생존한 사실은 알고 있으나 그 이후에 더 이상 병원에 오지 않아 확실한 생존기간을 알 수 없게 되어 발생하는 데이터의 형태를 중도절단 데이터라고 한다. 실험이나 임상연구에서는 종종 중도절단 데이터가 발생하게 되며 이를 위해서는 별도의 분석이 필요하게 된다.

## 1.4 데이터의 유형에 따른 분석방법

다음의 표는 자주 쓰이는 통계분석방법들을 데이터의 형태에 따라 도식적으로 정리하여 본 것이다. 여기에서 설명변수는 영향을 주는 변수를, 반응변수는 그 결과로 나타나는 변수를 의미한다. 물론 이 밖에도 데이터의 성질 및 분석목적 등의 상황에 따라 다양한 분석방법들이 많이 있다. 여기에는 다변량분석방법이나 생존분석 등의 고급 통계기법은 포함시키지 않았다. 생명과학 데이터의 보다 다양한 분석방법을 알기 위해서는 이재원·박미라·유한나(2011), Lee and Wang(2013)를 참조하는 것이 좋겠다. 이 밖에 범주형 자료의 분석에 대해서는 박태성·이승연(2009), Agresti(2013), 다변량분석방법에 대해서는 강현철·한상태·김기영·전명식(2005), Johnson and

Wichern(2007) 등을 참조할 수 있을 것이다.

### 1.4.1 두 변수가 있을 때

두 변수가 있을 때, 예를 들어 설명변수와 반응변수에 해당하는 변수가 각각 하나씩 있을 때, 각 변수의 유형에 따른 분석방법은 다음과 같다.

| (설명)변수 | (반응)변수 | 목적 | 분석방법 | 참고 |
|---|---|---|---|---|
| 범주형<br>(범주수=2) | 연속형 | 두 집단의 평균 비교 | t-검정, Z-검정 | 6장 |
| | | 짝지은 표본의 평균 비교 | 짝지은 t-검정 | 6장 |
| | | 두 집단의 중앙값 비교 | 윌콕슨의 순위합검정 | 11장 |
| 범주형<br>(범주수≥2) | 연속형 | 여러 집단의 평균 비교 | 일원분산분석 | 7장 |
| | | 여러 집단의 중앙값 비교 | 크루스칼-왈리스 검정 | 11장 |
| 범주형 | 범주형 | 두 변수 간의 연관성 | 상대위험률,<br>오즈비,<br>카이제곱검정,<br>피셔의 정확검정,<br>경향분석 | 9장 |
| | | 짝지은 자료의 연관성 | 맥니마 검정 | 9장 |
| 연속형 | 연속형 | 두 변수 간의 선형관계 및 예측 | 상관분석,<br>회귀분석 | 8장 |
| | | 두 (순위)변수 간의 선형관계 | 순위상관분석 | 11장 |
| 연속형 | 범주형 | 이분된 결과와 설명변수 간 연관 및 예측 | 로지스틱 회귀분석 | 10장 |

### 1.4.2 여러 개의 설명변수가 있을 때

결과에 영향을 미치는 변수로 여러 개의 설명변수를 고려할 수 있을 때 사용되는 통계적 방법은 아래와 같다. 이 책에서는 로그-선형모형은 다루지 않았다.

| 설명변수 | 반응변수 | 목적 | 분석방법 | 참고 |
|---|---|---|---|---|
| 범주형 | 연속형 | 각 요인의 수준별 평균 비교 | 분산분석 | 7장 |
| 범주형 | 범주형 | 다차원 분할표의 분석 | 로그-선형모형 | - |
| 연속형 | 연속형 | 변수들 간의 선형관계 및 예측 | 다중회귀분석 | 8장 |
| 연속형 | 범주형 | 이분된 결과와 설명변수들 간의 관계 및 예측 | 다중<br>로지스틱 회귀분석 | 10장 |

## 1.5 연습문제

1.1 다음의 각 상황에서 모집단과 표본을 정의하여라.

① 한 대학병원에서는 안정적인 협심증 환자에 있어서 관상동맥의 직경과 콜레스테롤 수치의 변화를 알아보기 위해, 40명의 환자를 대상으로 연구를 실시하였다.

② 한 신문사는 새로운 보건복지정책에 대한 서울시민들의 지지도를 알아보기 위해 500명을 랜덤하게 뽑아 이들을 대상으로 지지여부를 조사하였다.

1.2 다음 데이터의 유형을 구분하여라.

① 인구 1,000명당 질병 발생률

② 1차 치료 후 재발까지 걸린 시간

③ 비만여부

④ 1일 내원 환자수

⑤ 출생지역

1.3 관심 있는 주제의 의학 저널을 10부씩 검색하여 통계부분을 살펴보자. 어떤 통계분석 방법이, 어느 부분에서, 어떤 방식으로 쓰였는지 조사하여 보자.

참고 다음의 사이트를 비롯한 여러 사이트에서 의학논문을 다운로드할 수 있다.

- 국외: NCBI의 Pub Med (http://www.ncbi.nlm.nih.gov/PubMed/)
- 국내: 의학연구정보센터 (http://www.medric.or.kr)

# 2장

# SPSS의 기초

SPSS(Statistical Package for the Social Sciences)는 대표적인 통계분석 패키지 중 하나로 별도의 프로그래밍을 하지 않고 메뉴방식을 통하여 데이터의 통계분석을 할 수 있는 소프트웨어다. 스프레드시트 형식의 편집기에 직접 데이터를 입력하거나, 텍스트 파일, MS사의 엑셀 및 액세스 형식의 데이터를 직접 불러서 분석하거나 편집하는 기능도 있으며, 그래프를 통하여 데이터를 다양하게 표현할 수도 있다. 또한, 통계분석의 기본인 빈도분석이나 기술통계량의 추정부터 생존분석, 다변량분석 등의 고급 통계분석 기능도 가졌다. 이 절에서는 SPSS의 기초 사용법 및 데이터의 활용법에 대해서 소개하고자 한다.

## 2.1 SPSS 실행의 개요

SPSS 프로그램의 시작부터 데이터열기, 분석실행, 저장 등 일련의 과정에 대해 간략히 알아보자.

### 2.1.1 SPSS의 시작

SPSS를 실행하는 방법은 다른 응용프로그램을 구동하는 방법과 동일하다. 윈도우즈 바탕화면의 왼쪽 아래에 있는 『시작』 버튼을 눌러 등록된 『모든 프로그램』 중 『IBM SPSS Statistics → IBM SPSS Statistics 23』를 선택하면 된다. 프로그램을 구동하면 다음과 같은 화면이 나타난다. 이 화면에서 '최신 파일(R)'에서 다른 파일 열기를 선택하고 〈확인〉을 누르면, 「데이터 열기」창이 나타난다. 읽어 들일 데이터셋을 선택하면 『IBM SPSS Statistics Data Editor』에서 확인할 수 있다. 다음 화면에서 〈취소〉를 누르면 빈 상태의 IBM SPSS Statistics Data Editor가 열린다.

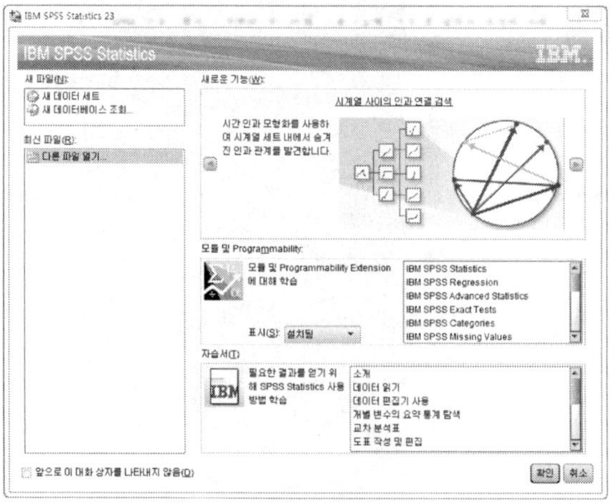

SPSS를 시행할 때 이 대화창을 보고 싶지 않다면, '앞으로 이 대화상자를 나타내지 않음(D)'을 선택하고 〈확인〉을 누르면, 이후의 SPSS 실행부터는 곧바로 데이터를 입력할 수 있는 『IBM SPSS Statistics Data Editor』창이 나타난다. 다음은 SPSS의 기본 화면 중 하나인 스프레드시트 형태의 『IBM SPSS Statistics Data Editor』창이다. 데이터를 입력하거나, 다른 형태의 파일을 불러들일 수 있다.

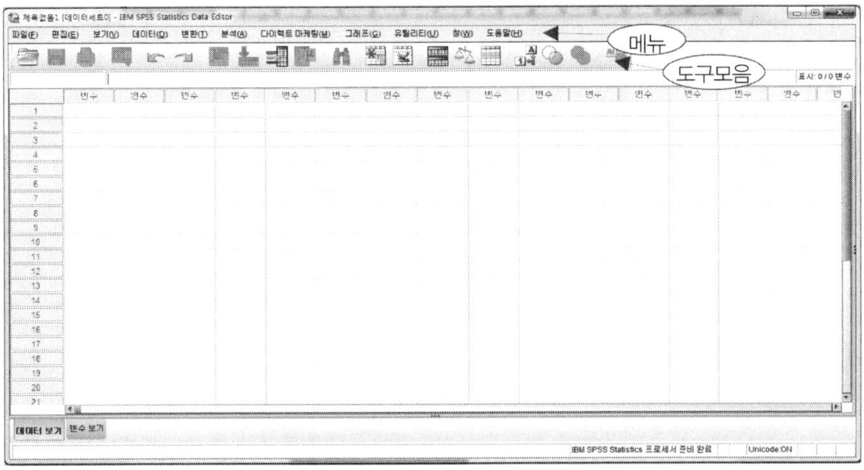


## 2.1.2 데이터 열기와 저장하기

『파일(F)』 메뉴에서 『열기(O) → 데이터(D)』를 선택하면 「데이터 열기」창이 뜬다. 데이터파일이 있는 경로에서 원하는 SPSS 데이터파일(*.sav)을 클릭하면 데이터가 열린다.

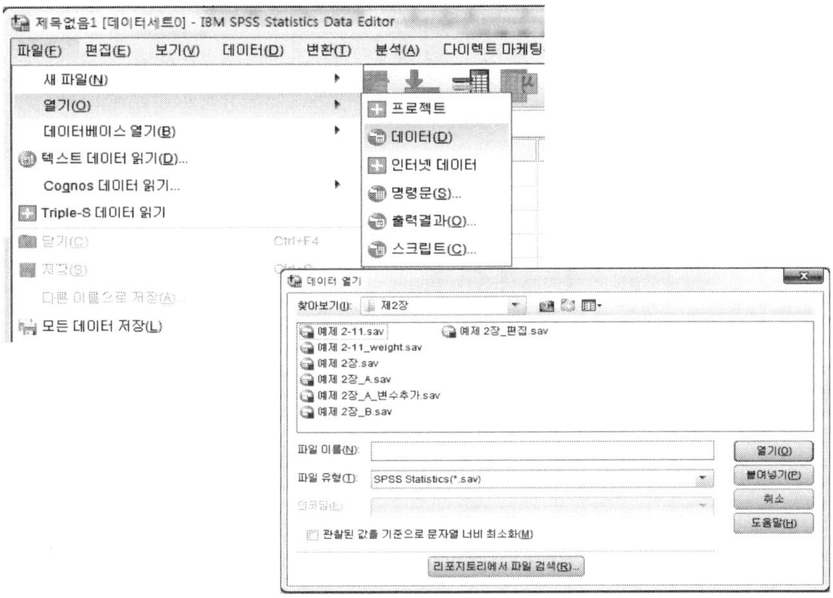

아래 화면은 다운로드한 예제 2장.sav을 데이터 열기로 선택했을 때의 화면이다. 기존에 입력된 SPSS 파일이 없는 경우에는 『파일(F) → 새 파일(N) → 데이터(D)』를 선택하여 데이터를 입력할 수 있다. 이에 대해서는 2.2절에서 자세히 다룰 것이다.

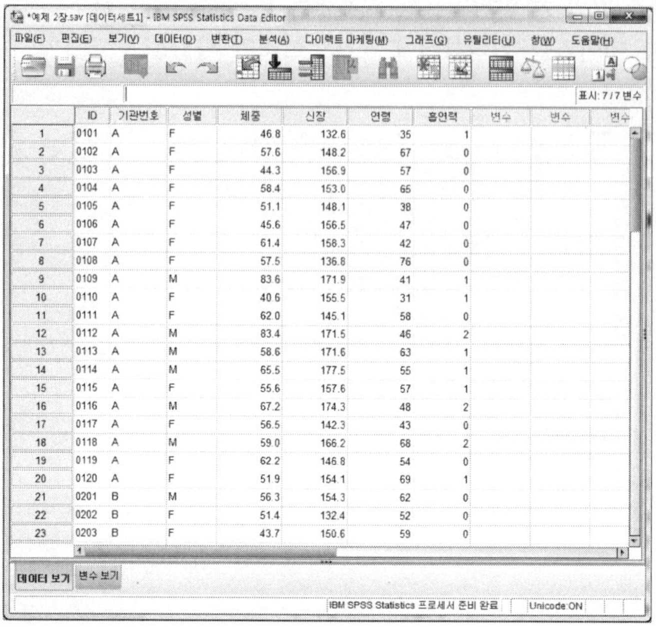


데이터가 열린 상태에서 각 셀을 클릭하여 내용을 편집할 수 있다. 기존 데이터를 편집하거나 새로운 데이터를 입력한 후 저장하려면 메뉴에서 『파일(F) → 저장(S)』을 누르거나 『파일(F) → 다른 이름으로 저장(A)』을 선택한다. 「데이터를 다른 이름으로 저장」창이 나타나면, [찾아보기(I)]탭에서 저장할 위치를 지정한 후 [파일 이름(N)]에 새로운 파일 이름을 쓰고 〈저장(S)〉을 누른다. 저장된 SPSS 데이터의 확장자는 '*.sav'이다.

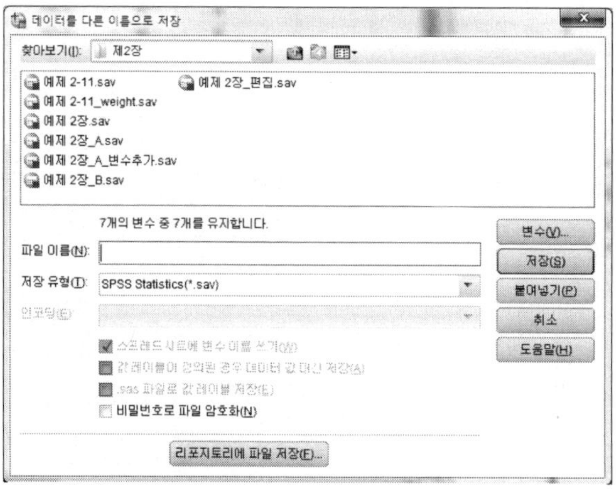

### 2.1.3 분석의 실행

통계분석을 실행하려면 데이터를 연 상태에서 『분석(A)』 메뉴 중 원하는 분석방법을 선택하면 각 방법별로 해당하는 창이 뜨게 된다. 단순한 보고서 작성부터 시계열분석까지 다양한 방법을 제공한다. 개개의 분석방법에 대해서는 차차 설명하게 될 것이다. 아래는 예제 2장.sav 파일을 열고 분석방법 중 『기술통계량(E) → 데이터 탐색(E)』을 선택하여 '연령' 변수에 대한 기술통계를 구하기 위한 화면이다.

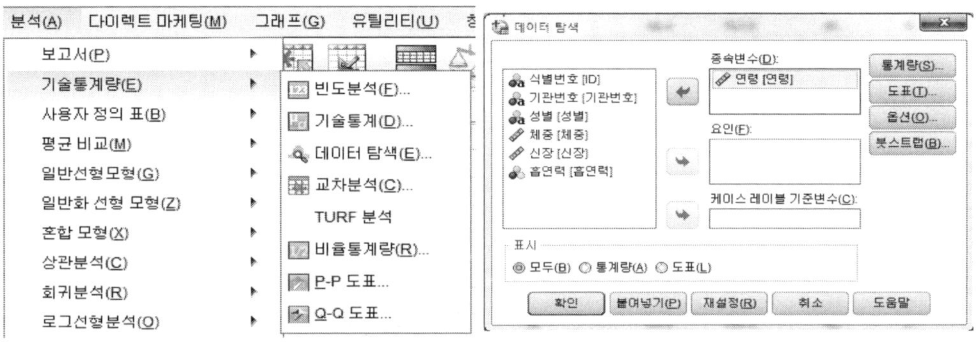


대부분의 경우 분석 메뉴를 선택하면 대화창이 뜨는데 주로 변수목록/선택된 변수(들)/추가옵션단추/명령단추의 형태로 구성된다. 전형적인 분석은 왼쪽의 변수목록에서 원하는 변수를 선택한 후 화살표단추를 이용하여 오른쪽의 선택된 변수칸으로 보내고, 필요한 경우 추가옵션단추를 선택하여 옵션을 지정하고, 명령단추를 눌러 실행하는 식으로 진행된다.

### 2.1.4 실행결과 보기와 저장하기

분석을 실시하면 통계분석 결과를 보여 주는 『IBM SPSS Statistics Viewer』창이 뜬다. 창의 왼쪽에는 출력결과 리스트가 보이고 오른쪽에 결과가 나타난다. 리스트 중 원하는 부분을 선택하고 더블클릭하면, 그 부분에 해당하는 결과로 이동된다. 삭제하지 않는 한 같은 창에서 시행된 모든 결과는 누적되어 보여진다.

결과를 저장하려면 『IBM SPSS Statistics Viewer』창에서 메뉴 중 『파일(F) → 저장(S)』을 누르거나 『파일(F) → 다른 이름으로 저장(A)』을 선택한다. 「다른 이름으로 저장」창이 나타나면, [찾아보기(I)]탭에서 저장할 위치를 지정한 후 [파일 이름(N)]에 새로운 파일 이름을 쓰고 〈저장(S)〉을 누른다. 저장된 SPSS 출력결과의 확장자는 '*.spv'이다.

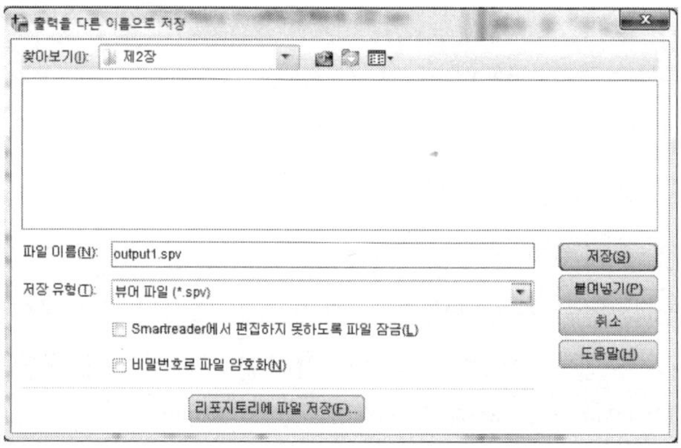


결과물 중 표나 그림 등 각각의 개체를 저장하고 싶을 때에는 원하는 표나 그림을 선택하고 오른쪽 마우스 버튼을 누르면 팝업메뉴가 나타난다. [복사] 또는 [선택하여 복사]로 MS 워드나 흔글에 바로 붙여넣기가 가능하다. MS 워드에서는 [복사] 기능을 이용한 경우에 텍스트로 복사되므로 편집할 수도 있지만, [선택하여 복사] 기능 중 이미지 및 메타파일을 선택하면 그림으로 복사되어 편집은 불가능하다. 흔글에서는 [선택하여 복사] 기능 중 이미지 옵션을 사용할 수 없다. [내보내기] 기능으로는 html 파일, MS 엑셀, MS 파워포인트, MS 워드 등으로 결과를 저장할 수 있다. 표의 경우에는 [내용 편집(O)]을 선택하여 피벗표를 편집할 수 있고, 그림의 경우에는 각 그림의 특성에 맞게 수정할 수 있는 편집기를 부를 수 있다. 다음 화면은 표를 선택하고 팝업 메뉴 중 [내보내기]를 선택한 결과이다.

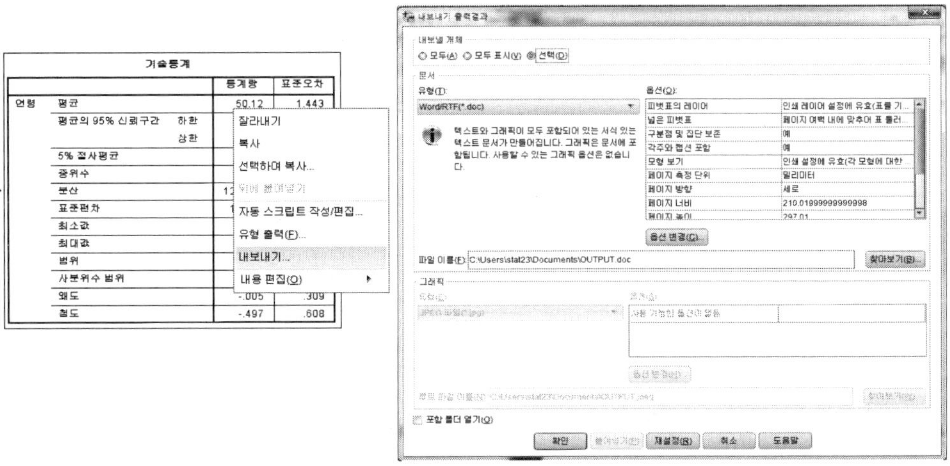

## 2.1.5 프로그램 편집기

SPSS는 기본적으로 메뉴방식으로 클릭하여 선택하도록 운용되지만, 분석에 사용된 명령을 저장해두면 분석결과를 검토하거나 다음에 업데이트된 데이터로 동일한 분석을 재실시할 때 유용하게 쓸 수 있다. 메뉴방식으로 시행한 내용을 자동적으로 생성해주거나, 직접 프로그래밍을 할 수도 있다. SPSS 프로그램의 명령어를 모르더라도 각 분석에서 사용된 창에서 〈붙여넣기(P)〉 단추를 누르면 아래와 같이 자동으로 『IBM SPSS Statistics Syntax Editor』창이 열리면서 선택된 옵션 등을 포함한 명령어가 나타난다.

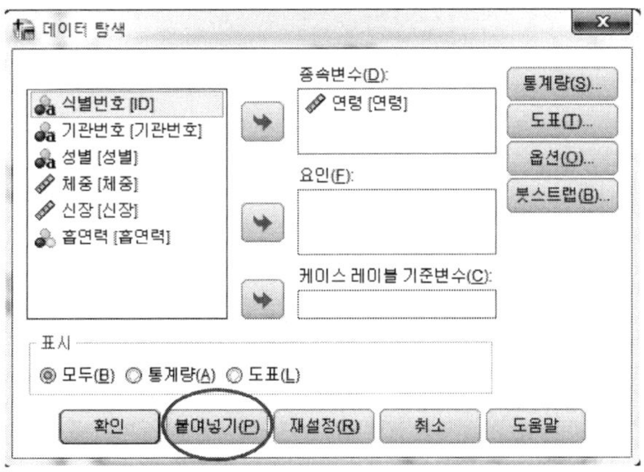

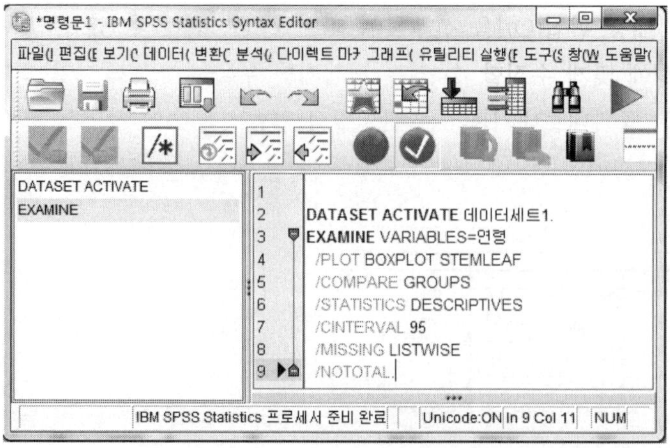


직접 프로그래밍을 하려면 『파일(F) → 새 파일(N) → 명령문(S)』을 선택하여 『IBM SPSS Statistics Syntax Editor』창을 열고 프로그램을 쓰면 된다. 기존에 저장한 파일을 불러오려면 『파일(F) → 열기(O) → 명령문(S)』을 선택하여 해당 파일을 불러온다. 분석을 실시하려면 『IBM SPSS Statistics Syntax Editor』창에서 현재 명령 실행 단추 를 누르면 된다. 또 다른 분석에서 〈붙여넣기〉를 한 경우 현재 명령문 아래로 새 명령문이 추가되어 일괄저장할 수 있다. 『파일(F) → 저장(S)』을 누르거나 『파일(F) → 다른 이름으로 저장(A)』을 선택하면 SPSS 뷰어 파일(*.spv)로 저장된다. 이 책에서는 메뉴방식을 위주로 SPSS의 사용법을 설명할 것이다. 보다 자세한 사용법은 SPSS Syntax Reference Guide를 참조하기 바란다.

### 2.1.6 SPSS의 종료

현재 사용하고 있던 SPSS를 닫으려면 『파일(F) → 종료(X)』를 선택하거나 화면 오른쪽의 위의  단추를 누른다. 최종 데이터 편집 후 저장하지 않았다면 변경내용을 저장하겠느냐는 대화상자가 나온다. 저장을 원하면 〈예〉를 선택한다.

## 2.2 데이터 생성

분석에 필요한 데이터를 생성하려면 SPSS에서 직접 데이터를 입력하는 방법과 외부 프로그램에서 입력된 파일을 불러오는 방법이 있다. 또한 두 개의 파일을 합쳐서 하나의 분석에 사용할 수도 있다. 이 방법들을 차례로 알아보자.

### 2.2.1 데이터의 입력

SPSS에서 직접 데이터를 입력하려면 『IBM SPSS Statistics Data Editor』창을 이용한다. 이 창에는 「데이터 보기」탭과 「변수 보기」탭이 있다. 다음의 예제 2.1을 이용하여 데이터 입력방식을 설명하겠다.

**예제 2.1** A병원 20명 환자로부터 기초정보인 성별, 체중, 신장, 연령, 흡연력(0:경력 없음, 1: 과거경력 있으나 현재 끊었음, 2: 현재 흡연 중임)를 조사한 결과이다. 이 데이터는 예제 2장_A.sav로 저장되어 있다.

| ID | 기관번호 | 성별 | 체중 | 신장 | 연령 | 흡연력 |
|---|---|---|---|---|---|---|
| 0101 | A | F | 46.8 | 132.6 | 35 | 1 |
| 0102 | A | F | 57.6 | 148.2 | 67 | 0 |
| 0103 | A | F | 44.3 | 156.9 | 57 | 0 |
| 0104 | A | F | 58.4 | 153.0 | 65 | 0 |
| 0105 | A | F | 51.1 | 148.1 | 38 | 0 |
| 0106 | A | F | 45.6 | 156.5 | 47 | 0 |
| 0107 | A | F | 61.4 | 158.3 | 42 | 0 |
| 0108 | A | F | 57.5 | 136.8 | 76 | 0 |
| 0109 | A | M | 83.6 | 171.9 | 41 | 1 |
| 0110 | A | F | 40.6 | 155.5 | 31 | 1 |
| 0111 | A | F | 62.0 | 145.1 | 58 | 0 |
| 0112 | A | M | 83.4 | 171.5 | 46 | 2 |
| 0113 | A | M | 58.6 | 171.6 | 63 | 1 |
| 0114 | A | M | 65.5 | 177.5 | 55 | 1 |
| 0115 | A | F | 55.6 | 157.6 | 57 | 1 |
| 0116 | A | M | 67.2 | 174.3 | 48 | 2 |
| 0117 | A | F | 56.5 | 142.3 | 43 | 0 |
| 0118 | A | M | 59.0 | 166.2 | 68 | 2 |
| 0119 | A | F | 62.2 | 146.8 | 54 | 0 |
| 0120 | A | F | 51.9 | 154.1 | 69 | 1 |

#### 데이터 보기

「데이터 보기」탭은 스프레드시트 형태로 되어 있어 데이터를 입력하거나 입력된 데이터를 볼 수 있다. 행 방향으로는 개체를, 열 방향으로는 변수를 입력하면 된다. 입력되는 데이터의 값에 따라 SPSS에서 자동적으로 숫자형과 문자형으로 인식한다. 예를 들어 예제 2.1의 ID를 입력하기 위해 다음과 같이 스프레드시트의 첫 칸에 0101을 입력하고 엔터키를 치면 101.00으로 바뀐다. 그 이유는 SPSS가 숫자로 입력되는 변수에 대하여 자동적으로 해당 변수를 숫자형으로 인식하기 때문이다. 또한 변수명은 자동으로 VAR00001로 생성된다. 따라서 데이터를 입력하기에 앞서 「변수 보기」탭에서 먼저 변수의 속성을 지정하는 것이 좋다.

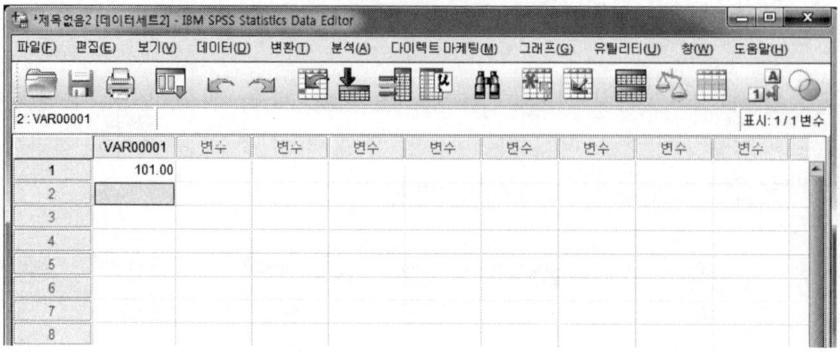


## 변수 보기

「변수 보기」탭에서는 이름, 유형, 설명, 값, 결측값 등 변수의 주요 속성을 정의할 수 있다. 아래 그림은 예제 2장.sav에서 정의된 변수의 속성을 보여 준다. 각 변수에 대한 정의가 한 줄씩 자리를 차지하게 된다. 변수의 속성을 정의하는 방법을 하나씩 알아보자.

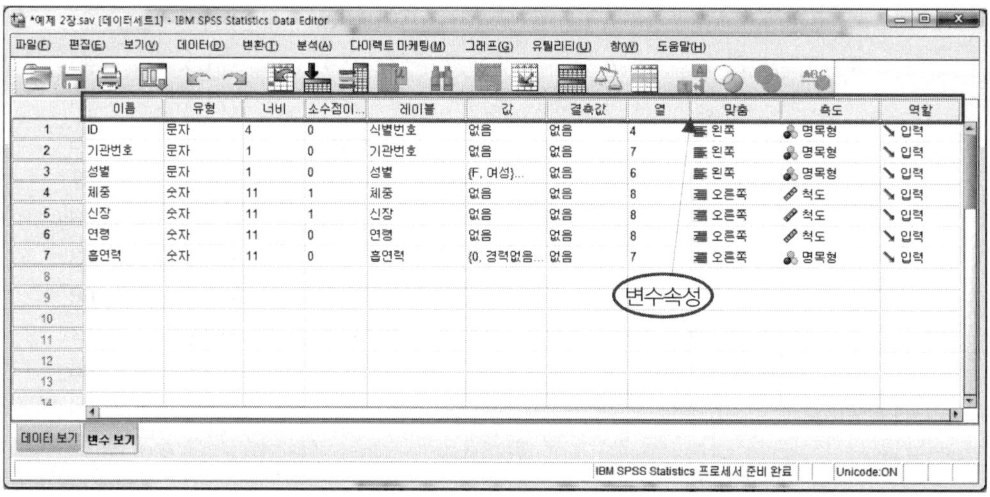


**이름** '이름'란에는 변수이름을 써 준다. SPSS에서 사용되는 변수이름의 규칙은 다음과 같다.

- 첫 번째 자리는 반드시 문자로 시작하여야 하며, 나머지 부분은 문자, 숫자, 마침표( . ), 기타 부호( , # , _ , $ ) 등을 사용할 수 있다.
- 마지막 자리에 마침표( . )나 언더스코어( _ )는 사용할 수 없다.
- 길이는 영문 64자리, 한글 32자리까지 가능하다.
- 빈 공간이나 특수문자( ! , ? , ' , * )는 사용할 수 없다.
- 한 데이터 내에서 변수명은 중복될 수 없다.
- SPSS 내부 예약어(ALL, AND, BY, EQ, GE 등)는 사용할 수 없다.
- 영문 대문자와 소문자를 구별하지 않는다. 예를 들면, NAME과 Name은 동일한 변수로 인식된다.
- SPSS 영문판의 경우 변수명은 영문으로 하는 것을 추천한다.

**유형** 변수 유형은 숫자, 날짜, 문자열 등으로 지정할 수 있는데, 해당 변수(행)에 해당하는 유형(열)의 셀을 클릭하면 [...]이 나타난다. [...]을 누르면 나타나는 「변수 유형」창에서 변수 유형과 자리수 등을 선택한 후 〈확인〉을 누른다.

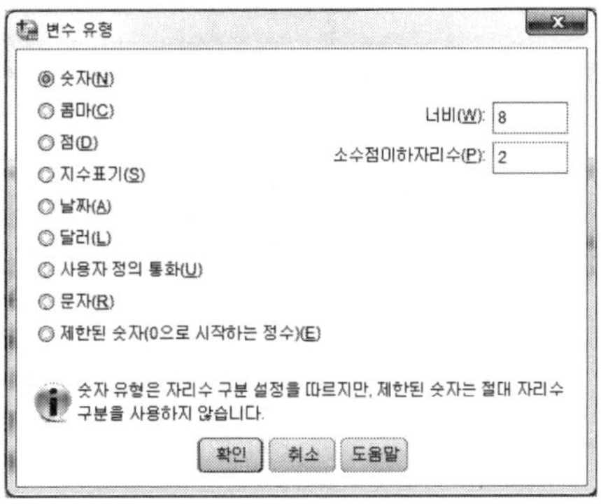


**설명** 변수 이름은 길이에 제한이 있으므로, 부연설명이 필요한 경우 영문 256자리, 한글 128자리까지 지정이 가능하다. 변수명에서 금지된 공란, 특수문자 등의 부호 및 문자들도 가능하며, 해당 변수의 설명란에 직접 입력하면 된다.

**값** 각 변수의 값에 대한 설명을 명시할 수 있는데, 각 변수 행에 해당하는 열의 셀에서 [...]를 누르면, 「값 레이블」창이 나타난다. 각 변수가 가질 수 있는 [기준값(U)]과 [레이블(L)]을 입력한 후 〈추가(A)〉 버튼을 누른다. 가능한 모든 값의 입력이 끝나면 〈확인〉을 누르면 된다.

다음은 '환자 기초정보' 데이터의 성별과 흡연력에 대한 「변수값 설명」 입력창이다. 이렇게 레이블 값을 정해주고 자료입력을 M 또는 F로 하면 분석결과에서 변수설명이 레이블 값으로 되어 있어 편하다.

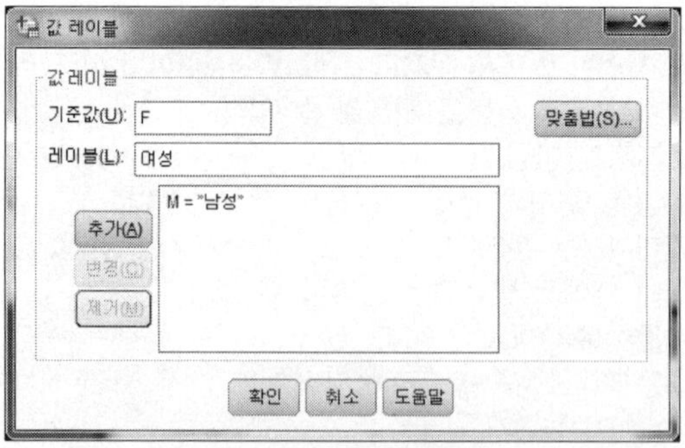


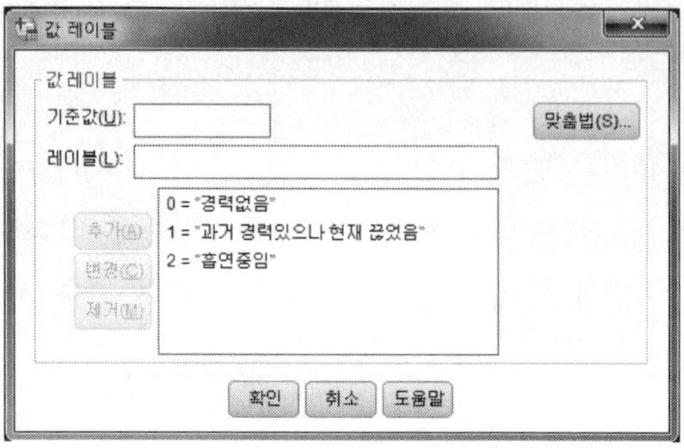


**결측값** 입력하고자 하는 자료에 결측값이 있는 경우, 빈칸으로 두는 것이 일반적이지만 특정 값을 지정할 수도 있다. 해당 변수의 결측값에서 …를 누르고 「결측값」창이 나타나면 사전에 정의된 기준을 지정한 후 〈확인〉을 누른다. 참고로 '환자 기초정보' 데이터에는 결측값이 한 건도 없으므로 결측값에 대하여 별도로 지정하지 않았다.

- 결측값 없음(N): 특별하게 지정된 값이 없음.
- 이산형 결측값(D): 특정값을 세 개까지 지정할 수 있음.
  (예) 999, 99 등
- 한 개의 선택적 이산형 결측값을 더한 범위(R): 수치의 범위와 특정값 한 개를 지정할 수 있음
  (예) 900–999, M

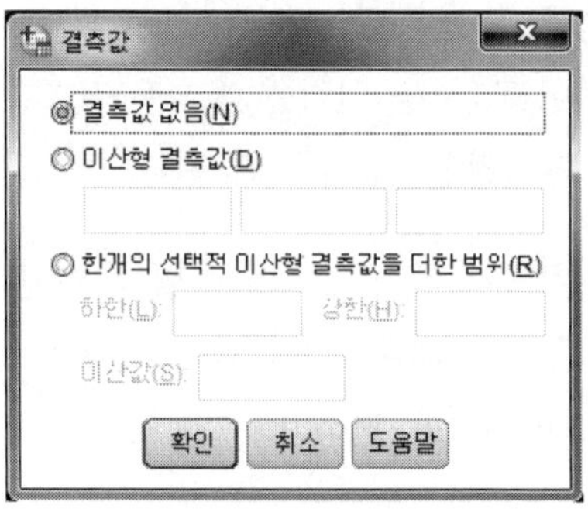

**측도** 각 변수의 값이 가지는 데이터의 형태에 따라 측도를 척도형, 순서형, 명목형 중 한 가지로 지정할 수 있다. 데이터를 입력할 때 유형을 '숫자'로 하면 '척도'가 디폴트로 되며, 유형이 '문자'이면 디폴트로 '명목'이 선택된다. '순서'는 디폴트로는 지정되지 않는다. 측도셀을 눌러 다른 유형을 선택할 수 있다.

- 척도: 양적자료 (예) 키, 혈압, 나이, 자녀의 수 등
- 순서: 질적자료 중 순서형 (예) 병의 진행단계(1/2/3/4) 등
- 명목: 질적자료 중 명목형 (예) 성별(남/녀) 등

변수의 속성에 대한 지정이 완료되면, 「데이터 보기」탭으로 돌아와 데이터를 입력하여 데이터셋을 완성한다.

> * 데이터를 모두 입력하였다면 『보기(V) → 값 레이블(V)』을 선택해 보자. 「IBM SPSS Statistics Data Editor」창의 내용이 어떻게 변하였는가?

### 2.2.2 외부 데이터파일 불러오기

실제로는 SPSS에서 직접 입력하지 않고 엑셀 파일이나 텍스트 파일로 입력하는 경우가 많다. 이렇게 입력된 데이터를 불러오는 방법에 대해 알아보자.

#### 엑셀파일 불러오기

**예제 2.2** A 병원 외에 B 병원과 C 병원에서도 각 20명씩 환자의 기초정보를 조사하여 다음과 같이 엑셀에서 입력한 후 엑셀 파일 예제 2장.xls로 저장하였다. 분석을 위해 이 데이터를 SPSS로 불러오는 방법을 알아보자.

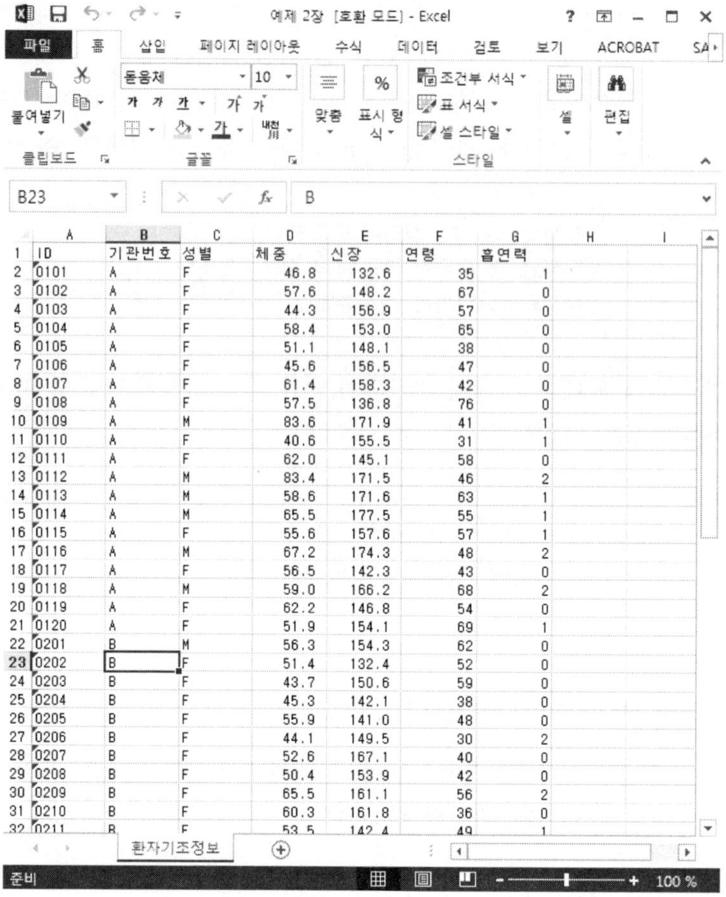


① 메뉴에서 『파일(F) → 열기(O) → 데이터(D)』 또는 도구모음에서 [아이콘]를 선택한다.

② 다음의 「데이터 열기」창이 나타나면, [찾아보기(I)]에서 경로를 지정하고, [파일 유형(T)]에서 "Excel(*.xls, *.xlsx, *.xlsm)"을 선택한다. 불러올 파일 이름을 선택하고 〈열기(O)〉를 누른다.

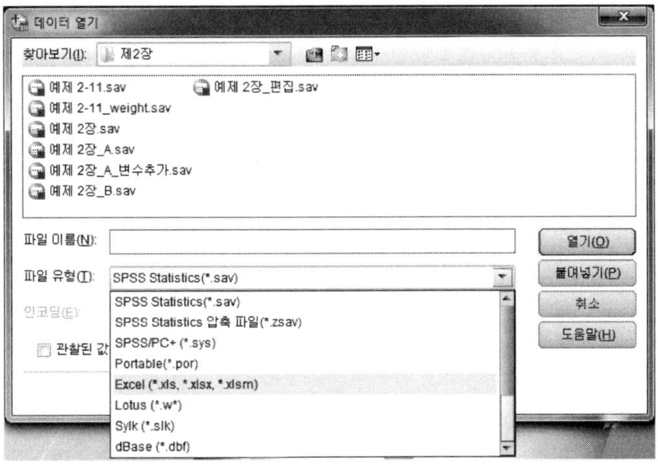


③ 「Excel 데이터 소스 열기」 창이 나타나는데, 워크시트에 데이터가 있는 시트명과 범위를 선택한 후 〈확인〉을 누른다.

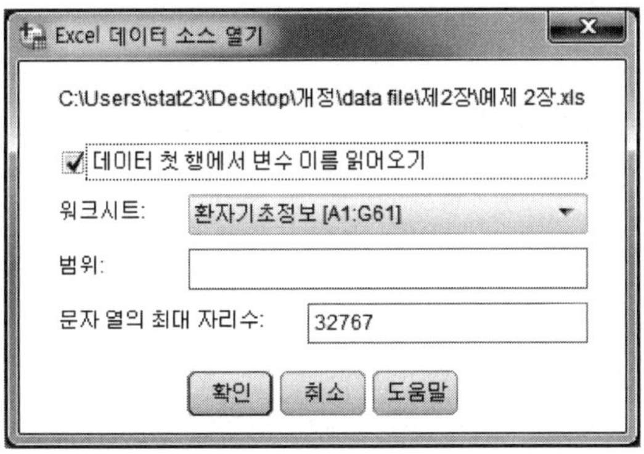


* 기본적으로 선택된 파일의 맨 앞에 있는 시트가 선택되고 '데이터 첫 행에서 변수 이름 읽어오기' 옵션이 선택되어 있다. 만약, 엑셀 파일의 첫 행에 변수명이 기재되어 있지 않은 경우에는 '데이터 첫 행에서 변수 이름 읽어오기' 앞의 선택상자를 클릭하여 선택하지 않은 상태(□)로 바꾼 후 〈확인〉을 누른다.

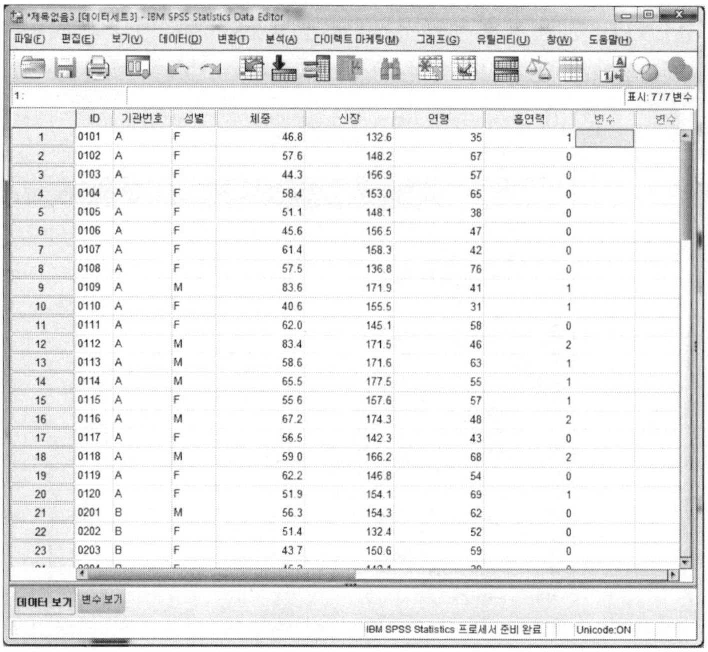


④ 다음과 같이 「데이터 보기」창에서 데이터 값을 확인할 수 있다. 각 변수에 대한 속성은 앞에서 설명한 것과 같이 「변수 보기」창에서 지정할 수 있다. SPSS 데이터 파일로 저장하려면 『파일(F) → 다른 이름으로 저장(A)』의 절차를 따르면 된다.

### 텍스트 파일 불러오기

**예제 2.3** 다음과 같이 메모장 등에서 열 수 있는 텍스트 형식으로 입력되어 있는 데이터를 SPSS에서 불러오는 방법에 대해 알아보자. 아래 파일은 '예제 2장.txt' 파일을 다운로드 받아서 사용할 수 있다.

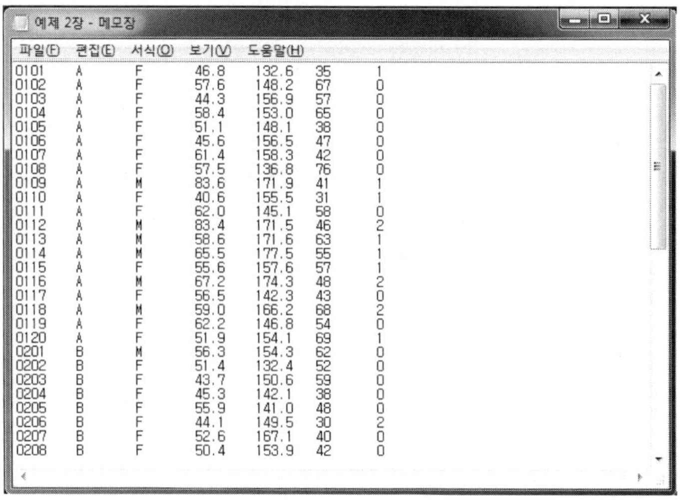

① 메뉴에서 『파일(F) → 열기(O) → 데이터(D)』를 선택하여 「데이터 열기」창이 나타나면, [파일 유형(T)]에서 "텍스트 (*.txt, *.dat, *.csv, *.tab)"를 선택한다. [찾아보기(I)]에서 경로를 지정하고 불러올 파일 이름을 선택하고 〈열기(O)〉를 누른다. 텍스트 파일을 SPSS 문서로 불러오기 위해서는 여섯 단계를 거쳐야 한다.

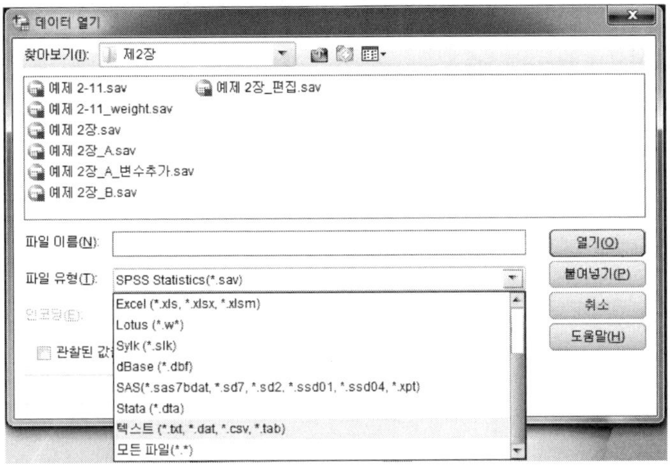

② 1단계는 가져올 텍스트 파일의 형식을 지정하는 단계인데, 미리 정의된 형식이 없으므로 '아니오'를 선택하고, 〈다음(N)〉 버튼을 누른다. 화면 아래쪽에 보이는 데이터의 형태를 확인하자.

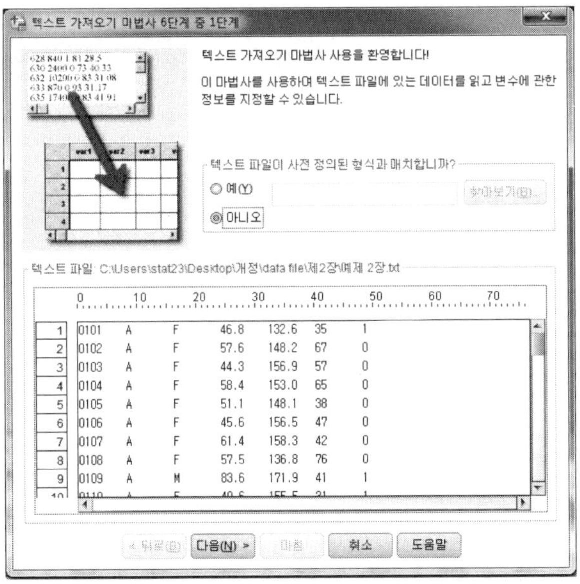

③ 2단계 창에서는 원본데이터의 유형을 정한다. 여기서 쓰이는 '예제 2장.txt'의 경우 탭으로 구분이 되어 있으므로 '구분자에 의한 배열(D)'을 선택하였고, 변수이름이 파일의 처음에 있지 않으므로 '아니오'를 선택한다. 화면 아래쪽에 데이터의 형

태가 보이고 있어 제대로 진행되고 있는지를 미리 확인할 수 있다. 확인 후 〈다음(N)〉을 누른다.

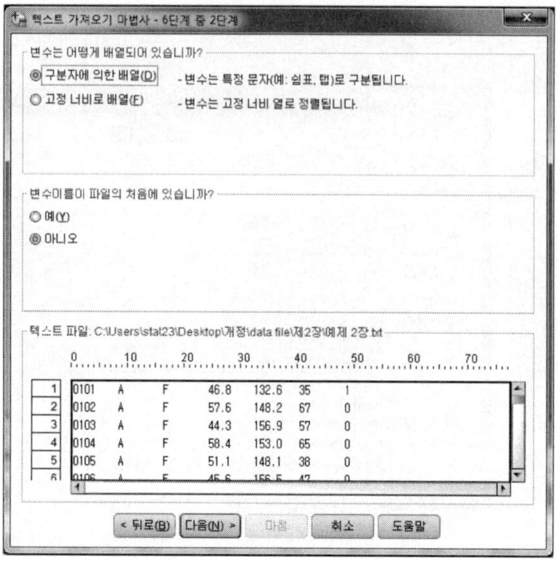

④ 3단계에서 입력된 데이터의 관측치(케이스)가 몇 개의 라인에 걸쳐서 입력되어 있는지, 불러들일 관측치의 개수가 몇 개인지를 지정해준다. 텍스트 파일의 형식에 맞게 지정한 후 〈다음(N)〉을 누른다.

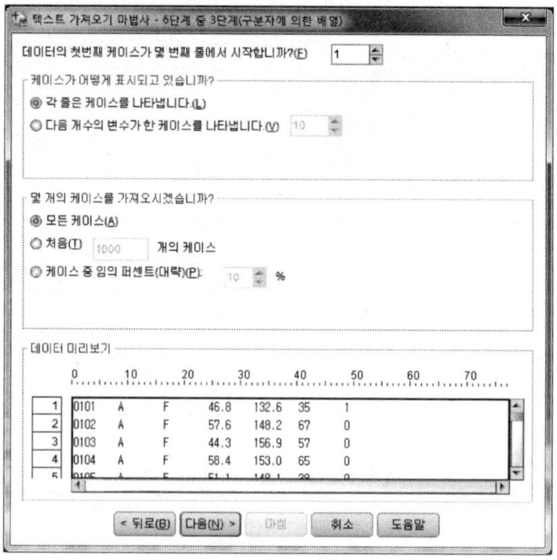

⑤ 4단계로는 각 변수를 구분하는 구분자를 선택하여야 한다. 본 예제의 경우는 탭으로 구분되어 있으므로 '탭(T)'을 선택하고 〈다음(N)〉을 누른다. 데이터를 가져오는 과정을 확인하기 위하여 [데이터 미리보기]에서 구분된 변수와 값을 살피자.

⑥ 5단계는 변수이름과 데이터 형식을 지정할 수 있다. 아래 [데이터 미리보기]에 명시된 기본 변수명인 'V1'을 선택한 후 해당하는 [변수이름(V)]과 [데이터 형식(D)]을 모두 지정한다. 그 다음, 'V2', 'V3' 등 나머지 모든 변수에 대하여 [변수이름(V)]과 [데이터 형식(D)]을 지정하는 것을 반복한다. 〈다음(N)〉을 누른다.

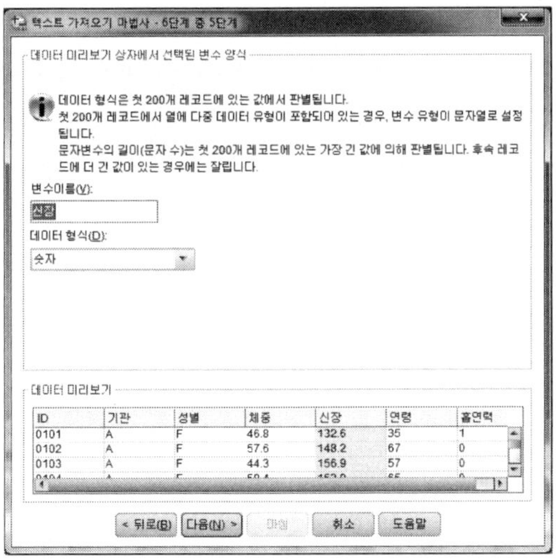


⑦ 마지막 단계에서는 지금까지 수행한 다섯 단계의 내용을 저장하는 단계이다. '다음에 사용할 수 있도록 이 파일 형식을 저장하시겠습니까?'에서 '예(Y)'를 선택하면 다음에 같은 형식의 텍스트 파일을 가져올 때 사용할 수 있고, '명령문을 붙여넣으시겠습니까?'에서 '예(E)'를 선택하면 나중에 「SPSS 명령문 편집기」 등에서 불러들여 사용할 수 있다. 본 예제에서는 모두 '아니오'를 선택하고, 〈마침〉을 누른다.

⑧ 「데이터 보기」창에서 데이터 값을 확인할 수 있다. 각 변수에 대한 속성은 앞에서 설명한 것과 같이 「변수 보기」창에서 지정할 수 있으며, SPSS 데이터 파일로 저장하려면 2.2.1절에서 설명한 『파일(F) → 다른 이름으로 저장(A)』의 절차를 따르면 된다.

### 2.2.3 파일 합치기

예를 들어, '환자기초정보' 데이터가 각 병원에서 20명씩 조사되어 각각 다른 파일로 저장되었다고 하자. 분석을 하기 위해서는 이들을 하나의 데이터로 통합하여야 할 것이다. 한편 환자수는 더 추가되지 않지만 각 환자들에 대해서 혈액검사결과 등의 변수가 나중에 추가되는 경우도 있을 수 있다. 이런 경우에 SPSS의 [파일 합치기] 기능을 이용할 수 있다. 위 예에서 전자는 [케이스 추가]이고, 후자는 [변수 추가]가 된다. [변수 추가]를 위해서는 통합하여야 하는 데이터들이 각각 기준이 되는 변수를 공통적으로 가지고 있어야 한다.

#### 케이스 추가

다음의 예를 통해 두 개의 파일에 나누어 입력된 케이스를 합치는 방법에 대해 알아보자.

**예제 2.4** A 병원의 '환자기초정보'와 B 병원의 '환자기초정보'를 합쳐 보자. 다운로드한 파일 중 예제 2장_A.sav와 예제 2장_B.sav를 이용한다.

① 예제 2장_A.sav와 예제 2장_B.sav를 연다.

|  | ID | 기관 | 성별 | 체중 | 신장 | 연령 | 흡연력 |
|---|---|---|---|---|---|---|---|
| 1 | 0101 | A | F | 46.8 | 132.6 | 35 | 1 |
| 2 | 0102 | A | F | 57.6 | 148.2 | 67 | 0 |
| 3 | 0103 | A | F | 44.3 | 156.9 | 57 | 0 |
| 4 | 0104 | A | F | 58.4 | 153.0 | 65 | 0 |
| 5 | 0105 | A | F | 51.1 | 148.1 | 38 | 0 |
| 6 | 0106 | A | F | 45.6 | 156.5 | 47 | 0 |
| 7 | 0107 | A | F | 61.4 | 158.3 | 42 | 0 |
| 8 | 0108 | A | F | 57.5 | 136.8 | 76 | 0 |
| 9 | 0109 | A | M | 83.6 | 171.9 | 41 | 1 |
| 10 | 0110 | A | F | 40.6 | 155.5 | 31 | 1 |
| 11 | 0111 | A | F | 62.0 | 145.1 | 58 | 0 |
| 12 | 0112 | A | M | 83.4 | 171.5 | 46 | 2 |
| 13 | 0113 | A | M | 58.6 | 171.6 | 63 | 1 |
| 14 | 0114 | A | M | 65.5 | 177.5 | 55 | 1 |
| 15 | 0115 | A | F | 55.6 | 157.6 | 57 | 1 |
| 16 | 0116 | A | M | 67.2 | 174.3 | 48 | 2 |
| 17 | 0117 | A | F | 56.5 | 142.3 | 43 | 0 |
| 18 | 0118 | A | M | 59.0 | 166.2 | 68 | 2 |
| 19 | 0119 | A | F | 62.2 | 146.8 | 54 | 0 |
| 20 | 0120 | A | F | 51.9 | 154.1 | 69 | 1 |

예제 2장_A.sav

|  | ID | 기관 | 성별 | 체중 | 신장 | 연령 | 흡연력 |
|---|---|---|---|---|---|---|---|
| 1 | 0201 | B | M | 56.3 | 154.3 | 62 | 0 |
| 2 | 0202 | B | F | 51.4 | 132.4 | 52 | 0 |
| 3 | 0203 | B | F | 43.7 | 150.6 | 59 | 0 |
| 4 | 0204 | B | F | 45.3 | 142.1 | 38 | 0 |
| 5 | 0205 | B | F | 55.9 | 141.0 | 48 | 0 |
| 6 | 0206 | B | F | 44.1 | 149.5 | 30 | 2 |
| 7 | 0207 | B | F | 52.6 | 167.1 | 40 | 0 |
| 8 | 0208 | B | F | 50.4 | 153.9 | 42 | 0 |
| 9 | 0209 | B | F | 65.5 | 161.1 | 56 | 2 |
| 10 | 0210 | B | F | 60.3 | 161.8 | 36 | 0 |
| 11 | 0211 | B | F | 53.5 | 142.4 | 49 | 1 |
| 12 | 0212 | B | M | 65.0 | 169.0 | 59 | 0 |
| 13 | 0213 | B | F | 47.7 | 150.8 | 48 | 1 |
| 14 | 0214 | B | F | 48.0 | 150.1 | 56 | 0 |
| 15 | 0215 | B | F | 60.6 | 160.8 | 59 | 1 |
| 16 | 0216 | B | F | 58.7 | 158.1 | 48 | 0 |
| 17 | 0217 | B | F | 50.7 | 142.4 | 54 | 0 |
| 18 | 0218 | B | M | 74.6 | 180.4 | 41 | 2 |
| 19 | 0219 | B | F | 44.8 | 163.1 | 58 | 0 |
| 20 | 0220 | B | F | 50.9 | 149.8 | 57 | 0 |

예제 2장_B.sav

② 예제 2장_A 데이터가 열려 있는 창의 메뉴에서 『데이터(D) → 파일 합치기(G) → 케이스 추가(C)』를 선택한다.

③ 「케이스 추가」 창에서 '열려 있는 데이터 세트(O)'의 목록 중 '예제 2장_B.sav'를 선택하고 〈계속(C)〉을 누른다.

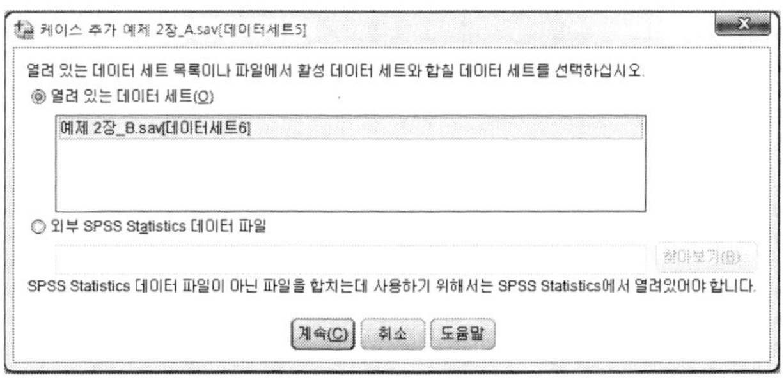

④ 예제 2장_B 데이터셋의 변수 중 형식(문자열/숫자) 또는 길이가 다르거나, 한쪽에만 있는 변수라서 합치지 않을 변수가 있으면 왼쪽 [대응되지 않은 변수(U)]로 보낸다. 이 예제의 경우 변수이름과 속성이 모두 동일하므로 〈확인〉 버튼을 누르면 두 데이터가 합쳐진다.

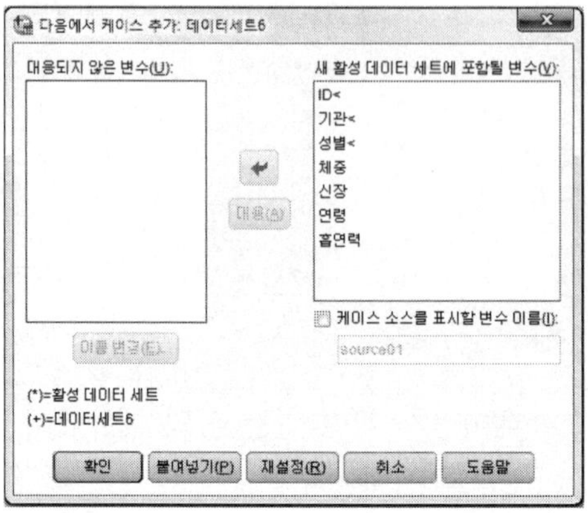


* 케이스를 추가하고자 하는 변수들은 이름, 유형, 길이 등 변수의 속성이 반드시 동일해야만 한다.

### 변수 추가

이번에는 두 개의 파일에 변수별로 나누어 입력된 데이터를 합치는 방법에 대해 알아보자.

**예제 2.5** A 병원의 '환자기초정보' 외에 추가로 이 환자들에 대해 '혈액검사결과'에 대한 데이터가 있을 때 이들을 하나의 데이터로 합쳐 보자. 예제 2장_A.sav와 예제 2장_A_변수추가.sav를 이용한다.

① 예제 2장_A.sav와 예제 2장_A_변수추가.sav를 연다. 아래 두 데이터셋의 기준변수는 ID이며, 파일 합치기 전에 기준변수는 반드시 오름차순으로 정렬되어 있어야 한다.

| | ID | 기관 | 성별 | 체중 | 신장 | 연령 | 흡연력 |
|---|---|---|---|---|---|---|---|
| 1 | 0101 | A | F | 46.8 | 132.6 | 35 | 1 |
| 2 | 0102 | A | F | 57.6 | 148.2 | 67 | 0 |
| 3 | 0103 | A | F | 44.3 | 156.9 | 57 | 0 |
| 4 | 0104 | A | F | 58.4 | 153.0 | 65 | 0 |
| 5 | 0105 | A | F | 51.1 | 148.1 | 38 | 0 |
| 6 | 0106 | A | F | 45.6 | 156.5 | 47 | 0 |
| 7 | 0107 | A | F | 61.4 | 158.3 | 42 | 0 |
| 8 | 0108 | A | F | 57.5 | 136.8 | 76 | 0 |
| 9 | 0109 | A | M | 83.6 | 171.9 | 41 | 1 |
| 10 | 0110 | A | F | 40.6 | 155.5 | 31 | 1 |
| 11 | 0111 | A | F | 62.0 | 145.1 | 58 | 0 |
| 12 | 0112 | A | M | 83.4 | 171.5 | 46 | 2 |
| 13 | 0113 | A | M | 58.6 | 171.6 | 63 | 1 |
| 14 | 0114 | A | M | 65.5 | 177.5 | 55 | 1 |
| 15 | 0115 | A | F | 55.6 | 157.6 | 57 | 1 |
| 16 | 0116 | A | M | 67.2 | 174.3 | 48 | 2 |
| 17 | 0117 | A | F | 56.5 | 142.3 | 43 | 0 |
| 18 | 0118 | A | M | 59.0 | 166.2 | 68 | 2 |
| 19 | 0119 | A | F | 62.2 | 146.8 | 54 | 0 |
| 20 | 0120 | A | F | 51.9 | 154.1 | 69 | 1 |

예제 2장_A.sav

| | ID | WBC | Hb |
|---|---|---|---|
| 1 | 0101 | 6.9 | 13.9 |
| 2 | 0102 | 6.5 | 13.8 |
| 3 | 0103 | 7.1 | 14.5 |
| 4 | 0104 | 4.0 | 14.9 |
| 5 | 0105 | 8.1 | 14.2 |
| 6 | 0106 | 4.1 | 14.5 |
| 7 | 0107 | 5.7 | 15.9 |
| 8 | 0108 | 7.1 | 15.1 |
| 9 | 0109 | 8.2 | 16.5 |
| 10 | 0110 | 8.7 | 14.8 |
| 11 | 0111 | 7.4 | 14.7 |
| 12 | 0112 | 4.9 | 16.7 |
| 13 | 0113 | 9.9 | 18.8 |
| 14 | 0114 | 4.7 | 13.7 |
| 15 | 0115 | 4.2 | 12.8 |
| 16 | 0116 | 7.7 | 14.3 |
| 17 | 0117 | 8.0 | 14.0 |
| 18 | 0118 | 6.1 | 14.8 |
| 19 | 0119 | 5.4 | 13.4 |
| 20 | 0120 | 6.0 | 13.4 |

예제 2장_A_변수추가.sav

② 예제 2장_A 데이터가 열려 있는 창의 메뉴에서 『데이터(D) → 파일 합치기(G) → 변수 추가(V)』를 선택한다.

③ 「변수 추가」창에서 '열려 있는 데이터 세트(O)'의 목록 중 '예제 2장_A_변수추가.sav'를 선택하고 〈계속(C)〉을 누른다.

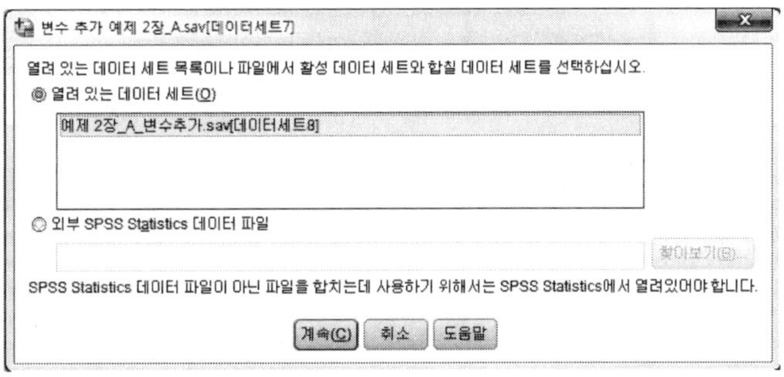


④ 두 데이터셋에 ID 변수가 공통적으로 있으므로 [제외된 변수(E)]에 ID가 보일 것이다. 변수 ID는 양 데이터셋을 합치는 기준변수이므로 '기준변수를 통해 매치하는 케이스 판단(M)'과 '두 데이터 세트의 케이스들은 기준변수 값의 오름차순 순으로 정렬되어 있음(C)'을 선택하고, 그 중 '양쪽 파일에 기준이 있음(B)'을 선택한다. [제외된 변수(E)] 리스트의 ID를 ➡를 눌러 [기준변수(V)] 리스트에 보내고 〈확인〉 버튼을 누른다.

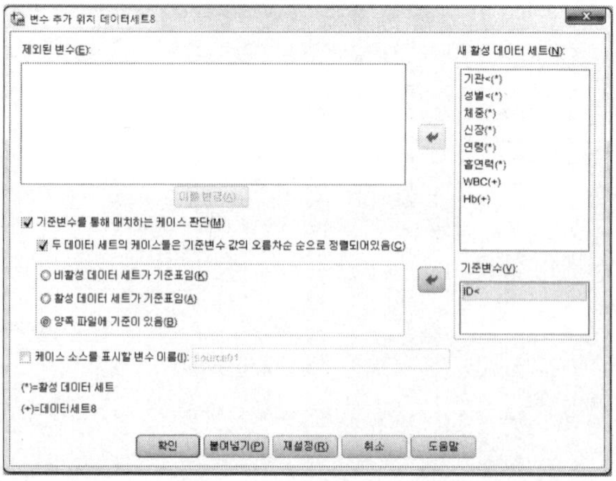


⑤ 다음과 같이 A 병원 환자기초정보 데이터셋에 혈액검사 결과가 합쳐진다.

| | ID | 기관 | 성별 | 체중 | 신장 | 연령 | 흡연력 | WBC | Hb |
|---|---|---|---|---|---|---|---|---|---|
| 1 | 0101 | A | F | 46.8 | 132.6 | 35 | 1 | 6.9 | 13.9 |
| 2 | 0102 | A | F | 57.6 | 148.2 | 67 | 0 | 6.5 | 13.8 |
| 3 | 0103 | A | F | 44.3 | 156.9 | 57 | 0 | 7.1 | 14.5 |
| 4 | 0104 | A | F | 58.4 | 153.0 | 65 | 0 | 4.0 | 14.9 |
| 5 | 0105 | A | F | 51.1 | 148.1 | 38 | 0 | 8.1 | 14.2 |
| 6 | 0106 | A | F | 45.6 | 156.5 | 47 | 0 | 4.1 | 14.5 |
| 7 | 0107 | A | F | 61.4 | 158.3 | 42 | 0 | 5.7 | 15.9 |
| 8 | 0108 | A | F | 57.5 | 136.8 | 76 | 0 | 7.1 | 15.1 |
| 9 | 0109 | A | M | 83.6 | 171.9 | 41 | 1 | 8.2 | 16.5 |
| 10 | 0110 | A | F | 40.6 | 155.5 | 31 | 1 | 8.7 | 14.8 |
| 11 | 0111 | A | F | 62.0 | 145.1 | 58 | 0 | 7.4 | 14.7 |
| 12 | 0112 | A | M | 83.4 | 171.5 | 46 | 2 | 4.9 | 16.7 |
| 13 | 0113 | A | M | 58.6 | 171.6 | 63 | 1 | 9.9 | 18.8 |
| 14 | 0114 | A | M | 65.5 | 177.5 | 55 | 1 | 4.7 | 13.7 |
| 15 | 0115 | A | F | 55.6 | 157.6 | 57 | 1 | 4.2 | 12.8 |
| 16 | 0116 | A | M | 67.2 | 174.3 | 48 | 2 | 7.7 | 14.3 |
| 17 | 0117 | A | F | 56.5 | 142.3 | 43 | 0 | 8.0 | 14.0 |
| 18 | 0118 | A | M | 59.0 | 166.2 | 68 | 2 | 6.1 | 14.8 |
| 19 | 0119 | A | F | 62.2 | 146.8 | 54 | 0 | 5.4 | 13.4 |
| 20 | 0120 | A | F | 51.9 | 154.1 | 69 | 1 | 6.0 | 13.4 |

## 2.3 데이터 변환

이 절에서는 생성된 데이터를 정렬하거나, 코드를 변경하는 등의 데이터 변환기능과 새로운 변수의 생성기능에 대해 살펴보고자 한다. 주로 SPSS 메뉴 중 [변환(T)]의 사용법에 대한 설명이 될 것이다.

### 2.3.1 변수 계산

변수 계산은 기존 변수로부터 단순한 수식, 조건문, 함수 등을 이용하여 새로운 변수를 추가하는 기능이다.

**예제 2.6** 예제 2장.sav 데이터를 열고 변수변환을 이용하여 새로운 변수를 만들어보자.

① 메뉴에서 『변환(T) → 변수 계산(C)』을 선택한다.

② 「변수 계산」창에서 [목표변수(T)]에 새롭게 추가할 변수이름을 입력하고, [숫자표현식(E)]에 기존에 있던 변수를 이용한 수식을 완성하면 된다. [숫자표현식(E)]을 완성하기 위해서는 왼쪽에 있는 변수창에서 필요한 변수를 선택한 후 ➡를 클릭하여 오른쪽의 [숫자표현식(E)]으로 보내고, 아래에 있는 부등호와 연산자를 이용한다. 본 예제에서는 새로운 변수로 체중(kg)을 키(m)의 제곱으로 나눈 비만지수인 BMI를 아래와 같이 생성하였다. [숫자표현식(E)]을 완성하고 〈확인〉을 누른다.

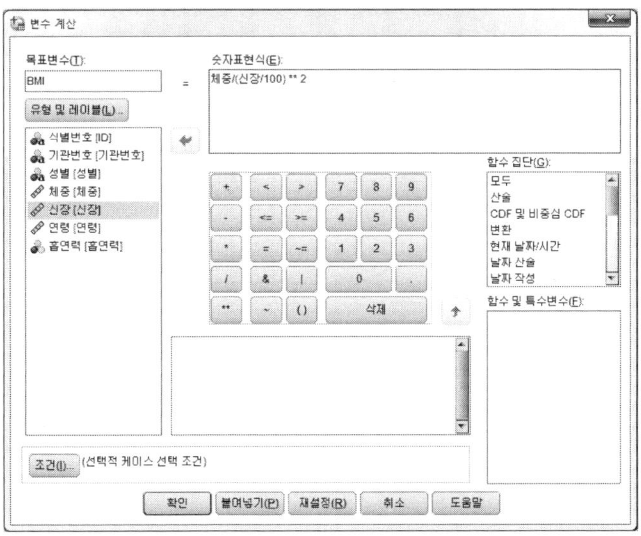

③ 이번에는 로그함수를 이용한 변수변환을 해 보자. 연속으로 변수변환을 이용하려면 두 번째 새 변수를 만들기 전에 「변수 계산」창에서 〈재설정(R)〉 버튼을 눌러서 새로운 변수 계산을 실시할 것임을 알려야 한다.
〈재설정(R)〉 버튼을 누른 후, 체중을 로그변환해 보도록 하자. [함수집단(G)]에서 산술을 선택하면 [함수 및 특수변수(F)]에 가능한 함수명이 나열된다. 이 중 자연로그 Ln을 선택하고 ⬆를 누른 후, 변수명단 중 체중을 선택하고 ➡를 누른다. [목표변수(T)]에 '로그체중'이라고 쓴 후, 〈확인〉을 누른다.

④ 다음과 같이 BMI와 로그체중 두 변수가 계산되어 추가되었다.

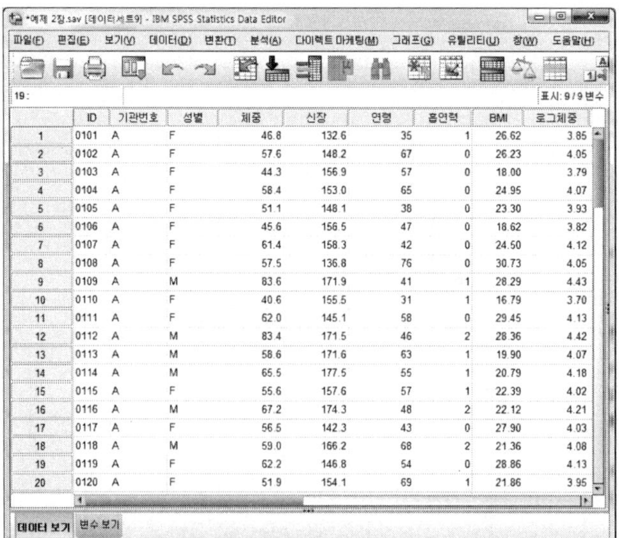


| | ID | 기관번호 | 성별 | 체중 | 신장 | 연령 | 흡연력 | BMI | 로그체중 |
|---|---|---|---|---|---|---|---|---|---|
| 1 | 0101 | A | F | 46.8 | 132.6 | 35 | 1 | 26.62 | 3.85 |
| 2 | 0102 | A | F | 57.6 | 148.2 | 67 | 0 | 26.23 | 4.05 |
| 3 | 0103 | A | F | 44.3 | 156.9 | 57 | 0 | 18.00 | 3.79 |
| 4 | 0104 | A | F | 58.4 | 153.0 | 65 | 0 | 24.95 | 4.07 |
| 5 | 0105 | A | F | 51.1 | 148.1 | 38 | 0 | 23.30 | 3.93 |
| 6 | 0106 | A | F | 45.6 | 156.5 | 47 | 0 | 18.62 | 3.82 |
| 7 | 0107 | A | F | 61.4 | 158.3 | 42 | 0 | 24.50 | 4.12 |
| 8 | 0108 | A | F | 57.5 | 136.8 | 76 | 0 | 30.73 | 4.05 |
| 9 | 0109 | A | M | 83.6 | 171.9 | 41 | 1 | 28.29 | 4.43 |
| 10 | 0110 | A | F | 40.6 | 155.5 | 31 | 1 | 16.79 | 3.70 |
| 11 | 0111 | A | F | 62.0 | 145.1 | 58 | 0 | 29.45 | 4.13 |
| 12 | 0112 | A | M | 83.4 | 171.5 | 46 | 2 | 28.36 | 4.42 |
| 13 | 0113 | A | M | 58.6 | 171.6 | 63 | 1 | 19.90 | 4.07 |
| 14 | 0114 | A | M | 65.5 | 177.5 | 55 | 1 | 20.79 | 4.18 |
| 15 | 0115 | A | F | 55.6 | 157.6 | 57 | 1 | 22.39 | 4.02 |
| 16 | 0116 | A | M | 67.2 | 174.3 | 48 | 2 | 22.12 | 4.21 |
| 17 | 0117 | A | F | 56.5 | 142.3 | 43 | 0 | 27.90 | 4.03 |
| 18 | 0118 | A | M | 59.0 | 166.2 | 68 | 2 | 21.36 | 4.08 |
| 19 | 0119 | A | F | 62.2 | 146.8 | 54 | 0 | 28.86 | 4.13 |
| 20 | 0120 | A | F | 51.9 | 154.1 | 69 | 1 | 21.86 | 3.95 |

### 2.3.2 코딩변경

기존에 기록되어 있는 코드 방식을 변경하는 기능으로, 저장되어 있는 변수의 값을 변경할 수도 있고, 새로운 코딩 규칙에 따른 새 변수를 추가할 수도 있다. 가급적 기존 변수를 그대로 두고 새로운 변수를 추가하는 것이 좋다.

**예제 2.7** 예제 2장.sav 데이터에서 기존의 '흡연력' 변수를 이용하여 '흡연여부'라는 새로운 변수를 만들어 보자. 흡연력이 0 또는 1이면 흡연여부는 0으로, 흡연력이 2이면 흡연여부는 1이 되도록 코딩을 변경하여 보자.

① 메뉴에서 『변환(T) → 다른 변수로 코딩변경(R)』를 선택한다.

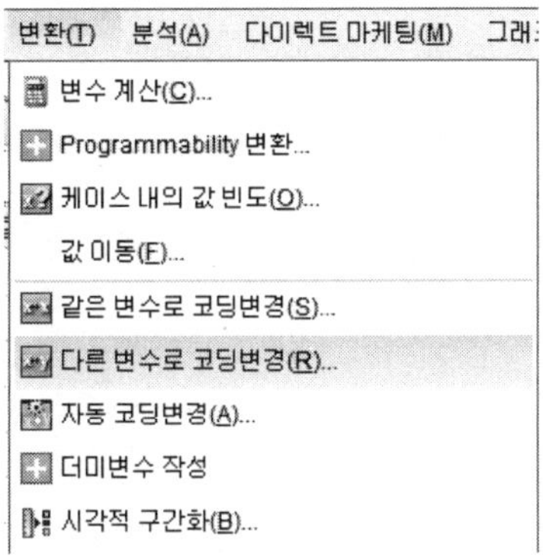


② 「다른 변수로 코딩변경」창의 왼쪽에 있는 변수창에서 코딩변경을 실시할 변수를 선택한 후 를 클릭하면 아래와 같은 화면이 된다.

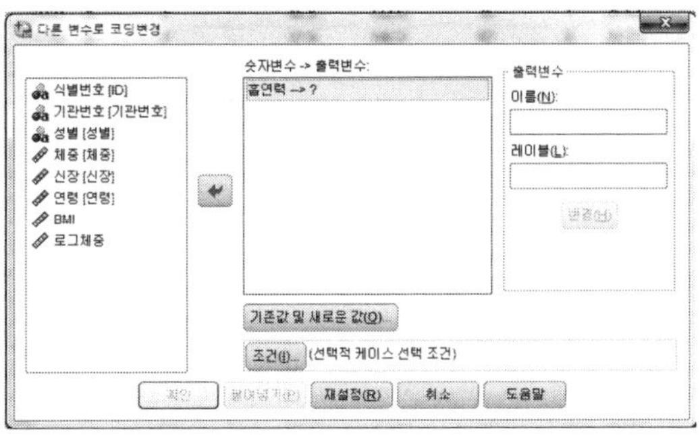

③ 오른쪽 [출력변수]에 새 변수이름과 레이블을 쓰고 〈변경(H)〉을 누르면 가운데 [숫자변수 → 출력변수] 창이 완성된다.

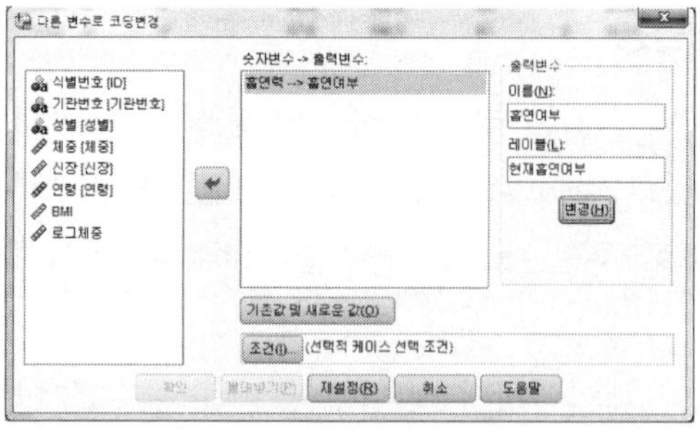

④ 〈기존값 및 새로운 값(O)〉 버튼을 누르면 변경할 코드의 조건을 입력할 수 있는 창이 열린다. 만약, 새 변수를 문자열로 지정하고 싶으면 오른쪽 아래의 '출력변수가 문자열임(B)'을 선택한다. [기존값]의 '값(V)'에 흡연력의 0을 입력하고, [새로운 값]의 '기준값(L)'에 흡연여부의 0을 입력한 후 〈추가(A)〉를 누른다. 동일한 방법으로 아래의 그림을 참조하여 새로운 코드값을 입력한다. 〈계속(C)〉을 누른다.

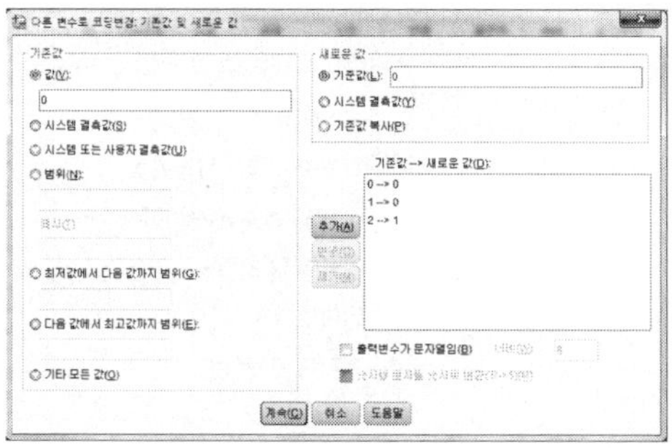

⑤ 「다른 변수로 코딩변경」창에서 〈확인〉을 누른다. 다음과 같이 흡연여부라는 새로운 변수가 추가된 데이터를 얻을 수 있다.

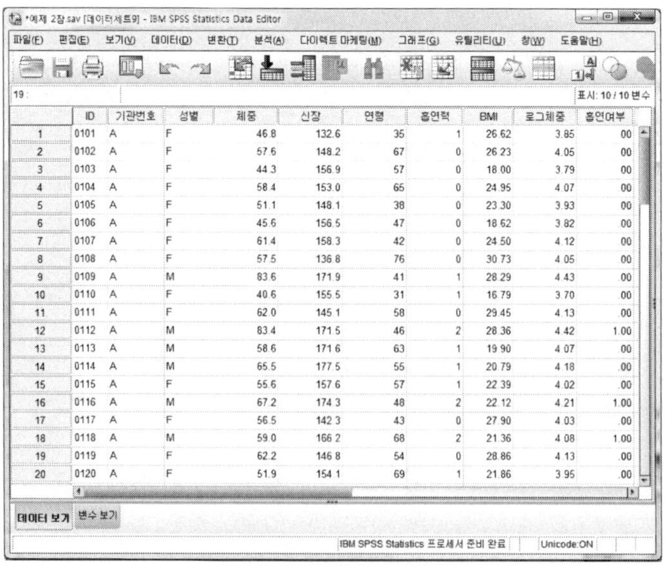

| | ID | 기관번호 | 성별 | 체중 | 신장 | 연령 | 흡연력 | BMI | 로그체중 | 흡연여부 |
|---|---|---|---|---|---|---|---|---|---|---|
| 1 | 0101 | A | F | 46.8 | 132.6 | 35 | 1 | 26.62 | 3.85 | .00 |
| 2 | 0102 | A | F | 57.6 | 148.2 | 67 | 0 | 26.23 | 4.05 | .00 |
| 3 | 0103 | A | F | 44.3 | 156.9 | 57 | 0 | 18.00 | 3.79 | .00 |
| 4 | 0104 | A | F | 58.4 | 153.0 | 65 | 0 | 24.95 | 4.07 | .00 |
| 5 | 0105 | A | F | 51.1 | 148.1 | 38 | 0 | 23.30 | 3.93 | .00 |
| 6 | 0106 | A | F | 45.6 | 156.5 | 47 | 0 | 18.62 | 3.82 | .00 |
| 7 | 0107 | A | F | 61.4 | 158.3 | 42 | 0 | 24.50 | 4.12 | .00 |
| 8 | 0108 | A | F | 57.5 | 136.8 | 76 | 0 | 30.73 | 4.05 | .00 |
| 9 | 0109 | A | M | 83.6 | 171.9 | 41 | 1 | 28.29 | 4.43 | .00 |
| 10 | 0110 | A | F | 40.6 | 155.5 | 31 | 1 | 16.79 | 3.70 | .00 |
| 11 | 0111 | A | F | 62.0 | 145.1 | 58 | 0 | 29.45 | 4.13 | .00 |
| 12 | 0112 | A | M | 83.4 | 171.5 | 46 | 2 | 28.36 | 4.42 | 1.00 |
| 13 | 0113 | A | M | 58.6 | 171.6 | 63 | 1 | 19.90 | 4.07 | .00 |
| 14 | 0114 | A | M | 65.5 | 177.5 | 55 | 1 | 20.79 | 4.18 | .00 |
| 15 | 0115 | A | F | 55.6 | 157.6 | 57 | 1 | 22.39 | 4.02 | .00 |
| 16 | 0116 | A | M | 67.2 | 174.3 | 48 | 2 | 22.12 | 4.21 | 1.00 |
| 17 | 0117 | A | F | 56.5 | 142.3 | 43 | 0 | 27.90 | 4.03 | .00 |
| 18 | 0118 | A | M | 59.0 | 166.2 | 68 | 2 | 21.36 | 4.08 | 1.00 |
| 19 | 0119 | A | F | 62.2 | 146.8 | 54 | 0 | 28.86 | 4.13 | .00 |
| 20 | 0120 | A | F | 51.9 | 154.1 | 69 | 1 | 21.86 | 3.95 | .00 |

*** 기타옵션**

코딩변경의 옵션 중 '범위(N)' 또는 '최저값에서 다음 값까지 범위(G)'등을 이용하여 동일한 효과를 낼 수도 있다. 아래 그림을 참조하여 실행하고, 위의 결과와 비교해 보자.

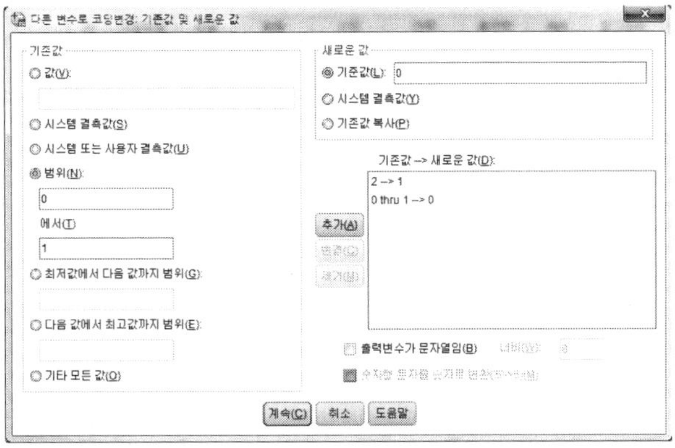


'범위(N)'

'최저값에서 다음 값까지 범위(G)'

### 2.3.3 순위변수 생성

기존 변수에 대해 순위를 매기거나 Savage 점수, 분수순위, 백분위수를 구하여 새로운 변수로 생성할 수 있다. 새로운 변수명은 기존 변수명 앞에 R이 붙는다.

**예제 2.8** 예제 2장.sav 데이터에서 '신장' 변수에 대해 순위를 매긴 변수를 구해 보자.

① 메뉴에서 『변환(T) → 순위변수 생성(K)』을 선택한다.

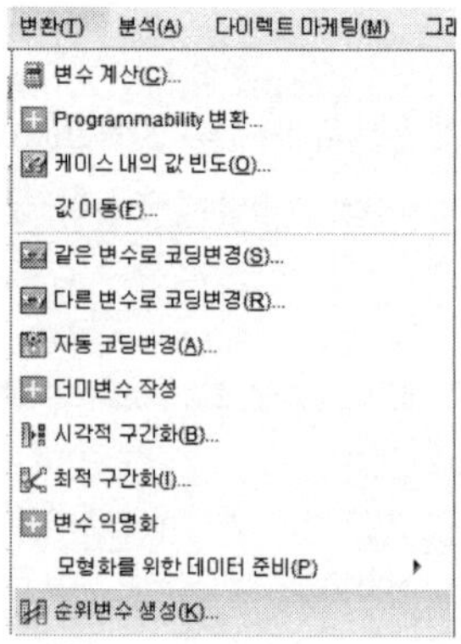


② 「순위변수 생성」창에서 순위를 매길 변수를 왼쪽에 있는 변수창에서 선택한 후 ➡를 클릭하면 아래와 같은 화면이 나타난다. 본 예제에서는 신장을 선택하였다. [순위 1을 할당할 값]이 '가장 작은 값(S)'인지 '가장 큰 값(L)'인지 선택한다. 동점이 있는 경우의 순위를 정하기 위해서는 〈등순위(T)〉을 누른다.

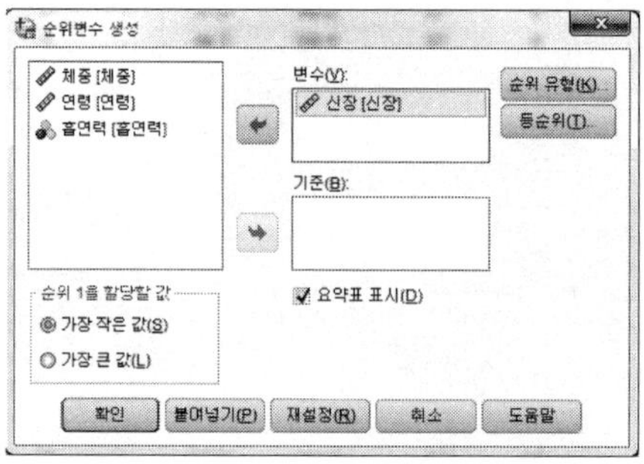


③ 동점자의 순위를 아래의 보기에서 선택한 후 〈계속(C)〉을 누른 후 「순위변수 생성」창에서 〈확인〉을 누른다.

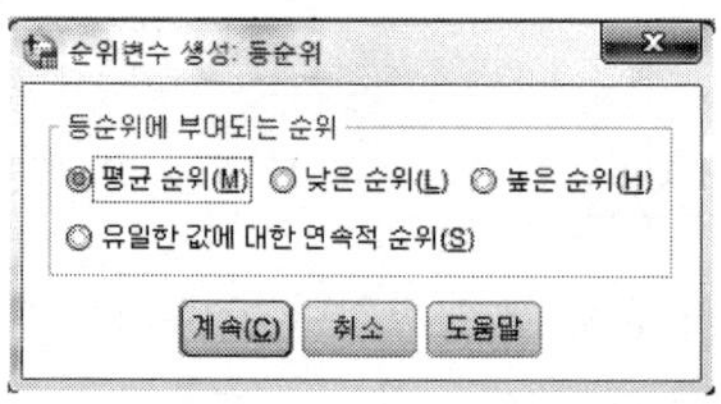


④ 『IBM SPSS Statistics Viewer』창에 생성된 순위변수와 순위를 생성할 때의 기준이 설명된다.

**생성된 변수[a]**

| 소스 변수 | 함수 | 새 변수 | 레이블 |
|---|---|---|---|
| 신장[b] | 순위 | R신장 | Rank of 신장 |

a. 동순위값의 평균 순위가 동순위에 사용됩니다.

b. 순위는 오름차순으로 표시됩니다.

⑤ 『IBM SPSS Statistics Data Editor』를 보면 새로 생성된 순위변수가 추가된다. 'R신장'이라는 새 변수가 생겼음을 확인할 수 있다.

## 2.4 데이터 조건설정

통계분석을 진행하다 보면 전체 데이터를 성별, 병원 등으로 분할하여 각각 분석하거나 특정 조건을 가진 집단에 대해서만 분석할 경우가 있다. 또는 범주형 변수에 대한 분할표를 생성해야 하는 데이터가 개체별로 수집되지 않고 각 범주별 빈도수로 저장되어 있어 가중치를 가지는 변수를 지정해야 하는 경우도 있다. 이 절에서는 분석을 진행할 때 기존 데이터에 일정 조건을 부여하여 향후에 수행할 통계분석에 적용하는 방법에 대해 알아보도록 한다.

### 2.4.1 파일분할

데이터에서 특정 변수에 대한 일부 집단별로 분석을 실시하고자 할 때 적용할 수 있는 방법이다. 예를 들면, 남성과 여성을 나누어 성별 특성을 보고자 하거나 연령대별 환자의 특성을 보고자 하는 경우를 생각하면 된다.

**예제 2.9** 예제 2장.sav 데이터에서 성별로 각각 분석을 실시하기 위한 파일분할을 해 보자.

① 메뉴에서 『데이터(D) → 파일분할(F)』을 선택한다.

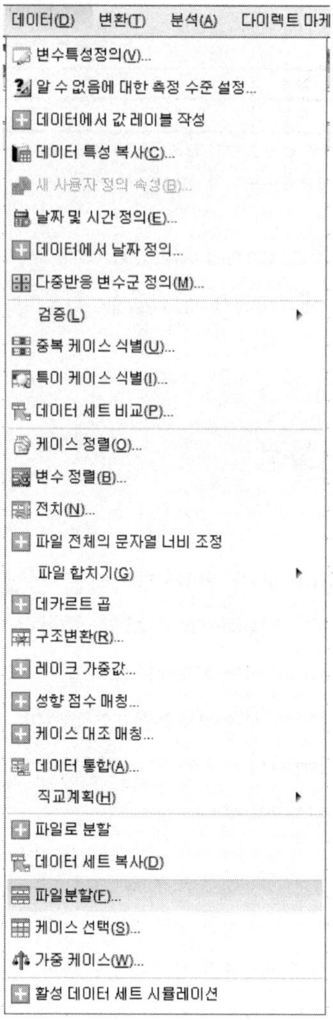


② 「파일분할」창에서 '집단들 비교(C)'를 선택하고 조건으로 만들 변수를 왼쪽에 있는 변수창에서 선택한 후 ➡를 클릭한다. 만약 데이터가 선택된 변수를 기준으로 정렬되어 있지 않으면, '집단변수 기준으로 케이스 정렬(S)'을 선택하고, 〈확인〉을 누른다.

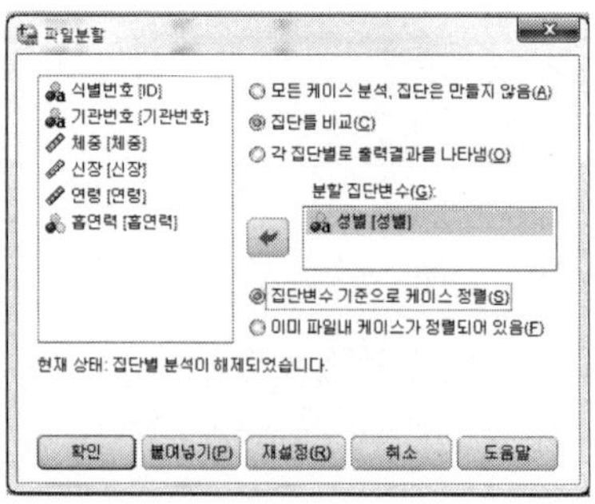

③ 파일분할이 실시된 상태에서 『분석(A) → 기술통계량(E) → 기술통계(D)』를 선택하고 변수 중 체중을 선택해 보자. 다음과 같이 여성과 남성의 결과가 각각 계산된다. 참고로, 「파일분할」창에서 '각 집단별로 출력결과를 나타냄(O)'을 선택하면 남녀별로 표가 따로 작성된다.

기술통계량

| 성별 | | N | 최소값 | 최대값 | 평균 | 표준편차 |
|---|---|---|---|---|---|---|
| 여성 | 체중 | 43 | 29.6 | 65.5 | 51.653 | 7.5518 |
| | 유효 N(목록별) | 43 | | | | |
| 남성 | 체중 | 17 | 55.7 | 83.6 | 67.541 | 9.8608 |
| | 유효 N(목록별) | 17 | | | | |

**＊ 파일분할 기능의 해제**

해제를 위해서는 다시 『데이터(D) → 파일분할(F)』을 선택한 후, 「파일분할」창에서 '모든 케이스 분석, 집단은 만들지 않음(A)'을 선택하거나 [분할집단변수(G)]로 지정된 것을 삭제하면 된다. 해제를 하지 않으면 이후에 진행되는 모든 분석에 대해 파일분할결과를 주므로 주의를 요한다.

## 2.4.2 케이스 선택

데이터에서 특정 조건에 부합하는 데이터만 선별하여 통계분석을 실시하고자 할 때 적용할 수 있는 방법이다. 예를 들면, 남성만을 분석하거나 세 개 병원 중 A 병원만을 분석하고자 할 때 사용된다.

**예제 2.10** 예제 2장.sav 데이터에서 연령이 40세 미만인 환자만 선택하여 분석하는 방법에 대해 알아보자.

① 메뉴에서 『데이터(D) → 케이스 선택(S)』을 선택한다.

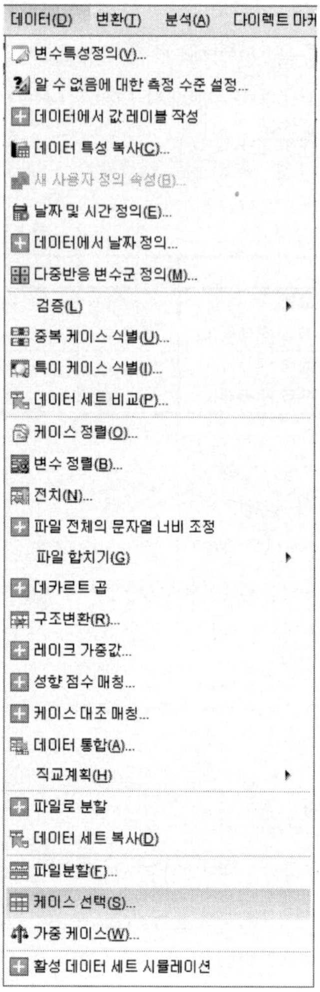

② 「케이스 선택」창에서 '조건을 만족하는 케이스(C)'를 선택하고 〈조건(I)〉을 누른다.

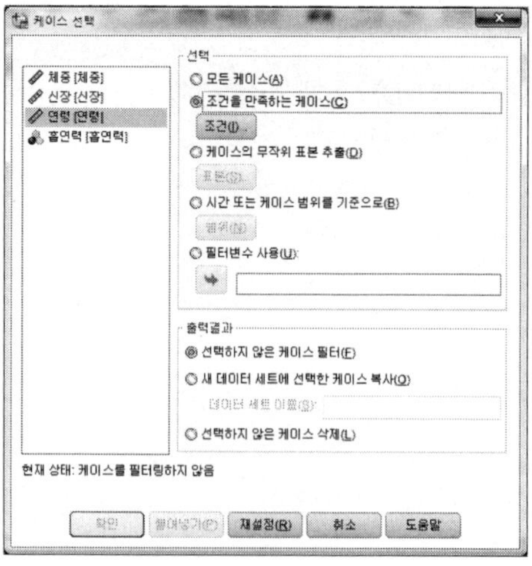

• 모든 케이스(A): 조건 없이 모든 데이터를 선택함
• 조건을 만족하는 케이스(C): 조건식을 만족하는 데이터를 선택함
• 케이스의 무작위 표본추출(D): 무작위 표본을 추출함(선택될 데이터의 백분율 또는 개체수를 지정할 수 있음)
• 시간 또는 케이스 범위를 기준으로(B): 개체번호의 범위나 시계열 변수의 기간을 지정하여 선택함

③ 조건을 지정할 변수를 왼쪽에 있는 변수창에서 선택한 후 ➡와 연산자를 이용하여 조건식을 작성한다. 본 예제에서는 연령이 40세 미만인 조건식을 아래와 같이 지정하였다. 〈계속(C)〉을 누르고 나와 「케이스 선택」창에서 〈확인〉을 누른다.

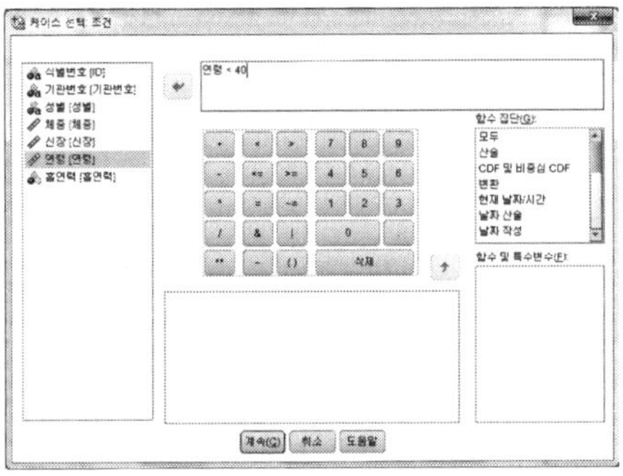

④ 조건에 맞는 연령이 40세 미만인 환자만 선택되었음을 'filter_$' 변수에서 확인할 수 있다. 화면 왼쪽에 선택되지 않은 케이스에는 'filter_$'에서 '0'으로 표시되고, 빗금이 그어지게 된다.

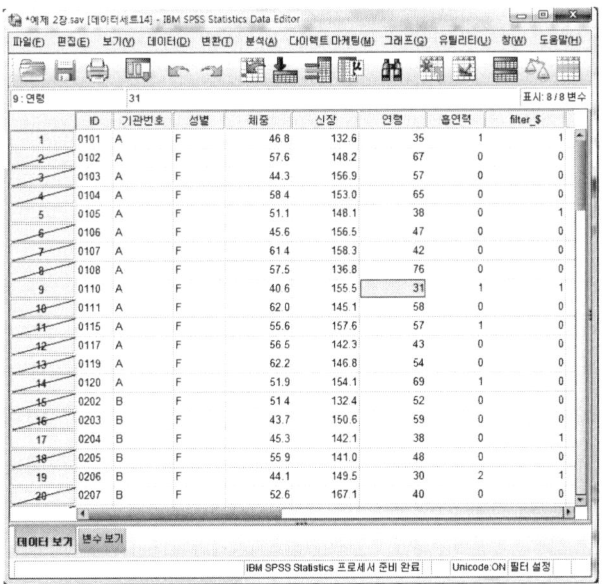

⑤ 아래 '기술통계량'에 대한 분석결과는 40세 미만의 환자가 선택된 상태에서 『분석(A) → 기술통계량(E) → 기술통계(D)』를 이용하여 체중에 대한 기술통계량을 계산한 결과이다. 전체 60명 환자 중 10명이 선택되었음을 알 수 있다.

기술통계량

| | N | 최소값 | 최대값 | 평균 | 표준편차 |
|---|---|---|---|---|---|
| 체중 | 10 | 40.6 | 67.1 | 51.930 | 9.0822 |
| 유효 N(목록별) | 10 | | | | |

*** 케이스 선택 기능의 해제**

메뉴에서 『데이터(D) → 케이스 선택(S)』을 선택하고 「케이스 선택」창에서 '모든 케이스(A)'를 선택한다. 해제를 하지 않으면 이후의 모든 분석에서 선택된 케이스만 분석된다.

### 2.4.3 가중 케이스

범주형 형태의 데이터가 개체별로 코딩되어 있지 않고 이미 표로 정리되어 있을 수 있다. 이러한 경우에는 일일이 다시 입력하지 않고 가중치변수를 선언해주면 된다.

**예제 2.11** 최초임신시기가 자궁경부암에 영향을 미치는지 알아보기 위해 자궁경부암환자 50명과 정상인 100명에 대해 첫 임신시기가 25세 미만인지 여부를 조사한 결과가 아래의 표와 같았다.

| 최초임신시기 | 자궁경부암여부 | |
|---|---|---|
| | 환자군 | 정상군 |
| 25세 이상 | 9명 | 33명 |
| 25세 미만 | 41명 | 67명 |

이 데이터는 최초임신시기(25세 이상 : 1, 25세 미만 : 2)와 자궁경부암여부(환자군 : 1, 정상군 : 2)라는 두 개의 변수에 대해 150개의 케이스가 있으므로 아래 왼쪽과 같은 방식으로 입력할 수 있다. 그러나 이미 표로 정리되어 있다면 아래 오른쪽 그림과 같이 가중치변수를 넣어주면 간단하다. 단, 이렇게 입력했을 때에는 다음의 절차에 따라 가중치변수를 선언해 주어야 한다. 아래 중 왼쪽 형태의 자료는 다운로드한 파일 중 예제 2장-11.sav 파일을 사용하면 된다.

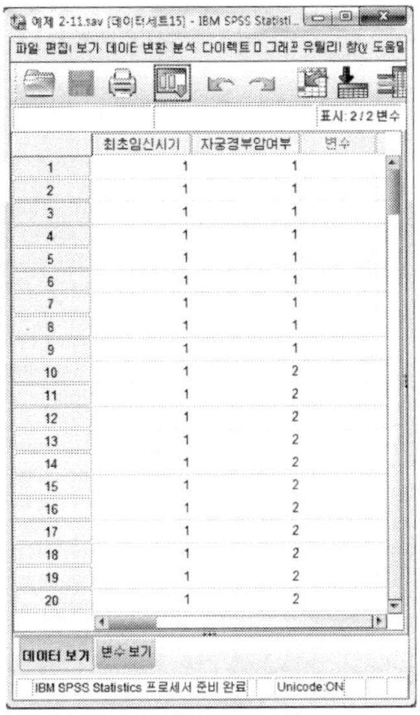


가중치변수가 없을 때

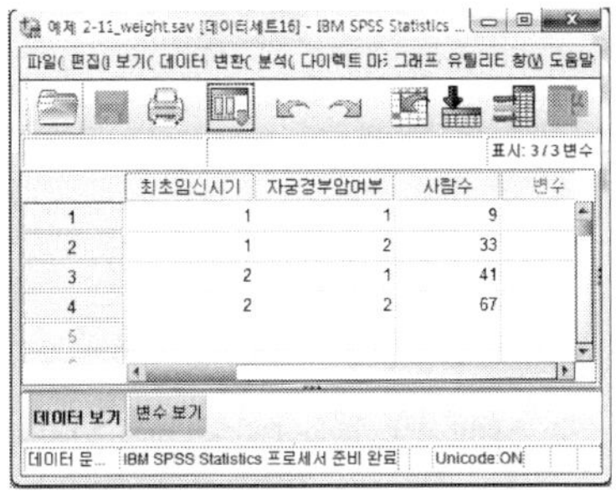


가중치변수를 사용할 때

① 앞의 오른쪽 그림과 같이 최초임신시기, 자궁경부암여부, 사람수를 각각 입력한다. 메뉴에서 『데이터(D) → 가중 케이스(W)』를 선택한다.

② '가중 케이스 지정(W)'을 선택하고 변수창에서 해당 변수를 선택한 후 ➡를 눌러, [빈도 변수(F)]로 옮기고 〈확인〉을 누른다. 여기서는 사람수를 선택하였다.

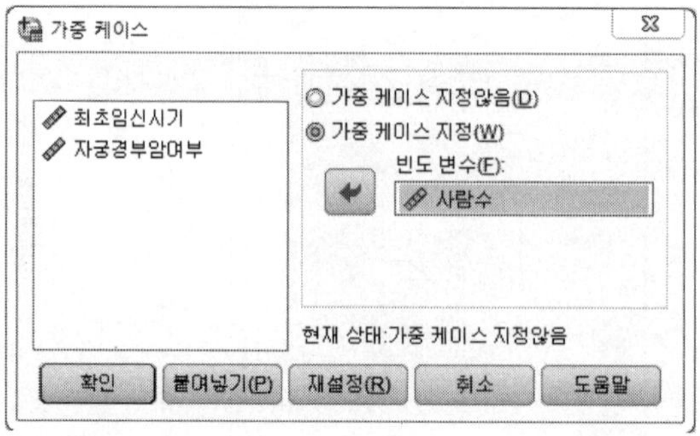


③ 아래 결과는 환자수를 가중 케이스로 지정한 후 『분석(A) → 기술통계량(E) → 교차분석(C)』에서 행과 열을 각각 '최초임신시기'와 '자궁경부암여부'로 지정하여 분할표를 생성한 결과이다.

**최초임신시기 * 자궁경부암여부 교차표**

빈도

| | | 자궁경부암여부 | | |
|---|---|---|---|---|
| | | 환자군 | 정상군 | 전체 |
| 최초임신시기 | 25세이상 | 9 | 33 | 42 |
| | 25세미만 | 41 | 67 | 108 |
| 전체 | | 50 | 100 | 150 |

* 만약 가중 케이스를 선언하지 않고 단순히 두 변수의 교차분석을 실시하면 아래 그림과 같이 각 범주별로 환자수가 1명씩인 것으로 간주되어 잘못된 결과를 가져오므로 주의해야 한다. 한편, 가중 케이스 지정을 해제하기 위해서는 ②의 「가중 케이스」창에서 '가중 케이스 지정않음(D)'을 체크하면 된다.

**최초임신시기 * 자궁경부암여부 교차표**

빈도

| | | 자궁경부암여부 | | |
|---|---|---|---|---|
| | | 환자군 | 정상군 | 전체 |
| 최초임신시기 | 25세이상 | 1 | 1 | 2 |
| | 25세미만 | 1 | 1 | 2 |
| 전체 | | 2 | 2 | 4 |

## 2.5 연습문제

**2.1** 다음은 건강기록부 검사 결과이다.

| | 환자번호 | 이름 | 성별 | 체중 | 키 |
|---|---|---|---|---|---|
| 1 | 1 | 김문정 | F | 55 | 160 |
| 2 | 2 | 정윤희 | F | 50 | 165 |
| 3 | 3 | 한나나 | F | 45 | 155 |
| 4 | 4 | 조성민 | M | 80 | 170 |
| 5 | 5 | 김용성 | M | 120 | 180 |
| 6 | 6 | 이기택 | M | 60 | 177 |
| 7 | 7 | 박서윤 | F | 44 | 158 |
| 8 | 8 | 장한수 | M | 70 | 173 |
| 9 | 9 | 이재경 | M | 83 | 185 |
| 10 | 10 | 윤서영 | F | 60 | 170 |

① 적절한 변수속성을 정의하고 환자번호와 이름, 성별, 체중, 키를 입력하여라.

② 변수 계산 기능을 이용하여 비만도를 구하여라. 단, 비만도 BMI=체중(kg)/키$(m)^2$으로 계산한다(참고: 현재 데이터는 cm 단위로 입력되어 있으므로 변환이 필요하다).

③ 성별로 각각 키에 대한 기술통계량을 계산하여라.

④ 이 데이터를 문제1.sav로 저장하고, 결과는 답안1.spv로 저장하여라.

**2.2** 다음은 의학 통계수업을 듣는 학생들의 기말 성적이다.

| | 학번 | 이름 | 통계 | 영어 |
|---|---|---|---|---|
| 1 | 631001 | 김종서 | 100 | 90 |
| 2 | 631002 | 김미현 | 80 | 80 |
| 3 | 631003 | 박정훈 | 70 | 80 |
| 4 | 631004 | 성유리 | 50 | 70 |
| 5 | 631005 | 이승엽 | 80 | 90 |
| 6 | 631006 | 이원지 | 90 | 70 |
| 7 | 631007 | 정다운 | 30 | 40 |
| 8 | 631008 | 한지영 | 60 | 50 |
| 9 | 631009 | 박지성 | 50 | 90 |
| 10 | 631010 | 김진아 | 70 | 80 |

① 학번과 이름, 통계, 영어를 입력하여라.

② 변수 계산 기능을 사용하여 통계와 영어의 평균점수를 구하여라.

③ ②에서 구한 평균점수에 대해 순위변수(석차)를 생성하여라.

④ 영어 점수가 70점 이상인 학생들만 선택하여 통계점수의 기술통계량을 계산하여라.

2.3 10명의 의과대학 학생을 대상으로 인턴십을 실시하고 활동에 대한 평가점수를 매겼다. 학생들은 두 개 그룹으로 나누어 활동한 후, 그룹별 점수 및 개인별 점수를 받았다. 그룹별 점수는 a.sav에, 개인별 점수는 b.sav에 저장하였다고 하자.

① 다음과 같이 a.sav와 b.sav 파일을 작성하여라.

a.sav

| 번호 | 그룹 | 그룹평가 |
|---|---|---|
| 1 | A | 70 |
| 2 | A | 70 |
| 3 | B | 60 |
| 4 | B | 60 |
| 5 | A | 70 |

b.sav

| 번호 | 개별평가1 | 개별평가2 |
|---|---|---|
| 1 | 70 | 50 |
| 2 | 80 | 70 |
| 3 | 90 | 90 |
| 4 | 90 | 80 |
| 5 | 70 | 70 |

② 향후 분석을 위해서 그룹정보를 이용하여 다음의 c.sav와 같이 해당하는 개별평가 및 그룹별 평가점수를 하나의 파일로 만들고자 한다. a.sav와 b.sav를 가지고 [파일 합치기] 기능을 이용하여 c.sav를 만들어 보아라.

c.sav

| 번호 | 그룹 | 그룹평가 | 개별평가1 | 개별평가2 |
|---|---|---|---|---|
| 1 | A | 70 | 70 | 50 |
| 2 | A | 70 | 80 | 70 |
| 3 | B | 60 | 90 | 90 |
| 4 | B | 60 | 90 | 80 |
| 5 | A | 70 | 70 | 70 |

③ 3명의 학생에 대한 데이터를 추가로 받은 결과는 다음과 같다. 데이터를 d.sav로 저장하고, c.sav에 이를 추가하여 보아라.

d.sav

| 번호 | 그룹 | 그룹평가 | 개별평가1 | 개별평가2 |
|---|---|---|---|---|
| 1 | A | 70 | 80 | 70 |
| 2 | B | 60 | 80 | 70 |
| 3 | B | 60 | 90 | 85 |

**2.4** 한 지역에서 10 ~ 12세의 아동 61명을 대상으로 SED(Seriously Emotionally Disturbed, 정서장애)여부와 우울증 정도를 조사한 결과는 다음과 같다.

| | 우울증 정도 | |
|---|---|---|
| | 낮음 | 높음 |
| SED 없음 | 34 | 14 |
| SED 있음 | 5 | 8 |

① 61명의 자료를 각각 입력하는 방식으로 데이터를 작성하여라.

② 가중치변수를 지정하여 입력하는 방식으로 데이터를 작성하고 가중치변수를 설정하여라.

**2.5** 다음은 식물종류에 따라 이산화탄소 흡수율을 측정한 결과이다.

| 번호 | 식물종류 | 흡수율 |
|---|---|---|
| 1 | B | 7.7 |
| 2 | A | 18.1 |
| 3 | D | 26.2 |
| 4 | E | 22.0 |
| 5 | D | 10.6 |
| 6 | A | 10.5 |
| 7 | A | 14.9 |
| 8 | E | 12.0 |
| 9 | C | 18.0 |
| 10 | D | 19.2 |
| 11 | B | 11.4 |
| 12 | E | 30.6 |
| 13 | C | 17.9 |
| 14 | B | 12.3 |
| 15 | C | 10.6 |

① 흡수율이 15 이상이면 '높음', 15 미만이면 '낮음'으로 하는 흡수정도라는 변수를 생성하여라.

② 파일분할 기능을 이용하여 식물종류에 따른 흡수율의 기술통계량을 구하여라.

③ 흡수정도가 '높음'인 케이스에 대하여 흡수율의 기술통계량을 구하여라.

④ 흡수정도가 '낮음'인 케이스에 대하여 흡수율의 기술통계량을 구하여라.

⑤ 흡수정도가 '높음'인 케이스에 대하여 식물종류에 따른 흡수율의 기술통계량을 구하여라.

⑥ 흡수정도가 '낮음'인 케이스에 대하여 식물종류에 따른 흡수율의 기술통계량을 구하여라.

# 3장

# 데이터의 정리와 요약

의학데이터를 수집했을 때 가장 기본적이고도 중요한 일 가운데 하나는 주어진 데이터의 특성을 잘 나타낼 수 있도록 데이터를 효과적으로 정리하고 표현하는 일일 것이다. 이를 위해서 그래프나 표를 이용하여 표현하거나 평균이나 표준편차 등의 요약된 값을 이용하게 된다. 이 장에서는 SPSS에서 표와 그래프를 작성하는 방법과 기술통계량을 구하는 방법을 설명할 것이다.

## 3.1 표와 그래프

데이터를 요약하는 방법으로 흔히 도수분포표나 히스토그램, 원도표, 산점도 등이 많이 사용된다. 데이터의 형태가 연속형 변수인지 범주형 변수인지에 따라 적절한 표와 그래프를 알아보고, SPSS에서의 사용법을 살펴보자.

### 3.1.1 범주형 자료의 경우

#### 도수분포표

데이터가 명목형이나 순서형인 경우에 하나의 변수에 대해서 도수분포표(frequency table)를 작성할 수 있다. 이때 각 범주에 해당하는 관측치의 개수를 세어 범주의 도수(빈도)로 놓는다. 도수분포표에는 흔히 상대도수나 누적상대도수가 같이 쓰인다. 상대도수는 각 구간의 도수를 자료의 총수로 나눈 값이고, 누적상대도수는 이의 누계이다.

**예제 3.1** 2장에서 사용한 바 있는 3개 병원의 60명 환자에 대한 '환자 기초정보' 데이터를 이용하여 성별에 대한 도수분포표를 생성하면 다음과 같다.

| | 도수 | 상대도수 | 누적상대도수 |
|---|---|---|---|
| 여성 | 43 | 0.72 | 0.72 |
| 남성 | 17 | 0.28 | 1.00 |
| 계 | 60 | 1.00 | |

SPSS로 도수분포표를 작성하는 방법을 알아보자. 예제 3-1.sav 파일을 사용한다.

① 『분석(A) → 기술통계량(E) → 빈도분석(F)』을 선택한다. 「빈도분석」창에서 왼쪽 변수 리스트 중 '성별'을 선택하여 오른쪽으로 옮긴 후 〈확인〉을 누른다.

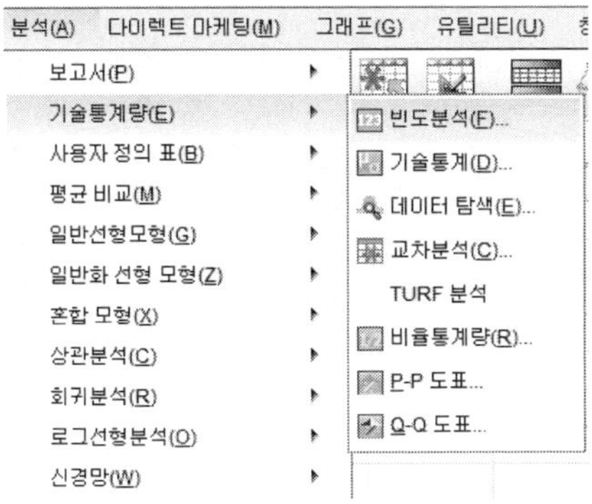

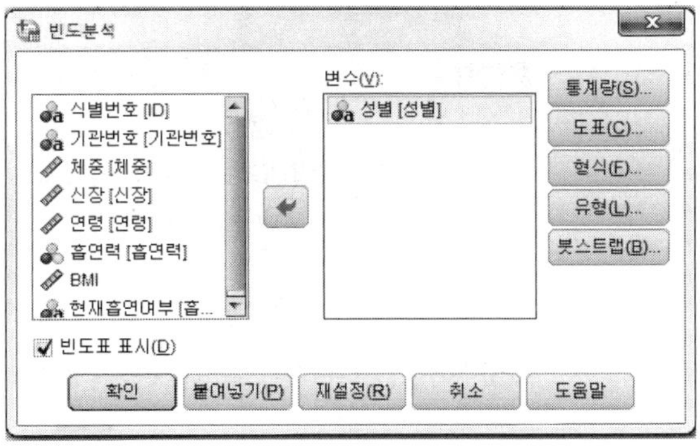


② 『IBM SPSS Statistics Viewer』창의 도수분포표를 확인한다. 여기서 도수는 '빈도'로, 상대도수와 누적상대도수는 각기 '퍼센트'와 '누적 퍼센트'로 표시된다.

**성별**

| | | 빈도 | 퍼센트 | 유효 퍼센트 | 누적 퍼센트 |
|---|---|---|---|---|---|
| 유효 | 여성 | 43 | 71.7 | 71.7 | 71.7 |
| | 남성 | 17 | 28.3 | 28.3 | 100.0 |
| | 전체 | 60 | 100.0 | 100.0 | |

## 분할표

한 개체에 대해 두 가지 변수를 조사하고 이것이 모두 질적 범주인 경우에는 두 변수를 각기 행과 열에 배치하고 해당되는 관측치를 세어서 2차원 분할표(con-tingency table)로 데이터를 정리할 수 있다.

**예제 3.2** 예제 3-1.sav 데이터에서 성별과 흡연력에 대한 2차원 분할표를 구하면 다음과 같다.

| 흡연력 \ 성별 | 여성 | 남성 | 총계 |
|---|---|---|---|
| 경력 없음 | 32 | 4 | 36 |
| 과거경력 있으나 현재 끊었음 | 7 | 8 | 15 |
| 현재 흡연 중임 | 4 | 5 | 9 |
| 총계 | 43 | 17 | 60 |

위의 표는 분할표의 각 셀에 도수를 쓴 경우이나, 상대도수를 쓸 수도 있다. 예컨대 성별로 흡연력의 분포를 비교하고 싶다면 다음과 같이 여성과 남성의 상대도수가 각각 1이 되도록 할 수 있다.

| 성별 / 흡연력 | 여성 | 남성 |
|---|---|---|
| 경력 없음 | 0.74 | 0.24 |
| 과거경력 있으나 현재 끊었음 | 0.16 | 0.47 |
| 현재 흡연 중임 | 0.09 | 0.30 |
| 총계 | 1.00 | 1.00 |

SPSS를 사용하여 분할표를 작성하여 보자.

① 『분석(A) → 기술통계량(E) → 교차분석(C)』을 선택하여 「교차분석」창에서 성별을 [행(O)] 칸으로, 흡연력을 [열(C)] 칸으로 옮긴다.

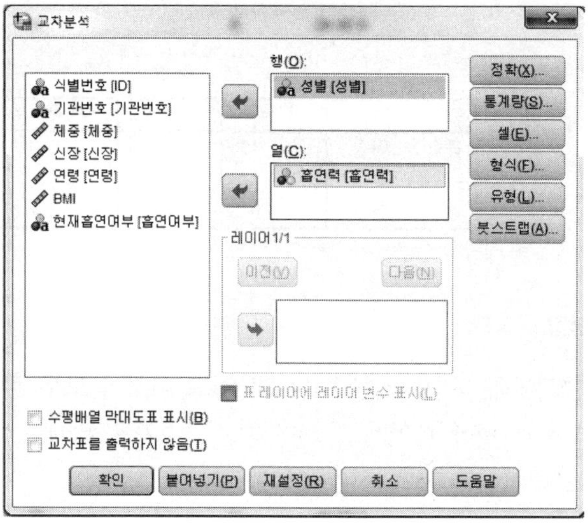


② 〈확인〉을 누르면 다음과 같은 결과가 나타난다.

**성별 * 흡연력 교차표**

빈도

| | | 흡연력 | | | 전체 |
|---|---|---|---|---|---|
| | | 경력없음 | 과거 경력있으나 현재 끊었음 | 흡연중임 | |
| 성별 | 여성 | 32 | 7 | 4 | 43 |
| | 남성 | 4 | 8 | 5 | 17 |
| 전체 | | 36 | 15 | 9 | 60 |

* 단순빈도 외에 기대빈도나 행 또는 열 백분율을 보고 싶으면, 〈셀(E)〉 버튼을 눌러 아래와 같이 분할표에 출력할 통계량을 체크한다. 〈통계량(S)〉 옵션에 대해서는 9장에서 설명할 것이다.

## 막대도표

명목형이나 순서형 자료의 빈도를 그림으로 표현하기 위해서 흔히 막대도표(bar chart)를 사용한다. 막대도표에서 수평축으로는 범주를, 수직축에 각 범주에 해당하는 도수나 상대도수를 막대의 높이로 표현한다.

**예제 3.3** 예제 3-1.sav 데이터에서 성별에 따른 도수를 나타내는 막대도표를 그려보자.

① 『그래프(G) → 레거시 대화 상자(L) → 막대도표(B)』를 선택하면 「막대도표」창이 나타나는데, 여기서 [단순]을 선택하고 〈정의〉 버튼을 누른다.

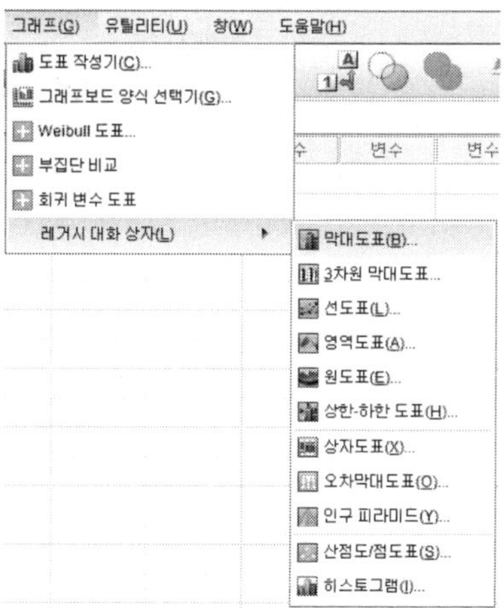


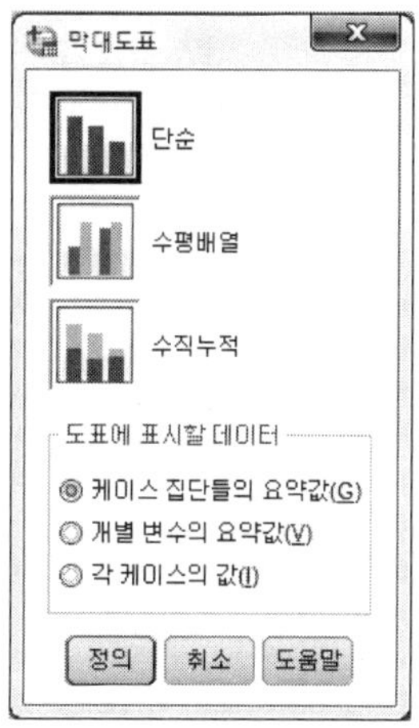

② [막대 표시]에는 도표에 표시할 통계량을 선택한 후, [범주축(X)]에 성별을 옮기고 〈확인〉을 누른다. 여기서는 막대의 높이가 '케이스 수'인 그래프가 아래와 같이 구해진다.

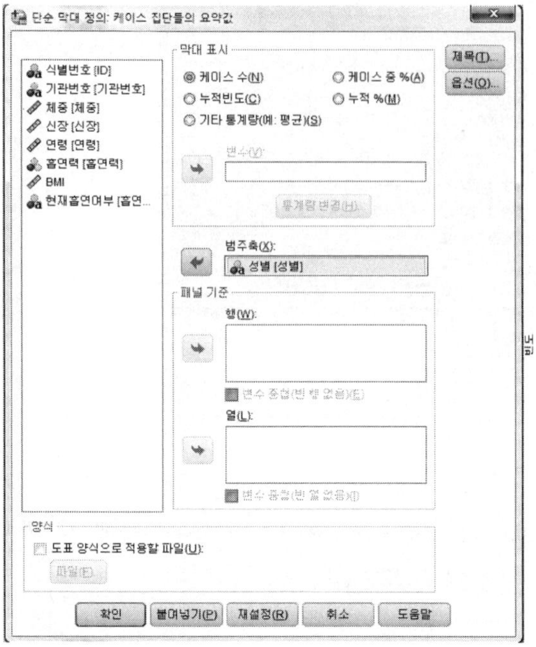


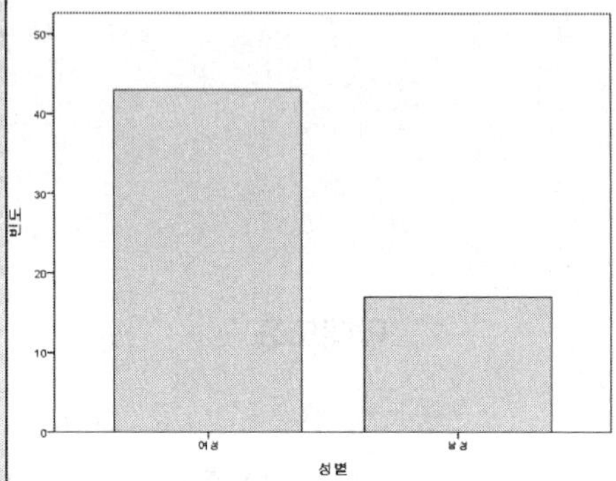


「막대도표」창에는 [단순] 외에도 [수평배열]이나 [수직누적]을 선택할 수 있다. 예를 통해 기능을 알아보자.

- 단순: 한 개 변수의 범주에 대한 요약값으로 그래프의 막대를 표시함
- 수평배열: 두 개 변수 중 나머지 한 변수의 범주 내에서 다른 변수의 범주에 대한 요약값으로 막대를 표시함
- 수직누적: 한 개 변수의 범주에 대한 막대에 대하여 다른 변수 범주의 요약치를 수직적으로 구분하여 표시함

③ 이번에는 『그래프(G) → 레거시 대화 상자(L) → 막대도표(B)』를 선택한 후 「막대도표」창에서 [수평배열]을 선택하고 〈정의〉 버튼을 누른다. 대화창에 [수평배열 정의 기준(B)]라는 항목이 추가되었다. 다음 그림과 같이 [수평배열 정의 기준(B)]에 흡연력을 지정하고 〈확인〉을 누르면, 오른쪽 그림과 같이 성별로 흡연력 수준을 구분해서 막대그래프가 그려진다.

* [수직누적]을 선택하면 어떤 그림이 나올까? 시도해 보자.

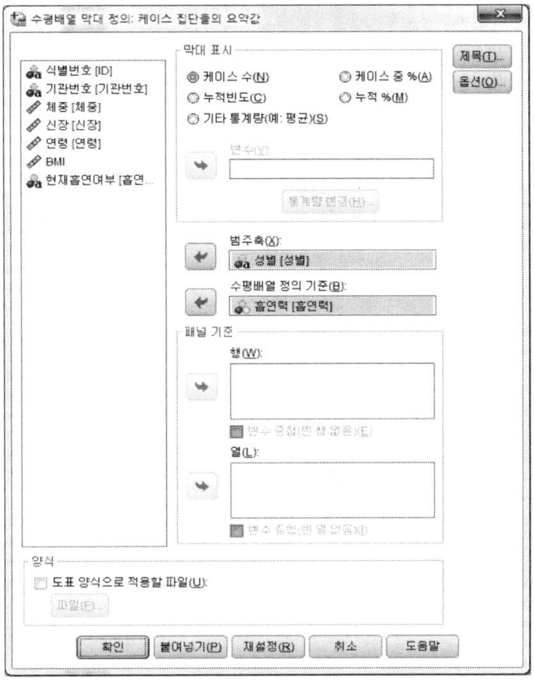


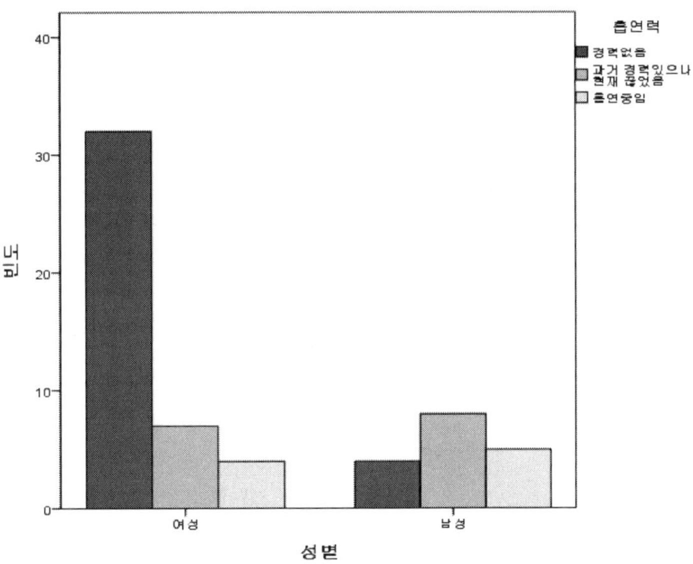


* 『그래프(G) → 도표 작성기(C)』에서는 다음 그림처럼 위의 레거시 대화 상자 창에 있는 그림들을 그리는 동일한 기능이 있지만, 드래그 앤 드롭으로 작성이 가능한 점 및 나타날 그림을 미리 볼 수 있는 장점이 있다.

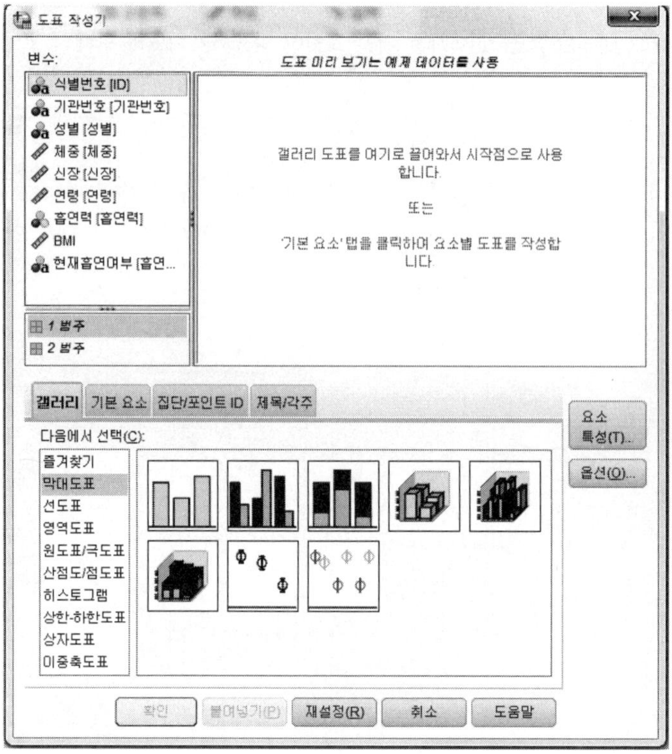


## 원도표

원도표(pie chart)는 원을 그리고 각 조각의 각도가 도수에 비례하도록 중심각을 나누어 그려진다. 원도표를 이용하면 각 범주가 차지하는 비율을 한눈에 파악하기 쉽다.

**예제 3.4** 예제 3-1.sav 데이터에서 '흡연력'의 분포를 원도표로 그려보자.

① 『그래프(G) → 레거시 대화 상자(L) → 원도표(E)』를 선택하면 「원도표」창이 나타나는데, 이 중 적절한 데이터 형태를 선택한 후 [정의]를 누른다.

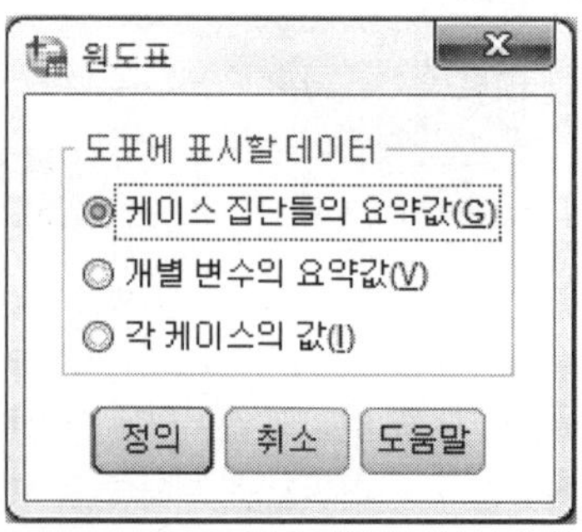

- 케이스 집단들의 요약값(G): 한 개 변수의 범주에 대한 요약값으로 도표를 작성함
- 개별 변수의 요약값(V): 두 개 이상의 숫자변수에 대한 요약값으로 도표를 작성함
- 각 케이스의 값(I): 각 관측치의 단일 숫자변수를 요약하여 도표를 작성함

② 「원도표」창에서 [케이스 집단들의 요약값(G)]을 선택하고 〈정의〉 버튼을 누른다. [조각 표시]에는 도표에 표시할 통계량을 선택한 후, [조각 기준변수(B)]에 흡연력을 지정하고 〈확인〉을 누른다.

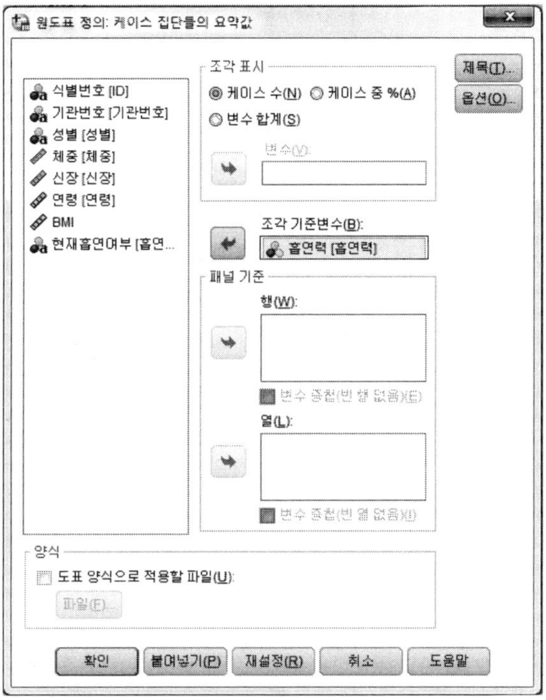


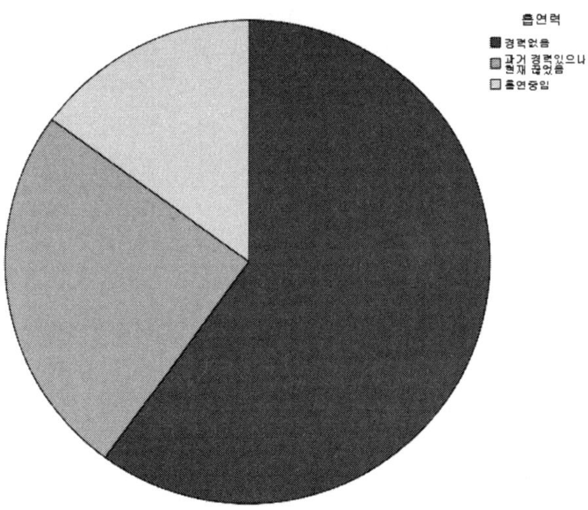

### 3.1.2 연속형 자료의 경우

연속적인 데이터의 경우 전반적인 분포를 알아보기 위해서 도수분포표를 작성하거나 히스토그램이나 줄기와 잎 그림을 이용할 수 있다. 또한 주요 요약통계량을 이용한 상자그림이나 평균-표준편차그림을 통해서 대강의 분포를 짐작할 수도 있다. 한편 두 변수 간 관계를 보기 위해서는 산점도를 작성할 수 있으며, 데이터의 정규성을 검토하기 위해서 Q-Q 도표를 그려보기도 한다. 이러한 방법에 대해 차례로 알아보자.

#### 도수분포표

연속형 자료에서 도수분포표를 구하려면, 관측값들을 일정한 구간(계급구간이라 함)으로 나눈 다음 각 구간에 속한 자료의 수를 세어 표로 정리한다. 이의 작성 절차는 대략 다음의 5단계로 설명할 수 있다.

① 관측치 중 최댓값과 최솟값을 찾는다.
② 최댓값과 최솟값의 차이, 즉 범위를 구한다.
③ 몇 개의 구간으로 나눌 것인지 결정한다.
④ 구간이 중복되지 않도록 범위를 정한다.
⑤ 각 구간에 속하는 관측치의 수를 세어 도수를 구한다.

**예제 3.5** 예제 3-1.sav의 '환자 기초정보' 데이터 중에서 환자들의 나이에 대한 자료만 정리하면 다음과 같다.

| ID | 연령 | ID | 연령 | ID | 연령 | ID | 연령 | ID | 연령 | ID | 연령 |
|---|---|---|---|---|---|---|---|---|---|---|---|
| 0101 | 35 | 0111 | 58 | 0201 | 62 | 0211 | 49 | 0301 | 56 | 0311 | 26 |
| 0102 | 67 | 0112 | 46 | 0202 | 52 | 0212 | 59 | 0302 | 67 | 0312 | 40 |
| 0103 | 57 | 0113 | 63 | 0203 | 59 | 0213 | 48 | 0303 | 30 | 0313 | 47 |
| 0104 | 65 | 0114 | 55 | 0204 | 38 | 0214 | 56 | 0304 | 49 | 0314 | 53 |
| 0105 | 38 | 0115 | 57 | 0205 | 48 | 0215 | 59 | 0305 | 52 | 0315 | 47 |
| 0106 | 47 | 0116 | 48 | 0206 | 30 | 0216 | 48 | 0306 | 34 | 0316 | 47 |
| 0107 | 42 | 0117 | 43 | 0207 | 40 | 0217 | 54 | 0307 | 44 | 0317 | 46 |
| 0108 | 76 | 0118 | 68 | 0208 | 42 | 0218 | 41 | 0308 | 59 | 0318 | 68 |
| 0109 | 41 | 0119 | 54 | 0209 | 56 | 0219 | 58 | 0309 | 45 | 0319 | 35 |
| 0110 | 31 | 0120 | 69 | 0210 | 36 | 0220 | 57 | 0310 | 63 | 0320 | 47 |

여기서 최댓값은 76세이며 최솟값은 26세이므로 범위는 76−26=50이다. 연령이므로 구간의 폭을 10으로 하면 알아보기 쉬울 것이다. 첫째 구간을 '30세 이하'로 하고 마지막 구간을 '71세 이상'으로 하여 6개의 구간으로 나누어 보자. 이 데이터의 도수분포표는 다음과 같이 구해진다.

| 계급구간 | 도수 | 상대도수 | 누적상대도수 |
|---|---|---|---|
| 30세 이하 | 3 | 5.0 | 5.0 |
| 31세–40세 | 9 | 15.0 | 20.0 |
| 41세–50세 | 20 | 33.3 | 53.3 |
| 51세–60세 | 18 | 30.0 | 83.3 |
| 61세–70세 | 9 | 15.0 | 98.3 |
| 71세 이상 | 1 | 1.7 | 100.0 |
| 합계 | 60 | 100.0 | |

① SPSS를 이용하여 연속형 변수의 도수분포표를 만들기 위해 먼저 계급구간 변수를 생성하여야 한다. 『변환(T) → 다른 변수로 코딩변경(R)』에서 위에서 정의한 계급구간에 따른 변수를 생성한다(자세한 절차는 2.3절을 참조하라).

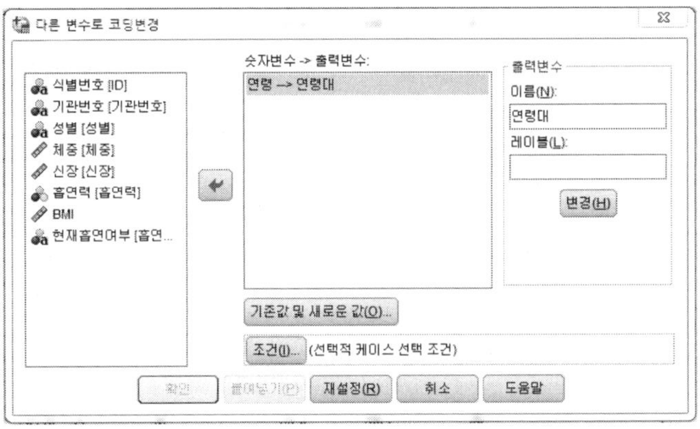


② '최저값에서 다음 값까지 범위(G)', '범위(N)' 또는 '다음 값에서 최고값까지 범위(E)'를 이용하여 아래와 같이 변수의 [너비(W)]를 12로 한 문자열 변수 연령대를 생성한다.

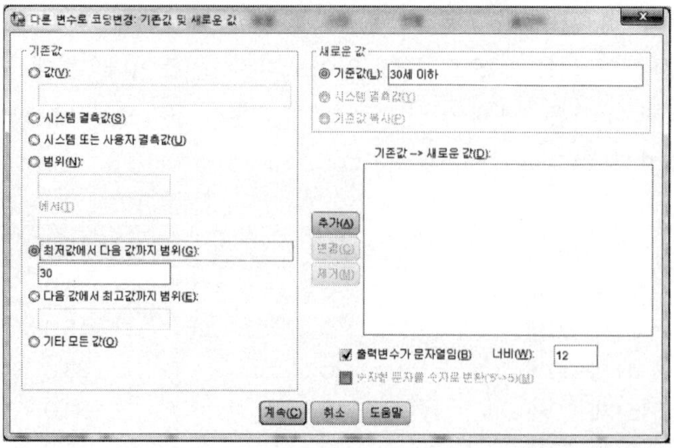


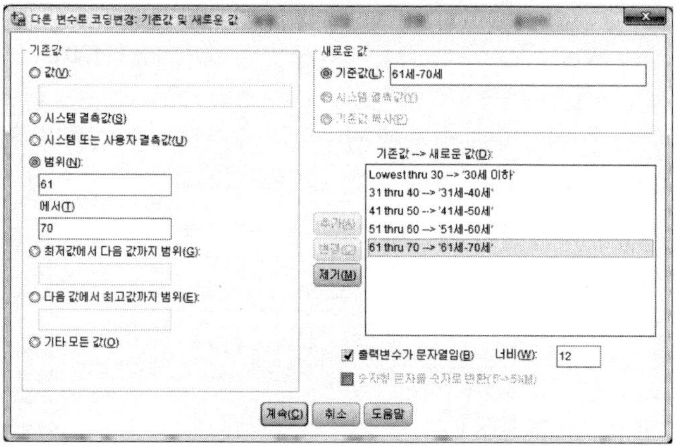

③ 『분석(A) → 기술통계량(E) → 빈도분석(F)』을 선택한다. 「빈도분석」창에서 왼쪽 변수 리스트 중 연령대를 선택하여 오른쪽으로 옮긴 후 〈확인〉을 누른다.

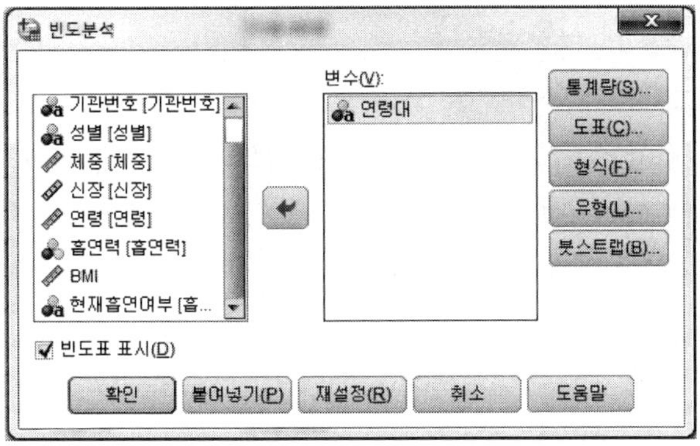


④ 『IBM SPSS Statistics Viewer』창의 도수분포표를 확인한다. 여기서 상대도수와 누적상대도수는 각기 '퍼센트'와 '누적 퍼센트'로 표시된다.

**연령대**

| | | 빈도 | 퍼센트 | 유효 퍼센트 | 누적 퍼센트 |
|---|---|---|---|---|---|
| 유효 | 30세 이하 | 3 | 5.0 | 5.0 | 5.0 |
| | 31세-40세 | 9 | 15.0 | 15.0 | 20.0 |
| | 41세-50세 | 20 | 33.3 | 33.3 | 53.3 |
| | 51세-60세 | 18 | 30.0 | 30.0 | 83.3 |
| | 61세-70세 | 9 | 15.0 | 15.0 | 98.3 |
| | 71세 이상 | 1 | 1.7 | 1.7 | 100.0 |
| | 전체 | 60 | 100.0 | 100.0 | |

## 히스토그램

히스토그램(histogram)은 도수분포표를 그림으로 표현한 것으로서, 가로축에 구간을 표시하고 세로축에 도수를 표시한다. 이때 도수 또는 상대도수를 높이로 하거나 직사각형의 넓이가 상대도수가 되도록 높이를 정해주기도 한다.

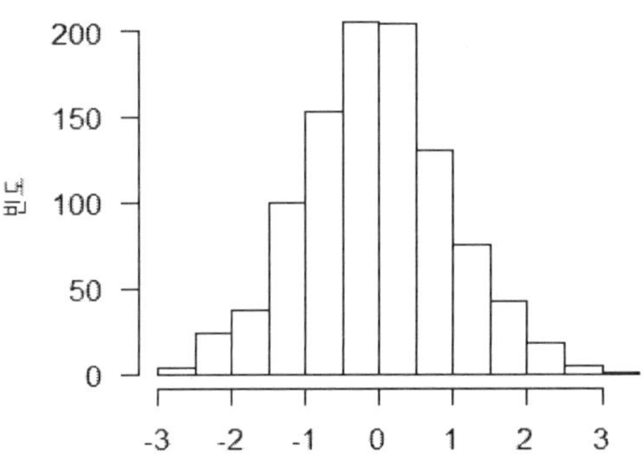


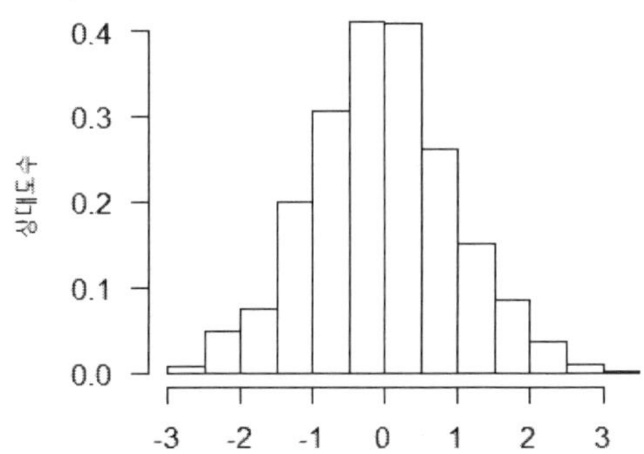

## 줄기와 잎 그림

히스토그램과 비슷하지만 조금 더 많은 정보를 줄 수 있는 그림으로 줄기와 잎 그림(stem-and-leaf plot)이 있다. 히스토그램을 그릴 때와 마찬가지로 먼저 범위와 구간을 정한다. 적절히 나눈 구간의 단위를 줄기로 삼고, 구체적인 수치값을 잎으로 삼아서, 줄기에 해당하는 잎을 달고, 각 줄기 내에서 크기순으로 재정렬한다고 생각하면 된다.

앞의 예제 3.1을 이용하여 줄기와 잎 그림을 그려보자. 도수분포표를 그릴 때와 마찬가지로 10단위로 구간을 나누자. 즉, 20대, 30대, 40대, 50대, 60대, 70대로 나눈다. 이때 2, 3, 4, 5, 6, 7이 줄기가 된다. 줄기를 순서대로 세로로 배열하고 수직선을 그린다. 다음에 첫 환자부터 잎을 달아보자. 첫 환자는 연령이 35세이므로 줄기 3에 잎 5를 달면 된다. 줄기 3에 해당하는 수직선 오른쪽에 잎 5를 붙인다. 다음 환자는 67세이므로 역시 줄기 6에 잎 7을 붙인다. 다음 환자는 57세이므로 역시 줄기 5에 잎 7을 붙인다. 이렇게 순서대로 제일 마지막 환자의 연령까지 붙인다. 같은 숫자가 나올 때에도 상관없이 계속 적어주면 된다. 따라서 잎이 달리는 숫자는 전체 환자수와 같게 된다. 전부 적고 난 후에는 각 줄기 내에서 수치를 오름차순으로 정리해 주면 된다.

아래의 그림은 줄기와 잎 그림을 작성하는 과정을 순서대로 보여 준다.

| ① | | ② | | ③ | | ④ | |
|---|---|---|---|---|---|---|---|
| 2 | | 2 | | 2 | | 2 | 6 |
| 3 | | 3 | 58 | 3 | 5818 | 3 | 001455688 |
| 4 | | 4 | 7 | 4 | 721683 | 4 | 00112234566777777888899 |
| 5 | | 5 | 7 | 5 | 7857429 | 5 | 2234456667777889999 |
| 6 | | 6 | 75 | 6 | 753892 | 6 | 233577889 |
| 7 | | 7 | | 7 | 6 | 7 | 6 |

이때 잎이 달린 길이는 도수에 비례하게 되므로 데이터의 대강의 모습을 살피는 데 유용하다. 또한 단순한 분포뿐 아니라 정확한 수치값을 보여 주므로 더 많은 정보를 줄 수 있으며, 그리기도 간편하다는 장점이 있다.

## 상자그림

상자그림(Box plot)은 데이터의 분포를 표현하는 대표적인 방법 중 하나로 중앙값($Q_2$)과 사분위수($Q_1, Q_3$) 등을 이용하여 데이터의 특성을 요약하는 것이다(여러 기술통계량에 대한 설명은 다음 절에서 다룬다).

앞의 예제 3.1을 이용하여 '연령' 변수의 상자그림을 작성하는 방법을 알아보자.

① 사분위수($Q_1$, $Q_2$, $Q_3$)와 사분위범위($IQR$)를 구한다.
여기서는 $Q_1$=42, $Q_2$=48.5, $Q_3$=58, $IQR$=16이다.

② 제1사분위수($Q_1$)와 제3사분위수($Q_3$)를 선으로 연결하여 사각형을 만든다.

③ 사각형 안에 제2사분위수($Q_2$)를 직선으로 표시한다.

④ 상자의 아랫변($Q_1$, 42)과 윗변($Q_3$, 58)으로부터 아래쪽 인접값과 위쪽 인접값까지 선으로 연결한다. 여기서, 위쪽 인접값은 $Q_3 + 1.5 \times IQR$ 이내의 값 중 최댓값이고 아래쪽 인접값은 $Q_1 - 1.5 \times IQR$ 이내의 값 중 최솟값이다.

⑤ 만약 아래쪽 인접값보다 작거나 위쪽 인접값보다 큰 관측값이 있다면, 각 값의 위치에 '◦'로 표시를 하고 관측치의 번호를 표시해 준다.

아래의 그림은 상자그림을 작성하는 과정을 순서대로 보여 준다.

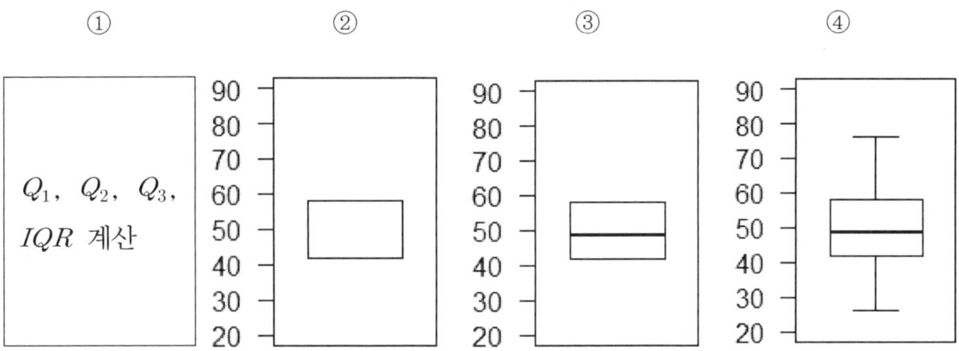


상자그림에서 '◦'로 표시된 값들은 이상치(outlier)라고 한다. 상자그림을 그리면 데이터에 대한 분포의 대칭성, 자료중심위치, 산포의 크기, 분포의 꼬리부분 집중도 및 자료의 이상점을 파악할 수 있다(이 자료에서는 이상치가 없다).

**예제 3.6** 예제 3-1.sav 자료를 이용하여 '연령' 변수의 히스토그램과 줄기와 잎 그림, 상자그림을 그려보자.

① 『분석(A) → 기술통계량(E) → 데이터 탐색(E)』을 선택하여 「데이터 탐색」창에서 연령을 오른쪽 [종속변수(D)] 칸으로 옮긴다.

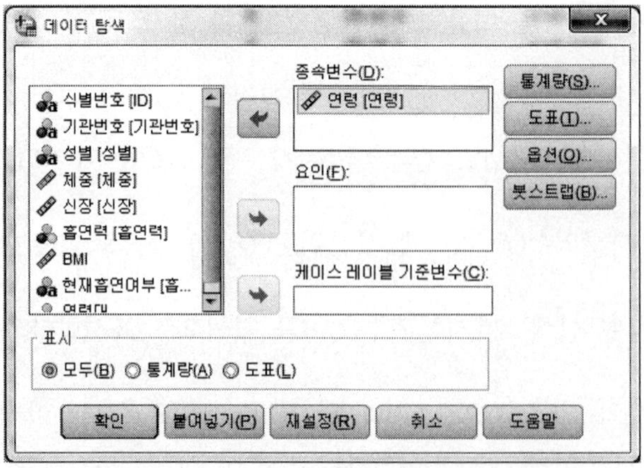


② 「데이터 탐색」창에서 〈도표(T)〉를 누른다. 「데이터 탐색: 도표」창이 나타나면, [기술통계] 부분에 '줄기와 잎 그림(S)', '히스토그램(H)'을 선택하고, 〈계속(C)〉을 누르고 나온다. 「데이터 탐색」창에서 〈확인〉을 누른다.

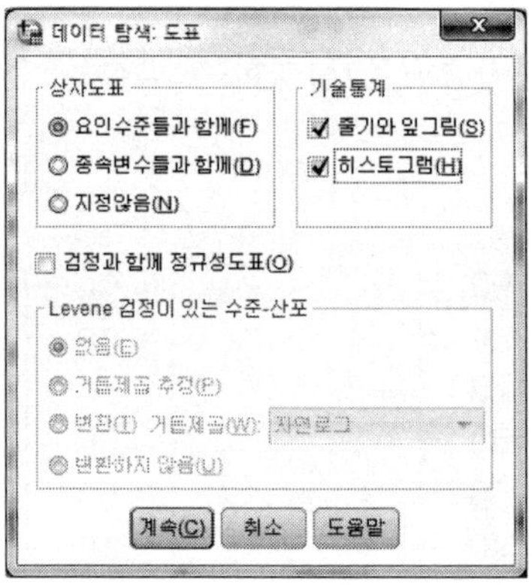


③ 『IBM SPSS Statistics Viewer』창에 생성된 히스토그램, 줄기와 잎 그림이다. 40 ~ 60세의 구간에 환자가 가장 많이 분포하고 대체로 좌우대칭을 이루고 있다.

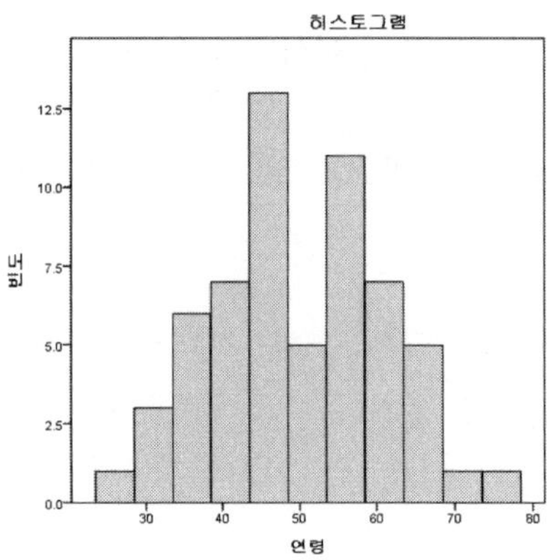


연령 줄기와 잎그림 도표

```
구매빈도 Stem & 잎

    1.00        2 .  6
    9.00        3 .  001455688
   22.00        4 .  0011223456677777888899
   18.00        5 .  223445666777889999
    9.00        6 .  233577889
    1.00        7 .  6

줄기 너비:       10
각 잎:         1 케이스
```

④ 다음의 상자그림을 보면, 중위수가 48세 정도이며 대략 40세와 60세 사이에 전체 데이터의 50%가 분포하며, 중위수를 중심으로 위쪽(연령이 많은 쪽)으로 꼬리가 약간 길어 보이나 대체로 대칭적이다.

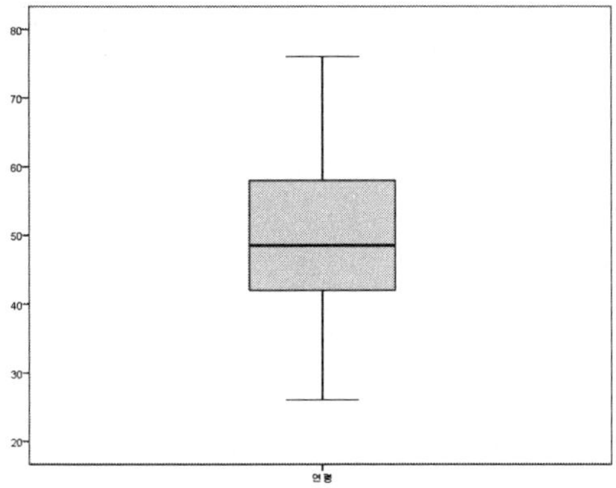


* 히스토그램은 『그래프(G) → 레거시 대화 상자(L) → 히스토그램(I)』을 선택하여 생성할 수 있으며, 『그래프(G) → 레거시 대화 상자(L) → 상자도표(X)』에서는 아래 그림과 같이 두 집단 이상의 상자그림을 나란히 그려서 비교할 수도 있다.

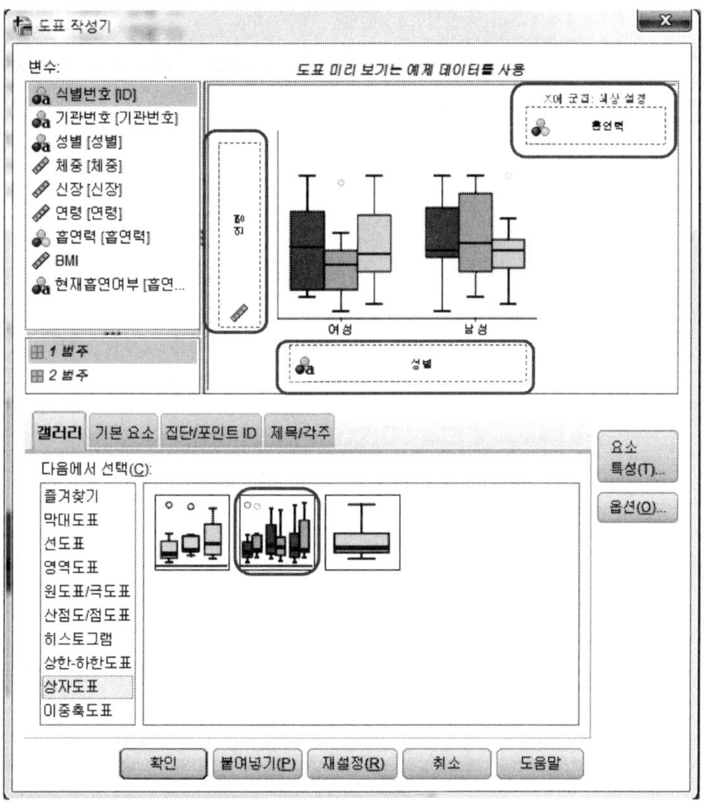

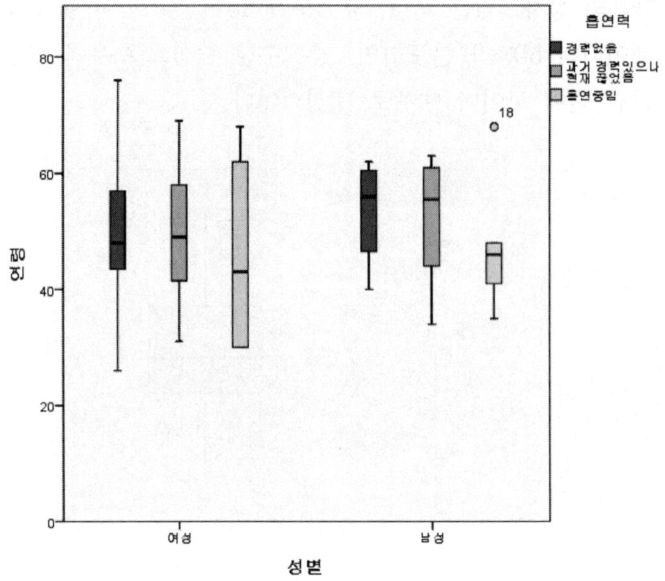


⑤ 『IBM SPSS Statistics Viewer』창에 생성된 히스토그램의 가로축, 계급구간을 변경할 수 있다. 『IBM SPSS Statistics Viewer』창의 히스토그램을 더블클릭하면 아래와 같은 「도표 편집기」창이 열린다.

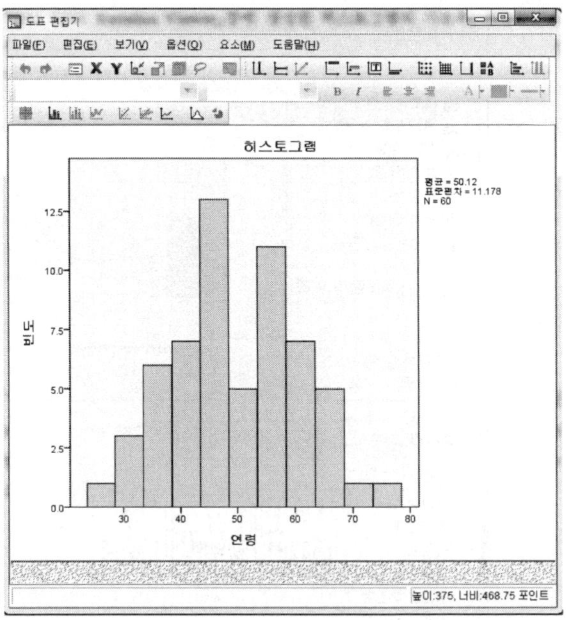


⑥ 「도표 편집기」창에서 히스토그램(사각형들) 부분을 클릭하면 히스토그램(사각형들) 부분이 선택이 된다. 이 상태에서 메뉴의 『편집(E) → 특성(O)』을 선택하거나, 도구모음의 [icon]를 클릭하면 「특성」창의 [구간화]탭이 열린다. [X축]에서 구간 너비

(I)는 '10'으로, 장착 위치에 대한 사용자 정의 값(M)은 '20.0'으로 설정하고 〈적용(A)〉을 누른다.

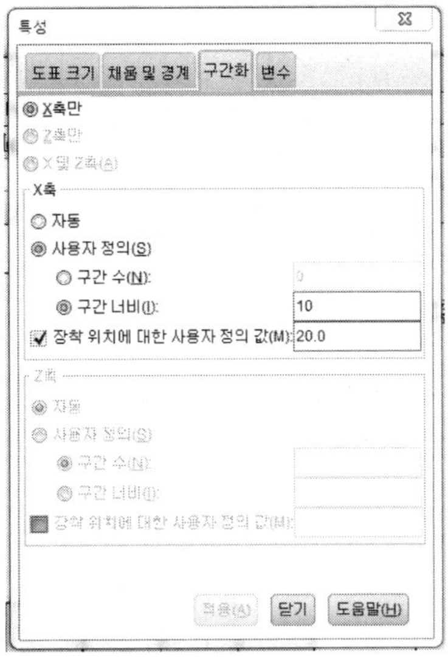


⑦ 히스토그램이 아래와 같이 변경되었다.

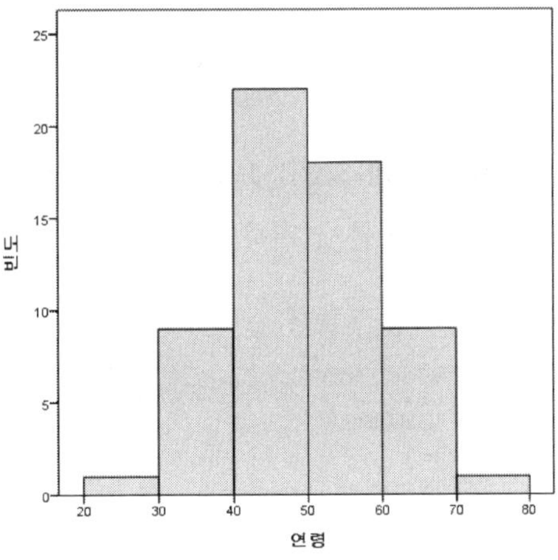


* 『IBM SPSS Statistics Viewer』창에 나타난 그림을 선택한 후, 『파일(F) → 내보내기(T)』를 선택하면 결과를 그림 파일로 저장할 수 있다. 「내보내기 출력결과」창에서 [내보낼 개체]를 '선택(D)'으로 지정하고, 〈찾아보기(B)〉 버튼을 눌러 그림을 저장할 위치와 파일 이름을 지정하면 된다.

## 평균-표준편차 그림

여러 개의 그룹이 있을 때 각 그룹의 데이터의 특성을 전반적으로 비교하기 위해 각 그룹의 평균과 표준편차를 하나의 그래프에 그리기도 한다. SPSS를 이용하여 이러한 평균-표준편차 그림을 그리는 방법을 알아보자(기술통계량에 대한 설명은 다음 절에서 다룬다).

**예제 3.7** 예제 3-1.sav 자료를 이용하여 성별에 따른 체중에 대한 평균-표준편차 그림을 그려보자.

① 『그래프(G) → 레거시 대화 상자(L) → 오차 막대도표(O)』를 선택하여 「상한-하한 도표」창이 나타나면 '단순'을 선택한 후 〈정의〉를 누른다.

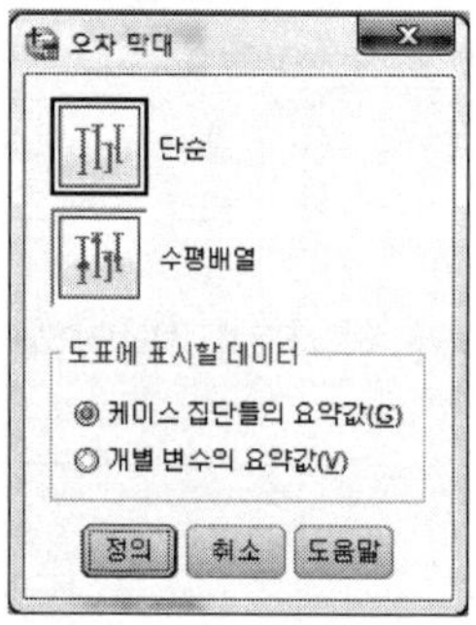


② 「오차 막대」창에서 [변수(V)]에는 체중을, [범주축(C)]에는 성별을 옮긴다. [막대표시(B)]에는 '표준편차'를 선택하고, [곱수(M)]를 '1'로 지정한다. 〈확인〉을 누른다.

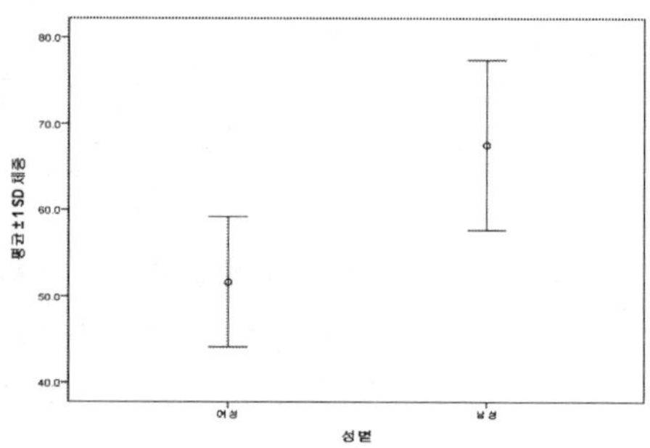

## 산점도

산점도(scatter plot)는 데이터의 값이 쌍으로 이루어지는 경우인 이변량 데이터를 그래프로 표현하는 것이다. 한 변수의 값은 가로축에, 다른 한 변수의 값은 세로축에 표시된다. 만약 한 변수가 독립변수(x)이고 다른 변수가 종속변수(y)이면 독립변수를 가로축으로 두어야 한다. 예를 들어 수면제의 투여량에 따른 수면시간의 효과를 보고 싶다면, 투여량이 가로축, 수면시간이 세로축으로 되도록 그래프를 작성한다. 이러한 산점도는 두 변수 간의 관계를 보여줄 뿐 아니라 전반적인 관계의 틀을 벗어나는 특이값 등을 탐색할 수 있게 해 준다. 환자 기초정보 데이터 중 몇몇 변수를 선택하여 산점도를 그려서 두 변수 간의 관계를 시각적으로 알아보자.

**예제 3.8** 예제 3-1.sav 자료를 이용하여 체중과 BMI 간의 관계를 나타내는 산점도를 그려보자.

① 『그래프(G) → 레거시 대화 상자(L) → 산점도/점도표(S)』를 선택하면 「산점도/점도표」창이 나타나는데, 이 중 적절한 도표의 형태를 선택한 후 〈정의〉를 누르면, 다양한 형태의 산점도를 그릴 수 있다.

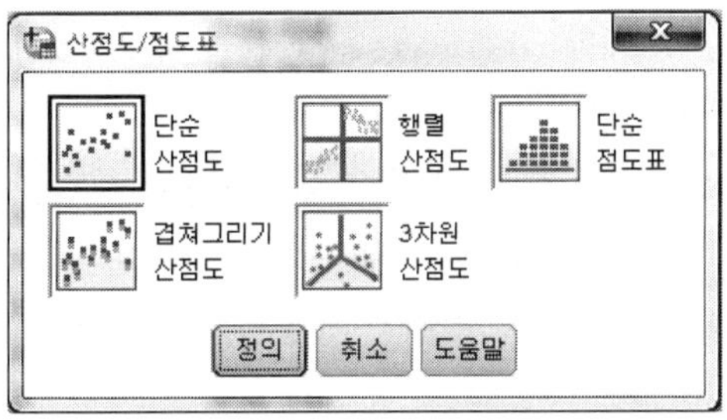


- 단순 산점도: 각 축에 한 개씩의 변수를 지정하여 짝을 지어 도표를 작성함
- 겹쳐그리기 산점도: 두 개 이상의 짝을 지어 도표를 작성함(주로 동일 공간에서 변수값들을 비교할 목적으로 작성됨)
- 행렬 산점도: 두 개 이상의 숫자변수 조합에 대해 행렬 형태로 작성함
- 3차원 산점도: x축, y축, z축에 각각 한 개씩의 변수를 지정하여 도표를 작성함

② 「산점도/점도표」창에서 [단순 산점도]를 선택하고 〈정의〉를 누른다. 「단순 산점도」창이 나타나면, [Y축]에 BMI를 [X축]에 체중을 지정한 후 〈확인〉 버튼을 누른다.

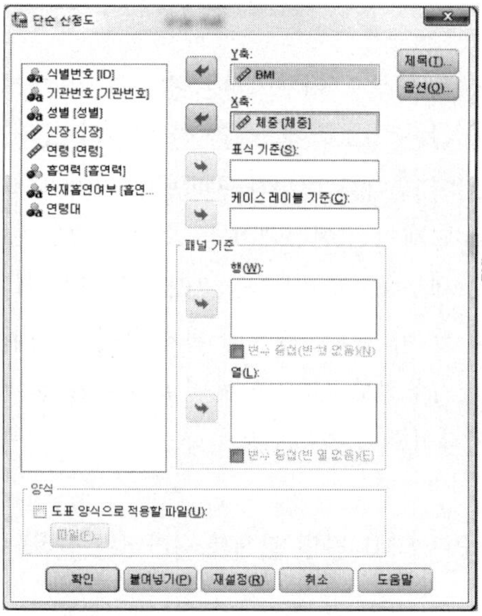


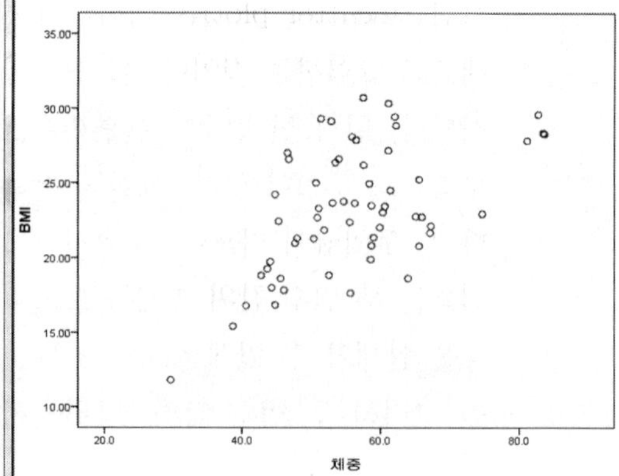


* [표식 기준(S)]을 지정하면 점도표에 표시되는 점이 지정된 변수값에 따라 다르게 표시된다. [표식 기준(S)]에 성별을 지정하고 그림을 그려서 결과를 확인해 보기 바란다.

③ 여러 변수에 대한 산점도를 동시에 볼 수도 있다. 예를 들어 체중과 BMI, 체중과 연령, BMI와 연령 간의 관계를 보기 위해서는 「산점도/점도표」창에서 [행렬 산점도]를 선택하고 〈정의〉를 누른다. 「산점도 행렬」창이 나타나면 아래와 같이 지정한 후 〈확인〉 버튼을 누르면 행렬형식으로 각 변수 간의 산점도가 그려진다. 여기서는 [표식 기준(S)]에 성별을 지정하여 성별로도 구분되도록 하였다.

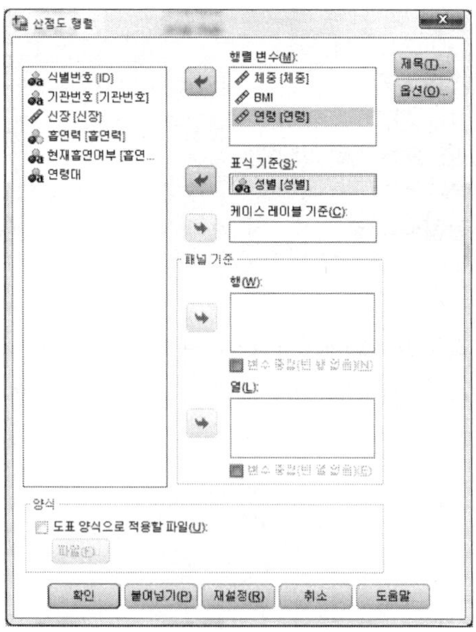

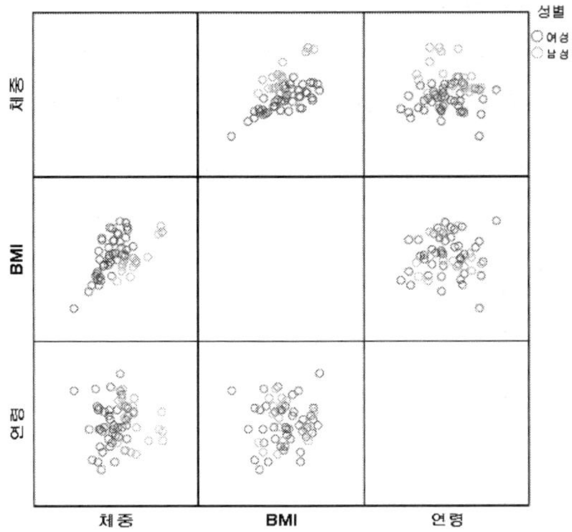


## 정규확률그림

정규확률그림은 데이터가 정규분포를 따르는지 시각적으로 확인하기 위한 것으로, Q-Q 도표가 많이 사용된다. Q-Q 도표는 관측된 데이터의 분위수(quantile)를 정규분포의 분위수와 비교하여, 그 일치정도로 데이터의 정규성을 검토하게 된다. 일반적으로 Q-Q 도표에서 실선은 정규분포를 정확히 따르는 선이고, '◦'점은 관측된 데이터를 표시한다. '◦'가 직선과 일치할수록 데이터는 정규분포를 따른다고 판단한다.

**예제 3.9** 예제 3-1.sav 자료에서 연령의 정규 Q-Q 도표를 그려보자.

① 『분석(A) → 기술통계량(E) → 데이터 탐색(E)』을 선택하여 「데이터 탐색」창에서 연령을 오른쪽 [종속변수(D)] 칸으로 옮긴다.

② 「데이터 탐색」창에서 〈도표(T)〉를 누른다. 「데이터 탐색: 도표」창이 나타나면, '검정과 함께 정규성도표(O)' 항목을 체크한다. 〈계속(C)〉을 누르고 나와 「데이터 탐색」창에서 〈확인〉을 누른다.

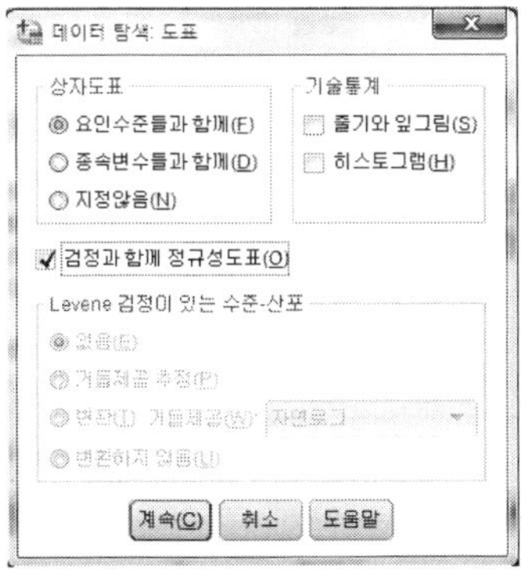

③ 정규성검정결과와 함께 다음과 같은 Q-Q 도표가 그려진다. 여기서 실선은 정확히 정규분포를 따르는 선이다. 연령의 데이터값인 '∘'점들이 선과 거의 일치하므로 연령은 정규분포를 따르는 것으로 판단할 수 있다.

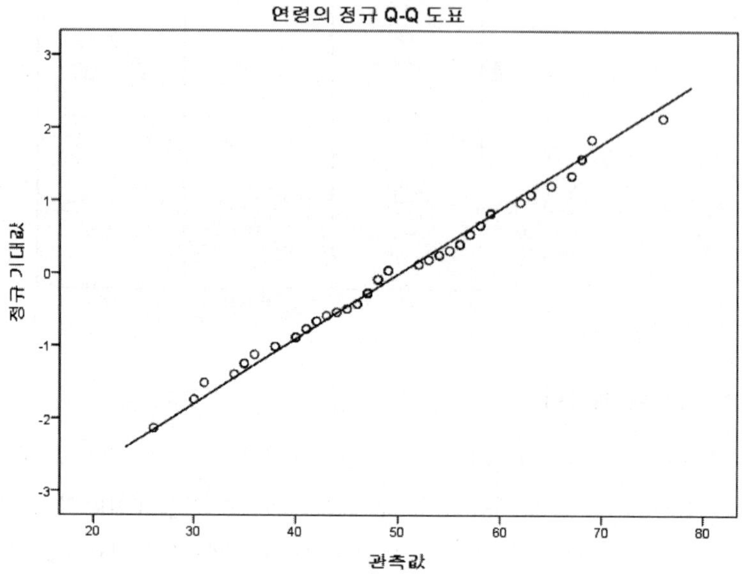


* 『분석(A) → 기술통계량(E) → Q-Q 도표』에서는 아래 그림과 같이 더 다양한 옵션을 제공하는 정규확률그림을 그릴 수 있다.

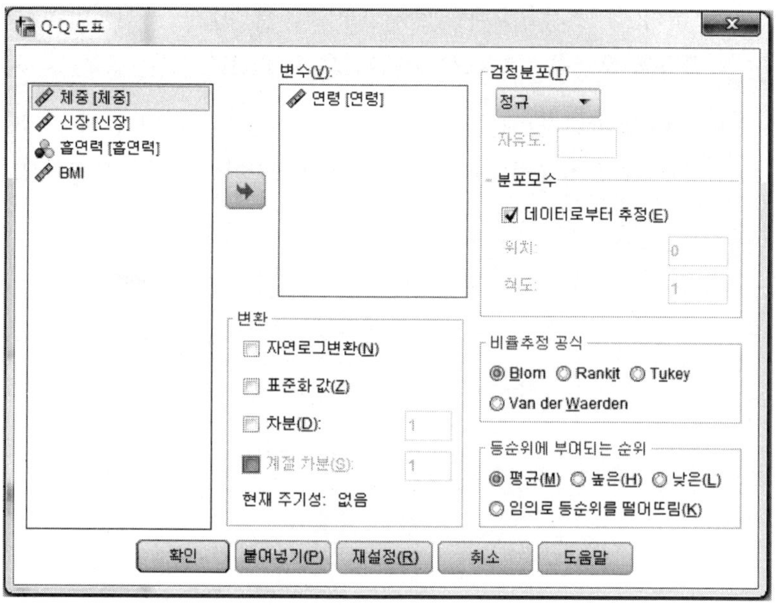

## 3.2 기술통계량

이 절에서는 연속형 데이터를 몇 개의 의미 있는 수치로 요약하여 데이터의 전반적인 특성을 파악하는 방법에 대해 다루기로 하자. 이러한 의미 있는 수치를 '기술통계량(descriptive statistic)'이라고 한다. 대부분의 의학논문에서 흔히 볼 수 있는 평균과 표준편차 등이 이에 속한다. 이 절에서는 기술통계량 중에서 데이터의 중심위치와 산포를 나타내는 척도에 관하여 알아보자. 또한 왜도 및 첨도 등 데이터의 형태에 관한 척도 등에 대해서 이들의 개념을 간략히 소개하고 SPSS를 이용하여 이들을 계산하는 방법을 설명하겠다.

### 3.2.1 중심의 척도

**예제 3.10** 다음은 살충제에 노출된 35명의 농부를 대상으로 적혈구 콜린에스테라제(red blood cell cholinesterase)의 수치를 측정한 값이다. (단위: $\mu$mole/min/ml)

| | | | | | | | | | |
|---|---|---|---|---|---|---|---|---|---|
| 10.6 | 12.5 | 11.0 | 9.2 | 11.6 | 9.9 | 11.8 | 11.6 | 15.3 | 12.6 |
| 12.6 | 12.4 | 12.2 | 10.9 | 16.7 | 15.2 | 10.2 | 13.4 | 9.0 | 7.7 |
| 12.3 | 11.3 | 9.9 | 11.0 | 10.9 | 11.7 | 9.4 | 9.8 | 8.6 | 10.1 |
| 12.3 | 11.4 | 10.2 | 12.5 | 8.7 | | | | | |

이 데이터값들을 하나의 수치로 요약하는 문제를 생각해 보자. 가장 먼저 평균을 떠올리게 될 것이다. 평균이란 데이터들의 중심위치를 나타내는 척도 중 하나이다. 중심위치를 표현하는 통계량에 대해서 알아보자.

#### 평균

중심위치에 대한 척도로서 가장 쉽게 생각할 수 있는 것은 평균(mean)이다. $n$개의 데이터값 $x_1, x_2, \cdots, x_n$ 이 있을 때 평균은 $\overline{x} = (x_1 + \cdots + x_n)/n$으로 계산된다. 이는 모든 데이터에 똑같이 $1/n$ 씩의 가중치를 주어서 중심을 구한 것이다. 평균은 데이터의 분포가 한쪽으로 치우치지 않고 하나의 축을 중심으로 좌우대칭으로 흩어진 형태를 가진 데이터의 특성을 표현하기 적합하다. 그러나 아주 큰 값 또는 아주 작은 값 등의 특이치가 있을 때에는 이의 영향을 많이 받게 되어 부적절하다. 위의 예제 3.10에서의 평균은 $(10.6 + 12.5 + \cdots + 8.7)/35 = 11.33$이다.

### 중앙값

중앙값(median)은 데이터들을 작은 값부터 큰 값까지 순서대로 배열했을 때 가운데에 위치하는 값이다. 따라서 $n$개의 데이터가 있을 때 $n$이 홀수라면 $(n+1)/2$번째 값이 되고, 짝수라면 $n/2$번째 값과 $(n/2)+1$번째 값의 평균이 중앙값이 된다. 양끝에 아주 큰 값 또는 아주 작은 값이 있더라도 중앙값에는 영향을 미치지 않게 된다는 이점이 있다. 특히 분포의 형태가 좌우대칭이 아니고 어느 한쪽으로 치우쳐져 있을 때 중심위치를 나타내는 척도로서 유용하게 쓸 수 있다. 중위수라고도 한다.

예제 3.10의 데이터에서는 최솟값 7.7부터 최댓값 16.7까지 35개의 데이터를 순서대로 늘어놓았을 때 (35+1)/2=18번째의 값인 11.3이 중앙값이 된다. 여기서는 위에서 계산한 평균값과 비슷한 값으로 계산되었다.

중앙값과 같이 자주 사용되는 통계량으로 사분위수(quartile)가 있다. 데이터를 작은 것부터 크기순으로 배열했을 때 4등분하는 위치에 오는 값들을 말한다. 이때 전체 데이터의 하위 25%에 해당하는 값을 제1사분위수($Q_1$), 50%에 해당하는 값을 제2사분위수($Q_2$), 상위 25%에 해당하는 값을 제3사분위수($Q_3$)라고 한다. 제2사분위수는 중앙값과 같다.

예제 3.10에서는 35개의 데이터가 있으므로 작은 값부터 늘어놓았을 때 9번째, 18번째, 27번째 해당하는 값, 즉 9.9, 11.3, 12.4가 각각 $Q_1$, $Q_2$, $Q_3$이 된다.

### 최빈값

최빈값(mode)은 가장 빈번히 나타난 데이터값을 말한다. 일반적으로 양적자료보다는 질적자료에서 주로 사용되며, 분포가 하나의 봉우리를 갖는 형태가 아니고 두 개(또는 그 이상)의 봉우리모양으로 흩어진 경우(이봉분포라고 함)에 유용하게 쓰일 수 있다. 예제 3.10의 데이터에서 가장 자주 나온 값은 2번씩 나온 9.9, 10.2, 10.9, 11.0, 11.6, 12.3, 12.5, 12.6이다.

## 3.2.2 산포의 척도

### 분산과 표준편차

중심위치가 11.33이라 하더라도 11.33 주위에 대부분의 값이 몰려 있는 형태인 것과 값의 차이가 큰 폭으로 넓게 퍼져 있는 형태인 것과는 많은 차이가 있다. 이러한 산포를 나타내는 척도로서 분산(variance)과 표준편차(standard deviation; s.d.)를 들 수 있다.

분산은 각 데이터값들과 평균과의 차이 $x_i - \overline{x}$에 근거를 둔 것이다. 평균으로부터 멀리 흩어져 있을수록 이의 절댓값이 커질 것이다. 절댓값 대신 제곱을 써서 이들의 평균을 구한 것이 분산이며, 다음과 같이 정의된다.

$$\text{표본분산: } s^2 = \sum_{i=1}^{n}(x_i - \overline{x})^2/(n-1)$$

여기서 $n$으로 나누지 않고 $n-1$로 나눈 이유는 조금 복잡하다. 통계적 추론을 위한 수학적 성질인 불편성(unbiasedness)이 더 좋기 때문이라고만 알아두자.

표준편차는 분산의 제곱근으로서, 분산을 구할 때 제곱을 취함으로써 원래의 데이터값의 단위가 달라진 것을 복구한 것이다.

$$\text{표본표준편차: } s = \sqrt{\sum_{i=1}^{n}(x_i - \overline{x})^2/(n-1)}$$

예제 3.10의 데이터에서 분산과 표준편차는 각각 3.73과 1.93으로 계산된다.

### 범위

산포를 나타내는 간편한 방법 중 하나는 범위(range)를 구하는 것이다. 범위는 최댓값과 최솟값의 차이이므로 간편하게 계산될 수 있는 반면, 양 극단치에 의해 결정되므로 특이치에 의한 영향이 크게 된다. 예제 3.10의 데이터에서 범위는 16.7 − 7.7 = 9이다.

이보다는 사분위범위(IQR; interquartile range)가 더 많이 사용되는데 사분위범위는 제3사분위수와 제1사분위수의 차이, 즉 $Q_3 - Q_1$으로 계산된다. 이 범위는 극단치의 영향을 받지 않으므로 산포의 측도로서 많이 사용된다. 예제 3.10에서 사분위범위는 12.4−9.9=2.5이다.

### 변동계수

이질적인 두 집단의 흩어진 정도를 비교할 때 단순히 표준편차만을 비교할 수는 없다. 예를 들어 18명의 환자에 대해 고밀도지단백질 콜레스테롤(HDL cholesterol)을 측정한 데이터와 혈관직경변화(vessel diameter change)를 측정한 데이터가 있을 때 산포를 비교하는 문제를 생각해 보자. 콜레스테롤의 평균과 표준편차가 각각 5.81과 1.20으로 계산되었다고 하고, 혈관직경변화는 평균이 0.12, 표준편차가 0.29였다고 하자. 콜레스테롤의 단위는 $\mu$mol/l이고, 혈관직경변화의 단위는 mm이므로 단지 이들의 표준편차인 1.20과 0.29를 비교하여 콜레스테롤의 산포가 더 크다고 할 수는 없다.

이러한 경우에 데이터의 상대적인 산포를 표현하기 위해서 쓰는 것이 변동계수

(coefficient of variation; CV)이다. 변동계수는 다음과 같이 평균에 대한 표준편차의 비로 정의된다.

$$CV = \frac{s}{\bar{x}} \times 100\%$$

위의 예에서 콜레스테롤의 변동계수는 $(1.20/5.81) \times 100\% = 20.7\%$ 이고, 혈관직경변화는 $(0.29/0.12) \times 100\% = 241.7\%$ 가 된다. 따라서 혈관직경변화의 산포도가 콜레스테롤의 산포도보다 10배 이상 크다는 것을 알 수 있다.

* 흔히 평균과 표준편차를 함께 기술하는 경우가 많은데, 만약 중심척도로 중앙값을 썼다면 산포의 척도로 표준편차는 적절하지 않으며, 사분위범위(IQR) 또는 이를 2로 나눈 사분위편차(quartile deviation)를 기술하도록 하자.

### 3.2.3 왜도와 첨도

왜도나 첨도는 데이터의 분포모양에 대한 정보를 보여 주는 통계량들이다. 왜도(歪度; skewness)란 데이터의 분포 형태가 기울어진 정도를 의미한다. 분포의 형태가 좌우대칭이면 왜도는 0이 되고, 왜도가 +의 값을 가지면 오른쪽으로 긴 꼬리를 가지는 형태, −의 값을 가지면 왼쪽으로 긴 꼬리를 가지는 형태를 보인다. 계산식은 다음과 같다.

$$\text{왜도계수:}\ \frac{\sum_{i=1}^{n}(x_i - \bar{x})^3/n}{\left(\sum_{i=1}^{n}(x_i - \bar{x})^2/n\right)^{3/2}}$$

아래의 그림은 왜도계수의 값에 따른 분포의 형태를 보여 준다.

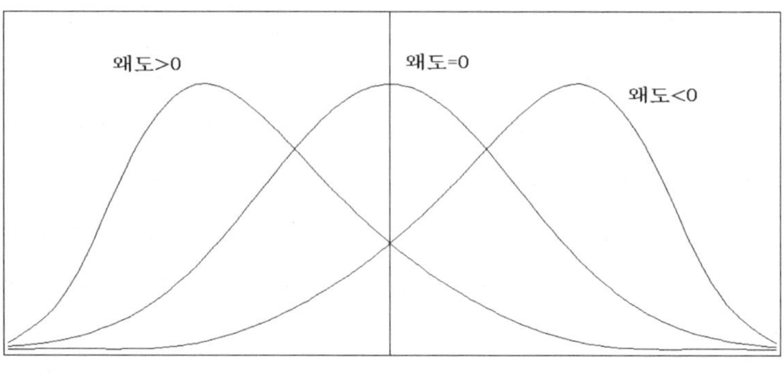


첨도(尖度; kurtosis)란 분포가 평균치 주변에 몰려 있는 형태인지 멀리 퍼져 있는

형태인지 그 뾰족한 정도를 의미한다. 첨도계수의 계산식은 다음과 같다.

$$\text{첨도계수}: \frac{\sum_{i=1}^{n}(x_i-\overline{x})^4/n}{\left(\sum_{i=1}^{n}(x_i-\overline{x})^2/n\right)^2}-3$$

표준정규분포의 첨도계수는 0이며, 0보다 크면 표준정규분포에 비해 더 뾰족하게 몰려 있는 형태를 가지고, 0보다 작으면 보다 넓게 퍼져 있는 형태의 데이터라고 할 수 있다. 다음의 그림은 첨도계수에 따른 분포의 형태이다. 예제 3.10에서 왜도와 첨도는 각각 0.71, 0.99로 계산되었다. 따라서 이 데이터는 오른쪽으로 꼬리가 긴 분포를 가지며, 표준정규분포보다 정점이 높은 형태임을 알 수 있다.

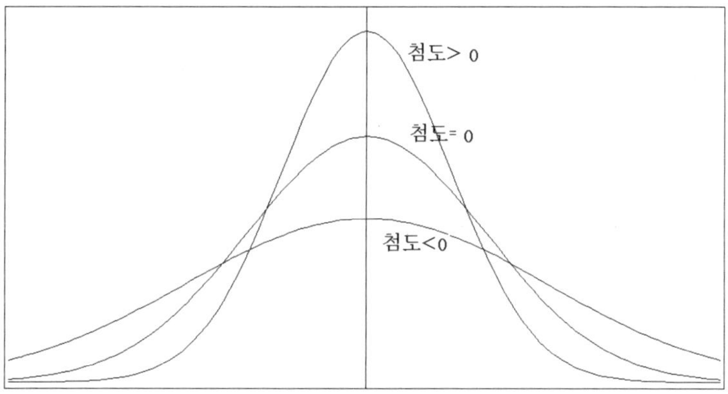


**예제 3.11** SPSS를 이용하여 위의 기술통계량을 손쉽게 구할 수 있다. 예제 3-1장.sav 데이터에서 체중 및 신장에 대한 기술통계량을 구해보자.

① 『분석(A) → 기술통계량(E) → 기술통계(D)』를 선택한다. 「기술통계」창에서 체중과 신장을 선택하여 오른쪽 [변수(V)]로 옮긴다.

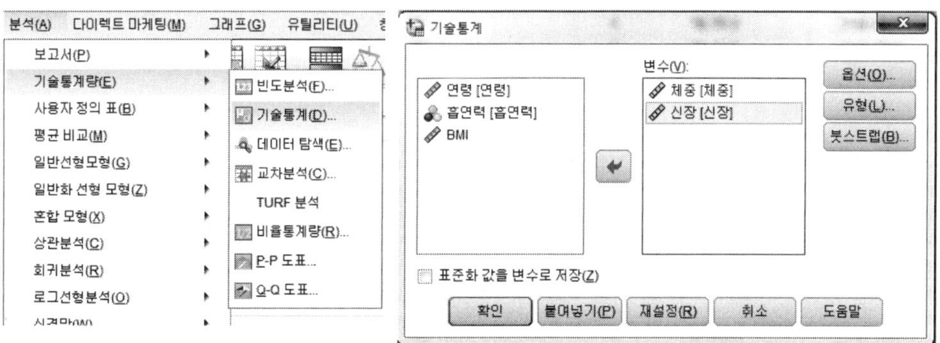

② 〈옵션(O)〉 버튼을 눌러 추정할 기술통계량을 선택한다. 〈계속(C)〉을 누르고 나와 「기술통계」창에서 〈확인〉을 누른다.

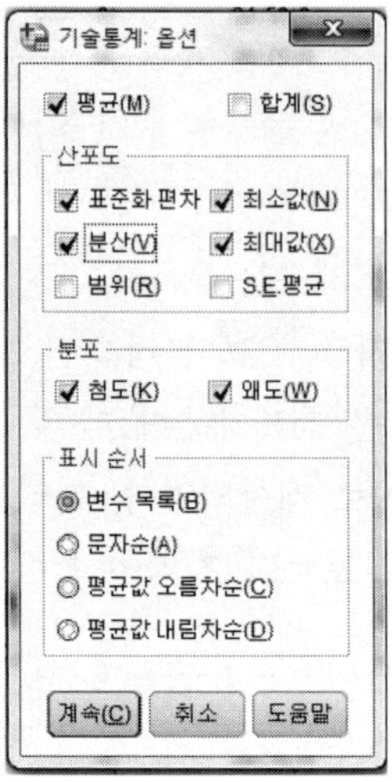


③ 『IBM SPSS Statistics Viewer』창에서 기술통계량을 확인할 수 있다.

**기술통계량**

| | N | 최소값 | 최대값 | 평균 | 표준편차 | 분산 | 왜도 | | 첨도 | |
|---|---|---|---|---|---|---|---|---|---|---|
| | 통계량 | 통계량 | 통계량 | 통계량 | 통계량 | 통계량 | 통계량 | 표준오차 | 통계량 | 표준오차 |
| 체중 | 60 | 29.6 | 83.6 | 56.155 | 10.9129 | 119.090 | .582 | .309 | .853 | .608 |
| 신장 | 60 | 131.3 | 185.2 | 155.858 | 13.1043 | 171.722 | .121 | .309 | -.641 | .608 |
| 유효 N(목록별) | 60 | | | | | | | | | |

* 『분석(A) → 기술통계량(E) → 데이터 탐색(E)』을 선택하면 아래와 같이 변수에 대한 중위수와 사분위수를 구할 수 있다. 참고로 ②번에서 표준화 편차는 표준편차가 SPSS에서 잘못 번역된 것이다.

① 『분석(A) → 기술통계량(E) → 데이터 탐색(E)』을 선택하면, 「데이터 탐색」창이 나타난다. 변수 체중 및 신장을 [종속변수(D)]로 옮기고, 〈통계량(S)〉 버튼을 누른다.

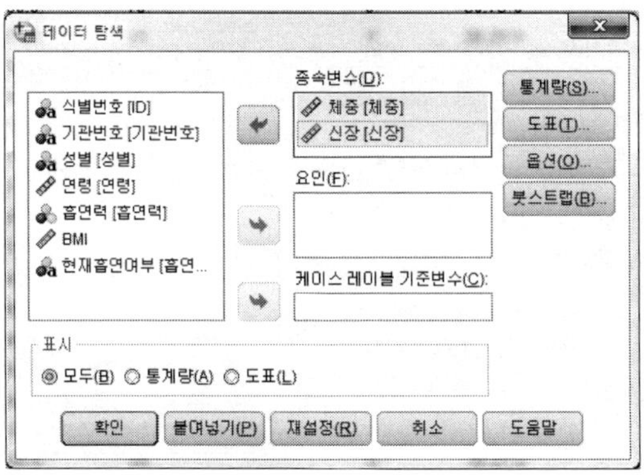

② [백분위수(P)]를 체크하고 〈계속(C)〉을 누르고 나와 「데이터 탐색」창에서 〈확인〉을 누른다.

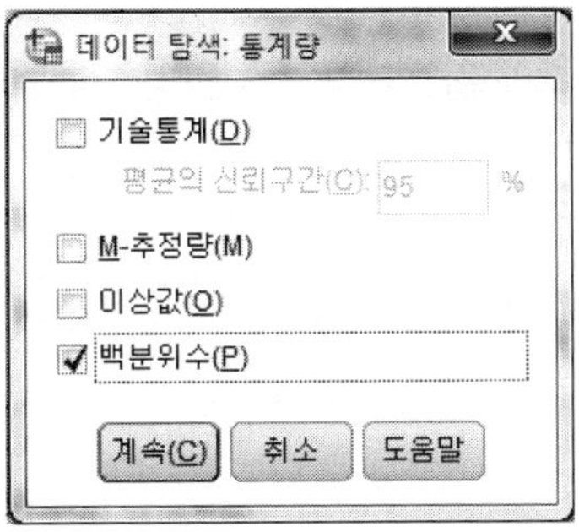


③ 『IBM SPSS Statistics Viewer』창에서 중위수 및 사분위수들을 확인할 수 있다.

**백분위수**

| | | 백분위수 | | | | | | |
|---|---|---|---|---|---|---|---|---|
| | | 5 | 10 | 25 | 50 | 75 | 90 | 95 |
| 가중평균(정의 1) | 체중 | 40.710 | 44.120 | 47.775 | 55.800 | 61.325 | 67.190 | 82.620 |
| | 신장 | 132.705 | 137.220 | 147.125 | 154.900 | 166.875 | 174.060 | 177.690 |
| Tukey의 Hinges | 체중 | | | 47.850 | 55.800 | 61.250 | | |
| | 신장 | | | 147.450 | 154.900 | 166.650 | | |

## 3.3 연습문제

**3.1** 다음의 데이터는 45명의 병원 입원환자에게 어떤 마취제를 투여한 후, 환자의 수면시간을 기록한 것이다.

| | | | | | | | | |
|---|---|---|---|---|---|---|---|---|
| 7 | 10 | 12 | 4 | 8 | 7 | 3 | 8 | 5 |
| 12 | 11 | 3 | 8 | 1 | 1 | 13 | 10 | 4 |
| 4 | 5 | 5 | 8 | 7 | 7 | 3 | 2 | 3 |
| 8 | 13 | 1 | 7 | 17 | 3 | 4 | 5 | 5 |
| 3 | 1 | 17 | 10 | 4 | 7 | 7 | 11 | 8 |

① 계급의 수를 적절히 만들어 수면시간에 대한 도수분포표를 작성하여라.
② 히스토그램을 그려라.

**3.2** 다음은 40명의 직장암 환자의 연령과 병의 진행단계(stage)에 관한 자료이다.

| 번호 | 연령 | 단계 | 번호 | 연령 | 단계 | 번호 | 연령 | 단계 | 번호 | 연령 | 단계 |
|---|---|---|---|---|---|---|---|---|---|---|---|
| 1 | 51 | 3 | 11 | 68 | 3 | 21 | 71 | 2 | 31 | 75 | 2 |
| 2 | 56 | 4 | 12 | 45 | 2 | 22 | 83 | 3 | 32 | 89 | 3 |
| 3 | 81 | 3 | 13 | 70 | 2 | 23 | 58 | 4 | 33 | 76 | 4 |
| 4 | 64 | 3 | 14 | 58 | 2 | 24 | 70 | 2 | 34 | 85 | 4 |
| 5 | 82 | 4 | 15 | 54 | 3 | 25 | 83 | 2 | 35 | 53 | 3 |
| 6 | 88 | 2 | 16 | 52 | 2 | 26 | 88 | 3 | 36 | 72 | 3 |
| 7 | 58 | 1 | 17 | 60 | 3 | 27 | 73 | 3 | 37 | 72 | 4 |
| 8 | 56 | 3 | 18 | 63 | 3 | 28 | 79 | 2 | 38 | 77 | 4 |
| 9 | 61 | 1 | 19 | 74 | 3 | 29 | 62 | 3 | 39 | 80 | 3 |
| 10 | 64 | 2 | 20 | 73 | 2 | 30 | 73 | 2 | 40 | 48 | 2 |

① 병의 진행단계에 따른 도수분포표를 작성하여라.
② 연령에 대한 줄기와 잎 그림을 그려라.

**3.3** 한 연구자가 코카인 중독에 있어 남녀차이가 있는지 알아보고자 하였다. 성별에 따른 코카인 사용빈도는 다음과 같다. 적당한 그래프를 이용하여 데이터를 표현하여라.

| | 남(M) | 여(F) | 계 |
|---|---|---|---|
| 1–19회 | 32 | 7 | 39 |
| 20–99회 | 18 | 20 | 38 |
| 100회 이상 | 25 | 9 | 34 |
| 계 | 75 | 36 | 111 |

**3.4** 다음은 도시지역에서 니트로겐산화물과 탄화수소의 양을 측정한 데이터이다. 측정일자에 따라 니트로겐산화물과 탄화수소의 양이 어떻게 변하는지 산점도를 그려라.

| 측정일 | 니트로겐 산화물 | 탄화수소 |
|---|---|---|
| 1 | 104 | 108 |
| 2 | 116 | 118 |
| 3 | 84 | 89 |
| 4 | 77 | 71 |
| 5 | 61 | 66 |
| 6 | 84 | 83 |
| 7 | 81 | 88 |
| 8 | 72 | 76 |
| 9 | 61 | 68 |
| 10 | 97 | 96 |
| 11 | 84 | 81 |

**3.5** X 증후군에 취약한 지능이 떨어진 12명의 환자에게 청각 뇌간 반응(auditory brain-stem response)에 대해 알아보았다. 다음은 이들 환자의 IQ 점수이다.

| 17 22 17 18 17 19 34 26 14 33 21 29 |
|---|

① 평균과 중앙값, 최빈수를 구하여라.
② 범위와 분산, 표준편차를 구하여라.
③ 변동계수를 계산하여라.

**3.6** 한 연구자는 생물학적 특징을 알아내기 위하여 일련의 육종(sarcoma)을 조사하였다. 다음은 육종을 가진 20명의 대상자의 유방에서 제거해 낸 종양(neoplasm)의 직경이다(단위 : cm).

| 0.5 1.2 2.1 2.5 2.5 3.0 3.8 4.0 4.2 4.5 |
|---|
| 5.0 5.0 5.0 5.0 6.0 6.5 7.0 8.0 9.5 13.0 |

① 평균과 중앙값, 최빈수를 구하여라.
② 범위와 분산, 표준편차를 구하여라.
③ 변동계수와 왜도, 첨도를 계산하여라.

**3.7** 다음은 의대 1학년 학생들의 혈당치(blood glucose level)를 잰 것이다(단위 : *mmol/L*).

| | | | | | | | | | |
|---|---|---|---|---|---|---|---|---|---|
| 4.7 | 3.6 | 3.8 | 2.2 | 4.7 | 4.1 | 3.6 | 4.0 | 4.4 | 5.1 |
| 4.2 | 4.1 | 4.4 | 5.0 | 3.7 | 3.6 | 2.9 | 3.7 | 4.7 | 3.4 |
| 3.9 | 4.8 | 3.3 | 3.6 | 4.6 | 3.4 | 4.5 | 3.3 | 4.0 | 3.4 |
| 4.0 | 3.8 | 4.1 | 3.8 | 4.4 | 4.9 | 4.9 | 4.3 | 6.0 | |

① 평균과 표준편차를 구하여라.

② 중앙값과 사분위범위를 구하여라.

③ 왜도와 첨도를 계산하여라.

④ 상자그림을 그려 분포를 예측해 보아라.

⑤ 이 데이터는 어떠한 분포 형태를 가지는가?

3.8 한 연구자는 혈액응고 연구를 위해 두 혈액 수집 방법을 비교하였다. 다음의 자료는 30명의 환자에게서 얻은 APTT(activated partial thromboplastin time)의 값이다. 각 방법별로 기초적인 통계량을 구하고 상자그림을 그려보아라. 두 방법 간에 차이가 있는 것으로 보이는가?

| 방법 1 | | | | | | 방법 2 | | | | | |
|---|---|---|---|---|---|---|---|---|---|---|---|
| 20.7 | 29.6 | 34.4 | 56.6 | 22.5 | 29.7 | 23.9 | 23.2 | 56.2 | 30.2 | 27.2 | 21.8 |
| 31.2 | 38.3 | 28.5 | 22.8 | 44.8 | 41.6 | 53.7 | 31.6 | 24.6 | 49.8 | 22.6 | 48.9 |
| 24.9 | 29.0 | 30.1 | 33.9 | 39.7 | 45.3 | 23.1 | 34.6 | 41.3 | 34.1 | 26.7 | 20.1 |
| 22.9 | 20.3 | 28.4 | 35.5 | 22.8 | 54.7 | 38.9 | 24.2 | 21.1 | 40.7 | 39.8 | 21.4 |
| 52.4 | 20.9 | 46.1 | 35.0 | 46.1 | 22.1 | 41.3 | 23.7 | 35.7 | 29.2 | 27.4 | 23.2 |

# 4장

# 확률과 확률변수, 확률분포

지금까지 관측된 데이터를 기술하고 요약하는 방법을 설명하였다. 그런데 대부분의 경우 단순한 요약정리뿐 아니라, 표본에 나타난 정보를 이용하여 모집단의 특성을 추측하는 데에 흥미가 있을 것이다. 이러한 통계적 추론을 하기 위해서는 먼저 확률이론이 필요하다. 이 장에서는 기초적인 확률의 개념을 알아보고, 자주 이용되는 확률분포인 이항분포와 정규분포에 대해 설명하겠다. 또한 표본의 분포에 대해서도 설명하겠다.

## 4.1 확률과 조건부확률

### 4.1.1 확률의 의미

확률에 대해서는 몇 가지 서로 다른 해석이 있다. 첫 번째는 고전적인 관점으로서 어떤 사상($E$)의 확률은 관심 있는 집합에서의 결과의 수($m$)를 표본공간의 전체집합에서의 결과의 수($N$)로 나눈 것으로 생각하는 것이다. 이러한 관점은 각 사상이 발생할 가능성이 동일하다고 가정할 수 있을 때에만 가능하다. 예를 들어 공정한 주사위에서 각 면이 나올 가능성이 모두 같다고 볼 때 어느 한 면이 나올 확률을 1/6로 계산하게 되는 것이다. 즉, 사상이 $N$개로 배타적이며 동등하게 발생할 때, 그들 중 $m$개가 $E$라는 특성을 가진다면 $E$의 확률 $P(E)=m/N$로 정의된다.

**예제 4.1** 다음과 같이 1부터 15까지의 숫자가 적혀 있는 공들이 상자에 들어 있다. 임의로 공을 하나 꺼냈을 때 공에 쓰인 숫자가 7 이상일 확률은 얼마일까?

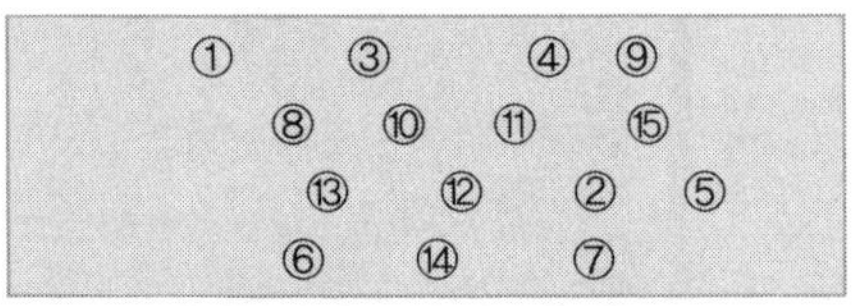


각 번호가 뽑힐 가능성이 동일하므로, 고전적인 관점에서 볼 때 P(7 이상의 숫자가 적힌 공이 꺼내지는 사건)=P(숫자가 7 이상인 공의 수)/P(전체 공의 수)=9/15= 0.6으로 계산된다.

또 다른 해석은 경험적인 견해로 확률을 상대도수의 극한치로 생각하는 것이다. 비슷한 조건에서 수많은 실험($n$)을 랜덤하게 실시했을 때, 실험의 결과로서 나타난 사상($E$)의 상대적인 도수로 추정된다고 생각한다. 이때는 동일한 조건하에서 여러 차례 이러한 절차가 반복적으로 발생할 수 있다고 가정한다. 즉, 어떤 절차가 무한히 많이

($n$회) 반복되었을 때 사상 $E$가 $m$회 발생했다면, $E$의 확률에 대한 추정치는 $P(E)=m/n$이 된다.

**예제 4.2** 동전을 던져서 앞면이 나올 확률은 얼마인가? 대부분 1/2로 답할 것이다. 경험적 견해로 볼 때 이 말은 무한 반복적으로 동전을 던졌을 때 앞면이 나오는 사건이 전체의 1/2에 근사한다는 의미이다.

표본공간 $\Omega=\{E_1, E_2, \ldots, E_n\}$이고, 사상 $E_1, E_2, \ldots, E_n$은 서로 배반일 때 확률은 다음과 같은 기본 성질을 만족한다.

① $P(E_i) \geq 0$
② $P(E_1)+P(E_2)+\cdots+P(E_n)=1$
③ $P(E_i \cup E_j)=P(E_i)+P(E_j)$

또한 확률의 합법칙과 곱법칙은 각각 다음과 같다.

① $P(A \cup B)=P(A)+P(B)-P(A \cap B)$
② $P(A \cap B)=P(A|B)P(B)=P(B|A)P(A)$

### 4.1.2 조건부확률과 베이즈 정리

어떤 사상 $B$가 이미 일어났다면 그러한 조건하에서 사상 $A$가 일어날 확률 $P(A|B)$가 단순히 $A$가 일어날 확률 $P(A)$와 달라질 것인가에 관심이 있을 때가 있다. 앞에서 본 바와 같이 $P(A \cap B)=P(A|B)P(B)$이므로, $P(B) \neq 0$일 때 조건부확률은

$$P(A|B)=\frac{P(A \cap B)}{P(B)}$$

이 된다. 이때 두 사상이 서로 독립이면 $P(A|B)=P(A)$이다.

**예제 4.3** 다음의 표는 50명의 남성동성애자에서의 혈청양성반응여부와 T-림프구의 T4/T8 비를 보여 준다. 양성반응으로 나타났을 때 T4/T8 비가 낮게 나올 확률을 구해 보자.

| | T4/T8 비가 낮음 | T4/T8 비가 높음 | 계 |
|---|---|---|---|
| 혈청음성반응 | 4 | 27 | 31 |
| 혈청양성반응 | 16 | 3 | 19 |
| 계 | 20 | 30 | 50 |

혈청반응이 양성인 것을 사상 B라고 하고, T4/T8 비가 낮은 것을 사상 A라고 하자. $P(B)=\frac{19}{50}=0.38$, $P(A)=\frac{20}{50}=0.40$이며, $P(A\cap B)=\frac{16}{50}=0.32$이다. 또한 양성반응인 19명 중에서 T4/T8 비가 낮은 사람의 수가 16이므로 $P(A|B)=\frac{16}{19}$ $=0.842$이다. 위의 조건부확률의 공식으로 이를 계산해 보면 $P(A|B)=\frac{P(A\cap B)}{P(B)}$ $=\frac{0.32}{0.38}=0.842$로 같게 됨을 알 수 있다. 이때 $P(A|B)$와 $P(A)$가 같지 않으므로 두 사상 A와 B는 서로 독립이 아니다.

이제 베이즈 정리(Bayes' Theorem)에 대해 알아보자. 베이즈 정리는 확률의 곱법칙으로부터 유도되는데, 두 사상 $A_1, A_2$가 서로 배반이고 $P(A_1\cup A_2)=P(A_1)+P(A_2)$ $=1$일 때

$$P(A_1|B)=\frac{P(A_1\cap B)}{P(B)}$$
$$=\frac{P(A_1)P(B|A_1)}{P(A_1)P(B|A_1)+P(A_2)P(B|A_2)}$$

임을 말한다. 이때 $P(A_1)$를 사전확률(prior probability), $P(A_1|B)$를 사후확률(posterior probability)이라고 한다.

베이즈 정리는 $n$개의 배반사상이 있는 경우로 일반화할 수도 있다. 즉, $P(A_1\cup A_2\cup\ldots\cup A_n)=P(A_1)+P(A_2)+\ldots+P(A_n)=1$이면,

$$P(A_i|B)=\frac{P(A_i\cap B)}{P(B)}$$
$$=\frac{P(A_i)P(B|A_i)}{P(A_1)P(B|A_1)+\ldots+P(A_n)P(B|A_n)}$$

이 된다. 베이즈 정리를 이용하면 새로운 정보에 기초하여 확률을 재계산할 수 있으므로 매우 유용하다.

**예제 4.4** 10명 중 2명꼴로 발병하는 질병의 진단법을 개발하였다. 이 진단법을 사용하면, 질병이 있는 사람의 90%가 양성으로 나타나며 질병이 없는 사람 중 5%가 양성으로 나타난다고 한다. 어떤 사람이 이 검사를 받아 양성반응을 보였을 때 이 사람이 실제로 병에 걸렸을 확률은 얼마인가?

다음과 같이 기호를 정의하여 보자.

$A_1$: 질병에 걸림
$A_2$: 질병에 걸리지 않음
$B$ : 양성반응이 나타남

양성반응을 보였을 때 이 사람이 실제로 병에 걸렸을 확률은 $P(A_1|B)$이다. $P(A_1)=0.2, P(A_2)=0.8$이고 $P(B|A_1)=0.9$, $P(B|A_2)=0.05$이므로 베이즈 정리에 의해

$$\begin{aligned} P(A_1|B) &= \frac{P(A_1)P(B|A_1)}{P(A_1)P(B|A_1)+P(A_2)P(B|A_2)} \\ &= \frac{0.2\times 0.9}{(0.2\times 0.9)+(0.8\times 0.05)} \\ &= 0.82 \end{aligned}$$

이 된다. 검사를 받기 전에 질병에 걸렸을 사전확률은 20%이지만, 진단검사결과 양성반응이라는 정보를 얻었다면 이 사람이 질병에 걸렸을 사후확률은 82%가 된다. 진단법과 관련해서는 9장에서 구체적으로 설명할 것이다.

## 4.2 이산형 확률변수와 분포

측정되거나 분류되는 모든 특성을 변수(variable)라고 하며, 어떤 변수가 여러 개의 다른 결과로 나타날 수 있고, 그 특정 결과가 나타나는 것이 확률적으로 결정된다면 이를 확률변수(random variable)라고 한다. 확률변수가 갖는 값과 확률을 대응시켜 주는 관계를 확률분포(probability distribution)라고 한다.

이산형 확률변수는 유한하거나 셀 수 있는 수로 된 결과를 가지며, 확률변수가 취할 수 있는 모든 값에 각각 일어날 확률을 대응하여 확률분포를 구한다.

**예제 4.5** 동전던지기를 2회 실시하였을 때 나온 앞면의 횟수를 X라고 하자. 가능한 경우는 0회, 1회, 2회이며 대응하는 확률은 각각 1/4, 1/2, 1/4이다. 따라서 $X$의 확률분포는 다음과 같다.

| X가 취하는 값 | 확률 $f(x)$ |
|---|---|
| 0 | 1/4 |
| 1 | 1/2 |
| 2 | 1/4 |
| 합계 | 1 |

여기서 $f(x)=P(X=x)$이며, 0과 1 사이의 값을 갖고 모든 가능한 $x$에 대해 합이 1이어야 한다. 이러한 $f(x)$를 확률함수 또는 확률질량함수(probability mass function)라고 한다.

이산형 확률변수의 대표적인 분포인 이항분포(binomial distribution)에 대해 알아보자. 어떤 실험이나 시행의 결과가 성공 또는 실패 중 하나로 나타나며, 시행에서의 성공확률이 $p$로 일정하고, 매 실험은 독립이라고 하자. 이를 베르누이 시행(Bernoulli trial)이라고 한다. 이러한 실험을 $n$번 반복했을 때 성공의 횟수를 $X$라고 하면, 확률변수 $X$는 반복수가 $n$번이고, 성공확률이 $p$인 이항분포를 따른다고 하며 이를

$$X \sim B(n,p)$$

로 표기한다. 확률질량함수는

$$f(x)=\binom{n}{x}p^{x}(1-p)^{n-x}$$

이고, 여기서 $\binom{n}{x}=\dfrac{n!}{x!(n-x)!}$이다. $X$의 평균은 $np$이며, 분산은 $np(1-p)$이다.

**예제 4.6** 편두통(migraine headache)이 있는 환자 15명에게 새로 개발된 진통제를 투약하였다. 이 진통제는 약 80%의 진통효과가 있다고 한다. 15명 중 10명에게 진통효과가 있을 확률과 12명 이하에게 진통효과가 있을 확률을 구하여라.

15명 중 10명에게 진통효과가 나타날 확률은

$$P(X=10)=\binom{15}{10}0.8^{10}(1-0.8)^{15-10}=0.1032$$

이고, 12명 이하일 확률은

$$P(X\le 12)=\binom{15}{0}0.8^{0}\,0.2^{(15-0)}+\cdots+\binom{15}{12}0.8^{12}\,0.2^{(15-12)}=0.6020$$

으로 계산된다. $P(X\le x)$는 부록에 있는 이항분포표를 사용하여 계산한다.

## 4.3 연속형 확률변수와 분포

이산형 확률변수에서는 확률변수 $X$가 취하는 값이 정수로 한정되어 있지만, 연속형 확률변수는 그렇지 않다. 연속확률변수는 연속적인 모든 값을 가질 수 있으므로, 특정 값 $x$에 대해서 $P(X=x)=0$이 된다. 따라서 이산형 확률변수와 같은 방식으로 각 변수값에 확률을 대응시킬 수는 없으며, 대신 구간에 대한 확률값으로 정의하게 된다. 연속형 변수에 대한 확률함수를 확률밀도함수(probability density function)라고 한다. 여기서는 연속형 확률분포 중에서 가장 많이 쓰이는 정규분포에 대해서 알아보겠다.

정규분포(normal distribution)는 많은 통계학 이론의 기본이 된다. 실제로 키나 몸무게, 혈압, 콜레스테롤 수치 등을 비롯한 여러 종류의 데이터가 정규분포에 근사하므로 매우 유용하게 사용되고 있다. 또한 모집단이 이산형인 경우에도 정규분포로의 근사가 가능하다. 확률변수 $X$가 평균이 $\mu$이고 분산이 $\sigma^2$인 정규분포를 따른다고 하면, 이때의 확률밀도함수는

$$f(x;\mu,\sigma^2)=\frac{1}{\sqrt{2\pi}\,\sigma}exp\left(-\frac{(x-\mu)^2}{2\sigma^2}\right)$$

이며,

$$X\sim N(\mu,\,\sigma^2)$$

로 표기한다. 정규분포를 가우스 분포(Gaussian distribution)라고도 한다. 평균 $\mu$와 분산 $\sigma^2$에 의해서 분포가 확정되는데, 아래 그림과 같이 평균을 중심으로 좌우대칭의 종 모양을 갖는다. 정규분포를 따르는 변수가 평균으로부터 1배의 표준편차 사이에 있을 확률이 약 68%, 2배의 표준편차 사이에 있을 확률이 약 95%(아래 그림의 음영 부분)이며, 3배의 표준편차 사이에 있을 확률은 99%를 넘는다. 즉,

$$P(\mu-\sigma\le X\le\mu+\sigma)=68.27\%$$
$$P(\mu-2\sigma\le X\le\mu+2\sigma)=95.45\%$$
$$P(\mu-3\sigma\le X\le\mu+3\sigma)=99.73\%$$

이다.

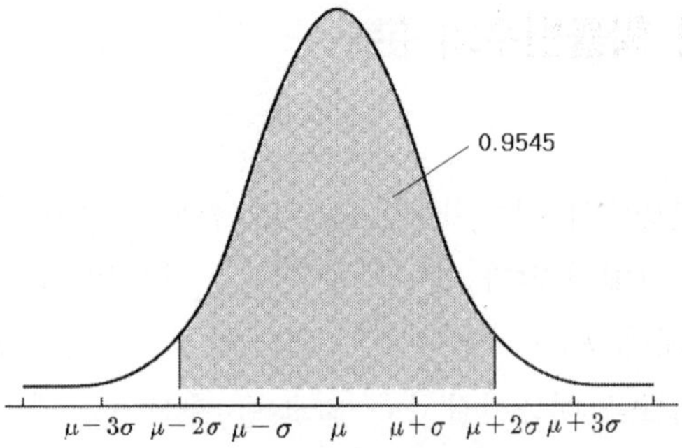


정규분포의 확률밀도함수

확률변수 $X$가 평균이 $\mu$이고 분산이 $\sigma^2$인 정규분포를 따를 때, 이를 변환한 확률변수

$$Z = \frac{X-\mu}{\sigma}$$

는 평균이 0이고 분산이 1인 정규분포를 따르게 된다. 이를 표준정규분포(standard normal distribution)라고 한다. 표준정규분포는 0을 중심으로 대칭이므로, 어떤 값 z에 대해서

$$P(Z \leq -z) = P(Z \geq z)$$

이며, 연속확률분포이므로

$$P(Z \geq z) = P(Z > z) = 1 - P(Z \leq z)$$

이다. 따라서

$$P(Z \leq -z) = 1 - P(Z \leq z)$$

가 성립된다. 부록에 있는 표준정규분포표를 이용하여 이 확률을 구할 수 있다.

**예제 4.7** 변수 Z가 표준정규분포를 따를 때

① $P(Z \leq 1.25)$ ② $P(Z \geq 1.25)$ ③ $P(-a \leq Z \leq a) = 0.95$인 $a$값을 구해 보자.

① 1.25에 해당하는 누적확률값을 구하기 위해서 부록의 표준정규분포표에서 행방향의 1.2와 열방향의 0.05가 만나는 곳을 찾는다. 해당하는 값이 0.8944이므로 $P(Z \leq 1.25) = 0.8944$이다.

② $P(Z \geq 1.25) = P(Z \leq -1.25)$이므로 행의 $-1.2$와 열의 0.05가 만나는 곳을 찾으면 구하는 확률값은 0.1056이다(아래 그림에서 음영부분의 면적).

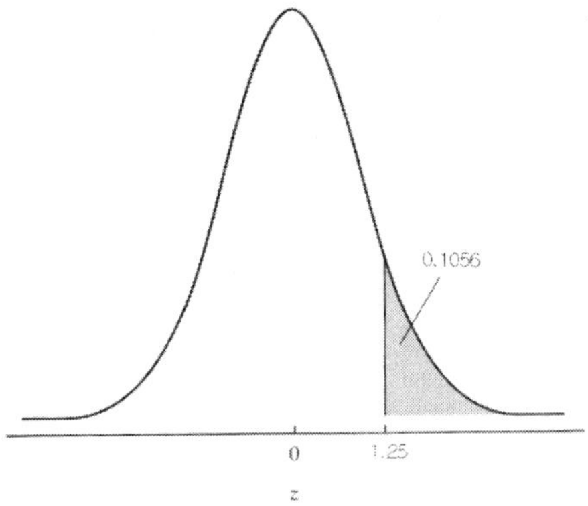


③ $P(-a \leq Z \leq a) = P(Z \leq a) - P(Z \leq -a) = 1 - 2P(Z \leq -a)$이므로 $P(Z \leq -a) = 0.025$가 되는 $a$값을 찾으면 된다. 부록의 표준정규분포표에서 $P(Z \leq -1.96) = 0.025$이므로 $a = 1.96$이 된다.

몇 가지 자주 사용되는 값은 다음과 같다.

| $z$ | 우측꼬리영역 $P(Z \geq z)$ | $-z$ | 좌측꼬리영역 $P(Z \leq -z)$ |
|---|---|---|---|
| 0.000 | 0.5 | 0.000 | 0.5 |
| 1.645 | 0.05 | −1.645 | 0.05 |
| 1.960 | 0.025 | −1.960 | 0.025 |
| 2.576 | 0.005 | −2.576 | 0.005 |

**예제 4.8** 3세 이상 74세 이하의 여성 중에서 헤모글로빈 수치는 평균이 13.3g/100ml, 표준편차가 1.12g/100ml이라고 한다. 이때 ① 헤모글로빈 수치가 13.0 이상 13.9 이하일 확률과 ② 상위 5%에 해당하는 헤모글로빈 수치는 얼마인지 알아보자.

여성의 헤모글로빈 수치를 확률변수 $X$라고 하자. $X \sim N(13.3,\ 1.12^2)$이므로 이를 표준화한 $Z = \dfrac{X - 13.3}{1.12}$는 표준정규분포 $N(0,1)$을 따르게 된다.

① 평균 헤모글로빈 수치가 13.0 이상 13.9 이하일 확률은

$$\begin{aligned} & P(13.0 \leq X \leq 13.9) \\ = \; & P(\frac{13.0-13.3}{1.12} \leq Z \leq \frac{13.9-13.3}{1.12}) \\ = \; & P(-0.27 \leq Z \leq 0.54) \\ = \; & P(Z \leq 0.54) - P(Z \leq -0.27) \end{aligned}$$

이다. 표준정규분포표에서 $P(Z \leq 0.54) = 0.7054$이고 $P(Z \leq -0.27) = 0.3936$이므로, 헤모글로빈 수치가 13.0에서 13.9 사이에 포함될 확률은 약 0.31이 된다.

② 상위 5%에 해당하는 헤모글로빈 수치는 $P(X \leq a) = 0.95$가 되는 $a$값을 구하는 것과 같다. 즉, $P(Z \leq \frac{a-13.3}{1.12}) = 0.95$인 점을 구한다. 표준정규분포표에서 $P(Z \leq 1.64) = 0.9495$, $P(Z \leq 1.65) = 0.9505$이므로 $P(Z \leq 1.645) = 0.95$로 근사 할 수 있다. 따라서 $\frac{a-13.3}{1.12} = 1.645$로부터 $a = 15.14$가 된다. 즉 상위 5%에 해당하는 헤모글로빈 수치는 15.14가 된다.

## 4.4 | 표본분포

앞 절에서 몇 가지 이론적인 확률분포에 대해 알아보았다. 모집단에 대한 정보(예를 들면 정규분포에서의 $\mu$, $\sigma^2$ 등과 같은 모수)를 모두 알고 있는 것으로 간주하였지만, 실제로는 우리는 이러한 모수에 대해 알지 못하고, 대신 표본의 정보를 이용하여 모집단의 특성을 기술하려고 할 뿐이다.

예를 들어 우리나라 20～49세 남자의 평균 콜레스테롤 수치를 알아보고 싶다면, 우리는 표본평균($\overline{x}$) 등의 통계량을 이용하여 모집단에서의 평균수치($\mu$)를 추정하려고 할 것이다. 예를 들어 무작위로 1,000명을 추출하여 구한 표본평균을 $\overline{x_1}$라고 하자. 그런데 이 값은 다시 한 번 무작위로 1,000명을 조사했을 때의 표본평균 $\overline{x_2}$와는 다를 것이다. 만약 일정한 수의 표본을 뽑아 표본평균을 구하는 이 과정을 무한히 반복한다면, 가능한 모든 표본평균들의 값을 얻게 되어, 이 표본평균들의 분포를 구할 수 있을 것이다. 이와 같이 표본으로부터 계산되는 통계량에 대한 확률분포를 표본분포(sampling distribution)라고 하며, 이는 통계량을 이용한 통계적 추론에 필요하다.

### 4.4.1 표본평균의 분포

표본평균의 분포에 대한 특성은 다음과 같은 두 개의 정리로 요약된다.

**정리 4.1** 평균이 $\mu$, 분산이 $\sigma^2$인 정규분포를 따르는 모집단에서 무작위로 $n$개의 표본을 추출했을 때, 표본평균은 평균이 $\mu$, 분산이 $\sigma^2/n$인 정규분포를 따른다.

**정리 4.2** 평균이 $\mu$, 분산이 $\sigma^2$인 임의의 분포를 따르는 모집단에서 $n$개의 표본을 추출했을 때, 표본크기가 충분히 크면(통상 30 이상) 표본평균은 근사적으로 평균이 $\mu$, 분산이 $\sigma^2/n$인 정규분포를 따른다.

위의 정리 4.2를 중심극한정리(central limit theorem; CLT)라고 한다. 이는 모집단의 분포가 연속형이거나 이산형이거나, 대칭이거나 비대칭이거나에 관계없이 표본크기가 크기만 하면 표본평균이 정규근사를 한다는 것으로 매우 유용한 성질이다.

**예제 4.9** 어떤 민족의 두개골 길이는 근사적으로 평균이 185.6mm, 표준편차가 12.7mm인 정규분포를 따르는 것으로 알려져 있다. 이 집단에서 10개의 표본을 뽑았을 때 평균이 190 이상일 확률은 얼마인가?

두개골 길이 $X \sim N(185.6, 12.7^2)$으로, 정규모집단에서 추출했으므로 위의 정리 4.1로부터 이의 표본평균은 평균이 185.6, 분산이 $12.7^2/10 = 16.13$인 정규분포를 따르게 된다. 즉, $\overline{X} \sim N(185.6, 16.13)$이고,

$$Z = \frac{\overline{X} - 185.6}{\sqrt{16.13}} \sim N(0,1)$$

이다. 따라서 구하는 확률은

$$\begin{aligned} & P(\overline{X} \geq 190) \\ &= P(Z \geq \frac{190 - 185.6}{\sqrt{16.13}}) \\ &= P(Z \geq 1.10) \end{aligned}$$

이 된다. $P(Z \geq 1.10) = P(Z \leq -1.10) = 0.1357$이므로, 평균이 190 이상일 확률은 약 14%가 된다.

**예제 4.10** 건강한 남자의 혈청 철분수치는 평균이 120이고, 표준편차는 15로 알려져 있다(단위: $\mu g/100ml$). 50명의 정상인을 무작위로 추출했을 때 평균이 115에서 225 사이에 있을 확률은 얼마인가?

모집단의 분포는 알 수 없으나 표본의 크기가 충분히 크므로($n=50$), 위의 정리 4.2로부터 표본평균은 평균이 120, 분산이 $15^2/50=4.5$인 정규분포를 따른다는 것을 알 수 있다. 즉, $\overline{X}\sim N(120,4.5)$이고,

$$Z=\frac{\overline{X}-120}{\sqrt{4.5}}\sim N(0,1)$$

이다. 구하는 확률은

$$\begin{aligned}&P(115\le \overline{X}\le 125)\\&=P(\overline{X}\le 125)-P(\overline{X}\le 115)\\&=P(Z\le \frac{125-120}{\sqrt{4.5}})-P(Z\le \frac{115-120}{\sqrt{4.5}})\\&=P(Z\le 2.36)-P(Z\le -2.36)\end{aligned}$$

이 된다. $P(Z\le 2.36)-P(Z\le -2.36)=0.9909-0.0091=0.9818$이므로, 평균이 115에서 225 사이에 있을 확률은 약 98%이다.

### 4.4.2 표본비율의 분포

표본의 크기가 크면 중심극한정리에 의해 표본비율의 분포도 근사적으로 정규분포를 따르게 된다. 모집단에서의 비율을 $p$, 표본의 크기를 $n$이라고 했을 때 $n$이 크면 표본비율 $\hat{p}$는 평균이 모집단에서의 비율 $p$이고, 분산이 $p(1-p)/n$인 정규분포를 따른다. 따라서 근사적으로

$$Z=\frac{\hat{p}-p}{\sqrt{p(1-p)/n}}\sim N(0,1)$$

이 된다. 이때 $n$은 크되 $p$가 너무 크거나 너무 작지 않아야 하는데, $np$와 $n(1-p)$가 5보다 커야 한다는 등의 기준을 사용하기도 한다.

**예제 4.11** 우리나라 남자의 약 6%에서 적록 색각 이상이 나타난다고 한다. 우리나라 남자 중에서 임의로 200명을 뽑았을 때 표본에서 적록 색각 이상인 사람이 8% 이상일 확률은 얼마인가?

$n=200$, $p=0.06$으로 표본의 크기가 충분히 크므로 정규근사를 이용하여 구할 수 있다. 표본비율의 분포는 근사적으로 평균이 0.06, 분산이 $\frac{0.06\times 0.94}{200}=0.00028$인 정규분포를 따르게 된다.

$$즉,\ \hat{p} \sim N(0.06, 0.00028)$$

이 된다. 따라서 구하는 확률은

$$\begin{aligned} & P(\hat{p} \geq 0.08) \\ = \ & P(Z \geq \frac{0.08 - 0.06}{\sqrt{0.00028}}) \\ = \ & P(Z \geq 1.20) \end{aligned}$$

이 된다. 부록의 표준정규분포표로부터 $P(Z \geq 1.20) = P(Z \leq -1.20) = 0.1151$이므로, 표본에서 적록 색각 이상인 사람이 8% 이상일 확률은 약 12%가 된다.

## 4.5 | 연습문제

**4.1** 어느 대학의 한 학과는 60명의 여자와 40명의 남자로 구성되어 있다. 이들을 대상으로 조사한 결과 10명의 여학생과 8명의 남학생이 알레르기성 비염 증상이 있었다.

① 이 학생들 중에서 1명을 무작위로 뽑았을 때 그 학생이 알레르기성 비염이 있을 확률은 얼마인가?

② 남학생 중에서 한 명을 뽑았을 때 그 학생이 알레르기성 비염이 있을 확률은 얼마인가?

③ 알레르기성 비염이 있으면서 동시에 남학생일 확률은 얼마인가?

**4.2** 임신진단시약에 대한 연구에서 한 시약의 경우 임신했을 때 양성으로 판정될 확률이 80%이고, 임신하지 않았는데도 양성으로 판정될 확률이 32%인 것으로 나타났다. 임신진단시약을 사용하는 사람 중에서 실제로 임신한 사람의 비율이 60%라고 하자. 이 임신진단시약을 이용하여 검사했을 때 양성으로 나왔다면, 실제로 임신했을 확률은 얼마인가?

**4.3** 어느 나라에서는 인구의 약 85%가 Rh+의 혈액형을 가지고 있다고 한다. 이 중에서 7명을 임의로 선택했다고 하자. 다음의 확률을 구하여라.

① 5명이 Rh+의 혈액형을 가지고 있을 확률

② 5명 이상이 Rh+의 혈액형을 가지고 있을 확률

**4.4** 어떤 변수 Z가 평균이 0, 표준편차가 1인 표준정규분포를 따를 때 다음의 값을 구하여라.

① $P(Z > 2.6)$

② $P(Z < 1.2)$

③ $P(-1.7 \le Z \le 3.1)$

④ $P(Z \ge c) = 0.8$인 경우의 $c$값은 얼마인가?

**4.5** 지문감식에 있어서 중요한 요소 중 하나가 열손가락 전체의 융선의 개수이다. 융선의 개수는 평균이 140, 표준편차가 50인 정규분포를 따른다고 한다. 다음의 확률을 구하여라.

① 융선이 200개 이상일 확률

② 융선이 100개와 200개 사이일 확률

**4.6** 어느 대학의 입학시험점수는 평균이 500이고 표준편차가 100인 정규분포를 따른다고 한다.

① 한 학생을 뽑았을 때 그 학생의 성적이 650점 이상일 확률은 얼마인가?

② 이 시험에서 670점을 넘어야 합격한다면 몇 퍼센트의 학생이 합격하겠는가?

③ 60%의 학생을 합격시키기 위해서는 커트라인을 몇 점으로 하면 되겠는가?

**4.7** 미국에 거주하는 20세에서 74세 사이의 남자들의 혈청 콜레스테롤 수치는 평균이 211, 표준편차가 46으로 알려져 있다(단위: $\mu g/100\text{ml}$). 이 집단에서 30명을 무작위로 추출했다고 하자. 표본평균이 230 이상일 확률은 얼마인가?

**4.8** 어떤 집단에서 하나 이상의 만성병으로 고통 받는 사람이 35%라고 알려져 있다. 이 집단에서 200명을 무작위로 추출했을 때 40% 이상이 하나 이상의 만성병을 가지고 있을 확률은 얼마인가?

**4.9** 35세 이상 44세 미만의 서양 남성의 확장기 혈압은 평균이 80이고 분산이 144로 알려져 있다(단위: mmHg). 미국의 한 병원에서 20명을 대상으로 혈압을 측정했을 때, 표본평균이 95 이상일 확률은 얼마인가?

# 5장

# 통계적 추론

일단 실험이나 조사를 통하여 표본이 얻어지면, 이 데이터를 이용하여 전체 모집단(母集團; population)의 성질을 추측하고자 한다. 이렇게 표본으로부터 모집단에 관한 정보를 유추해 내는 일련의 과정을 통계적 추론(statistical inference)이라고 한다.

통계적 추론은 모집단의 특성치인 모수(母數; parameter)에 대한 추정과 이에 대한 가설검정의 두 가지 문제로 나누어 생각할 수 있다. 예를 들어 다음과 같은 문제를 생각하여 보자.

**예제 5.1** 어떤 도시에서 약물주사사용자(injecting drug user; IDU)에 대한 연구를 실시하였다. HIV 양성반응을 보인 423명 중에서 18명이 IDU였다. HIV 양성반응자 중 IDU인 사람의 비율이 5% 미만이라고 할 수 있는가?

**예제 5.2** 알츠하이머병(Alzheimer disease) 연구의 결과 이 질병을 앓고 있는 환자에게서 $^{14}CO_2$의 증가를 발견하였다. 16명의 알츠하이머병 환자의 신피질 생체검사(neocortical biopsy)에서 얻은 $^{14}CO_2$ 수치는 다음과 같다.

| | | | | | | | |
|---|---|---|---|---|---|---|---|
| 1009 | 1280 | 1180 | 1255 | 1547 | 2352 | 1956 | 1080 |
| 1776 | 1767 | 1680 | 2050 | 1452 | 2857 | 3100 | 1621 |

이 질병을 앓고 있는 환자들의 $^{14}CO_2$수치의 평균과 분산은 얼마로 추정할 수 있을까?

예제 5.1에서 우리가 관심 있는 것은 우선 모집단에서의 HIV 양성반응자 중 IDU인 사람의 비율은 얼마인가와 그 비율이 5% 미만인가 하는 문제이다. 첫 번째 문제는 모비율을 추정하고자 하는 것과 관련되어 있으며, 두 번째 문제는 모비율에 대한 가설을 검정하는 문제가 된다. 직관적으로 생각하면 표본에서 구한 비율 18/423=4.26%를 근거로 하여 이러한 추정과 검정을 시행하게 될 것이다. 한편 예제 5.2에서는 이 질환자들의 $^{14}CO_2$의 모평균과 모분산을 추정해 내는 것이 목적이다. 이러한 문제들에 대하여 차례로 알아보자.

## 5.1 점추정과 구간추정

우리가 알지 못하는 모수를 추정하는 데에는 모수를 하나의 값으로 추정하는 점추정(point estimation)과 구간의 형태로 추정하는 구간추정(interval estimation)의 두 가지 방법이 있다. 위의 예에서 IDU의 비율을 '4.26%'와 같이 하나의 수치로 추정하는 것이 점추정이며, '2%에서 6% 사이'라고 추정한다면 구간추정이 된다. 예제 5.2의 모평균에 대해서도 마찬가지로 점추정과 구간추정을 할 수 있다. 그렇다면 점추정과 구간추정의 값은 어떻게 구해지는지 알아보자.

### 5.1.1 점추정

모수를 추정하기 위한 통계량은 여러 개가 있을 수 있다. 예를 들어 예제 5.2로부터 모집단의 평균을 추정하는 문제를 생각하여 보자. 이를 위해서 표본평균을 사용하는 것이 좋은가 아니면 표본의 중앙값이 좋은가? 좋은 추정량을 선택하는 기준으로

① 불편성(unbiasedness): 편의(bias)가 없는가?
② 효율성(efficiency): 추정량의 표준편차인 표준오차가 작은가?
③ 일치성(consistency): 표본이 커질 때 그 값이 모수에 접근하는가?

등을 꼽을 수 있다. 이러한 기준에서 적절하다고 알려진 통계량은 다음과 같다.

#### 모평균의 추정

평균이 $\mu$, 분산이 $\sigma^2$인 모집단에서의 표본 $x_1, x_2, \cdots, x_n$이 있을 때 모평균에 대한 추정치로 표본평균이 적당하다. 결과를 요약하면 다음과 같다.

추정량: $\hat{\mu} = \bar{x}$
표준오차: $s.e.(\hat{\mu}) = s.d.(\bar{x}) = \sigma / \sqrt{n}$
표준오차의 추정량: $\widehat{s.e.}(\hat{\mu}) = s / \sqrt{n}$ (여기서 $s$는 표본표준편차)

예제 5.2에서 표본평균은 1747.6이다. 따라서 우리는 알츠하이머병 환자의 $^{14}CO_2$ 수치를 1747.6으로 추정할 수 있다. 이때의 표본표준편차는 604.65이므로 표본평균에 대한 표준오차의 추정량은 151.16($= 604.65 / \sqrt{16}$)으로 계산된다.

#### 모분산의 추정

평균이 $\mu$, 분산이 $\sigma^2$인 모집단에서의 표본 $x_1,\ x_2,\ \cdots,\ x_n$이 있을 때 모분산에 대한 추정치로 표본분산을 사용한다. 또한 모표준편차에 대한 추정량으로는 표본표준편차를 사용한다. 표본분산 및 표본표준편차를 계산할 때 $n$ 대신 $n-1$로 나누는 것은 바로 불편성(unbiasedness)이라는 성질을 만족시키기 위해서이다.

$$\text{추정량: } \hat{\sigma^2} = s^2 = \frac{\sum_{i=1}^{n}(x_i - \overline{x})^2}{n-1}$$

$$\hat{\sigma} = s = \sqrt{\frac{\sum_{i=1}^{n}(x_i - \overline{x})^2}{n-1}}$$

예제 5.2에서 모분산과 모표준편차의 추정치는 각각 365601.6과 604.65이다.

### 모비율의 추정

표본의 크기가 $n$이고, 이 중에서 관심 있는 속성을 가진 표본의 크기가 $x$개일 때, 모비율에 대한 추정치로서 표본비율이 적당하다. 결과를 요약하면 다음과 같다.

추정량: $\hat{p} = x/n$

표준오차: $s.e.(\hat{p}) = \sqrt{p(1-p)/n}$

표준오차의 추정량: $\widehat{s.e.}(\hat{p}) = \sqrt{\hat{p}(1-\hat{p})/n}$

예제 5.1에서 모비율의 추정치는 $\hat{p} = 18/423 = 0.0426$이며, 이것의 표준오차의 추정량은 $\sqrt{0.0426(1-0.0426)/423} = 0.0098$이다.

**예제 5.3** SPSS의 『분석』 메뉴에서 기술통계량을 구하면, 평균, 표준편차와 함께 평균에 대한 표준오차의 추정량을 구할 수 있다. 예제 5-2의 알츠하이머 환자 데이터에 대한 추정량을 구해 보자.

① 먼저 첫 번째 열에 검사결과 데이터를 입력하거나, 예제 5-2.sav 파일을 다운로드 받아 사용한다. 메뉴에서 『분석(A) → 기술통계량(E) → 기술통계(D)』를 선택한다.

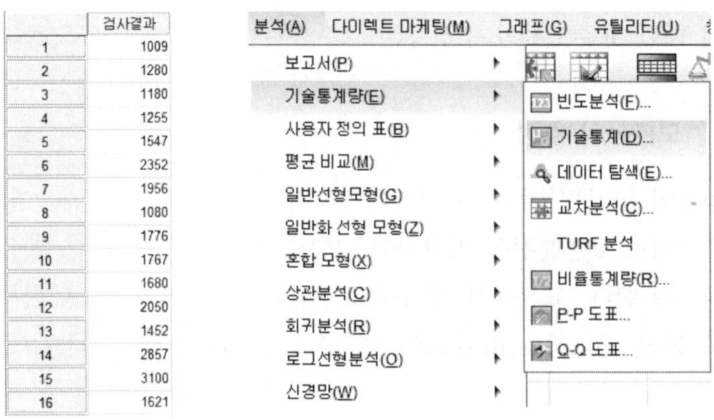

② 왼쪽 창에 있는 변수 중에서 기술통계량을 계산할 변수를 선택하여 오른쪽 [변수(V)]창으로 보낸다.

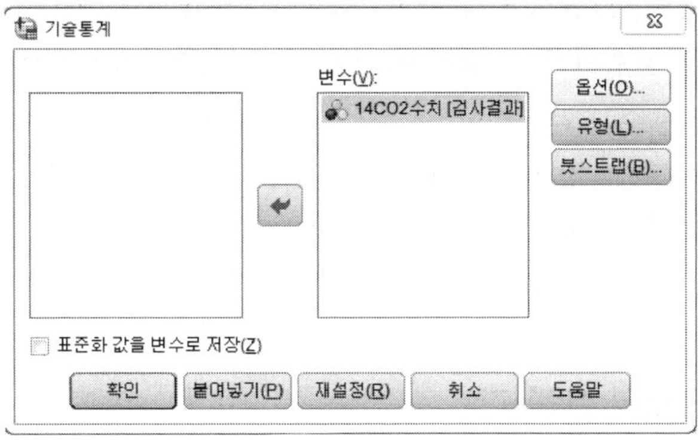

③ 〈옵션(O)〉을 눌러 추정하고자 하는 통계량을 아래와 같이 선택하고 〈계속(C)〉을 누른다.

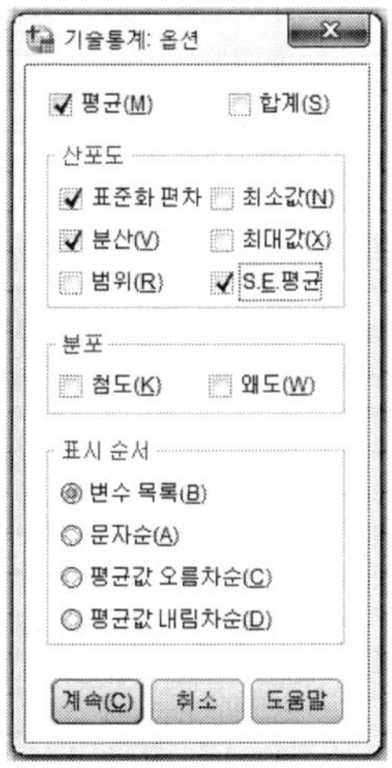

④ 기술통계 대화창에서 〈확인〉을 누르면, 결과창에 다음의 결과가 나타난다.

**기술통계량**

| | N | 평균 | | 표준편차 | 분산 |
|---|---|---|---|---|---|
| | 통계량 | 통계량 | 표준오차 | 통계량 | 통계량 |
| 14CO2수치 | 16 | 1747.63 | 151.162 | 604.650 | 365601.583 |
| 유효 N(목록별) | 16 | | | | |

* SPSS를 이용하여 기술통계량을 구하는 방법에 대해서는 3.2절에서 설명한 바 있다.

### 5.1.2 구간추정

점추정과 같이 하나의 값으로 모집단을 대표하게 되면 간단하다는 이점이 있는 반면에 이 값이 과연 모수와 얼마나 가까운 값인가에 대한 정보는 없다. 표준오차는 이러한 점을 보완하기 위하여 제시된다. 즉, 표준오차는 그 통계량의 표준편차이므로 이 값이 작을수록 추정량이 모수에 가까이 있을 확률이 높다.

반면 구간추정은 모수가 속할 것으로 기대되는 범위를 추정하는 것이다. 구간이 모수를 포함할 확률을 일정한 수준(신뢰수준)으로 정해 놓고, 추정량의 분포를 이용하여 구간을 구한다. 이렇게 얻어진 구간을 신뢰구간(confidence interval)이라고 한다.

#### 모평균의 신뢰구간

신뢰구간을 구하기 위해서는 통계량의 분포를 이용한다. 4장에서 평균이 $\mu$, 분산이 $\sigma^2$인 정규분포를 따르는 모집단에서 표본 $x_1, x_2, \cdots, x_n$ 을 추출했을 때, 표본평균 $\overline{x}$는 평균이 $\mu$, 분산이 $\sigma^2/n$인 정규분포를 따른다는 것을 설명하였다. 따라서 표준화된 통계량

$$Z = \frac{\overline{x} - \mu}{\sigma/\sqrt{n}}$$

은 평균이 0, 분산이 1인 표준정규분포를 따른다. 예를 들면

$$P\left(-1.96 \le \frac{\overline{x} - \mu}{\sigma/\sqrt{n}} \le 1.96\right) = 0.95$$

가 되는데, 이를 $\mu$에 대해 다시 정리하면

$$P\left(\overline{x} - 1.96\frac{\sigma}{\sqrt{n}} \le \mu \le \overline{x} + 1.96\frac{\sigma}{\sqrt{n}}\right) = 0.95$$

이 된다. 즉, $\mu$가 $\overline{x} - 1.96\frac{\sigma}{\sqrt{n}}$과 $\overline{x} + 1.96\frac{\sigma}{\sqrt{n}}$ 사이에 있을 확률이 95%가 되는 것이다. 이 구간을 $\mu$의 95% 신뢰구간이라고 한다. '95% 신뢰구간'이라는 것은 가령 모집단으로부터 크기가 n인 표본조사를 독립적으로 1,000번 시행해서 계산된 1,000개의 신뢰구간 중 950개 정도의 구간은 실제로 참값인 모평균을 포함한다는 의미이다.

일반적으로 모집단이 정규분포를 따를 때 모평균의 $100(1-\alpha)\%$ 신뢰구간은 다음과 같이 구해진다.

$$\left(\bar{x} - z_{\alpha/2}\frac{\sigma}{\sqrt{n}}, \quad \bar{x} + z_{\alpha/2}\frac{\sigma}{\sqrt{n}}\right)$$

즉, $\bar{x}$를 중심으로 $\pm z_{\alpha/2}\dfrac{\sigma}{\sqrt{n}}$만큼 떨어져 있는 구간이다. 여기서 $z_{\alpha/2}$는 표준정규분포에서 상위 $\alpha/2$에 해당하는 임계치로, $P(Z \geq z_{\alpha/2}) = \alpha/2$를 만족하는 값이다. $z_{\alpha/2}$값은 부록에 있는 표준정규분포표로부터 구할 수 있는데, 예를 들어 95% 신뢰구간을 구하기 위해서는 $z_{0.025} = 1.96$을 쓰고, 90% 신뢰구간을 구하려면 $z_{0.05} = 1.645$의 값을 쓰면 된다. 4장에서 설명한 중심극한정리에 의해서, 표본의 크기가 클 때(보통 30 이상)에는 모집단이 정규분포를 따르지 않더라도 위의 식을 사용할 수 있다.

현실적으로 사전에 모분산 $\sigma^2$를 알 수 없는 경우가 많다. 모분산이 알려지지 않은 경우에 $n$이 크다면, 모분산 대신 표본분산을 사용하여도 확률값에 크게 영향을 주지 않으므로 대체할 수 있다. 즉, $n$이 크고 모분산을 모를 때, 모평균의 $100(1-\alpha)\%$ 신뢰구간은

$$\left(\bar{x} - z_{\alpha/2}\frac{s}{\sqrt{n}}, \ \bar{x} + z_{\alpha/2}\frac{s}{\sqrt{n}}\right)$$

으로 구할 수 있다. 여기서 $s$는 표본표준편차이다.

모분산 $\sigma^2$이 알려지지 않았으나 $n$이 작은 경우에 대해서는 다음 절에서 설명하기로 한다.

**예제 5.4** 어느 지역 남성들의 최대근력에 대한 평균값을 추정하고자 한다. 이 지역 사람들의 최대근력값은 정규분포를 하며, 분산이 144일 것으로 가정한다. 실험에 참가한 15명의 남성을 대상으로 평균치를 재어 보니 84.3이었다. 이 지역 남성들의 최대근력 평균치에 대한 95% 신뢰구간을 구해 보자.

여기서 $n = 15$, $\bar{x} = 84.3$, $\sigma^2 = 144$이다. 따라서 최대근력의 모평균에 대한 95% 신뢰구간은

$$\begin{aligned}&(84.3 - 1.96 \times 12/\sqrt{15}, \ 84.3 + 1.96 \times 12/\sqrt{15}) \\ &= (78.2, \ 90.4)\end{aligned}$$

으로 계산된다.

### 모비율의 신뢰구간

표본의 크기가 $n$이고, 이 중에서 관심 있는 속성을 가진 표본의 크기가 $x$개라고 하자. 표본의 비율을 $\hat{p}=x/n$라고 하면, $n$이 클 때 근사적으로

$$\hat{p} \sim N\left(p,\ \frac{p(1-p)}{n}\right)$$

의 분포를 갖게 된다. 즉,

$$\frac{\hat{p}-p}{\sqrt{p(1-p)/n}} \sim N(0,1)$$

이므로, 이로부터 $p$의 신뢰구간을 유도할 수 있다. 단, 이때의 표준오차 $\sqrt{p(1-p)/n}$에서 $p$는 알지 못하는 모수이므로 대신 이것의 추정치인 $\sqrt{\hat{p}(1-\hat{p})/n}$를 사용한다. 즉, 모비율의 $100(1-\alpha)\%$ 신뢰구간은 다음과 같이 구해진다.

$$\left(\hat{p}-z_{\alpha/2}\sqrt{\frac{\hat{p}(1-\hat{p})}{n}},\ \hat{p}+z_{\alpha/2}\sqrt{\frac{\hat{p}(1-\hat{p})}{n}}\right)$$

예제 5.1로부터 HIV 양성반응자 중 IDU인 사람의 비율에 대한 95% 신뢰구간을 구해보면, $\hat{p}=0.0426$, $\sqrt{\hat{p}(1-\hat{p})/n}=0.0098$이므로 신뢰구간은

$$\begin{aligned}&(0.0426-1.96\times 0.0098,\ 0.0426+1.96\times 0.0098)\\ =\ &(0.0234,\ 0.0618)\end{aligned}$$

이 된다.

## 5.2 소표본에서의 추론

모평균의 신뢰구간을 구할 때 표본이 정규모집단으로부터 왔고, 모분산을 알고 있다면 정규분포를 이용할 수 있었다. 실제로는 모평균을 알지 못하여 추론하게 되는 상황에서는 모분산에 대한 정보도 없는 것이 일반적인 상황이다. 표본의 크기가 크다면 모분산을 표본분산으로 대체하여도 정규분포를 따르지만, 표본의 크기가 작은 경우에는 정규분포를 사용할 수 없다. 이러한 경우 사용할 수 있는 t-분포에 대해 알아보자.

### 5.2.1 t-분포의 소개

표본의 크기가 작을 때 평균이 $\mu$, 분산이 $\sigma^2$인 정규모집단에서 추출한 표본을 $x_1$, $x_2$, $\cdots$, $x_n$ 라고 하면, 다음의 통계량

$$t = \frac{\bar{x} - \mu}{s/\sqrt{n}}$$

는 자유도가 $n-1$인 t-분포를 따른다고 알려져 있다. 이를 $t(n-1)$로 표현하겠다. 아래의 그림은 자유도 1인 t-분포와 표준정규분포를 같이 그린 것이다. 표준정규분포와 마찬가지로 t-분포도 0을 중심으로 좌우대칭의 모양이지만, 보다 평평하고 꼬리부분이 두꺼운 형태이다.

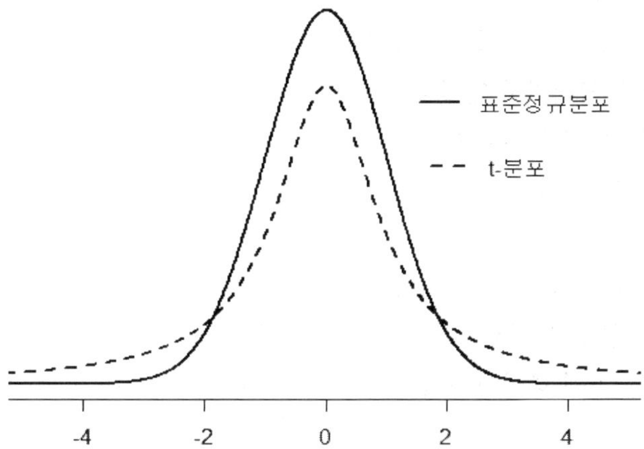


표준정규분포와 t-분포

t-분포는 자유도(degree of freedom)라는 모수에 의해서 분포가 결정되며, 자유도가 커질수록 표준정규분포에 접근한다. 부록의 t-분포표에는 각 자유도별로 상위 $\alpha$의 확률을 주는 값이 들어있다. 예를 들어 자유도 10일 때 곡선 아래 영역의 상위 2.5%에 해당하는 값은 2.228이다. 즉, $P(t \geq 2.228) = 0.025$이다. 표준정규분포에서 상위 2.5%에 해당하는 Z-값은 1.96이므로, 이보다 바깥쪽에서 임계치가 결정됨을 알 수 있다. 또한 분포가 0을 중심으로 좌우대칭이므로 $P(t \geq 2.228) = P(t \leq -2.228)$이 된다.

> * t-분포를 처음 제안한 사람은 W. S. Gosset인데, 자신의 필명(筆名)을 Student라고 했다. 이 이름을 따서 t-분포를 Student의 t-분포라고도 한다.

### 5.2.2 t-분포를 이용한 모평균의 추론

이제 t-분포를 이용하여 정규모집단에서 추출된 소표본일 때 모평균의 신뢰구간을 구하는 문제를 생각해 보자. 정규모집단으로부터 적은 수의 표본을 추출했을 때, $\mu$에 대한 $100(1-\alpha)\%$ 신뢰구간은

$$\left(\overline{x}-t_{\alpha/2}(n-1)\frac{s}{\sqrt{n}},\quad \overline{x}+t_{\alpha/2}(n-1)\frac{s}{\sqrt{n}}\right)$$

으로 구한다. 여기서 $t_{\alpha/2}(n-1)$은 자유도 $n-1$인 t-분포에서 상위 $\alpha/2$에 해당하는 값을 의미한다.

**예제 5.5** 알루미늄이 포함된 제산제를 처방받은 아동의 집단으로부터 10명의 아동을 무작위로 추출하였다. 이 집단의 혈장알루미늄 수준은 정규분포를 따르는 것으로 생각되지만, 분산은 알려지지 않았다. 10명의 아동으로부터 구한 표본평균은 37.66 $\mu g/l$, 표본표준편차는 7.09 $\mu g/l$이다. 이 집단의 혈장알루미늄 수준의 평균에 대한 95% 신뢰구간을 구해 보자.

표본이 정규모집단에서 왔고, 표본의 크기가 작으며, 모분산이 알려지지 않았으므로 t-분포를 이용한다. 이때의 자유도는 10-1=9이다. 95% 신뢰구간을 구하기 위해 자유도 9에 해당하는 값 $t_{0.025}(9)$를 표에서 찾으면 2.262이다. 따라서 구하는 신뢰구간은

$$\begin{aligned}&(\overline{x}-t_{\alpha/2}(n-1)\frac{s}{\sqrt{n}}\ ,\ \overline{x}+t_{\alpha/2}(n-1)\frac{s}{\sqrt{n}})\\ &=(37.66-2.262\frac{7.09}{\sqrt{10}}\ ,\ 37.66+2.262\frac{7.09}{\sqrt{10}})\\ &=(32.59\ ,\ 42.73)\end{aligned}$$

이 된다.

SPSS에서는 정규분포를 이용한 모평균의 신뢰구간은 계산해주지 않고, t-분포를 이용한 신뢰구간만을 제공한다. 또한 모비율의 신뢰구간도 제공하지 않는다. t-분포는 $n$이 커지면 표준정규분포로 근사하는 성질이 있으므로, 패키지 프로그램에서는 주로 t-분포만을 제공한다. SPSS의 『분석(A)』 메뉴 중 「데이터 탐색(E)」을 이용하여 신뢰구간을 구할 수 있다.

**예제 5.6** SPSS를 이용하여 모평균에 대한 신뢰구간을 추정하는 방법을 알아보자. 앞의 예제 5.5의 혈장알루미늄 데이터를 사용하자. 데이터를 첫 번째 열에 입력하거나, 예제 5-5.sav 파일을 다운로드 한다.

① 『분석(A) → 기술통계량(E) → 데이터 탐색(E)』을 선택하면, 「데이터 탐색」창이 나타난다. 변수 혈장알루미늄을 [종속변수(D)]로 옮기고, 〈통계량(S)〉 버튼을 누른다.

② [기술통계(D)] 아래 '평균의 신뢰구간(C):' 옆의 입력칸에 계산할 신뢰구간의 신뢰수준 '95'를 입력한다. 〈계속(C)〉을 누르고 나온 후, 「데이터 탐색」창에서 〈확인〉을 누른다.

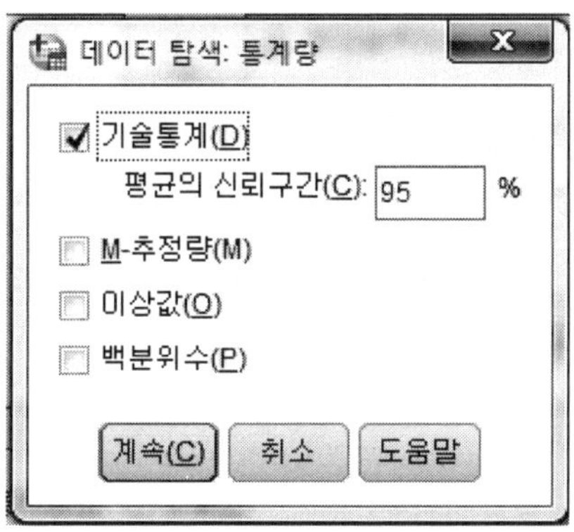


③ 『IBM SPSS Statistics Viewer』창에 보이는 결과 중, 아래 기술통계 부분에 다른 통계량들과 함께 혈장알루미늄 수준의 표본평균에 대한 95% 신뢰구간에 대한 하한값과 상한값, 즉 (32.59, 42.73)을 확인할 수 있다.

기술통계

| | | | 통계량 | 표준오차 |
|---|---|---|---|---|
| 혈장알루미늄 수준 | 평균 | | 37.660 | 2.2424 |
| | 평균의 95% 신뢰구간 | 하한 | 32.588 | |
| | | 상한 | 42.733 | |
| | 5% 절사평균 | | 37.519 | |
| | 중위수 | | 34.992 | |
| | 분산 | | 50.282 | |
| | 표준편차 | | 7.0910 | |
| | 최소값 | | 27.9 | |
| | 최대값 | | 49.9 | |
| | 범위 | | 22.0 | |
| | 사분위수 범위 | | 10.9 | |
| | 왜도 | | .413 | .687 |
| | 첨도 | | -.970 | 1.334 |

## 5.3 가설검정의 개념

신뢰구간이 모수를 추정하는 데 목적을 두는 반면, 가설검정은 모수에 대한 가설의 옳고 그름을 판단하는 절차이다. 흔히 "5% 유의수준에서 가설은 기각된다(p=0.04)." 또는 "A가 B보다 치료효과가 높은 것으로 나타났다(p<0.05)." 등의 표현을 자주 접할 것이다. 이것이 무슨 의미인지 검정의 절차와 필요한 용어들을 간단히 정리하여 알아보자.

### 5.3.1 가설의 설정

#### 귀무가설과 대립가설

기존에 치료효과가 70%인 약이 있었다고 하자. 어느 제약회사에서는 이에 대한 신약 개발연구를 거듭한 결과 치료효과가 더 좋은 신약을 개발하였다. 이와 같은 경우에 다음과 같은 두 개의 주장이 존재할 것이다.

① 신약의 치료효과는 기존의 약과 같다.
② 신약의 치료효과가 기존의 약보다 더 좋다.

이러한 주장을 가설이라고 한다. 가설에는 귀무가설(null hypothesis)과 대립가설(alternative hypothesis)의 두 가지가 있다. 흔히 귀무가설을 $H_0$, 대립가설을 $H_1$으로 표시한다. 이때 연구자가 주장하는 바(②의 주장)를 대립가설로 놓고, 그에 반하는 가설(①의 주장)을 귀무가설로 놓는다. 대립가설을 입증할 강력한 증거가 있을 때 연구자의 주장을 채택하고, 증거가 충분하지 못하면 연구자의 주장을 버리고 귀무가설로 돌아간다.

### 단측검정과 양측검정

위의 사례에서 귀무가설과 대립가설은 다음과 같다.

$H_0$: 신약의 치료효과는 기존의 약과 같다($p = 0.7$).
$H_1$: 신약의 치료효과가 기존의 약보다 더 좋다($p > 0.7$).

이때의 연구자의 주장은 '더 좋다'는 것으로 이와 같이 주장하는 바가 어느 한 방향으로 이루어지는 것을 '단측검정(one-sided test)'이라고 한다. 앞에서 설명한 대로 실험결과 신약의 치료효과가 기존의 약보다 충분히 크게 나타났을 때 대립가설을 채택하게 된다. 반면 다음의 가설을 생각해 보자.

$H_0$: 신약의 치료효과는 기존의 약과 같다($p = 0.7$).
$H_1$: 신약의 치료효과는 기존의 약과 같지 않다($p \neq 0.7$).

이때에는 실험결과 신약의 약효가 충분히 더 좋거나 아니면 기존의 약이 충분히 더 좋을 때 대립가설을 채택하게 된다. 이러한 가설은 '양측검정(two-sided test)'이라고 한다. 이와 같이 단측검정과 양측검정은 대립가설의 방향에 따라 결정된다.

이 예에서 연구자가 신약의 치료효과가 더 좋을 것으로 확신하고 충분히 좋은가에만 관심이 있다면 단측검정을 선택한다. 그러나 의외로 신약의 치료효과가 더 떨어질 위험이 있다면 양측검정을 사용해야 한다. 실제로 의학 연구에서는 종종 연구자가 기대한 것과 다른 결과가 나타날 수 있으므로 대부분의 경우 양측검정을 사용하는 것이 신중한 태도이다. 단측검정을 할 것인지, 양측검정을 할 것인지는 반드시 표본을 추출하기 전에 결정되어야 한다.

## 5.3.2 유의수준과 p-값

### 유의수준과 검정력

실제로는 두 집단의 치료효과의 차이가 없는 데도 불구하고(즉, 귀무가설이 참일 때) 관측된 값에서 치료효과의 차이가 나타날 수 있다. 이 값이 우연히도 매우 크게 나타났다면 연구자는 사실과 다르게 귀무가설을 기각하게 되는 잘못을 범하게 된다. 이러한 종류의 오류를 제1종 오류(type I error)라고 한다. 이러한 오류가 일어날 확률의 최대허용치를 유의수준(significance level)이라고 하며 통상 $\alpha$로 표기한다.

반대로 치료효과의 차이가 있는 데도 불구하고(즉, 대립가설이 참일 때) 관측된 차이가 우연히 매우 작은 값이 될 수 있다. 이때 연구자는 이에 근거하여 귀무가설을 기각하지 않는 오류를 범하게 되는데, 이러한 오류를 제2종 오류(type II error)라고 하며 이러한 오류가 일어날 확률을 $\beta$로 표기한다. 귀무가설이 거짓일 때 귀무가설을 기각하게 될 확률은 $1-\beta$가 되는데 이 값을 검정력(power)이라고 한다.

| 모집단 | 검정결과 | |
|---|---|---|
| | 귀무가설을 기각하지 않음 | 귀무가설을 기각함 |
| 귀무가설이 참 | 올바른 판정 | 제1종 오류 |
| 귀무가설이 거짓 | 제2종 오류 | 올바른 판정 |

### p−값

위의 예에서 제약회사에서 두 약을 비교하기 위한 실험을 시행한 결과 신약의 치료율이 76%로 기존약의 치료율보다 6% 더 좋게 나타났다고 하자. 그렇다면 실험의 결과 나타난 이 6%의 차이는 어느 정도의 증거가 될까? 사실은 치료효과가 같은 데도 우연히 더 좋게 나온 것일 수도 있고, 사실상 신약의 치료효과가 더 좋기 때문에 당연히 나타난 결과일 수도 있다. 따라서 우리는 치료효과가 같음에도 불구하고 우연히 6%이상의 차이가 나타날 확률을 계산할 필요가 있다. 이 확률이 극히 작다면 귀무가설을 기각할 만한 충분한 증거가 된다고 할 수 있다. 이 확률값을 p−값(p−value) 또는 유의확률(significance probability)이라고 한다. 즉, p−값이란 귀무가설하에서 관측된 사건 이상으로 귀무가설에 반하는 사건이 일어날 확률을 말하며, p−값이 작을수록 귀무가설에 반대되는 강한 증거가 된다.

이 예에서 만약 실험결과 신약이 기존의 약에 비해 10% 더 효과가 높은 것으로 나타났다면, p−값은 더욱 작아지고 귀무가설을 버리고 대립가설을 채택하는 데 더 강한 증거가 되었을 것이다.

그렇다면 p−값은 얼마나 작아야 할까? 이의 기준으로 삼는 것이 유의수준 $\alpha$이다. $\alpha=0.05$로 했으면 관측된 p−값이 0.05보다 작을 때 귀무가설에 반하는 충분한 근거가 있다고 본다. 이를 "유의수준 5%에서 귀무가설은 기각된다." 또는 "유의수준 5%에서 유의하다."라고 표현하게 된다. 만약 $\alpha=0.01$로 정했다면 p−값이 0.01보다 작아야만 귀무가설을 기각하는 증거로 인정되며 "유의수준 1%에서 귀무가설은 기각된다." 또는 "유의수준 1%에서 유의하다."라고 표현한다.

* 5% 유의수준에서 유의하다는 결론을 내렸더라도 p–값이 0.048인 것과 0.0001인 것과는 큰 차이가 있다. 따라서 p<0.05 식의 단순한 표현보다는 p=0.03 식으로 정확한 값을 제시하는 것이 좋다. 이는 후에 여러 실험의 결과들을 모아 다시 분석하는 메타분석(meta analysis) 시에도 유용한 정보로 제공된다. 메타분석에 대해서는 이재원·박미라·유한나(2011) 등을 참고할 수 있겠다.

## 5.4 한 집단에서의 가설검정

### 5.4.1 모평균의 검정

모집단의 평균 $\mu$에 대한 가설검정의 절차를 알아보자. 평균이 $\mu$, 분산이 $\sigma^2$인 모집단에서의 표본 $x_1$, $x_2$, $\cdots$, $x_n$ 이 있다고 하자.

#### 정규분포를 이용한 검정

모분산이 알려진 정규모집단으로부터 표본이 추출되었거나, 정규모집단이 아니더라도 표본의 크기가 크다면, 다음과 같은 검정통계량(test statistic)을 이용한다.

$$Z = \frac{\bar{x} - \mu_0}{\sigma / \sqrt{n}}$$

여기서 $\mu_0$는 귀무가설에서 주장되는 모평균이다. 귀무가설하에서 이 통계량이 표준정규분포를 따른다는 것을 이용한다.

한편 모분산을 모르더라도 표본의 크기가 크다면

$$Z = \frac{\bar{x} - \mu_0}{s / \sqrt{n}}$$

를 대신 사용할 수 있다. 여기서 $s$는 표본표준편차이다. 유의수준을 $\alpha$로 했을 때 가설의 형태에 따른 가설검정의 절차는 다음과 같다.

① $H_0 : \mu = \mu_0$ vs. $H_1 : \mu > \mu_0$일 때, $Z > z_\alpha$ 이면 귀무가설 기각

② $H_0 : \mu = \mu_0$ vs. $H_1 : \mu < \mu_0$일 때, $Z < -z_\alpha$ 이면 귀무가설 기각

③ $H_0 : \mu = \mu_0$ vs. $H_1 : \mu \neq \mu_0$일 때, $|Z| > z_{\alpha/2}$ 이면 귀무가설 기각

* 정규분포에서 자주 쓰이는 임계치는 다음과 같다.

| 유의수준($\alpha$) | 단측검정 시($z_\alpha$) | 양측검정 시($z_{\alpha/2}$) |
|---|---|---|
| 0.10 | 1.282 | 1.645 |
| 0.05 | 1.645 | 1.960 |
| 0.01 | 2.326 | 2.576 |

**예제 5.7** 사람의 위조직에 있는 특정 효소의 활동도 수치는 평균이 0.8, 표준편차가 0.5인 정규분포를 따르는 것으로 알려져 있다. 위암환자 35명의 정상 위조직에 있는 특정 효소의 활동도 수치를 조사하였더니, 표본평균이 0.7로 나타났다(단위: $\mu mol/\min/g$). 위암환자의 평균 활동도 수치는 0.8과 다르다고 할 수 있는가?

양측검정을 한다고 하면, 이때의 귀무가설과 대립가설은

$$H_0: \mu = 0.8 \qquad \text{vs.} \quad H_1: \mu \neq 0.8$$

이 된다. 검정통계량은

$$|Z| = \left|\frac{\bar{x} - \mu_0}{\sigma/\sqrt{n}}\right| = \left|\frac{0.7 - 0.8}{0.5/\sqrt{35}}\right| = 1.18$$

로 계산된다. 유의수준을 5%로 했을 때 양측검정의 임계치는 1.96이므로, $|Z| \leq 1.96$이 되어 귀무가설은 기각되지 않는다. 즉, 모평균이 0.8과 다르다고 할 만한 충분한 근거가 없다.

p-값을 구하기 위해서는 표준정규분포에서 검정통계량의 값보다 더 극단적인 값이 나올 확률을 계산해야 한다. 즉, 표준정규분포에서 1.18보다 크거나 −1.18보다 작을 확률, 즉 $P(|Z| > 1.18)$이 p-값이 된다. 정규분포표로부터 $P(Z \leq -1.18) = 0.1190$이므로, p-값은 $P(|Z| > 1.18) = 0.2380$이 된다. p-값이 0.05보다 크므로 5% 유의수준하에서 귀무가설이 기각되지 않음을 역시 알 수 있다.

### t-분포를 이용한 검정

표본의 모분산이 알려져 있지 않은 경우에는 모집단이 정규분포를 따른다는 가정하에서

$$t = \frac{\bar{x} - \mu}{s/\sqrt{n}}$$

가 자유도가 $n-1$인 t-분포를 따른다는 사실을 이용하여 검정한다. 여기서 $s$는 표본 표준편차이다.

① $H_0 : \mu = \mu_0$ vs. $H_1 : \mu > \mu_0$일 때, $t > t_{\alpha}(n-1)$ 이면 귀무가설 기각
② $H_0 : \mu = \mu_0$ vs. $H_1 : \mu < \mu_0$일 때, $t < -t_{\alpha}(n-1)$ 이면 귀무가설 기각
③ $H_0 : \mu = \mu_0$ vs. $H_1 : \mu \neq \mu_0$일 때, $|t| > t_{\alpha/2}(n-1)$ 이면 귀무가설 기각

표본의 크기가 작고 모집단이 정규분포를 따르지 않으면, 더 이상 t-분포를 사용할 수 없게 된다. 이 경우에 사용되는 비모수적 방법에 대해서는 10장에서 설명할 것이다.

**예제 5.8** 예제 5.5의 데이터에서 이 집단의 아동들의 혈장알루미늄 수준의 모평균이 30을 초과하는지를 알고 싶다고 하자. 유의수준 5%에서 가설검정하여 보자.

이때의 가설은

$$H_0 : \mu = 30 \qquad \text{vs.} \qquad H_1 : \mu > 30$$

이 된다. 10명의 표본에 대한 평균이 37.66, 표준편차가 7.09였으므로 검정통계량은

$$t = \frac{\overline{x} - \mu_0}{s/\sqrt{n}} = \frac{37.66 - 30}{7.09/\sqrt{10}} = 3.4165$$

가 된다. 유의수준을 5%로 했을 때 자유도가 9인 경우 단측검정의 임계치 $t_{0.05}(9) = 1.833$이다. 계산된 t-값이 임계치보다 크므로 5% 유의수준하에서 귀무가설은 기각된다. 따라서서 이 집단의 혈장알루미늄 수준의 모평균은 30을 초과한다고 할 수 있다. 이때의 p-값은 자유도가 9인 t-분포에서 3.4165보다 클 확률, $P(t > 3.4165)$이 된다. 부록의 t-분포표를 보면 3.4166에 해당하는 값은 나와 있지 않지만, $P(t > 3.250) = 0.005$이므로, p-값이 0.05보다 작을 것이라는 것을 알 수 있다. 따라서 역시 귀무가설이 기각된다는 것을 알 수 있다. 부록의 분포표에서는 일부 확률만을 제공하므로 정확한 p-값을 찾을 수 없지만, SPSS를 이용하면 보다 정확하게 계산된 p-값을 제시한다.

신뢰구간과 마찬가지로, SPSS에서는 t-분포를 이용한 결과만 제공한다. 『분석(A)』 메뉴의 「평균 비교(M)」에서 독립표본, 대응표본 등 여러 형태의 데이터에 대한 t-검정을 제공하는데 이 중에서 「일표본 T 검정(S)」을 선택하면 한 집단의 모평균에 대한 t-검정을 할 수 있다.

**예제 5.9** SPSS를 이용하여 예제 5-5의 혈장알루미늄 수준에 대한 모평균이 30을 초과하는지를 검정하는 방법을 알아보자. 먼저 예제 5-5.sav 파일을 다운받는다.

① 메뉴 중 『분석(A) → 평균 비교(M) → 일표본 T 검정(S)』을 선택하면, 다음의 대화창이 열린다. [검정 변수(T)]에 혈장알루미늄 수준을 옮기고, 창의 오른쪽 아래 [검정값(V)]에 귀무가설에서의 모평균 값 30을 입력한다.

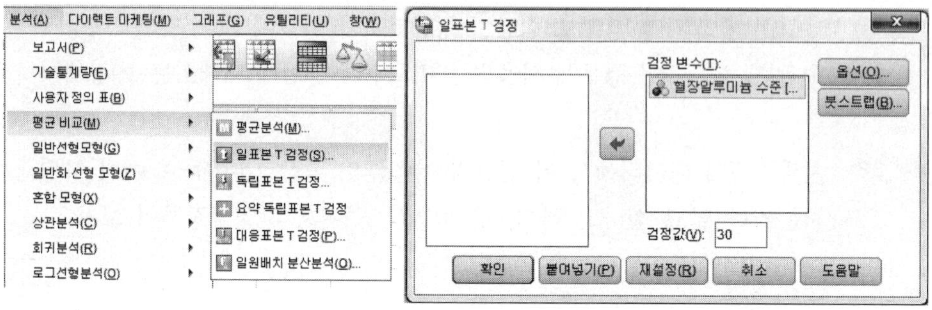


② 혈장알루미늄 수준에 대한 기술통계량값과 검정결과를 확인할 수 있다. 검정결과를 보면 검정통계량이 't'로, p-값이 '유의확률(양측)'으로 표시된다. 여기서 '평균차이'는 표본평균과 귀무가설에서의 평균차이를 의미하며, '차이의 95% 신뢰구간'은 표본평균과 귀무가설의 평균차이에 대한 신뢰구간이다. 여기서 t값이 3.416, 양측검정에 대한 p-값은 0.008이다. p-값이 유의수준(5%)보다 작으므로 양측검정(즉, $H_1 : \mu \neq 30$)일 때 유의수준 5%하에서 귀무가설은 기각됨을 알 수 있다. 문제에서는 단측검정, 즉 $H_1 : \mu > 30$에 대한 검정이므로 단측검정에 대한 p-값을 구해야 한다. t-분포는 좌우대칭이므로 단측검정의 p-값은 양측검정의 p-값을 반으로 나눈 값이 된다. 따라서 단측검정의 p-값은 더 작아져서 0.004가 되며, 5% 유의수준하에서 역시 유의하다. 따라서 이 집단의 혈장알루미늄 수준의 모평균은 30을 초과한다고 할 수 있다.

**일표본 통계량**

| | N | 평균 | 표준편차 | 평균의 표준오차 |
|---|---|---|---|---|
| 혈장알루미늄 수준 | 10 | 37.660 | 7.0910 | 2.2424 |

**일표본 검정**

| | 검정값 = 30 | | | | | |
|---|---|---|---|---|---|---|
| | t | 자유도 | 유의확률 (양측) | 평균차이 | 차이의 95% 신뢰구간 하한 | 차이의 95% 신뢰구간 상한 |
| 혈장알루미늄 수준 | 3.416 | 9 | .008 | 7.6605 | 2.588 | 12.733 |

하나의 집단에서 모평균에 관한 추정 및 가설검정을 하기 위하여 경우에 따라 정규분포, 또는 t-분포를 사용하였다. 아래의 도표는 가정을 체크하여 적절한 분석방법을 선택할 수 있도록 여러 경우를 정리한 것이다. 여기서 Z는 정규분포를 이용한 방법, t는 t-분포를 이용한 방법을 의미하며, 비모수는 10장에서 설명할 비모수적 방법을 사용해야 함을 의미한다.

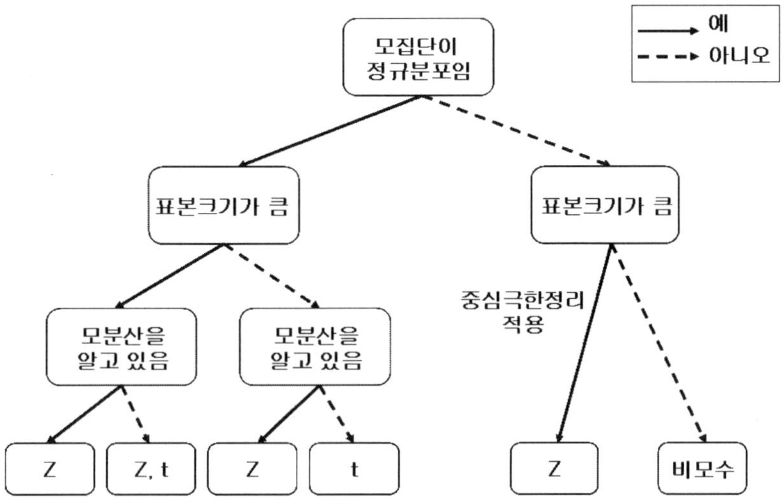


하나의 모집단에서 평균에 대한 추론 방법

## 5.4.2 모비율의 검정

표본의 크기 $n$이 클 때, 모비율 $p$에 대한 가설 $H_0 : p = p_0$의 검정통계량은 표본의 비율 $\hat{p}$이 근사적으로 정규분포를 따른다는 것을 이용하여 구한다. 귀무가설이 맞다면 $p = p_0$이므로

$$\frac{\hat{p} - p_0}{\sqrt{p_0(1-p_0)/n}} \sim N(0,1)$$

이 된다. 따라서 검정통계량은

$$Z = \frac{\hat{p} - p_o}{\sqrt{p_0(1-p_0)/n}}$$

가 된다. 유의수준을 $\alpha$로 했을 때 가설의 형태에 따른 가설검정의 절차는 다음과 같다.

① $H_0 : p = p_0$ vs. $H_1 : p > p_0$일 때, $Z > z_{\alpha}$ 이면 귀무가설 기각

② $H_0 : p = p_0$ vs. $H_1 : p < p_0$일 때, $Z < -z_{\alpha}$ 이면 귀무가설 기각

③ $H_0 : p = p_0$ vs. $H_1 : p \neq p_0$일 때, $|Z| > z_{\alpha/2}$ 이면 귀무가설 기각

**예제 5.10** 예제 5.1의 가설검정을 하여 보자. 이때 보이고자 하는 것은 모비율이 5% 미만이라는 주장이다.

귀무가설과 대립가설은 다음과 같다.

$$H_0 : p = 0.05 \quad , \qquad H_1 : p < 0.05$$

$\hat{p} = 0.0426$이므로 검정통계량은

$$Z = \frac{\hat{p} - p_o}{\sqrt{p_0(1-p_0)/n}} = \frac{0.0426 - 0.05}{\sqrt{0.05(1-0.05)/423}} = -0.6983$$

이다. 이 값은 유의수준을 5%로 했을 때 단측검정에 대한 임계치 $-1.645$보다 크므로 5% 유의수준에서 귀무가설은 기각되지 않는다. 즉, HIV 양성반응자 중 IDU인 사람의 비율은 5% 미만이라고 볼 만한 충분한 근거가 되지 않는다.

## 5.5 연습문제

**5.1** 태내 알콜성 증후군(fetal alcohol syndrome; FAS)은 임신기간 중 어머니의 음주로 인한 장애의 증상이다. 12 ~ 40세의 FAS 환자의 키에 대한 분산이 6cm이라고 알려져 있다. 31명의 환자를 뽑아 조사한 결과 이들의 키의 평균이 147.4cm였다. 모평균에 대한 95% 신뢰구간을 구하여라.

**5.2** 예제 5.5의 데이터를 이용하여 다음을 구하여라.

① 모평균과 모분산에 대한 점추정치

② 모평균에 대한 95% 신뢰구간

**5.3** 242명의 중년여성을 뽑아 최대산소소비량(maximum oxygen uptake)을 측정하였더니 평균이 33.3, 표준편차가 12.14였다.

① 최대산소소비량의 모평균에 대한 99% 신뢰구간을 구하여라.

② 유의수준을 1%라고 했을 때 모평균이 30이라는 가설을 기각할 수 있는가?

**5.4** 당뇨병이 있는 30대 여성 집단에 대한 이완기 혈압은 평균이 알려져 있지 않으며, 표준편차는 9.1mmHg으로 알려져 있다. 이 집단의 평균이 일반적인 30대 여성의 이완기혈압의 평균인 74.4mmHg와 같은지 알아보고 싶다.

① 귀무가설과 대립가설을 기술하여라.

② 10명의 당뇨병이 있는 여성을 뽑아 검사한 결과, 이완기혈압의 평균이 84mmHg로 나타났다. 이 정보를 이용하여 5% 유의수준으로 양측검정을 실시하라. p-값은 얼마인가?

③ 이 검정결과로부터 어떤 해석을 할 수 있는가?

④ 만약 유의수준을 1%로 했다면 결론이 달라지겠는가?

**5.5** 다음은 18명의 인슐린 의존 당뇨환자에게서 이상체중의 백분율을 얻은 자료이다(단위 : %).

| | | | | | | | | | |
|---|---|---|---|---|---|---|---|---|---|
| 107 | 119 | 99 | 114 | 120 | 104 | 88 | 114 | 124 | 116 |
| 110 | 121 | 152 | 100 | 125 | 114 | 95 | 117 | | |

① 모평균, 모분산의 점추정치를 구하여라.

② 모집단에 대한 적절한 가정을 하고 모평균에 대한 95% 신뢰구간을 구하여라.

③ 신뢰구간에 이상체중이 100%인 값이 포함되는가? 이 신뢰구간에 대해 해석하여라.

**5.6** 다음은 11명의 건강한 여성에 대한 10일 이상의 평균 일일 에너지 섭취량(kJ)이다.

| 5260 | 5470 | 5640 | 6180 | 6390 | 6515 | 6805 | 7515 | 7515 | 8230 | 8770 |
|---|---|---|---|---|---|---|---|---|---|---|

① 평균과 분산에 대한 점추정치를 구하여라.
② 모집단에 대한 적절한 가정을 하고 평균 에너지 섭취량에 대한 95% 신뢰구간을 구하여라.
③ 모평균이 7725kJ인지에 대해 유의수준 5%로 검정하여라.
④ ②의 결과와 ③의 결과를 연관지어 설명하여라.
⑤ p-값을 구하여라.

**5.7** 40세 이하인 폐암 환자 52명에 대해 4년간 생존 유무를 조사하였다. 조사결과 52명 중 6명이 생존하였을 때, 4년 후 평균 생존율을 추정하고 이에 대한 95% 신뢰구간을 구하여라.

**5.8** 임신 기간 중 산모의 스트레스가 아기의 체중에 미치는 효과를 연구하기 위해 스트레스가 아기의 체중을 줄게 하는 의학적, 산부인과적 위험 요소를 알지 못하는 스트레스에 대한 전력이 있는 산모 86명을 뽑았다. 이들 가운데 저체중아를 분만한 비율은 12.8%였다.
① 모비율에 대한 95% 신뢰구간을 구하여라.
② 기존의 연구에 의하면 산모의 스트레스로 인해 저체중아를 분만하는 비율이 10%였다. 이 연구결과에 의해 저체중아 분만비율이 10%보다 크다고 주장할 수 있겠는가?

**5.9** 한 조사에 의하면 표본 670명의 유아 가운데 66%에 해당하는 유아가 간염 B백신 세포의 형성이 이루어졌다고 한다. 모비율이 60% 이상이라고 할 수 있을까?
① 귀무가설과 대립가설을 기술하여라.
② 유의수준을 5%로 하고 검정하여라.
③ p-값을 계산하여라.

# 6장

# 두 집단의 평균 비교

이 장에서는 두 개의 모집단이 있을 때 그들의 평균이나 비율을 비교하는 방법을 알아보자. 또한 독립인 집단이 아닌 짝지은 집단인 경우 모평균 비교에 대해서도 알아볼 것이다. 다음과 같은 문제를 생각해 보자.

**예제 6.1** 임신에 의한 고혈압 연구에서 소량의 아스피린 복용이 혈압에 영향을 미치는지 알아보려고 한다. 대상자를 두 그룹으로 나누어 첫 번째 그룹의 23명에게는 소량의 아스피린을 복용시키고 두 번째 그룹의 24명에게는 플라시보(placebo)를 복용시킨 다음 동맥 혈압을 측정하였다.

**예제 6.2** 애연가가 아닌 7명의 대상자에게 1주일간 금연하도록 한 후에 한 개비씩의 담배를 피우게 하고 각각 12시간 후와 24시간 후에 타액의 코티닌(cotinine) 수치를 측정하여 12시간 후의 수치와 24시간 후의 수치가 다른가를 조사하였다.

예제 6.1에서와 같이 한 그룹에는 처리 A를 하고 다른 그룹에는 처리 B를 한 후 처리 A와 처리 B의 효과에 차이가 있는가를 보는 경우가 있다. 이때 두 그룹의 관측치들은 서로 독립적으로 얻어지게 된다. 6.1절에서는 정규분포를 이용하여 두 독립 집단의 모평균을 비교하는 방법을 설명하고, 6.2절에서는 t-분포를 이용하여 비교하는 방법을 설명하겠다. 또한 두 집단의 모평균 비교방법은 두 집단의 분산이 동일한지에 따라 달라질 수 있는데, 6.3절에서 두 집단의 분산을 비교하는 방법을 설명하였다.

예제 6.2에서는 한 사람에 대해 2번(12시간 후, 24시간 후) 측정하여 그 결과를 비교하였다. 각 대상자별로는 독립적으로 구해진 값이지만 한 사람에 대한 두 측정값은 서로 연관이 있으므로 이는 독립표본이라고 할 수 없다. 이와 같이 하나의 실험단위에 대해 두 가지 처리를 하여 그 차이를 알아보는 경우의 집단을 짝지은 집단(paired sample)이라고 한다. 짝지은 집단의 모평균 비교방법은 6.4절에서 설명하게 될 것이다.

## 6.1 독립인 두 집단의 Z-검정

### 6.1.1 모분산이 알려진 정규모집단의 경우

정규분포를 이용하여 두 집단의 모평균을 비교하는 방법에 대해 알아보자. 다음과 같은 가정이 필요하다.

① $x_1,\ x_2,\ \cdots,\ x_{n_1}$은 평균 $\mu_1$, 분산 $\sigma_1^2$인 정규분포를 따르는 모집단에서 나온 표본이다.

② $y_1,\ y_2,\ \cdots,\ y_{n_2}$은 평균 $\mu_2$, 분산 $\sigma_2^2$인 정규분포를 따르는 모집단에서 나온 표본이다.

③ 두 표본은 서로 독립이다.

여기서 $n_1$과 $n_2$는 각각 두 모집단으로부터의 표본의 크기이다. 우리가 관심 있는 것은 두 모평균의 차이, 즉 $\mu_1 - \mu_2$이다. 이의 추정량은 $\overline{x} - \overline{y}$이며, 이를 표준화한

$$Z = \frac{(\overline{x} - \overline{y}) - (\mu_1 - \mu_2)}{\sqrt{\sigma_1^2/n_1 + \sigma_2^2/n_2}}$$

은 표준정규분포 $N(0,1)$을 따르게 된다. 이로부터 모평균의 차이 $\mu_1 - \mu_2$의 $100(1-\alpha)\%$ 신뢰구간은 다음과 같이 구해진다.

$$\left( (\overline{x} - \overline{y}) - z_{\alpha/2}\sqrt{\sigma_1^2/n_1 + \sigma_2^2/n_2}\,, \quad (\overline{x} - \overline{y}) + z_{\alpha/2}\sqrt{\sigma_1^2/n_1 + \sigma_2^2/n_2}\, \right)$$

두 모평균의 차이 $\delta$에 대한 가설 $H_0 : \mu_1 - \mu_2 = \delta$을 검정하기 위해서는 다음과 같은 검정통계량

$$Z = \frac{(\overline{x} - \overline{y}) - \delta}{\sqrt{\sigma_1^2/n_1 + \sigma_2^2/n_2}}$$

이 귀무가설하에서 표준정규분포를 따른다는 것을 이용한다. 유의수준을 $\alpha$로 하였을 때 가설의 형태에 따른 검정의 절차는 다음과 같다.

① $H_0 : \mu_1 - \mu_2 = \delta$ vs. $H_1 : \mu_1 - \mu_2 > \delta$일 때, $Z > Z_\alpha$이면 귀무가설 기각

② $H_0 : \mu_1 - \mu_2 = \delta$ vs. $H_1 : \mu_1 - \mu_2 < \delta$일 때, $Z < -Z_\alpha$이면 귀무가설 기각

③ $H_0 : \mu_1 - \mu_2 = \delta$ vs. $H_1 : \mu_1 - \mu_2 \neq \delta$일 때, $|Z| > Z_{\alpha/2}$이면 귀무가설 기각

여기서 $\delta = 0$으로 놓으면 두 모평균의 동일성 $\mu_1 = \mu_2$에 관한 검정이 될 것이다.

**예제 6.3** 예제 6.1의 실험결과 아스피린 복용그룹의 평균혈압이 111mmHg이고 플라시보 복용그룹의 평균혈압은 109mmHg로 측정되었다고 하자. 동맥혈압은 정규분포를 따르며, 모분산이 모두 64로 알려져 있다고 할 때 두 그룹의 모평균혈압의 차이에 대한 신뢰구간을 구하고, 두 그룹의 모평균혈압이 같다고 할 수 있는지 검정하여 보자.

여기서 $n_1 = 23, n_2 = 24$이고 $\overline{x} = 111$, $\overline{y} = 109$이다. 또한 $\sigma_1^2 = \sigma_2^2 = 64$라고 알려져 있으며 정규분포를 따르므로, 두 모평균의 차이 $\mu_1 - \mu_2$의 95% 신뢰구간은 다음과 같이 구해진다.

$$\left((111-109) - 1.96\sqrt{\frac{64}{23} + \frac{64}{24}},\ (111-109) + 1.96\sqrt{\frac{64}{23} + \frac{64}{24}}\right)$$

$$= (-2.58, 6.58)$$

가설검정을 하기 위해 귀무가설과 대립가설을 다음과 같이 놓자.

$$H_0 : \mu_1 - \mu_2 = 0 \quad \text{vs.} \quad H_1 : \mu_1 - \mu_2 \neq 0$$

검정통계량은 다음과 같이 계산된다.

$$Z = \frac{(\overline{x} - \overline{y}) - \delta}{\sqrt{\sigma_1^2/n_1 + \sigma_2^2/n_2}} = \frac{(111-109) - 0}{\sqrt{64/23 + 64/24}} = 0.86$$

유의수준을 5%로 하였을 때 $z_{0.025} = 1.96$이므로 $|Z| < z_{0.025}$가 되어 귀무가설은 기각되지 않는다. 즉, 아스피린을 복용한 그룹과 복용하지 않은 그룹 간에는 모평균혈압에 유의한 차이가 없다고 할 수 있다.

### 6.1.2 표본크기가 큰 경우

두 집단의 표본의 크기가 모두 큰 경우에는, 중심극한정리에 의해 모집단이 정규분포를 따르지 않더라도 표본평균은 정규분포를 따르므로 6.1.1절에서 설명한 통계량과

검정절차를 사용할 수 있다. 또한 모분산을 모르더라도 각 그룹의 모분산 $\sigma_1^2$, $\sigma_2^2$을 표본분산 $s_1^2$, $s_2^2$으로 대치하여 정규분포를 이용한 신뢰구간 및 가설검정을 할 수 있다. 즉,

$$Z = \frac{(\overline{x} - \overline{y}) - (\mu_1 - \mu_2)}{\sqrt{s_1^2/n_1 + s_2^2/n_2}}$$

가 표준정규분포를 따른다는 사실을 이용한다. 이로부터 모평균의 차이 $\mu_1 - \mu_2$의 $100(1-\alpha)\%$ 신뢰구간은 다음과 같이 구해진다.

$$\left( (\overline{x} - \overline{y}) - z_{\alpha/2}\sqrt{s_1^2/n_1 + s_2^2/n_2},\ (\overline{x} - \overline{y}) + z_{\alpha/2}\sqrt{s_1^2/n_1 + s_2^2/n_2} \right)$$

또한 두 모평균의 차이 $\delta$에 대한 가설검정을 위한 검정통계량은 다음과 같다.

$$Z = \frac{(\overline{x} - \overline{y}) - \delta}{\sqrt{s_1^2/n_1 + s_2^2/n_2}}$$

$H_0 : \mu_1 = \mu_2$를 검정하고 싶을 때는 $\delta = 0$이 되며, 검정절차는 모분산을 알고 있는 경우에서와 같다.

**예제 6.4** 다음은 흑색종(melanoma) 환자들의 조직생검으로부터 얻은 데이터로서 40개의 림프구와 50개의 종양세포의 직경에 대한 데이터이다. 림프구세포의 크기가 종양세포의 크기보다 작다고 볼 수 있는가? (단위: $\mu m$)

| 종류 | 데이터 | 기초통계량 |
|---|---|---|
| 림프구세포 | 9.0 9.4 4.7 4.8 8.9 4.9 8.4 5.9 6.3 5.7<br>5.0 3.5 7.8 10.4 8.0 8.0 8.6 7.0 6.8 7.1<br>5.7 7.6 6.2 7.1 7.4 8.7 4.9 7.4 6.4 7.1<br>6.3 8.8 8.8 5.2 7.1 5.3 4.7 8.4 6.4 8.3 | 표본평균: 6.95<br>표본표준편차: 1.60 |
| 종양세포 | 12.6 14.6 16.2 23.9 23.3 17.1 20.0 21.0 19.1 19.4<br>16.7 15.9 15.8 16.0 17.9 13.4 19.1 16.6 18.9 18.7<br>20.0 17.8 13.9 22.1 13.9 18.3 22.8 13.0 17.9 15.2<br>17.7 15.1 16.9 16.4 22.8 19.4 19.6 18.4 18.2 20.7<br>16.3 17.7 18.1 24.3 11.2 19.5 18.6 16.4 16.1 21.5 | 표본평균: 17.92<br>표본표준편차: 2.97 |

$n_1 = 40$, $n_2 = 50$으로 표본의 크기가 크므로 정규분포를 이용할 수 있다. $\overline{x} = 6.95$, $\overline{y} = 17.92$이고 각각의 표준편차 $s_1 = 1.60$, $s_2 = 2.97$이므로, $\mu_1 - \mu_2$의 95% 신뢰구간은 다음과 같이 구해진다.

$$\left(-10.97-1.96\sqrt{1.60^2/40+2.97^2/50},\ -10.97+1.96\sqrt{1.60^2/40+2.97^2/50}\right)$$
$$=(-11.93,\ -10.01)$$

이때 귀무가설과 대립가설은 다음과 같다.

$$H_0 : \mu_1 - \mu_2 = 0 \quad \text{vs.} \quad H_1 : \mu_1 - \mu_2 < 0$$

표본의 크기가 충분히 크므로, 다음과 같은 검정통계량

$$Z = \frac{(\overline{x}-\overline{y})-\delta}{\sqrt{s_1^2/n_1 + s_2^2/n_2}} = \frac{(6.95-17.92)-0}{\sqrt{1.60^2/40+2.97^2/50}} = -22.37$$

을 사용한다. 유의수준을 5%로 하였을 때 $z_{0.05}=1.645$이고 $Z<-z_{0.05}$가 되어 귀무가설은 기각된다. 즉, 림프구세포의 크기는 종양세포의 크기보다 유의하게 작다고 할 수 있다.

***** SPSS에서는 정규분포를 이용한 두 집단의 평균비교검정은 지원하지 않는다.

## 6.2 독립인 두 집단의 t-검정

흔히 모분산이 알려져 있지 않으면서 표본수도 적은 의학데이터를 접하게 된다. 이러한 경우에 모평균의 차이를 추론하기 위해서는 두 모집단이 정규분포를 따른다는 가정이 필요하다. 만일 표본의 크기가 작으면서 정규분포의 가정이 없다면 10장에서 설명할 비모수적 검정(nonparametric test)을 사용해야 한다.

이러한 소표본의 경우 두 표본이 독립된 모집단으로부터 추출된 것일 때 두 모집단의 평균을 비교하는 검정법을 알아보자. 모분산이 동일하다는 가정을 할 수 있을 때와 그렇지 않을 때의 두 가지 경우에 따라 검정법이 달라진다.

### 6.2.1 모분산이 같은 경우

먼저 두 모집단이 동일한 분산을 갖는다고 가정할 수 있는 경우의 검정법을 알아보자. 모분산은 두 표본의 표본분산으로부터 합동으로 추정할 수 있다. 직관적으로 모분산의 추정량으로서 두 그룹의 표본분산을 각 그룹의 표본수에 비례하여 병합한 다음과 같은 합동분산(pooled variance)의 추정량을 생각할 수 있다.

$$s_p^2 = \frac{(n_1-1)s_1^2 + (n_2-1)s_2^2}{n_1+n_2-2}$$

여기서 $s_1$, $s_2$는 각각 두 그룹에서의 표본표준편차이다. 다음과 같은 통계량

$$t = \frac{(\bar{x}-\bar{y}) - (\mu_1 - \mu_2)}{s_p\sqrt{\frac{1}{n_1}+\frac{1}{n_2}}}$$

이 자유도 $n_1+n_2-2$인 t-분포를 따른다는 것을 이용하여 추론하게 된다. 먼저 두 모평균의 차이 $\mu_1-\mu_2$의 $100(1-\alpha)\%$ 신뢰구간은 다음과 같이 구해진다.

$$\left((\bar{x}-\bar{y}) - t_{\alpha/2}(n_1+n_2-2)\times s_p\sqrt{\frac{1}{n_1}+\frac{1}{n_2}},\right.$$
$$\left.(\bar{x}-\bar{y}) + t_{\alpha/2}(n_1+n_2-2)\times s_p\sqrt{\frac{1}{n_1}+\frac{1}{n_2}}\right)$$

여기서 $t_\alpha(n_1+n_2-2)$는 자유도 $n_1+n_2-2$인 t-분포의 상위 $\alpha$의 확률을 갖는 임계치를 의미한다.

가설 $H_0: \mu_1-\mu_2=\delta$에 대한 검정통계량은

$$t = \frac{(\bar{x}-\bar{y}) - \delta}{s_p\sqrt{\frac{1}{n_1}+\frac{1}{n_2}}}$$

로 계산된다. $H_0: \mu_1=\mu_2$을 보기 위해서는 $\delta=0$으로 놓으면 된다. 이러한 검정을 독립인 두 집단의 t-검정(two-sample t-test)이라고 한다.

유의수준을 $\alpha$로 했을 때 가설의 형태에 따른 검정의 절차는 다음과 같다.

① $H_0: \mu_1-\mu_2=\delta$ vs. $H_1: \mu_1-\mu_2>\delta$일 때,
$t>t_\alpha(n_1+n_2-2)$이면 귀무가설 기각

② $H_0: \mu_1-\mu_2=\delta$ vs. $H_1: \mu_1-\mu_2<\delta$일 때,
$t<-t_\alpha(n_1+n_2-2)$이면 귀무가설 기각

③ $H_0: \mu_1-\mu_2=\delta$ vs. $H_1: \mu_1-\mu_2\neq\delta$일 때,
$|t|>t_{\alpha/2}(n_1+n_2-2)$이면 귀무가설 기각

**예제 6.5** 다음은 유암(類癌) 심장질환(carcinoid heart disease)의 연구에서 5−HIAA의 최고배뇨(urinary excretion)를 조사한 것이다. 심장질환 그룹에서의 최고배뇨가 대조군보다 높다고 할 수 있는가? 각 그룹에서의 관측치들은 정규분포를 따르는 모집단으로부터 독립적으로 얻어진 것이며, 두 그룹에서의 모분산은 같다고 가정하자.

| 심장질환군 | 263 288 432 890 450 1270 220 350<br>283 274 580 285 524 135 500 120 | 표본평균: 429.0<br>표본표준편차: 294.7 |
|---|---|---|
| 대조군 | 60 119 153 588 124 196 14 23<br>43 854 400 73 | 표본평균: 220.6<br>표본표준편차: 261.8 |

먼저 모평균의 차이 $\mu_1 - \mu_2$의 95% 신뢰구간을 구해 보자.

$$\overline{x} - \overline{y} = 429.0 - 220.6 = 208.4$$

$$s_p = \sqrt{\frac{(16-1)(294.7)^2 + (12-1)(261.8)^2}{16+12-2}} = 281.25$$

이며, 자유도는 $n_1 + n_2 - 2 = 16 + 12 - 2 = 26$이다. 부록의 t−분포표에서 $t_{0.025}(26) = 2.06$이므로 모평균차이의 95% 신뢰구간은

$$\left(208.4 - 2.06 \times 281.25\sqrt{1/16 + 1/12},\ 208.4 + 2.06 \times 281.25\sqrt{1/16 + 1/12}\right) = (-12.85, 429.65)$$

로 계산된다. 이때 귀무가설과 대립가설은 다음과 같다.

$H_0$ : 심장질환군과 대조군의 최고배뇨 평균은 같다(즉, $\mu_1 = \mu_2$).

$H_1$ : 심장질환군의 최고배뇨 평균은 대조군보다 높다(즉, $\mu_1 > \mu_2$).

검정통계량은

$$t = \frac{(429.0 - 220.6) - 0}{281.25\sqrt{\frac{1}{16} + \frac{1}{12}}} = 1.9404$$

가 된다. 이 값은 자유도 26인 t−분포의 임계값 $t_{0.05}(26) = 1.706$보다 크므로 5% 유의수준에서 귀무가설은 기각된다. 즉, 심장질환군의 최고배뇨 평균은 대조군보다 유의하게 높다고 할 수 있다.

만약 본 예제가 두 그룹의 최고배뇨 평균이 같지 않음을 보이고 싶은 양측검정이라

면 대립가설은 다음과 같이 변경된다.

$H_1$ : 심장질환군과 대조군의 최고배뇨 평균은 같지 않다(즉, $\mu_1 \neq \mu_2$).

또한 양측검정인 경우 t-분포의 임계값은 $t_{0.025}(26) = 2.06$이 된다. 양측검정의 검정통계량은 $|t| = 1.9404$이고 이 값이 임계값 2.06보다 작으므로 5% 유의수준에서 귀무가설은 기각할 수 없다. 즉, 심장질환군의 최고배뇨 평균은 대조군과 유의하게 다르다고 할 수 없다.

단측검정인지 양측검정인지에 따라 검정결과는 서로 다르게 나타날 수 있다. 따라서 대립가설의 선정은 데이터를 수집하기 이전에 매우 신중하게 결정해야 하며, 의학연구에서는 둘 중 보수적인 방법인 양측검정으로 정하는 것이 일반적이다. SPSS에서는 『분석(A)』 메뉴 중 『평균 비교(M) → 독립표본 T 검정』에서 t-검정을 할 수 있다.

**예제 6.6** SPSS로 예제 6.5의 데이터를 이용한 t-검정을 실시해 보자. 먼저, 유암 심장질환 데이터를 SPSS의 데이터 편집기에서 다음과 같이 1열에는 환자군에 대한 정보(1: 심장질환군, 2: 대조군)를 입력하고, 2열에는 최고배뇨량을 입력한다. 또는 예제 6-5.sav 파일을 다운로드 받아 사용한다.

| | 환자군 | 최고배뇨 |
|---|---|---|
| 1 | 1 | 263 |
| 2 | 1 | 288 |
| 3 | 1 | 432 |
| 4 | 1 | 890 |
| 5 | 1 | 450 |
| 6 | 1 | 1270 |
| 7 | 1 | 220 |
| 8 | 1 | 350 |
| 9 | 1 | 283 |
| 10 | 1 | 274 |
| 11 | 1 | 580 |
| 12 | 1 | 285 |
| 13 | 1 | 524 |
| 14 | 1 | 135 |
| 15 | 1 | 500 |
| 16 | 1 | 120 |
| 17 | 2 | 60 |
| 18 | 2 | 119 |
| 19 | 2 | 153 |
| 20 | 2 | 588 |
| 21 | 2 | 124 |
| 22 | 2 | 196 |
| 23 | 2 | 14 |
| 24 | 2 | 23 |
| 25 | 2 | 43 |
| 26 | 2 | 854 |
| 27 | 2 | 400 |
| 28 | 2 | 73 |

① 메뉴에서 『분석(A) → 평균 비교(M) → 독립표본 T 검정』을 선택한다. 「독립표본 T 검정」창이 나타나면 최고배뇨량을 [검정 변수(T)]로, 환자군을 [집단변수(G)]로 이동시키고 〈집단 정의(D)〉를 클릭한다.

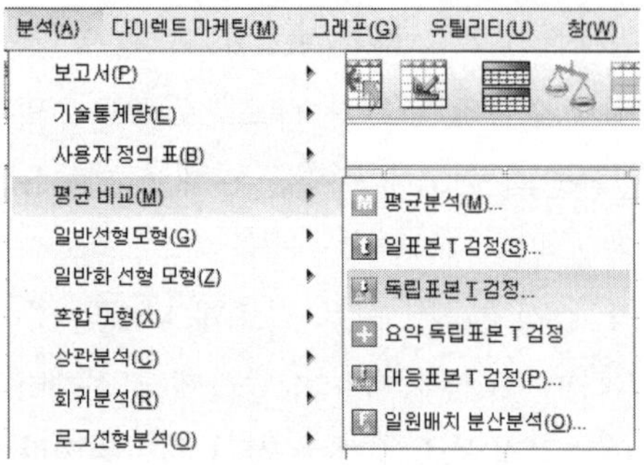


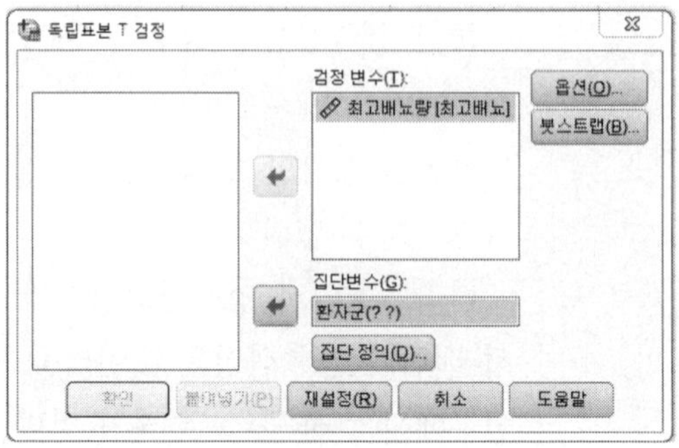


② 「집단 정의」창은 비교할 집단의 변수값을 지정하는 단계이다. 데이터 입력단계에서 환자군을 1과 2로 구분하였으므로, [집단 1]에 1을 입력하고 [집단 2]에 2를 입력한다. 〈계속(C)〉을 눌러 「독립표본 T 검정」창으로 돌아온다. 〈확인〉을 누른다.

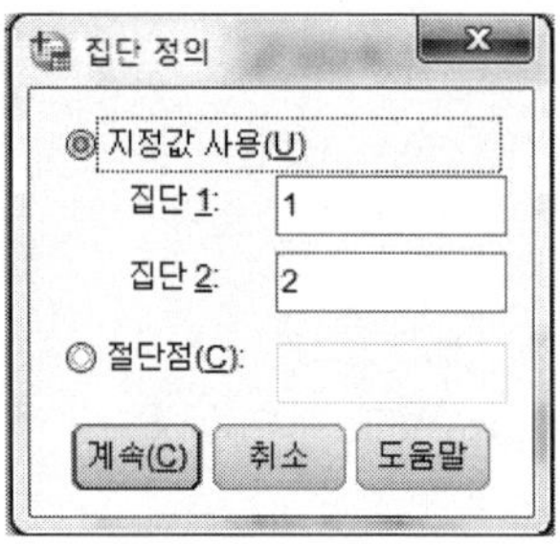


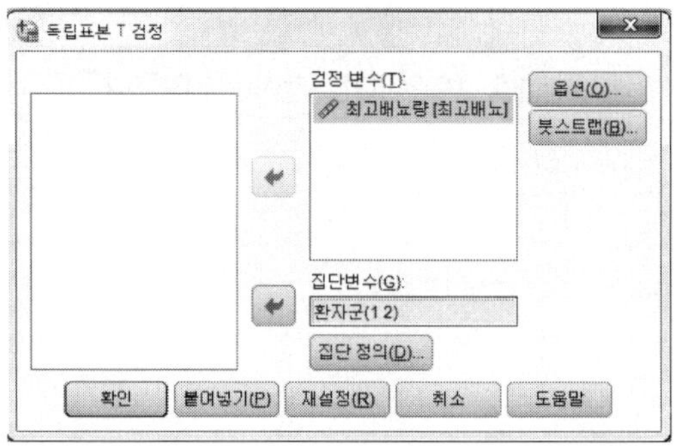


③ 『IBM SPSS Statistics Viewer』창의 독립표본 t-검정 결과를 해석하여 보자. 문제에서 두 그룹이 등분산이라고 가정하였는데 먼저 이러한 가정이 맞는지 알아보기 위해 '등분산 검정' 결과를 확인한다(등분산 검정에 대해서는 6.3절에서 자세히 설명되어 있다). 'Levene의 등분산 검정' 칸에 F값과 유의확률이 있는데 이는 $H_0 : \sigma_1^2 = \sigma_2^2$인지(즉, 등분산인지)에 대한 검정결과이다. 유의확률(p-값)이 0.905로 통상적인 유의수준 0.05보다 커서 기각되지 않으므로 5% 유의수준하에서 등분산 가정을 만족한다고 할 수 있다.

④ 평균의 동일성에 대한 t-검정결과가 "등분산이 가정됨"이라는 행과 "등분산이 가정되지 않음"이라는 두 행에 각각 있다. 위에서 두 그룹이 분산이 같다는 결론을 얻었으므로, "등분산이 가정됨"이라는 행의 결과를 해석한다. 여기서 t-검정 결과

를 보면 검정통계량 $t = 1.941$이고 이에 대한 양측 유의확률(p-값)이 0.063이다. 따라서 $H_1 : \mu_1 \neq \mu_2$에 대한 양측검정결과는 5% 유의수준에서 귀무가설이 기각되지 않는다. $H_1 : \mu_1 > \mu_2$인 단측검정을 위해서는 양측 유의확률을 절반으로 나누면 된다. 즉 단측검정의 p-값은 0.032가 되고, 따라서 5% 유의수준에서 귀무가설이 기각된다.

⑤ 두 그룹의 모평균차이 $\mu_1 - \mu_2$에 대한 95% 신뢰구간은 (−12.349, 429.182)로 계산되었다.

**집단통계량**

| | 환자군 | N | 평균 | 표준편차 | 평균의 표준오차 |
|---|---|---|---|---|---|
| 최고배뇨량 | 심장질환군 | 16 | 429.00 | 294.672 | 73.668 |
| | 대조군 | 12 | 220.58 | 261.819 | 75.581 |

등분산 가정 만족

**독립표본 검정**

| | | Levene의 등분산 검정 | | 평균의 동일성에 대한 T 검정 | | | | | | |
|---|---|---|---|---|---|---|---|---|---|---|
| | | F | 유의확률 | t | 자유도 | 유의확률 (양측) | 평균차이 | 차이의 표준오차 | 차이의 95% 신뢰구간 하한 | 차이의 95% 신뢰구간 상한 |
| 최고배뇨량 | 등분산을 가정함 | .015 | .905 | 1.941 | 26 | .063 | 208.417 | 107.401 | -12.349 | 429.182 |
| | 등분산을 가정하지 않음 | | | 1.975 | 25.170 | .059 | 208.417 | 105.543 | -8.880 | 425.713 |

### 6.2.2 모분산이 같지 않은 경우

두 모집단이 동일한 분산을 갖는다고 가정할 수 없을 때 독립 이표본 t-검정을 수행하기 위한 방법을 알아보자. 이때에는 위에서와 같이 합동분산을 이용하는 방법을 쓸 수 없다. 다음과 같은 통계량

$$t = \frac{(\overline{x} - \overline{y}) - (\mu_1 - \mu_2)}{\sqrt{\frac{s_1^2}{n_1} + \frac{s_2^2}{n_2}}}$$

이 근사적으로 t-분포를 따른다는 것을 이용하여 추론하게 되는데, 이때의 자유도 $v$는 다음과 같이 계산해야 하며, 이를 새터스웨이트(Satterthwaite) 자유도라고 한다.

$$v = \frac{(w_1 + w_2)^2}{\frac{w_1^2}{n_1 - 1} + \frac{w_2^2}{n_2 - 1}}$$

여기서 $w_1 = s_1^2/n_1$, $w_2 = s_2^2/n_2$이다. 계산된 $v$의 값이 정수가 아닐 때에는 이 값에 가장 가까운 정수를 사용하거나, 보간법(interpolation)을 사용한다. 예를 들어 보간법을 적용하면 $v = 7.5$일 때 자유도가 7일 때의 값과 8일 때의 값의 중간값을 사용하게 된다. 모평균의 차이 $\mu_1 - \mu_2$의 $100(1-\alpha)\%$ 신뢰구간은 다음과 같다.

$$\left( (\overline{x} - \overline{y}) - t_{\alpha/2}(v) \sqrt{\frac{s_1^2}{n_1} + \frac{s_2^2}{n_2}},\ (\overline{x} - \overline{y}) + t_{\alpha/2}(v) \sqrt{\frac{s_1^2}{n_1} + \frac{s_2^2}{n_2}} \right)$$

유의수준을 $\alpha$로 했을 때 가설의 형태에 따른 검정의 절차는 다음과 같다. 여기서 $t_\alpha(v)$는 자유도 $v$인 t-분포에서 상위 $\alpha$의 확률값을 갖는 임계치를 의미한다.

① $H_0 : \mu_1 - \mu_2 = \delta$ vs. $H_1 : \mu_1 - \mu_2 > \delta$일 때, $t > t_\alpha(v)$ 이면 귀무가설 기각

② $H_0 : \mu_1 - \mu_2 = \delta$ vs. $H_1 : \mu_1 - \mu_2 < \delta$일 때, $t < -t_\alpha(v)$ 이면 귀무가설 기각

③ $H_0 : \mu_1 - \mu_2 = \delta$ vs. $H_1 : \mu_1 - \mu_2 \neq \delta$일 때, $|t| > t_{\alpha/2}(v)$ 이면 귀무가설 기각

**예제 6.7** 다음의 데이터는 갑상선 기능저하(hypothyroid)로 진단된 16명의 어린이의 타이록신(thyroxine) 수치이다(단위: $nmol/l$). 증상의 정도에 따라 나누어진 두 그룹의 타이록신 수준을 비교하고자 한다. 타이록신 수치는 정규분포를 따른다고 하자. 두 그룹의 모분산은 알려져 있지 않으며 각 그룹의 표본표준편차는 상당한 차이를 보여서 모분산이 같다고 가정하기 어렵다.

| 그룹 | 수 치 | |
|---|---|---|
| 가벼운 증상 | 34 45 49 55 58 59 60 62 86 | 표본평균: 56.44<br>표본표준편차: 14.22 |
| 뚜렷한 증상 | 5 8 18 24 60 84 96 | 표본평균: 42.14<br>표본표준편차: 37.48 |

다음과 같은 가설

$$H_0 : \mu_1 - \mu_2 = 0 \qquad \text{vs.} \qquad H_1 : \mu_1 - \mu_2 \neq 0$$

을 생각하면, 검정통계량은 다음과 같이 계산된다.

$$t = \frac{\overline{x} - \overline{y}}{\sqrt{\frac{s_1^2}{n_1} + \frac{s_2^2}{n_2}}} = \frac{56.44 - 42.14}{\sqrt{\frac{14.22^2}{9} + \frac{37.48^2}{7}}} = 0.96$$

한편, $w_1 = s_1^2/n_1 = 14.22^2/9 = 22.47$, $w_2 = s_2^2/n_2 = 37.48^2/7 = 200.68$이므로

$$v = \frac{(w_1 + w_2)^2}{\dfrac{w_1^2}{n_1 - 1} + \dfrac{w_2^2}{n_2 - 1}} = \frac{(22.47 + 200.68)^2}{\dfrac{22.47^2}{8} + \dfrac{200.68^2}{6}} = 7.35$$

가 된다. 가까운 정수를 자유도로 사용한다면, 자유도는 7.35에 가장 가까운 정수인 7이 된다. 자유도 7인 t-분포의 상위 2.5% 임계치 $t_{0.025}(7) = 2.36$이므로 $|t| < t_{0.025}(7)$가 되어 가설은 기각되지 않는다.

SPSS를 이용한 분석방법은 앞에서 설명한 모분산이 같은 경우와 동일하며, 등분산 검정 후 분산이 같지 않은 것으로 판정되면 '등분산이 가정되지 않음' 부분의 결과를 해석하면 된다.

**예제 6.8** SPSS를 이용하여 예제 6.7의 데이터를 분석하여 보자. 먼저 1열에 가벼운 증상은 1로 뚜렷한 증상은 2로 입력하고, 2열에는 타이록신 수치를 입력한다. 또는 예제 6-7.sav 파일을 다운로드 받은 후 열자. 입력된 형태는 다음과 같다.

| | 증상구분 | 타이록신 |
|---|---|---|
| 1 | 1 | 34 |
| 2 | 1 | 45 |
| 3 | 1 | 49 |
| 4 | 1 | 55 |
| 5 | 1 | 58 |
| 6 | 1 | 59 |
| 7 | 1 | 60 |
| 8 | 1 | 62 |
| 9 | 1 | 86 |
| 10 | 2 | 5 |
| 11 | 2 | 8 |
| 12 | 2 | 18 |
| 13 | 2 | 24 |
| 14 | 2 | 60 |
| 15 | 2 | 84 |
| 16 | 2 | 96 |

① 메뉴에서 『분석(A) → 평균 비교(M) → 독립표본 T 검정』을 선택한다. 예제 6.6에서 설명한 방식대로 [검정 변수(T)]와 [집단변수(G)]를 선택하고, 증상구분변수가 1과 2로 입력되었으므로 「집단 정의」를 다음과 같이 입력한다. 〈계속〉을 눌러 「독립표본 T 검정」창으로 돌아온다.

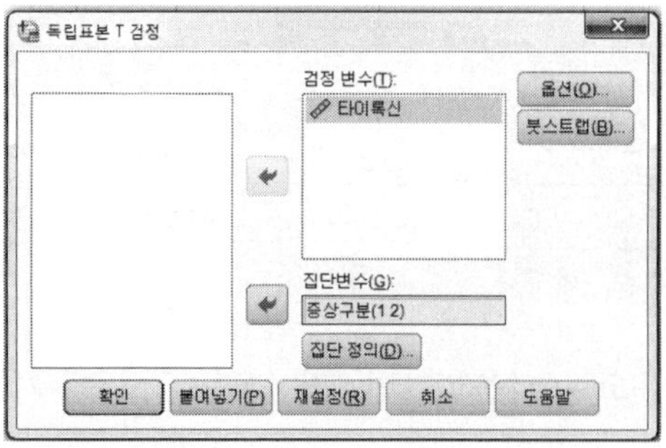


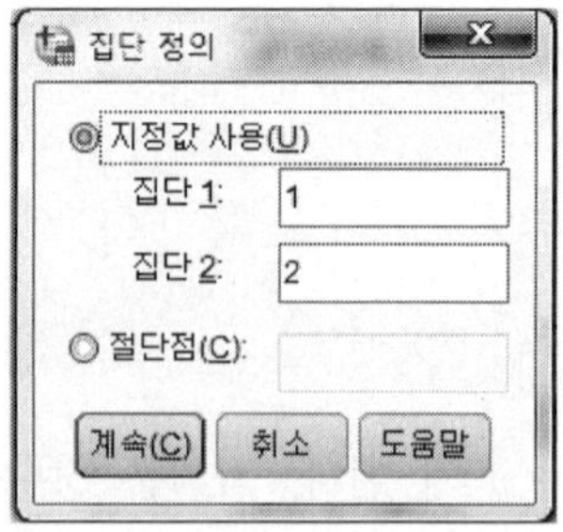


② 먼저 "Levene의 등분산 검정" 결과를 보면 유의확률이 0.001로 두 집단의 모분산은 동일하지 않는 것으로 보인다(등분산 검정에 대해서는 6.3절에 자세히 설명되어 있다). 따라서 "등분산을 가정하지 않음" 부분의 평균동일성 결과로 두 집단의 평균 비교에 대한 결과를 추론하여야 한다. 평균의 동일성에 대한 t-검정 결과에서 검정통계량 $t = 0.957$이고 이에 대한 양측 유의확률(p-값)이 0.369로 5%보다 크므로 유의수준 5%하에서 귀무가설은 기각되지 않는다. 그러므로 증상정도에 따른 타이록신 수준에는 차이가 없다고 결론내릴 수 있다.

**집단통계량**

| | 증상구분 | N | 평균 | 표준편차 | 평균의 표준오차 |
|---|---|---|---|---|---|
| 타이록신 | 가벼운증상 | 9 | 56.44 | 14.222 | 4.741 |
| | 뚜렷한 증상 | 7 | 42.14 | 37.481 | 14.166 |

등분산 가정 위배

**독립표본 검정**

| | | Levene의 등분산 검정 | | 평균의 동일성에 대한 T 검정 | | | | | | |
|---|---|---|---|---|---|---|---|---|---|---|
| | | | | | | | | | 차이의 95% 신뢰구간 | |
| | | F | 유의확률 | t | 자유도 | 유의확률 (양측) | 평균차이 | 차이의 표준오차 | 하한 | 상한 |
| 타이록신 | 등분산을 가정함 | 15.573 | .001 | 1.059 | 14 | .307 | 14.302 | 13.500 | -14.654 | 43.257 |
| | 등분산을 가정하지 않음 | | | .957 | 7.350 | .369 | 14.302 | 14.939 | -20.684 | 49.288 |

## 6.3 분산의 동질성 검정

이번에는 두 그룹의 모분산을 비교하는 방법에 대해 알아보자. 모분산의 비교는 위에서와 같이 두 집단의 모평균 비교 시에 두 집단의 분산이 같다는 가정이 타당한지 알아보기 위해서도 필요하지만, 분산 자체의 비교에 목적이 있는 경우도 있다. 예를 들어 두 치료제의 효과가 동일하다고 한다면 변이가 큰 치료제보다는 변이가 작은 치료제가 안정적인 효과를 기대할 수 있어서 더 선호될 것이다.

모분산을 비교하기 위해서 우선 다음과 같은 가정이 필요하다.

① $x_1, x_2, \cdots, x_{n_1}$ 은 평균 $\mu_1$, 분산 $\sigma_1^2$인 정규분포를 따르는 모집단에서 나온 표본이다.
② $y_1, y_2, \cdots, y_{n_2}$ 은 평균 $\mu_2$, 분산 $\sigma_2^2$인 정규분포를 따르는 모집단에서 나온 표본이다.
③ 두 표본은 서로 독립이다.

모분산의 비교를 위해서 관심 있는 것은 두 모분산의 비, 즉 $\sigma_1^2/\sigma_2^2$이다. 직관적으로 이것의 추정량으로 표본분산의 비 $s_1^2/s_2^2$를 생각할 수 있다. 이때

$$F = \frac{s_1^2/\sigma_1^2}{s_2^2/\sigma_2^2}$$

이 자유도 $(n_1-1,\ n_2-1)$인 F-분포를 따른다는 것을 이용하게 된다. 귀무가설 $H_0 : \sigma_1^2/\sigma_2^2 = 1$하에서 검정통계량으로

$$F = \frac{s_1^2}{s_2^2}$$

를 이용하여 검정한다. 유의수준을 $\alpha$로 했을 때 가설의 형태에 따른 검정의 절차는 다음과 같다. 여기서 $F_\alpha(\nu_1, \nu_2)$는 자유도가 $\nu_1$과 $\nu_2$일 때 F-분포의 상위 $\alpha$의 확률값을 갖는 임계치를 말한다. F-분포의 임계치는 부록의 F-분포표로부터 찾을 수 있다.

① $H_0 : \sigma_1^2/\sigma_2^2 = 1$ vs. $H_1 : \sigma_1^2/\sigma_2^2 > 1$일 때,
$F > F_\alpha(n_1-1, n_2-1)$이면 귀무가설 기각
② $H_0 : \sigma_1^2/\sigma_2^2 = 1$ vs. $H_1 : \sigma_1^2/\sigma_2^2 < 1$일 때,
$F < F_{1-\alpha}(n_1-1, n_2-1)$이면 귀무가설 기각
③ $H_0 : \sigma_1^2/\sigma_2^2 = 1$ vs. $H_1 : \sigma_1^2/\sigma_2^2 \neq 1$일 때,
$F > F_{\alpha/2}(n_1-1, n_2-1)$ 또는 $F < F_{1-\alpha/2}(n_1-1, n_2-1)$

이면 귀무가설 기각

여기서 $F_{1-\alpha/2}(n_1-1, n_2-1) = 1/[F_{\alpha/2}(n_2-1, n_1-1)]$로 구할 수 있다.

> * 정규분포나 t-분포는 좌우대칭의 형태를 가지고 있으나 F-분포는 그렇지 않다. 따라서 기각역을 설정할 때 상위 $\alpha$, 하위 $\alpha$의 확률을 따로 생각해야 한다는 것에 유의하기 바란다.

**예제 6.9** 예제 6.5의 유암 심장질환 데이터에서 두 그룹의 모분산이 같다는 가정이 옳은지 검정하여 보자. 귀무가설과 대립가설은 각각 다음과 같다.

$$H_0 : \sigma_1^2/\sigma_2^2 = 1 \quad \text{vs.} \quad H_1 : \sigma_1^2/\sigma_2^2 \neq 1$$

이때 두 그룹에서의 표본표준편차가 각각 294.7과 261.8이므로 검정통계량 F-값은

$$F = \frac{s_1^2}{s_2^2} = \frac{294.7^2}{261.8^2} = 1.267$$

이다. 여기서는 편의상 유의수준을 10%로 하여 보자. 표본수가 각각 16, 12이므로 자유도는 각각 15, 11이 된다. 부록의 F-분포표로부터 이러한 자유도를 가진 F-분포에서 상위 5%에 해당하는 임계치 $F_{0.05}(15,11)$는 2.72이며, 하위 5%인 $F_{0.95}(15,11) = 1/F_{0.05}(11,15) = 1/2.51 = 0.40$이고 계산된 F-값은 이 사이에 있으므로 귀무가설은 기각되지 않는다. 즉, 두 그룹의 모분산은 유의하게 다르지 않다.

**예제 6.10** 예제 6.7의 타이록신 데이터에서 증상이 가벼운 그룹에서의 분산이 증상이 뚜렷한 그룹에서의 분산보다 작다고 할 수 있는지 검정하여 보자. 귀무가설과 대립가설은 각각 다음과 같다.

$$H_0 : \sigma_1^2/\sigma_2^2 = 1 \quad \text{vs.} \quad H_1 : \sigma_1^2/\sigma_2^2 < 1$$

이때 두 그룹에서의 표본표준편차가 각각 14.22과 37.48이므로 검정통계량 F-값은

$$F = \frac{s_1^2}{s_2^2} = \frac{14.22^2}{37.48^2} = 0.144$$

이다. 표본수가 각각 9, 7이므로 자유도는 각각 8, 6이 된다. 이러한 자유도를 가진 F-분포에서 하위 5%에 해당하는 임계치 $F_{0.95}(8,6)$은 0.279이다. 계산된 F-값은

이 임계치보다도 작으므로 귀무가설은 기각된다. 즉, 증상이 가벼운 그룹에서의 분산은 증상이 뚜렷한 그룹에서의 분산보다 유의하게 작다.

* SPSS에서는 등분산 검정으로 레빈 검정(Levene's test)을 실시한다. 본문에서 설명한 표본분산의 비를 이용하는 방법은 두 집단의 분산을 비교하기 위한 검정이고, 데이터의 정규성을 가정한다. 이와 비교하여 레빈 검정은 두 집단 이상의 분산비교가 가능하고 데이터가 정규분포를 따르지 않아도 된다는 장점을 가진다. 그러나 검정통계량이 복잡하고 계산하기가 쉽지 않은 단점도 있다.

SPSS에서 두 집단의 분산을 비교하는 방법은 6.2절의 두 집단의 평균을 비교하는 방법과 동일하다. 『분석(A) → 평균 비교(M) → 독립표본 T 검정(T)』을 통한 결과 중 등분산 검정 부분을 보면 된다. 결과와 해석은 6.2절의 SPSS 실습부분을 참조하기 바란다.

## 6.4 짝지은 t-검정

두 평균을 비교하는 문제에 있어서 한 집단에는 어떤 처리를 하고 다른 한 집단에는 다른 처리를 한 후 두 집단에서 어떤 특성치의 차이가 있는가를 보는 경우도 있지만, 때로는 한 집단의 환자들을 대상으로 처리 전과 처리 후의 특성치를 관측하여 차이를 알아보는 경우가 있다. 예를 들면 다이어트 전과 후의 체질량지수 비교라든지, 마취 전과 후의 혈압을 비교하기 위한 연구가 있을 수 있다. 또한 환자에 대한 것이 아니더라도, 쌍둥이를 대상으로 한 실험 등과 같이 대상자를 주요 특성에 맞게 짝을 지어준 다음 각 대상자에게 랜덤하게 두 약제 중 하나를 처방하여 처리를 비교하는 수가 있다. 이렇게 짝지은(paired) 설계는 결과에 영향을 줄 수 있는 다른 인자들을 제어할 수 있으므로, 보다 공평하게 두 처리효과를 비교할 수 있다는 장점이 있다. 이러한 짝지은 데이터의 경우 독립된 두 표본의 문제가 아니므로 앞서 설명한 Z-검정이나 t-검정은 적절하지 않게 된다. 이러한 데이터를 분석하는 방법에 대해 알아보자.

다음과 같이 $n$명의 환자에 대해 짝을 이룬 데이터가 있다고 하자.

| 번호 | 처리 전 | 처리 후 | 차이 |
|---|---|---|---|
| 1 | $x_1$ | $y_1$ | $d_1$ |
| 2 | $x_2$ | $y_2$ | $d_2$ |
| : | : | : | : |
| : | : | : | : |
| n | $x_n$ | $y_n$ | $d_n$ |

여기서 $d_i = x_i - y_i$이다. 이때 각 환자에 대한 두 데이터는 서로 독립이 아니나, 환자들간의 데이터는 독립적으로 구해진 것이다. 각 관측치 간의 차이 $d_1, d_2, \cdots, d_n$이 서로 독립적이며, 평균이 $\mu_d$, 분산이 $\sigma_d^2$인 정규분포로부터 왔다고 가정하자. 이제 문제는 하나의 모집단에서의 모평균에 대한 추론과 같게 된다. 즉, $d_i(i=1, \cdots, n)$의 평균이 $\bar{d}$이고 이의 표준편차를 $s_d$라고 하자. $H_0 : \mu_d = \delta$에 대한 검정통계량은

$$t = \frac{\bar{d} - \delta}{s_d / \sqrt{n}}$$

으로, 이 통계량이 자유도 $n-1$인 t-분포를 한다는 것을 이용하여 검정한다. 이를 짝지은 t-검정(paired t-test)이라고 한다. 유의수준을 $\alpha$로 했을 때 가설의 형태와 검정절차는 다음과 같다.

① $H_0 : \mu_d = \delta$ vs. $H_1 : \mu_d > \delta$일 때, $t > t_\alpha(n-1)$이면 귀무가설 기각
② $H_0 : \mu_d = \delta$ vs. $H_1 : \mu_d < \delta$일 때, $t < -t_\alpha(n-1)$이면 귀무가설 기각
③ $H_0 : \mu_d = \delta$ vs. $H_1 : \mu_d \neq \delta$일 때, $|t| > t_{\alpha/2}(n-1)$이면 귀무가설 기각

처리 전과 처리 후의 차이가 있는지 보기 위해서는 $\delta = 0$으로 놓으면 된다. 물론 5장에서와 마찬가지로 모분산 $\sigma_d^2$를 알고 있거나, 알지 못하더라도 표본의 크기가 큰 경우에는 정규분포를 이용하여 검정할 수 있다.

**예제 6.11** 교정치료 환자의 정신심리학적인 변화를 평가하기 위한 방법으로 50명의 교정치료 환자에 대해 치료 전과 후의 내적 통제 소재(LOC, locus of control)의 척도를 측정하였다. 심리학적으로 내적 통제 소재 척도가 크다는 것은 자신감이 크다는 것을 의미한다. 교정치료를 통한 외모의 변화로 인하여 환자들의 자신감이 변화되었다고 볼 수 있는가?

| 번호 | 치료 전 | 치료 후 | 전후 차이($d_i$) | 번호 | 치료 전 | 치료 후 | 전후 차이($d_i$) |
|---|---|---|---|---|---|---|---|
| 1 | 16 | 14 | 2 | 26 | 10 | 9 | 1 |
| 2 | 7 | 11 | −4 | 27 | 13 | 16 | −3 |
| 3 | 11 | 14 | −3 | 28 | 11 | 15 | −4 |
| 4 | 11 | 15 | −4 | 29 | 4 | 7 | −3 |
| 5 | 6 | 4 | 2 | 30 | 13 | 15 | −2 |
| 6 | 3 | 2 | 1 | 31 | 6 | 5 | 1 |
| 7 | 8 | 11 | −3 | 32 | 12 | 19 | −7 |
| 8 | 10 | 12 | −2 | 33 | 2 | 3 | −1 |
| 9 | 12 | 18 | −6 | 34 | 15 | 14 | 1 |
| 10 | 6 | 8 | −2 | 35 | 10 | 12 | −2 |
| 11 | 10 | 12 | −2 | 36 | 7 | 12 | −5 |
| 12 | 7 | 8 | −1 | 37 | 13 | 16 | −3 |
| 13 | 5 | 5 | 0 | 38 | 5 | 6 | −1 |
| 14 | 7 | 11 | −4 | 39 | 7 | 12 | −5 |
| 15 | 9 | 10 | −1 | 40 | 9 | 10 | −1 |
| 16 | 10 | 9 | 1 | 41 | 8 | 10 | −2 |
| 17 | 4 | 7 | −3 | 42 | 8 | 11 | −3 |
| 18 | 7 | 8 | −1 | 43 | 8 | 10 | −2 |
| 19 | 11 | 14 | −3 | 44 | 12 | 17 | −5 |
| 20 | 3 | 1 | 2 | 45 | 10 | 13 | −3 |
| 21 | 9 | 9 | 0 | 46 | 6 | 8 | −2 |
| 22 | 11 | 13 | −2 | 47 | 14 | 15 | −1 |
| 23 | 9 | 13 | −4 | 48 | 5 | 6 | −1 |
| 24 | 12 | 17 | −5 | 49 | 9 | 10 | −1 |
| 25 | 8 | 11 | −3 | 50 | 11 | 13 | −2 |

각 관측치 간의 차이 $d_i(i=1,..,50)$들이 서로 독립적이고 동일한 정규분포를 따른다고 가정하자. 귀무가설과 대립가설은 다음과 같다.

$$H_0 : \mu_d = 0 \quad \text{vs.} \quad H_1 : \mu_d \neq 0$$

차이의 평균과 표준편차를 구하면 각각 $\overline{d}=-2.02$, $s=2.104$이므로, 검정통계량은 다음과 같이 구해진다.

$$|t| = \frac{|\overline{d}|}{s_d/\sqrt{n}} = \frac{|-2.02|}{2.104/\sqrt{50}} = 6.788$$

자유도가 49인 t−분포의 임계치 $t_{0.025}(49)=2.010$이므로 $|t| > t_{\alpha/2}(n-1)$가 되어 5% 유의수준하에서 귀무가설은 기각된다. 즉, 치료 후 LOC 수치가 증가되었으므로 교정치료 후 외모변화로 인한 자신감은 변화되었다고 볼 수 있다.

SPSS에서는 『분석(A)』 메뉴 중 『평균 비교(M) → 대응표본 T 검정(P)』에서 쉽게 짝지은 t-검정을 수행할 수 있다.

**예제 6.12** SPSS로 예제 6.11의 데이터를 분석하여 보자. SPSS의 『데이터 편집기』에 다음과 같이 입력하거나 예제 6-11.sav 파일을 다운로드 받아 사용한다.

| | 치료전 | 치료후 |
|---|---|---|
| 1 | 16 | 14 |
| 2 | 7 | 11 |
| 3 | 11 | 14 |
| 4 | 11 | 15 |
| 5 | 6 | 4 |
| 6 | 3 | 2 |
| 7 | 8 | 11 |
| 8 | 10 | 12 |
| 9 | 12 | 18 |
| 10 | 6 | 8 |
| 11 | 10 | 12 |
| 12 | 7 | 8 |
| 13 | 5 | 5 |
| 14 | 7 | 11 |
| 15 | 9 | 10 |
| 16 | 10 | 9 |
| 17 | 4 | 7 |
| 18 | 7 | 8 |
| 19 | 11 | 14 |
| 20 | 3 | 1 |
| 21 | 9 | 9 |
| 22 | 11 | 13 |
| 23 | 9 | 13 |
| 24 | 12 | 17 |

① 메뉴에서 『분석(A) → 평균 비교(M) → 대응표본 T 검정(P)』을 선택하여 「대응표본 T 검정」창을 연다. 비교할 두 대응 변수를 차례로 클릭한 후 화살표를 눌러 오른쪽으로 옮긴다. 〈확인〉 버튼을 누른다.

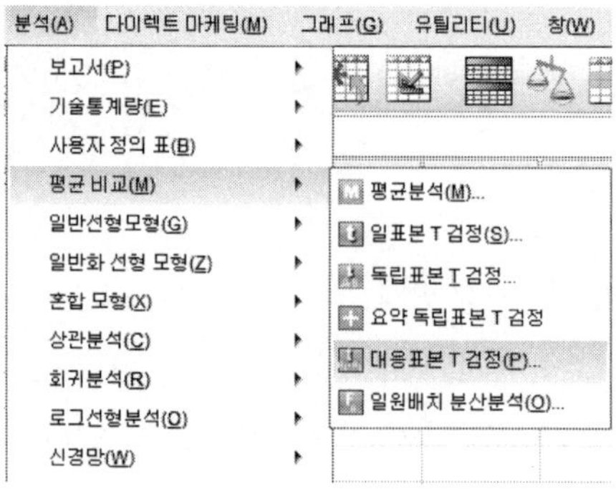

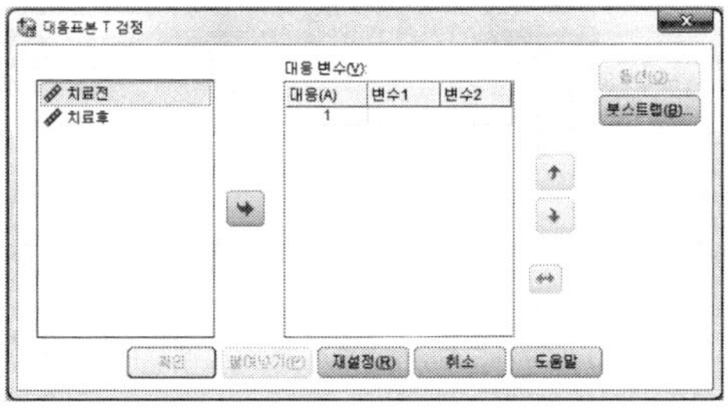


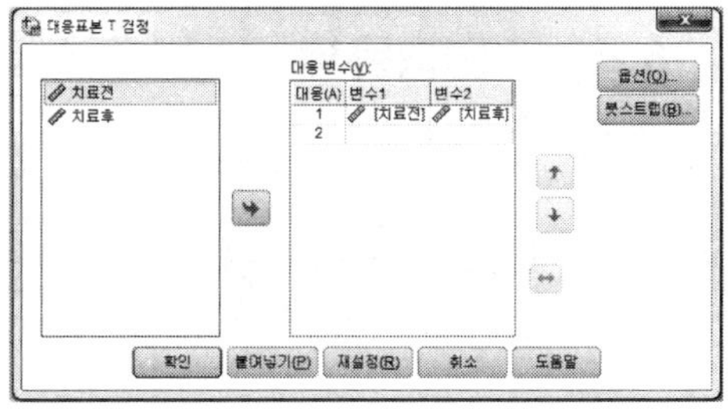


② 『IBM SPSS Statistics Viewer』창의 결과를 보면, 검정통계량 $t = -6.788$이고 이에 대한 양측 유의확률은 0.000으로 유의수준 5% 하에서 귀무가설은 기각되었다.

**대응표본 검정**

| | 대응차 | | | | | t | 자유도 | 유의확률 (양측) |
|---|---|---|---|---|---|---|---|---|
| | 평균 | 표준편차 | 평균의 표준오차 | 차이의 95% 신뢰구간 하한 | 차이의 95% 신뢰구간 상한 | | | |
| 대응 1 치료전 - 치료후 | -2.020 | 2.104 | .298 | -2.618 | -1.422 | -6.788 | 49 | .000 |

## 6.5 연습문제

6.1 고령의 당뇨환자들과 같은 나이의 비(非)당뇨환자들의 족질환문제(podiatric problem)에 대해 연구하기 위해 70 ~ 90세의 외래 환자들을 대상으로 심건반사(deep tendon reflex) 수치를 측정한 결과는 다음과 같다.

| 집단 | 표본수 | 평균 | 표준편차 |
|---|---|---|---|
| 비당뇨환자 | 79 | 2.1 | 1.1 |
| 당뇨환자 | 74 | 1.6 | 1.2 |

① 당뇨환자와 비당뇨환자의 평균차이에 대한 95% 신뢰구간을 구하여라.

② 비당뇨환자에 비해 당뇨환자의 심건반사 수치가 낮은지 유의수준 1%로 검정하여라.

6.2 한 연구자는 뚜렷한 폐기종(emphysema) 발전 이전의 흡연자에 대해 폐 파괴 현상을 조사하였다. 비흡연자 집단과 호흡기질환 외의 다른 원인으로 사망한 흡연자 집단에 대해 세 가지 폐 파괴지수를 측정하였다. 다음은 그 중 한 지표에 대한 결과이다(높은 수치는 폐의 손상됨이 크다는 것을 뜻한다).

| 집단 | 수치 |
|---|---|
| 비흡연자 | 18.1 6.0 10.8 11.0 7.7 17.9 8.5 13.0 18.9 |
| 흡연자 | 16.6 13.9 11.3 26.5 17.4 15.3 15.8 12.3 18.6<br>12.0 24.1 16.5 21.8 16.3 23.4 18.8 |

① 비흡연자에 비해 흡연자의 폐가 더 많이 파괴되었다고 할 수 있는가? 1% 유의수준으로 가설검정하여라.

② 위의 검정을 하기 위해 필요한 가정은 무엇인가?

6.3 다음은 각 연구단계별로 임신기간 38 ~ 42주인 임산부의 심장확장 시 동맥압을 측정한 것이다. 평균 동맥압이 각 단계별로 차이가 있는지 유의수준 5%로 검정하여라.

| 번호 | 1단계 | 2단계 |
|---|---|---|
| 1 | 70 | 79 |
| 2 | 87 | 87 |
| 3 | 72 | 73 |
| 4 | 70 | 77 |
| 5 | 73 | 80 |
| 6 | 66 | 64 |
| 7 | 63 | 64 |
| 8 | 57 | 60 |

**6.4** 외래환자 중에서 화학요법을 받은 사람을 뽑아 실제적인 구토방지 치료를 받은 집단과 거짓 치료를 받은 집단으로 나누어 환자로 하여금 구역질(nausea) 정도에 대한 100점 척도의 평가를 하게 했다.

| 집단 | 평가 |
|---|---|
| 실제치료 | 0 0 0 0 0 2 7 8 10 13 15 18 20 20 21 22 25 30 52 76 |
| 거짓치료 | 0 10 12 15 15 30 35 38 42 45 50 50 60 64 68 71 74 82 86 95 |

① 두 집단의 모분산은 동일하다고 할 수 있는가?
② 두 집단에 대한 환자의 평가는 같은지 5% 유의수준으로 가설검정하여라.

**6.5** 다음은 국한성 회장염(crohn's disease) 환자와 체강질환(coeliac disease) 환자의 이두엽근 피부의 두께이다. 평균 두께가 동일하다고 할 수 있는가?

| 그룹 | 피부두께 |
|---|---|
| crohn's disease | 1.8 2.2 2.4 2.5 2.8 2.8 3.2 3.6 3.8 4.0 4.2 4.4 4.8 5.6 6.0 6.2 6.6 7.0 10.0 10.4 |
| coeliac disease | 1.8 2.0 2.0 2.0 3.0 3.8 4.2 5.4 7.6 |

**6.6** HIV 감염여부에 따른 결핵성 수막염의 특징 연구에 있어, 나이에 따른 관계를 알기 위해 HIV 감염집단 35명의 나이와 그렇지 않은 집단 19명의 나이를 측정하였다. 감염집단은 평균이 27.9세, 표준편차가 5.6세이고 그렇지 않은 집단은 평균이 38.8세 표준편차가 21.7세였다. 감염집단과 비감염집단의 나이에 차이가 있다고 할 수 있는가? 유의수준 5%로 검정하여라.

**6.7** 다음은 인슐린에 의한 저혈당(hypoglycemia)상태 동안 발한 후 프로프라노롤(propranolol)을 받은 환자와 대조군 환자의 누적 체중감소량에 대한 자료이다. 두 집단의

평균 체중감소량에 차이가 있는지 검정하여라.

| 집단 | 표본수 | 평균 | 표준편차 |
|---|---|---|---|
| 프로프라노롤 | 12 | 120 | 10.0 |
| 대조군 | 11 | 70 | 8.0 |

6.8 다음 자료는 면역 4주 전과 4주 후의 Type III Group B Streptococcus(GBS)에 대한 항체 농도이다. 면역 전과 후에 대해서 평균 항체 농도 간의 차이가 있는지 검정하여라.

| | 4주 전 | 4주 후 |
|---|---|---|
| 1 | 0.4 | 0.4 |
| 2 | 0.4 | 0.5 |
| 3 | 0.4 | 0.5 |
| 4 | 0.4 | 0.9 |
| 5 | 0.5 | 0.5 |
| 6 | 0.5 | 0.5 |
| 7 | 0.5 | 0.5 |
| 8 | 0.5 | 0.5 |
| 9 | 0.5 | 0.5 |
| 10 | 0.6 | 0.6 |
| 11 | 0.7 | 1.1 |
| 12 | 0.7 | 1.2 |
| 13 | 0.8 | 0.8 |
| 14 | 0.9 | 1.2 |
| 15 | 0.9 | 1.9 |
| 16 | 1.0 | 0.9 |
| 17 | 1.0 | 2.0 |
| 18 | 2.0 | 3.7 |

# 7장

# 분산분석

앞에서 두 집단의 평균을 비교하는 방법에 대해 알아보았다. 그런데 비교하고자 하는 집단이 셋 이상일 때는 어떻게 해야 할까? 이러한 문제에 이용되는 분석이 분산분석법(analysis of variance)으로 흔히 ANOVA라고 표기한다. 관심 있는 요인(factor) 수가 하나인 경우의 분산분석을 일원배치 분산분석(one-way ANOVA)이라고 하고, 두 개의 요인을 고려하는 경우에 쓰이는 분산분석을 이원배치 분산분석(two-way ANOVA)이라고 한다. 다음의 두 가지 예를 생각해 보자.

**예제 7.1** 한 비만연구에서 30명의 비만남성을 선정한 후 이들을 임의로 세 가지 형태의 체중감량 프로그램 중 하나에 참여시켰다. 1년 동안 이러한 시행을 한 후 체중변화량을 측정하여 프로그램의 종류에 따라 체중변화량에 차이가 있는가를 알아보았다.

**예제 7.2** 세 종류의 호르몬 처리와 성별에 따라 혈액칼슘값에 차이가 있는지를 알아보기 위해 남녀 각 15명씩을 선정하여 이들을 세 집단으로 나누어 세 가지 호르몬 처리를 한 후 혈액칼슘을 측정하였다.

예제 7.1에서 관심 있는 것은 '프로그램의 종류'라는 하나의 요인이다. 7.1절에서 이와 같이 하나의 요인에 대해 수준별로 평균에 차이가 있는지 알아보는 데 사용되는 일원배치 분산분석법에 대해 소개할 것이다. 프로그램의 종류에 따라 유의한 차이가 나타날 때 그 중에서 어떤 프로그램들 사이에 차이가 있는 것인지 알아보기 위해 비교하는 방법을 다중비교(multiple comparison)라고 한다. 이에 대해서는 7.2절에서 알아보기로 한다.

한편 예제 7.2에서 관심 있는 요인은 '호르몬의 종류'와 '성별'이라는 두 가지 요인이다. 또한 호르몬의 종류에 따른 차이가 남녀별로 같은지 다른지도 알고 싶을 것이다. 이러한 이원배치 분산분석법과 요인간의 교호작용(interaction)에 대해서는 7.3절에서 설명하게 될 것이다.

## 7.1 일원배치 분산분석

일원배치 분산분석(one-way ANOVA)은 반응값에 영향을 미칠 것으로 생각되는 요인이 하나 있고, 그 요인이 $k$개의 수준(level)을 가질 때 각 수준별로 반응값의 평균이 다른지 알아보기 위해 사용되는 분석법이다. 실험계획의 측면에서 보면 이러한 데이터는 $n(=n_1+n_2+\ldots+n_k)$개의 개체를 $k$개의 처리에 각각 $n_1$, $n_2$, …, $n_k$개씩 랜덤하게 배치하는 완전 확률화계획(completely randomized design)으로부터 얻어지게 된다. 6장에서 설명한 t-검정은 $k=2$일 때 집단의 평균을 비교하기 위한 방법이며, 이러한 t-검정을 일반화한 방법이 필요하다.

### 7.1.1 데이터의 형태와 모형

우선 $k$개의 모집단은 독립이며 정규분포를 따른다고 가정하자. $i$번째 집단 $(i=1,\cdots,k)$의 데이터는 평균이 $\mu_i$, 분산이 $\sigma^2$인(즉, 각 집단의 분산이 모두 동일함을 가정함) 모집단으로부터 $n_i$개의 표본을 추출하였다고 하자. 데이터의 형태는 다음과 같다.

| | 집단1 | 집단2 | .... | 집단$k$ |
|---|---|---|---|---|
| 데이터 | $y_{11}$<br>$y_{12}$<br>⋮<br>⋮<br>$y_{1n_1}$ | $y_{21}$<br>$y_{22}$<br>⋮<br>⋮<br>$y_{2n_2}$ | ... | $y_{k1}$<br>$y_{k2}$<br>⋮<br>⋮<br>$y_{kn_k}$ |
| 크기<br>평균<br>표준편차 | $n_1$<br>$\overline{y}_1$<br>$s_1$ | $n_2$<br>$\overline{y}_2$<br>$s_2$ | ... | $n_k$<br>$\overline{y}_k$<br>$s_k$ |
| 전체 | $n=n_1+n_2+\cdots+n_k$<br>$\overline{y}=(y_{11}+\cdots+y_{kn_k})/n$ | | | |

다음과 같은 모형을 상정한다.

$$y_{ij}=\mu_i+\epsilon_{ij} \qquad (i=1,2,\cdots,k;\ j=1,2,\cdots,n_i)$$

여기서 $\epsilon_{ij}$는 평균 0, 분산 $\sigma^2$인 정규분포를 따르는 오차항이다. 귀무가설과 대립가설은 다음과 같다.

$$H_0:\ \mu_1=\mu_2=\cdots=\mu_k \quad \text{vs.} \quad H_1:\ \mu_i\text{들이 모두 같지는 않다.}$$

### 7.1.2 변동의 분해와 분산분석표

이러한 가설을 검정하기 위해 먼저 각 데이터와 전체 데이터들의 평균 $\overline{y}$의 차이(편차)를 다음과 같이 분해할 필요가 있다.

$$y_{ij}-\overline{y}=(\overline{y_i}-\overline{y})+(y_{ij}-\overline{y_i})$$

즉, 편차=처리효과+잔차의 형태이다. 이의 양변을 제곱하여 더하면

$$\sum_i \sum_j (y_{ij} - \overline{y})^2 = \sum_i n_i (\overline{y_i} - \overline{y})^2 + \sum_i \sum_j (y_{ij} - \overline{y_i})^2$$

$$(SST \quad = \quad SSt \quad + \quad SSE)$$

와 같은 관계를 얻게 된다. 여기서

$SST = \sum_i \sum_j (y_{ij} - \overline{y})^2$는 총제곱합(total sum of squares),

$SSt = \sum_i n_i (\overline{y_i} - \overline{y})^2$는 처리제곱합(treatment sum of squares),

$SSE = \sum_i \sum_j (y_{ij} - \overline{y_i})^2$는 오차제곱합(error sum of squares)이다.

즉, 전체의 변동을 처리(집단)에 따르는 변동(처리제곱합)과 그 외의 변동(오차제곱합)으로 분해한 것이다. $k$개 집단의 모평균이 모두 같다면 전체변동 중에서 처리에 의한 변동은 상대적으로 작아지고, 모평균들의 차이가 클수록 처리에 의한 변동은 상대적으로 커진다(극단적인 예로 $\overline{y_1} = \overline{y_2} = \cdots = \overline{y_k}$이면 처리제곱합은 0이 된다). 따라서 처리제곱합이 오차제곱합에 비해 충분히 크다면 모든 집단의 평균이 같다는 귀무가설을 기각할 수 있을 것이다.

구체적으로는 처리제곱합과 오차제곱합을 각각 그들의 자유도 $k-1, n-k$로 나눈 평균제곱합을 각각

$$MSt = SSt/(k-1), \quad MSE = SSE/(n-k)$$

라고 했을 때 이들의 비가 크면 귀무가설을 기각한다. 다음과 같은 검정통계량

$$F = \frac{SSt \ /(k-1)}{SSE/(n-k)} = \frac{MSt}{MSE}$$

이 자유도가 $(k-1,\ n-k)$인 F-분포를 따른다는 것을 이용하여 검정한다. 유의수준을 $\alpha$로 할 때

$$F > F_\alpha(k-1, n-k) \text{일 때 귀무가설 } H_0 : \mu_1 = \mu_2 = \cdots = \mu_k \text{을 기각}$$

한다. 여기서 $F_\alpha(k-1, n-k)$는 자유도가 $(k-1, n-k)$인 F-분포의 상위 $\alpha$의 확률에 해당하는 임계치이다.

이상의 제곱합들과 자유도, 평균제곱합, F-값 등을 구하여 표로 정리한 것이 분산분석표(ANOVA table)이다. 일원배치의 경우 분산분석표의 일반적인 형태는 다음과 같다.

분산분석표: 일원배치

| | 제곱합 | 자유도 | 평균제곱합 | F |
|---|---|---|---|---|
| 처리 | SSt | k-1 | MSt=SSt / (k-1) | F=MSt / MSE |
| 오차 | SSE | n-k | MSE=SSE/ (n-k) | |
| 계 | SST=SSt+SSE | n-1 | | |

*** 평균제곱합의 의미**

왜 이러한 방법을 '분산'분석이라고 할까? 평균제곱합의 의미를 다음과 같이 생각하면 보다 쉽게 이해할 수 있다. 6장에서 모분산이 동일하다고 가정했을 때 t-검정을 하기 위해서 먼저 합동분산의 추정치를 구하였다. 이를 그대로 확장하면 $k$개 집단이 있을 때 합동분산의 추정치는

$$s_w^2 = \frac{(n_1-1)s_1^2 + \cdots + (n_k-1)s_k^2}{n_1 + \cdots + n_k - k}$$

와 같이 될 것이다. 한편 만약 귀무가설이 사실이어서 모든 집단의 모평균이 같다면 분산추정치로

$$s_B^2 = \frac{n_1(\overline{y_1}-\overline{y})^2 + \cdots + n_k(\overline{y_k}-\overline{y})^2}{k-1}$$

를 생각할 수 있다. 모평균이 모두 같으면 이들 두 값이 일치하므로 $s_B^2/s_w^2$가 1이 되고, 모평균의 차이가 클수록 이들의 비는 1보다 커지게 된다. 이때 $s_w^2$을 집단내(within-groups) 분산이라고 하며, $s_B^2$을 집단간(between-groups) 분산이라고 한다. 이들 식을 정리하면 각각 위에서 정의한 평균제곱합 MSE, MSt와 같은 값이다. 따라서 '분산분석'에서의 F-값은 집단간 분산과 집단내 분산의 비, '분산비'가 되는 것이다.

**예제 7.3** 다음은 유전적 계통에 따른 초파리의 생식력을 비교하기 위한 연구에서 나온 데이터이다. 한 집단은 살충제에 대한 저항성을 키운 집단(RS)이고, 다른 한 집단은 살충제에 대해 민감하도록 키워진 집단(SS)이며, 나머지 한 집단은 아무 처리도 하지 않은 집단(NS)이다. 각 집단당 25마리의 암컷에 대해서 1일 생식력(낳은 알의 수)를 조사한 결과이다.

| 집단 | 집단1(RS) | 집단2(SS) | 집단3(NS) |
|---|---|---|---|
| 데이터 | 12.8 | 38.4 | 35.4 |
| | 21.6 | 32.9 | 27.4 |
| | 14.8 | 48.5 | 19.3 |
| | 23.1 | 20.9 | 41.8 |
| | 34.6 | 11.6 | 20.3 |
| | 19.7 | 22.3 | 37.6 |
| | 22.6 | 30.2 | 36.9 |
| | 29.6 | 33.4 | 37.3 |
| | 16.4 | 26.7 | 28.2 |
| | 20.3 | 39 | 23.4 |
| | 29.3 | 12.8 | 33.7 |
| | 14.9 | 14.6 | 29.2 |
| | 27.3 | 12.2 | 41.7 |
| | 20.3 | 23.1 | 22.6 |
| | 38.7 | 29.4 | 40.4 |
| | 26.4 | 16 | 34.4 |
| | 23.7 | 20.1 | 30.4 |
| | 26.1 | 23.3 | 14.9 |
| | 29.5 | 22.9 | 51.8 |
| | 38.6 | 22.5 | 33.8 |
| | 44.4 | 15.1 | 37.9 |
| | 23.2 | 31 | 29.5 |
| | 23.6 | 16.9 | 42.4 |
| | 22.4 | 16.1 | 36.6 |
| | 27.5 | 10.8 | 47.4 |
| 평균 | 25.3 | 23.6 | 33.4 |
| 표준편차 | 7.77 | 9.77 | 8.94 |
| 전체 | $n=75$ $\quad \overline{y}=27.4$ | | |

이때의 모형은 $y_{ij}=\mu_i+\epsilon_{ij}(i=1,2,3;\ j=1,2,\cdots,25)$이다. 귀무가설과 대립가설은

$$H_0:\ \mu_1=\mu_2=\mu_3 \ \text{ vs. } \ H_1:\ \mu_i\text{가 모두 같지는 않다.}$$

이다. 여기서

$$SST=\sum_i\sum_j(y_{ij}-\overline{y})^2=(12.8-27.4)^2+\cdots+(47.4-27.4)^2=7021.23$$

$$SSt=\sum_i n_i(\overline{y_i}-\overline{y})^2$$
$$=25(25.3-27.4)^2+25(23.6-27.4)^2+12(33.4-27.4)^2=1362.21$$

$$SSE=SST-SSt=5659.02$$

이므로 $MSt = 1362.21/2 = 681.11$, $MSE = 5659.02/72 = 78.60$이 된다. 따라서 F-값은

$$F = \frac{MSt}{MSE} = 8.67$$

이 된다. 자유도 (2, 72)인 F-분포의 상위 5% 임계치 $F_{0.05}(2,72) = 3.12$이므로 $F > F_{0.05}(2,72)$가 되어 유의수준 5%하에서 귀무가설은 기각된다. 즉, 세 집단의 평균이 모두 동일하지는 않다. 분산분석표는 다음과 같이 작성된다.

| | 제곱합 | 자유도 | 평균제곱합 | F |
|---|---|---|---|---|
| 처리 | 1362.21 | 2 | 681.11 | F= 8.67 |
| 오차 | 5659.02 | 72 | 78360 | |
| 계 | 7021.23 | 74 | | |

SPSS에서는 『분석(A)』 메뉴 중 『평균 비교(M)』에서 일원배치 분산분석을 찾을 수 있다. 같은 절차에서 다중비교(또는 사후분석)를 행할 수 있지만 이에 대해서는 다음 절에서 설명하고, 여기서는 기본적인 분산분석표를 구하는 방법만을 알아보자.

**예제 7.4** 예제 7.3의 데이터에서 SPSS를 이용하여 분산분석을 해 보자. 첫 번째 열에는 "구분"이라는 집단정보에 관한 변수(1:RS, 2:SS, 3:NS)를 입력하고, 두 번째 열에는 "생식력"이라는 반응값 변수를 입력하자. 다운로드 받은 예제 7-3.sav 파일을 열면 입력된 데이터가 있다.

| | 구분 | 생식력 |
|---|---|---|
| 1 | 1 | 12.8 |
| 2 | 1 | 21.6 |
| 3 | 1 | 14.8 |
| 4 | 1 | 23.1 |
| 5 | 1 | 34.6 |
| 6 | 1 | 19.7 |
| 7 | 1 | 22.6 |
| 8 | 1 | 29.6 |
| 9 | 1 | 16.4 |
| 10 | 1 | 20.3 |
| 11 | 1 | 29.3 |
| 12 | 1 | 14.9 |
| 13 | 1 | 27.3 |
| 14 | 1 | 20.3 |
| 15 | 1 | 38.7 |
| 16 | 1 | 26.4 |
| 17 | 1 | 23.7 |
| 18 | 1 | 26.1 |
| 19 | 1 | 29.5 |
| 20 | 1 | 38.6 |
| 21 | 1 | 44.4 |
| 22 | 1 | 23.2 |
| 23 | 1 | 23.6 |
| 24 | 1 | 22.4 |

① 『분석(A) → 평균 비교(M) → 일원배치 분산분석(O)』을 선택한다.

② 「일원배치 분산분석」 대화상자에서 '종속변수(E)'에 반응값에 해당하는 변수를, '요인(F)'에 집단구분변수를 이동시킨다. 여기서는 '종속변수(E)'에 "생식력"을 넣고, '요인(F)'에 "구분"을 넣었다.

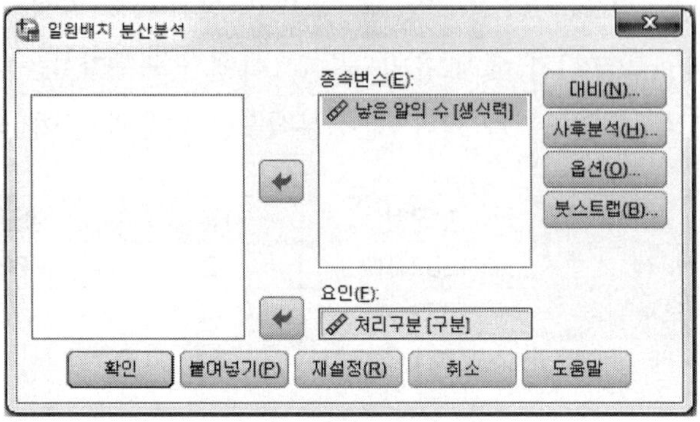


③ 〈옵션(O)〉 단추를 눌러 나타나는 「일원배치 분산분석: 옵션」 대화상자에서 원하는 옵션을 선택할 수 있다. '기술통계(D)'를 선택하면 각 집단별 기술통계량을 계산해 주며, '분산 동질성 검정(H)'을 선택하면 각 집단간 분산이 같은지 검토할 수 있다. '평균 도표(M)'를 선택하면 집단별 평균의 그래프를 그려준다.

* 이 밖에 '모수 및 변량효과(F)'는 고정효과 및 변량효과에 대한 표준편차, 표준오차 및 95% 신뢰구간을 구해 주며, 'Brown–Forsythe'와 'Welch'는 등분산을 만족하지 않는 경우에 대한 통계량들을 계산해 준다.

④ 〈계속(C)〉을 누른 다음, 「일원배치 분산분석」창에서 〈확인〉을 누른다. 기술통계의 표에는 각 집단에 대한 기초통계량이 요약되어 있다. 기술통계에서 집단 3(NS)의 평균이 다른 집단에 비해 높음을 알 수 있다.

**기술통계**

낳은 알의 수

| | N | 평균 | 표준편차 | 표준오차 | 평균에 대한 95% 신뢰구간 | | 최소값 | 최대값 |
|---|---|---|---|---|---|---|---|---|
| | | | | | 하한 | 상한 | | |
| RS | 25 | 25.256 | 7.7724 | 1.5545 | 22.048 | 28.464 | 12.8 | 44.4 |
| SS | 25 | 23.628 | 9.7685 | 1.9537 | 19.596 | 27.660 | 10.8 | 48.5 |
| NS | 25 | 33.372 | 8.9420 | 1.7884 | 29.681 | 37.063 | 14.9 | 51.8 |
| 전체 | 75 | 27.419 | 9.7407 | 1.1248 | 25.178 | 29.660 | 10.8 | 51.8 |

⑤ 분산의 동질성에 대한 검정을 살펴보면, 유의확률이 0.477로 유의수준 5%하에서 귀무가설이 기각되지 않는다. 즉, 분산의 동질성 가정을 만족함을 알 수 있다.

**분산의 동질성 검정**

낳은 알의 수

| Levene 통계량 | 자유도1 | 자유도2 | 유의확률 |
|---|---|---|---|
| .748 | 2 | 72 | .477 |

⑥ 분산분석표를 살펴보면, 검정통계량인 F값이 8.666이며, 유의확률이 0.000으로 유의수준 5%하에서 귀무가설은 기각된다. 따라서 세 집단의 평균이 모두 동일하다고 할 수 없다.

**ANOVA**

낳은 알의 수

| | 제곱합 | 자유도 | 평균제곱 | F | 유의확률 |
|---|---|---|---|---|---|
| 집단-간 | 1362.211 | 2 | 681.106 | 8.666 | .000 |
| 집단-내 | 5659.022 | 72 | 78.598 | | |
| 전체 | 7021.234 | 74 | | | |

⑦ 다음 그림은 각 집단별 평균도표이다. 분산분석을 실시하기에 앞서, 이러한 그림을 통하여 데이터의 특성을 살펴보는 것이 좋다.

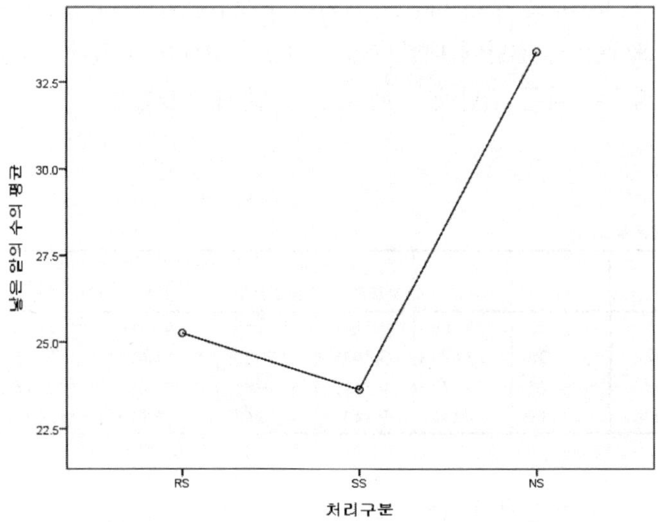


> *** 그래프를 통한 데이터의 사전 검토**
> 분산분석 실시 이전에 그래프를 통하여 사전 검토를 하기 위한 또 다른 방법은 상자그림(box plot)을 그리는 것이다. 상자그림은 중심모수에 대한 검토와 함께 비교할 집단의 산포를 비교할 수 있으므로 분산분석의 등분산 가정에 대한 검토도 가능하다.

## 7.2 다중비교

일원배치 분산분석을 행할 때의 귀무가설은 $H_0: \mu_1 = \mu_2 = \cdots = \mu_k$ 로 모든 집단의 평균이 동일하다는 것이다. 귀무가설을 기각함으로써 우리는 대립가설에서 주장한 바와 같이 모평균들이 모두 같지는 않다는 결론을 얻을 수 있을 뿐이며, 구체적으로 모든 집단의 평균이 전부 서로 유의하게 다른지 아니면 그 중의 일부 집단들 간의 평균이 서로 다른지 구체적으로 알 수가 없다. 따라서 분산분석결과 귀무가설이 기각되면, 이러한 유의한 차이가 어디서 일어났는지를 알기 위해 추가적인 검정이 필요하게 된다. 이러한 분석과정을 다중비교(multiple comparison)라고 한다.

### 7.2.1 본페로니 보정

이러한 비교를 하기 위해 만약 전체 집단 가운데 두 집단씩 묶어서 가설 $H_0: \mu_i = \mu_j$ vs. $H_1: \mu_i \neq \mu_j$에 대해 앞장에서 배운 독립 2표본 t-검정을 한다고 해 보자. 즉, 전체 $k$개의 집단이 있을 때 ${}_kC_2$ 회의 t-검정을 하게 된다. 그런데 각 검정마다의 유의수준(개별오류율; individual error rate)을 $\alpha$로 하고 검정을 반복하면, 전체적인 유의수준(모임오류율; family error rate)은 훨씬 커지게 된다. 따라서 전체 유의수준을 $\alpha$로 만들어 주기 위해서는 각각의 검정에서 유의수준을 보다 작게 조정할 필요가 생기게 된다. 한 예로 각 검정의 유의수준을

$$\alpha^* = \frac{\alpha}{{}_kC_2} = \frac{2\alpha}{k(k-1)}$$

와 같이 조정할 수 있는데, 이러한 조정방법을 본페로니 보정(Bonferroni correction)이라고 한다.

구체적으로 가설 $H_0: \mu_i = \mu_j$ vs. $H_1: \mu_i \neq \mu_j$를 검정하기 위해서는 다음과 같은 검정통계량

$$t_{ij} = \frac{\overline{y_i} - \overline{y_j}}{\sqrt{s_w^2\left(\frac{1}{n_i} + \frac{1}{n_j}\right)}}$$

이 자유도 $n-k$인 t-분포를 따른다는 사실을 이용한다. 여기서 $s_w^2 (= MSE)$는 오차평균제곱(또는 집단내 분산)이다. 이때의 계산된 p-값이 조정된 유의수준 $\alpha^*$보다 작을 때 귀무가설을 기각하게 된다.

**예제 7.5** 예제 7.3의 분산분석 결과 집단 간 유의한 차이가 있다는 결과를 얻었다. 본페로니 보정을 하여 어느 집단 간의 차이가 유의하게 나타났는지 알아보자.

먼저 3개의 집단이 있으므로 ${}_3C_2 = 3$회의 검정이 수행된다. 전반적인 유의수준을 5%로 유지하고 싶다면 조정된 유의수준은 $\alpha^* = 0.05/3 = 0.017$이 된다. 먼저 집단 1(RS)과 집단 2(SS)를 비교하자. 이때의 귀무가설과 대립가설은

$$H_0: \mu_1 = \mu_2 \ \text{ vs. } \ H_1: \mu_1 \neq \mu_2$$

이다. $n_1 = n_2 = 25$이고 예제 7.3의 결과에서 $\overline{y_1} = 25.3$, $\overline{y_2} = 23.6$, $s_w^2 = MSE = 78.60$이므로, 검정통계량은 다음과 같다.

$$t_{12} = \frac{25.3 - 23.6}{\sqrt{78.60\left(\frac{1}{25} + \frac{1}{25}\right)}} = 0.65$$

자유도 72인 t-분포에서 양측검정을 위한 p-값(즉, 0.65보다 크거나 -0.65보다 작을 확률)은 0.52이다. 이 값이 조정된 유의수준 0.017보다 크므로 귀무가설은 기각되지 않는다. 즉, 집단 1(RS)과 집단 2(SS)는 생식력에 유의한 차이가 없다.

반면 집단 1(RS)과 집단 3(NS) 간의 비교 시에는

$$t_{13} = \frac{25.3 - 33.4}{\sqrt{78.60\left(\frac{1}{25} + \frac{1}{25}\right)}} = -3.24$$

이고, p-값은 0.002이다. 귀무가설은 기각되어 집단 1(RS)과 집단 3(NS) 간에는 생식력에 유의한 차이가 있음을 알 수 있다. 또한 집단 2(SS)와 집단 3(NS) 간의 비교는

$$t_{23} = \frac{23.6 - 33.4}{\sqrt{78.60\left(\frac{1}{25} + \frac{1}{25}\right)}} = -3.89$$

으로 p-값이 0.0001보다도 작으므로 매우 유의하다. 즉, 이들 집단 간에도 생식력에 유의한 차이가 있다.

### 7.2.2 그 외 다중비교방법

다중비교방법으로는 본페로니 보정 외에 튜키(Tukey)의 방법, 쉐페(Scheffé)의 방법, 던넷(Dunnett)의 방법, 던칸(Duncan)의 방법, S-N-K 방법 등이 있다. 이 중 튜키의 방법은 반복수가 같을 때 많이 사용되는데(즉, $n_i = n_j, i \neq j$), 스튜던트화 범위(studentized range)

$$Q = (\bar{y}_{max} - \bar{y}_{min}) / \sqrt{MSE}$$

의 분포를 이용하여

$$H_0 : \mu_i = \mu_j \quad vs. \quad H_1 : \mu_i \neq \mu_j$$

에 대한 가설들을 검정하게 된다. 여기서 $\bar{y}_{max}$, $\bar{y}_{min}$은 각각 처리평균의 최댓값과 최솟값이다. 스튜던트화 범위 Q의 분포는 처리수준 수 $k$와 MSE의 자유도 $n-k$에 의존하게 된다. 두 처리평균의 차이를 계산하여

$$|\overline{y_j} - \overline{y_i}| > q_\alpha(k, n-k)\sqrt{MSE/n_i}$$

이면 귀무가설을 기각하고 $i$번째 처리와 $j$번째 처리 간에 유의한 차이가 있다고 판정한다. 여기서 $q_\alpha(k, n-k)$는 처리수 $k$, 오차자유도 $n-k$에서의 스튜던트화 범위 분포의 상위 $\alpha$의 확률을 갖는 임계치이다.

쉐페의 방법을 이용하면 모든 처리대비(treatment contrast)에 대해 검정할 수 있다. 예컨대, 대조군 하나와 여러 개의 처리군이 있다면 대조군 대 처리군 전체에 대한 비교도 가능하며, 대조군과 처리군 중 몇 개 군에 대한 비교도 할 수 있다. 두 처리평균의 차이를 계산하여

$$|\overline{y_j} - \overline{y_i}| > \sqrt{(k-1)F_\alpha(k-1, n-k)} \times \sqrt{MSE(1/n_i + 1/n_j)}$$

일 때 귀무가설을 기각하고 $i$번째 처리와 $j$번째 처리 간에 유의한 차이가 있다고 판정한다. 여기서 $F_\alpha(k-1, n-k)$는 자유도가 $(k-1, n-k)$인 F-분포에서 상위 $\alpha$의 확률을 갖는 임계치를 의미한다.

한편 던넷의 방법은 $k$ 집단 중, 하나를 대조군으로 두고, 대조군과 나머지 $k-1$개 집단을 한 쌍씩 비교한다. 첫 번째 집단을 대조군으로 두면, 대조군 평균과 $i$번째 처리 평균차이를 계산하여

$$|\overline{y_1} - \overline{y_i}| > q^*_\alpha(k, n-k)\sqrt{MSE(1/n_1 + 1/n_i)}$$

일 때 귀무가설을 기각한다. $q^*_\alpha(k, n-k)$는 유의수준 $\alpha$, 처리수 $k$, 오차자유도 $n-k$에 의존하는 값이다.

본페로니 보정의 단점은 검정력(power)이 작아서 보수적인 결론을 내리기 쉽다는 데 있다. 다시 말해서 차이가 있음에도 불구하고 기각시키지 못할 확률이 높은 편이다. 튜키나 쉐페의 방법도 보수적이지만 자주 사용되는 기법이며, 이보다 덜 보수적인 방법으로 많이 사용되는 것으로는 S-N-K(Student-Newman-Keuls) 방법이 있다. 이와 같이 여러 다중비교방법이 있지만 어떤 방법이 가장 좋은지 합의된 바는 없다. 또한 어떤 방법을 선택하느냐에 따라 결과가 조금씩 달라지기도 하므로, 다중비교를 실시했을 때에는 어떤 방법으로 하였는지 보고서에 명시하는 것이 좋다. 보다 자세한 설명은 실험계획에 관한 서적(cf. 성내경, 2012; 강현철 등, 2004; Montgomery, 2012)들을 참고하기 바란다.

SPSS에서는 다중비교절차를 사후분석(post-hoc analysis)이라고 칭하는데, 일원배치 분산분석을 수행할 때 같은 창에서 〈사후분석(H)〉 단추를 클릭하여 쉽게 구할 수 있다.

**예제 7.6** 예제 7.3의 데이터에서 다중비교를 실시하여 보자. 다운로드 받은 예제 7-3.sav 파일을 열고, 예제 7.4에서 실시한 ①, ② 단계를 수행한 다음, 아래의 과정을 추가하자.

① 아래와 같은 「일원배치 분산분석」 창에서 〈사후분석(H)〉을 누른다.

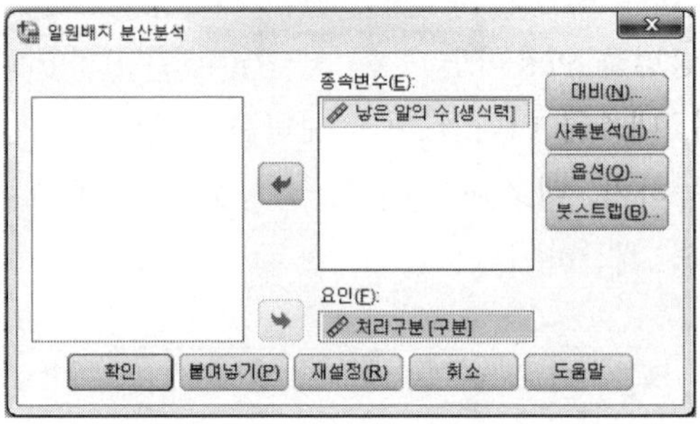


② 「사후분석 – 다중비교」 대화상자에서 등분산을 가정하는 경우와 등분산을 가정하지 않는 경우에 대한 다양한 다중비교방법을 옵션으로 선택할 수 있다. 여기서는 'Bonferroni', 'S-N-K', 'Tukey', 'Scheffe'를 선택하고 전체 유의수준을 5%로 하였다. 〈계속(C)〉을 누른 다음, 「일원배치 분산분석」 창에서 〈확인〉을 누른다.

* 주의할 점은 최소유의차방법인 'LSD'는 유의수준을 보정하지 않은 채 단순히 2표본 t-검정을 거듭하여 분석하는 방법으로, 모임오류율을 제어하는 다중비교방법이 아니다. 이를 선택한다면 사용자가 별도로 유의수준 보정을 해 주어야 한다.

③ 다중비교결과에서의 유의확률은 이미 보정된 값이므로, 단순히 유의확률값이 유의수준 5%보다 작을 때 통계적으로 유의하다고 해석하면 된다. 결과의 첫 번째 열은 다중비교 방법이 명시되었고, 두 번째와 세 번째 열은 비교되는 처리에 대한 정보이다. 평균차이(I–J)는 두 번째 열의 평균에서 세 번째 열의 평균을 뺀 결과이다. 집단 간 유의한 차이가 있을 때 평균차이 뒤쪽에 '*'가 표시된다. 다음으로 평균차

이에 대한 표준오차와 유의확률, 평균차이에 대한 95% 신뢰구간이 주어진다. 각 비교방법에 따라 유의확률은 다소 차이가 있으나, 본 예제의 경우 'Bonferroni', 'S-N-K', 'Tukey', 'Scheffe' 방법 모두 다중비교결과가 동일하다. 그 중 Tukey의 결과를 보면, 집단 1(RS)과 집단 2(SS)의 평균차이는 1.6280이고, 그에 대한 유의확률은 0.793으로 이들 집단 간에 생식력에 유의한 차이가 없음을 알 수 있다. 그러나 집단 1(RS)과 집단 3(NS), 집단 2(SS)와 집단 3(NS)의 평균차이에 대한 유의확률은 각각 0.005, 0.001로 이들 집단 간에 생식력에 유의한 차이가 있음을 알 수 있다.

**다중비교**

종속변수: 낳은 알의 수

| | (I) 처리구분 | (J) 처리구분 | 평균차이(I-J) | 표준오차 | 유의확률 | 95% 신뢰구간 하한 | 95% 신뢰구간 상한 |
|---|---|---|---|---|---|---|---|
| Tukey HSD | RS | SS | 1.6280 | 2.5075 | .793 | -4.373 | 7.629 |
| | | NS | -8.1160* | 2.5075 | .005 | -14.117 | -2.115 |
| | SS | RS | -1.6280 | 2.5075 | .793 | -7.629 | 4.373 |
| | | NS | -9.7440* | 2.5075 | .001 | -15.745 | -3.743 |
| | NS | RS | 8.1160* | 2.5075 | .005 | 2.115 | 14.117 |
| | | SS | 9.7440* | 2.5075 | .001 | 3.743 | 15.745 |
| Scheffe | RS | SS | 1.6280 | 2.5075 | .810 | -4.640 | 7.896 |
| | | NS | -8.1160* | 2.5075 | .008 | -14.384 | -1.848 |
| | SS | RS | -1.6280 | 2.5075 | .810 | -7.896 | 4.640 |
| | | NS | -9.7440* | 2.5075 | .001 | -16.012 | -3.476 |
| | NS | RS | 8.1160* | 2.5075 | .008 | 1.848 | 14.384 |
| | | SS | 9.7440* | 2.5075 | .001 | 3.476 | 16.012 |
| Bonferroni | RS | SS | 1.6280 | 2.5075 | 1.000 | -4.519 | 7.775 |
| | | NS | -8.1160* | 2.5075 | .005 | -14.263 | -1.969 |
| | SS | RS | -1.6280 | 2.5075 | 1.000 | -7.775 | 4.519 |
| | | NS | -9.7440* | 2.5075 | .001 | -15.891 | -3.597 |
| | NS | RS | 8.1160* | 2.5075 | .005 | 1.969 | 14.263 |
| | | SS | 9.7440* | 2.5075 | .001 | 3.597 | 15.891 |

*. 평균차이는 0.05 수준에서 유의합니다.

④ 다음 결과는 각 방법에 대하여 분류된 집단군을 표시한 것이다. S-N-K, Tukey, Scheffé 방법의 결과 모두 2개의 부분집합으로 분류하였다. 집단 2(SS)와 집단 1(RS)을 유의차가 없는 동일한 집단군으로, 집단 3(NS)은 다른 집단군으로 분류하였다.

낳은 알의 수

| | 처리구분 | N | 유의수준 = 0.05에 대한 부분집합 1 | 2 |
|---|---|---|---|---|
| Student-Newman-Keuls[a] | SS | 25 | 23.628 | |
| | RS | 25 | 25.256 | |
| | NS | 25 | | 33.372 |
| | 유의확률 | | .518 | 1.000 |
| Tukey HSD[a] | SS | 25 | 23.628 | |
| | RS | 25 | 25.256 | |
| | NS | 25 | | 33.372 |
| | 유의확률 | | .793 | 1.000 |
| Scheffe[a] | SS | 25 | 23.628 | |
| | RS | 25 | 25.256 | |
| | NS | 25 | | 33.372 |
| | 유의확률 | | .810 | 1.000 |

등질적 부분집합에 있는 집단에 대한 평균이 표시됩니다.

a. 조화평균 표본크기 25.000을(를) 사용합니다.

### 7.2.3 대비

집단 간의 평균을 비교하는 또 다른 접근방법으로 대비(contrast)가 있다. 위에서 설명한 다중비교는 집단을 둘씩 짝지어 모든 쌍에 대한 검정을 하는 것이었는데, 경우에 따라서는 일부만 비교하거나 한 집단과 여러 집단의 평균을 비교하고 싶을 수가 있다. 예를 들어 앞에서의 예제 7.3에서 집단 3(NS)은 아무 처리도 하지 않은 대조군이며, 집단 1(RS)과 집단 2(SS)는 어떤 처리를 한 실험군이라는 관점에서 대조군 대 실험군의 비교를 하는 것도 의미가 있을 것이다. 이때의 귀무가설은 다음과 같이 둘 수 있다.

$$H_0 : \frac{\mu_1 + \mu_2}{2} = \mu_3 \quad \text{또는} \quad H_0 : \mu_1 + \mu_2 = 2\mu_3$$

이때 계수의 합이 0이 되는 선형결합을 대비라고 하는데, 일반적으로 다음과 같이 표현할 수 있다.

$$L = c_1\mu_1 + c_2\mu_2 + \ldots + c_k\mu_k, \quad (\text{단}, \ \sum_{i=1}^{k} c_i = 0)$$

따라서 위의 귀무가설을 보기 위해서는 $c_1 = 0.5$, $c_2 = 0.5, c_3 = -1$ 또는 $c_1 = 1$, $c_2 = 1$, $c_3 = -2$가 된다. 만약 집단 1과 집단 3만을 비교하고 싶다면 $c_1 = 1$, $c_2 = 0$, $c_3 = -1$로 놓으면 대비를 사용할 수 있다. 이러한 대비는 데이터를 얻기 전에 미리 계획된다. 대비는 집단의 순서를 정하고 집단의 순서에 따라 종속변수의 평균이 1차식이나 2차식, 3차식 등을 만족하는지 추세를 확인하기 위해서 사용되기도 한다.

SPSS에서는 일원배치 분산분석을 수행할 때 같은 창에서 〈대비(C)〉 단추를 클릭하고 원하는 대비에 대한 계수를 입력하거나 다항식 종류를 선택하면 된다.

**예제 7.7** 예제 7.3의 데이터에서 집단 3(NS)과 나머지 집단에 대한 대비를 실시하여 보자. 다운로드 받은 예제 7-3.sav 파일을 사용하여 예제 7.4에서 설명한 ①, ② 단계를 수행한 다음, 아래의 과정을 추가하자.

① 아래와 같은 「일원배치 분산분석」창에서 〈대비(N)〉를 누른다.

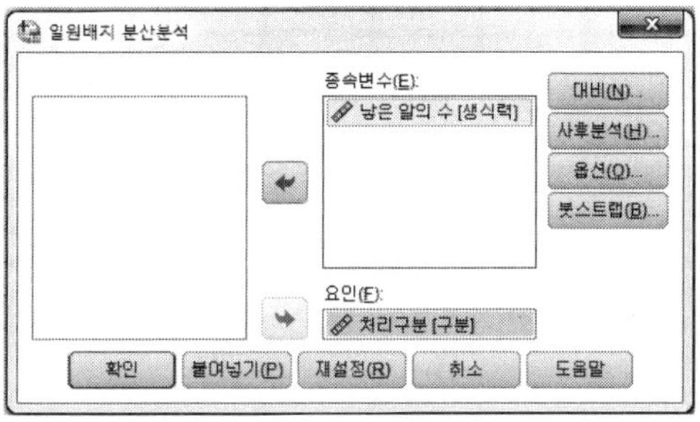


② '계수(O)'란에 원하는 계수 $c_1$, $c_2$, $c_3$를 입력하는데 하나 입력할 때마다 '추가(A)' 단추를 클릭하여 아래의 목록에 순서대로 넣어준다. 이때 반드시 순서를 지켜서 집단의 낮은 값부터 차례로 해당계수를 입력한다. 여기서는 1, 1, −2를 넣었다. 계수합이 0이 됨을 확인한다. 〈계속(C)〉을 누르고 나와 일원배치 분산분석창에서 〈확인〉을 누르면 분석이 완료된다.

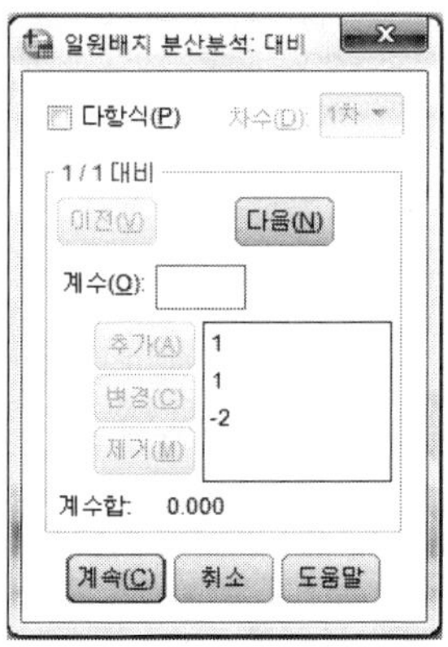

* 만약 사전 대비가 아니라 1차, 2차, 3차 등의 추세를 확인하고 싶다면, 이 창에서 다항식을 체크하고 차수를 선택하면 된다.

③ 결과를 보면 먼저 지정해준 대비계수가 출력된다. 집단에 맞게 원하는 대로 입력되었는지 확인해 본다.

**대비 계수**

| 대비 | 처리구분 | | |
|---|---|---|---|
| | RS | SS | NS |
| 1 | 1 | 1 | -2 |

④ 대비검정 결과를 보면 등분산을 가정하는 경우의 유의확률이 0.000으로 나타나 대비가 유의함을 의미한다. 즉 집단 3(NS)과 나머지 집단(RS, SS)와의 대비는 유의하다. 대비값은 계수를 1, 1, −2로 놓을 때와 0.5, 0.5, −1로 놓을 때가 상수배(2배)로 달라지지만, 유의확률은 동일하므로 어느 것으로 놓아도 관계없다.

**대비검정**

| | | 대비 | 대비 값 | 표준오차 | t | 자유도 | 유의확률 (양측) |
|---|---|---|---|---|---|---|---|
| 낳은 알의 수 | 등분산 가정 | 1 | -17.860 | 4.3432 | -4.112 | 72 | .000 |
| | 등분산을 가정하지 않습니다. | 1 | -17.860 | 4.3620 | -4.094 | 47.199 | .000 |

## 7.3 이원배치 분산분석

이원배치 분산분석(two-way ANOVA)은 두 가지 요인 A, B가 있고, 요인 A와 B가 각각 $I$개와 $J$개의 수준을 가질 때, 이들의 수준별로 반응값에 영향을 미치는지 알아보기 위해 사용된다. A와 B의 수준에 따라 생기는 $I \times J$개의 조합에 대해 각각 $n$번씩 반복하였다고 하면, 데이터는 $I \times J \times n$개의 개체를 $I \times J$ 개의 처리조합에 랜덤하게 배정하여 얻어지게 된다.

### 7.3.1 데이터의 형태와 모형

이원배치에 의해 구해진 데이터의 형태는 다음 그림과 같이 된다.

데이터의 형태: 이원배치의 경우

| 요인 A \ 요인 B | 수준 1 | 수준 2 | … | 수준 J |
|---|---|---|---|---|
| 수준 1 | $y_{111}$<br>ㅣ<br>$y_{11n}$ | $y_{121}$<br>ㅣ<br>$y_{12n}$ | … | $y_{1J1}$<br>ㅣ<br>$y_{1Jn}$ |
| 수준 2 | $y_{211}$<br>ㅣ<br>$y_{21n}$ | $y_{221}$<br>ㅣ<br>$y_{22n}$ | … | $y_{2J1}$<br>ㅣ<br>$y_{2Jn}$ |
| ⋮ | ⋮ | ⋮ | | ⋮ |
| 수준 I | $y_{I11}$<br>ㅣ<br>$y_{I1n}$ | $y_{I21}$<br>ㅣ<br>$y_{I2n}$ | … | $y_{IJ1}$<br>ㅣ<br>$y_{IJn}$ |

이때 각 수준별 평균을 다음과 같이 정의하자.

각 수준별 평균

| 요인 A \ 요인 B | 수준 1 | 수준 2 | … | 수준 J | 전 체 |
|---|---|---|---|---|---|
| 수준 1 | $\bar{y}_{11.}$ | $\bar{y}_{12.}$ | … | $\bar{y}_{1J.}$ | $\bar{y}_{1..}$ |
| 수준 2 | $\bar{y}_{21.}$ | $\bar{y}_{22.}$ | … | $\bar{y}_{2J.}$ | $\bar{y}_{2..}$ |
| ⋮ | ⋮ | ⋮ | | ⋮ | ⋮ |
| 수준 I | $\bar{y}_{I1.}$ | $\bar{y}_{I2.}$ | … | $\bar{y}_{IJ.}$ | $\bar{y}_{I..}$ |
| 전체 | $\bar{y}_{.1.}$ | $\bar{y}_{.2.}$ | … | $\bar{y}_{.J.}$ | $\bar{y}_{...}$ |

이원배치 분산분석의 모형은 다음과 같다.

$$y_{ijk} = \mu + \alpha_i + \beta_j + (\alpha\beta)_{ij} + \epsilon_{ijk}$$
$$(i = 1,2,\cdots,I \ ; \ j = 1,2,\cdots,J \ ; \ k = 1,\cdots,n)$$

여기서 $\mu$는 전체 평균이며, $\alpha_i$는 요인 A의 $i$번째 주효과, $\beta_j$는 요인 B의 $j$번째 주효과이며, $(\alpha\beta)_{ij}$는 요인 A의 $i$번째 수준과 요인 B의 $j$번째 수준 간의 교호작용(interaction)을 말한다. $\epsilon_{ijk}$는 서로 독립이며 평균 0, 분산 $\sigma^2$인 정규분포를 따르는 오차항이다. 이때

$$\sum_i \alpha_i = 0, \ \sum_j \beta_j = 0, \ \sum_i (\alpha\beta)_{ij} = \sum_j (\alpha\beta)_{ij} = 0$$

으로 제약한다.

요인 A와 요인 B의 주효과와 교호작용에 대한 귀무가설과 대립가설은 다음과 같다.

① $H_0 : \alpha_1 = \alpha_2 = \cdots = \alpha_I = 0$ vs. $H_1 : \alpha_i$들이 모두 같지는 않다.

② $H_0 : \beta_1 = \beta_2 = \cdots = \beta_J = 0$ vs. $H_1 : \beta_j$들이 모두 같지는 않다.

③ $H_0 : (\alpha\beta)_{ij} = 0$ vs. $H_1 : (\alpha\beta)_{ij}$들이 모두 0은 아니다.

$(i = 1, \cdots, I; j = 1, \cdots, J)$

여기서 ①과 ②의 귀무가설은 각각 요인 A와 요인 B의 각 수준의 효과가 모두 동일하다(주효과가 없다)는 것이며, ③의 귀무가설은 두 요인 간의 상호작용(즉, 교호작용)이 없다는 것을 의미한다. 교호작용이 무엇인지 다음 절에서 알아보자.

### 7.3.2 교호작용

요인 A의 효과와 요인 B의 효과를 한 번에 알아보기 위한 요인실험에서는 우선 두 요인 간의 교호작용이 있는지 파악해야 한다. 교호작용(interaction)이란 요인 A의 수준에 따라 요인 B의 효과가 달라지는 것을 말한다. 예를 들어 예제 7.2에서 세 가지 처리(요인 A)에 따른 남녀(요인 B)의 혈액칼슘값의 평균을 그래프로 그린다고 하자.

다음과 같은 세 가지 형태의 그래프를 생각하여 보자. 그림 Ⓐ는 처리1에서의 남녀 간의 혈액칼슘 차이가 처리2나 3에서의 차이와 같다. 이러한 경우는 두 요인 간의 교호작용이 없는 경우이다. 반면 그림 Ⓑ의 경우는 처리1에서는 남자의 수치가 높으나 처리3에서는 여자의 수치가 더 높은 것으로 나타난다. 따라서 이러한 경우에 모든 처리수준을 합쳐서 남녀 간의 평균을 비교하는 것(주효과의 검정)은 잘못된 일이며, 각 처리수준별로 남녀 간의 차이를 설명할 수 있을 뿐이다. 한편 그림 Ⓒ의 경우도 모든 처리에 대해 남자가 여자보다 칼슘수치가 높기는 하지만, 처리에 따라 차이가 있으므로 역시 교호작용이 있는 경우이다.

가설검정 시에는 주효과에 앞서 교호작용효과부터 검정을 실시한다. 만약 교호작용의 효과가 유의하게 나타나면, 요인 A와 요인 B의 주효과에 대한 검정은 의미가 없게 되며, 다만 두 요인의 각 조합수준에서의 효과를 비교 설명할 수 있다.

A 교호작용이 없는 경우

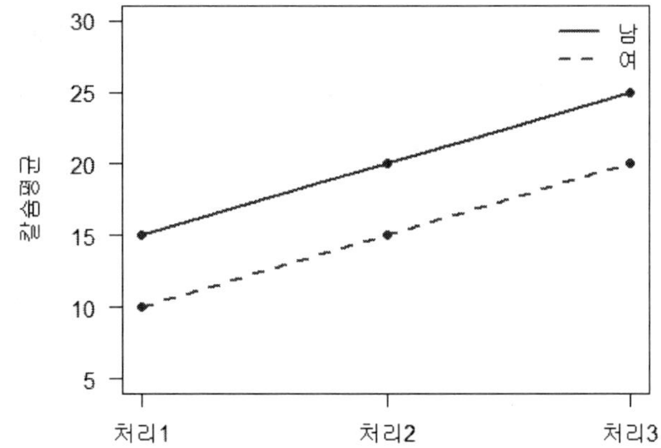


B 교호작용이 있는 경우 1

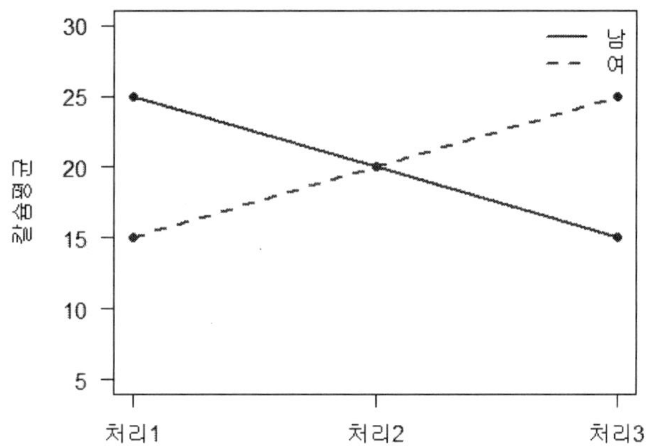


C 교호작용이 있는 경우 2

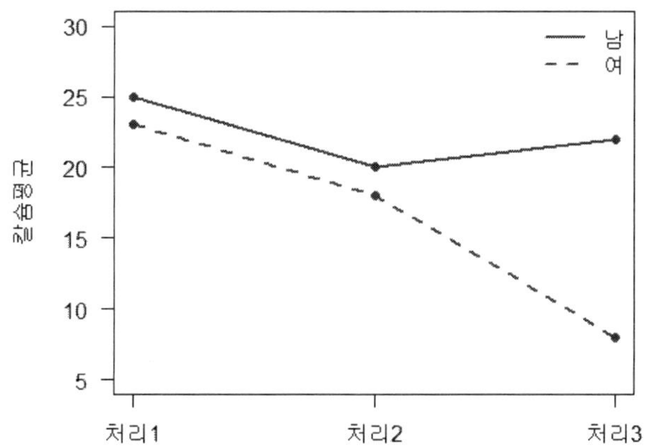

### 7.3.3 변동의 분해와 분산분석표

일원배치 분산분석에서와 마찬가지로 이러한 가설을 검정하기 위해서는 전체제곱합을 분해하는 것이 필요하다. 총제곱합 $SST$는 요인 A의 주효과에 대한 제곱합($SS_A$)과 요인 B의 주효과에 대한 제곱합($SS_B$), 그리고 요인 A와 B의 교호작용효과에 대한 제곱합($SS_{A\times B}$)과 오차제곱합($SSE$)으로 나뉜다.

$$SST = SS_A + SS_B + SS_{A\times B} + SSE$$

여기서 $SST = \sum_i\sum_j\sum_k (y_{ijk} - \bar{y}_{...})^2, SS_A = nJ\sum_i (\bar{y}_{i..} - \bar{y}_{...})^2,$

$SS_B = nI\sum_j (\bar{y}_{.j.} - \bar{y}_{...})^2$, $SS_{A\times B} = n\sum_i\sum_j (\bar{y}_{ij.} - \bar{y}_{i..} - \bar{y}_{.j.} + \bar{y}_{...})^2,$

$SSE = \sum_i\sum_j\sum_k (y_{ijk} - \bar{y}_{ij.})^2$이다.

이에 대한 분산분석표는 다음과 같다.

분산분석표: 이원배치 분산분석

| | 제곱합 | 자유도 | 평균제곱합 | F비 |
|---|---|---|---|---|
| 요인 A | $SS_A$ | I–1 | $MS_A$ | $F_A = MS_A / MSE$ |
| 요인 B | $SS_B$ | J–1 | $MS_B$ | $F_B = MS_B / MSE$ |
| 교호작용 AXB | $SS_{A\times B}$ | (I–1)(J–1) | $MS_{A\times B}$ | $F_{A\times B} = MS_{A\times B} / MSE$ |
| 오차 | $SSE$ | IJ(n–1) | $MSE$ | |
| 계 | $SST$ | IJn–1 | | |

단, $MS_A = SS_A / (I-1)$, $MS_B = SS_B / (J-1)$,

$MS_{A\times B} = SS_{A\times B} / ((I-1)(J-1))$, $MSE = SSE / (IJ(n-1))$ 이다.

각각의 가설에 해당하는 F–값을 계산하여 이 값이 충분히 크면 귀무가설을 기각한다. 유의수준 $\alpha$일 때 가설에 따른 검정절차는 다음과 같다. 여기서 기호 $F_\alpha(u,v)$는 자유도 $(u, v)$인 F–분포에서의 상위 $\alpha$의 확률에 해당하는 임계치를 의미한다.

① 요인 A의 주효과 검정 (즉, $H_0: \alpha_1 = \alpha_2 = \cdots = \alpha_I = 0$ 의 경우):

$F_A > F_\alpha(I-1, IJ(n-1))$일 때 귀무가설 기각

② 요인 B의 주효과 검정 (즉, $H_0: \beta_1 = \beta_2 = \cdots = \beta_J = 0$ 의 경우):

$F_B > F_\alpha(J-1, IJ(n-1))$일 때 귀무가설 기각

③ 교호작용효과의 검정 (즉, $H_0: (\alpha\beta)_{ij} = 0$ 의 경우):

$F_{A \times B} > F_\alpha((I-1)(J-1), IJ(n-1))$일 때 귀무가설 기각

먼저 교호작용효과를 검정하고 그 결과가 유의하지 않으면 주효과에 대한 검정을 한다. 만일 교호작용의 효과가 유의하게 나타나면, 요인 A와 요인 B의 주효과에 대한 검정결과를 해석하는 것이 적절하지 않다.

**예제 7.8** 세 종류의 호르몬 처리와 성별에 따라 혈액칼슘값에 차이가 있는지를 알아보기 위해 남녀 각 15명씩을 선정하여 이들을 세 집단으로 나누어 세 가지 호르몬 처리를 한 후 혈액칼슘을 측정한 결과는 다음과 같다.

| 성별 \ 처리 | 처리1 | 처리2 | 처리3 |
|---|---|---|---|
| 남 | 16.87 | 19.07 | 32.45 |
| | 16.18 | 18.77 | 28.71 |
| | 17.12 | 17.63 | 34.65 |
| | 16.83 | 16.99 | 28.79 |
| | 17.19 | 18.04 | 24.46 |
| 여 | 15.86 | 17.20 | 30.54 |
| | 14.92 | 17.64 | 32.41 |
| | 15.63 | 17.89 | 28.97 |
| | 15.24 | 16.78 | 28.46 |
| | 14.80 | 16.72 | 29.65 |

이때 우리가 알아보고 싶은 것은,

① 남녀 간에 혈액칼슘값의 차이가 있는가?
② 처리1, 2, 3 간에 혈액칼슘값의 차이가 있는가?
③ 성별과 처리 간에 교호작용이 있는가?

이다. 먼저 각 처리조합별 평균을 살펴보자. 남녀의 평균에서 남자가 21.58로 여자의 20.85보다 약간 높지만 큰 차이는 없어 보인다. 또한 처리1과 2의 평균은 16.06과 17.67로 큰 차이가 나지 않지만 처리3의 평균은 29.91로 상당히 다른 값을 보인다. 남자에서 처리1, 2, 3의 패턴은 여자에서 처리들의 패턴과 유사해 보여 교호작용이 없을 것으로 생각된다. 이러한 것이 통계적으로 어떻게 검증되는지 이원배치 분산분석을 실시하여 보자.

| 성별 \ 처리 | 처리1 | 처리2 | 처리3 | 전체 |
|---|---|---|---|---|
| 남 | $\overline{y}_{11.}=16.84$ | $\overline{y}_{12.}=18.1$ | $\overline{y}_{13.}=29.81$ | $\overline{y}_{1..}=21.58$ |
| 여 | $\overline{y}_{21.}=15.29$ | $\overline{y}_{22.}=17.25$ | $\overline{y}_{23.}=30.01$ | $\overline{y}_{2..}=20.85$ |
| 전체 | $\overline{y}_{.1.}=16.06$ | $\overline{y}_{.2.}=17.67$ | $\overline{y}_{.3.}=29.91$ | $\overline{y}_{...}=21.22$ |

제곱합을 계산해 보면

$$SST=\sum_{i=1}^{2}\sum_{j=1}^{3}\sum_{k=1}^{5}(y_{ijk}-\overline{y}_{...})^2=1230.843,$$

$$SS_A=5\times 3\times\sum_{i=1}^{2}(\overline{y}_{i..}-\overline{y}_{...})^2=4.063,$$

$$SS_B=5\times 2\times\sum_{j=1}^{3}(\overline{y}_{.j.}-\overline{y}_{...})^2=1146.642,$$

$$SS_{A\times B}=5\sum_{i=1}^{2}\sum_{j=1}^{3}(\overline{y}_{ij.}-\overline{y}_{i..}-\overline{y}_{.j.}+\overline{y}_{...})^2=3.845$$

$$SSE=SST-SS_A-SS_B-SS_{A\times B}=76.292$$

가 된다. 이를 토대로 한 이원배치 분산분석표는 다음과 같다.

| | 제곱합 | 자유도 | 평균제곱합 | F비 |
|---|---|---|---|---|
| 성별 | 4.063 | 1 | 4.063 | 1.278 |
| 처리 | 1146.642 | 2 | 573.321 | 180.350 |
| 교호작용 | 3.845 | 2 | 1.923 | 0.605 |
| 오차 | 76.292 | 24 | 3.180 | |
| 계 | 1230.843 | 29 | | |

자유도 (1, 24)인 F-분포의 상위 5%의 확률에 해당하는 임계치 $F_{0.05}(1,24)=4.26$이고, 자유도 (2, 24)인 F-분포의 상위 5% 임계치 $F_{0.05}(2,24)=3.40$이다. 먼저 교호작용효과부터 검정하자. F-값이 0.605으로 $F<F_{0.05}(2,24)$가 되어 유의수준 5% 하에서 귀무가설은 기각되지 않으며, 따라서 성별과 처리 간의 유의한 교호작용효과는 없다. 이제 주효과에 대한 검정결과를 보면, 성별 간의 차이가 없다는 가설에 대한 F-값이 1.28로서 $F_{0.05}(1,24)=4.26$보다 작으므로 귀무가설은 기각할 수 없다. 즉, 남녀 간의 혈액칼슘수치는 유의한 차이가 없다. 반면 처리 간의 차이가 없다는 가설에 대한 F-값은 180.350으로 상위 5%에 해당되는 임계치 $F_{0.05}(2,24)$

= 3.40보다 매우 크므로 처리 간에는 유의한 차이가 있다고 할 수 있다.

SPSS에서 일원배치 분산분석은 『분석(A) → 평균 비교(M) → 일원배치 분산분석(O)』에서 할 수 있지만, 이원배치 분산분석을 수행하려면 『분석(A) → 일반선형모형(G) → 일변량(U)』 절차로 해야 한다. 「일반선형모형(G)」 메뉴에서는 이 밖에도 다변량 분산분석과 반복측정 분산분석을 지원하며, 혼합모형의 분산성분추정도 할 수 있다.

**예제 7.9** SPSS를 이용하여 예제 7.8의 데이터를 분석하여 보자. 『IBM SPSS Statistics Data Editor』에서 1열과 2열에 성별(남/여), 처리(호르몬제의 종류: 1/2/3)를 입력하고 해당하는 혈액칼슘값을 순차적으로 입력한다. 다운로드 받은 파일 중에서 예제 7-8.sav 파일을 열면 다음과 같은 데이터가 입력되어 있다.

| | 성별 | 처리 | 혈액칼슘 |
|---|---|---|---|
| 1 | 남 | 1 | 16.87 |
| 2 | 남 | 1 | 16.18 |
| 3 | 남 | 1 | 17.12 |
| 4 | 남 | 1 | 16.83 |
| 5 | 남 | 1 | 17.19 |
| 6 | 남 | 2 | 19.07 |
| 7 | 남 | 2 | 18.77 |
| 8 | 남 | 2 | 17.63 |
| 9 | 남 | 2 | 16.99 |
| 10 | 남 | 2 | 18.04 |
| 11 | 남 | 3 | 32.45 |
| 12 | 남 | 3 | 28.71 |
| 13 | 남 | 3 | 34.65 |
| 14 | 남 | 3 | 28.79 |
| 15 | 남 | 3 | 24.46 |
| 16 | 여 | 1 | 15.86 |
| 17 | 여 | 1 | 14.92 |
| 18 | 여 | 1 | 15.63 |
| 19 | 여 | 1 | 15.24 |
| 20 | 여 | 1 | 14.80 |
| 21 | 여 | 2 | 17.20 |
| 22 | 여 | 2 | 17.64 |
| 23 | 여 | 2 | 17.89 |
| 24 | 여 | 2 | 16.78 |
| 25 | 여 | 2 | 16.72 |
| 26 | 여 | 3 | 30.54 |
| 27 | 여 | 3 | 32.41 |
| 28 | 여 | 3 | 28.97 |
| 29 | 여 | 3 | 28.46 |
| 30 | 여 | 3 | 29.65 |

① 『분석(A) → 일반선형모형(G) → 일변량(U)』을 선택한다.

② 「일변량 분석」 대화상자가 나오면 왼쪽의 변수 목록에서 혈액칼슘값을 선택하여 오른쪽의 [종속변수(D)]로 이동시키고, 성별과 호르몬제를 선택하여 오른쪽의 [고정요인(F)]으로 이동시킨다.

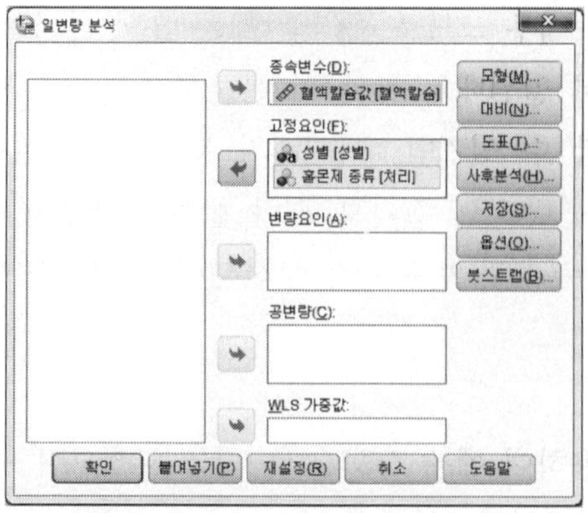


*** 고정요인과 변량요인, 공변량, WLS 가중값**

세 종류의 호르몬과 같이 요인의 각 수준이 연구자가 관심 있는 수준으로 선택된 것이라면 고정요인(fixed factor)이며, 실험을 3일 동안 했을 때 실시된 실험일자와 같이 수준이 가능한 값 중에서 별 의미 없이 랜덤하게 선택된 경우에는 변량요인(random factor)이라고 한다. 예제 7.9에서는 모두 고정요인이다. 이 밖에 효과를 제어하고 싶은 양적인 변수가 있을 때에는 '공변량(C)'에 지정하고, 관측치에 서로 다른 가중치를 주어 분석하려면 'WLS 가중값'에 해당 변수를 넣는다.

③ 〈모형(M)〉 버튼을 누르면「일변량: 모형」대화상자가 나온다. 기본으로 '완전요인모형(A)'이 선택되어 있고, 제곱합으로 '제 III 유형', 그리고 '모형에 절편 포함(I)'이 선택되어 있음을 알 수 있다. 완전요인모형이란 요인들의 주효과와 교호작용 등 모든 가능한 항을 포함하는 모형을 말한다. 제곱합의 제 III 유형은 다른 요인을 모두 통제한 상태에서 해당요인의 제곱합을 계산하는 방법이다. 반복수가 동일하면 어떤 유형을 선택하든 같은 결과가 나오지만, 반복수가 같지 않을 때는 제곱합 선택에 따라 다른 결과를 준다.

*** 사용자 정의 모형**

사용자 정의(C)를 선택하면 '항 설정'에서 원하는 항만을 선택하여 분석할 수 있다. 예컨대 교호작용을 고려할 필요가 없다면, '사용자 정의(C)'를 선택하고 왼쪽의 '요인 및 공변량(F)'창에서 성별과 처리만 선택한 다음, '항 설정'의 '유형(P)'에서 주효과를 선택하여 오른쪽 '모형(M)'창으로 보낸다. 〈계속(C)〉을 누르고 「일변량: 모형」대화상자에서 〈확인〉을 누르면 교호작용을 제거한 분산분석결과가 나온다.

④ 평균도표를 그리기 위해서는 「일변량 분석」대화상자에서 〈도표(T)〉 버튼을 누른다. 「일변량: 프로파일 도표」창이 뜨면 왼쪽의 요인 목록에서 처리를 선택하여 오른쪽의 [수평축 변수(H)]로 이동시킨다. 성별에 따라 따로 선이 그려지게 하기 위해서는 성별을 [선구분 변수(S)]에 이동시킨다. 〈추가〉 버튼을 누르면 아래의 도표상자에 목록이 생성된다. 〈계속(C)〉을 누르고 나온다.

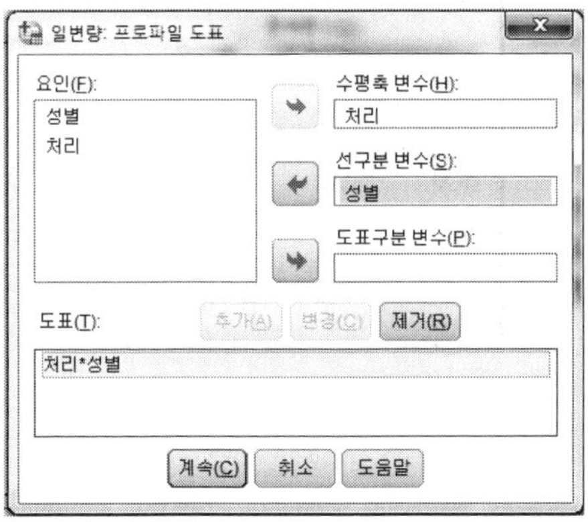

⑤ 각 처리조합별 평균값 등을 출력하려면 「일변량 분석」 대화상자에서 〈옵션(O)〉 버튼을 누른다. 원하는 옵션을 선택한 후 〈계속(C)〉을 누르고, 「일변량 분석」 대화상자로 나와 〈확인〉을 누른다.

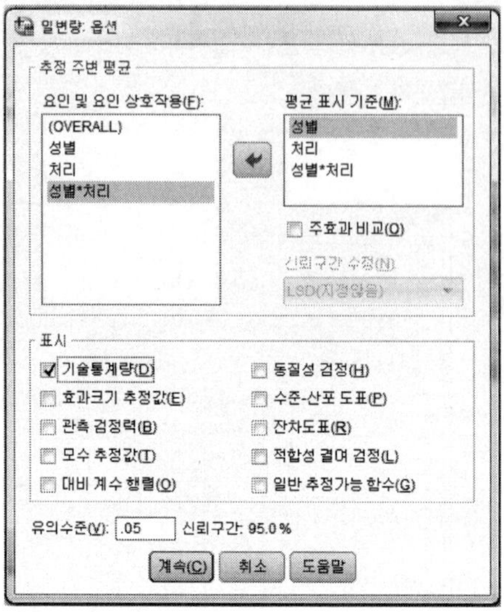


⑥ 먼저 기술통계량과 평균도표를 보면, 처리3 집단의 혈액칼슘값이 나머지 처리1과 처리2에 비하여 크며 남녀별 패턴이 비슷하다는 것을 알 수 있다.

**기술통계량**

종속변수: 혈액칼슘값

| 성별 | 홀몬제 종류 | 평균 | 표준편차 | N |
|---|---|---|---|---|
| 남 | 처리1 | 16.8380 | .39921 | 5 |
| | 처리2 | 18.1000 | .84356 | 5 |
| | 처리3 | 29.8120 | 3.91370 | 5 |
| | 전체 | 21.5833 | 6.41742 | 15 |
| 여 | 처리1 | 15.2900 | .45277 | 5 |
| | 처리2 | 17.2460 | .51622 | 5 |
| | 처리3 | 30.0060 | 1.55359 | 5 |
| | 전체 | 20.8473 | 6.81497 | 15 |
| 전체 | 처리1 | 16.0640 | .90972 | 10 |
| | 처리2 | 17.6730 | .79830 | 10 |
| | 처리3 | 29.9090 | 2.80905 | 10 |
| | 전체 | 21.2153 | 6.51482 | 30 |

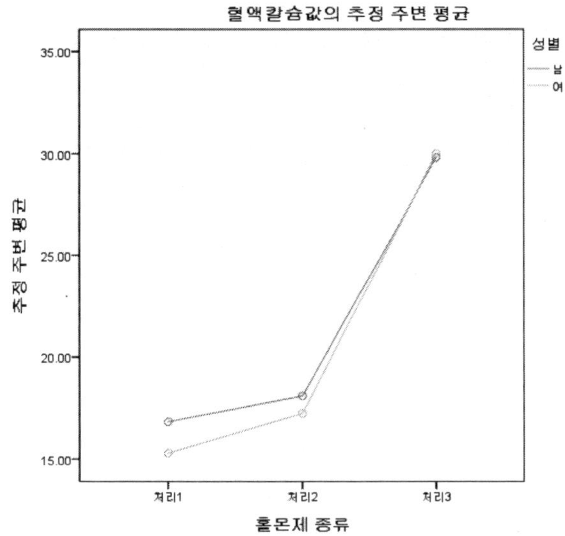


⑦ [개체-간 효과 검정] 표에 분산분석의 결과가 나타나 있다. 교호작용을 포함한 이원배치 분산분석 모형에서는 가장 먼저 교호작용에 대한 추론을 선행해야 한다. 아래 결과에서 교호작용에 대한 F-통계량이 0.605이고 유의확률은 0.554로 5% 유의수준하에서 유의하지 않다. 그 다음으로 주효과에 대한 검정결과를 보면, 성별에 대한 F-통계량은 1.278, 유의확률은 0.269로 성별에 따른 차이가 없는 것으로 보인다. 처리에 대한 검정결과는 F-통계량이 180.355, 유의확률은 0.000으로 매우 작아서, 호르몬제 종류는 혈액칼슘값의 수준에 영향을 주는 요인임을 알 수 있다.

**개체-간 효과 검정**

종속변수: 혈액칼슘값

| 소스 | 제 III 유형 제곱합 | 자유도 | 평균제곱 | F | 유의확률 |
|---|---|---|---|---|---|
| 수정된 모형 | 1154.550[a] | 5 | 230.910 | 72.639 | .000 |
| 절편 | 13502.711 | 1 | 13502.711 | 4247.672 | .000 |
| 성별 | 4.063 | 1 | 4.063 | 1.278 | .269 |
| 처리 | 1146.642 | 2 | 573.321 | 180.355 | .000 |
| 성별 * 처리 | 3.845 | 2 | 1.923 | .605 | .554 |
| 오차 | 76.292 | 24 | 3.179 | | |
| 전체 | 14733.554 | 30 | | | |
| 수정된 합계 | 1230.843 | 29 | | | |

a. R 제곱 = .938 (수정된 R 제곱 = .925)

⑧ 분산분석의 결과에서 주효과 중 호르몬제 종류인 처리가 유의한 차이를 보였으므로 다중비교를 실시하여 보자. 「일변량 분석」 대화상자에서 〈사후분석(H)〉 버튼을

누르고 처리에 대하여 'Bonferroni'와 'Duncan'의 방법으로 다중비교를 할 것을 아래와 같이 명령한다. 〈계속(C)〉을 누르고 나와, 「일변량 분석」대화상자의 〈확인〉을 누른다.

⑨ 『IBM SPSS Statistics Viewer』 창에 이전에 보였던 결과에 사후검정결과가 추가되어 나타난다. Bonferroni 방법과 Duncan의 방법에 의한 다중비교결과 모두 처리1과 처리3, 처리2와 처리3이 각각 5% 유의수준하에서 차이가 있는 것으로 나타났다. Bonferroni는 앞 절에서 설명하였으므로 Duncan의 결과에 대한 설명을 간략히 하면, 처리1과 처리2는 집단 간 모평균에 유의한 차이가 없는 동일한 집단이며(p=0.055), 처리3은 이들과는 다른 집단으로 볼 수 있다.

혈액칼슘값

| | 홀몬제 종류 | N | 부분집합 1 | 부분집합 2 |
|---|---|---|---|---|
| Duncan[a,b] | 처리1 | 10 | 16.0640 | |
| | 처리2 | 10 | 17.6730 | |
| | 처리3 | 10 | | 29.9090 |
| | 유의확률 | | .055 | 1.000 |

동질적 부분집합에 있는 집단에 대한 평균이 표시됩니다.
관측평균을 기준으로 합니다.
오차항은 평균제곱(오차) = 3.179입니다.

a. 조화평균 표본크기 10.000을(를) 사용합니다.

b. 유의수준 = .05.

* 위의 예제처럼 교호작용이 유의하지 않은 경우, 교호작용을 모형에서 제거하고, 주효과만으로 구성된 새로운 모형에 적합하여 주효과를 검증하는 것도 좋다.

## 7.4 연습문제

**7.1** 다음은 에스트로겐, 프로테스테론 처리 후 혈청 프로테스테론 농도를 측정한 동물실험의 결과이다. 이 세 가지의 처리를 비교하고자 한다.

| 비처리 | 에스트로겐 | 프로테스테론 |
|---|---|---|
| 117 | 440 | 605 |
| 124 | 264 | 626 |
| 40 | 221 | 385 |
| 88 | 136 | 475 |
| 40 | 306 | 521 |

① 귀무가설과 대립가설을 기술하여라.

② 필요한 가정은 무엇인가?

③ 위의 가설을 유의수준 5%로 검정하고 분산분석표를 작성하여라.

④ Bonferroni, Tukey, S-N-K의 방법으로 다중비교를 실시하여라.

⑤ 대비를 이용하여 비처리 대 나머지 군 간의 비교를 실시하여라.

**7.2** 면역 이상에 대한 한 연구에서 자폐아, 정상아, 지진아에 대한 혈청 항원의 농도에 대해 조사하였다.

| 자폐아 | 정상아 | 지진아 |
|---|---|---|
| 755 | 165 | 380 |
| 820 | 290 | 510 |
| 170 | 235 | 315 |
| 325 | 320 | 565 |
| 380 | 205 | 715 |
| 400 | 345 | 380 |
| 415 | 220 | 390 |
| 345 | 355 | 245 |
| 410 | 335 | 155 |
| 460 | 325 | 335 |
| 225 | 285 | 295 |
| 440 | 345 | 200 |
| 400 | 230 | 105 |
| 360 | 285 | 105 |
| 435 | 195 | 245 |
| 450 | 305 | |
| 360 | 220 | |

① 귀무가설과 대립가설을 세워라.

② 분산분석표를 작성하여라.

③ 위 가설을 유의수준 1%로 검정하여라.

④ 다중비교를 실시하여라.

**7.3** 치과치료 시 교정장치를 부착하는 경우에 구강 내 세균이 붙어 충치의 발생을 유발할 수 있다. 성분이 다른 세 회사의 제품의 세균부착량을 비교하기 위하여, 각 제품당 20회씩 세균부착 실험을 실시하여 다음과 같은 결과를 얻었다.

| | 세균부착량 | | | | |
|---|---|---|---|---|---|
| 제품 1 | .079 | .092 | .095 | .151 | .155 |
| | .157 | .174 | .200 | .204 | .214 |
| | .253 | .256 | .284 | .292 | .326 |
| | .375 | .412 | .449 | .458 | .512 |
| 제품 2 | .159 | .168 | .176 | .180 | .208 |
| | .212 | .225 | .242 | .255 | .268 |
| | .268 | .290 | .290 | .322 | .352 |
| | .355 | .369 | .384 | .527 | .536 |
| 제품 3 | .315 | .327 | .328 | .330 | .354 |
| | .370 | .414 | .447 | .471 | .490 |
| | .502 | .510 | .521 | .529 | .540 |
| | .547 | .556 | .588 | .610 | .621 |

① 각 제품별로 상자그림을 그려보아라. 어떤 해석을 할 수 있는가?

② 분산분석을 실시하여 제품별 세균부착량에 차이가 있는지 알아보아라.

③ 유의한 차이가 있다면 다중비교를 실시하여라.

**7.4** 한 임상의사는 의보장구 사용에 대한 세 가지 방법에 대해 비교하기 위해 연령별로 대상자를 나누고, 각 그룹당 4명씩 사용방법을 숙지하기까지 걸린 시간을 측정하였다. 그 결과는 다음과 같다.

| 나이 \ 방법 | 방법 1 | | | | 방법 2 | | | | 방법 3 | | | |
|---|---|---|---|---|---|---|---|---|---|---|---|---|
| −20 | 7 | 7 | 8 | 9 | 8 | 9 | 9 | 9 | 10 | 10 | 11 | 11 |
| 20−29 | 8 | 7 | 8 | 10 | 9 | 8 | 9 | 9 | 10 | 10 | 11 | 12 |
| 30−39 | 9 | 9 | 8 | 9 | 9 | 9 | 9 | 10 | 12 | 11 | 12 | 12 |
| 40−49 | 10 | 9 | 9 | 11 | 9 | 10 | 9 | 10 | 12 | 12 | 13 | 13 |
| 50+ | 11 | 12 | 11 | 12 | 12 | 11 | 12 | 9 | 14 | 15 | 15 | 17 |

① 각 방법에 따라 숙지하는 시간에 차이가 있는가?

② 나이에 따라 숙지하는 시간에 차이가 있는가?

③ 나이에 따라 방법별 숙지시간 양상에 차이가 있는가?

**7.5** 다음의 데이터는 남성 27명을 나이와 마리화나 사용여부에 따라 분류하여 감정적 성숙점수를 측정한 결과이다.

| 나이 \ 사용여부 | 사용안함 | 가끔 | 매일 |
|---|---|---|---|
| 15–19 | 25 28 22 | 18 23 19 | 17 24 19 |
| 20–24 | 28 32 30 | 16 24 20 | 18 22 20 |
| 25–29 | 25 35 30 | 14 16 15 | 10 8 12 |

① 적절한 이원배치 분산분석모형을 써라.

② 분산분석표를 작성하여라.

③ 적절한 가설을 세우고 유의수준 5%로 검정하여라.

**7.6** 충치치료 시 복합레진(composite resin)을 사용한 후, 이를 경화하기 위해서 광선중합기를 사용한다. 두 종류의 광선중합기와 네 종류의 충치치료제의 사용 시 치아의 강도를 비교하기 위한 실험을 실시한 결과는 다음과 같다.

| 치료제 \ 광선중합기 | H | | | | | L | | | | |
|---|---|---|---|---|---|---|---|---|---|---|
| A | 14.5 | 15.2 | 17.4 | 17.5 | 19.2 | 27.1 | 11.6 | 12.2 | 15.9 | 17.0 |
| | 19.7 | 20.1 | 21.3 | 23.5 | 9.3 | 17.2 | 18.4 | 19.8 | 23.4 | 28.0 |
| B | 11.8 | 13.3 | 19.2 | 21.3 | 22.2 | 27.8 | 12.8 | 16.2 | 19.8 | 22.4 |
| | 23.0 | 24.5 | 24.6 | 27.1 | 12.0 | 23.6 | 25.3 | 27.9 | 34.6 | 35.2 |
| C | 14.5 | 15.0 | 18.6 | 19.6 | 21.0 | 16.5 | 22.7 | 24.2 | 26.2 | 28.4 |
| | 21.6 | 25.5 | 25.9 | 30.7 | 33.0 | 28.5 | 30.7 | 32.2 | 33.8 | 34.5 |
| D | 35.5 | 35.7 | 36.3 | 37.3 | 40.1 | 17.3 | 19.2 | 19.5 | 20.5 | 20.7 |
| | 40.9 | 41.0 | 44.5 | 44.7 | 47.2 | 22.2 | 25.8 | 29.0 | 29.2 | 35.1 |

① 각 수준별 평균도표를 작성하여라.

② 적절한 분산분석표를 작성하여라.

③ 광선중합기와 충치치료제에 따라 강도가 달라지는지 각각 5% 유의수준으로 검정하여라.

④ 광선중합기와 충치치료제 간의 상호작용이 있는지 5% 유의수준으로 검정하여라.

**7.7** 다음은 청소년 대상자에게 불안을 일으키게 하는 세 가지 스트레스 상황에 따른 세 가지 약물의 효과에 대한 실험결과이다.

| 상황 \ 약물 | A | B | C |
|---|---|---|---|
| 1 | 4 5 5 | 1 3 3 | 1 0 2 |
| 2 | 6 6 5 | 6 6 6 | 6 3 3 |
| 3 | 5 4 4 | 7 4 5 | 4 5 5 |

① 각 수준별 평균을 구하고 이를 도표로 작성하여 보라. 어떤 결과를 예측할 수 있는가?

② 이원배치 분산분석을 실시하여라.

③ 유의한 요인이 있다면 다중비교를 실시하여라.

# 8장

# 상관과 회귀

이 장에서는 의학 데이터에서 많이 볼 수 있는 둘 이상의 연속형 변수들 간의 관련성을 파악하는 방법에 대해 알아보자. 예제 8.1에서 연구자는 두 변수(DPT 면역률과 사망률) 간에 서로 상관이 있는지를 알고 싶을 것이다. 이와 같이 두 개의 연속형 변수가 있을 때 이들 간의 관련된 정도를 알아보는 방법을 상관분석(correlation analysis)이라고 한다.

만약 단순히 두 변수 간의 관계의 정도를 파악하기보다는 DPT 면역률이 높아짐에 따라 사망률이 어떻게 변화하는지 알고 싶다고 하자. 이와 같이 두 변수 간의 관계를 이용하여, 주어진 변수를 통해서 관심이 있는 변수를 설명하고 예측하는 분석방법을 회귀분석(regression analysis)이라고 한다. 위의 예에서와 같이 설명변수가 하나인 경우의 분석법을 단순회귀분석(simple regression analysis)이라고 한다. 한편 예제 8.2에서는 지능을 예측하기 위하여 관념운동성 실어증, 구조적 운동신경장애, 손상양, 실어증 심각정도 등의 4가지 변수가 사용되었다. 이와 같이 여러 개의 설명변수를 이용하여 그들의 변화에 따라 반응변수가 어떻게 달라지는지를 예측하고 설명하고자 하는 분석방법을 다중회귀분석 또는 중회귀분석(multiple regression analysis)이라고 한다.

**예제 8.1** 어린이의 DPT 면역률과 사망률 간의 관계를 알아보고자 한다. 이를 위해 20개국의 DPT 면역률과 5세 미만 어린이의 사망률을 조사하였다.

**예제 8.2** 실어증과 운동신경장애 등이 지능에 미치는 영향을 알아보기 위해 병소좌반구(focal left hemisphere) 장애 환자를 대상으로 지능($y$), 관념운동성 실어증($x_1$), 구조적 운동신경장애($x_2$), 손상양($x_3$), 실어증 심각정도($x_4$)를 측정하였다.

8.1절에서 상관분석을, 8.2절과 8.3절에서 각각 단순회귀분석과 다중회귀분석을 설명하기로 한다. 마지막으로 8.5절에서는 이러한 회귀분석을 사용하는 것이 타당한 것이었는지를 평가하는 회귀진단(regression diagnostics) 절차에 대해 알아보게 될 것이다.

## 8.1 상관분석

연속적인 두 변수 간의 관계를 알고자 할 때 연구자가 가장 먼저 할 수 있는 일은 두 변수의 산점도를 그리는 것이다. 위에서 언급한 예제 8.1의 데이터가 다음과 같이 주어져 있다고 하자.

**예제 8.3** 20개국의 어린이의 DPT 면역률과 5세 전 사망률을 조사한 결과는 다음과 같다.

| 번호 | 면역률 | 1000명당 사망자수 |
|---|---|---|
| 1 | 40 | 165 |
| 2 | 54 | 85 |
| 3 | 85 | 9 |
| 4 | 95 | 43 |
| 5 | 81 | 94 |
| 6 | 26 | 226 |
| 7 | 90 | 7 |
| 8 | 95 | 9 |
| 9 | 83 | 12 |
| 10 | 83 | 145 |
| 11 | 85 | 11 |
| 12 | 83 | 6 |
| 13 | 65 | 51 |
| 14 | 98 | 18 |
| 15 | 47 | 189 |
| 16 | 74 | 90 |
| 17 | 75 | 10 |
| 18 | 97 | 12 |
| 19 | 79 | 35 |
| 20 | 91 | 27 |

이 데이터를 이용하여 다음과 같은 산점도를 그릴 수 있다(SPSS를 이용하여 산점도를 그리는 방법은 이 책의 3.1절을 참조하라). 그림에서 보면 면역률이 증가하면 사망률은 감소하는 경향이 있음을 알 수 있다. 그러면 이러한 관계를 적당한 숫자를 이용하여 나타내는 방법은 없을까? 두 변수의 관련성을 나타내는 데 쓰이는 측도가 바로 상관계수(correlation coefficient)이다. 이제 상관계수를 구하는 방법에 대해 알아보자.

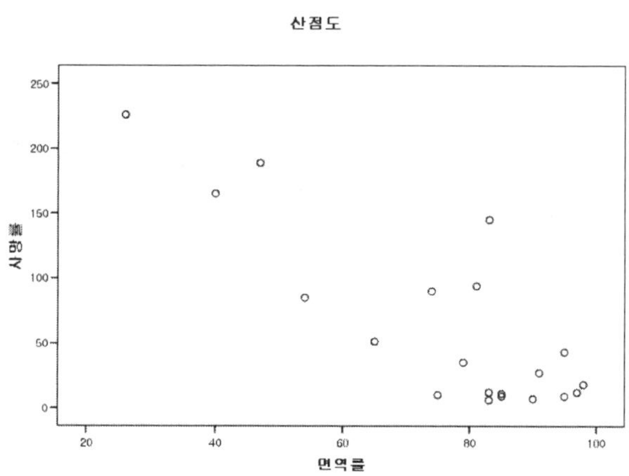

### 8.1.1 표본상관계수

두 변수$(x, y)$의 관계를 알아보기 위해 $n$개의 데이터 쌍 $(x_1, y_1)$, $\cdots$, $(x_n, y_n)$을 구했다고 하자. 표본상관계수(sample correlation coefficient)는 다음과 같이 구해진다.

$$r = \frac{\sum_{i=1}^{n}(x_i - \overline{x})(y_i - \overline{y})}{\sqrt{\sum_{i=1}^{n}(x_i - \overline{x})^2 \sum_{i=1}^{n}(y_i - \overline{y})^2}}$$

이러한 상관계수를 피어슨 상관계수(Pearson's correlation coefficient)라고도 한다. 이는 다음과 같이 간단히 표현할 수 있다.

$$r = \frac{S_{xy}}{\sqrt{S_{xx}}\sqrt{S_{yy}}}$$

여기서 $S_{xx}$, $S_{yy}$, $S_{xy}$는 각각

$$S_{xx} = \sum_{i=1}^{n}(x_i - \overline{x})^2,$$

$$S_{yy} = \sum_{i=1}^{n}(y_i - \overline{y})^2,$$

$$S_{xy} = \sum_{i=1}^{n}(x_i - \overline{x})(y_i - \overline{y})$$

이다.

표본상관계수는 두 변수 간의 직선관계의 강도를 나타낸다. 표본상관계수는 -1부터 +1 사이의 값을 갖는데, 그 절댓값이 1에 가까우면 높은 직선관계가 있는 것이고, 0에 가까우면 직선관계가 거의 없는 것으로 평가할 수 있다. 또한 부호는 관계의 방향을 나타내는 것으로 상관계수가 양수이면 한 변수가 증가할 때 다른 변수도 같이 증가하는 경향이 있고, 음수이면 한 변수가 증가할 때 다른 변수는 감소하는 경향을 보인다. 이를 그림으로 정리하여 보면 다음과 같다.

① $r=1$

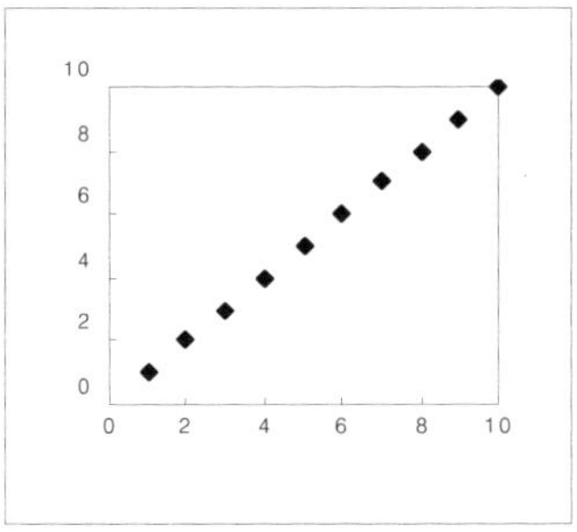


② $r=-1$

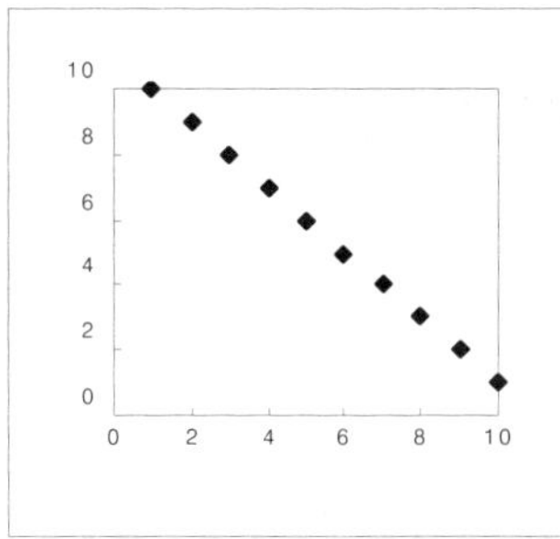


③ $r=0.8$

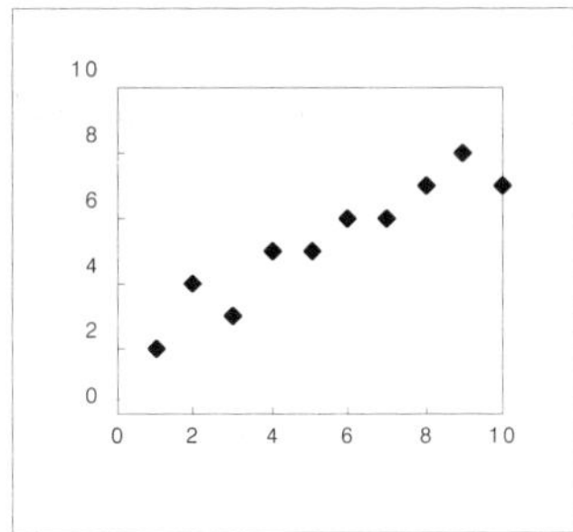


④ $r=-0.4$

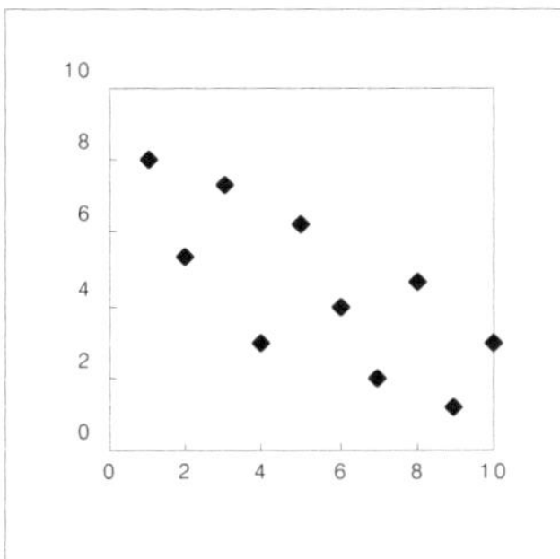


⑤ $r=0$

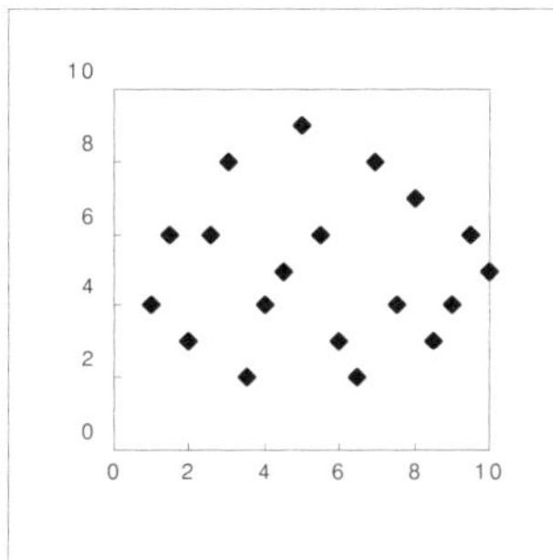


⑥ $r=0$

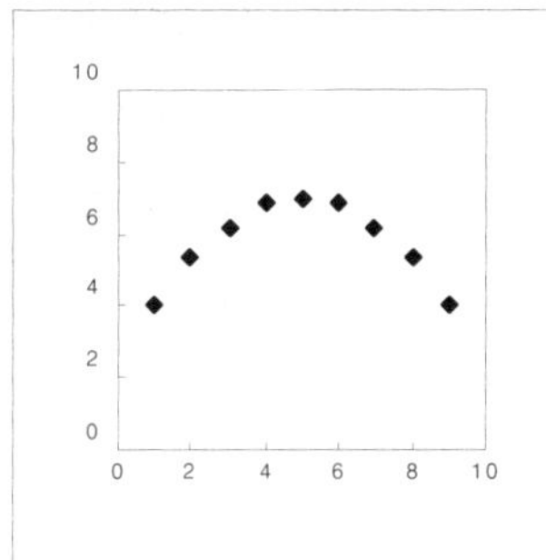


그림 ①과 그림 ②는 각각 완전한 양의 상관과 음의 상관을 나타내며, 타원의 형태를 보이는 그림 ③과 그림 ④는 두 변수 간에 어느 정도 직선의 관련성이 있음을 보이고 있다. 관련성이 높으면 높을수록 더욱 뾰족한 타원이 되고, 낮을수록 원에 가까워진다. 그림 ⑤와 같이 점들이 거의 둥글게 퍼져 있을 때에 표본상관계수는 거의 0에 가깝게 되고 두 변수 간의 관련성도 찾아보기 힘들다. 반면 ⑥번의 그림은 두 변수 간의 관계가 완전한 곡선의 관계로써 설명될 수 있음에도 불구하고 표본상관계수는 0이 된다. 이는 표본상관계수가 직선관계의 정도를 측정하는 것으로 곡선의 관계를 찾아내지 못하기 때문이다. 따라서 두 변수 간의 연관성을 알아보고자 할 때에는 단순히 상관계수의 값만 구할 것이 아니라 산점도를 그려 데이터의 특성을 대략적으로 파악하는 것이 필요하다.

**예제 8.4** 예제 8.3의 DPT 면역률 데이터에서 표본상관계수를 구해 보자.

평균면역률 $\bar{x}=76.3$, 평균사망자수 $\bar{y}=62.2$이고,

$$S_{xx}=(40-76.3)^2+\cdots+(91-76.3)^2=7656.2$$

$$S_{yy}=(165-62.2)^2+\cdots+(27-62.2)^2=89315.2$$

$$S_{xy} = (40-76.3)(165-62.2)+\cdots+(91-76.3)(27-62.2) = -21680.2$$

이므로, 표본상관계수는

$$r = \frac{-21680.2}{\sqrt{7656.2}\sqrt{89315.2}} = -0.829$$

가 된다. 따라서 상관계수의 절댓값이 큰 편으로 면역률과 사망률은 높은 상관을 가지고 있으며, 면역률이 증가하면 사망률은 감소하는 경향이 있다는 것을 알 수 있다.

### 8.1.2 상관계수의 검정

모집단에서의 상관계수를 $\rho$라고 하고 이에 대한 검정을 생각하여 보자. 두 변수 $(x,y)$가 이변량 정규분포를 따른다고 가정할 때, 모상관계수가 0이라는 귀무가설하에서 다음과 같은 통계량

$$t = r\sqrt{\frac{n-2}{1-r^2}}$$

이 자유도가 $n-2$인 t–분포를 따르는 것으로 알려져 있다. 따라서 유의수준을 $\alpha$로 할 때의 가설과 검정절차는 다음과 같다.

$$H_0:\ \rho = 0 \quad \text{vs.} \quad H_1:\ \rho \neq 0 \text{일 때,}$$

$$|t| > t_{\alpha/2}(n-2) \text{이면 귀무가설 기각}$$

여기서 $t_{\alpha/2}(n-2)$는 자유도 $n-2$인 t–분포에서의 상위 $\alpha/2$의 확률을 주는 값을 의미한다.

**예제 8.5** 예제 8.3의 DPT 면역률 데이터에서 모상관계수가 0인지 유의수준 5%로 검정하여 보자.

검정통계량은

$$t = -0.829\sqrt{\frac{20-2}{1-(-0.829)^2}} = -6.29$$

이고 $|t| = 6.29 > t_{0.025}(18) = 2.734$ 이어서 상관계수가 0이라는 귀무가설을 기각하게 된다. 따라서 DPT 면역률과 사망률 간에는 유의한 직선관계가 있다고 할 수 있다.

SPSS에서는 『분석(A)』 메뉴에서 『상관분석(C) → 이변량 상관(B)』을 선택하면 표본상관계수를 구할 수 있다. 상관분석 메뉴에는 이 외에도 「편상관(R)」과 「거리측도(D)」, 「정준 상관」을 제공한다. 편상관계수(partial correlation coefficient)는 A, B 두 변수 간 관계에 영향을 미칠 것으로 생각되는 변수 C가 있을 때, 변수 C의 효과를 제어한 상태에서 A, B 간의 고유한 상관을 말한다. 「거리측도(D)」에서는 각 관측치나 변수 간의 유사성이나 상이성을 측정하는 제곱 유클리디안 거리, 민코프스키(Minkowski) 거리 등의 측도를 계산해준다.

**예제 8.6** 예제 8.3의 데이터에 대해서 SPSS를 이용하여 상관계수를 구해 보자. 1열에 면역률 값, 2열에 사망률 값을 아래와 같이 입력하자. 다운로드 받은 파일 중에서 예제 8-3.sav 파일을 열면 입력된 데이터를 이용할 수 있다.

| | 면역률 | 사망률 |
|---|---|---|
| 1 | 40 | 165 |
| 2 | 54 | 85 |
| 3 | 85 | 9 |
| 4 | 95 | 43 |
| 5 | 81 | 94 |
| 6 | 26 | 226 |
| 7 | 90 | 7 |
| 8 | 95 | 9 |
| 9 | 83 | 12 |
| 10 | 83 | 145 |
| 11 | 85 | 11 |
| 12 | 83 | 6 |
| 13 | 65 | 51 |
| 14 | 98 | 18 |
| 15 | 47 | 189 |
| 16 | 74 | 90 |
| 17 | 75 | 10 |
| 18 | 97 | 12 |
| 19 | 79 | 35 |
| 20 | 91 | 27 |

① 『분석(A) → 상관분석(C) → 이변량 상관(B)』을 선택한다. 「이변량 상관계수」창이 나타나면 왼쪽의 목록에서 면역률과 사망률을 선택하여 오른쪽의 [변수(V)]창으로 이동시키고, [상관계수] 부분에서 'Pearson'을 선택하면 피어슨의 상관계수를 계산해 준다. 옆의 'Kendall의 타우-b'나 'Spearman'을 선택하면 다른 유형의 상관(비모수적 상관)을 계산해 준다. 이에 대해서는 10장에서 설명하겠다. '유의한 상관계수 플래그(F)'에 체크한 다음, 〈확인〉을 누른다.

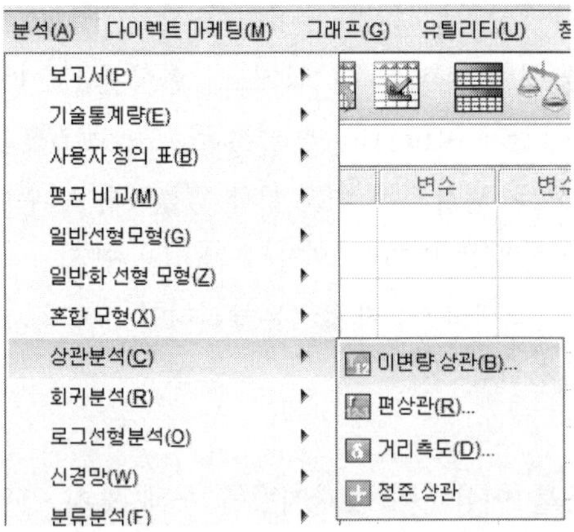

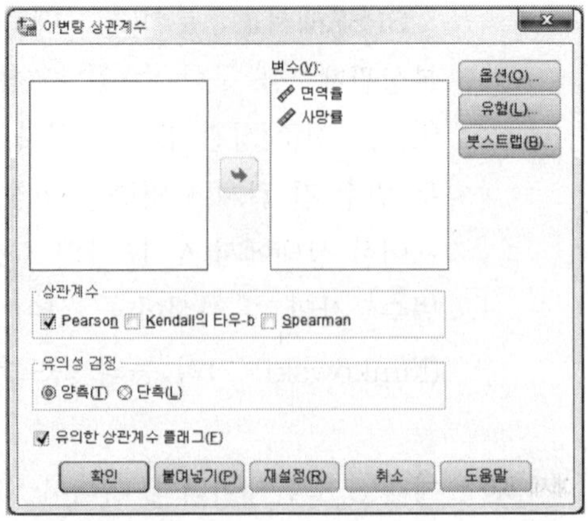


② 출력결과는 다음과 같다. 면역률과 사망률의 상관계수는 −0.829이며 유의확률이 0.000으로 0.05보다 작으므로 5% 유의수준하에서 두 변수 간 상관계수가 0이라는 귀무가설을 기각하게 된다. 따라서 DPT 면역률과 사망률 간에는 통계적으로 유의한 선형관계가 있다고 할 수 있다. 상관계수 옆에 별 표시(**)가 붙어서 1% 수준에서 유의함을 표시해 주고 있다.

**상관관계**

| | | 면역율 | 사망률 |
|---|---|---|---|
| 면역율 | Pearson 상관 | 1 | -.829** |
| | 유의확률 (양측) | | .000 |
| | N | 20 | 20 |
| 사망률 | Pearson 상관 | -.829** | 1 |
| | 유의확률 (양측) | .000 | |
| | N | 20 | 20 |

**. 상관관계가 0.01 수준에서 유의합니다(양측).

* 변수가 많을 때 변수 간의 상관계수를 한 번에 구하기 위해서는 해당 변수리스트를 「이변량 상관계수」창의 [변수(V)]에 한 번에 옮겨주면, 모든 변수쌍에 대한 상관계수들이 행렬 형태로 구해진다. 위에서와 마찬가지로 대각원소는 물론 모두 1이고, 두 변수에 해당하는 비대각원소들을 읽으면 된다.

## 8.2 단순회귀분석

회귀분석은 연속적인 두 변수가 있을 때 두 변수 간의 관계를 이용하여, 한 변수의 값에 대해서 알고 있을 때 다른 변수의 값을 예측하고자 하는 방법이다. 두 변수 가운데 알고 있는 변수가 변화의 원인이라고 하면 예측되는 변수는 이의 결과라고 할 수 있다. 이때 원인이 되는 변수를 설명변수 또는 독립변수라고 하고, 결과가 되는 변수를 반응변수 또는 종속변수라고 한다.

회귀분석은 두 변수 간의 관계가 선형식으로 표현되느냐 그렇지 않느냐에 따라 선형회귀분석(linear regression analysis)과 비선형회귀분석(non-linear regression analysis)으로 나뉠 수 있는데 여기서는 선형회귀분석만을 언급하겠다. 먼저 설명변수가 하나인 단순선형회귀분석에 대해 알아보기로 하자.

### 8.2.1 단순회귀모형과 적합

회귀분석의 목적은 결국 두 변수 간에 직선관계가 있을 때 이러한 관계를 표현하는 1차식을 추정하는 데 있다. 다음의 예를 보자.

**예제 8.7** 다음은 오염된 물고기를 통해 메틸수은(methyl mercury)에 노출된 12명의 메틸수은 섭취량(methyl mercury intake; MMI, μg Hg/day)과 전체 혈액 내 수은(mercury in whole blood; MWB, ng/g) 값에 대한 자료이다.

| MMI(x) | MWB(y) |
|---|---|
| 180 | 90 |
| 200 | 120 |
| 230 | 125 |
| 410 | 290 |
| 600 | 310 |
| 550 | 290 |
| 275 | 170 |
| 580 | 375 |
| 105 | 70 |
| 250 | 105 |
| 460 | 205 |
| 650 | 480 |

이때 우리가 관심 있는 것은 메틸수은의 섭취량(MMI)에 따라 전체 혈액 내 수은량(MWB)이 어떻게 변화하는지에 관심이 있다. 이들 간에 직선관계가 있다고 하면 이를 이용하여 메틸수은 섭취량이 알려졌을 때 전체 혈액 내에 있는 수은량을 예측할 수 있

게 될 것이다. 이때의 산점도는 다음 그림과 같다. 이 산점도로 볼 때 두 변수 간에 어떠한 직선관계가 있는 것으로 생각된다.

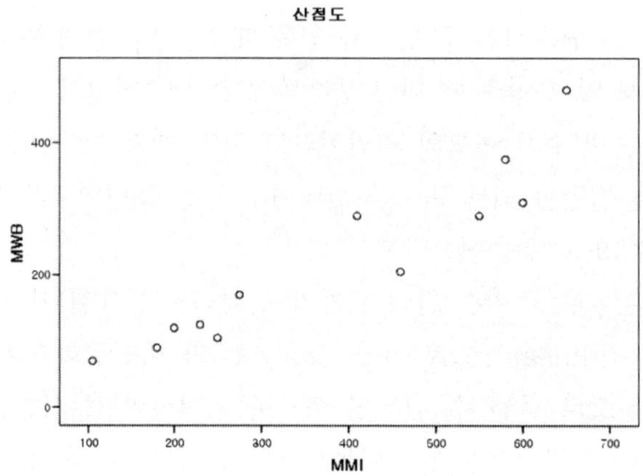


일반적으로 설명변수 $x_1, \cdots, x_n$ 와 반응변수 $y_1, \cdots, y_n$ 사이에 다음과 같은 선형 관계식을 가정할 수 있다.

$$\text{단순회귀모형: } y_i = \alpha + \beta x_i + \epsilon_i, \quad (i = 1, \cdots, n)$$

이다. 여기서 $\epsilon_i (i = 1, \cdots, n)$ 는 오차항으로 평균이 0이고 분산이 $\sigma^2$인 정규분포를 따르며 각각의 $\epsilon_i$들은 서로 독립이다. 이때 $\alpha$, $\beta$를 회귀계수라고 한다. 이제 주어진 데이터로부터 이들 회귀계수를 추정하여 적절한 직선관계식을 찾으면 된다. 어떤 직선이 최적의 직선일까? 가장 좋은 직선은 실제 관측값과 직선에 의한 예측값과의 차이를 최소화하는 직선일 것이다. 이러한 기준으로 흔히 사용되는 방법이 최소제곱법(least squares method)이다. 즉, 오차들의 제곱합

$$\sum_{i=1}^{n} (y_i - \alpha - \beta x_i)^2$$

을 최소로 하는 $\alpha$, $\beta$를 찾는다. $\alpha$, $\beta$의 추정치 $a$, $b$는 오차의 제곱합을 $\alpha$와 $\beta$에 대해서 편미분하여 얻게 되며 각각

$$b = \sum_{i=1}^{n} (x_i - \overline{x})(y_i - \overline{y}) / \sum_{i=1}^{n} (x_i - \overline{x})^2 = \frac{S_{xy}}{S_{xx}}$$

$$a = \overline{y} - b\overline{x}$$

로 구해진다. 따라서 추정된 회귀식은

$$\hat{y_i} = a + bx_i, \quad (i = 1, \cdots, n)$$

가 된다.

**예제 8.8** 예제 8.7의 메틸수은 데이터를 이용하여 회귀계수 $\alpha$와 $\beta$를 추정하여 보자. 우선 MMI와 MWB의 평균은 각각

$$\bar{x} = 374.17 \;, \; \bar{y} = 219.17$$

이고,

$$\begin{aligned} S_{xy} &= (180-374.17)(90-219.17) + \cdots + (650-374.17)(480-219.17) \\ &= 253441.67 \end{aligned}$$

$$S_{xx} = (180-374.17)^2 + \cdots + (650-374.17)^2 = 395541.67$$

이므로, 회귀계수의 추정치는

$$b = \frac{253441.67}{395541.67} = 0.641$$

$$a = 219.1667 - 0.6407 \times 374.17 = -20.579$$

이다. 따라서 적합된 회귀모형식은

$$\hat{y_i} = -20.579 + 0.641x_i$$

가 된다. 즉, MMI가 1$\mu$g Hg/day 증가할 때 MWB가 0.641ng/g 만큼 상승한다고 해석할 수 있다.

### 8.2.2 회귀계수의 추론

만약 회귀계수 $\beta = 0$이라면 두 변수 사이에 아무런 직선관계가 없음을 의미한다. 따라서 추정된 회귀계수를 이용하여 이를 검정해 볼 필요가 있다. 예컨대 위의 예에서 회귀계수가 0.64로 추정되었는데 회귀식이 의미가 있으려면 이것이 0과 유의하게 다르다고 할 수 있어야만 한다. 이것의 검정은 $H_0 : \beta = 0$ 이라는 귀무가설하에서 다음과 같은 검정통계량

$$t = \frac{b}{\widehat{s.e}(b)}$$

가 자유도가 $n-2$인 t-분포를 따른다는 것을 이용한다. 여기서 $\widehat{s.e.}(b)$는 $b$의 표준오차에 대한 추정치로서

$$\widehat{s.e}(b) = \sqrt{\frac{s^2}{S_{xx}}}$$

로 계산된다. 여기서 $s^2 = \sum_{i=1}^{n}(y_i - a - bx_i)^2/(n-2)$, $S_{xx} = \sum_{i=1}^{n}(x_i - \overline{x})^2$이다.

유의수준 $\alpha$에서 귀무가설과 대립가설의 형태에 따른 기각역은 다음과 같이 정리된다. 여기서 $t_\alpha(n-2)$는 자유도 $n-2$인 t-분포에서 상위 $\alpha$에 해당하는 값이다.

① $H_0 : \beta = 0$ vs. $H_1 : \beta > 0$일 때, $t > t_\alpha(n-2)$ 이면 귀무가설 기각
② $H_0 : \beta = 0$ vs. $H_1 : \beta < 0$일 때, $t < -t_\alpha(n-2)$ 이면 귀무가설 기각
③ $H_0 : \beta = 0$ vs. $H_1 : \beta \neq 0$일 때, $|t| > t_{\alpha/2}(n-2)$이면 귀무가설 기각

한편 $\beta$의 $100(1-\alpha)\%$ 신뢰구간은 다음과 같다.

$$\left(b - t_{\alpha/2}(n-2) \times \widehat{s.e.}(b),\quad b + t_{\alpha/2}(n-2) \times \widehat{s.e.}(b)\right)$$

* 만약 $\beta = 0$에 관한 검정 대신 어떤 값 $\beta = \beta_0$에 대해 검정하고 싶다면 $H_0 : \beta = \beta_0$이라는 귀무가설하에서 $t = \dfrac{b - \beta_0}{\widehat{s.e.}(b)}$이 자유도 $n-2$인 t-분포를 따른다는 것을 이용한다.

**예제 8.9** 예제 8.7의 메틸수은 데이터에 대해서 회귀계수 $\beta$의 95% 신뢰구간을 구하고 가설검정을 수행하여 보자.

먼저 $b$의 표준오차 추정치를 구해 보자.

$$s^2 = \sum_{i=1}^{n}(y_i - a - bx_i)^2/(n-2) = \frac{(90-94.76)^2 + \cdots + (480-395.91)^2}{10} = 2150.00,$$

$$S_{xx} = 395541.67$$

이므로, 표준오차 추정치 $\widehat{s.e}(b) = \sqrt{2150/395541.67} = 0.071$이다. 따라서 자유도 10일때 $t_{0.025}(10) = 2.228$이므로 $\beta$의 95% 신뢰구간은

$$(0.6407-2.228\times 0.071,\ 0.6407+2.228\times 0.071)=(0.483,\ 0.798)$$

이 된다. 가설을

$$H_0:\beta=0 \quad \text{vs.} \quad H_1:\beta\neq 0$$

라고 했을 때 검정통계량은

$$t=\frac{b}{\widehat{s.e}(b)}=\frac{0.6407}{0.071}=9.06$$

이며, $|t|>t_{0.025}(10)$이므로 5% 유의수준하에서 귀무가설은 기각된다.

### 8.2.3 예측치에 대한 추론

회귀분석의 목적 중 하나는 설명변수의 값이 주어졌을 때 반응변수가 취할 것으로 기대되는 값 $E(y)$를 예측하는 것이다. 예를 들어 예제 8.7에서 MMI가 410일 때, 이 점에서의 평균반응변수 $E(y)$의 신뢰구간은 어떻게 구할 수 있을까?

설명변수가 $x=x_0$값일 때 $y$의 추정치인 $\hat{y}$의 분산추정치는

$$\widehat{Var}(\hat{y})=s^2\left\{\frac{1}{n}+\frac{(x_0-\overline{x})^2}{\sum_{i=1}^{n}(x_i-\overline{x})^2}\right\}$$

으로 알려져 있으며, $\hat{y}$는 정규분포를 따르는 것으로 알려져 있다. 이에 근거하여 $x=x_0$일 때 반응변수의 평균값 $E(y)$의 $100(1-\alpha)\%$ 신뢰구간은

$$(a+bx_0)\ \pm\ t_{\alpha/2}(n-2)\sqrt{s^2\left\{\frac{1}{n}+\frac{(x_0-\overline{x})^2}{\sum_{i=1}^{n}(x_i-\overline{x})^2}\right\}}$$

이 된다. 이것은 설명변수가 $x=x_0$일 때 평균반응, $E(Y)=\alpha+\beta x_0$에 대한 신뢰구간이다. 예를 들면 복용량 $x=x_0$를 처방한 모든 환자에 대해 평균적으로 나타나게 되는 효과지속시간(반응변수값)에 대한 신뢰구간을 의미한다.

이번에는 어느 한 개체에 대해 설명변수 값 $x=x_p$가 주어졌을 때 반응변수 $y_p$가 취할 수 있는 범위를 구하는 문제를 생각해 보자. 예를 들어 어떤 특정 환자에게 미리 정한 복용량 $x=x_p$를 처방했을 때 이의 효과지속시간을 예측하는 문제이다. 이는 $y=\alpha+\beta x_p+\epsilon$에 대한 예측으로, 한 개체에 대한 추가적인 변동을 고려해야 하므로

평균반응에 대해 구할 때보다 분산이 커지게 된다. 이의 $100(1-\alpha)\%$ 신뢰구간은

$$(a+bx_p) \pm t_{\alpha/2}(n-2)\sqrt{s^2\left\{1+\frac{1}{n}+\frac{(x_p-\overline{x})^2}{\sum_{i=1}^{n}(x_i-\overline{x})^2}\right\}}$$

이 된다. 따라서 새로운 개체에 대한 반응변수값의 예측구간은 반응변수의 기댓값 $E(Y)$의 신뢰구간보다 넓게 된다.

> *** 신뢰대(confidence band)**
> 위의 각 설명변수의 값에 대해서 신뢰구간을 계산하여 연결하면 신뢰구간의 상한과 하한으로 이루어지는 영역이 만들어진다. 이를 신뢰대(confidence band)라고 한다. 아래 그림과 같이 변수의 평균 근처에서 상한과 하한의 차이가 가장 좁고, 평균에서부터 멀어질수록 넓어지는 모양을 하고 있다.

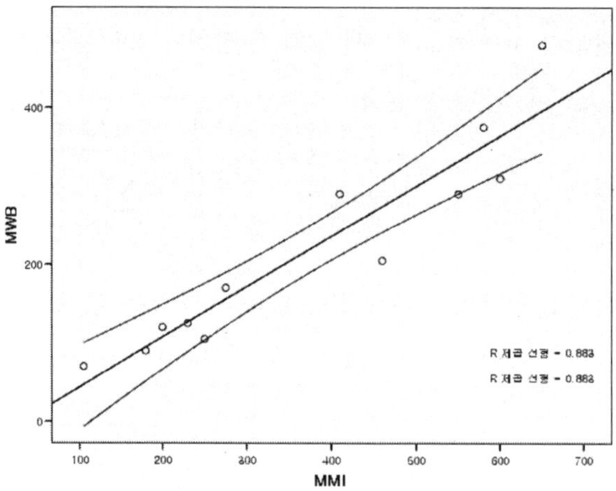


**예제 8.10** 예제 8.7의 메틸수은 자료에서 $x=410$일 때의 평균반응에 대한 95% 신뢰구간과 한 개체에 대한 반응변수의 95% 예측구간을 구해 보자.

예제 8.9에서 계산된 결과를 이용하면

$$s^2 = 2150.00,$$

$$S_{xx} = \sum_{i=1}^{n}(x_i-\overline{x})^2 = 395541.67$$

이다. 먼저 $x_0 = 410$일 때

$$(x_0 - \overline{x})^2 = (410 - 374.1667)^2 = 1284.03,$$
$$(a + bx_0) = - 20.5791 + 0.6407 \times 410 = 242.11,$$
$$\sqrt{\widehat{Var}(\hat{y})} = \sqrt{2150.00(\frac{1}{12} + \frac{1284.03}{395541.67})} = 13.64$$

이므로 평균반응 $E(Y)$의 95% 신뢰구간은

$$(242.11 - 2.228 \times 13.64,\ 242.11 + 2.228 \times 13.64)$$
$$= (211.43,\ 272.21)$$

이 된다. 즉, MMI가 410일 때 MWB의 평균값은 211.43에서 272.21 사이에 있을 확률이 95%이다.

이번에는 어느 한 개체에 대해서 $x = 410$가 주어졌을 때

$$\sqrt{\widehat{Var}(\hat{y})} = \sqrt{2150.00\left\{1 + \frac{1}{12} + \frac{1284.03}{395541.67}\right\}} = 48.33$$

이 되므로 95% 예측구간은

$$(242.11 - 2.228 \times 48.33,\ 242.11 + 2.228 \times 48.33)$$
$$= (134,43,\ 349.79)$$

가 된다. 즉, 신뢰수준 95%에서 MMI가 410일 때 이 개체에 대한 MWB 값은 134.43에서 349.79 사이의 한 값이라고 할 수 있다.

### 8.2.4 결정계수

회귀직선의 적합도를 평가하는 방법으로 회귀가 전체변동을 얼마만큼 설명하고 있는지 알아보는 방법이 있다. 이를 위하여 분산분석법에서 했던 것처럼 총제곱합을 분해하여 보자. 한 관측치 $y_i$와 $\overline{y}$ 간의 차이를 추정된 $\hat{y}_i$를 통해서 분해하여 보면

$$y_i - \overline{y} = (y_i - \hat{y}_i) + (\hat{y}_i - \overline{y})$$

로 나눌 수 있다. 여기서 한 관측치과 추정치의 차이 $y_i - \hat{y}_i$는 전체변동에서 회귀식으로 설명할 수 없는 부분을 나타내며 이를 잔차(residual)라고 한다. 또한 $\hat{y}_i - \overline{y}$는

회귀식으로 설명되는 부분이다. 이제 위의 식에 양변을 제곱하고 관측치 전체를 고려하면

$$\sum_{i=1}^{n}(y_i-\overline{y})^2=\sum_{i=1}^{n}(y_i-\hat{y}_i)^2+\sum_{i=1}^{n}(\hat{y}_i-\overline{y})^2$$

$$SST = SSE + SSR$$

로 나타낼 수 있다. 여기서 $SST$를 총제곱합, $SSE$를 오차제곱합이라고 하고 $SSR$을 회귀제곱합이라고 한다. 회귀제곱합을 전체제곱합으로 나누면

$$R^2=\frac{SSR}{SST}=1-\frac{SSE}{SST}$$

이 된다. 만약 회귀식으로 설명되는 부분이 많다면 $R^2$은 1에 가깝게 되고, 거의 설명을 못한다면 0에 가깝게 될 것이다. 따라서 $R^2$을 이용하여 회귀선의 적합성을 판단할 수 있게 되는데, 이를 결정계수(coefficient of determination)라고 한다.

**예제 8.11** 예제 8.7의 메틸수은 데이터에서 결정계수를 구해 보자.

이 예에서 제곱합은 각각

$$\begin{aligned}SST&=(90-219.17)^2+\cdots+(480-219.17)^2=183891.67\\SSE&=(90-37.10)^2+\cdots+(480-286.97)^2=21499.98\\SSR&=(37.10-219.17)^2+\cdots+(286.97-219.17)^2=162391.69\end{aligned}$$

으로 계산되고, 결정계수는

$$R^2=\frac{162391.69}{183891.67}=0.88$$

이 된다. 즉, 전체변동의 88% 가량이 회귀직선에 의해 설명되므로 우리가 구한 회귀직선은 유용하다고 판단된다.

SPSS에서는 『분석(A)』 메뉴에서 『회귀분석(R)』을 선택하면 단순회귀분석이나 다중회귀분석을 실시할 수 있다. 여기서는 선형회귀뿐 아니라 로지스틱회귀나 프로빗분석, 비선형회귀분석 등도 제공된다.

**예제 8.12** 예제 8.7의 데이터에 대해서 SPSS를 통해서 회귀분석을 실시하여 보자. 『데이터 편집기』에 다음과 같이 MMI, MWB를 입력하자. 입력된 자료는 다운로드 받은 예제 8-7.sav 파일에 있다.

| | MMI | MWB |
|---|---|---|
| 1 | 180 | 90 |
| 2 | 200 | 120 |
| 3 | 230 | 125 |
| 4 | 410 | 290 |
| 5 | 600 | 310 |
| 6 | 550 | 290 |
| 7 | 275 | 170 |
| 8 | 580 | 375 |
| 9 | 105 | 70 |
| 10 | 250 | 105 |
| 11 | 460 | 205 |
| 12 | 650 | 480 |

① 『분석(A) → 회귀분석(R) → 선형(L)』을 선택한다.

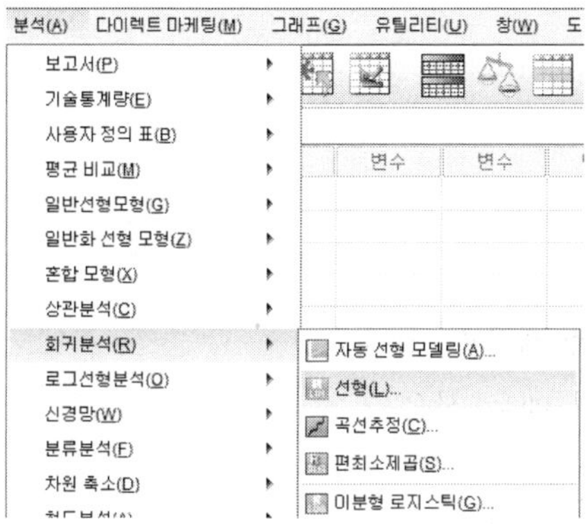


② 대화상자가 나오면 왼쪽의 변수목록에서 반응변수(종속변수)에 해당하는 혈액 내 수은(MWB)을 선택하여 오른쪽의 [종속변수(D)]로 이동시키고, 설명변수(독립변수)에 해당하는 메틸수은 섭취량(MMI)을 선택하여 오른쪽의 [독립변수(I)]로 이동시킨다. '방법(M)'은 변수선택방법을 의미하는 것으로 디폴트가 '입력'으로 되어 있다. 다음으로 〈통계량(S)〉 버튼을 누른다.

③ 「선형 회귀: 통계량」 대화상자에서 옵션을 선택한다. 디폴트로 '추정값(E)'과 '모형 적합(M)'이 선택되어 있는데 이는 각각 회귀계수 $\alpha$, $\beta$의 추정치와 분산분석결과를 제공한다. 회귀계수의 신뢰구간과 기술통계량 및 상관계수를 보기 위해서 다음과 같이 '신뢰구간(N)'과 '기술통계(D)'를 선택하자. 〈계속(C)〉을 누르고 나와 〈확인〉을 누른다.

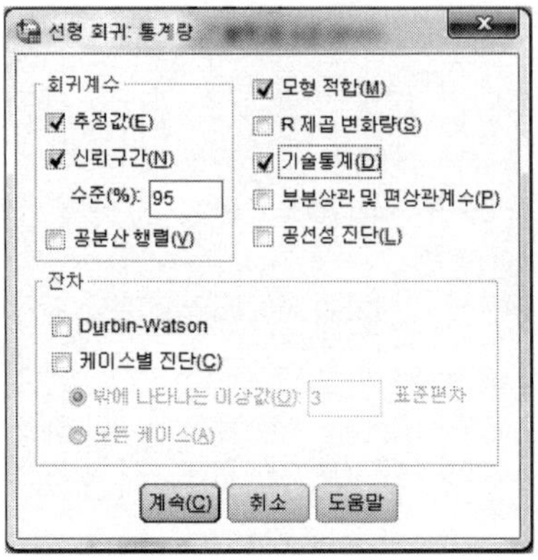


④ 먼저 기술통계량과 상관계수를 확인한다. MMI와 MWB의 상관계수는 0.94이며 유의확률이 매우 작음을 알 수 있다.

**기술통계량**

| | 평균 | 표준편차 | N |
|---|---|---|---|
| 혈액 내 수은 | 219.17 | 129.296 | 12 |
| 메틸수은 섭취량 | 374.17 | 189.627 | 12 |

**상관계수**

| | | 혈액 내 수은 | 메틸수은 섭취량 |
|---|---|---|---|
| Pearson 상관 | 혈액 내 수은 | 1.000 | .940 |
| | 메틸수은 섭취량 | .940 | 1.000 |
| 유의확률 (단측) | 혈액 내 수은 | . | .000 |
| | 메틸수은 섭취량 | .000 | . |
| N | 혈액 내 수은 | 12 | 12 |
| | 메틸수은 섭취량 | 12 | 12 |

⑤ 모형 요약에서 결정계수는 'R 제곱'으로 나와 있다. 결정계수가 0.883이므로 이 회귀모형이 전체 변동의 약 88.3% 정도 설명하고 있음을 알 수 있다. 결정계수는 독립변수가 많아지면 많아질수록 커지는 경향이 있는데 이를 수정한 것이 수정결정계수(수정된 R 제곱으로 출력됨)이다. 이에 대해서는 다중회귀에서 다루기로 하자.

**모형 요약**

| 모형 | R | R 제곱 | 수정된 R 제곱 | 추정값의 표준오차 |
|---|---|---|---|---|
| 1 | .940[a] | .883 | .871 | 46.368 |

a. 예측자: (상수), 메틸수은 섭취량

⑥ 분산분석표가 나오는데 이로부터 회귀모형이 유의한지 볼 수 있다. 유의확률이 0.000으로 매우 작으므로 회귀모형은 의미가 있다고 할 수 있다. 단순선형모형에서는 이 값이 $\beta$에 대한 유의성 검정의 유의확률과 같게 된다. 분산분석에 관한 것도 다중회귀분석에서 다시 설명할 것이다.

**ANOVA[a]**

| 모형 | | 제곱합 | 자유도 | 평균제곱 | F | 유의확률 |
|---|---|---|---|---|---|---|
| 1 | 회귀 | 162391.687 | 1 | 162391.687 | 75.531 | .000[b] |
| | 잔차 | 21499.980 | 10 | 2149.998 | | |
| | 전체 | 183891.667 | 11 | | | |

a. 종속변수: 혈액 내 수은

b. 예측자: (상수), 메틸수은 섭취량

⑦ 다음으로 계수 부분에는 회귀계수에 대한 추정치, 검정통계량과 95% 신뢰구간을 제공하여 준다. '비표준화 계수'에서 'B'라고 된 부분이 추정된 회귀계수이다. '(상수)'는 회귀모형에서의 절편항 $\alpha$에 대한 추정치이며, '메틸수은 섭취량'으로 되어 있는 부분이 $\beta$에 관한 추정치이다. 예제 8.8에서 계산한 바와 같이 $a=-20.579$, $b=0.641$로 추정되었다. $H_0: \beta=0$에 대한 양측검정의 유의확률이 0.000으로 매우 작으므로 가설은 기각되며, 메틸수은섭취량이 혈액 내 수은과 유의한 선형관계에 있다고 할 수 있다. 'B에 대한 95% 신뢰구간'은 회귀계수의 95% 신뢰구간의 하한과 상한으로 $\beta$의 신뢰구간은 (0.476, 0.805)로 나왔다.

**계수[a]**

| 모형 | | 비표준화 계수 | | 표준화 계수 | t | 유의확률 | B에 대한 95.0% 신뢰구간 | |
|---|---|---|---|---|---|---|---|---|
| | | B | 표준오차 | 베타 | | | 하한 | 상한 |
| 1 | (상수) | -20.579 | 30.662 | | -.671 | .517 | -88.898 | 47.740 |
| | 메틸수은 섭취량 | .641 | .074 | .940 | 8.691 | .000 | .476 | .805 |

a. 종속변수: 혈액 내 수은

⑧ 적합된 회귀직선을 그림으로 나타내기 위해서는 먼저 산점도를 그려야 한다. 『그래프(G) → 레거시 대화 상자(L)』 메뉴에서 『산점도/점도표(S)』를 선택하여 산점도를 그린 다음 그림을 더블클릭한다. 「도표 편집기」가 나오면 찍힌 점들을 오른단추로 클릭하고 단축메뉴 중에서 [추가(D) 전체 회귀선 적합(F)]을 선택한다. 「특

성」창이 뜨면 '적합 방법' 중 선형을 선택하고 〈닫기(C)〉 단추를 누른다.

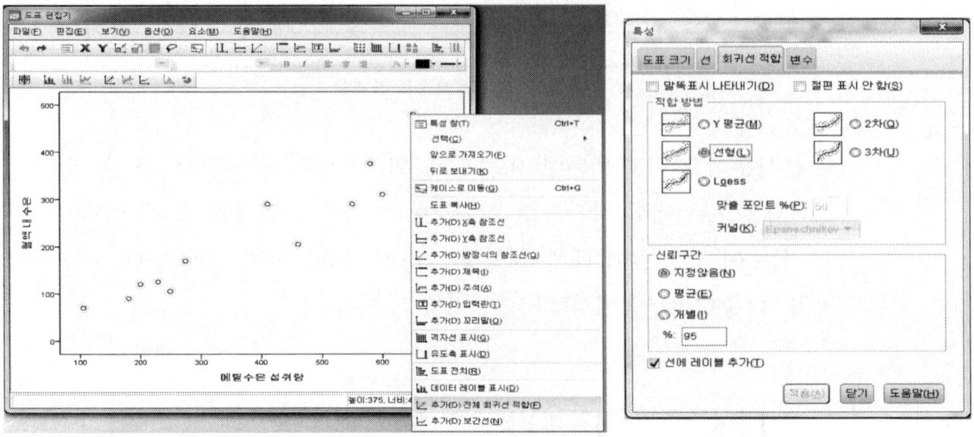

⑨ 「도표 편집기」창을 닫으면 산점도에 적합된 선이 나타난다.

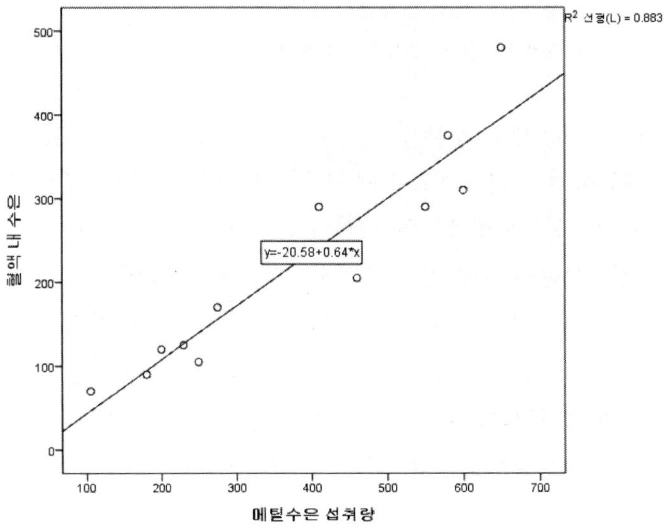


## 8.2.5 선형성을 위한 변수변환

위에서 설명한 회귀분석에서 가정되고 있는 것은 변수 간의 관계가 '선형'이라는 것이다. 두 변수 간의 관계가 선형이 아닌 경우에 할 수 있는 방법 중 하나는 변수를 적절히 변환하여 선형관계를 만들어 주는 것이다. 이러한 변환은 반응변수(종속변수)의 분산이 평균에 의존할 때 오차항의 등분산성과 정규성을 가지도록 하기 위해서도 종종 사용된다. 다음의 예제에서 변수변환이 필요한 경우의 분석을 알아보자.

**예제 8.13** 1인당 국민총생산(GNP)과 출생률 간의 관계를 알아보기 위하여 127개국에 대해 1인당 국민총생산($)과 1,000명당 출생률을 조사하였다. 다음은 데이터 중 일부이고, 다운로드 받은 파일 중 예제 8-13.sav 파일에 전체 데이터가 있다.

| | 출생률 | GNP |
|---|---|---|
| 1 | 51 | 300 |
| 2 | 51 | 610 |
| 3 | 45 | 80 |
| 4 | 52 | 280 |
| 5 | 48 | 210 |
| 6 | 43 | 180 |
| 7 | 51 | 460 |
| 8 | 55 | 230 |
| 9 | 52 | 270 |
| 10 | 51 | 280 |
| 11 | 47 | 450 |
| 12 | 50 | 150 |
| 13 | 44 | 210 |
| 14 | 42 | 120 |
| 15 | 49 | 120 |
| 16 | 46 | 510 |
| 17 | 47 | 420 |
| 18 | 40 | 180 |
| 19 | 45 | 340 |
| 20 | 48 | 230 |

① 회귀모형 적합에 앞서 두 변수 간의 산점도를 그려보자. 산점도를 보면, 1인당 GNP 5,000$ 미만에서는 출생률이 급격하게 감소하다가, 그 이후에는 감소율이 갑자기 둔화되며 두 변수 간의 관계가 선형성을 보이지 않음을 알 수 있다.

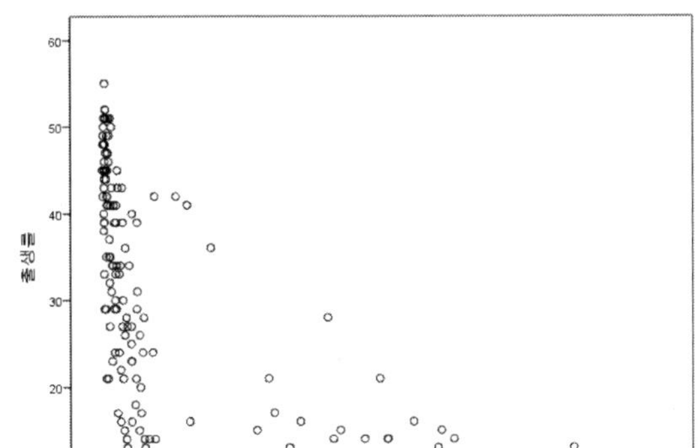


② 또한 GNP의 기술통계량을 구해 보면 중위수는 1,350$이고, 범위는 최솟값이 80$, 최댓값이 33,610$이며, 왜도가 2.051로 오른쪽으로 꼬리가 긴 형태의 분포를 가지고 있다. 이는 상자도표로도 확인할 수 있다. 이런 경우에는 설명변수의 변

환을 통하여 문제를 해결할 수 있다.

**기술통계**

| | | | 통계량 | 표준오차 |
|---|---|---|---|---|
| 1인당 국민총생산 | 평균 | | 4465.17 | 603.572 |
| | 평균의 95% 신뢰구간 | 하한 | 3272.03 | |
| | | 상한 | 5658.32 | |
| | 5% 절사평균 | | 3520.10 | |
| | 중위수 | | 1350.00 | |
| | 분산 | | 52094827.96 | |
| | 표준편차 | | 7217.675 | |
| | 최소값 | | 80 | |
| | 최대값 | | 33610 | |
| | 범위 | | 33530 | |
| | 사분위수 범위 | | 2690 | |
| | 왜도 | | 2.051 | .203 |
| | 첨도 | | 3.192 | .403 |

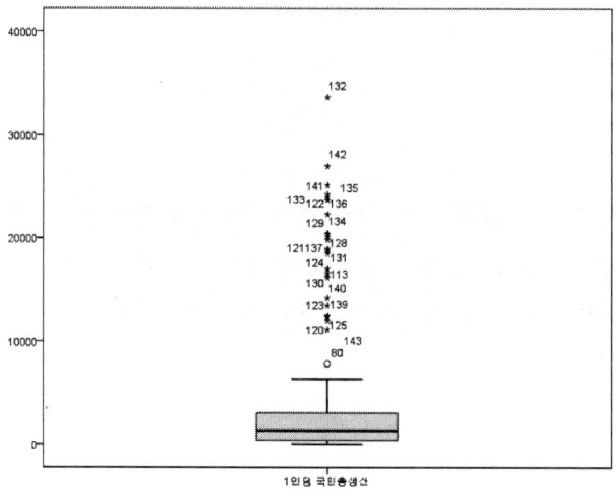


* 기술통계량과 상자도표는 『분석(A) → 기술통계량(E) → 데이터 탐색(E)』을 선택하여 구할 수 있으며, 보다 자세한 것은 3장에서 설명한 바 있다.

③ 『변환(T) → 변수 계산(C)』을 선택하여 아래와 같이 GNP에 자연로그변환을 하여 새 변수 '로그GNP'를 생성한다(변수 계산에 대한 자세한 절차는 2.3절에 설명되어 있다). 〈확인〉을 누른다.

④ 로그GNP와 출생율의 산점도를 다시 그려보면 다음과 같다. 변수변환하기 이전과 비교하면, 로그GNP의 산점도에서 선형적인 경향이 보다 명확해졌음을 쉽게 확인할 수 있다.

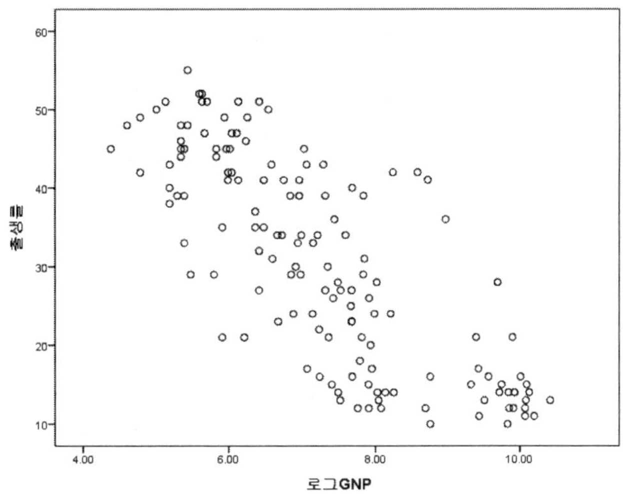


⑤ 이제 로그변환한 변수를 이용하여 회귀분석을 실시하여 보자. 『분석(A) → 회귀분석(R) → 선형(L)』을 선택한다. 대화상자가 나오면 왼쪽의 변수목록에서 출생률을 선택하여 오른쪽의 [종속변수(D)]로 이동시키고 '로그GNP'를 선택하여 오른쪽의 [독립변수(I)]로 이동시킨다. 〈통계량(S)〉 버튼을 눌러서 원하는 통계량을 선택한 뒤 〈계속(C)〉을 누르고 나와 〈확인〉을 누른다.

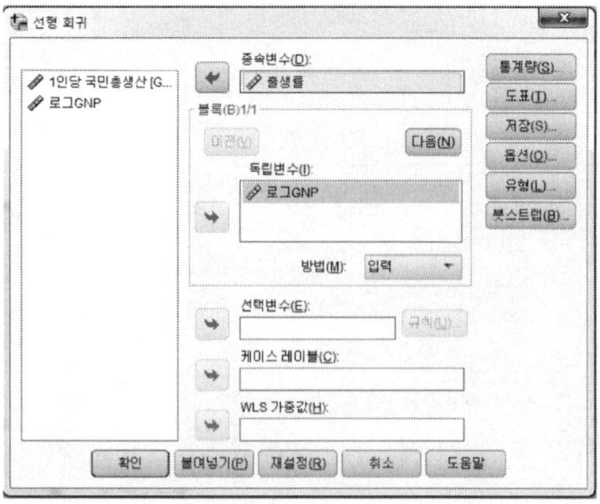

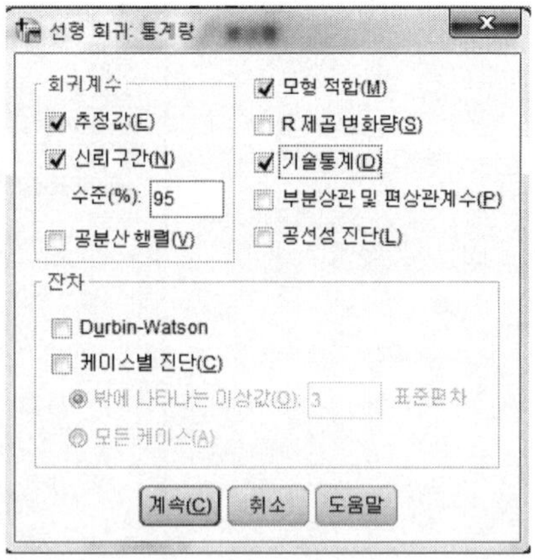


⑥ 결과는 다음과 같다. 로그GNP와 출생율의 상관계수는 $-0.780$이고 유의확률은 0.000이므로 두 변수는 선형관계를 보임을 알 수 있다.

**상관계수**

| | | 출생률 | 로그GNP |
|---|---|---|---|
| Pearson 상관 | 출생률 | 1.000 | -.780 |
| | 로그GNP | -.780 | 1.000 |
| 유의확률 (단측) | 출생률 | . | .000 |
| | 로그GNP | .000 | . |
| N | 출생률 | 143 | 143 |
| | 로그GNP | 143 | 143 |

⑦ 모형 요약에서 결정계수 R제곱이 0.608이므로 이 회귀모형이 전체변동의 약 60.8% 정도를 설명하고 있음을 알 수 있다.

**모형 요약**

| 모형 | R | R 제곱 | 수정된 R 제곱 | 추정값의 표준오차 |
|---|---|---|---|---|
| 1 | .780[a] | .608 | .605 | 8.313 |

a. 예측자: (상수), 로그GNP

⑧ 계수부분을 살펴보자. 회귀모형에서의 $\alpha$의 추정치는 $a = 80.136$이며, '로그GNP'에 대한 회귀계수 추정치 $b = -6.820$으로 추정되었다. $H_0 : \beta = 0$에 대한 양측검정의 유의확률이 0.000으로 매우 작으므로 가설은 기각된다. 즉, 로그GNP가 1단위 증가하면 출생율은 6.820만큼 감소하며, 이 값은 유의하다. 한편 회귀계수 $\beta$의 95% 신뢰구간은 $(-7.732,\ -5.908)$이다.

계수[a]

| 모형 | | 비표준화 계수 | | 표준화 계수 | t | 유의확률 | B에 대한 95.0% 신뢰구간 | |
|---|---|---|---|---|---|---|---|---|
| | | B | 표준오차 | 베타 | | | 하한 | 상한 |
| 1 | (상수) | 80.136 | 3.430 | | 23.366 | .000 | 73.356 | 86.916 |
| | 로그GNP | -6.820 | .461 | -.780 | -14.789 | .000 | -7.732 | -5.908 |

a. 종속변수: 출생률

## 8.3 다중회귀분석

앞 절에서 단순회귀분석을 이용하여 두 연속변수 간의 관계를 탐색하는 방법에 대해 알아보았다. 그런데 반응변수를 예측하기 위해서는 단 하나의 설명변수를 이용하는 것보다는 여러 개의 설명변수가 있는 것이 보다 유리할 것으로 생각된다. 이와 같이 여러 개의 연속변수가 있을 때 그들 사이의 관계를 알아보기 위한 것으로서, 단순회귀분석의 개념을 확장한 다중회귀분석에 대해 알아보자. 다중회귀분석은 단순회귀분석과 다르게 설명변수들 사이의 관계 또는 여러 설명변수들이 회귀직선에 미치는 영향도 고려해야 하기 때문에 다소 복잡한 요소를 갖고 있으며, 다중회귀에서의 회귀계수는 단순회귀의 회귀계수의 의미와는 약간 다르다. 복잡한 유도과정보다는 개념과 해석에 주안점을 두어 설명하겠다.

### 8.3.1 다중회귀모형

반응변수 $y_i\ (i=1,\cdots,n)$에 대해서 $k$개의 설명변수 $x_{1i},\cdots,x_{ki}$가 있다고 하자. 다중회귀의 모형식은 다음과 같다.

$$\text{다중회귀모형: } y_i = \alpha + \beta_1 x_{1i} + \cdots + \beta_k x_{ki} + \epsilon_i$$

여기서 오차항 $\epsilon_i$는 평균이 0이고 분산이 $\sigma^2$인 정규분포를 따르며 서로 독립인 것으로 가정한다. 모형에서는 각 설명변수들과 반응변수 간의 선형관계를 가정하고 있다. 다음의 예를 생각하여 보자.

**예제 8.14** 사이토크롬(cytochrome) P-450IA2의 활동에 대한 연구에서 흡연자들에 있어서의 성향을 알기 위해 의과대학의 게시판을 보고 실험에 응한 19명을 대상으로 하루에 피우는 담배량($x_1$), 요의 코티닌 수준(urinary cotinine level; Cot)($x_2$), 그리고 P-450IA2 지수($y$)를 조사하였다. 담배량과 Cot 수준에 따라 P-450IA2 지수가 어떻게 변화하는지 알아보고자 한다. 데이터는 다음과 같다.

| 1일 담배량 | Cot | IA2 지수 |
|---|---|---|
| 1 | 0 | 4.1648 |
| 1 | 0 | 3.7314 |
| 1 | 0 | 5.7481 |
| 1 | 0 | 4.4370 |
| 1 | 0 | 6.4687 |
| 3 | 0 | 3.8923 |
| 8 | 10.595 | 5.2952 |
| 8 | 4.6154 | 4.6031 |
| 8 | 27.1902 | 5.8112 |
| 8 | 5.5319 | 3.6890 |
| 8 | 2.7778 | 3.3722 |
| 10 | 19.7856 | 8.0213 |
| 10 | 22.8045 | 10.8367 |
| 15 | 0 | 4.1148 |
| 15 | 14.5193 | 5.5429 |
| 15 | 36.7113 | 11.3531 |
| 20 | 21.2267 | 7.5637 |
| 20 | 21.1273 | 7.2158 |
| 24 | 63.2125 | 13.5000 |

담배량($x_1$), Cot($x_2$)의 두 설명변수를 이용하여 IA2 지수($y$)를 예측하기 위한 회귀모형은 다음과 같이 된다.

$$y_i = \alpha + \beta_1 x_{1i} + \beta_2 x_{2i} + \epsilon_i, \quad (i = 1, \cdots, 19)$$

이제 이를 적합하기 위해 회귀계수의 추정과 검정방법에 대해 알아보자.

### 8.3.2 회귀계수의 추론

다중회귀에서도 단순회귀와 마찬가지로 회귀계수 $\beta_1, \beta_2, \cdots, \beta_k$ 를 추정하기 위해서 최소제곱법을 이용한다. 즉,

$$\sum_{i=1}^{n} (y_i - \alpha - \beta_1 x_{1i} - \cdots - \beta_k x_{ki})^2$$

를 최소화하는 회귀계수를 구한 것이 회귀계수의 추정치 $a, b_1, \cdots, b_k$ 가 된다. 다중회귀 모형식을 행렬로 표현하면

$$\begin{bmatrix} y_1 \\ \vdots \\ y_n \end{bmatrix} = \begin{bmatrix} 1 & x_{11} & \cdots & x_{k1} \\ \vdots & \vdots & \vdots & \vdots \\ 1 & x_{1n} & \cdots & x_{kn} \end{bmatrix} \begin{bmatrix} \alpha \\ \vdots \\ \beta_k \end{bmatrix} + \begin{bmatrix} \epsilon_1 \\ \vdots \\ \epsilon_n \end{bmatrix}$$

이 되며, 이를

$$\underline{y} = X\underline{\beta} + \underline{\epsilon}$$

로 쓸 수 있다. 여기서 $\underline{y}$는 반응변수의 벡터이고 $\underline{\beta}$는 회귀계수를 나타내는 벡터이며 $\underline{\epsilon}$은 오차를 나타내는 벡터이다. 또한 $X$는 설명변수의 값으로 구성된 행렬이다. 회귀계수의 추정치를 나타내는 벡터를 $\underline{b} = (a,\ b_1,\ \cdots,\ b_k)'$ 라고 할 때

$$\underline{b} = (X'X)^{-1}X'\underline{y}$$

로 구해진다. 이렇게 구해진 추정식은

$$\hat{y_i} = a + b_1 x_{1i} + b_2 x_{2i} + \cdots + b_k x_{ki}$$

가 된다.

이제 각각의 회귀계수 $\beta_j(j = 1, \cdots, k)$에 대해서 가설 $H_0 : \beta_j = 0$를 검정하는 방법을 알아보자. 이들의 검정은 귀무가설하에서 다음과 같은 검정통계량

$$t = \frac{b_j}{\widehat{s.e.}(b_j)}$$

이 자유도가 $n-k-1$인 t-분포를 따른다는 사실을 이용한다. 여기서 $\widehat{s.e.}(b_j)$는 $b_j$의 표준오차 추정치를 의미하는데, 구하는 식은 생략하겠다.

유의수준을 $\alpha$라고 했을 때 귀무가설과 대립가설의 형태에 따른 기각역은 다음과 같이 정리된다. 여기서 $t_\alpha(n-k-1)$은 자유도 $n-k-1$인 t-분포에서 상위 $\alpha$의 확률을 주는 값을 의미한다.

① $H_0 : \beta_j = 0$ vs. $H_1 : \beta_j > 0$일 때, $t > t_\alpha(n-k-1)$이면 귀무가설 기각
② $H_0 : \beta_j = 0$ vs. $H_1 : \beta_j < 0$일 때, $t < -t_\alpha(n-k-1)$이면 귀무가설 기각
③ $H_0 : \beta_j = 0$ vs. $H_1 : \beta_j \neq 0$일 때, $|t| > t_{\alpha/2}(n-k-1)$이면 귀무가설 기각

한편 $\beta_j$의 $100(1-\alpha)\%$ 신뢰구간은 다음과 같다.

$$(b_j - t_{\alpha/2}(n-k-1) \times \widehat{s.e.}(b_j),\quad b_j + t_{\alpha/2}(n-k-1) \times \widehat{s.e.}(b_j))$$

다중회귀분석에서 회귀계수의 의미는 단순회귀분석에서는 조금 달라진다. 예컨대 $x_1, x_2, x_3$ 세 개의 설명변수를 고려한 다중회귀분석을 실시했다면 $x_1$의 회귀계수는 다른 설명변수의 값이 고정되어 있을 때 $x_1$이 반응변수에 미치는 고유한 영향을 의미한다. 마찬가지로 $x_2$나 $x_3$의 회귀계수도 각각 다른 설명변수들의 영향을 제거한 고유의 효과를 의미한다. 따라서 다중회귀분석으로 구해지는 회귀계수의 추정치나 유의성은 각각의 변수를 따로 단순회귀분석한 결과와는 달라진다. 이러한 이유로 영향을 제어하고 싶은 변수가 있을 때 이를 회귀모형에 포함하는 방법을 쓸 수 있다.

다중회귀분석에서 회귀계수의 추정은 직접 계산하기는 어렵고 대부분 통계프로그램을 이용하여 구하게 된다. 여기서도 직접적인 풀이과정은 생략하고 SPSS를 이용하여 구한 회귀계수의 해석에 초점을 맞추겠다.

### 8.3.3 다중회귀식의 적합성

#### 결정계수와 수정결정계수

다중회귀모형에서 총제곱합을 분해하여 보면

$$\sum_{i=1}^{n}(y_i - \overline{y})^2 = \sum_{i=1}^{n}(y_i - \widehat{y_i})^2 + \sum_{i=1}^{n}(\widehat{y_i} - \overline{y})^2$$

$$SST \quad = \quad SSE \quad + \quad SSR$$

이 된다. 여기서 $SST$는 총제곱합을 의미하며, $SSE$는 오차제곱합, $SSR$은 회귀제곱합이다. 이는 다음과 같은 분산분석표로 정리될 수 있다.

분산분석표

| | 제곱합 | 자유도 | 평균제곱합 | F |
|---|---|---|---|---|
| 회귀 | SSR | k | MSR=SSR/k | F=MSR/MSE |
| 오차 | SSE | n−k−1 | MSE=SSE/(n−k−1) | |
| 계 | SST=SSR+SSE | n−1 | | |

단순회귀모형에서와 마찬가지로 총제곱합 중에서 회귀제곱합이 차지하는 비율인 결정계수(coefficient of determination)를 이용하여 회귀식의 적합도를 측정할 수 있을 것이다. 즉,

$$R^2 = \frac{SSR}{SST} = 1 - \frac{SSE}{SST}$$

을 구하여 이 값이 1에 가까울수록 회귀식이 데이터를 잘 설명한다고 할 수 있다. 그런데 결정계수는 단순히 설명변수의 수만 늘어나면 추가된 설명변수가 전체변동을 설명하는 데 많은 영향을 주지 않아도 증가하게 된다. 따라서 이를 수정한 방법이 수정결정계수(adjusted coefficient of determination)인데, 수정결정계수는

$$R_{adj}^2 = 1 - \left[ (1 - R^2) \frac{n-1}{n-k-1} \right]$$

로 정의된다. 수정결정계수를 이용하면 설명변수의 수가 다를 때 두 회귀모형의 적합성을 비교할 수 있다.

### 회귀모형의 유의성검정

단순회귀에서는 설명변수가 하나이므로 $\beta$에 대한 검정이 곧 회귀모형의 유의성 검정이 된다. 다중회귀에서는 개별적인 회귀계수에 대한 검정 외에 전체적으로 설명변수 $x_1, \cdots, x_k$ 가 반응변수 $y$를 설명하는 모형이 통계적으로 유의한지 살펴보게 된다. 이를 위해 다음과 같은 가설을 생각한다.

$$H_0: \ \beta_1 = \cdots = \beta_k = 0 \quad \text{vs.} \quad H_1: \ \beta_j \text{들이 모두 0은 아니다.}$$

귀무가설하에서 검정통계량

$$F = \frac{MSR}{MSE}$$

는 자유도가 $(k, n-k-1)$ 인 F-분포를 따르게 된다. 따라서 유의수준 $\alpha$에서

$$F > F_\alpha(k, n-k-1)$$

이면 귀무가설을 기각하게 된다.

SPSS에서 다중회귀분석은 단순회귀분석과 마찬가지로 『분석(A) → 회귀분석(R) → 선형(L)』에서 제공되며, 설명변수의 수만 늘려서 지정해주면 된다.

**예제 8.15** 예제 8.14의 IA2지수 데이터에 대해서 SPSS를 이용하여 다중회귀를 실행하고 결과를 해석하여 보자. 다음의 형태로 설명변수들과 반응변수를 입력한다. 다운로드 받은 8-14.sav 파일을 사용한다.

| | 담배량 | Cot | IA2지수 |
|---|---|---|---|
| 1 | 1 | 0 | 4.1648 |
| 2 | 1 | 0 | 3.7314 |
| 3 | 1 | 0 | 5.7481 |
| 4 | 1 | 0 | 4.4370 |
| 5 | 1 | 0 | 6.4687 |
| 6 | 3 | 0 | 3.8923 |
| 7 | 8 | 11 | 5.2952 |
| 8 | 8 | 5 | 4.6031 |
| 9 | 8 | 27 | 5.8112 |
| 10 | 8 | 6 | 3.6890 |
| 11 | 8 | 3 | 3.3722 |
| 12 | 10 | 20 | 8.0213 |
| 13 | 10 | 23 | 10.8367 |
| 14 | 15 | 0 | 4.1148 |
| 15 | 15 | 15 | 5.5429 |
| 16 | 15 | 37 | 11.3531 |
| 17 | 20 | 21 | 7.5637 |
| 18 | 20 | 21 | 7.2158 |
| 19 | 24 | 63 | 13.5000 |

① 각 설명변수와 반응변수를 짝지어 산점도를 그린 결과는 다음과 같다. 각 설명변수와 반응변수 간에 어느 정도 선형성이 있음을 짐작할 수 있으며, 회귀분석을 적용하는 것이 타당해 보인다.

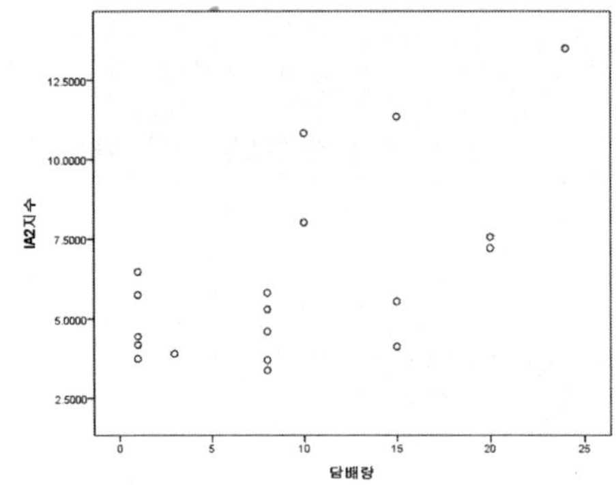


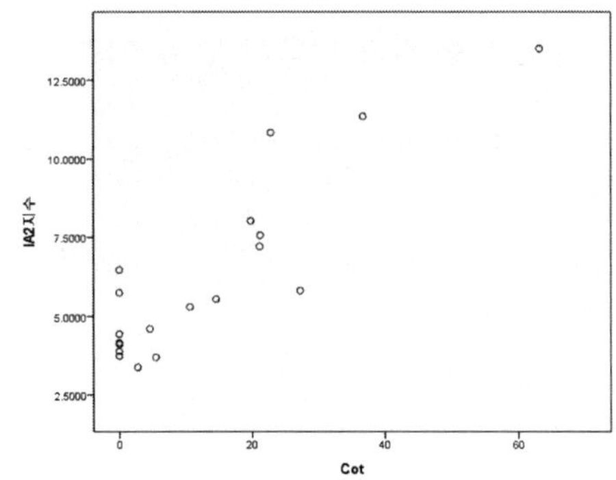


② 『분석(A) → 회귀분석(R) → 선형(L)』을 선택한다.「선형회귀분석」 대화상자가 나타나면 왼쪽의 변수목록에서 IA2지수를 선택하여 오른쪽의 [종속변수(D)]로 이동시키고 담배량과 Cot를 선택하여 오른쪽의 [독립변수(I)]로 이동시킨다. [방법(M)]은 '입력'으로 그대로 둔다. 〈통계량(S)〉 버튼을 눌러 통계량을 선택하고 〈계속〉을 누른다.

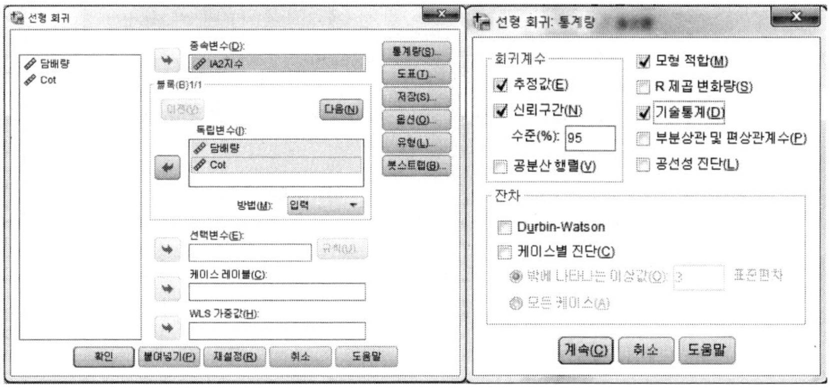


③ 출력결과는 다음과 같다. IA2지수와 담배량의 상관계수는 0.615, IA2지수와 Cot의 상관계수는 0.886, 담배량과 Cot의 상관계수는 0.757이다. 모든 유의확률이 0.05 보다 작으므로 5% 유의수준하에서 두 변수 간 상관계수가 0이라는 귀무가설을 기각하게 된다.

**기술통계량**

| | 평균 | 표준편차 | N |
|---|---|---|---|
| IA2지수 | 6.282174 | 2.8768348 | 19 |
| 담배량 | 9.32 | 7.212 | 19 |
| Cot | 13.16 | 16.622 | 19 |

**상관계수**

| | | IA2지수 | 담배량 | Cot |
|---|---|---|---|---|
| Pearson 상관 | IA2지수 | 1.000 | .615 | .886 |
| | 담배량 | .615 | 1.000 | .757 |
| | Cot | .886 | .757 | 1.000 |
| 유의확률 (단측) | IA2지수 | . | .003 | .000 |
| | 담배량 | .003 | . | .000 |
| | Cot | .000 | .000 | . |
| N | IA2지수 | 19 | 19 | 19 |
| | 담배량 | 19 | 19 | 19 |
| | Cot | 19 | 19 | 19 |

④ 실행결과를 보면 다중상관계수(R)가 0.890이며, 결정계수(R 제곱)는 0.793이다. 즉, 담배량과 Cot라는 두 개의 설명변수를 이용하여 총변동의 79%를 설명할 수 있다. 수정된 결정계수(수정된 R 제곱)는 0.767로 나온다.

**모형 요약**

| 모형 | R | R 제곱 | 수정된 R 제곱 | 추정값의 표준오차 |
|---|---|---|---|---|
| 1 | .890[a] | .793 | .767 | 1.3895659 |

a. 예측자: (상수), Cot, 담배량

⑤ 분산분석표는 다음과 같다. 모형이 유의한지 여부에 대한 검정통계량 F-값은 30.576으로 매우 크고 이의 유의확률(p-값)은 0.000으로 매우 작다. 따라서 모든 회귀계수가 0이라는 귀무가설은 기각되고, 다중회귀모형이 유의하다고 할 수 있다.

**ANOVA[a]**

| 모형 | | 제곱합 | 자유도 | 평균제곱 | F | 유의확률 |
|---|---|---|---|---|---|---|
| 1 | 회귀 | 118.077 | 2 | 59.038 | 30.576 | .000[b] |
| | 잔차 | 30.894 | 16 | 1.931 | | |
| | 전체 | 148.971 | 18 | | | |

a. 종속변수: IA2지수

b. 예측자: (상수), Cot, 담배량

⑥ 회귀계수에 대한 추정 및 검정결과를 보면 "비표준화 계수"라고 되어 있는 부분이 각 설명변수에 대한 회귀계수의 추정치이다. 즉, $a = 4.523$, $b_1 = -0.052$, $b_2 = 0.170$로 추정되었음을 알 수 있다. 따라서 적합된 회귀식은

$$\hat{y_i} = 4.523 - 0.052x_1 + 0.17x_2$$

가 된다. 유의확률을 보면 담배량($x_1$)과 Cot($x_2$)의 회귀계수에 대한 p-값이 각각 0.467과 0.000으로 나와 있다. 따라서 5% 유의수준에서 담배량의 회귀계수는 유의하지 않고 Cot의 회귀계수만 유의하게 나타난다. Cot($x_2$)의 계수는 0.17이므로 담배량($x_1$)이라는 영향을 제거한 뒤에 순수하게 Cot가 1단위 증가함에 따라 IA2 지수가 0.17만큼 유의하게 증가함을 의미한다. 반면 담배량($x_1$)은 Cot($x_2$)의 효과를 제거한 후에 IA2에 유의하게 영향을 미치지 않음을 알 수 있다. 한편 'B에 대한 95% 신뢰구간'은 각각 회귀계수에 대한 95% 신뢰구간의 하한과 상한을 가리킨다. 예를 들어 Cot의 회귀계수에 대한 95% 신뢰구간은 (0.106, 0.234)이다.

**계수[a]**

| 모형 | | 비표준화 계수 | | 표준화 계수 | t | 유의확률 | B에 대한 95.0% 신뢰구간 | |
|---|---|---|---|---|---|---|---|---|
| | | B | 표준오차 | 베타 | | | 하한 | 상한 |
| 1 | (상수) | 4.523 | .538 | | 8.408 | .000 | 3.382 | 5.663 |
| | 담배량 | -.052 | .069 | -.130 | -.745 | .467 | -.199 | .096 |
| | Cot | .170 | .030 | .985 | 5.652 | .000 | .106 | .234 |

a. 종속변수: IA2지수

*** 표준화계수 베타**

여러 설명변수 중에서 어떤 설명변수가 반응변수에 가장 영향을 많이 미치는지 알고 싶다고 하자. 각 설명변수들은 서로 다른 단위이므로 단순히 각 변수의 회귀계수의 크기를 비교하는 것은 아무 의미가 없다. 따라서 측정단위와 무관하게 영향력을 비교할 수 있는 지표가 필요한

데, 한 가지 방법은 각 변수를 평균 0, 표준편차 1이 되도록 표준화시킨 다음 적합된 회귀계수를 비교하는 것이다. 이를 표준화계수 베타(standardized beta)라고 한다. 표준화계수는 예측식에 적용할 수 없음을 명심하자.

### 8.3.4 가변수의 사용

지금까지 설명변수가 모두 연속형 변수인 경우에 대해서 설명하였다. 그런데 실제로는 성별이나 흡연여부 등의 질적인 변수를 회귀모형에 포함시켜야 하는 경우가 발생한다. 회귀모형에 질적변수를 포함하기 위해서는 이를 수량화해야 하는데 이를 위해 가변수(dummy variable)를 이용한다. 가변수란 변수값을 양적인 의미는 없는 수치(0 또는 1)로 대치하여 범주를 구분하도록 만든 변수이다. 예를 들어 문제해결시간($y$)을 예측하기 위해서 지능지수($x_1$)와 성별($x_2$)을 설명변수로 하는 다중회귀모형을 만든다고 하자. 성별의 수량화를 위해서 $x_2$의 값에 남자=0, 여자=1의 값을 부여하여 가변수로 만든다. 회귀모형은

$$y = \alpha + \beta_1 x_1 + \beta_2 x_2 + \epsilon$$

이고, 이의 기대치는

$$\text{남자: } E(y) = \alpha + \beta_1 x_1$$
$$\text{여자: } E(y) = \alpha + \beta_1 x_1 + \beta_2 = (\alpha + \beta_2) + \beta_1 x_1$$

이다. 즉, 남자와 여자는 상수 $\beta_2$만큼 차이가 나는 것이고(절편의 차이), $x_1$에 대한 기울기는 같다. $\beta_2$의 추정치가 0보다 크면 여자의 문제해결시간이 더 많이 걸린다는 의미이고, 0보다 작으면 남자의 문제해결시간이 더 많이 걸린다는 뜻이 될 것이다. 또한 회귀계수 $\beta_2$를 검정하면, 남녀의 차이가 유의한지를 검정하는 것이 된다.

이러한 방법은 가변수로 설정된 변수가 상수만큼 차이가 날 때의 방법이며, 기울기 자체가 달라진다면 적용할 수 없음을 주의한다. 다음의 예를 통해 질적변수를 포함한 회귀분석을 실시하여 보자.

**예제 8.16** 임신기간($x_1$, 단위: 주)에 따른 출생 시 체중($y$)을 예측하고자 한다. 여기에 영향을 줄 수 있는 또 다른 변수로서 산모의 흡연여부($x_2$)를 조사한 결과가 다음과 같다. S는 흡연자인 경우, N은 비흡연자인 경우를 의미한다. SPSS를 이용하여 가변수를 포함한 다중회귀를 실시하여 보자.

| 사례 | 임신기간 | 흡연여부 | 체중(g) | 사례 | 임신기간 | 흡연여부 | 체중(g) |
|---|---|---|---|---|---|---|---|
| 1 | 38 | S | 2940 | 17 | 41 | N | 3523 |
| 2 | 38 | N | 3130 | 18 | 42 | S | 3446 |
| 3 | 36 | S | 2420 | 19 | 38 | N | 2920 |
| 4 | 34 | N | 2450 | 20 | 39 | S | 2957 |
| 5 | 39 | S | 2760 | 21 | 42 | N | 3530 |
| 6 | 35 | S | 2440 | 22 | 38 | S | 2580 |
| 7 | 40 | N | 3226 | 23 | 37 | N | 3040 |
| 8 | 42 | S | 3301 | 24 | 42 | S | 3500 |
| 9 | 37 | N | 2729 | 25 | 41 | S | 3200 |
| 10 | 40 | N | 3410 | 26 | 39 | N | 3322 |
| 11 | 36 | S | 2715 | 27 | 40 | N | 3459 |
| 12 | 39 | N | 3095 | 28 | 42 | S | 3346 |
| 13 | 39 | S | 3130 | 29 | 35 | N | 2619 |
| 14 | 39 | N | 3244 | 30 | 41 | S | 3175 |
| 15 | 35 | N | 2520 | 31 | 38 | S | 2740 |
| 16 | 39 | S | 2928 | 32 | 36 | N | 2741 |

① 다음과 같이 데이터를 입력하자. 입력된 파일은 예제 8-16.sav에 있다. 여기서는 흡연여부를 S 또는 N의 문자열로 입력하였는데, 이와 같이 문자열로 입력했을 때에는 가변수를 만들어주기 위한 변환이 필요하다.

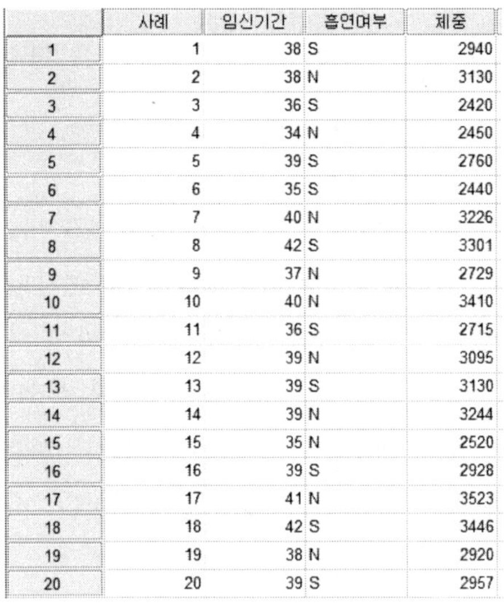

| | 사례 | 임신기간 | 흡연여부 | 체중 |
|---|---|---|---|---|
| 1 | 1 | 38 | S | 2940 |
| 2 | 2 | 38 | N | 3130 |
| 3 | 3 | 36 | S | 2420 |
| 4 | 4 | 34 | N | 2450 |
| 5 | 5 | 39 | S | 2760 |
| 6 | 6 | 35 | S | 2440 |
| 7 | 7 | 40 | N | 3226 |
| 8 | 8 | 42 | S | 3301 |
| 9 | 9 | 37 | N | 2729 |
| 10 | 10 | 40 | N | 3410 |
| 11 | 11 | 36 | S | 2715 |
| 12 | 12 | 39 | N | 3095 |
| 13 | 13 | 39 | S | 3130 |
| 14 | 14 | 39 | N | 3244 |
| 15 | 15 | 35 | N | 2520 |
| 16 | 16 | 39 | S | 2928 |
| 17 | 17 | 41 | N | 3523 |
| 18 | 18 | 42 | S | 3446 |
| 19 | 19 | 38 | N | 2920 |
| 20 | 20 | 39 | S | 2957 |

② 『변환(T) → 다른 변수로 코딩변경(R)』을 선택한다. 「다른 변수로 코딩변경」창에서, 아래 그림과 같이 '흡연_가변수'라는 새로운 변수를 생성한다. 새로운 변수의 값은 흡연여부 값이 S이면 1로, N이면 0으로 코딩변경을 실시한다(코딩변경에 대한 자세한 절차는 2.3절에 설명되어 있다.). 〈확인〉을 누르고 나오면 데이터에 '흡연_가변수'가 새로 생성되었음을 확인할 수 있다. 만약 흡연여부를 입력 시부터 1

또는 0으로 코딩했으면 이러한 절차가 필요 없다.

③ 회귀분석에 앞서 『그래프(Ⓖ) → 레거시 대화 상자(Ⓛ) → 산점도/점도표(Ⓢ)』을 선택하여 산점도를 그려보자. 흡연여부에 따라 따로 표시하기 위해 아래와 같이 [표식기준(Ⓢ)]을 정의하였다. 임신기간이 길어질수록 출생 시 체중이 늘어나는 경향이 있으며, 흡연인 경우 출생 시 체중이 비흡연인 경우보다 약간 낮게 나타나는 것을 알 수 있다.

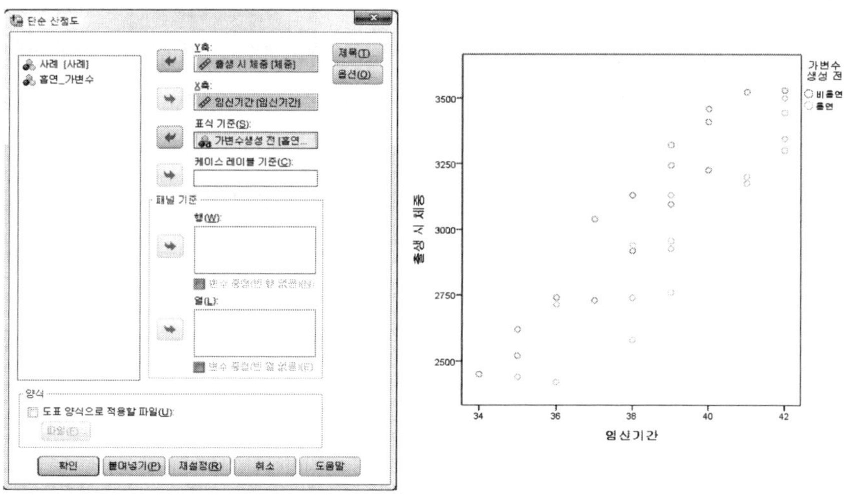

④ 『분석(Ⓐ) → 회귀분석(Ⓡ) → 선형(Ⓛ)』을 선택한다. 출생 시 체중을 [종속변수(Ⓓ)]로, 임신기간과 흡연_가변수를 [독립변수(Ⓘ)]로 이동시킨다. 〈통계량(Ⓢ)〉 버튼을 누르고 통계량을 선택한다.

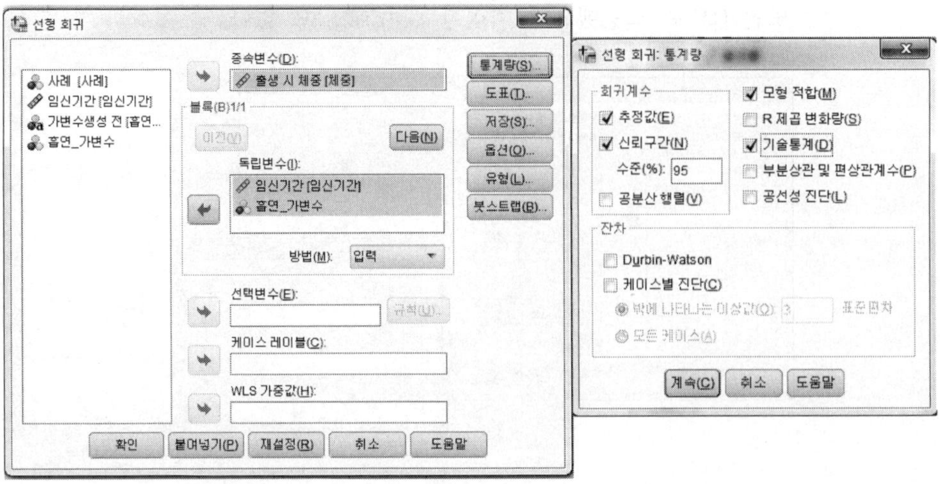


⑤ 출력결과 중 계수 부분은 다음과 같다. 회귀계수 추정치 $b_1$은 144.427, $b_2$는 −239.704로 추정되었음을 알 수 있다. 즉, 적합된 회귀모형식은

$$\hat{y} = -2446.398 + 144.427x_1 - 239.704x_2$$

이며, 임신기간($x_1$)과 흡연여부($x_2$)의 회귀계수에 대해서 p−값(유의확률)이 모두 0.000으로 매우 작다. 따라서 임신기간과 흡연여부의 회귀계수는 모두 유의하게 나타났다. 즉, 임신기간이 1주 증가하면, 신생아의 출생 시 체중은 144.43g 증가하며, 산모가 흡연하는 경우에는 흡연하지 않는 경우보다 출생 시 체중이 239.70g 감소하고 이 차이는 유의하다는 것을 알 수 있다. 나머지 부분에 대해서는 앞에서와 같은 요령으로 해석하면 되므로 생략하겠다.

**계수[a]**

| 모형 | | 비표준화 계수 | | 표준화 계수 | t | 유의확률 | B에 대한 95.0% 신뢰구간 | |
|---|---|---|---|---|---|---|---|---|
| | | B | 표준오차 | 베타 | | | 하한 | 상한 |
| 1 | (상수) | -2446.398 | 346.171 | | -7.067 | .000 | -3154.397 | -1738.400 |
| | 임신기간 | 144.427 | 9.049 | .966 | 15.961 | .000 | 125.920 | 162.934 |
| | 흡연_가변수 | -239.704 | 41.617 | -.349 | -5.760 | .000 | -324.820 | -154.587 |

a. 종속변수: 출생 시 체중

*** 범주가 셋 이상일 때의 가변수화**

예를 들어 종양의 유형이 A형/B형/C형인 경우에 이 값을 1, 2, 3 식으로 수량화하는 것은 옳지 않다. 이때에는 2개의 가변수로서 이 범주들을 표현할 수 있다. 예를 들어서 A형인 경우에는 $x_1=1$, $x_2=0$으로 설정하고, B형인 경우에는 $x_1=0$, $x_2=1$, C형인 경우에는 $x_1=x_2=0$으로 설정한다. 이와 같이 두 변수의 조합으로 세 가지 유형을 모두 달리 표현한다. 이제 $x_1$에 대한 회귀계수의 검정은 A형과 C형이 유의한 차이가 있는지에 관한 것이 될 것이다.

또 $x_2$에 대한 회귀계수의 검정은 B형과 C형이 유의한 차이가 있는지에 관한 것이 된다. 기준이 되는 범주(여기서는 C형)를 모두 0으로 설정하면 편리하지만, 어느 것으로 정하든 회귀계수의 부호만 달라질 뿐 해석에는 영향을 미치지 않는다. 일반적으로 범주수가 $k$일 때 $k-1$개의 가변수를 이용하면 된다.

## 8.4 설명변수의 선택

다중회귀분석에서의 관건 중 하나는 어떤 설명변수들을 넣고 모형을 만들 것인가에 관한 문제이다. 관련이 있을 것으로 생각되는 모든 변수들을 모형에 넣는 것보다는 반응변수를 가장 잘 예측할 수 있는 소수의 변수들을 선택하는 것이 좋을 것이다. 특히 데이터를 수집, 관리하는 데 드는 비용을 생각한다면 더욱 그렇다. 설명변수를 선택하는 방법에는 변수추가법(forward selection), 변수소거법(backward selection), 단계적 선택법(stepwise selection)이 있다.

이 중 변수추가법(forward selection)은 상수항 모형을 초기모형으로 하여 적당한 변수를 하나씩 선택해가는 방법이다. 각 단계마다 설명변수 후보 중 가장 유의한 변수의 개별 기여도가 미리 정한 유의수준에서(예컨대 0.05) 유의하면 모형에 추가한다. 더 이상 추가할 만한 변수가 없으면 그때의 설명변수들을 최종모형으로 결정한다. 변수추가법에서 한 번 추가된 설명변수는 다음 단계에서 다른 변수가 추가됨으로 인하여 유의하지 않게 된다고 하더라도 모형에서 제거할 수 없다.

이와 반대로 변수소거법(backward selection)은 모든 변수를 고려한 모형에서 출발하여 불필요한 변수를 하나씩 제거해 나가는 절차이다. 모형에 포함된 변수 중에서 가장 설명력이 낮은 변수의 개별 기여도가 미리 정한 유의수준에서(예컨대 0.1) 유의하지 않으면 모형에서 제거한다. 더 이상 제거할 만한 변수가 없으면 최종모형이 결정된다. 변수소거법은 한 번 제거된 변수는 다시 포함될 수 없다는 단점이 있다.

단계적 선택법(stepwise selection)은 앞의 두 방법을 절충하여 추가 및 소거절차를 반복하여 변수선택을 하게 된다. 각 단계마다 변수추가법에 의하여 모형에 설명변수를 하나씩 추가한다. 새로운 변수가 추가된 상태에서, 변수소거법에 의하여 제거하여도 모형의 유의한 정도가 일정 이상 유지되는 변수가 있다면 제거한다. 단계적 선택법은 추가와 소거를 반복하면서, 이전 단계에서 모형에 포함된 설명변수가 제거될 수도 있고, 제거된 변수가 다시 포함될 수도 있다는 장점이 있다. 어느 절차를 선택하느냐에 따라 최종 결과가 달라지기도 한다. 또 임상적으로 의미 있는 변수라면 통계적으로 유의하지 않더라도 모형에 포함시킬 수 있다.

SPSS에서는 다중회귀절차에서 「선형회귀분석」창의 [방법(M)]을 디폴트인 '입력' 대신 변수선택절차를 선택하면 된다.

**예제 8.17** 어떤 수술에서는 수술 중에 인위적으로 항고혈압제를 투약하여 환자의 혈압을 내려야 하는 경우가 있다. 총 투약량은 수술 중 투약시간에 따라 달라지며, 수술 종료 후 혈압이 회복되는 데까지 소요되는 시간은 짧을수록 환자에게 이롭다고 한다. 53명의 환자를 대상으로 회복시간, 투약용량의 로그변환값, 혈압, 나이를 조사하였다. 이 중 변수선택을 통하여 회복시간에 영향을 주는 요소를 알아보자. 다운로드 받은 파일 중 예제 8-17.sav를 사용한다.

| 환자번호 | 회복시간 | 로그용량 | 혈압 | 나이 | 환자번호 | 회복시간 | 로그용량 | 혈압 | 나이 |
|---|---|---|---|---|---|---|---|---|---|
| 1 | 7 | 2.26 | 66 | 48 | 28 | 39 | 2.70 | 73 | 46 |
| 2 | 10 | 1.81 | 52 | 30 | 29 | 28 | 1.90 | 56 | 63 |
| 3 | 18 | 1.78 | 72 | 40 | 30 | 12 | 2.78 | 83 | 59 |
| 4 | 4 | 1.54 | 67 | 42 | 31 | 60 | 2.27 | 67 | 48 |
| 5 | 10 | 2.06 | 69 | 56 | 32 | 10 | 1.74 | 84 | 56 |
| 6 | 13 | 1.74 | 71 | 36 | 33 | 60 | 2.62 | 68 | 59 |
| 7 | 21 | 2.56 | 88 | 49 | 34 | 22 | 1.80 | 64 | 48 |
| 8 | 12 | 2.29 | 68 | 59 | 35 | 21 | 1.81 | 60 | 54 |
| 9 | 9 | 1.80 | 59 | 48 | 36 | 14 | 1.58 | 62 | 41 |
| 10 | 65 | 2.32 | 73 | 48 | 37 | 4 | 2.41 | 76 | 58 |
| 11 | 20 | 2.04 | 68 | 43 | 38 | 27 | 1.65 | 60 | 57 |
| 12 | 31 | 1.88 | 58 | 68 | 39 | 26 | 2.24 | 60 | 48 |
| 13 | 23 | 1.18 | 61 | 54 | 40 | 28 | 1.70 | 59 | 30 |
| 14 | 22 | 2.08 | 68 | 69 | 41 | 15 | 2.45 | 84 | 40 |
| 15 | 13 | 1.70 | 69 | 62 | 42 | 8 | 1.72 | 66 | 42 |
| 16 | 9 | 1.74 | 55 | 52 | 43 | 46 | 2.37 | 68 | 56 |
| 17 | 50 | 1.90 | 67 | 59 | 44 | 24 | 2.23 | 65 | 36 |
| 18 | 12 | 1.79 | 67 | 38 | 45 | 12 | 1.92 | 69 | 49 |
| 19 | 11 | 2.11 | 68 | 48 | 46 | 25 | 1.99 | 72 | 59 |
| 20 | 8 | 1.72 | 59 | 65 | 47 | 45 | 1.99 | 63 | 48 |
| 21 | 26 | 1.74 | 68 | 38 | 48 | 72 | 2.35 | 56 | 56 |
| 22 | 16 | 1.60 | 63 | 47 | 49 | 25 | 1.80 | 70 | 59 |
| 23 | 23 | 2.15 | 65 | 42 | 50 | 28 | 2.36 | 69 | 59 |
| 24 | 7 | 2.26 | 72 | 76 | 51 | 10 | 1.59 | 60 | 45 |
| 25 | 11 | 1.65 | 58 | 41 | 52 | 25 | 2.10 | 51 | 63 |
| 26 | 8 | 1.63 | 69 | 31 | 53 | 44 | 1.80 | 61 | 26 |
| 27 | 14 | 2.40 | 70 | 58 | | | | | |

① 『분석(A) → 회귀분석(R) → 선형(L)』을 선택한다. 「선형회귀분석」 대화상자가 나타나면 왼쪽의 변수목록에서 회복시간을 선택하여 오른쪽의 [종속변수(D)]로 이동시키고 로그용량, 혈압, 나이를 선택하여 오른쪽의 [독립변수(I)]로 이동시킨다.

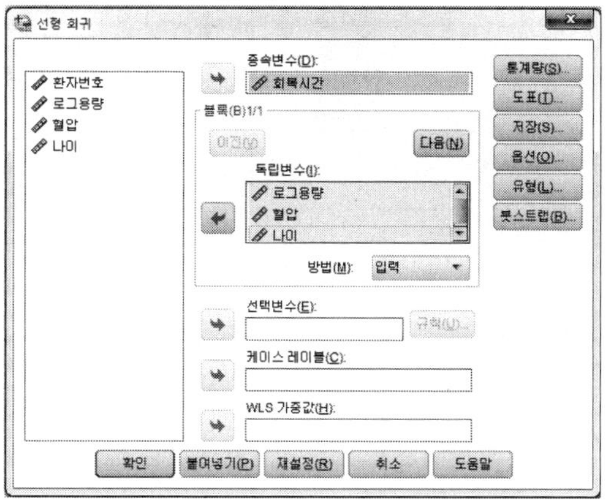


② 변수선택방법은 「선형회귀분석」 창의 [방법(M)]에서 '입력'을 제외하고 나머지 '단계선택', '후진', '전진' 중에서 선택하면 된다. [방법(M)]에 대해서는 아래 표에 간단히 설명하였다. 이번 예제에서는 '단계선택'을 선택하자.

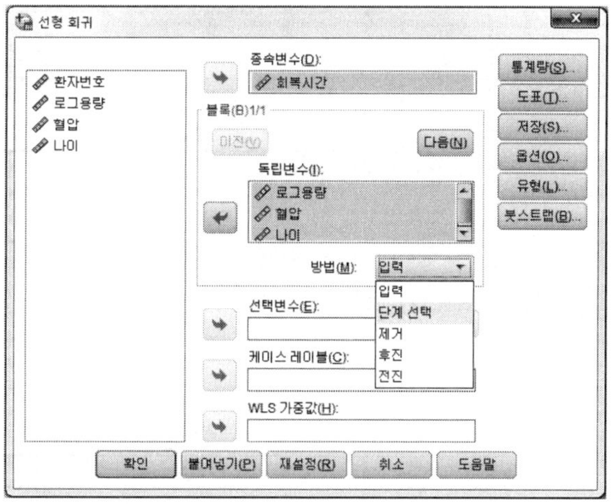


- 입력: 모든 설명변수를 모형에 포함함
- 단계선택: 변수추가 및 변수소거절차를 반복하여 변수선택을 하는 절차(stepwise selection)
- 제거 : 설명변수를 모두 제거하고 상수항만 남김
- 후진 : 모든 설명변수를 고려한 모형에서 출발하여 불필요한 변수를 제거해 나가는 절차(backward selection)
- 전진 : 설명변수를 하나씩 추가로 모형에 도입하여 그 기여도에 따라 모형에 포함해 나가는 절차(forward selection)

③ 결과는 다음과 같다. 먼저 단계적 선택법에 의하여 시도된 모형의 단계와 각 단계별로 진입된 변수와 제거된 변수를 보여 준다. 이 모형의 경우, 모두 두 단계의 변수선택과정이 있었다. 첫 단계에서 변수 로그용량이 포함되었고, 두 번째 단계에

서는 혈압이 포함되었다. 각 단계에서 제거된 변수는 없었다. 따라서 두 단계의 변수선택과정 후 최종모형에는 로그용량과 혈압이 포함되었음을 알 수 있다.

**입력/제거된 변수[a]**

| 모형 | 입력된 변수 | 제거된 변수 | 방법 |
|---|---|---|---|
| 1 | 로그용량 | . | 단계선택 (기준: 입력에 대한 F의 확률 <= .050, 제거에 대한 F의 확률 >= .100). |
| 2 | 혈압 | . | 단계선택 (기준: 입력에 대한 F의 확률 <= .050, 제거에 대한 F의 확률 >= .100). |

a. 종속변수: 회복시간

④ 모형 요약에서는 첫 번째 단계와 두 번째 단계의 결정계수를 비교할 수 있다. 모형 요약 부분의 수정결정계수를 보면, 모형의 설명력이 9.5%에서 17%로 증가하였다.

**모형 요약**

| 모형 | R | R 제곱 | 수정된 R 제곱 | 추정값의 표준오차 |
|---|---|---|---|---|
| 1 | .335[a] | .112 | .095 | 15.495 |
| 2 | .449[b] | .202 | .170 | 14.838 |

a. 예측자: (상수), 로그용량

b. 예측자: (상수), 로그용량, 혈압

⑤ 분산분석표를 보면 첫 번째 단계와 두 번째 단계의 모형에 대한 F-검정결과를 비교할 수 있다. 최종모형의 유의확률은 0.004로 유의하다.

**ANOVA[a]**

| 모형 | | 제곱합 | 자유도 | 평균제곱 | F | 유의확률 |
|---|---|---|---|---|---|---|
| 1 | 회귀 | 1545.559 | 1 | 1545.559 | 6.437 | .014[b] |
| | 잔차 | 12245.611 | 51 | 240.110 | | |
| | 전체 | 13791.170 | 52 | | | |
| 2 | 회귀 | 2783.220 | 2 | 1391.610 | 6.321 | .004[c] |
| | 잔차 | 11007.949 | 50 | 220.159 | | |
| | 전체 | 13791.170 | 52 | | | |

a. 종속변수: 회복시간

b. 예측자: (상수), 로그용량

c. 예측자: (상수), 로그용량, 혈압

⑥ 최종모형에서 로그용량과 혈압이 선택되었으며, 이들의 회귀계수를 보면, 로그용량은 23.639, 혈압은 −0.715이다. 혈압이 고정되었을 때 로그용량이 많아질수록 회복시간이 길어지며, 로그용량이 고정되었을 때에는 수술 중 혈압이 높을수록 회복시간이 짧다는 것을 알 수 있다. 반응변수 회복시간을 $y$, 로그용량을 $x_1$, 혈압

을 $x_2$라고 하면 최종모형은 $\hat{y} = 23.011 + 23.639x_1 - 0.715x_2$로 표현할 수 있다.

**계수**[a]

| 모형 | | 비표준화 계수 B | 비표준화 계수 표준오차 | 표준화 계수 베타 | t | 유의확률 |
|---|---|---|---|---|---|---|
| 1 | (상수) | -9.233 | 12.765 | | -.723 | .473 |
| | 로그용량 | 16.026 | 6.317 | .335 | 2.537 | .014 |
| 2 | (상수) | 23.011 | 18.285 | | 1.258 | .214 |
| | 로그용량 | 23.639 | 6.848 | .494 | 3.452 | .001 |
| | 혈압 | -.715 | .301 | -.339 | -2.371 | .022 |

a. 종속변수: 회복시간

⑦ 결과물 중 마지막에 있는 제외된 변수는 각 단계에서 모형에 포함되지 못한 변수와 그에 대한 유의확률을 보여 준다.

**제외된 변수**[a]

| 모형 | | 베타 입력 | t | 유의확률 | 편상관계수 | 공선성 통계량 공차 |
|---|---|---|---|---|---|---|
| 1 | 혈압 | -.339[b] | -2.371 | .022 | -.318 | .780 |
| | 나이 | -.021[b] | -.155 | .877 | -.022 | .927 |
| 2 | 나이 | -.043[c] | -.323 | .748 | -.046 | .923 |

a. 종속변수: 회복시간

b. 모형내의 예측자: (상수), 로그용량

c. 모형내의 예측자: (상수), 로그용량, 혈압

## 8.5 회귀진단

통계적 모형이 적절하지 않았다면 그 모형에 따른 추론도 역시 옳은 것이라고 할 수 없게 된다. 따라서 회귀모형을 사용한 것이 타당한 것이었는지 비판적으로 검토해 보는 작업이 필요하다. 이러한 일련의 과정을 회귀진단(regression diagnostics)이라고 한다. 여기에는 잔차분석, 영향력 평가, 그리고 다중공선성 문제 등이 있다.

### 8.5.1 잔차분석

#### 잔차

단순회귀모형, 또는 다중회귀모형에서는 선형성 가정 외에 오차항 $\epsilon_i$에 대한 가정을 했었는데 이를 정리하면 다음과 같다.

① $\epsilon_i$의 평균이 0이다.

② $\epsilon_i$의 분산은 모두 $\sigma^2$로 같다(등분산성 가정).

③ $\epsilon_i$들은 서로 독립이다(독립성 가정).

④ $\epsilon_i$는 정규분포를 따른다(정규성 가정).

이러한 가정이 만족되고 있는지 점검하기 위해서는 오차의 추정량인 잔차(residual) $e_i$를 이용할 수 있다. 잔차는 개별 관측치에서 추정치를 뺀 값

$$e_i = y_i - \hat{y_i}$$

를 말한다. 회귀모형이 잘 적합되었다면 잔차도 오차항 $\epsilon_i$와 유사한 성격을 갖고 있을 것이다. 따라서 잔차가 오차항의 성격을 가지고 있는가를 점검해 봄으로써 모형이 잘 적합되었는지 알아볼 수 있다.

잔차의 성질을 보완하기 위한 변형으로 표준화잔차(standardized residual)와 스튜던트화 잔차(studentized residual)가 있다. 표준화잔차는 반응변수의 척도에 따른 영향을 받지 않도록 잔차를 표준화한 것으로, 잔차를 그의 표준편차로 나눈 값이다. 스튜던트화 잔차(studentized residual)는 개별 잔차의 분산이 다르게 되는 점을 보정한 것이다.

### 잔차그림

잔차그림(residual plot)은 수평축을 예측값(또는 설명변수 값)으로 하고, 수직축은 잔차나 표준화잔차로 하는 산점도를 그린 것이다. 회귀분석의 가정에 부합되는 잔차그림은 다음의 그림 ①과 같이 수평축의 0을 중심으로 수평한 형태로 일정한 추세나 경향이 없이 흩어진 모습을 하고 있어야 한다.

그림 ②는 반응변수의 예측값이 증가함에 따라 잔차의 흩어진 폭도 넓어지는 경향을 보인다. 이는 예측값이 증가함에 따라 오차의 퍼진 정도가 증가함을 의미하므로 오차항의 등분산성에 대한 가정을 위배하는 경우이다. 이런 데이터는 분산 안정화변환(variance stabilizing transformation)을 한 뒤 분석하여야 한다. 예컨대 반응변수의 표준편차가 평균반응에 비례하는 경우에 로그변환을 사용할 수 있다.

그림 ③의 경우는 반응변수의 값이 증가함에 따라 잔차가 음의 값에서 양의 값으로, 다시 음의 값으로 변화하는 양상을 보이고 있다. 이러한 데이터는 선형성을 만족하지 못하는 것으로, 선형회귀직선보다는 2차식을 적합해야 한다.

그림 ④는 수평축을 예측값이 아니고 관측된 순서로 그린 것이다. 관측순서에 따른 잔차의 변화가 이 그림에서와 같이 일정한 양상을 보이고 있으면, 오차가 서로 독립적이지 않고 일정한 규칙을 갖고 있음을 의미한다.

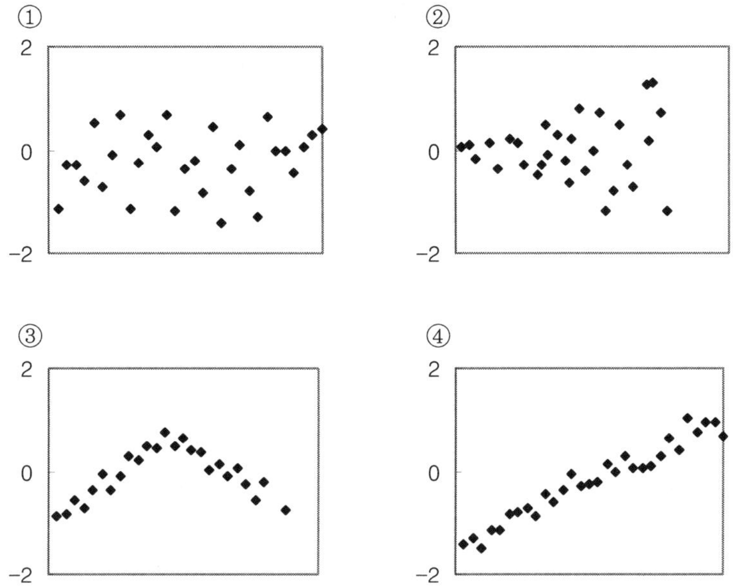


회귀분석에서 오차항에 대한 가정이 위배될 때, 대부분의 경우에는 반응변수나 설명변수에 대한 변환을 통하여 이를 극복할 수 있게 된다. 변수변환의 방법으로는 제곱근변환, 로그변환, 역수변환 등이 자주 사용된다. 자세한 내용은 김기영·강현철·전명식·이성건(2015) 등을 참고해 보자.

### 오차의 독립성검정

이외에 오차항의 독립성을 평가하는 한 측도로 더빈–왓슨(Durbin–Watson) 통계량이 있다. 더빈–왓슨 통계량은 잔차들의 상관계수를 측정하게 되는데,

$$DW = \frac{\sum_{j=2}^{n}(e_j - e_{j-1})^2}{\sum_{j=1}^{n} e_j^2}$$

로 정의된다. 더빈–왓슨 통계량이 2에 가까우면 인접 오차항들 사이에 상관관계가 없는 것을 의미하며, 4에 가까우면 음의 상관관계가 있고 0에 가까우면 양의 상관관계가 있는 것으로 평가한다.

**예제 8.18** SPSS를 이용하여 예제 8.7의 수은 데이터의 단순회귀모형에 대한 회귀진단을 실시해 보자. 예제 8-7.sav 파일을 사용한다.

① 예제 8.12에서 설명한 대로 『분석(A) → 회귀분석(R) → 선형(L)』을 선택하여 「선형 회귀」 대화상자를 작성하고 〈통계량(S)〉 버튼을 눌러 필요한 통계량을 선택한다. 이때 잔차의 독립성검정을 위하여 'Durbin-Watson'을 추가로 선택하고, 〈계속(C)〉을 눌러서 나온다.

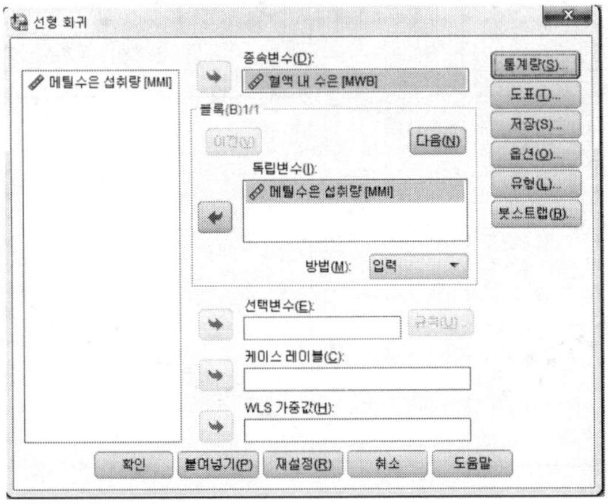


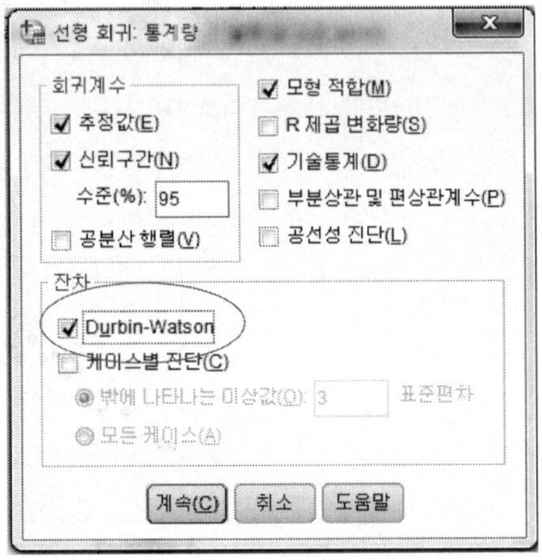


② 「선형 회귀」 창에서 〈도표(T)〉를 눌러 수평축(X축)을 표준화 예측값(ZPRED), 수직축(Y축)을 표준화잔차(ZRESID)로 하는 잔차그림을 그리기 위하여 ZPRED를 [X:], ZRESID를 [Y:]로 옮긴다. 잔차의 정규성 확인을 위하여 '정규확률도표(R)'을 선택하고, 〈계속(C)〉을 눌러서 나온다.

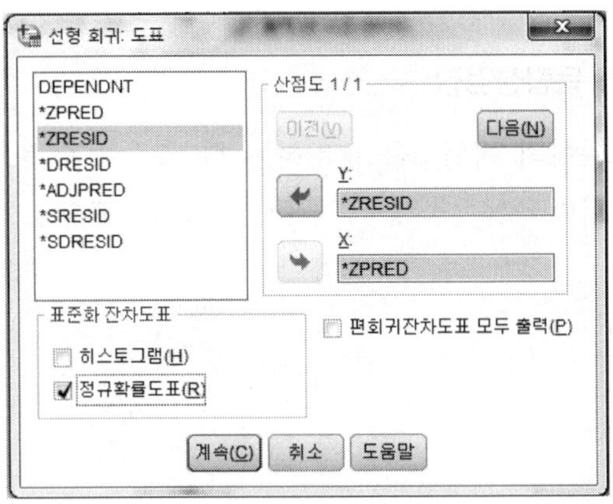


③ 다양한 잔차그림을 그리거나, 값을 확인하기 위하여 예측값, 잔차, 표준화잔차 등을 데이터셋에 저장하려면 「선형 회귀」 창에서 〈저장(S)〉 버튼을 눌러 아래와 같이 체크한다. 〈계속(C)〉을 눌러 나온 뒤, 「선형 회귀」 창에서 〈확인〉을 누른다.

④ 모형 요약 부분을 보면, 더빈-왓슨(Durbin-Watson) 통계량이 추가되어 있음을 확인할 수 있고, 값이 2.081로 2에 가까우므로 오차항의 독립성 가정을 만족한다고 볼 수 있다.

**모형 요약[b]**

| 모형 | R | R 제곱 | 수정된 R 제곱 | 추정값의 표준오차 | Durbin-Watson |
|---|---|---|---|---|---|
| 1 | .940[a] | .883 | .871 | 46.368 | 2.081 |

a. 예측자: (상수), 메틸수은 섭취량

b. 종속변수: 혈액 내 수은

⑤ 표준화잔차의 최솟값과 최댓값이 모두 ±2 이내에 있으므로 별다른 특이값은 없는 것으로 보이며, 이는 표준화잔차그림에서도 시각적으로 확인이 된다. 또한, 표준화잔차그림에서 0을 중심으로 점들이 비교적 골고루 퍼져 있으므로 등분산성의 가정도 위배되지 않는 것으로 보인다.

**잔차 통계량[a]**

| | 최소값 | 최대값 | 평균 | 표준편차 | N |
|---|---|---|---|---|---|
| 예측값 | 46.70 | 395.91 | 219.17 | 121.503 | 12 |
| 잔차 | -69.164 | 84.094 | .000 | 44.210 | 12 |
| 표준화 예측값 | -1.419 | 1.455 | .000 | 1.000 | 12 |
| 표준화 잔차 | -1.492 | 1.814 | .000 | .953 | 12 |

a. 종속변수: 혈액 내 수은

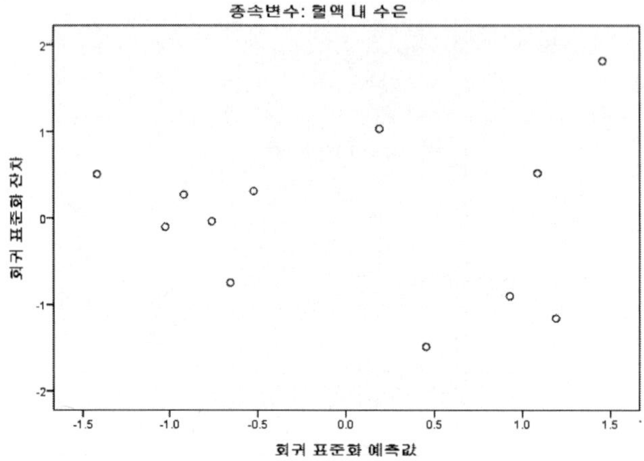


⑥ 정규확률도는 다음과 같다. 직선의 경향이 있음을 알 수 있으며 따라서 반응변수(또는 오차항)에 대한 정규성의 가정을 만족한다고 하겠다.

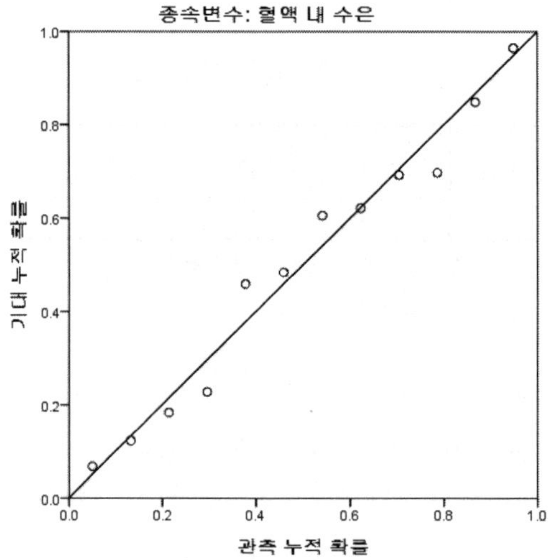


* 다중회귀분석에 대한 잔차분석도 단순회귀분석에서와 마찬가지 방법으로 실시할 수 있다.

### 8.5.2 특이값의 영향

어떤 관측치를 포함하느냐 제외하느냐에 따라 적합된 회귀모형이 크게 바뀐다면 그 회귀모형은 안정적이라고 할 수 없다. 각 관측치에 대해서 회귀분석결과에 어떤 영향을 주는지 또는 얼마만큼의 역할을 하는지 알아보는 과정을 영향력 평가라고 한다.

잔차그림과 산점도를 통해서 영향력을 평가해 볼 수 있다. 다음의 산점도를 살펴보자. 그림에서 실선으로 표시된 것은 모든 자료를 포함하여 구한 회귀선을 나타내며, 점선은 우측상단에 있는 점을 제외했을 때 적합된 회귀선이다. 만약 우측상단의 점을 포함시키면 이 값 하나로 인해 회귀직선을 위쪽으로 끌어올리는 역할을 하게 된다. 따라서 이렇게 구해진 회귀선은 전체 자료의 경향을 왜곡하고 오차제곱합을 크게 하는 경향이 있다. 이러한 점들을 특이값(outlier)이라고 한다.

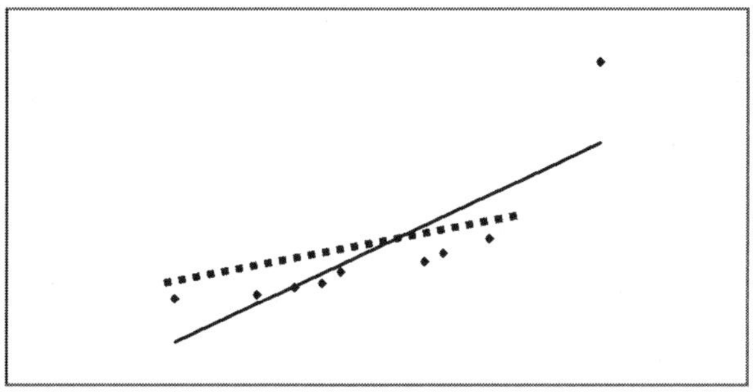

SPSS의 산점도에 있는 「도표 편집기」창의 도구모음 중 데이터 레이블 표시()를 클릭하면 관측치의 번호를 보여 준다. 특이값을 찾아 해당 관측치를 제외하고 다시 한 번 회귀분석을 실행해 본다. 특이값은 자료를 입력하거나 계산 시에 잘못하여 생길 수도 있지만, 연구 분야에서 특정한 정보를 줄 수 있다. 따라서 특이값이 발생하는 이유가 계산이나 입력의 오류나 실험의 오류에 의한 것이 아니라면, 특이값을 파악하는 것이 전체 데이터에 대한 통계분석측면뿐만 아니라 연구 분야에 중요한 정보를 줄 수도 있다. 따라서 특이값을 빼고 분석하여 보는 방법뿐만 아니라 그 특이값이 어떤 이유에서 발생되었는지를 살펴보는 것도 필요하다.

### 8.5.3 다중공선성

다중회귀분석의 적용에 있어서 가장 중요한 문제 중 하나는 설명변수 간 다중공선성(multicollinearity)이 존재할 수 있다는 데 있다. 다중공선성은 설명변수들이 서로 높은 상관관계를 가지고 있을 때에 발생하는데, 설명변수들 사이에 선형종속관계가 있어서 한 설명변수가 다른 설명변수들의 선형결합으로 표현되는 것이다. 즉, 설명변수 $x_1, \cdots, x_k$ 가 있을 때 이들 사이에

$$d_0 + d_1 x_1 + \cdots + d_k x_k \cong 0$$

인 관계가 있을 때이다. 다중공선성이 있을 때에는 관련된 설명변수 중 적어도 하나는 추가적인 정보를 주지 못하게 된다. 이 경우에는 어느 설명변수를 포함시키느냐에 따라 회귀계수의 추정치가 크게 달라지게 된다.

다중공선성이 있는지 알아보기 위한 측도로 분산확대인자(variance inflation factor)가 있다. 설명변수 $x_j$에서의 분산확대인자는

$$VIF_j = \frac{1}{1 - R_j^2}$$

로 계산되는데, 여기서 $R_j^2$는 설명변수 $x_j$를 나머지 설명변수로 회귀시켰을 때의 다중결정계수이다. 예를 들어 3개의 설명변수 $x_1, x_2, x_3$가 있을 때 $R_1^2$은 $x_1$을 반응변수, $x_2$와 $x_3$를 설명변수로 해서 다중회귀식을 적합시켰을 때의 결정계수가 된다. 설명변수들 사이에 상관이 없다면, $R_j^2 = 0$이 되어서 $VIF_j = 1$이 된다. $VIF_j$가 클 때(예컨대 10 이상일 때), $x_j$와 다른 설명변수 간에 매우 높은 상관이 있다고 할 수 있다. 이러한 때에는 다중공선성을 가장 크게 하는 설명변수를 제거하는 등의 조치를 취하여야 한다.

**예제 8.19** 예제 8.14의 IA2지수 데이터에서 다중공선성을 점검해 보자. 예제 8-14.sav 파일을 사용한다.

① 예제 8.15에서 설명한 바와 같이 『분석(A) → 회귀분석(R) → 선형(L)』을 선택하여 「선형 회귀」 대화상자를 작성하고 〈통계량(S)〉 버튼을 누른다. 「선형 회귀: 통계량」 대화상자가 나타나면 [공선성 진단(L)]을 선택한다. 〈계속〉을 누르고 나와서 〈확인〉을 누른다.

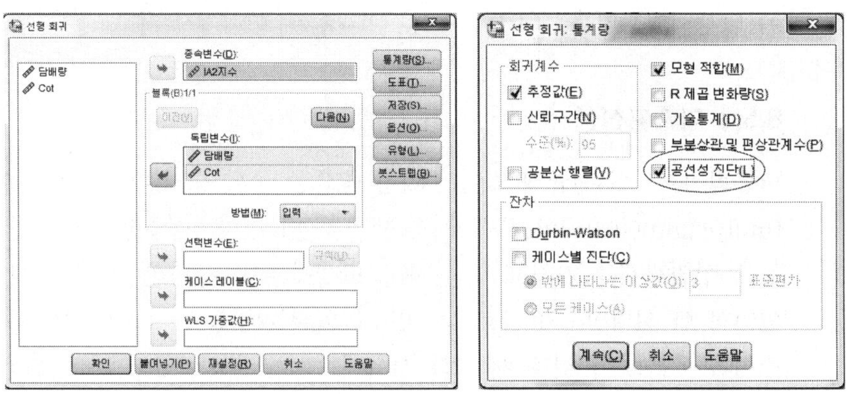

② 결과를 보면 회귀계수가 나온 계수표의 오른쪽 끝에 공선성 통계량이 나온다. 여기서 담배량에 대한 분산확대인자는 2.341이다. 그다지 크지 않으므로 다중공선성의 문제는 없다고 하겠다. 여기서는 설명변수가 두 개뿐이므로 Cot에 대한 분산확대인자 역시 같은 값이다.

계수[a]

| 모형 | | 비표준화 계수 | | 표준화 계수 | t | 유의확률 | 공선성 통계량 | |
|---|---|---|---|---|---|---|---|---|
| | | B | 표준오차 | 베타 | | | 공차 | VIF |
| 1 | (상수) | 4.523 | .538 | | 8.408 | .000 | | |
| | 담배량 | -.052 | .069 | -.130 | -.745 | .467 | .427 | 2.341 |
| | Cot | .170 | .030 | .985 | 5.652 | .000 | .427 | 2.341 |

a. 종속변수: IA2지수

## 8.6 연습문제

**8.1** 다음은 혈청 콜레스테롤(mg/100ml)과 동맥 내 칼슘 퇴적(mg/100g dry weight of tissue)에 관한 자료이다.

| 칼슘 | 콜레스테롤 |
|---|---|
| 59 | 298 |
| 52 | 303 |
| 42 | 233 |
| 59 | 287 |
| 24 | 236 |
| 24 | 245 |
| 40 | 265 |
| 32 | 233 |
| 63 | 286 |
| 57 | 290 |
| 36 | 264 |
| 24 | 239 |

① 표본상관계수를 구하여라.

② 모상관계수 $\rho = 0$인지에 대해 검정하여라.

**8.2** 다음은 의대생들의 키와 $FEV_1$의 수치이다. 이들 간의 상관계수를 구하여라.

| 번호 | 키 | $FEV_1$ | 번호 | 키 | $FEV_1$ |
|---|---|---|---|---|---|
| 1 | 164.0 | 3.54 | 11 | 177.0 | 3.09 |
| 2 | 167.0 | 3.54 | 12 | 177.0 | 4.05 |
| 3 | 170.4 | 3.19 | 13 | 177.0 | 5.43 |
| 4 | 171.2 | 2.85 | 14 | 177.4 | 3.60 |
| 5 | 171.2 | 3.42 | 15 | 178.0 | 2.98 |
| 6 | 171.3 | 3.20 | 16 | 180.7 | 4.80 |
| 7 | 172.0 | 3.60 | 17 | 181.0 | 3.96 |
| 8 | 172.0 | 3.78 | 18 | 183.1 | 4.78 |
| 9 | 174.0 | 4.32 | 19 | 183.6 | 4.56 |
| 10 | 176.0 | 3.75 | 20 | 183.7 | 4.68 |

**8.3** 다음은 30명의 환자에 대한 혈액 점도(blood viscosity), 적혈구침층용적(packed cell volume; PCV), 혈장 피브리노겐(plasma fibrinogen:PF, mg/100ml) 그리고 혈장 단백질(plasma protein;PP, g/100ml) 수치이다. 이들 간의 상관계수를 구하여라(다운로드 받은 연습문제 8_3.sav 파일을 사용하여라).

| 점도 | PCV | PF | PP | 점도 | PCV | PF | PP |
|---|---|---|---|---|---|---|---|
| 3.71 | 40 | 344 | 6.27 | 4.68 | 51.25 | 414 | 6.40 |
| 3.78 | 40 | 330 | 4.86 | 4.73 | 50.25 | 304 | 6.00 |
| 3.85 | 42.5 | 280 | 5.09 | 4.87 | 49 | 472 | 5.94 |
| 3.88 | 42 | 418 | 6.79 | 4.94 | 50 | 728 | 5.16 |
| 3.98 | 45 | 774 | 6.40 | 4.95 | 50 | 716 | 6.29 |
| 4.03 | 42 | 388 | 5.48 | 4.96 | 49 | 400 | 5.96 |
| 4.05 | 42.5 | 336 | 6.27 | 5.02 | 50.5 | 576 | 5.90 |
| 4.14 | 47 | 431 | 6.89 | 5.12 | 49.5 | 392 | 5.49 |
| 4.14 | 46.75 | 276 | 5.18 | 5.15 | 56 | 352 | 5.41 |
| 4.20 | 48 | 422 | 5.73 | 5.17 | 50 | 572 | 6.24 |
| 4.20 | 46 | 480 | 5.89 | 5.18 | 47 | 634 | 6.50 |
| 4.27 | 47 | 460 | 6.58 | 5.38 | 53.25 | 458 | 6.60 |
| 4.37 | 45 | 320 | 6.23 | 5.77 | 57 | 1070 | 4.82 |
| 4.41 | 50 | 502 | 4.99 | 5.90 | 54 | 488 | 5.70 |
| 4.64 | 45 | 550 | 6.37 | 5.90 | 54 | 488 | 5.70 |

**8.4** 다음은 바르비투르산염의 투약량(μM/kg) 증가에 따른 수면시간 자료이다.

| 수면시간 Y | 투약량 X |
|---|---|
| 4 | 3 |
| 6 | 3 |
| 5 | 3 |
| 9 | 10 |
| 8 | 10 |
| 7 | 10 |
| 13 | 15 |
| 11 | 15 |
| 9 | 15 |

① 산점도를 그려라.

② 회귀직선을 구하여라.

③ 기울기에 대한 95% 신뢰구간을 구하여라.

④ 변수들 간에 선형적 관계가 있는지 검정하여라.

⑤ 투약량이 17μM/kg일 때 수면시간을 예측하여라.

**8.5** 어떤 약물에 대한 체내 배출연구에서 다음과 같은 결과를 얻었다. 시간에 따라 약물량이 어떻게 달라지는지 산점도를 그리고 회귀식을 추정하여라.

| 시간 | 약물량 |
|---|---|
| 0.5 | 0.42 |
| 0.5 | 0.45 |
| 1 | 0.35 |
| 1 | 0.33 |
| 2 | 0.25 |
| 2 | 0.22 |
| 3 | 0.20 |
| 3 | 0.20 |
| 4 | 0.15 |
| 4 | 0.17 |

**8.6** 다음은 40명의 여성에 대한 휴지 신진대사 비율(resting metabolic rate; RMR, kcal/24hr)과 몸무게(kg)에 관한 자료이다.
(다운로드 받은 연습문제 8_6.sav 파일을 사용하여라.)

| 번호 | 체중 | RMR | 번호 | 체중 | RMR |
|---|---|---|---|---|---|
| 1 | 49.9 | 1079 | 21 | 66.0 | 1268 |
| 2 | 51.8 | 1115 | 22 | 66.4 | 1205 |
| 3 | 52.6 | 1161 | 23 | 72.8 | 1382 |
| 4 | 61.4 | 1351 | 24 | 74.8 | 1273 |
| 5 | 62.3 | 1402 | 25 | 77.1 | 1439 |
| 6 | 64.9 | 1365 | 26 | 82.0 | 1536 |
| 7 | 43.1 | 870 | 27 | 82.0 | 1151 |
| 8 | 48.1 | 1372 | 28 | 86.2 | 1466 |
| 9 | 52.2 | 1132 | 29 | 88.6 | 1323 |
| 10 | 53.5 | 1172 | 30 | 89.3 | 1300 |
| 11 | 55.0 | 1034 | 31 | 91.6 | 1519 |
| 12 | 56.0 | 1392 | 32 | 99.8 | 1639 |
| 13 | 57.8 | 1090 | 33 | 103.0 | 1382 |
| 14 | 59.0 | 982 | 34 | 104.5 | 1414 |
| 15 | 59.0 | 1178 | 35 | 107.7 | 1473 |
| 16 | 59.2 | 1342 | 36 | 110.2 | 2074 |
| 17 | 59.5 | 1027 | 37 | 122.0 | 1777 |
| 18 | 60.0 | 1316 | 38 | 123.1 | 1640 |
| 19 | 62.1 | 1574 | 39 | 125.2 | 1630 |
| 20 | 64.9 | 1526 | 40 | 143.3 | 1708 |

① 체중의 변화에 따라 휴지 신진대사 비율이 어떻게 달라지는지 회귀분석하여라.

② 잔차분석을 하여라.

③ 기울기에 대한 95% 신뢰구간을 구하여라.

**8.7** 다음은 병원균을 접종한 실험동물의 시간에 따른 체온에 대한 자료이다.

| 시간 | 체온 |
|---|---|
| 24 | 38.8 |
| 28 | 39.5 |
| 32 | 40.3 |
| 36 | 40.7 |
| 40 | 41.0 |
| 44 | 41.1 |
| 48 | 41.4 |
| 52 | 41.6 |
| 56 | 41.8 |
| 60 | 41.9 |

① 상관계수를 구하고 모상관계수가 0인지를 검정하여라.
② 단순회귀식을 구하고 회귀계수가 0인지를 검정하여라.
③ 모형이 타당했는지를 검토하여라.

**8.8** 전형적인 미국식 식사에 귀리를 첨가했을 때의 효과를 시험하기 위한 연구를 실시하였다. 대상자들은 두 개의 그룹으로 나뉘어져, 한 그룹은 탄수화물이 들어 있는 음식 대신 귀리로 대체하였고, 다른 그룹은 식이에 변화를 주지 않았다. 반응변수는 식이요법을 8주간 실시한 후의 혈청콜레스테롤(serum cholesterol) 수준이었다. 이에 대한 설명변수로 식이그룹, 기저 콜레스테롤(시험시작전의 콜레스테롤 수준), 체질량지수(body mass index), 성별을 고려하였다. 이러한 다중회귀분석의 결과 회귀계수의 추정치와 표준오차는 다음과 같다.

| 변수 | 회귀계수 | 표준오차 |
|---|---|---|
| 식이그룹 | −11.25 | 4.33 |
| 기저 콜레스테롤 | 0.85 | 0.07 |
| 체질량지수 | 0.23 | 0.65 |
| 성별 | −3.02 | 4.42 |

① 20명에 대한 데이터라고 하면, 유의수준을 5%로 하였을 때 설명변수 중에서 혈청콜레스테롤 수준에 영향을 준 변수는 어떤 것인가?
② 다른 설명변수들이 일정할 때 체질량지수가 10kg/m$^2$ 증가한다면 혈청콜레스테롤 수준은 어떻게 되겠는가?
③ 성별은 남자=1, 여자=0으로 입력되었다. 남녀 중 어느 쪽의 혈청콜레스테롤 수준이 더 높다고 하겠는가?

**8.9** 예제 8.14의 P-450IA2 데이터에서 설명변수를 담배량으로 하는 단순회귀분석과 요의 코티닌수준으로 하는 단순회귀분석을 각각 실시하여라. 두 개의 설명변수를 모두 포함하는 다중회귀분석의 결과와 어떻게 다른지 비교하여 보아라.

**8.10** 25명의 낭포성 섬유증(cystic fibrosis)환자로부터 영양불량에 대한 측도인 PEmax와 신체의 크기나 폐기능과 관련된 여러 변수들을 조사하였다.
(다운로드 받은 연습문제 8_10.sav 파일을 사용하여라.)

| 번호 | 나이 | 키 | 체중 | FEV | RV | TLC | PEmax |
|---|---|---|---|---|---|---|---|
| 1 | 7 | 109 | 13.1 | 32 | 330 | 137 | 95 |
| 2 | 7 | 112 | 12.9 | 19 | 449 | 134 | 85 |
| 3 | 8 | 124 | 14.1 | 22 | 441 | 147 | 100 |
| 4 | 8 | 125 | 16.2 | 41 | 300 | 124 | 85 |
| 5 | 8 | 127 | 21.5 | 52 | 310 | 104 | 95 |
| 6 | 9 | 130 | 17.5 | 44 | 460 | 118 | 80 |
| 7 | 11 | 139 | 30.7 | 28 | 420 | 119 | 65 |
| 8 | 12 | 150 | 28.4 | 18 | 369 | 103 | 110 |
| 9 | 12 | 146 | 25.1 | 24 | 430 | 128 | 70 |
| 10 | 13 | 155 | 31.5 | 23 | 413 | 136 | 95 |
| 11 | 13 | 156 | 39.9 | 39 | 206 | 95 | 110 |
| 12 | 14 | 153 | 42.1 | 26 | 320 | 121 | 90 |
| 13 | 14 | 160 | 45.6 | 45 | 325 | 108 | 100 |
| 14 | 15 | 158 | 51.2 | 45 | 323 | 90 | 80 |
| 15 | 16 | 160 | 35.9 | 31 | 302 | 101 | 134 |
| 16 | 17 | 153 | 34.8 | 29 | 331 | 120 | 134 |
| 17 | 17 | 174 | 44.7 | 49 | 187 | 103 | 165 |
| 18 | 17 | 176 | 60.1 | 29 | 188 | 130 | 120 |
| 19 | 17 | 171 | 42.6 | 38 | 172 | 103 | 130 |
| 20 | 19 | 156 | 37.2 | 21 | 216 | 81 | 85 |
| 21 | 19 | 174 | 54.6 | 37 | 184 | 101 | 85 |
| 22 | 20 | 178 | 64.0 | 34 | 225 | 135 | 160 |
| 23 | 23 | 180 | 73.8 | 57 | 171 | 98 | 165 |
| 24 | 23 | 175 | 51.1 | 33 | 224 | 113 | 95 |
| 25 | 23 | 179 | 71.5 | 52 | 225 | 101 | 195 |

FEV: forced expiratory volume in 1 second
RV: residual volume
TLC: total lung capacity
PEmax: maximal static expiratory pressure (cm H2O)

① PEmax를 반응변수로 하고 나머지를 설명변수로 하는 다중회귀분석을 실시하여라.
② 다중공선성 여부를 검토하여라.
③ 변수선택 방법을 이용하여 설명변수를 선택하여라. 변수선택방법에 따라 결과가 달라지는가?

**8.11** 마취시간과 외상요인의 유무가 마취 후 상태점수에 영향을 알아보기 위한 연구에서 다음과 같은 결과를 얻었다.

| 마취시간 | 외상요인 | 상태점수 |
|---|---|---|
| 3 | y | 11 |
| 3 | y | 20 |
| 7 | y | 65 |
| 6 | y | 48 |
| 4 | y | 37 |
| 6 | y | 51 |
| 2 | n | 41 |
| 4 | n | 58 |
| 3 | n | 42 |
| 3 | n | 35 |
| 3 | n | 78 |
| 3 | n | 17 |
| 3 | y | 0 |
| 2 | y | 1 |
| 8 | y | 18 |
| 2 | n | 10 |

① 마취시간과 외상요인의 유무를 설명변수로 하는 회귀분석을 실시하고 결과를 해석하여라.

② 잔차분석을 실시하여라.

9장

# 분할표의 분석

데이터가 몇 개의 범주로 분류된 형태를 질적 데이터(qualitative data) 또는 범주형 데이터(categorical data)라고 한다. 이 장에서는 범주형 데이터의 분석방법에 대해 알아보자. 다음의 두 가지 예를 보자.

**예제 9.1** 소량의 아스피린 복용이 심장병으로 인한 위험을 줄이는 데 효과가 있는지를 알아보기 위한 연구를 시행하였다. 22,071명의 남성을 확률화를 통해 두 그룹으로 나누어, 한 그룹에는 저용량(325mg/일)의 아스피린을 복용시키고 한 그룹에는 아스피린과 모양이 같지만 아무 효력이 없는 플라시보를 복용하게 한 후, 약 60개월간 관찰하여 심근경색을 일으키는지 여부를 조사하였다.

**예제 9.2** 류마티스성 관절염에 대한 연구에서 새로 개발된 치료제의 효과를 알아보고자 한다. 환자들을 두 그룹으로 나누어 한 그룹에는 소염진통제를 함유한 치료제를 환부에 붙이고, 다른 한 그룹에는 시험약과 모양이 동일한 플라시보를 붙이게 한 후, 2주 후에 고통의 감소 정도에 대해 매우 효과적임/어느 정도 효과적임/효과적이지 않음의 세 가지 범주 가운데 하나를 선택하도록 하였다.

예제 9.1은 요인(복용여부)과 결과(심근경색발생여부)가 각각 두 개의 범주로 나누어지는 경우이며, 예제 9.2는 보다 일반적으로 여러 개의 범주를 갖는 경우이다. 이 두 경우에 있어서 데이터는 2차원 분할표(two-way contingency table)로 정리될 수 있을 것이다. 9.1절에서는 예제 9.1과 같이 요인과 결과가 각각 두 개의 범주로 나누어질 때 그들 간의 연관성(association)이 어느 정도인지를 나타내는 측도인 상대위험도와 오즈비에 대해 설명하겠다. 9.2절에서는 적합도검정과 연관성검정을 위한 카이제곱검정법($\chi^2$-test)을 설명하게 될 것이다.

한편 연속적인 변수에 대해 짝지은 t-검정이 있는 것처럼 범주형인 변수에서도 데이터가 짝지어진 경우에 대한 분석방법이 있다. 9.3절에서는 짝지은 자료에 대한 분석방법인 맥니마 검정법(McNemar test)에 대해 알아볼 것이다. 9.4절에서는 진단법을 평가하는 기준인 민감도(sensitivity)와 특이도(specificity)를 소개하고 ROC (receiver operating characteristic) 곡선에 대해 설명하겠다.

## 9.1 상대위험도와 오즈비

위험요인과 결과가 각각 두개의 범주로 나누어질 때 그들 간의 연관성이 어느 정도인지를 기술하는 측도로서 상대위험도(relative risk)와 오즈비(odds ratio)에 대해 알아보자.

### 9.1.1 상대위험도와 신뢰구간

상대위험도(relative risk)는 대조군의 위험률에 대한 실험군의 위험률의 비로 정의된다. 예컨대 아래와 같은 2차원 분할표가 있다고 하자.

| | 발병 | 발병하지 않음 | 합 |
|---|---|---|---|
| 실험군 | $n_{11}$ | $n_{12}$ | $n_{1+}$ |
| 대조군 | $n_{21}$ | $n_{22}$ | $n_{2+}$ |
| 합 | $n_{+1}$ | $n_{+2}$ | $n$ |

상대위험도는

$$RR = \frac{\text{실험군에서의 위험율}}{\text{대조군에서의 위험율}} = \frac{n_{11}/n_{1+}}{n_{21}/n_{2+}}$$

로 정의된다. 이러한 상대위험도는 코호트 연구(cohort study)나, 위험인자를 가진 그룹(실험군)과 그렇지 않은 그룹(대조군)이 사전에 정해지고 난 후 그 결과를 관찰하게 되는 임상시험연구에서만 계산될 수 있다. 상대위험도가 1보다 작은 경우 실험군의 위험률이 대조군의 위험률보다 낮다고 해석할 수 있다.

**예제 9.3** 다음의 표는 예제 9.1의 아스피린 연구로부터 얻은 결과를 정리한 것이다.

| | 심근경색 발병 | | 합 |
|---|---|---|---|
| | 유 | 무 | |
| 아스피린 | 139 | 10,898 | 11,037 |
| 플라시보 | 239 | 10,795 | 11,034 |

위와 같은 형태의 표를 2차원 분할표(two-way contingency table)라고 한다. 아스피린 복용여부와 심근경색 발병여부 간의 연관성이 어느 정도인지 알아보자. 아스피린을 복용한 그룹(실험군)에서 심근경색을 일으키는 비율은

$$139 \times 100/11037 = 1.26\%$$

이고, 플라시보 그룹(대조군)에서 심근경색을 일으키는 비율은

$$239 \times 100/11034 = 2.17\%$$

이다. 따라서 상대위험도는

$$RR = \frac{139/11037}{239/11034} = \frac{0.0126}{0.0217} = 0.581$$

로 계산된다. 이때 상대위험도가 1보다 작으므로 아스피린을 복용했을 때 그렇지 않은 것에 비해 심근경색을 일으킬 위험이 상대적으로 적어진다는 것을 알 수 있다.

대부분의 경우 연구자들은 이렇게 구한 상대위험도가 통계적으로 유의한가(즉, 1과 유의하게 다른가)를 알아보고자 한다. 유의성을 결정하기 위해서는 여러 가지 방법이 있을 수 있는데, 가장 흔히 쓰이는 것은 이들의 신뢰구간을 구하는 방법이다.

상대위험도는 정규분포를 따르지 않기 때문에 이들의 신뢰구간을 구하기 위해서는 상대위험도에 자연로그를 취한 다음 이것이 정규분포를 따른다는 것을 이용하여 신뢰구간을 유도하고, 지수를 취하여 역치환하는 과정을 거치게 된다. 여기서는 이를 유도하기보다는 간단히 결과를 정리하여 보이겠다.

상대위험도의 $100(1-\alpha)\%$ 신뢰구간은 다음과 같은 형태로 주어진다.

$$(RR \times \exp(-z_{\alpha/2}\sqrt{v_1}), \quad RR \times \exp(z_{\alpha/2}\sqrt{v_1}))$$

여기서 $z_{\alpha/2}$는 정규분포의 상위 $\alpha/2$에 해당하는 임계치를 의미하며, $v_1$은 $ln(RR)$의 분산추정치로서

$$v_1 = \frac{1-n_{11}/n_{1+}}{n_{11}} + \frac{1-n_{21}/n_{2+}}{n_{21}}$$

로 주어진다.

**예제 9.4** 예제 9.3의 아스피린 데이터에서 상대위험도는 0.581로 계산되었다. 1보다 작게 나타났는데 이 값이 1과 유의하게 다르다고 할 수 있는지, 즉 아스피린 그룹과 플라시보 그룹 간에 유의한 차이가 있는지 알아보자.

95% 신뢰구간을 구한다면 $z_{\alpha/2}=1.96$이고

$$
\begin{aligned}
v_1 &= \frac{1-n_{11}/n_{1+}}{n_{11}}+\frac{1-n_{21}/n_{2+}}{n_{21}} \\
&= \frac{1-139/11037}{139}+\frac{1-239/11034}{239} \\
&= 0.011
\end{aligned}
$$

이므로 신뢰구간은

$$
\begin{aligned}
&(0.581\times\exp\{-1.96\sqrt{0.011}\},\quad 0.581\times\exp\{1.96\sqrt{0.011}\}) \\
&= (0.473, 0.715)
\end{aligned}
$$

와 같다. 이 신뢰구간은 95%의 신뢰수준으로 상대위험도의 참값을 포함하게 된다. 신뢰구간이 1을 포함하지 않으므로, 이때의 상대위험도는 1과 유의한 차이가 있다고 할 수 있다. 즉, 아스피린의 복용이 심근경색 발병위험을 감소시킨다고 할 수 있다. 만약, 연구자가 90% 신뢰구간이나 99% 신뢰구간을 구하고 싶다면 $z_{\alpha/2}$의 값으로 1.96 대신 각각 1.645와 2.575를 대입하여 구하면 된다.

SPSS에서는 『분석(A)』 메뉴 중 『기술통계량(E) → 교차분석(C)』에서 연관성의 측도나 카이제곱검정, 맥니마 검정 등 대부분의 범주형 자료분석을 제공한다. 상대위험도는 [위험도(I)] 옵션을 선택하여 구할 수 있다.

**예제 9.5** SPSS를 이용하여 예제 9.3의 아스피린 데이터에 대한 상대위험도와 신뢰구간을 계산해 보자.

① 데이터를 아래와 같이 입력하거나, 다운로드 받은 파일 중 예제 9-3.sav 파일을 이용한다. 1열의 그룹에서 '0'은 아스피린이고 '1'은 플라시보를 의미한다. 2열의 심근경색은 '유'를 '0'으로, '무'를 '1'로 입력하였다. 각각에 해당되는 환자수를 3열에 입력하고, 이를 가중 케이스로 지정한다(가중 케이스에 대한 예제는 2.4절을 참조하라).

| | 그룹 | 심근경색 | 환자수 |
|---|---|---|---|
| 1 | 0 | 0 | 139 |
| 2 | 1 | 0 | 239 |
| 3 | 0 | 1 | 10898 |
| 4 | 1 | 1 | 10795 |

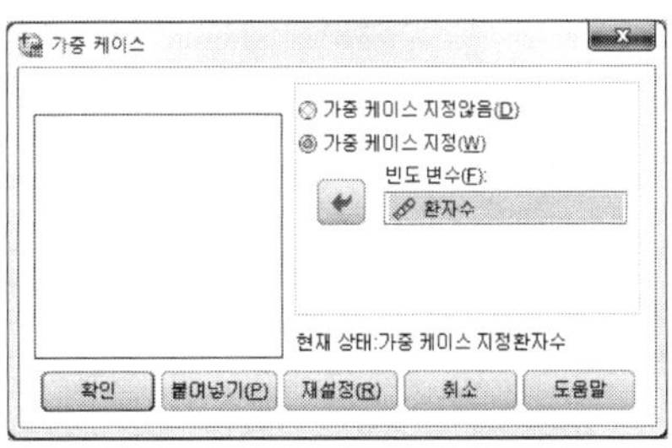

② 『분석(A) → 기술통계량(E) → 교차분석(C)』을 선택한다.

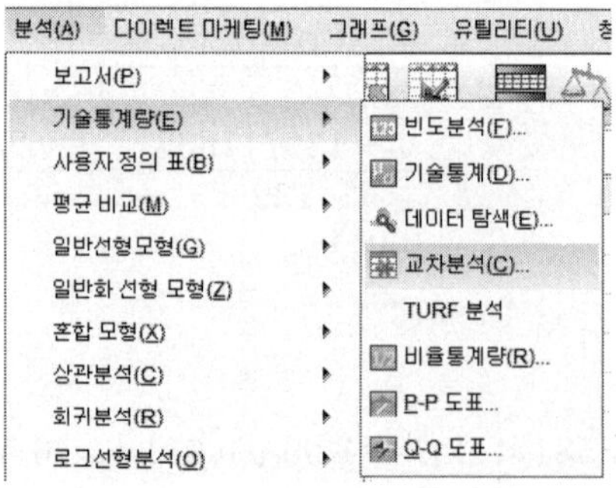


③ 「교차분석」창에서 비교대상 집단인 '그룹'을 [행(O)]으로, '심근경색'을 [열(C)]로 옮기고 〈통계량(S)〉 버튼을 누른다.

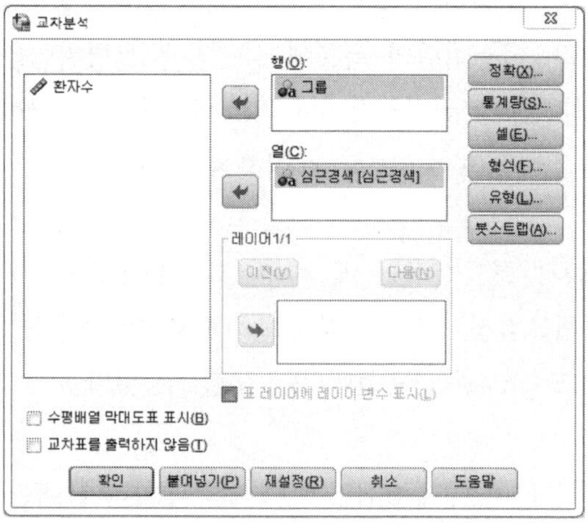


④ 상대위험도의 계산을 위하여 「교차분석: 통계량」창에서 '위험도(I)'를 체크한다. 〈계속(C)〉을 누르고 나와서 「교차분석」창의 〈확인〉을 누른다.

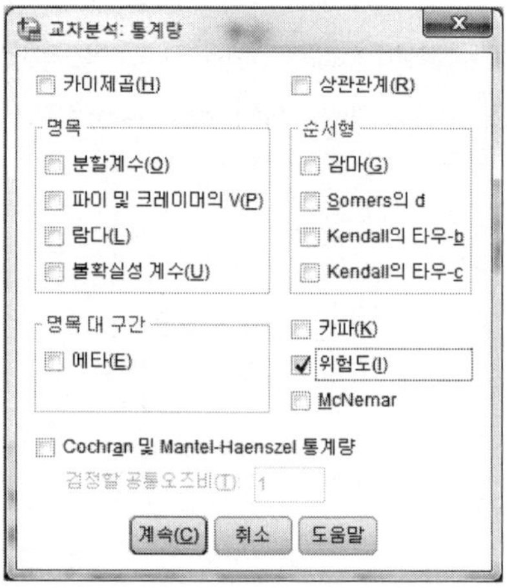

⑤ 『IBM SPSS Statistics Viewer』창에 환자수를 가중치로 둔 2×2교차표가 생성되었다.

**그룹 * 심근경색 교차표**

빈도

| | | 심근경색 | | 전체 |
|---|---|---|---|---|
| | | 유 | 무 | |
| 그룹 | 아스피린 | 139 | 10898 | 11037 |
| | 플라시보 | 239 | 10795 | 11034 |
| 전체 | | 378 | 21693 | 22071 |

* SPSS의 교차표에서 행과 열의 순서는 입력값의 크기를 기준으로 한다. 이때 교차표에서 1행에 있는 그룹을 실험군으로 두고 상대위험도를 계산하기 때문에, 값의 순서가 바뀌면 상대위험도 계산 시 분자, 분모가 바뀌게 된다. 따라서 데이터를 입력할 때 실험군의 값을 대조군보다 작은 값으로 정하는 것을 추천한다. 만약에 순서가 바뀌었다면, SPSS에서 추정한 상대위험도의 역수를 취하여 해석해야 한다. 연습을 위하여 그룹의 값을 바꾸어 비교해 보아도 좋겠다. 위의 예에서는 아스피린은 0으로 플라시보는 1로 입력하였다.

⑥ 상대위험도 계산결과는 '위험도 추정값' 결과에서 '코호트 ○○○○인 경우' 식으로 표기된 것을 보면 된다. 여기서는 '코호트 심근경색=유인 경우'와 '코호트 심근경색=무인 경우'라는 두 개의 결과가 있는데 이 중 발병사건에 해당하는 '코호트 심근경색=유인 경우'인 것의 값을 읽으면 된다. 즉, 상대위험도는 0.581임을 알 수 있다. 이에 대한 95% 신뢰구간은 (0.473, 0.715)로 추정되었다. 신뢰구간이 1을 포함하지 않으므로, 아스피린의 복용이 심근경색 발병위험을 유의하게 감소시킨다고 할 수 있다.

**위험도 추정값**

| | 값 | 95% 신뢰구간 | |
|---|---|---|---|
| | | 하한 | 상한 |
| 그룹 (아스피린 / 플라시보)에 대한 오즈비 | .576 | .467 | .711 |
| 코호트 심근경색 = 유인 경우 | .581 | .473 | .715 |
| 코호트 심근경색 = 무인 경우 | 1.009 | 1.006 | 1.013 |
| 유효 케이스 수 | 22071 | | |

### 9.1.2 오즈비와 신뢰구간

사례-대조 연구(case-control study)에서는 위와 같은 상대위험도가 계산될 수 없기 때문에 연관성을 나타내기 위한 다른 측도가 필요하다. 다음과 같은 예를 생각해 보자.

**예제 9.6** 아래의 표는 심장발작 환자군과 대조군을 각각 214명씩 조사하여 그들이 과거에 약물남용을 경험이 있는지 여부를 조사한 사례-대조 연구로부터 얻은 것이다.

| | | 환자군 | 대조군 | 합 |
|---|---|---|---|---|
| 약물남용 | 유 | 73 | 18 | 91 |
| | 무 | 141 | 196 | 337 |
| 합 | | 214 | 214 | 428 |

이때, 환자군에서 약물남용 경험이 있는 비율(73/214 = 0.341)과 대조군에서 약물남용 경험이 있는 비율(18/214 = 0.841)을 알 수는 있으나, 예제 9.3에서처럼 약물남용 경험이 있는 그룹에서의 발병률 또는 없는 그룹에서의 발병률은 알 수가 없다. 따라서 이런 경우에는 상대위험도를 구할 수 없게 된다.

이때에는 상대위험도 대신 오즈비(odds ratio)와 같은 측도를 생각할 수 있다. 어떤 사건에 대한 오즈라는 것은 그 사건이 발생하지 않은 확률에 대한 그 사건이 발생한 확률의 비로 정의된다. 위 예의 환자군에서 약물남용에 대한 오즈(odds)는

$$\frac{73}{141} = 0.518$$

이고, 대조군에서 약물남용에 대한 오즈(odds)는

$$\frac{18}{196} = 0.092$$

이다. 따라서 이 예에서 약물남용에 대한 오즈비(odds ratio)는

$$OR = \frac{0.518}{0.092} = 5.64$$

이 된다. 이것은 환자군에서 약물남용을 한 오즈가 대조군에서보다 약 5.64배 많다는 것을 의미한다. 오즈비가 1에 가까우면 위험요인과 결과 사이에 연관성이 없다는 것을 의미한다. 오즈비는 승산비, 비차비, 교차비라는 말로도 사용된다.

일반적으로 다음과 같은 2차원 분할표가 있다고 하자.

| | 환자군 | 대조군 | 합 |
|---|---|---|---|
| 과거력 있음 | $n_{11}$ | $n_{12}$ | $n_{1+}$ |
| 과거력 없음 | $n_{21}$ | $n_{22}$ | $n_{2+}$ |
| 합 | $n_{+1}$ | $n_{+2}$ | $n$ |

오즈비는

$$OR = \frac{\text{환자군의 오즈}}{\text{대조군의 오즈}} = \frac{n_{11}/n_{21}}{n_{12}/n_{22}} = \frac{n_{11} \times n_{22}}{n_{12} \times n_{21}}$$

로 정의된다. 이 값은 행(과거력)과 열(그룹)이 뒤바뀐 경우에도 같은 값이 되며, 사례-대조 연구뿐 아니라 코호트 연구에도 적용될 수 있으므로 많이 사용된다.

오즈비에 대한 신뢰구간도 상대위험도에서와 마찬가지로 오즈비에 자연로그를 취한 것이 정규분포를 따른다는 것을 이용하여 신뢰구간을 유도하고, 지수를 취하여 역치환하는 과정을 거치게 된다. 오즈비에 대한 $100(1-\alpha)\%$ 신뢰구간은 다음과 같이 구할 수 있다.

$$(OR \times \exp(-z_{\alpha/2}\sqrt{v_2}),\quad OR \times \exp(z_{\alpha/2}\sqrt{v_2}))$$

여기서 $v_2$은 $ln(OR)$의 분산추정치로서 $v_2 = \frac{1}{n_{11}} + \frac{1}{n_{12}} + \frac{1}{n_{21}} + \frac{1}{n_{22}}$이다.

**예제 9.7** 예제 9.6의 심장발작 데이터에서 오즈비는 5.64로 계산되어 1보다 매우 크게 나타났다. 이의 95% 신뢰구간은

$$(5.64 \times \exp - 1.96\sqrt{0.081},\quad 5.64 \times \exp 1.96\sqrt{0.081})$$
$$= (3.22,\ 9.86)$$

로 계산된다. 1을 포함하고 있지 않으므로, 약물남용이 심장발작의 위험률을 높인다고 결론지을 수 있겠다.

SPSS에서 오즈비는 상대위험도의 결과와 같이 주어진다. 즉 『기술통계량(E) → 교차분석(C)』을 선택한 후 [위험도(I)]옵션을 선택하면 오즈비도 구해준다.

**예제 9.8** SPSS를 이용하여 예제 9.6의 심장발작 데이터에 대한 오즈비와 95% 신뢰구간을 구해 보자.

① 데이터를 아래와 같이 입력하거나 다운로드 받은 파일 중 예제 9-6.sav를 사용한다. 1열의 약물남용에서 '0'은 '유', '1'은 '무'이다. 2열의 심장발작은 '0'이 '유' 이고 '1'이 '무'이다. 각 경우에 해당하는 환자수를 3열에 입력하고, 환자수를 가중 케이스로 지정한다.

| | 약물남용 | 심장발작 | 환자수 |
|---|---|---|---|
| 1 | 0 | 0 | 73 |
| 2 | 0 | 1 | 18 |
| 3 | 1 | 0 | 141 |
| 4 | 1 | 1 | 196 |

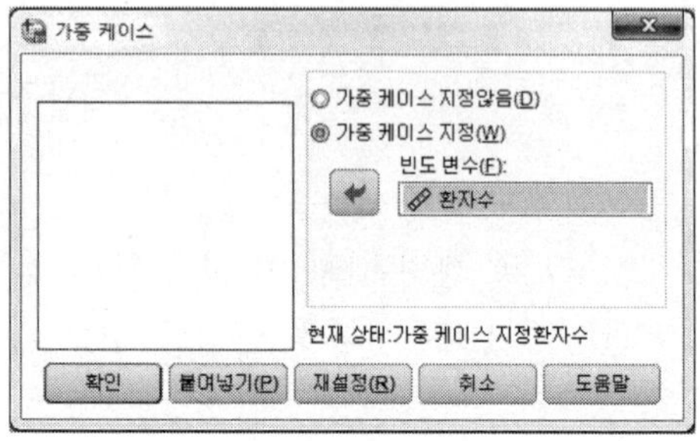


② 『분석(A) → 기술통계량(E) → 교차분석(C)』을 선택한다. 「교차분석」창에서 약물남용을 [행(O)]으로, 결과인 심장발작을 [열(C)]로 옮긴다. 〈통계량(S)〉을 누른다.

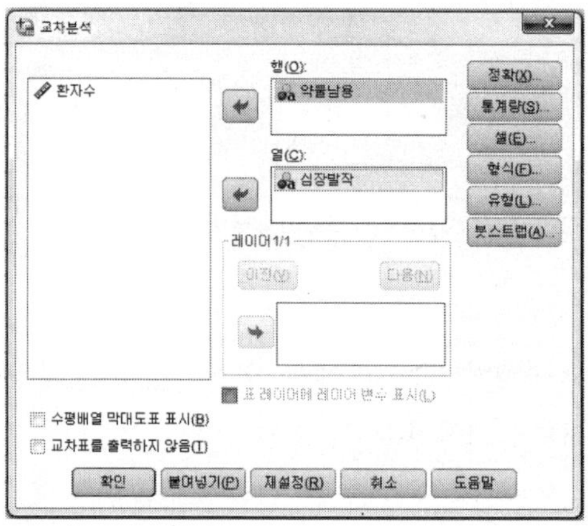


③ 오즈비의 계산을 위해서는 상대위험도와 마찬가지로 「교차분석: 통계량」창에서 '위험도(I)'를 체크하면 된다. 〈계속(C)〉을 누르고 나와서 「교차분석」창의 〈확인〉을 누른다.

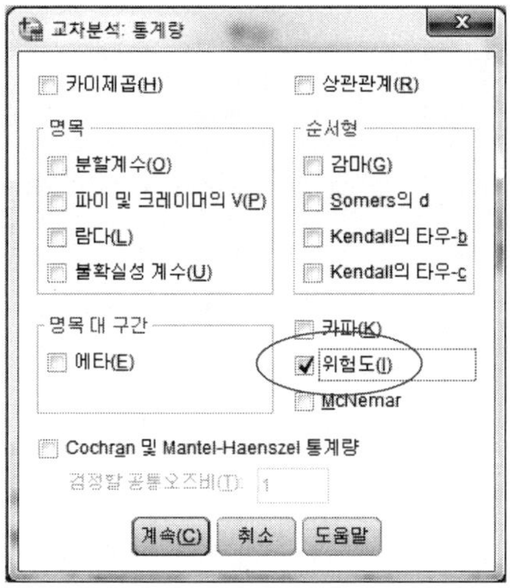


④ 결과에는 환자수를 가중치로 둔 2×2교차표가 생성되었다. SPSS에서 교차표의 행과 열의 순서는 값의 크기 순서로 생성되었다.

**약물남용 * 심장발작 교차표**

빈도

| | | 심장발작 | | 전체 |
|---|---|---|---|---|
| | | 유 | 무 | |
| 약물남용 | 유 | 73 | 18 | 91 |
| | 무 | 141 | 196 | 337 |
| 전체 | | 214 | 214 | 428 |

⑤ 위험도 추정값 결과에서 '○○○에 대한 오즈비'로 나온 값이 오즈비의 추정값이다. 따라서 오즈비는 5.638임을 알 수 있다. 이것은 약물남용을 한 환자의 비가, 심장발작이 발생하지 않은 집단에서보다 발생한 집단에서 약 5.64배 더 많다는 것을 의미한다. 오즈비에 대한 95% 신뢰구간은 (3.222, 9.863)으로 추정되었다. 역시 1을 포함하고 있지 않으므로, 약물남용이 심장발작의 위험률을 유의하게 높인다고 결론지을 수 있다.

**위험도 추정값**

| | 값 | 95% 신뢰구간 | |
|---|---|---|---|
| | | 하한 | 상한 |
| 약물남용 (유 / 무)에 대한 오즈비 | 5.638 | 3.222 | 9.863 |
| 코호트 심장발작 = 유인 경우 | 1.917 | 1.631 | 2.255 |
| 코호트 심장발작 = 무인 경우 | .340 | .223 | .519 |
| 유효 케이스 수 | 428 | | |

## 9.2 카이제곱검정

이 절에서는 분할표 자료의 분석방법으로 가장 많이 쓰이는 카이제곱검정(chi-square test; $\chi^2$-test)에 대해 설명할 것이다. 먼저 적합도검정에 대해 알아보고, 다음에 연관성의 검정과 분할표의 특별한 형태인 범주에 순서가 있는 경우에 적용할 수 있는 추세검정방법에 대해 알아보겠다.

### 9.2.1 적합도검정

데이터가 다음과 같이 몇 개의 범주에 대한 관측도수 형태로 주어졌다고 하자. 각 범주에 대응되는 모집단의 비율을 $p_1, p_2, \ldots, p_k$라고 하고, 이에 대한 귀무가설을

$$H_0 : p_1 = p_{10}\,,\ p_2 = p_{20}\,,\ \ldots,\ p_k = p_{k0}$$

라고 하자. 각 범주의 관측비율이 귀무가설에서 제시한 비율에 부합하는지 알아보고자 한다.

| 범주 | 1 | 2 | ... | k | 합계 |
|---|---|---|---|---|---|
| 관측도수 | $n_1$ | $n_2$ | ... | $n_k$ | $n$ |
| 모집단 비율 | $p_1$ | $p_2$ | ... | $p_k$ | 1 |

귀무가설이 참일 때 $i$번째 범주의 기대도수 $E_i = n \times p_{i0}$가 된다. 귀무가설이 맞다면 실제로 관측도수(observed frequency; $O_i$)가 기대도수(expected frequency; $E_i$)와 비슷하게 나타날 것이므로, 이들의 차이가 충분히 크면 귀무가설에 대한 반증이 된다. 이에 근거하여 카이제곱통계량(chi-square statistic)은

$$\chi^2 = \sum_{i=1}^{k} \frac{(O_i - E_i)^2}{E_i} = \sum_{i=1}^{k} \frac{(n_i - np_{i0})^2}{np_{i0}}$$

으로 정의된다. 이 값이 충분히 클 때 귀무가설을 기각하면 된다. 귀무가설이 참일 때 이 통계량이 근사적으로 자유도 $k-1$인 카이제곱분포를 따른다는 것을 이용하여 검정한다. 즉, 유의수준이 $\alpha$일 때 계산된 카이제곱통계량이 자유도 $k-1$인 카이제곱분포의 상위 $\alpha$의 확률에 해당하는 임계치 $\chi^2_\alpha(k-1)$보다 크면 귀무가설을 기각한다. 이러한 형태의 가설검정을 적합도검정(goodness-of-fit test)이라고 한다.

> *** 카이제곱분포**
>
> 카이제곱분포는 정규분포나 t-분포와는 달리 좌우대칭이 아니고 오른쪽으로 꼬리가 길게 늘어진 형태이며, 양의 값만을 가진다. 카이제곱분포는 자유도에 따라 모양이 달라지는데, 자유도가 크면 평균과 분산이 모두 크다. 부록의 분포표에 각 자유도에 대해 상위 $\alpha$의 확률값을 주는 임계치가 있다.

**예제 9.9** 멘델의 유전 법칙에 의하면 완두콩에서 황색 둥근 종자와 녹색 주름진 종자를 어버이로 하여 양성잡종교배를 하면, F1에서는 모두 황색 둥근 종자만 나오고, F1을 자화수분하면, F2에서는 황색 둥근 종자(YR), 황색 주름진 종자(Yr), 녹색 둥근 종자(yR), 녹색 주름진 종자(yr)가 9:3:3:1의 비로 나온다고 한다. 실제 이러한 실험을 해 보았더니 다음과 같은 결과를 얻었다. 이 결과는 멘델의 이론과 일치한다고 할 수 있는가?

| 종류 | YR | Yr | yR | yr | 계 |
|---|---|---|---|---|---|
| 관측수 | 650개 | 200개 | 190개 | 80개 | 1,120개 |

이때의 귀무가설은 다음과 같다.

$H_0$ : YR : Yr : yR : yr이 9 : 3 : 3 : 1이다.

(즉, $p_{YR} = 0.5625$, $p_{Yr} = 0.1875$, $p_{yR} = 0.1875$, $p_{yr} = 0.0625$)

귀무가설이 참일 때 기대되는 도수는

$$E_{YR} = 1120 \times 0.5625 = 630$$
$$E_{Yr} = E_{yR} = 1120 \times 0.1875 = 210,$$
$$E_{yr} = 1120 \times 0.0625 = 70$$

이다. 따라서 카이제곱통계량은

$$\begin{aligned}\chi^2 &= \sum_{i=1}^{k} \frac{(n_i - np_{i0})^2}{np_{i0}} \\ &= \frac{(650-630)^2}{630} + \frac{(200-210)^2}{210} + \frac{(190-210)^2}{210} + \frac{(80-70)^2}{70} \\ &= 4.44\end{aligned}$$

로 계산된다. 부록의 카이제곱분포표에서 유의수준을 5%로 했을 때 자유도 3인 카이제곱분포에서의 임계치를 찾아보면 $\chi^2_{0.05}(3) = 7.81$이다. 따라서 카이제곱통계량이 임계치보다 크지 않으므로 귀무가설은 기각되지 않고, 멘델의 법칙을 만족하고 있다고 볼 수 있다.

SPSS에서 적합도검정은 『분석(A)』 메뉴 중 『비모수검정(N) → 레거시 대화상자(L) → 카이제곱(C)』에서 제공된다.

**예제 9.10** SPSS로 예제 9.9의 완두콩 데이터의 적합도검정을 해 보자.

① 다음과 같이 1열에는 종자의 종류(1:YR / 2:Yr / 3:yR / 4:yr)를 숫자형으로 입력하고, 2열에 각 종자종류에 대한 관측수를 입력한다. 또는 예제 9-9.sav 파일을 다운로드 받아 사용한다. 분석에 앞서 『데이터(D)』 메뉴에서 '관측수'를 가중 케이스(W)로 지정하자.

| | 종류 | 관측수 |
|---|---|---|
| 1 | 1 | 650 |
| 2 | 2 | 200 |
| 3 | 3 | 190 |
| 4 | 4 | 80 |

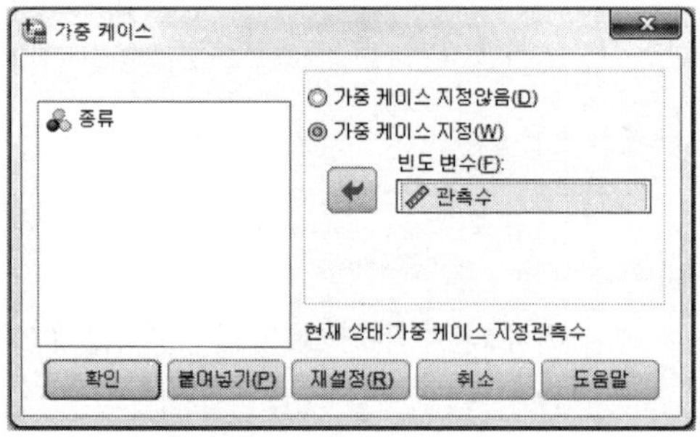


② 『비모수검정(N) → 레거시 대화상자(L) → 카이제곱(C)』을 선택하여 나온 「카이제곱 검정」창에서 [검정 변수(T)]에 종류를 옮긴다.

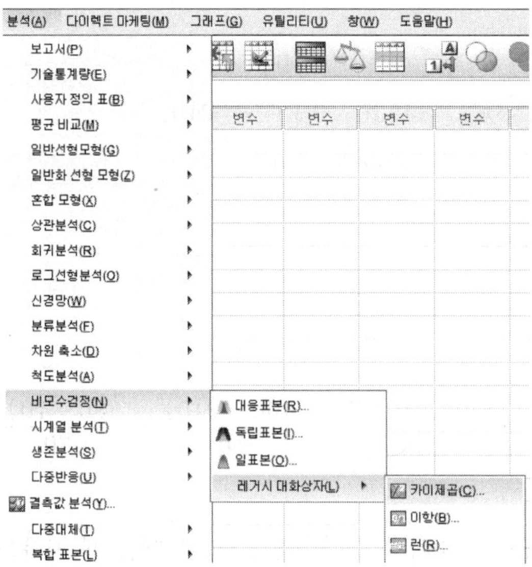

③ SPSS에서 적합도검정에서 디폴트는 각 셀의 기댓값이 동일하다는 것에 대한 검정이다. 그러나 이 예제처럼 각 셀의 기댓값이 다른 경우에는 [기대값] 부분에서 지정해주어야 한다. [기대값]에서 '값(V)'를 체크하고 검정변수에서 지정한 변수값의 오름차순을 기준으로 순차적으로 기댓값을 입력한다. 본 예제의 경우 종류에 입력된 범주값의 순서대로 9 : 3 : 3 : 1의 비를 기대하므로 아래 그림과 같이 지정하였다. 〈확인〉을 누른다.

④ 결과를 보면 관측빈도와 함께 기대빈도와 잔차를 계산하였고, 그에 대한 카이제곱값과 p-값이 나와 있다. 카이제곱검정통계량은 4.444이고 이에 대한 유의확률(p-값)은 0.217이므로, 5% 유의수준하에서 9:3:3:1의 비율을 갖는다는 가설을 기각할 수 없다.

**종류**

| | 관측빈도 | 기대빈도 | 잔차 |
|---|---|---|---|
| YR | 650 | 630.0 | 20.0 |
| Yr | 200 | 210.0 | -10.0 |
| yR | 190 | 210.0 | -20.0 |
| yr | 80 | 70.0 | 10.0 |
| 전체 | 1120 | | |

**검정 통계량**

| | 종류 |
|---|---|
| 카이제곱 | 4.444[a] |
| 자유도 | 3 |
| 근사 유의확률 | .217 |

a. 0개의 셀 (0.0%)은(는) 5보다 작은 기대빈도를 가집니다. 기대 빈도 셀 값 중 최소값은 70.0입니다.

### 9.2.2 연관성의 검정

이번에는 두 범주형 변수 간의 연관성을 검정하는 방법에 대해 알아보자. 예제 9.3의 분석에서 우리는 아스피린을 복용한 사람들 중에서 심근경색을 일으키는 비율은

1.26%이고, 대조군에서 심근경색을 일으키는 비율은 2.17%라는 것을 알았다. 그렇다면 이러한 결과는 아스피린의 효과가 플라시보에 비해 실제로 좋기 때문인가? 아니면 사실은 별 차이가 없는 데도 우연히 아스피린의 효과가 크게 나온 것일까? 다음과 같은 두 가지 형태의 귀무가설을 생각해 보자.

① $H_{0(1)}$: 아스피린을 투여받은 환자들과 플라시보를 투여받은 환자들이 심근 경색을 일으키는 비율은 서로 같다.

② $H_{0(2)}$: 처리의 종류(아스피린 또는 플라시보)와 결과(심근경색의 발생유무)는 서로 독립이다.

$H_{0(1)}$형식의 귀무가설을 검정하는 것을 동질성검정(homogeneity test)이라고 하고, $H_{0(2)}$형식의 귀무가설 검정을 독립성검정(independence test)이라고 한다. 두 가지 방법은 귀무가설과 검정절차의 유도과정이 다르지만, 결과적으로는 동일하다. 여기서는 동질성검정을 중심으로 설명하기로 한다.

다음과 같은 2×2 분할표가 있다고 하자.

| | 결과 1 | 결과 2 | 합 |
|---|---|---|---|
| 그룹 1 | $n_{11}$ | $n_{12}$ | $n_{1+}$ |
| 그룹 2 | $n_{21}$ | $n_{22}$ | $n_{2+}$ |
| 합 | $n_{+1}$ | $n_{+2}$ | $n$ |

이때 $p_{ij}$를 $i$번째 그룹에서 $j$번째 결과가 될 확률이라고 하면, 두 집단이 동질적인지에 대한 귀무가설은

$$H_0 : p_{1j} = p_{2j} = p_j \qquad (j = 1,2)$$

로 표현될 수 있다. 두 그룹이 동질적이라면(이 가설이 옳다면), $p_j$의 추정치는 전체 그룹에서 $j$번째 결과를 보이는 비율로 구할 수 있다. 즉,

$$\hat{p_j} = \frac{n_{+j}}{n}$$

가 된다. 따라서 귀무가설이 옳다면 i번째 그룹이면서 j번째 결과를 나타내는 도수는

$$E_{ij} = n_{i+}\hat{p_j} = n_{i+}n_{+j}/n$$

로 기대될 수 있을 것이다. 2차원 분할표에서 기대도수를 계산하는 식은 “행합×열합

/전체합"의 형태가 된다는 것을 기억하자.

귀무가설이 맞다면 실제 관측된 도수($n_{ij}$)가 기대도수($E_{ij}$)와 비슷하게 나타날 것이고, 이들의 차이가 크다면 귀무가설에 대한 반증이 될 것이다. 이에 근거하여 카이제곱통계량(chi-square statistic)은

$$\chi^2 = \sum_{i=1}^{2}\sum_{j=1}^{2}\frac{(n_{ij}-E_{ij})^2}{E_{ij}} = \sum_{i=1}^{2}\sum_{j=1}^{2}\frac{\left(n_{ij}-\dfrac{n_{i+}n_{+j}}{n}\right)^2}{\dfrac{n_{i+}n_{+j}}{n}}$$

로 정의되는데 이 값이 클 때 귀무가설을 기각하면 된다. 귀무가설하에서 이 통계량이 자유도 1인 카이제곱분포를 따른다는 것을 이용하여, 계산된 통계량과 자유도 1인 카이제곱분포의 임계치와 비교하여 검정하게 된다.

보다 일반적으로 그룹의 수가 I, 결과가 J개로 나타나는 I×J 분할표에서 다음과 같은 귀무가설

$$H_0 \ : \ p_{1j} = \cdots = p_{ij} = \cdots = p_{Ij} \qquad (j=1,\cdots,J)$$

에 대한 카이제곱통계량은

$$\chi^2 = \sum_{i=1}^{I}\sum_{j=1}^{J}\frac{(n_{ij}-E_{ij})^2}{E_{ij}} = \sum_{i=1}^{I}\sum_{j=1}^{J}\frac{\left(n_{ij}-\dfrac{n_{i+}n_{+j}}{n}\right)^2}{\dfrac{n_{i+}n_{+j}}{n}}$$

으로 정의되고, 이것이 자유도 $(I-1)\times(J-1)$을 가지는 카이제곱분포를 따른다는 것을 이용하여 가설검정을 하게 된다. 즉, 유의수준을 $\alpha$로 하였을 때 검정절차는 다음과 같다.

$$H_0 \ : \ p_{1j} = \cdots = p_{Ij} \text{ 일 때 } \chi^2 > \chi^2_{\alpha}((I-1)(J-1)) \text{이면 귀무가설 기각}$$

여기서 $\chi^2_{\alpha}((I-1)(J-1))$는 자유도 $(I-1)(J-1)$인 카이제곱분포의 상위 $\alpha$의 확률에 해당하는 임계치를 의미한다.

* 카이제곱검정의 검정통계량은

$$\chi^2 = \sum_{\text{모든 칸}} \frac{(\text{관측도수} - \text{기대도수})^2}{\text{기대도수}}$$

의 형태로 기억해 두는 것이 좋겠다.

**예제 9.11** 예제 9.3의 연구에서 아스피린 그룹과 플라시보 그룹 간에 심근경색 발병비율에 차이가 있는지 검정하여 보자.

심근경색이 발병한 사람수는 $139 + 239 = 378$명이고, 발병하지 않은 사람수는 $10898 + 10795 = 21693$명이다. 따라서 아스피린을 투여받은 환자들에서 심근경색을 일으키는 사람들의 기대도수는

$$E_{11} = 11037 \times 378 / 22071 = 189.03$$

이 된다. 같은 방식으로

$$E_{12} = 11037 \times 21693 / 22071 = 10847.97$$
$$E_{21} = 11034 \times 378 / 22071 = 188.97$$
$$E_{22} = 11034 \times 21693 / 22071 = 10845.03$$

이다. 따라서 카이제곱통계량은

$$\begin{aligned}\chi^2 &= \frac{(139 - 189.03)^2}{189.03} + \frac{(10898 - 10847.97)^2}{10847.97} \\ &+ \frac{(239 - 188.97)^2}{188.97} + \frac{(10795 - 10845.03)^2}{10845.03} \\ &= 26.95\end{aligned}$$

로 계산된다. 자유도는 $(2-1)\times(2-1) = 1$이다. 부록의 분포표에서 유의수준을 5%로 했을 때 자유도가 1인 카이제곱분포에서의 임계치는 $\chi^2_{0.05}(1) = 3.84$이다. 카이제곱검정통계량이 임계치 3.84보다 크므로, 발병비율에 차이가 없다는 귀무가설은 기각된다. 따라서 아스피린과 플라시보를 투여받은 환자들은 심근경색을 일으키는 비율에서 유의한 차이가 있다.

**예제 9.12** 고관절 전치환술(total hip replacement surgery) 시술 후의 근위 DVT(proximal DVT)를 예방하기 위한 세 가지의 예방법을 비교하였다. 세 가지 방법($IPC^2$, $IPC^2$+아스피린, $IPC^2$+와파린)에 따라 DVT 발생여부(yes, no)를 조사한 결과는 다음 표와 같다.

| | Yes | No | 계 |
|---|---|---|---|
| $IPC^2$ | 9 | 67 | 76 |
| $IPC^2$+아스피린 | 7 | 65 | 72 |
| $IPC^2$+와파린 | 6 | 63 | 69 |
| 계 | 22 | 196 | 217 |

이때의 귀무가설과 대립가설은 다음과 같다.

$H_0$ : 각 그룹에서의 발생률이 모두 같다. vs. $H_1$ : 각 그룹의 발생률이 같지 않다.

각 기대치는 $E_{11} = 76 \times 22/217 = 7.705$, $E_{21} = 72 \times 22/217 = 7.300$으로 계산된다. 마찬가지로, $E_{31} = 6.995$, $E_{12} = 68.295$, $E_{22} = 64.700$, $E_{32} = 62.005$이 된다. 카이제곱통계량은

$$\chi^2 = \frac{(9-7.705)^2}{7.705} + \cdots + \frac{(63-62.005)^2}{62.005} = 0.413$$

이 된다. 이의 자유도는 $(2-1)\times(3-1)=2$이다. 부록의 분포표로부터 유의수준을 5%로 했을 때 자유도 2인 카이제곱분포에서의 임계치 $\chi^2_{0.05}(2) = 5.99$임을 알 수 있다. 검정통계량의 값이 더 작게 나왔으므로 5% 유의수준에서 귀무가설은 기각되지 않음을 알 수 있다. 즉, 세 예방법의 치료율에는 유의한 차이가 없다고 할 수 있다.

2차원 분할표에서 연관성에 대한 검정은 SPSS의 『분석(A)』 메뉴 중 『기술통계량(E) → 교차분석(C)』에서 [통계량(S)] 옵션을 선택함으로써 쉽게 구할 수 있다.

**예제 9.13** SPSS를 이용하여 예제 9.12의 DVT 데이터에 대한 카이제곱검정을 해 보자. 예제 9-12.sav 파일을 다운로드 받아서 사용할 수 있다.

① 다음과 같이 예방법, DVT 발생여부에 대한 환자수가 입력되었고, 분석에 앞서 환자수는 가중 케이스로 지정하였다(가중 케이스에 대한 자세한 설명은 2.4절을 참조하자). 예방법과 DVT 발생 변수값은 아래 「변수값 설명」창을 참조하여라.

② 『분석(A) → 기술통계량(E) → 교차분석(C)』을 선택하여 「교차분석」창에서 그룹변수인 예방법을 [행(O)]으로 결과인 DVT 발생여부를 [열(C)]로 옮긴다.

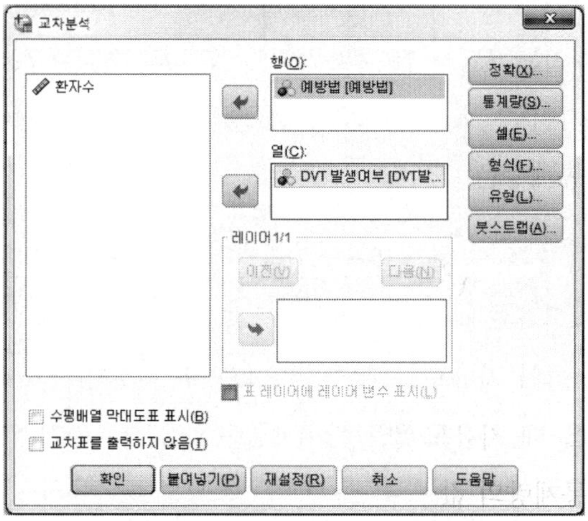


③ 〈통계량(S)〉 버튼을 눌러 '카이제곱(H)'을 체크하고 〈계속(C)〉을 누른다.

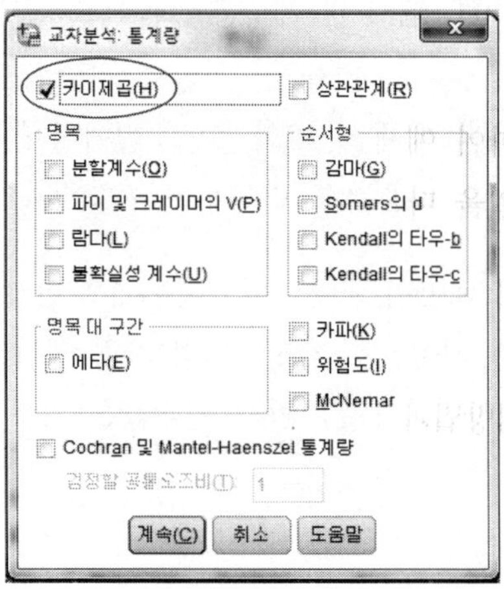

④ 교차표의 셀에 출력될 수치들을 추가하고 싶다면 〈셀(Ⓔ)〉 버튼을 눌러 원하는 옵션을 선택한다. 본 예제에서는 아래와 같이 '관측빈도(Ⓞ)', '기대빈도(Ⓔ)'를 체크하고 [퍼센트] 중 '행(Ⓡ)'에 체크하였다. 〈계속(Ⓒ)〉을 누르고 나와, 〈확인〉을 누른다.

⑤ 결과는 다음과 같다. 세 가지 예방법에 대한 DVT 발생여부의 교차표는 아래와 같다. 각 셀에 빈도(관측빈도), 기대빈도, 예방법의 %(행퍼센트)가 출력되었다. 행퍼센트는 행변수인 각 예방법의 합계를 기준으로 그에 대한 DVT 발생여부의 분율을 계산한 결과이다. 각 예방법별 DVT 발생확률은 순서대로 11.8%(=9/76 × 100), 9.7%(=7/72 × 100), 8.7%(=6/69 × 100)임을 알 수 있다.

**예방법 * DVT 발생여부 교차표**

| | | | DVT 발생여부 | | 전체 |
|---|---|---|---|---|---|
| | | | Yes | No | |
| 예방법 | IPC2 | 빈도 | 9 | 67 | 76 |
| | | 기대빈도 | 7.7 | 68.3 | 76.0 |
| | | 예방법 중 % | 11.8% | 88.2% | 100.0% |
| | IPC2+아스피린 | 빈도 | 7 | 65 | 72 |
| | | 기대빈도 | 7.3 | 64.7 | 72.0 |
| | | 예방법 중 % | 9.7% | 90.3% | 100.0% |
| | IPC2+와파린 | 빈도 | 6 | 63 | 69 |
| | | 기대빈도 | 7.0 | 62.0 | 69.0 |
| | | 예방법 중 % | 8.7% | 91.3% | 100.0% |
| 전체 | | 빈도 | 22 | 195 | 217 |
| | | 기대빈도 | 22.0 | 195.0 | 217.0 |
| | | 예방법 중 % | 10.1% | 89.9% | 100.0% |

⑥ 세 예방법의 연관성검정결과는 'Pearson 카이제곱'으로 출력된다. 카이제곱검정통계량은 0.413이고 유의확률은 0.813으로 5% 유의수준에서 귀무가설을 기각할 수 없다.

**카이제곱 검정**

| | 값 | 자유도 | 근사 유의확률 (양측검정) |
|---|---|---|---|
| Pearson 카이제곱 | .413[a] | 2 | .813 |
| 우도비 | .410 | 2 | .815 |
| 선형 대 선형결합 | .396 | 1 | .529 |
| 유효 케이스 수 | 217 | | |

a. 0 셀 (0.0%)은(는) 5보다 작은 기대 빈도를 가지는 셀입니다. 최소 기대빈도는 7.00입니다.

위에서 제시한 예제들은 모두 가중치변수를 사용한 것이었지만, 반드시 그럴 필요는 없다. 다음과 같이 데이터의 수가 이미 요약되어 있지 않고 각 관측치별로 입력되어 있는 경우를 생각해 보자. 가중치변수를 선언하는 단계만 생략하고 나머지 단계는 동일하게 설정한다. 결과로 교차표도 구하고 카이제곱검정도 구할 수 있다.

**예제 9.14** 다음은 사업장의 종업원 수에 따른 AIDS교육제공 유무에 대한 자료이다. 사업장의 크기와 AIDS교육유무에 대해 관계가 있는지 유의수준 5%로 검정해 보자.

| 사업장 | 종업원 수 | 교육 유무 | 사업장 | 종업원 수 | 교육 유무 | 사업장 | 종업원 수 | 교육 유무 |
|---|---|---|---|---|---|---|---|---|
| 1 | 〈100 | 무 | 11 | 100+ | 유 | 21 | 100+ | 무 |
| 2 | 100+ | 유 | 12 | 100+ | 유 | 22 | 〈100 | 유 |
| 3 | 100+ | 유 | 13 | 〈100 | 무 | 23 | 100+ | 무 |
| 4 | 100+ | 무 | 14 | 100+ | 유 | 24 | 〈100 | 유 |
| 5 | 100+ | 유 | 15 | 〈100 | 무 | 25 | 100+ | 무 |
| 6 | 〈100 | 무 | 16 | 100+ | 유 | 26 | 100+ | 유 |
| 7 | 〈100 | 유 | 17 | 100+ | 무 | 27 | 〈100 | 무 |
| 8 | 100+ | 유 | 18 | 100+ | 유 | 28 | 〈100 | 유 |
| 9 | 〈100 | 무 | 19 | 〈100 | 무 | 29 | 〈100 | 유 |
| 10 | 〈100 | 무 | 20 | 〈100 | 무 | | | |

① 다음과 같이 각 사업장에 대해 종업원수와 AIDS교육유무를 입력한다. 다운로드 받은 파일 중 예제 9-14.sav를 사용할 수 있다.

|  | 사업장 | 종업원수 | AIDS교육 |
|---|---|---|---|
| 1 | 1 | 1 | 2 |
| 2 | 2 | 2 | 1 |
| 3 | 3 | 2 | 1 |
| 4 | 4 | 2 | 2 |
| 5 | 5 | 2 | 1 |
| 6 | 6 | 1 | 2 |
| 7 | 7 | 1 | 1 |
| 8 | 8 | 2 | 1 |
| 9 | 9 | 1 | 2 |
| 10 | 10 | 1 | 2 |
| 11 | 11 | 2 | 1 |
| 12 | 12 | 2 | 1 |
| 13 | 13 | 1 | 2 |
| 14 | 14 | 2 | 1 |
| 15 | 15 | 1 | 2 |
| 16 | 16 | 2 | 1 |

② 『분석(A) → 기술통계량(E) → 교차분석(C)』을 선택하여 「교차분석」창에서 종업원수를 [행(O)]으로 AIDS교육을 [열(C)]로 옮긴다. 〈통계량(S)〉 버튼을 눌러 '카이제곱(H)'를 체크하고 〈계속〉을 누른다.

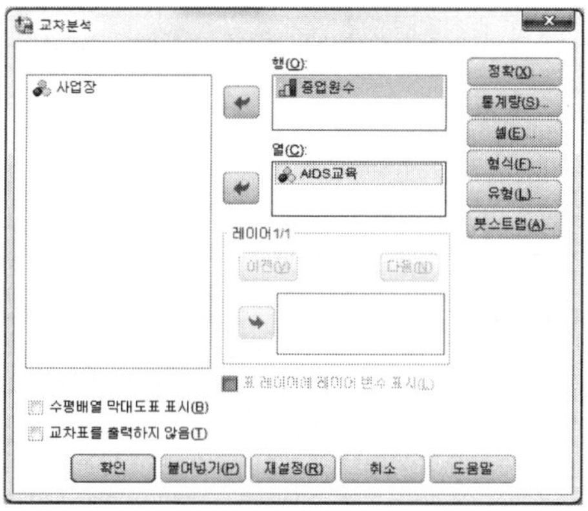

③ 〈셀(E)〉 버튼을 눌러, 교차표의 셀에 출력될 수치들을 체크한다.

④ 결과를 보면 종업원수가 100명 미만인 사업장에서는 교육율이 35.7%이고, 100명 이상의 사업장에서는 66.7%로 종업원수가 많은 사업장에서의 교육율이 비교적 높은 경향을 보였다.

**종업원수 * AIDS교육 교차표**

| | | | AIDS교육 | | 전체 |
|---|---|---|---|---|---|
| | | | 실시 | 미실시 | |
| 종업원수 | 100명 미만 | 빈도 | 5 | 9 | 14 |
| | | 기대빈도 | 7.2 | 6.8 | 14.0 |
| | | 종업원수 중 % | 35.7% | 64.3% | 100.0% |
| | 100명 이상 | 빈도 | 10 | 5 | 15 |
| | | 기대빈도 | 7.8 | 7.2 | 15.0 |
| | | 종업원수 중 % | 66.7% | 33.3% | 100.0% |
| 전체 | | 빈도 | 15 | 14 | 29 |
| | | 기대빈도 | 15.0 | 14.0 | 29.0 |
| | | 종업원수 중 % | 51.7% | 48.3% | 100.0% |

⑤ 그러나 카이제곱검정통계량은 2.778이고 유의확률은 0.096으로 5% 유의수준에서 귀무가설을 기각할 수 없다. 따라서 사업장의 종업원수와 AIDS교육유무는 연관이 없다고 말할 수 있다.

**카이제곱 검정**

| | 값 | 자유도 | 근사 유의확률 (양측검정) | 정확 유의확률 (양측검정) | 정확 유의확률 (단측검정) |
|---|---|---|---|---|---|
| Pearson 카이제곱 | 2.778[a] | 1 | .096 | | |
| 연속성 수정[b] | 1.677 | 1 | .195 | | |
| 우도비 | 2.823 | 1 | .093 | | |
| Fisher의 정확검정 | | | | .143 | .097 |
| 선형 대 선형결합 | 2.683 | 1 | .101 | | |
| 유효 케이스 수 | 29 | | | | |

a. 0 셀 (0.0%)은(는) 5보다 작은 기대 빈도를 가지는 셀입니다. 최소 기대빈도는 6.76입니다.

b. 2x2 표에 대해서만 계산됨

* '연속성수정'은 범주형 자료를 연속형분포인 카이제곱분포로 계산함으로써 발생되는 차이를 보정하기 위한 것으로서 예이츠의 연속성수정(Yate's continuity correction)이라고도 한다. 위의 예에서 연속성을 수정하기 전의 카이제곱값은 2.778이고, 연속성수정 후에는 1.677이 되어 5% 유의수준하에서 유의하지 않게 된다(p값=0.195). 연속성은 2×2 분할표에서 빈번하게 사용되고 있으나 필수적인 것은 아니다. SPSS에서는 두 변수가 모두 2개의 범주를 가진 2×2 분할표일 때 통계량으로 '카이제곱(H)'을 선택하기만 하면 자동적으로 이 값도 계산해준다.

### 9.2.3 Fisher의 정확검정

카이제곱검정은 표본의 크기가 클 때 통계량이 카이제곱분포로 근사함을 이용하는 것이다. 그런데 표본의 크기가 작을 때, 무엇보다 기대도수가 작을 때에는 카이제곱통계량의 분모가 작아지므로 통계량이 부당하게 커지는 결과를 낳게 된다. 따라서 기대도수가 작은 경우에는 카이제곱검정과 같이 근사분포를 이용하는 것은 타당하지 않게 되며, 정확한 p-값이 요구된다.

절대적인 기준은 없지만, 일반적으로 기대도수가 5 미만인 칸이 전체 칸수의 20%를 초과할 때에는 카이제곱검정을 쓰지 않는 것이 좋겠다. 이러한 경우에는 피셔의 정확검정(Fisher's exact test)을 사용할 수 있다.

**예제 9.15** 예제 9.14의 자료를 이용하여 Fisher의 정확검정을 해 보자.

① 「교차분석」창에서 〈정확(X)〉단추를 누르고 나온 「정확검정」창에서 'Monte Carlo'나 '정확검정(E)'을 선택하고 〈계속〉을 누르면 정확한 검정결과가 제공된다. 〈통계량(S)〉으로는 '카이제곱(H)'을 선택한다.

* SPSS에서는 2×2 분할표일 때 통계량으로 '카이제곱(H)'을 선택하기만 하면 자동적으로 Fisher의 정확검정 결과도 계산해준다.

② 다음과 같이 양측검정 시의 유의확률과 단측검정 시의 유의확률이 각각 주어진다. 양측검정 결과 정확한 p-값이 0.143으로 유의수준 5%하에서 유의하지 않다.

카이제곱 검정

| | 값 | 자유도 | 근사 유의확률 (양측검정) | 정확 유의확률 (양측검정) | 정확 유의확률 (단측검정) | 포인트 확률 |
|---|---|---|---|---|---|---|
| Pearson 카이제곱 | 2.778[a] | 1 | .096 | .143 | .097 | |
| 연속성 수정[b] | 1.677 | 1 | .195 | | | |
| 우도비 | 2.823 | 1 | .093 | .143 | .097 | |
| Fisher의 정확검정 | | | | .143 | .097 | |
| 선형 대 선형결합 | 2.683[c] | 1 | .101 | .143 | .097 | .078 |
| 유효 케이스 수 | 29 | | | | | |

a. 0 셀 (0.0%)은(는) 5보다 작은 기대 빈도를 가지는 셀입니다. 최소 기대빈도는 6.76입니다.

b. 2x2 표에 대해서만 계산됨

c. 표준화 통계량은 -1.638입니다.

### 9.2.4 추세분석

2차원 분할표에서 행과 열에 해당되는 항목이 연령대, 질환의 위중도, 만족도 등의 순서를 가지는 순서형 척도라면, 9.2.2절에서 설명한 행확률(또는 열확률)의 분포가 동질적인지에 대한 검정보다는, 행(또는 열)의 범주 순서에 따른 경향에 대한 연구를 고려할 수 있다. 예컨대, 질환의 위중도가 증가함에 따라 치료효과가 달라지는지에 대한 연구가 가능하다. 이런 경우 적용할 수 있는 분석을 추세분석(trend test), 또는 경향성 분석이라고 한다.

**예제 9.16** 비만정도가 조기초경에 영향을 미치는지를 알아보고자 하는 연구결과는 다음과 같다. 비만정도는 삼두근의 두께(skin fold)를 측정하여 세 그룹(Small/Intermediate/Large)으로 나누었고, 초경시기는 12세 미만과 12세 이상으로 구분하였다.

| 초경시기 | 비만정도 | | | 합 |
|---|---|---|---|---|
| | Small | Intermediate | Large | |
| 12세 미만 | 15 | 29 | 36 | 80 |
| 12세 이상 | 156 | 197 | 150 | 503 |
| 합 | 171 | 226 | 186 | 583 |

비만의 수준이 높을수록 초경의 시기가 빨라지는지가 연구의 목적이므로 귀무가설과 대립가설은 다음과 같다.

$$H_0 \ : \text{비만수준과 초경의 시기는 연관성이 없다.}$$
$$\text{vs. } H_1 \ : \text{비만수준이 높을수록 초경의 시기는 빨라진다.}$$

이처럼 행에 있는 범주의 수준이 높아짐에 따라 열에 있는 범주의 경향에 영향을 미치는지를 검정하는 것이 추세분석이다. 일반적으로 추세분석은 항목의 순서를 고려한 상관계수를 이용하거나, 각 항목에 점수를 부여하고 선형적인 추세를 측정하여 분석을 실시하게 된다. 추세분석은 행과 열이 모두 순서형 척도이거나, 행 또는 열 중 한쪽이 순서형이고 다른 한쪽이 이항형의 명목형 척도일 때 적용이 가능하다.

SPSS에서는 연관성검정을 위한 카이제곱분석에서와 같이 『분석(A)』 메뉴에서 『기술통계량(E) → 교차분석(C)』을 선택하여 추세분석을 할 수 있다. 결과해석 시 '선형 대 선형결합' 부분에 대한 결과를 참조하면 된다.

**예제 9.17** 예제 9.16의 자료로 추세검정을 실시하여 보자. 다운로드한 파일 중 예제 9-16.sav에서 사람수를 가중 케이스로 지정하여 사용한다.

① 『분석(A) → 기술통계량(E) → 교차분석(C)』을 선택하여 「교차분석」창에서 그룹변수인 초경연령을 [행(O)]으로 결과인 비만정도를 [열(C)]로 옮긴다. 〈통계량〉 버튼을 눌러 '카이제곱(H)'을 체크하고 〈계속(C)〉을 누른다.

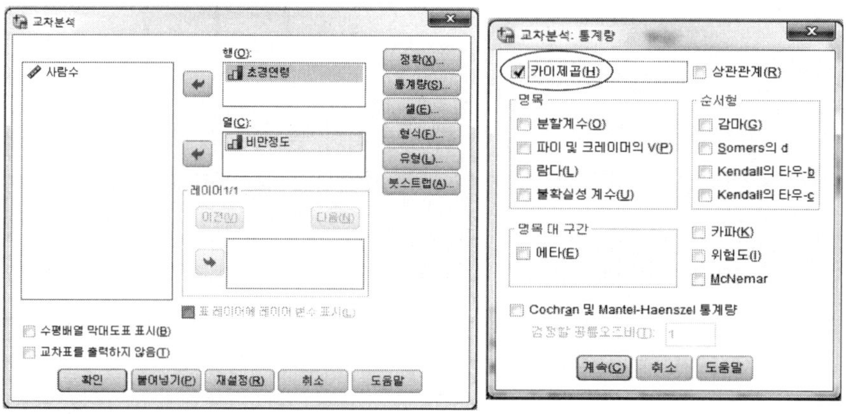

② 〈정확(X)〉 버튼을 눌러 '정확검정(E)'을 체크하고 〈계속(C)〉을 누르고 나와서 〈확인〉을 누른다.

③ 카이제곱검정 표에서 '선형 대 선형결합' 부분이 추세분석의 결과이다. 검정통계량은 8.483이고 이에 대한 양측 유의확률은 0.004로 귀무가설을 기각할 수 있다. 예제 9.15에서 세운 가설과 같이 단측검정으로 하고 싶다면 '정확 유의확률(단측검정)' 부분을 읽으면 된다.

**카이제곱 검정**

| | 값 | 자유도 | 근사 유의확률 (양측검정) | 정확 유의확률 (양측검정) | 정확 유의확률 (단측검정) | 포인트 확률 |
|---|---|---|---|---|---|---|
| Pearson 카이제곱 | 8.675[a] | 2 | .013 | .014 | | |
| 우도비 | 8.646 | 2 | .013 | .014 | | |
| Fisher의 정확검정 | 8.493 | | | .014 | | |
| 선형 대 선형결합 | 8.483[b] | 1 | .004 | .004 | .002 | .001 |
| 유효 케이스 수 | 583 | | | | | |

a. 0 셀 (0.0%)은(는) 5보다 작은 기대 빈도를 가지는 셀입니다. 최소 기대빈도는 23.46입니다.

b. 표준화 통계량은 -2.913입니다.

## 9.3 맥니마 검정

지금까지 설명한 분석방법은 각 관측치가 독립인 경우를 생각한 것이다. 그러나 때로는 범주형 자료에서도 짝지은 t-검정에서와 같이 한 개체에 대해 전후 두 번 조사하였거나 비슷한 짝을 이루어서 비교하는 경우가 있다. 예를 들어, 어떤 건강식품의 섭취 전과 후에 각각 건강상태를 양호 또는 불량으로 판정하였다고 하자. 이때 한 사람에 대해서 섭취 전후를 조사한 것이므로, 이는 독립표본이 아니며 앞절에서 설명한 연관성 검정(카이제곱검정)을 사용할 수 없다.

만약 건강식품의 효과가 매우 좋다면 섭취 전의 상태가 불량이었으나 후에 양호로 바뀐 사람의 수가 그 반대의 경우보다 압도적으로 많을 것이다. 하지만 약물이 아무 효과가 없다면 전후의 변동은 모두 우연한 결과이므로, 섭취 전 불량이었다가 양호가 된 사람수나 반대로 섭취 전에 양호였다가 후에 불량으로 판정되는 사람수나 비슷할 것이다. 맥니마 검정(McNemar test)은 이러한 생각에 근거하여 만들어진 방법이다. 일반적으로 다음과 같은 $2 \times 2$ 분할표를 생각해 보자.

| 처리전 | 처리후 | | 합 |
|---|---|---|---|
| | 결과1 | 결과2 | |
| 결과1 | $n_{11}$ | $n_{12}$ | $n_{1+}$ |
| 결과2 | $n_{21}$ | $n_{22}$ | $n_{2+}$ |
| 합 | $n_{+1}$ | $n_{+2}$ | $n$ |

이 분할표에서 전후의 변동이 우연하여 결과에 영향을 미치지 못한다면, 전에 결과 1이었다가 결과 2가 된 수($n_{12}$)나, 반대로 결과 2였다가 결과 1이 된 수($n_{21}$)가 비슷할 것이다. 그러나 $n_{12}$와 $n_{21}$의 차이가 크다면, 처리가 결과에 영향을 미친다고 볼 수 있다. 이에 근거하여 McNemar(1947)가 제안한 검정통계량은

$$Q_M = \frac{(n_{12} - n_{21})^2}{(n_{12} + n_{21})}$$

이다. 또는 여기에 연속성수정을 하여

$$Q_M = \frac{(|n_{12} - n_{21}| - 1)^2}{(n_{12} + n_{21})}$$

을 사용하기도 한다. 이때 $Q_M$은 처리가 결과에 영향을 미치지 못한다는 귀무가설하에서 자유도가 1인 근사 카이제곱분포를 따른다. 따라서 유의수준을 $\alpha$로 하였을 때 맥니마 검정은 $Q_M > \chi^2_\alpha(1)$가 되면 귀무가설을 기각한다. 여기서 $\chi^2_\alpha(1)$은 자유도가 1인 카이제곱 분포의 상위 $\alpha$의 확률에 해당하는 임계치이다.

**예제 9.18** 유방암 절제수술 후 기본치료 외에 6개월간의 추가치료를 하는 것이 환자의 생존에 도움이 되는지 알아보고자 한다. 연령과 임상적인 상태가 유사한 환자들을 짝짓기하여 621쌍의 연구대상을 확보하였다. 각 쌍에서 랜덤하게 한 명에게는 기본치료만을 실시하고, 나머지 한 명에게는 추가치료를 실시한 다음 5년 후에 생존여부를 조사한 결과는 다음과 같다.

| 추가치료 | 기본치료 | | 합 |
|---|---|---|---|
| | 생존 | 사망 | |
| 생존 | 510 | 16 | 526 |
| 사망 | 5 | 90 | 95 |
| 합 | 515 | 106 | 621 |

이때의 귀무가설과 대립가설은 다음과 같다.

$H_0$: 두 치료법의 5년 생존율은 같다.

vs. $H_1$: 두 치료법의 5년 생존율은 같지 않다.

비교의 대상이 되는 두 그룹은 서로 독립인 표본이 아니고 짝지은 표본이므로, 맥니마 검정을 고려할 수 있다. 621쌍 중 기본치료만 받은 쪽은 5년 내에 사망했으나 추

가치료를 받은 쪽이 생존한 경우는 16쌍이다. 반대로 기본치료만 받은 쪽이 생존했고 추가치료를 받은 쪽이 사망한 경우는 5쌍에 불과하다. 이 차이가 유의한 것인지 알아보기 위한 맥니마 검정통계량은

$$Q_M = \frac{(16-5)^2}{(16+5)} = 5.76$$

이다. 이는 임계치 $\chi^2_{0.05}(1) = 3.84$보다 크므로 5% 유의수준하에서 귀무가설을 기각할 수 있다. 따라서 두 치료법은 5년 생존율이 같지 않다고 할 수 있다.

SPSS에서는 「교차분석」에서 통계량으로 '카이제곱(H)' 대신 'McNemar'를 선택하면 쉽게 맥니마 검정을 할 수 있다. 다만, 검정통계량은 계산해주지 않고 유의확률(p-값)만을 제공한다.

**예제 9.19** SPSS를 이용하여 예제 9.18의 유방암 데이터에 대한 맥니마 검정을 실시하여 보자. 다운로드한 파일 중 예제 9-18.sav를 사용하면 된다. 분석에 앞서 환자수는 가중 케이스로 지정하여야 한다.

| | 기본치료 | 추가치료 | 환자수 |
|---|---|---|---|
| 1 | 1 | 1 | 510 |
| 2 | 1 | 2 | 5 |
| 3 | 2 | 1 | 16 |
| 4 | 2 | 2 | 90 |

① 『분석(A) → 기술통계량(E) → 교차분석(C)』을 선택하여 「교차분석」창에서 그룹변수인 추가치료를 [행(O)]으로, 결과인 기본치료를 [열(C)]로 옮긴다.

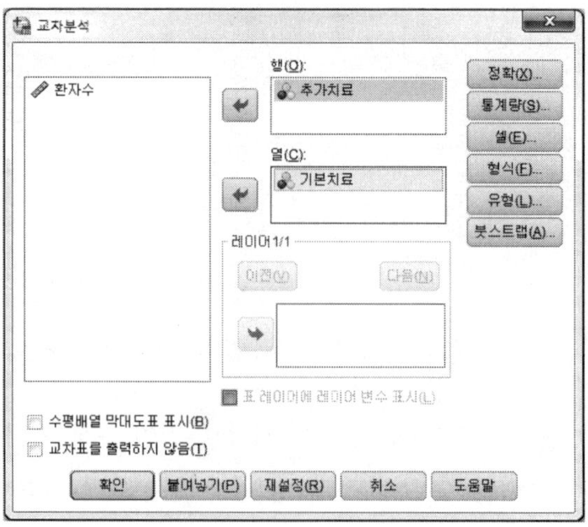

② 〈통계량(S)〉 버튼을 눌러 'McNemar'를 체크하고 〈계속(C)〉을 누르고 나와, 〈확인〉을 누른다.

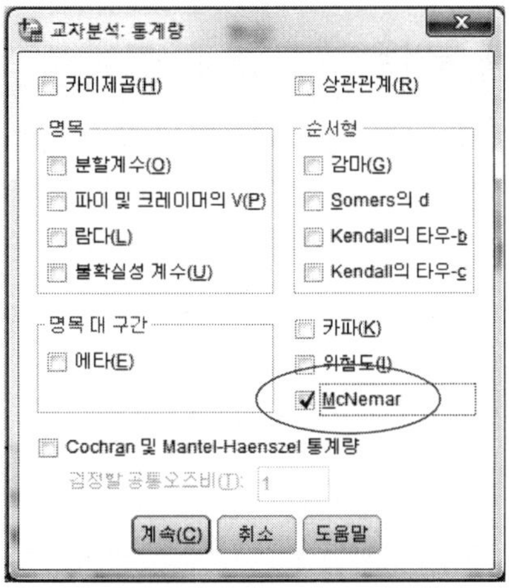


③ 추가치료와 기본치료에 대한 교차표와 함께 '카이제곱검정' 결과에 맥니마 검정결과를 보여준다. 양측검정 유의확률이 0.027이므로 5% 유의수준에서 귀무가설을 기각할 수 있다.

**추가치료 * 기본치료 교차표**

빈도

| | | 기본치료 | | 전체 |
|---|---|---|---|---|
| | | 5년 생존 | 5년 내 사망 | |
| 추가치료 | 5년 생존 | 510 | 16 | 526 |
| | 5년 내 사망 | 5 | 90 | 95 |
| 전체 | | 515 | 106 | 621 |

**카이제곱 검정**

| | 값 | 정확 유의확률 (양측검정) |
|---|---|---|
| McNemar 검정 | | .027[a] |
| 유효 케이스 수 | 621 | |

a. 이항분포를 사용함.

## 9.4 진단법의 평가

### 9.4.1 민감도와 특이도

의학연구에서 종종 관심의 대상이 되는 것은 어떤 진단기법이 있을 때 그것이 얼마나 정확한가를 평가하는 것이다. 예를 들어 올림픽 경기 후 소변검사를 통해 약물사용여부를 테스트한다고 하자. 바람직한 진단법이라면 실제 약물을 사용한 사람들을 양성으로 판정할 확률이 높아야 할 것이다. 또 한편으로는 약물을 사용하지 않은 사람들은 음성으로 판정될 확률이 높아야 할 것이다.

이와 같이 진단기법의 정확도를 평가하는 데에는 두 가지 측면을 생각할 수 있다. 전자와 같이 이 진단법을 사용했을 때 실제로 이에 해당하는 사람들을 얼마나 잘 찾아내는가 하는 기준을 민감도(sensitivity)라고 한다. 어떤 진단법이 민감도가 높다면, 그 진단은 위음성률(false-negative rate), 즉 질병에 걸린 사람을 음성으로 잘못 진단할 확률이 낮다는 것을 의미한다. 또한 후자와 같이 해당되지 않는 사람들을 얼마나 잘 분류하는가 하는 기준을 특이도(specificity)라고 한다. 특이도가 높다면 그 진단법은 위양성률(false-positive rate), 즉 질병에 걸리지 않은 사람들을 양성으로 잘못 진단할 확률이 낮다. 따라서 어떤 진단법의 정확도가 높으려면 민감도와 특이도가 모두 높아서, 두 가지 형태의 오류(위음성과 위양성)가 작아야 한다.

어떤 진단법의 민감도와 특이도는 질병이 있는 사람들의 집단과 질병이 없는 사람들의 집단을 정하여 그들에게 테스트를 시행하여 얻어진다. 민감도는 질병이 있는 사람들이 양성으로 나타나는 비율을 계산하여 구할 수 있으며, 특이도는 질병이 없는 사람들이 음성으로 나타나는 비율로 계산된다. 이때 질병의 여부와 진단결과는 다음과 같은 2×2 분할표로 정리할 수 있다. 통상적으로 열방향으로 질병(일반적으로 어떤 상태)을 표시하고 행방향으로 진단을 표시한다. 여기서 TP, FP, FN, TN은 각각 true-positive, false-positive, false-negative, true-negative를 가리킨다. 민감도와 특이도를 계산하는 식은 다음과 같이 쓸 수 있다. 완벽한 진단법이라면 두 가지 형태의 오류(FP, FN)가 일어나는 도수가 모두 0이 되고 민감도와 특이도는 모두 1이 될 것이다.

| 진단 | 질병 | |
|---|---|---|
| | 양성 D+ | 음성 D− |
| 양성 T+ | TP | FP |
| 음성 T− | FN | TN |

$$민감도 = \frac{TP}{TP+FN}$$

$$특이도 = \frac{TN}{FP+TN}$$

**예제 9.20** 다음의 표는 한 연구소에서 소변검사를 통해 코카인(cocaine)사용여부를 판정하는 방법이 얼마나 정확한지 알아보기 위해 시행한 연구로부터 얻은 것이다.

| 실제 / 소변검사결과 | 코카인 | |
|---|---|---|
| | 유 D+ | 무 D− |
| 양성판정 T+ | 150(TP) | 8(FP) |
| 음성판정 T− | 266(FN) | 785(TN) |
| 계 | 416 | 793 |

이 검사에서 민감도는 코카인을 사용한 사람들을 양성으로 얼마나 잘 분류했는가에 대한 기준으로 150/416=0.36(36%)이다. 한편 특이도는 코카인을 사용하지 않은 사람들을 음성으로 옳게 판정하는 비율로서 785/793=0.99(99%)가 된다.

### 9.4.2 양성예측도와 음성예측도

민감도와 특이도는 그 자체로서는 특정 환자에 대한 진단기법의 가치를 말할 수는 없다. 예컨대 어떤 진단절차에 의해 한 환자를 암으로 판정하였다고 하자. 물론 이 진단기법은 100% 완전한 것은 아닐 것이다. 그렇다면 그 사람을 암으로 진단했을 때 실제로 그 사람이 암에 걸려 있을 확률은 얼마일까? 이를 추정하는 방법은 트리기법(tree method)이나 우도비를 이용한 방법 등 여러 가지가 있으나(cf. Dawson- Saunders and Trapp, 1994), 여기서는 베이즈 정리(Bayes' theorem)를 이용하여 이러한 사후확률을 계산하는 방법을 소개하기로 한다.

우리가 관심 있는 것은 양성(T+)으로 판정되었을 때 실제로 병에 걸렸을(D+) 조건부 확률, 즉 P(D+|T+)이다. 베이즈 정리를 이용하면 이는 다음과 같은 식으로 표현된다.

$$P(D+|T+) = \frac{P(T+|D+)P(D+)}{P(T+|D+)P(D+)+P(T+|D-)P(D-)}$$

이를 양성예측도(predicted value of positive test)라고 한다. 여기서 P(T+|D+)는 병에 걸렸을 때 양성으로 판정할 확률이므로 곧 진단법의 민감도를 의미하며,

$$P(T+|D-) = 1-P(T-|D-) = 1-특이도$$

가 된다. 또한 그 질병의 유병률을 조사하여 P(D+)와 P(D−)를 정하면 된다. 이를 풀이하면 다음과 같은 식으로 표현된다.

$$양성예측도 = \frac{민감도 \times 유병률}{[민감도 \times 유병률] + [(1 - 특이도) \times (1 - 유병률)]}$$

같은 방식으로 음성으로 판정되었을 때 실제로 병에 걸리지 않았을 확률 P(T−|D−)는 다음과 같다.

$$P(D-|T-) = \frac{P(T-|D-)P(D-)}{P(T-|D-)P(D-) + P(T-|D+)P(D+)}$$

이를 음성예측도(predicted value of negative test)라고 하며 다음과 같이 계산된다.

$$음성예측도 = \frac{특이도 \times (1 - 유병률)}{특이도 \times (1 - 유병률) + (1 - 민감도) \times 유병률}$$

**예제 9.21** 다음은 흉부 X-ray를 이용한 판정이 결핵을 진단하는 데 얼마나 유용한가를 알아보기 위한 연구로부터 나온 결과이다.

| X-ray | 결핵 | | 계 |
|---|---|---|---|
| | 유 D+ | 무 D− | |
| 양성 판정 T+ | 22 | 51 | 73 |
| 음성 판정 T− | 8 | 1739 | 1747 |
| 계 | 30 | 1790 | 1820 |

민감도와 특이도는 각각

$$민감도=P(T+|D+) = 22/30 = 0.7333$$
$$특이도=P(T-|D-) = 1739/1790 = 0.9715$$

로 계산된다.

1,820명이 전체 집단에서 랜덤하게 뽑힌 것이 아니므로 이에 근거하여 30/1820=0.00165식으로 유병률을 계산할 수는 없다. 대신 이전의 연구에서 인구 100,000명당 9.3명꼴로 결핵이 발생된 것으로 보고된 바 있다고 한다. 이에 근거하면 유병률 P(D+)=0.000093이라고 할 수 있다. 따라서 양성예측도는

$$양성예측도 = \frac{0.7333 \times 0.000093}{(0.7333 \times 0.000093) + (0.0285 \times 0.999907)} = 0.00239$$

가 된다. 즉 X-ray 진단에 의해 양성으로 판정된 사람 중 0.239%만이 실제 결핵환자로 추정된다. 한편 음성예측도는

$$\text{음성예측도} = \frac{0.9715 \times 0.999907}{0.9715 \times 0.999907 + 0.2667 \times 0.000093} = 0.999974$$

로 음성으로 판정받은 사람의 99.9974%는 결핵환자가 아니라고 할 수 있다.

### 9.4.3 판정기준의 설정과 ROC 곡선

진단을 위해 임상검사를 했을 때 대부분의 검사들은 어떤 연속적인 수치로서 측정되어진다. 이때 연구자가 이러한 수치로부터 음성과 양성을 가르는 분기점(cutoff point)을 어떻게 정하느냐에 따라 민감도와 특이도가 달라지게 된다.

실제 질병을 가진 사람들과 정상인 사람들의 어떤 화학 검사수치가 각각 다음 그림과 같은 정규분포를 따른다고 가정하여 보자. 두 분포가 어느 정도 겹쳐지므로 완벽한 판정은 어려울 것이다. 이때 그림 ①의 경우에서 음성과 양성을 가르는 값을 60으로 한다면, 정상이면서도 양성으로 잘못 판정되는 부분(FP)과 질병이 있음에도 음성으로 잘못 판정되는 부분(FN)이 각각 비슷한 비율로 발생될 것이다. 즉 이 경우의 민감도와 특이도는 비슷한 수준(예컨대 모두 80%)을 갖게 된다. 그런데 만약 연구자가 그림 ②와 같이 분기점을 55로 한다면 질병이 있음에도 음성으로 판정되는 부분(FN)은 더 작아지는 반면 정상이면서도 양성으로 잘못 판정되는 부분(FP)은 커지게 된다. 즉, 이때의 민감도는 더 커지는 대신 특이도는 더 작아진다(예컨대 민감도 90%, 특이도 70%).

①　　　　　　　　　　②

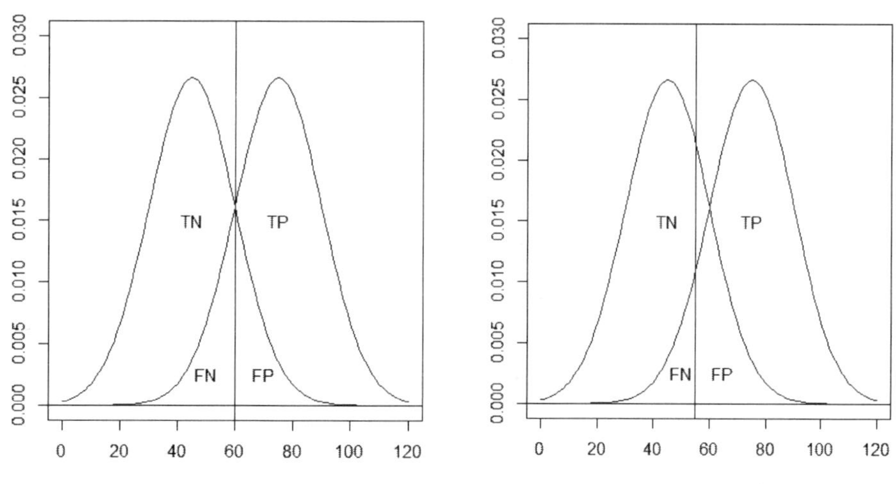


sensitivity=0.8, specificity=0.8　　　　sensitivity=0.9, specificity=0.7

이와 같이 민감도와 특이도는 서로 간에 교역(trade-off)하는 성질이 있게 된다. 이러한 관계를 잘 나타내 주는 것이 ROC(receiver operating characteristic) 곡선이다. ROC 곡선은 여러 개의 판정기준점에 대해 각각 민감도와 특이도를 계산한 후에, 가로축을 위양성률(=1-특이도)로 하고, 세로축을 민감도로 하여 그래프를 그린 것이다. 그래프에서 더 왼쪽에 있으면서 더 위에 있는 점일수록 민감도가 커지고 위양성률은 작아지므로 더 정확한 진단이 된다.

예를 들어 이식거부반응(transplant rejection)을 예측하기 위한 혈청 크레아티닌(serum creatinine) 수준을 1.2를 기준점으로 했을 때부터 2.9를 기준점으로 했을 때까지 18개의 기준점에 대해 민감도와 특이도를 계산한 표가 다음과 같다고 하자. ROC 곡선은 그림 ③과 같이 된다. 예를 들어 그림에서 A와 B로 표시된 두 점을 비교하여 보자. 점 B는 특이도는 높으나 민감도는 낮은 점이고(민감도=0.394, 특이도=0.811), 점 A는 상대적으로 특이도는 더 낮지만 민감도는 더 높다(민감도=0.818, 특이도=0.380). 그림의 점 A는 음성과 양성의 기준을 1.5mg%로 한 것이고 B는 2.3mg%로 한 것이다. 민감도가 더 높은 점을 선택할 것인가 특이도가 높은 점을 선택할 것인가 하는 문제는 각각의 사안별로 어떤 오류가 더 심각한가를 판단하여 결정해야 할 것이다.

| 혈청 크레아티닌 | 민감도 | 특이도 | 혈청 크레아티닌 | 민감도 | 특이도 |
|---|---|---|---|---|---|
| 1.2 | 0.939 | 0.123 | 2.1 | 0.485 | 0.773 |
| 1.3 | 0.939 | 0.203 | 2.2 | 0.485 | 0.803 |
| 1.4 | 0.909 | 0.281 | 2.3 | 0.394 | 0.811 |
| 1.5 | 0.818 | 0.380 | 2.4 | 0.394 | 0.843 |
| 1.6 | 0.758 | 0.461 | 2.5 | 0.364 | 0.870 |
| 1.7 | 0.727 | 0.535 | 2.6 | 0.333 | 0.891 |
| 1.8 | 0.636 | 0.619 | 2.7 | 0.333 | 0.894 |
| 1.9 | 0.636 | 0.711 | 2.8 | 0.333 | 0.896 |
| 2.0 | 0.545 | 0.766 | 2.9 | 0.303 | 0.909 |

③

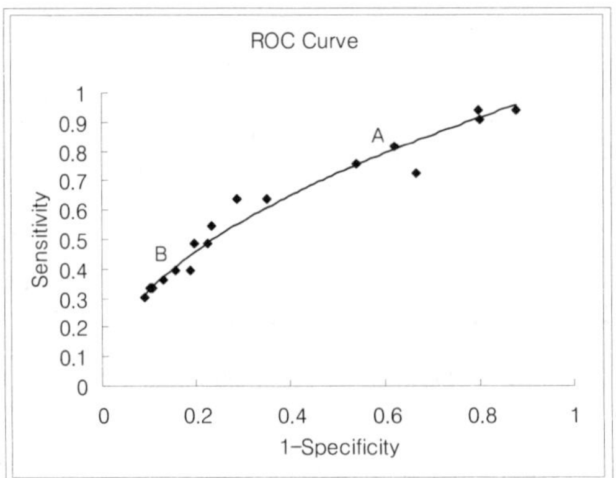

ROC 곡선은 여러 개의 진단법을 비교하는 데에도 유용하게 사용된다. 예를 들어 어떤 질병을 진단하는 데 두 가지 검사방법이 있을 때 각각에 대해 여러 개의 기준점에서의 ROC 곡선을 그린 것이 ④와 같다고 하자. 검사법 A는 검사법 B에 비해 모든 점에서 항상 더 왼쪽, 더 위쪽에 위치하고 있으므로 항상 민감도와 특이도가 더 높게 되고 따라서 더 바람직한 진단방법이라고 할 수 있다. 더 나아가서 두 진단법이 통계적으로 유의하게 차이가 있는지를 검정할 수도 있다(cf. Hanley and McNeil, 1983).

④

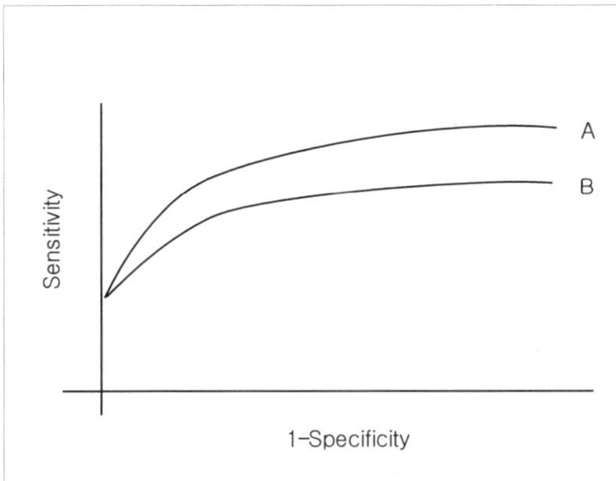


SPSS에서 민감도와 특이도, 양성예측도와 음성예측도를 별도로 계산해 주는 절차는 없다. 다만 『분석(A)』 메뉴에서 『ROC 곡선(V)』을 선택하면 ROC 곡선을 그려서 적절한 판정기준을 정할 수 있으며, 이때 각 기준치에 대해 계산된 민감도와 특이도 값들을 볼 수 있다.

**예제 9.22** 급성복통을 일으킨 환자 중 비특이성 복통환자를 선별하는 진단 기준을 비교하고자 다음의 자료를 조사하였다. 자료는 급성복통환자 42명의 진단결과와 진단기준을 위한 검사결과이며, 진단결과 값이 1인 경우 실제 비특이성 복통환자로 진단된 경우이다. SPSS를 이용하여 두 진단기준별로 적절한 기준치를 알아보고, ROC 커브를 그려서 두 진단기준을 비교하여 보자. 자료는 예제 9-22.sav 파일에 있다.

| 진단결과 | 진단기준검사1 | 진단기준검사2 | 진단결과 | 진단기준검사1 | 진단기준검사2 |
|---|---|---|---|---|---|
| 1 | 0.43 | 0.30 | 2 | 0.07 | 0.01 |
| 1 | 0.86 | 0.10 | 2 | 0.06 | 0.00 |
| 1 | 0.63 | 0.00 | 2 | 0.57 | 0.01 |
| 1 | 0.17 | 0.03 | 2 | 0.00 | 0.13 |
| 1 | 0.52 | 0.07 | 2 | 0.28 | 0.01 |
| 1 | 0.28 | 0.01 | 2 | 0.05 | 0.38 |
| 1 | 0.68 | 0.11 | 2 | 0.1 | 0.11 |
| 1 | 0.78 | 0.01 | 2 | 0.11 | 0.02 |
| 1 | 0.45 | 0.04 | 2 | 0.04 | 0.00 |

| 진단결과 | 진단기준검사1 | 진단기준검사2 | 진단결과 | 진단기준검사1 | 진단기준검사2 |
|---|---|---|---|---|---|
| 1 | 0.82 | 0.05 | 2 | 0.2 | 0.00 |
| 1 | 0.83 | 0.06 | 2 | 0.06 | 0.00 |
| 1 | 0.35 | 0.04 | 2 | 0.5 | 0.36 |
| 1 | 0.64 | 0.12 | 2 | 0.31 | 0.08 |
| 2 | 0.36 | 0.01 | 2 | 0.05 | 0.01 |
| 2 | 0.01 | 0.00 | 2 | 0.09 | 0.00 |
| 2 | 0.17 | 0.00 | 2 | 0.12 | 0.00 |
| 2 | 0.33 | 0.00 | 2 | 0.05 | 0.00 |
| 2 | 0.22 | 0.04 | 2 | 0.2 | 0.00 |
| 2 | 0.25 | 0.01 | 2 | 0.75 | 0.04 |
| 2 | 0.25 | 0.33 | 2 | 0.35 | 0.02 |
| 2 | 0.23 | 0.52 | 2 | 0.11 | 0.03 |

① 메뉴에서 『분석(A) → ROC 곡선(V)』을 선택한다.

② 진단결과를 [상태변수(S)]로, 기준 1과 기준 2를 [검정 변수(T)]로 옮긴다. [상태변수 양의 값(V)]에는 진단결과 양성을 나타내는 값을 써야 하는데, 본 예제에서는 양성 결과가 '비특이성 복통'이 되므로 1을 입력하면 된다. 출력으로 'ROC 곡선(U)'를 선택하면 그래프가 그려진다. 그 아래의 '대각 참조선 있음(W)'을 선택하면 대각선이 추가로 그려진다. '표준오차 및 신뢰구간(E)'을 선택하면 곡선 아래의 영역에 대한 추정치와 표준오차, 유의확률과 신뢰구간이 주어진다. 이때 귀무가설은 곡선 아래 영역이 0.5이다(곡선 아래 영역이 0.5 이하라면 실제로 사용가치가 별로 없는 진단방법이라고 할 수 있다). 'ROC 곡선의 좌표점'을 선택하면 각 기준치별 좌표, 즉 민감도와 1-특이도 값을 보여 준다. 〈확인〉을 누른다.

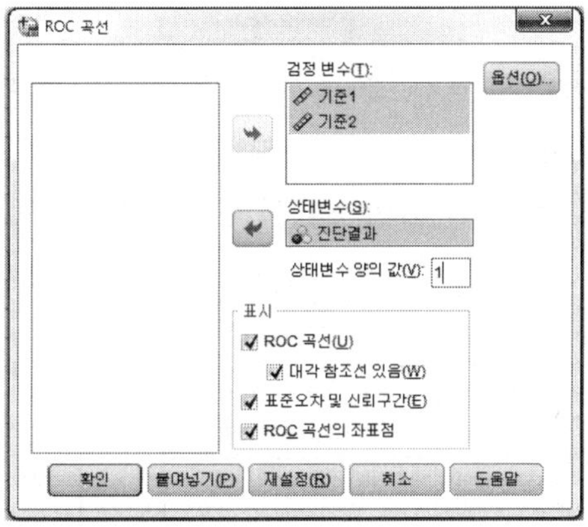


③ ROC 곡선은 다음과 같다. 진단기준 검사 1이 진단기준 검사 2에 비하여 더 왼쪽과 위쪽에 있으므로 민감도와 특이도가 더 높은 것을 알 수 있고 따라서 진단기준 검사 1이 더 바람직한 진단검사방법임을 알 수 있다. 대각으로 참조선이 그려지는데 이 선은 민감도가 커지는 만큼 특이도가 작아지게 되는 선을 의미한다.

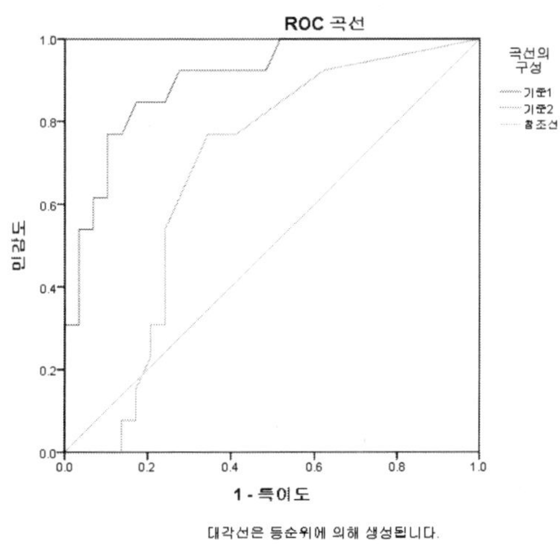

④ 곡선 아래 영역을 보면 기준 1의 영역이 0.901로 기준 2의 0.680보다 크므로 더 선호됨을 알 수 있다. 또한 기준 1의 영역만이 유의수준 0.05하에서 0.5와는 유의한 차이가 있는 것을 확인할 수 있다.

**곡선 아래 영역**

| 검정 결과 변수 | 영역 | 표준오차[a] | 근사 유의확률[b] | 근사 95% 신뢰구간 | |
|---|---|---|---|---|---|
| | | | | 하한 | 상한 |
| 기준1 | .901 | .049 | .000 | .804 | .997 |
| 기준2 | .680 | .085 | .064 | .515 | .846 |

검정 결과 변수: 기준1, 기준2에는 실제 양의 반응 집단과 실제 음의 반응 집단 사이에 하나 이상의 동순위가 있습니다. 통계량은 편향될 수 있습니다.

a. 비모수 분포 가정

b. 영가설: 실제 영역 = 0.5

⑤ '곡선의 좌표'를 보면 각 기준점별로 계산된 민감도와 1−특이도가 나와 있다. 이 결과를 보고 적절한 값을 잡으면 된다. 만약 위음성일 때의 비용과 위양성일 때의 비용을 똑같이 놓는다면, 이 둘의 합이 가장 큰 점을 기준점으로 삼을 수 있을 것이다.

**곡선의 좌표**

| 검정 결과 변수 | 이상인 값부터 양(+)[a] | 민감도 | 1 - 특이도 |
|---|---|---|---|
| 기준1 | -1.0000 | 1.000 | 1.000 |
| | .0050 | 1.000 | .966 |
| | .0250 | 1.000 | .931 |
| | .0450 | 1.000 | .897 |
| | .0550 | 1.000 | .793 |
| | .0650 | 1.000 | .724 |
| | .0800 | 1.000 | .690 |
| | .0950 | 1.000 | .655 |
| | .1050 | 1.000 | .621 |
| | .1150 | 1.000 | .552 |
| | .1450 | 1.000 | .517 |
| | .1850 | .923 | .483 |
| | .2100 | .923 | .414 |
| | .2250 | .923 | .379 |
| | .2400 | .923 | .345 |
| | .2650 | .923 | .276 |
| | .2950 | .846 | .241 |
| | .3200 | .846 | .207 |
| | .3400 | .846 | .172 |
| | .3550 | .769 | .138 |
| | .3950 | .769 | .103 |
| | .4400 | .692 | .103 |
| | .4750 | .615 | .103 |
| | .5100 | .615 | .069 |
| | .5450 | .538 | .069 |
| | .6000 | .538 | .034 |
| | .6350 | .462 | .034 |
| | .6600 | .385 | .034 |
| | .7150 | .308 | .034 |
| | .7650 | .308 | .000 |
| | .8000 | .231 | .000 |
| | .8250 | .154 | .000 |
| | .8450 | .077 | .000 |
| | 1.8600 | .000 | .000 |
| 기준2 | -1.0000 | 1.000 | 1.000 |
| | .0050 | .923 | .621 |
| | .0150 | .769 | .414 |
| | .0250 | .769 | .345 |
| | .0350 | .692 | .310 |
| | .0450 | .538 | .241 |
| | .0550 | .462 | .241 |
| | .0650 | .385 | .241 |
| | .0750 | .308 | .241 |
| | .0900 | .308 | .207 |
| | .1050 | .231 | .207 |
| | .1150 | .154 | .172 |
| | .1250 | .077 | .172 |
| | .2150 | .077 | .138 |
| | .3150 | .000 | .138 |
| | .3450 | .000 | .103 |
| | .3700 | .000 | .069 |
| | .4500 | .000 | .034 |
| | 1.5200 | .000 | .000 |

검정 결과 변수:기준1, 기준2에는 실제 양의 반응 집단과 실제 음의 반응 집단 사이에 하나 이상의 동순위가 있습니다.

a. 분리점의 최소값은 관측된 검정 결과 값 - 1이며, 분리점의 최대는 관측된 검정값 +1입니다. 나머지 분리점 값은 정렬된 관측 검정값 두 개의 평균입니다.

## 9.5 연습문제

**9.1** 산후 우울증(postnatal depression)에 대한 연구에서, 연구자는 초산인 여성 116명을 뽑아 산후 우울증에 대한 위험요인으로 배우자의 무관심이나 애정결핍을 고려하여 조사하고, 산후 1개월 때 산후 우울증에 대해 조사하였다. 결과는 다음의 표와 같다.

| 위험요인 | 산후 우울증 | | 총계 |
|---|---|---|---|
| | 유 | 무 | |
| 유 | 5 | 21 | 26 |
| 무 | 8 | 82 | 90 |
| 총계 | 13 | 103 | 116 |

① 상대위험도와 그의 95% 신뢰구간을 구하여라.

② 오즈비와 그의 95% 신뢰구간을 구하여라.

③ 위의 ①, ②로부터 어떤 해석을 할 수 있는가?

**9.2** 여러 가지 피임방법에 대해 결혼 후 첫 해 동안 계획되지 않은 임신을 한 사람들의 비율은 다음과 같다. 각 피임법에 대해 피임을 하지 않은 여성에 대한 임신의 상대위험도를 구하여라.

| 피임방법 | 하지 않음 | Diaphram | Condom | IUD | Pill |
|---|---|---|---|---|---|
| 임신율 | 0.431 | 0.149 | 0.106 | 0.071 | 0.037 |

**9.3** 구강피임약의 복용이 유방암과 관련이 있는지 알아보기 위한 연구를 실시하였다. 이전에 구강피임약을 사용한 2,914명의 여성 가운데에서 273명이 유방암 환자였으며, 구강피임약을 복용한 경력이 없는 7,976명의 여성 가운데에서 유방암이 발생한 사람은 716명이었다. 구강피임약을 사용하는 것이 유방암 발생을 높인다고 할 수 있는지 오즈비와 95% 신뢰구간을 구하고 결과를 해석하여라.

**9.4** 한국인 1,000명의 혈액형을 조사한 결과 아래와 같은 결과를 얻었다. 모든 혈액형의 비율이 같다고 할 수 있는지 유의수준 5%로 검정하여라.

| 혈액형 | O형 | A형 | B형 | AB형 | 계 |
|---|---|---|---|---|---|
| 사람수 | 280 | 340 | 270 | 110 | 1,000 |

9.5 한 연구자는 분자 하이브리드형성에 의해 탐지되는 인간 유두종바이러스(human papilloma virus; HPV)에 이미 전염된 HIV(human immuno- deficiency virus) 전염 여성은 둘 중의 한 바이러스에 전염되거나 둘 다 전염되지 않은 사람보다 더 쉽게 세포학적 자궁경부 이상이 나타나는지에 대해 알기 위해 96명의 여성을 조사하였다. 이 결과는 다음의 표와 같다. HPV 감염여부와 HIV 감염여부에 대해 관계가 있는지 유의수준 5%로 검정하여라.

| HPV | HIV | | | 총계 |
|---|---|---|---|---|
| | 혈청반응양성 증후성 | 혈청반응양성 무증후성 | 혈청반응음성 | |
| 양성 | 23 | 4 | 10 | 37 |
| 음성 | 10 | 14 | 35 | 59 |
| 총계 | 33 | 18 | 45 | 96 |

9.6 일반적으로 부정교합은 그 형태에 따라 1급, 2급, 3급으로 분류된다. 1급은 치아만 문제가 있는 것이며, 2급은 윗턱과 윗니가 돌출된 것, 3급은 아래턱이 돌출된 상태를 의미한다. 다음은 일반인과 병원내원 환자를 대상으로 부정교합의 형태를 조사한 결과이다. 부정교합의 유형에 따라 교정치료를 원하는 빈도가 다른지를 5% 유의수준에서 검정하여라.

| 환자대상 | 부정교합의 형태 | | |
|---|---|---|---|
| | 1급 | 2급 | 3급 |
| 일반인 | 2148 | 717 | 670 |
| 내원환자 | 1131 | 1188 | 1162 |

9.7 공공장소에서 흡연을 금지시켜야 하는가에 대한 전화질문에 대해 다음과 같은 결과를 얻었다. 동의 수준의 분포에 남녀별 차이가 있는지 유의수준 5%로 검정하여라.

| 성별 | 동의 수준 | | | | |
|---|---|---|---|---|---|
| | 매우 찬성 | 찬성 | 중립 | 반대 | 매우 반대 |
| 여 | 40 | 38 | 16 | 37 | 5 |
| 남 | 16 | 25 | 11 | 25 | 11 |

9.8 두 지역에서 각각 200가정을 뽑아, 공기오염으로 인해 고통스러운지에 대해 질문을 하였다. 지역에 따라 대기오염에 의한 고통의 유무가 달라지는지 알아보고자 한다. 그 결과는 다음과 같다.

| 지역 | 대기오염에 의한 고통 | |
|---|---|---|
| | 유 | 무 |
| 주거전용지역 | 43 | 157 |
| 공단주변지역 | 81 | 119 |

① 각 지역별로 대기오염으로 인한 고통받는 사람의 비율은 얼마인가?

② 오즈비와 95% 신뢰구간을 구하여라.

③ 지역에 따라 대기오염에 의한 고통의 유무가 달라지는지 유의수준 5%로 검정하여라.

**9.9** 임산부의 음주가 선천적 기형아 출생에 영향을 주는지에 대한 연구결과이다. 산모를 대상으로 임신의 첫 3개월간 매일 마신 평균 음주량에 대한 설문조사를 실시하였고, 출산 후 영아의 생식기의 선천적인 결함 유무를 관측하였다. 일일 평균 음주량이 증가함에 따라 기형여부에 영향을 주는지 5% 유의수준으로 추세검정을 하여라.

| 일일 평균 음주량 | 선천적 기형여부 | |
|---|---|---|
| | 유 | 무 |
| 0 | 48 | 17066 |
| 〈1 | 38 | 14464 |
| 1–2 | 5 | 788 |
| 3–5 | 1 | 126 |
| ≥6 | 1 | 37 |

**9.10** 접촉성과민증을 이용하여 생체의 일반적인 면역체계를 검사하는 방법 중 하나인 DNCB(dinitrochlorobenzene)에 반응하지 않는(음성반응) 환자는 크로톤 오일(croton oil)에도 음성의 결과를 주는지에 대한 연구를 실시하였다. 다음의 자료는 173명의 피부암 환자를 대상으로 각 환자에게 DNCB와 크로톤 오일을 모두 처리하여 나타난 피부 반응 결과이다. 두 검사는 서로 연관성이 있는지에 대하여 유의수준 5%에서 검정하여라.

| 크로톤 오일 | DNCB | | |
|---|---|---|---|
| | 양성 | 음성 | 합계 |
| 양성 | 81 | 48 | 129 |
| 음성 | 23 | 21 | 44 |
| 합계 | 104 | 69 | 173 |

**9.11** 다음의 데이터는 관상동맥질병(coronary artery disease)을 찾아내는 데 방사핵종 뇌실 촬영법(radionuclide ventriculography)의 사용을 탐색하는 연구로부터 얻은 것이다.

| 진단 | 질병 | | 계 |
|---|---|---|---|
| | 유 | 무 | |
| 양성 | 302 | 80 | 382 |
| 음성 | 179 | 372 | 551 |
| 계 | 481 | 452 | 933 |

① 이 연구에서 방사핵종 뇌실사를 이용한 진단의 민감도와 특이도를 구하여라.

② 인구집단에서 관상동맥질병을 가지는 비율이 10%라고 한다. 양성예측도와 음성예측도를 구하여라.

**9.12** 유방암을 찾아내기 위한 진단법(screening test)인 유방조영술(mammogram)의 민감도는 0.85로 알려져 있으며, 특이도는 0.80이다. 인구집단에서 특정 여성이 유방암에 걸릴 확률이 0.0025라고 한다. 유방조영술 결과가 양성으로 나타났을 때 그 여성이 유방암에 걸렸을 확률은 얼마인가?

**9.13** 신경장애 중에서 다발성 경화증(multiple sclerosis)을 진단하는 기준 중 가능한 방법 중 하나로 CSF(cerebropinal fluid) 면역글로불린(IgG; immunoglobulin) 지수를 고려할 수 있다. 다발성 경화증의 진단을 받은 환자에서 CSF IgG 값이 큰 경향이 있는 것으로 알려져 있다. 다음 표는 신경장애 환자들의 CSF IgG 지수와 진단결과이다.

| 양성 | 음성 |
|---|---|
| 0.86 | 0.86 |
| 3.23 | 0.88 |
| 1.36 | 1.04 |
| 1.02 | 1.17 |
| 2.06 | 0.69 |
| 2.17 | 0.4 |
| 0.44 | 0.49 |
| 2.73 | 1.11 |
| 2.16 | 0.61 |
| 0.52 | 0.4 |
| 0.46 | 0.66 |
| 2.49 | 0.4 |
| 0.64 | 0.17 |

| 양성 | 음성 |
|---|---|
| 2.04 | 0.64 |
| 1.01 | 0.4 |
| 1.64 | 0.85 |
| 0.9 | 0.8 |
| 2.89 | 0.68 |
| 1.95 | 0.45 |
| 2.74 | 0.15 |

① ROC 도표를 그려보아라.

② 곡선 아래의 면적은 얼마인가?

③ 양성/음성을 판단하기에 적절한 CSF IgG지수의 기준점은 얼마인가?

**9.14** 고혈압이 있는 집단과 없는 집단의 임신합병증발병률을 비교하려고 한다. 고혈압이 있는 산모 35명 중에서 25명에게서 임신합병증이 발생한 반면, 고혈압이 없는 산모 155명 중에서는 55명이 임신합병증이 발생하였다. 유의수준 5%에서 두 집단의 발병률이 같은지 여부를 검정하여라.

# 10장

# 로지스틱 회귀분석

이 장에서는 반응값이 범주형일 때 주로 쓰이는 분석방법에 대해 알아보기로 하자. 반응변수가 연속형일 때, 설명변수들이 결과에 어떻게 영향을 미치는지 알아보기 위해 흔히 사용되는 방법이 회귀분석이다. 그러나 반응값이 연속적이지 않고 반응이 치료성공/치료실패 또는 개선/유지/악화 등 범주로 나뉘어져 있는 경우가 종종 있다. 예를 들어 다음과 같은 문제를 생각해 보자.

**예제 10.1** 백혈병 환자에게 새로운 치료법이 기존의 치료법과 비교하여 재발률을 낮추는 효과가 있는지 알아보는 연구를 실시하였다. 102명의 환자를 확률화를 통화여 두 그룹으로 나누어 한 그룹에는 기존 치료법을, 다른 한 그룹에는 새로운 치료법을 처리하였다. 또한 주요 예후인자로 알려져 있는 호전기간이 재발여부에 미치는 영향력도 고려하였다.

**예제 10.2** 관절염환자에게 새 치료약을 처방하면 통증이 개선될 수 있는지 알아보는 연구를 실시하였다. 약 80명의 관절염환자에게 새 치료약과 플라시보(placebo)를 투약하고, 통증의 개선 정도를 전혀 없음/약간 있음/상당히 있음의 세 가지 범주로 조사하였다. 치료약과 성별에 따라 통증개선정도에 차이가 있는지 확인하고자 한다.

예제 10.1에서 치료효과는 재발여부, 즉 재발됨/재발되지 않음의 두 가지 범주로 조사되었다. 치료 시작 후 호전기간(time to remission)에 따라서도 재발여부가 달라진다고 알려졌다. 이때 연구자는 재발률을 추정함과 동시에, 새로운 치료법이 기존 치료법보다 재발률을 유의하게 낮추는 효과가 있는지, 재발기간에 따라 어떻게 달라지는지를 분석하고자 한다. 이를 위해 사용될 수 있는 분석이 로지스틱 회귀분석(logistic regression)이다. 10.1절에서 반응범주가 두 개인 경우에 사용되는 이항 로지스틱 회귀분석에 대해서 설명할 것이다. 예제 10.2는 반응의 범주가 세 가지 이상인 다항범주의 예이며, 10.2절에서 다항 로지스틱 회귀분석에 대해 설명하겠다.

## 10.1 이항 로지스틱 회귀

로지스틱 회귀분석은 반응변수가 2개의 가능한 값(예/아니오, 치료성공/치료실패 등)을 갖는 이항반응인 경우에 주로 적용된다. $n$개의 개체와 $k$개의 설명변수 $x_1$, $x_2$, …, $x_k$가 있을 때 로지스틱 회귀분석에서 사용되는 데이터의 일반적인 형태는 아래와 같다. 이때 설명변수 값은 나이나 체중 등의 수치자료가 될 수도 있고, 처리의 종류

(대조군, 실험군)가 될 수도 있으며, 기타 종양의 크기(대, 중, 소)와 같이 순서형 범주 자료가 될 수도 있다.

| 개체번호 | 반응변수 | 설명변수 |
|---|---|---|
| 1 | $y_1$ | $x_{11}, x_{12}, \cdots, x_{1k}$ |
| 2 | $y_2$ | $x_{21}, x_{22}, \cdots, x_{2k}$ |
| … | … | … … … … |
| $n$ | $y_n$ | $x_{n1}, x_{n2}, \cdots, x_{nk}$ |

### 10.1.1 로지스틱 회귀모형

먼저 반응변수 $y$가 2개의 가능한 값을 갖는 이항반응이고, 설명변수 $x$가 있는 경우를 생각해 보자. 반응변수 $y$의 두 결과값을 '0'(=실패) 또는 '1'(=성공)로 하면 반응변수 $y$의 평균은 아래와 같다.

$$E(y) = 1 \times P(y=1) + 0 \times P(y=0) = P(y=1)$$

즉, 이항반응변수 $y$의 평균은 $y$=1의 값을 가질 확률과 같다. 이 확률을 성공확률이라고 하자. 그런데 반응변수 $y$에 영향을 주는 설명변수들이 있기 때문에 반응변수의 성공확률은 이러한 설명변수들을 고려해야 한다. 설명변수 $x$의 값이 주어졌을 때 성공확률을 $p_x$라고 하면 다음과 같은 선형확률모형을 생각할 수 있다.

$$p_x = \alpha + \beta x$$

이 모형은 단순회귀분석모형과 비슷해 보이지만, 구조적으로 결함을 갖고 있다. 우선, 확률값은 0과 1 사이의 값을 가져야 하는데 위와 같은 선형확률모형은 실수 전체의 값을 갖고 있고, 성공확률 $p_x$는 0보다 작거나 1보다 큰 값을 가질 수도 있다. 다음으로, $\alpha$, $\beta$들을 추정함에 있어서도 적절한 성질을 만족하지 못한다. 따라서 이러한 식 대신 성공확률 $p_x$에 대해 다음의 함수

$$p_x = \frac{\exp(\alpha + \beta x)}{1 + \exp(\alpha + \beta x)}$$

를 고려한다.

성공확률에 대한 오즈(odds)는

$$\frac{p_x}{1-p_x}=\exp(\alpha+\beta x)$$

과 같다. 이 식으로부터 설명변수 $x$가 한 단위 증가할 때마다 오즈는 $e^{\beta}$배 만큼 증가하게 됨을 알 수 있다. 여기에 자연로그를 씌운 식

$$ln\frac{p_x}{1-p_x}=\alpha+\beta x$$

을 로지스틱 회귀모형(logistic regression model)이라고 한다. 여기서 $ln\frac{p_x}{1-p_x}$를 로그오즈 또는 로짓(logit)이라고 한다.

일반적으로 $k$개의 설명변수 $x_1$, $x_2$, $\cdots$, $x_k$가 있는 경우에 성공확률 $p_x$는

$$p_x=\frac{\exp(\alpha+\beta_1x_1+\beta_2x_2+\cdots+\beta_kx_k)}{1+\exp(\alpha+\beta_1x_1+\beta_2x_2+\cdots+\beta_kx_k)}$$

와 같이 모형화되며, 로지스틱 회귀모형은

$$ln\frac{p_x}{1-p_x}=\alpha+\beta_1x_1+\beta_2x_2+\cdots+\beta_kx_k$$

와 같다.

### 10.1.2 회귀계수의 추정과 검정

각 설명변수들이 반응변수에 영향을 끼치는 정도는 회귀계수 $\beta_i$를 추정함으로써 알 수 있다. 이 추정량들은 최대우도추정량(MLE)을 통해 구해지며 근사적으로 정규분포를 따른다. $\beta_i$의 추정치를 $b_i$라고 하고 이의 표준오차를 $s_{b_i}$라고 하자. 귀무가설을 $H_0:\beta_i=0$으로 했을 때

$$Z=\frac{b_i}{s_{b_i}}\sim N(0,1),$$

$$\chi_w^2=(\frac{b_i}{s_{b_i}})^2\sim\chi^2(1)$$

로 근사한다.

따라서 귀무가설과 대립가설이

$$H_0 : \beta_i = 0 \quad \text{vs} \quad H_1 : \beta_i \neq 0$$

일 때, 왈드(Wald) 통계량 $\chi_w^2 = (\frac{b_i}{s_{b_i}})^2$이 자유도 1인 카이제곱분포의 임계치 $\chi_\alpha^2(1)$ 보다 클 때 귀무가설을 기각하게 된다. 여기서 $\chi_\alpha^2(1)$는 자유도 1인 카이제곱분포에서 상위 $\alpha$에 해당하는 값이다. 로지스틱 회귀분석의 회귀계수, $\beta_i$의 추정과정은 본 교재의 수준을 넘어서므로 구체적인 계산과정은 생략하고, SPSS의 사용법과 그 결과의 해석을 중심으로 설명하겠다.

**예제 10.3** 예제 10.1의 백혈병연구 예제에서 환자를 랜덤하게 두 개의 그룹으로 나누어서 한 그룹에는 새로운 치료법($A$)을 적용하고, 다른 그룹에는 기존 치료법($B$)을 적용하여 재발여부를 조사하였다. 이때 재발여부($y$)에 영향을 미칠 수 있는 또 하나의 요인은 호전기간(remission time)이다. (다운로드 받은 예제 10-1.sav 파일을 이용한다)

데이터는 아래와 같다. 반응변수인 재발여부($y$)의 경우, 재발 안 한 경우는 $y = 0$, 재발한 경우는 $y = 1$로 입력하였다. 설명변수로는 치료법($x_1$)은 새로운 치료법을 $A$, 기존 치료법을 $B$로, 호전기간($x_2$)은 단위를 '월'로 입력하였다.

재발확률을 $p_x$라 하면 로지스틱 회귀모형은 아래 식과 같다.

$$ln\frac{p_x}{1-p_x} = \alpha + \beta_1 x_1 + \beta_2 x_2$$

| 치료법 ($x_1$) | 환자 번호 | 호전기간 ($x_2$) | 재발여부 ($y$) | 환자 번호 | 호전기간 ($x_2$) | 재발여부 ($y$) | 환자 번호 | 호전기간 ($x_2$) | 재발여부 ($y$) |
|---|---|---|---|---|---|---|---|---|---|
| 새로운 치료법 ($A$) | 1 | 3 | 0 | 18 | 9 | 0 | 35 | 12 | 0 |
| | 2 | 3 | 1 | 19 | 6 | 1 | 36 | 12 | 0 |
| | 3 | 3 | 1 | 20 | 6 | 0 | 37 | 12 | 0 |
| | 4 | 6 | 1 | 21 | 6 | 0 | 38 | 9 | 1 |
| | 5 | 15 | 0 | 22 | 6 | 0 | 39 | 6 | 1 |
| | 6 | 6 | 1 | 23 | 3 | 1 | 40 | 12 | 0 |
| | 7 | 6 | 1 | 24 | 18 | 0 | 41 | 6 | 0 |
| | 8 | 6 | 1 | 25 | 9 | 0 | 42 | 15 | 1 |
| | 9 | 15 | 0 | 26 | 12 | 1 | 43 | 9 | 0 |
| | 10 | 15 | 0 | 27 | 6 | 0 | 44 | 3 | 1 |
| | 11 | 12 | 0 | 28 | 9 | 1 | 45 | 9 | 0 |
| | 12 | 18 | 0 | 29 | 9 | 1 | 46 | 9 | 0 |

| 치료법 ($x_1$) | 환자 번호 | 호전기간 ($x_2$) | 재발여부 ($y$) | 환자 번호 | 호전기간 ($x_2$) | 재발여부 ($y$) | 환자 번호 | 호전기간 ($x_2$) | 재발여부 ($y$) |
|---|---|---|---|---|---|---|---|---|---|
| | 13 | 6 | 1 | 30 | 3 | 0 | 47 | 9 | 0 |
| | 14 | 15 | 0 | 31 | 9 | 1 | 48 | 9 | 0 |
| | 15 | 6 | 1 | 32 | 12 | 0 | 49 | 9 | 1 |
| | 16 | 15 | 0 | 33 | 12 | 0 | 50 | 12 | 1 |
| | 17 | 12 | 1 | 34 | 3 | 0 | 51 | 3 | 1 |
| 기존 치료법 ($B$) | 52 | 9 | 1 | 69 | 15 | 0 | 86 | 9 | 1 |
| | 53 | 3 | 0 | 70 | 15 | 1 | 87 | 15 | 0 |
| | 54 | 12 | 1 | 71 | 9 | 0 | 88 | 15 | 0 |
| | 55 | 3 | 1 | 72 | 9 | 0 | 89 | 12 | 0 |
| | 56 | 3 | 1 | 73 | 12 | 1 | 90 | 9 | 0 |
| | 57 | 15 | 1 | 74 | 3 | 1 | 91 | 12 | 0 |
| | 58 | 9 | 1 | 75 | 6 | 1 | 92 | 15 | 0 |
| | 59 | 12 | 1 | 76 | 6 | 1 | 93 | 18 | 1 |
| | 60 | 3 | 1 | 77 | 12 | 0 | 94 | 12 | 0 |
| | 61 | 9 | 1 | 78 | 12 | 0 | 95 | 15 | 1 |
| | 62 | 15 | 1 | 79 | 12 | 1 | 96 | 15 | 0 |
| | 63 | 9 | 1 | 80 | 3 | 1 | 97 | 15 | 0 |
| | 64 | 6 | 1 | 81 | 12 | 1 | 98 | 18 | 0 |
| | 65 | 9 | 1 | 82 | 3 | 1 | 99 | 18 | 1 |
| | 66 | 6 | 1 | 83 | 12 | 1 | 100 | 18 | 0 |
| | 67 | 12 | 0 | 84 | 6 | 1 | 101 | 18 | 0 |
| | 68 | 9 | 0 | 85 | 6 | 1 | 102 | 6 | 1 |

* SPSS의 로지스틱 회귀분석에서는 기본적으로 반응변수의 마지막 범주를 성공확률로 적합 시키므로, 반응변수를 입력할 때 연구의 관심 범주를 가장 큰 값으로 두어야 결과의 해석에 용이하다. 본 예제에서는 '재발 안 한 경우'를 '0'으로, 관심 범주인 '재발'을 '1'로 두었다.

① SPSS를 통해서 로지스틱 회귀분석을 실시하여 보자. 입력된 자료는 다운로드 받은 예제 10-1.sav 파일에 있다. 『분석(A) → 회귀분석(R) → 이분형 로지스틱(G)』을 선택한다.

| | 치료법 | 호전기간 | 재발여부 |
|---|---|---|---|
| 1 | A | 3 | 0 |
| 2 | A | 3 | 1 |
| 3 | A | 3 | 1 |
| 4 | A | 6 | 1 |
| 5 | A | 15 | 0 |
| 6 | A | 6 | 1 |
| 7 | A | 6 | 1 |
| 8 | A | 6 | 1 |
| 9 | A | 15 | 0 |
| 10 | A | 15 | 0 |

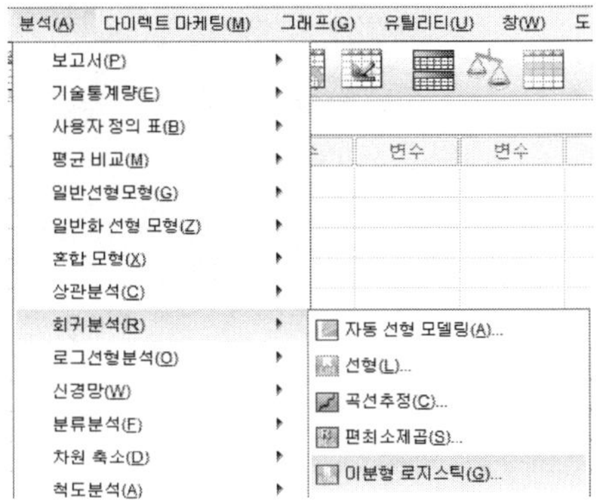


② 대화상자가 나오면 왼쪽의 변수목록에서 반응변수(종속변수)에 해당하는 재발 여부($y$)를 선택하여 오른쪽의 [종속변수(D)]로 이동시키고, 설명변수(독립변수)에 해당하는 치료법($x_1$) 및 호전기간($x_2$)을 선택하여 오른쪽의 [공변량(C)]으로 이동시킨다. 문자값을 가지는 범주형 변수를 수량화하기 위하여 〈범주형(G)〉 버튼을 누른다.

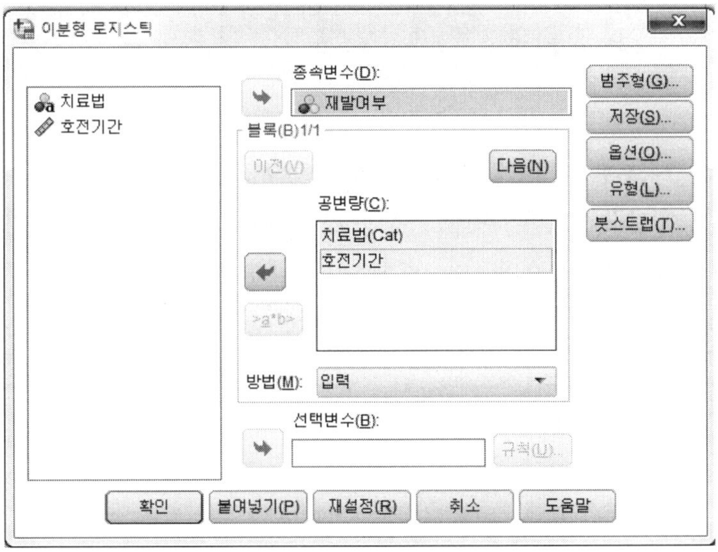


③ 「로지스틱 회귀: 범주형 변수 정의」 대화상자에서 범주형 변수인 치료법($x_1$)을 공변량(C)에서 범주형 공변량(T)로 보낸다. 기존 치료법 $B$를 참조범주로 하기 위해서 오른쪽 아래의 대비 변경에서 [대비(N)]를 '표시자'로 선택하고, 그 아래에 있는 참조범주(R)에서 〈마지막(L)〉을 선택한 후, 〈변경(H)〉을 누른다. 〈계속(C)〉을 눌러 나온다.

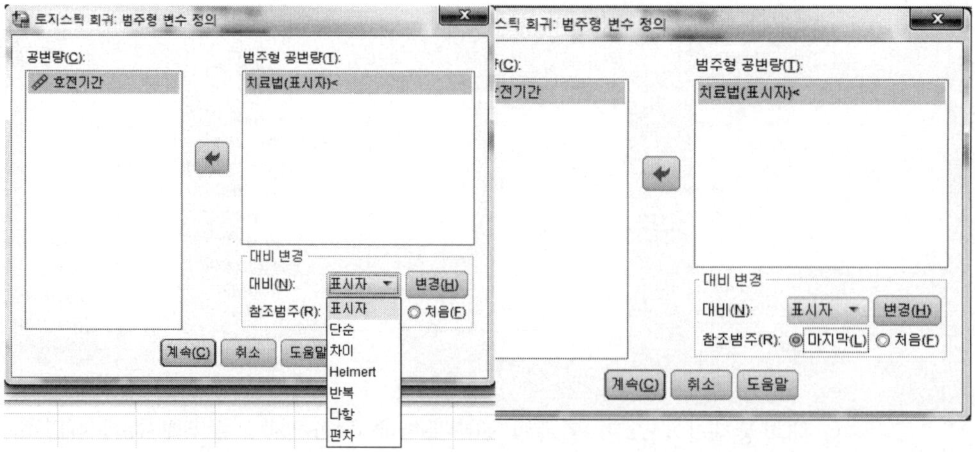


* 표시자 옵션에서 '마지막(L)'은 각 범주의 값들 중에 순서가 가장 뒤에 있는 값을 의미한다. 예를 들어, 알파벳 순서를 고려하여 치료법($x_1$)의 $A$와 $B$ 중 '$B$'가 '마지막(L)'으로 취급된다. 이 과정을 통하면, 참조범주에서 선택된 범주인 치료법 $B$는 '0'으로 그 외 치료법은 '1'로 범주값이 변경된다. 참조범주를 바꿔서 선택하더라도 〈변경(H)〉 단추를 누르지 않으면 변경이 실행되지 않으므로 주의해야 한다.

④ 「이분형 로지스틱」 대화상자에서 〈옵션(O)〉 버튼을 눌러 「로지스틱 회귀: 옵션」 대화상자를 연다. 아래 그림과 같이 모형 전체의 적합도검정을 위하여 'Hosmer-Lemeshow 적합도'를 선택하고, 오즈비의 신뢰구간을 구하기 위해 'exp(B)에 대한 신뢰구간'에 체크한 후, 아래에 있는 〈계속(C)〉을 눌러 나온 후 〈확인〉을 누른다.

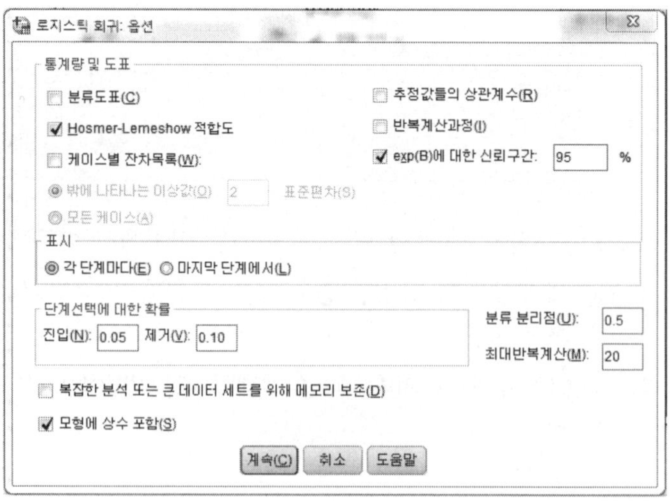

⑤ SPSS 출력결과 중 다음 부분을 우선 살펴보자. 종속변수 인코딩을 보면 재발이 '1'로 인식되어 있으며, 범주형 변수 코딩을 보면 참조범주로 지정된 치료법 '*B*'가 '0'으로 인식되어 있음을 확인할 수 있다.

**종속변수 인코딩**

| 원래 값 | 내부 값 |
|---|---|
| 0 | 0 |
| 1 | 1 |

**범주형 변수 코딩**

| | | 빈도 | 모수 코딩 |
|---|---|---|---|
| | | | (1) |
| 치료법 | A | 51 | 1.000 |
| | B | 51 | .000 |

⑥ 모수추정 결과를 살펴보면, 아래 그림과 같다.

**방정식의 변수**

| | | B | S.E. | Wald | 자유도 | 유의확률 | Exp(B) | EXP(B)에 대한 95% 신뢰구간 | |
|---|---|---|---|---|---|---|---|---|---|
| | | | | | | | | 하한 | 상한 |
| 1 단계[a] | 치료법(1) | -1.178 | .467 | 6.366 | 1 | .012 | .308 | .123 | .769 |
| | 호전기간 | -.200 | .056 | 12.783 | 1 | .000 | .819 | .734 | .914 |
| | 상수항 | 2.633 | .710 | 13.758 | 1 | .000 | 13.922 | | |

a. 변수가 1: 치료법, 호전기간 단계에 입력되었습니다.

회귀계수 추정치(B)와 그의 표준오차(S.E), 그리고 왈드(Wald) 통계량과 $p-$값(유의확률)이 나온다. 치료법($x_1$)의 회귀계수에 대한 유의확률은 0.012이고 호전기간($x_2$)의 유의확률은 0.000으로, 모두 재발여부에 유의한 영향을 주는 것으로 볼 수 있다. 위의 모수 추정치를 바탕으로 로지스틱 회귀모형식은 다음과 같이 표현할 수 있다.

$$ln\frac{p_x}{1-p_x} = 2.633 - 1.178x_1 - 0.200\,x_2$$

치료법에 대한 오즈비는 0.308이며(Exp(B)로 출력) 오즈비의 95% 신뢰구간은 (0.123, 0.769)이다. 치료법 $B$를 참조범주로 했으므로 치료법이 $A$일 때 백혈병이 재발할 확률의 오즈는 $B$의 0.308배이다. 즉, 치료법 $A$의 백혈병 재발정도가 치료법 $B$보다 더 낮음을 알 수 있다. 호전기간에 대한 오즈비는 0.819이며 이의 95% 신뢰구간은 (0.734, 0.914)이다. 호전기간이 1개월 늘어날 때마다 백혈병이 재발할 확률의 오즈는 그 이전의 0.819배이다. 즉, 호전기간이 길수록 백혈병 재발정도가 더 낮음을 알 수 있다.

> ✱ 위의 결과에서 출력된 오즈비를 구하는 과정은 다음과 같다.
> 각 치료법 범주의 오즈는 아래와 같이 계산할 수 있다.
>
> $$\text{치료법 } A\text{의 오즈} = \frac{p_{x(A)}}{1-p_{x(A)}} = \exp(2.633 - 1.178 - 0.200x_2)$$
>
> $$\text{치료법 } B\text{의 오즈} = \frac{p_{x(B)}}{1-p_{x(B)}} = \exp(2.633 + 0 - 0.200x_2)$$
>
> 따라서 참조범주 $B$를 기준으로 둔 치료법 $A$에 대한 오즈비는 아래와 같다.
>
> $$A \text{ 대 } B\text{의 오즈비} = \frac{\dfrac{p_{x(A)}}{1-p_{x(A)}}}{\dfrac{p_{x(B)}}{1-p_{x(B)}}} = \exp(-1.178) = 0.308$$

⑦ 모형에 대한 적합도는 Hosmer-Lemeshow 적합도검정 결과를 보면 알 수 있다. 통계량의 $p-$값(유의확률)이 0.935로 우리가 세운 로지스틱 회귀모형이 자료에 적합하다는 것을 알 수 있다.

**= Hosmer와 Lemeshow 검정 =**

| 단계 | 카이제곱 | 자유도 | 유의확률 |
|---|---|---|---|
| 1 | 2.993 | 8 | .935 |

**예제 10.4** 다음은 두 종류(t, m)의 종양이 있는 환자들을 대상으로 3가지(a, b, c)의 치료법으로 그들의 종양이 치료되었는지 조사한 자료이다. 설명변수들이 모두 범주형이기 때문에 자료는 분할표식으로 표현되었다. 이때 연구자의 관심은 종양의 종류와 치료법에 따라 치료율이 달라지는가에 있다(다운로드 받은 예제 10-4.sav 파일을 이용한다).

| 종양의 종류($x_1$) | 치료법($x_2$) | 치료된 환자수 | 치료 안 된 환자수 |
|---|---|---|---|
| t | a | 65 | 18 |
| m | b | 100 | 13 |
| t | c | 56 | 38 |
| m | a | 80 | 15 |
| t | b | 29 | 9 |
| m | c | 78 | 22 |

반응변수($y$)는 2가지의 이항반응(치료됨, 치료 안 됨)이고 설명변수들인 종양의 종류와 치료법은 각각 2개의 수준(t, m)과 3개의 수준(a, b, c)을 갖고 있다. 회귀분석

에서와 마찬가지로 3개의 수준을 갖는 치료법($x_2$)에 대해서는 2개의 가변수($x_{21}$, $x_{22}$)를 만든다. 로지스틱 회귀모형은 다음과 같다.

$$ln\frac{p_x}{1-p_x} = \alpha + \beta_1 x_1 + \beta_2 x_{21} + \beta_3 x_{22}$$

① SPSS를 통해서 로지스틱 회귀분석을 실시하여 보자. 입력된 자료는 다운로드 받은 예제 10-4.sav 파일에 있으며, 종양의 종류($x_1$)는 t와 m으로 치료법($x_2$)은 a, b, c로 입력되었다. 치료여부($y$)는 '치료성공'을 '1'로, '치료실패'의 경우는 '0'으로 입력하였고 각 경우에 해당하는 빈도가 입력되어 있다.

② 메뉴에서 『데이터(D) → 가중 케이스(W)』를 통하여 빈도를 가중 케이스로 지정한다. (가중 케이스에 대한 자세한 설명은 2.4절을 참조하라.)

| | 종양의종류 | 치료법 | 치료여부 | 빈도 |
|---|---|---|---|---|
| 1 | t | a | 1 | 65 |
| 2 | m | b | 1 | 100 |
| 3 | t | c | 1 | 56 |
| 4 | m | a | 1 | 80 |
| 5 | t | b | 1 | 29 |
| 6 | m | c | 1 | 78 |
| 7 | t | a | 0 | 18 |
| 8 | m | b | 0 | 13 |
| 9 | t | c | 0 | 38 |
| 10 | m | a | 0 | 15 |
| 11 | t | b | 0 | 9 |
| 12 | m | c | 0 | 22 |

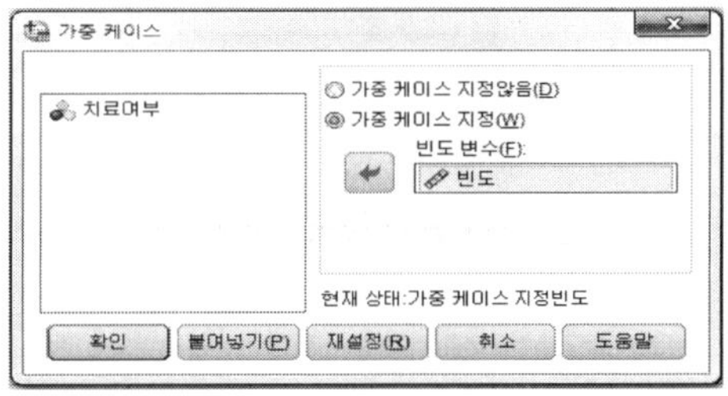


③ 『분석(A) → 회귀분석(R) → 이분형 로지스틱(G)』을 선택한다. 대화상자가 나오면 왼쪽의 변수목록에서 반응변수(종속변수)에 해당하는 치료여부($Y$)를 선택하여 오른쪽의 [종속변수(D)]로 이동시키고, 설명변수(독립변수)에 해당하는 종양의 종류($X_1$) 및 치료법($X_2$)을 선택하여 오른쪽의 [공변량(C)]으로 이동시킨다.

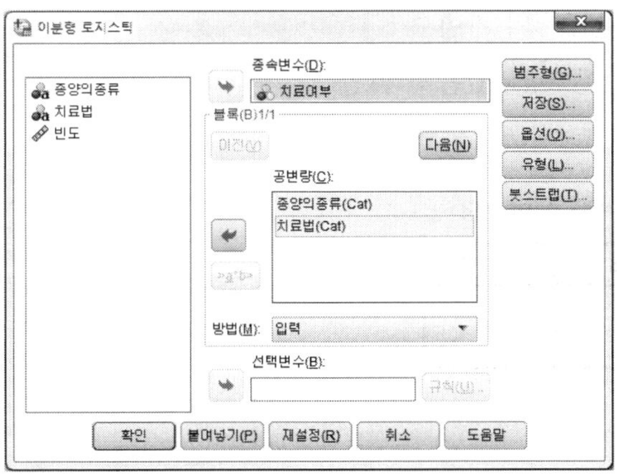

④ 〈범주형(G)〉 단추를 누르고 「로지스틱 회귀: 범주형 변수 정의」 대화상자에서 범주형 변수인 종양의 종류($x_1$) 및 치료법($x_2$)을 공변량(C)에서 범주형 공변량(T)으로 보낸다. 오른쪽 아래의 대비 변경에서 [대비(N)] 메뉴 중 '표시자'를 선택한다. 마지막 범주를 참조범주로 하기 위해 참조범주(R)에서 〈마지막(L)〉을 선택하고 〈변경(H)〉을 누른 후 〈계속(C)〉을 눌러 나온다.

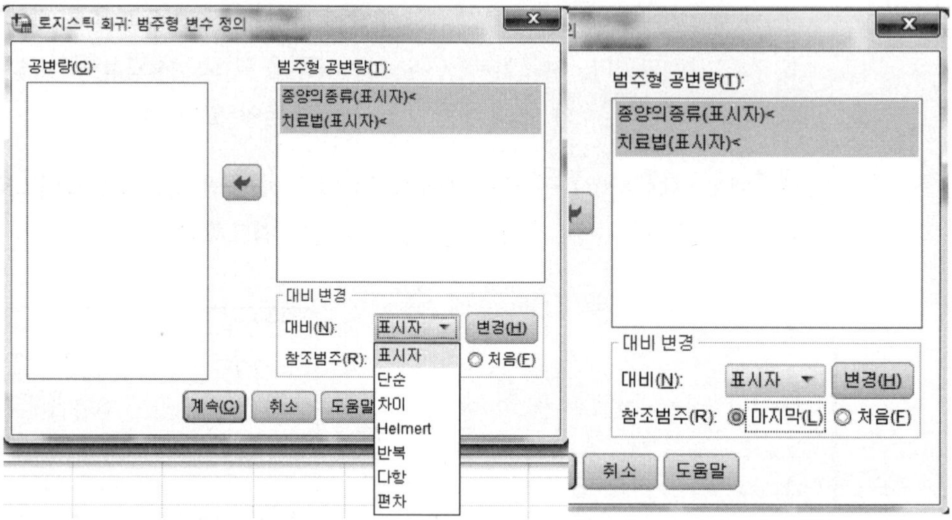


⑤ 「이분형 로지스틱」 대화상자에서 〈옵션(O)〉 버튼을 눌러 Hosmer-Lemeshow 적합도와 exp(B)에 대한 신뢰구간에 체크한 후, 아래에 있는 〈계속(C)〉을 눌러 나온 후 〈확인〉을 누른다.

⑥ SPSS 출력결과 중 종속변수 인코딩을 보면 우리가 입력한 대로 치료됨의 '1'(원래 값)이 SPSS 내부에서 관심사건인 '1'(내부 값)로 잘 인식되어 있다. 범주형 변수 코딩에서 종양의 종류($x_1$)는 m과 t가 각각 1, 0으로 범주가 a, b, c 3개인 치료법($x_2$)는 2개의 가변수, (치료법 1($x_{21}$), 치료법 2($x_{22}$))가 각각 (1, 0), (0, 1), (0, 0)로 인코딩되었음을 확인할 수 있다.

**종속변수 인코딩**

| 원래 값 | 내부 값 |
|---|---|
| 0 | 0 |
| 1 | 1 |

**범주형 변수 코딩**

| | | 빈도 | 모수 코딩 (1) | 모수 코딩 (2) |
|---|---|---|---|---|
| 치료법 | a | 4 | 1.000 | .000 |
| | b | 4 | .000 | 1.000 |
| | c | 4 | .000 | .000 |
| 종양의종류 | m | 6 | 1.000 | |
| | t | 6 | .000 | |

⑦ 모수추정 결과는 다음과 같다.

방정식의 변수

| | | B | S.E. | Wald | 자유도 | 유의확률 | Exp(B) | EXP(B)에 대한 95% 신뢰구간 | |
|---|---|---|---|---|---|---|---|---|---|
| | | | | | | | | 하한 | 상한 |
| 1 단계[a] | 종양의종류(1) | .722 | .220 | 10.734 | 1 | .001 | 2.058 | 1.336 | 3.169 |
| | 치료법 | | | 11.492 | 2 | .003 | | | |
| | 치료법(1) | .680 | .251 | 7.357 | 1 | .007 | 1.973 | 1.207 | 3.224 |
| | 치료법(2) | .808 | .284 | 8.088 | 1 | .004 | 2.244 | 1.286 | 3.917 |
| | 상수항 | .456 | .186 | 6.041 | 1 | .014 | 1.578 | | |

a. 변수가 1: 종양의종류, 치료법 단계에 입력되었습니다.

로지스틱 회귀모형식은 아래와 같이 추정된다.

$$ln\frac{p_x}{1-p_x} = 0.456 + 0.722x_1 + 0.680x_{21} + 0.808x_{22}$$

한편 치료법에 대한 오즈비는 각각 1.973, 2.244이며(Exp(B)로 출력) 오즈비의 95% 신뢰구간은 각각 (1.207, 3.224), (1.286, 3.917)이다. 치료법 c를 참조범주로 했으므로 치료법 a가 c보다 종양이 치료될 확률의 오즈가 1.973으로 약 두 배 높고, 치료법 b가 c보다는 2.244배 높다는 것을 알 수 있다. 즉, 치료법 a와 b의 치료효과가 치료법 c보다 더 좋음을 알 수 있다. 또한 종양의 종류에 대한 오즈비는 2.058이며 오즈비의 95% 신뢰구간은 (1.336, 3.169)이다. 종양의 종류 t를 참조범주로 했으므로 종양의 종류가 m일 경우 t인 경우보다 종양이 치료될 확률의 오즈가 2.058배 높다. 즉, 종양의 종류가 m인 경우의 치료효과가 t인 경우보다 더 좋음을 알 수 있다.

⑧ 모형의 적합도를 알아보기 위한 Hosmer-Lemeshow 적합도검정 결과가 출력된다. $p-$값(유의확률)이 0.899로 로지스틱 회귀모형이 자료에 적합하다는 것을 알 수 있다.

= Hosmer 와 Lemeshow 검정 =

| 단계 | 카이제곱 | 자유도 | 유의확률 |
|---|---|---|---|
| 1 | 1.070 | 4 | .899 |

### 10.1.3 설명변수의 선택

다중회귀분석과 마찬가지로 로지스틱 회귀분석에서도 의미 있는 설명변수로 모형을 구축하기 위해 설명변수의 선택절차를 고려할 수 있다. SPSS에서는 변수추가법(Forward selection)과 변수소거법(Backward selection) 절차를 제공하고 있다.

예제 10.5 다음은 산모의 신체적 특성 및 진료횟수가 저체중아 출산에 영향을 미치는지 알아보기 위한 연구에서 나온 자료이다. 이때 연구자의 관심은 저체중이 출산에 영향을 주는 것으로 예상되는 예후인자 중 실제 영향력이 있는 인자를 선별하고, 선택된 예후인자의 영향력을 추정하는 것이다(다운로드 받은 예제 10-5.sav 파일을 이용한다).

| 저체중아 여부($y$) | 산모의 나이($x_1$) | 산모의 체중($x_2$) | 인종($x_3$) | 임신 후 첫 3개월 동안 진료 횟수($x_4$) |
|---|---|---|---|---|
| 0 | 18 | 107 | 1 | 0 |
| 0 | 29 | 123 | 1 | 1 |
| 0 | 19 | 95 | 3 | 0 |
| 0 | 19 | 150 | 3 | 1 |
| 0 | 25 | 118 | 1 | 3 |
| 0 | 28 | 120 | 1 | 1 |
| 0 | 31 | 100 | 1 | 3 |
| 0 | 28 | 120 | 3 | 0 |
| 0 | 28 | 167 | 1 | 0 |
| 0 | 26 | 168 | 2 | 0 |
| 0 | 17 | 113 | 2 | 1 |
| 0 | 24 | 90 | 1 | 1 |
| 0 | 35 | 121 | 2 | 1 |
| 0 | 19 | 138 | 1 | 2 |
| 0 | 31 | 215 | 1 | 2 |
| 0 | 32 | 132 | 1 | 4 |
| 0 | 22 | 120 | 1 | 1 |
| 0 | 30 | 153 | 3 | 0 |
| 0 | 17 | 119 | 3 | 0 |
| 0 | 20 | 169 | 3 | 1 |
| 0 | 20 | 141 | 1 | 1 |
| 0 | 22 | 158 | 2 | 2 |
| 0 | 23 | 115 | 3 | 1 |
| 0 | 18 | 229 | 2 | 0 |
| 0 | 23 | 190 | 1 | 0 |
| 0 | 32 | 170 | 1 | 0 |
| 0 | 20 | 127 | 3 | 0 |
| 0 | 17 | 120 | 3 | 0 |
| 0 | 19 | 105 | 3 | 0 |
| 0 | 23 | 130 | 1 | 0 |
| 0 | 16 | 135 | 1 | 0 |
| 0 | 19 | 147 | 1 | 0 |

| 저체중아 여부($y$) | 산모의 나이($x_1$) | 산모의 체중($x_2$) | 인종($x_3$) | 임신 후 첫 3개월 동안 진료 횟수($x_4$) |
|---|---|---|---|---|
| 0 | 30 | 137 | 1 | 1 |
| 0 | 19 | 184 | 1 | 0 |
| 0 | 20 | 120 | 3 | 0 |
| 0 | 22 | 169 | 1 | 0 |
| 0 | 18 | 120 | 1 | 2 |
| 0 | 33 | 117 | 1 | 1 |
| 0 | 28 | 134 | 3 | 1 |
| 0 | 14 | 135 | 1 | 0 |
| 0 | 28 | 130 | 3 | 0 |
| 0 | 16 | 95 | 3 | 1 |
| 1 | 25 | 85 | 3 | 0 |
| 1 | 23 | 97 | 3 | 1 |
| 1 | 19 | 91 | 1 | 0 |
| 1 | 16 | 130 | 3 | 1 |
| 1 | 25 | 92 | 1 | 0 |
| 1 | 21 | 103 | 3 | 0 |
| 1 | 19 | 112 | 1 | 0 |
| 1 | 20 | 80 | 3 | 0 |
| 1 | 25 | 105 | 3 | 1 |
| 1 | 20 | 121 | 1 | 0 |
| 1 | 26 | 96 | 3 | 0 |
| 1 | 20 | 122 | 2 | 0 |
| 1 | 30 | 142 | 1 | 0 |
| 1 | 26 | 154 | 3 | 1 |
| 1 | 14 | 101 | 3 | 0 |
| 1 | 28 | 95 | 1 | 2 |
| 1 | 14 | 100 | 3 | 2 |
| 1 | 21 | 130 | 1 | 3 |

반응변수($y$)는 2가지의 이항반응(1: 저체중아, 0: 비저체중아)이고 설명변수 중 산모의 나이와 산모의 체중(파운드), 진찰 횟수는 연속형 변수이며, 인종은 3개의 수준(1: 백인, 2: 흑인, 3: 기타)을 갖고 있다. 3개의 수준을 가지는 설명변수에 대해서는 2개의 가변수($x_{31}$, $x_{32}$)를 만들어 로지스틱 회귀모형을 세우면 되고 그 모형은 아래와 같이 표현할 수 있다.

$$ln\frac{p_x}{1-p_x} = \alpha + \beta_1 x_1 + \beta_2 x_2 + \beta_3 x_{31} + \beta_4 x_{32} + \beta_5 x_4$$

① 로지스틱 회귀분석을 실시하여 보자. 입력된 자료는 다운로드 받은 예제 10-5.sav 파일에 있으며, 범주형 변수인 인종($x_3$)은 1/2/3으로 입력되었는데, 분석을 위한 가변수 생성은 SPSS 분석 메뉴인 「로지스틱 회귀: 범주형 변수 정의」에서 도움을 받기로 할 예정이다. 저체중아 여부($y$)는 '저체중아'의 범주가 관심이 있는 사건이므로 '1'로, '비저체중아'의 경우는 '0'으로 입력하였다. 『분석(A) → 회귀분석(R) → 이분형 로지스틱(G)』을 선택한다.

| | 일련번호 | 저체중아여부 | 산모의나이 | 산모의체중 | 인종 | 진찰횟수 |
|---|---|---|---|---|---|---|
| 1 | 89 | 0 | 18 | 107 | 1 | 0 |
| 2 | 94 | 0 | 29 | 123 | 1 | 1 |
| 3 | 96 | 0 | 19 | 95 | 3 | 0 |
| 4 | 97 | 0 | 19 | 150 | 3 | 1 |
| 5 | 103 | 0 | 25 | 118 | 1 | 3 |
| 6 | 105 | 0 | 28 | 120 | 1 | 1 |
| 7 | 107 | 0 | 31 | 100 | 1 | 3 |
| 8 | 109 | 0 | 28 | 120 | 3 | 0 |
| 9 | 112 | 0 | 28 | 167 | 1 | 0 |
| 10 | 115 | 0 | 26 | 168 | 2 | 0 |
| 11 | 116 | 0 | 17 | 113 | 2 | 1 |

② 치료여부($y$)를 [종속변수(D)]로 산모의 나이($x_1$), 산모의 체중($x_2$), 인종($x_3$), 진찰횟수($x_4$)를 [공변량(C)]으로 이동시킨다. 다음으로 〈범주형(G)〉 버튼을 누른다.

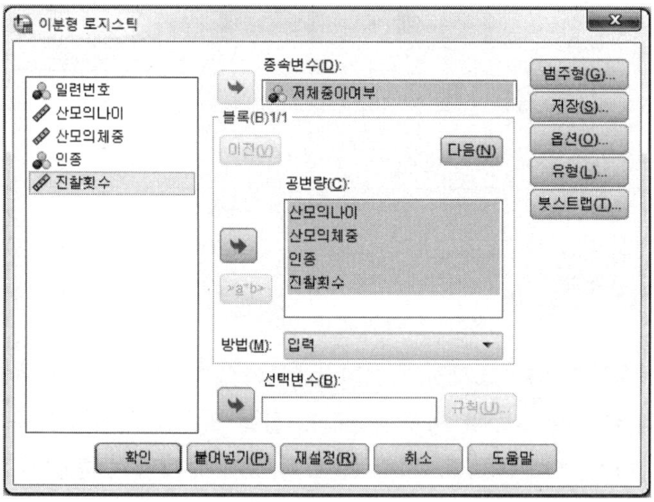


③ 「로지스틱 회귀: 범주형 변수 정의」 대화상자에서 범주형 변수인 인종($x_3$)을 공변량(C)에서 범주형 공변량(T)으로 보낸다. [대비(N)] 메뉴 중 '표시자'를 선택한다. 인종 '3'을 참조범주로 하기 위해 참조범주(R)에서 〈마지막(L)〉을 선택하고 〈변경(H)〉을 누른 후 〈계속(C)〉을 눌러 나온다.

④ 「이분형 로지스틱」 대화상자에서 〈옵션(O)〉 버튼을 눌러 'Hosmer-Lemeshow 적합도'와 'exp(B)에 대한 신뢰구간'에 체크한다.

⑤ 변수 선택을 하기 위해서 「이분형 로지스틱」 대화상자에서 〈방법(M)〉 부분을 눌러 방법을 선택한다. 여기서는 변수소거법을 사용하기 위해 「뒤로: 조건」을 선택하였다. 변수추가법으로 선택하려면 '앞으로: '에서 선택하면 된다. 조건, LR, Wald는 변수선택에 사용될 통계량으로 세 옵션 중 하나를 선택하면 된다.
(본 예제에서는 '뒤로: 조건'을 선택하였다)

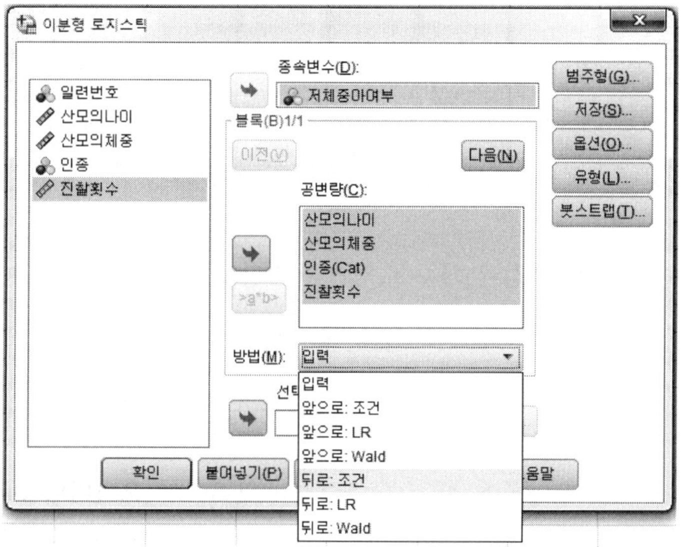


⑥ 종속변수 인코딩과 범주형 변수 코딩은 아래에서 확인할 수 있다.

**종속변수 인코딩**

| 원래 값 | 내부 값 |
|---|---|
| 0 | 0 |
| 1 | 1 |

**범주형 변수 코딩**

| | | 빈도 | 모수 코딩 (1) | 모수 코딩 (2) |
|---|---|---|---|---|
| 인종 | 1 | 30 | 1.000 | .000 |
| | 2 | 6 | .000 | 1.000 |
| | 3 | 24 | .000 | .000 |

⑦ 변수 선택 단계가 총 4단계에 걸쳐서 이루어졌다. 단계별로 변수가 차례로 소거되다가 최종적으로 산모의 체중만이 저체중아 여부에 유의한 영향을 미치는 변수로 남겨진 것을 확인할 수 있다.

방정식의 변수

| | | B | S.E. | Wald | 자유도 | 유의확률 | Exp(B) | EXP(B)에 대한 95% 신뢰구간 | |
|---|---|---|---|---|---|---|---|---|---|
| | | | | | | | | 하한 | 상한 |
| 1 단계[a] | 산모의나이 | -.020 | .065 | .096 | 1 | .757 | .980 | .862 | 1.114 |
| | 산모의체중 | -.050 | .018 | 7.939 | 1 | .005 | .952 | .919 | .985 |
| | 인종 | | | .129 | 2 | .938 | | | |
| | 인종(1) | -.256 | .718 | .127 | 1 | .722 | .774 | .190 | 3.162 |
| | 인종(2) | -.195 | 1.305 | .022 | 1 | .881 | .823 | .064 | 10.613 |
| | 진찰횟수 | -.132 | .378 | .121 | 1 | .728 | .877 | .417 | 1.841 |
| | 상수항 | 5.794 | 2.361 | 6.022 | 1 | .014 | 328.318 | | |
| 2 단계[a] | 산모의나이 | -.024 | .064 | .138 | 1 | .711 | .976 | .861 | 1.107 |
| | 산모의체중 | -.051 | .017 | 8.671 | 1 | .003 | .951 | .919 | .983 |
| | 진찰횟수 | -.165 | .365 | .205 | 1 | .650 | .848 | .414 | 1.733 |
| | 상수항 | 5.910 | 2.341 | 6.373 | 1 | .012 | 368.846 | | |
| 3 단계[a] | 산모의체중 | -.051 | .017 | 8.978 | 1 | .003 | .950 | .918 | .982 |
| | 진찰횟수 | -.204 | .351 | .339 | 1 | .561 | .815 | .410 | 1.621 |
| | 상수항 | 5.481 | 2.014 | 7.404 | 1 | .007 | 240.145 | | |
| 4 단계[a] | 산모의체중 | -.052 | .017 | 9.016 | 1 | .003 | .950 | .918 | .982 |
| | 상수항 | 5.372 | 2.005 | 7.179 | 1 | .007 | 215.284 | | |

a. 변수가 1: 산모의나이, 산모의체중, 인종, 진찰횟수 단계에 입력되었습니다.

따라서 추정된 최종 로지스틱 회귀모형식은 다음과 같다.

$$ln\frac{p_x}{1-p_x} = 5.372 - 0.052x_2$$

산모의 체중에 대한 오즈비는 0.950이며 오즈비의 95% 신뢰구간은 (0.918, 0.982)이다. 산모의 체중이 1파운드 증가할 때마다 저체중아일 확률의 오즈는 그 이전의 0.950배임을 알 수 있다. 즉, 산모의 체중이 많을수록 저체중아의 빈도가 더 낮음을 알 수 있다.

⑧ 변수선택 단계별 적합도검정 결과는 다음과 같다. 마지막 변수선택 단계인 4단계에서의 Hosmer-Lemeshow 적합도검정 결과 통계량의 $p-$값(유의확률)이 0.624로 우리가 세운 로지스틱 회귀모형이 자료에 적합하다는 것을 알 수 있다.

= Hosmer와 Lemeshow 검정 =

| 단계 | 카이제곱 | 자유도 | 유의확률 |
|---|---|---|---|
| 1 | 6.948 | 8 | .542 |
| 2 | 5.134 | 8 | .743 |
| 3 | 9.736 | 8 | .284 |
| 4 | 6.208 | 8 | .624 |

## 10.2 다항 로지스틱 회귀

로지스틱 회귀모형을 분석하다 보면 반응변수가 이항반응이 아닌 다항반응인 경우가 있다. 예컨대 통증의 개선도에 대한 반응값이 '있음', '없음'이 아니고 '상당히 있음', '약간 있음', '전혀 없음'과 같이 3개의 반응으로 나타난다고 하자. 이러한 경우 앞 절에서 다룬 이항반응모형의 경우를 확장해서 다항 로지스틱 회귀모형을 사용할 수 있다. 또한 다항반응은 순서형이거나 명목형일 수 있는데 각각의 경우에 대한 모형과 분석에 대해서 알아보자.

### 10.2.1 순서형 반응변수의 경우

반응변수가 순서형인 경우에는 그 순서를 이용하여 로지스틱 회귀모형을 분석하는 것이 더 많은 정보를 담을 수 있다. 순서형 반응변수에 대해 일반적으로 3가지 종류의 로지스틱 회귀모형이 많이 쓰인다. 비례오즈(proportional odds) 로지스틱 회귀모형, 이웃범주(adjacent-categories) 로지스틱 회귀모형, 연속비(continuation-ratio) 로지스틱 회귀모형이 그것인데, 이 장에서는 비례오즈 로지스틱 회귀모형에 대해서만 알아보겠다.

반응변수 $y$가 $J$개의 순서형 범주를 갖고, 설명변수 $x$가 있다고 하자. 반응변수 $y$가 범주 $j$ 이하에 해당할 확률 $F_j$를 다음과 같이 정의한다.

$$F_j = P(Y \le j \mid x) = p_1 + p_2 + \cdots + p_j \quad (j = 1, \cdots, J)$$

여기서 $p_j$는 $j$번째 반응을 나타낼 확률이다. 비례오즈 로지스틱 회귀모형은 다음과 같이 정의된다.

$$ln\frac{F_j}{1-F_j} = \alpha_j + \beta x \quad (j = 1, \cdots, J-1)$$

일반적으로 $k$개의 설명변수 $x_1$, $\cdots$, $x_k$가 있을 때 비례오즈 회귀모형은 다음과 같다.

$$ln\frac{F_j}{1-F_j} = \alpha_j + \beta_1 x_1 + \beta_2 x_2 + \cdots + \beta_k x_k \quad (j = 1, \cdots, J-1)$$

여기서 $ln\frac{F_j}{1-F_j}$를 누적 로짓이라고 한다.

설명변수 $x$가 $x=a$, $x=b$인 두 개체의 오즈비는 다음과 같다.

$$\frac{P(Y \le j \mid a)/P(Y > j \mid a)}{P(Y \le j \mid b)/P(Y > j \mid b)}$$

위의 식에 자연로그를 씌우면 이는 설명변수의 두 값의 차이$(a-b)$에 비례하고 비례 상수는 $\beta$으로 $J-1$개의 모든 범주에 대해 동일함을 알 수 있다.

$$\begin{aligned} & ln\frac{P(Y \le j \mid a)}{P(Y > j \mid b)} - ln\frac{P(Y \le j \mid a)}{P(Y > j \mid b)} \\ &= ln\frac{F_{aj}}{1-F_{aj}} - ln\frac{F_{bj}}{1-F_{bj}} \\ &= (\alpha_j + \beta a) - (\alpha_j + \beta b) \\ &= \beta(a-b) \end{aligned}$$

이러한 비례성이 모형 $ln\frac{F_j}{1-F_j} = \alpha_j + \beta x$ 을 비례오즈 로지스틱 회귀모형으로 부르는 이유이다.

**예제 10.6** 다음은 관절염 통증에 관한 자료이다. 84명의 환자를 신약과 플라시보 치료군에 할당하여 통증의 개선도를 '전혀 없음', '약간 있음', '상당히 있음', 3가지의 순서형 반응으로 측정하였다. 통증의 개선도가 성별 또는 치료법에 따라 영향을 받는지 알아보고자 한다(다운로드 받은 예제 10-6.sav 파일을 이용한다).

| 성별($x_1$) | 치료법($x_2$) | 통증의 개선도($y$) | | | 합 |
|---|---|---|---|---|---|
| | | 전혀 없음(1) | 약간 있음(2) | 상당히 있음(3) | |
| 여(1) | 신약(1) | 6명 | 5명 | 16명 | 27명 |
| 여(1) | 플라시보(0) | 19명 | 7명 | 6명 | 32명 |
| 남(0) | 신약(1) | 7명 | 2명 | 5명 | 14명 |
| 남(0) | 플라시보(0) | 10명 | 0명 | 1명 | 11명 |

통증의 개선도$(y)$를 반응변수로 하고 설명 변수인 성별$(x_1)$과 치료법$(x_2)$으로 두면, 비례오즈 로지스틱 회귀모형은 아래 식과 같다.

$$ln\frac{F_j}{1-F_j} = \alpha_j + \beta_1 x_1 + \beta_2 x_2 \quad (j=1,2)$$

① 다운받은 예제 10-6.sav를 이용하여 로지스틱 회귀분석을 실시하여 보자. 위 자료의 각 범주 옆 괄호 안에 있는 값은 예제 파일에 입력된 코드값이다. 또한, 빈도를 가중 케이스로 설정을 해 주어야 한다.

|  | 성별 | 치료법 | 통증의개선도 | 빈도 |
|---|---|---|---|---|
| 1 | 1 | 1 | 1 | 6 |
| 2 | 1 | 1 | 2 | 5 |
| 3 | 1 | 1 | 3 | 16 |
| 4 | 1 | 0 | 1 | 19 |
| 5 | 1 | 0 | 2 | 7 |
| 6 | 1 | 0 | 3 | 6 |
| 7 | 0 | 1 | 1 | 7 |
| 8 | 0 | 1 | 2 | 2 |
| 9 | 0 | 1 | 3 | 5 |
| 10 | 0 | 0 | 1 | 10 |
| 11 | 0 | 0 | 3 | 1 |

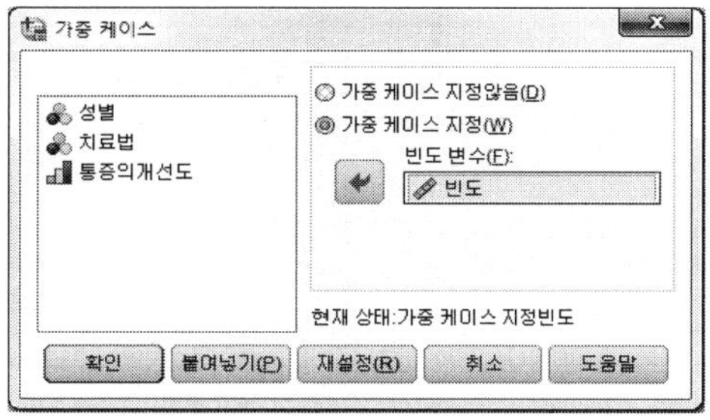


② 『분석(A) → 회귀분석(R) → 순서형(D)』을 선택한다.

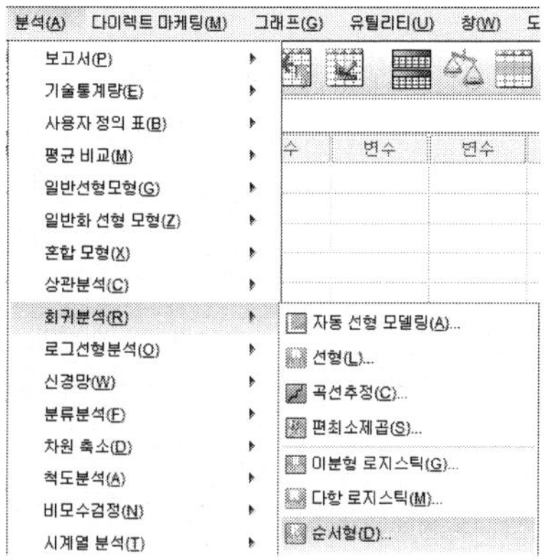


③ 대화상자가 나오면 왼쪽의 변수목록에서 반응변수(종속변수)에 해당하는 통증의 개선도($y$)를 선택하여 오른쪽의 [종속변수(D)]로 이동시키고, 설명변수(독립변수)에 해당하는 성별($x_1$) 및 치료법($x_2$)을 선택하여 오른쪽의 [공변량(C)]으로 이동시킨다. 다음으로 〈출력결과(T)〉 버튼을 누른다.

④ 「순서형 회귀: 출력결과」 대화상자에서 아래 그림처럼 〈평행성 검정(L)〉, 〈추정 반응확률(E)〉에 체크한 후 〈계속(C)〉을 눌러 나와서 확인 버튼을 누른다.

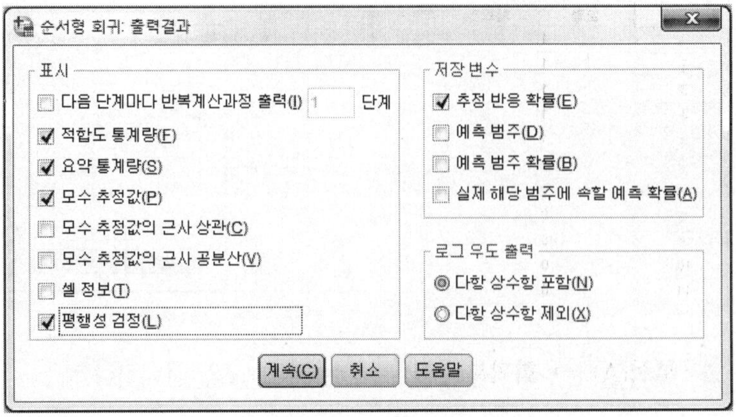


⑤ 비례성 가정을 검토하려면, "평행성 검정" 부분을 확인하여야 한다. 출력결과 카이제곱 값은 1.469이고 $p-$값(유의확률)이 0.480로 유의하지 않으므로 비례 오즈 가정을 만족하고 있다. 만약 비례 오즈 가정을 만족하지 못하면 뒤에 설명할 일반화 로지스틱 회귀모형을 사용해야 한다. 또한 모형의 적합도를 보면 피어슨의 카이제곱검정통계량과 우도비 카이제곱검정통계량 모두 $p-$값(유의확률)이 0.05보다 크므로 우리가 세운 모형이 자료에 잘 적합된다고 볼 수 있다.

**평행성 검정**[a]

| 모형 | -2 로그 우도 | 카이제곱 | 자유도 | TPL 유의확률 |
|---|---|---|---|---|
| 영가설 | 23.598 | | | |
| 일반 | 22.128 | 1.469 | 2 | .480 |

영가설 상태는 위치 모수가(기울기 계수) 대응 범주에 있어 동일함을 나타냅니다.

a. 연결함수: 로짓.

**적합도**

| | 카이제곱 | 자유도 | 유의확률 |
|---|---|---|---|
| Pearson | 1.910 | 4 | .752 |
| 편차 | 2.712 | 4 | .607 |

연결함수: 로짓.

* 적합도 출력결과에서 편차는 우도비 검정통계량을 의미한다.

⑥ 모수추정 결과는 다음과 같다.

**모수 추정값**

| | | B 추정값 | 표준오차 | Wald | 자유도 | 유의확률 | 95% 신뢰구간 하한 | 95% 신뢰구간 상한 |
|---|---|---|---|---|---|---|---|---|
| 임계값 | [통증의개선도 = 1] | 1.813 | .557 | 10.607 | 1 | .001 | .722 | 2.904 |
| | [통증의개선도 = 2] | 2.667 | .600 | 19.780 | 1 | .000 | 1.492 | 3.843 |
| 위치 | 성별 | 1.319 | .529 | 6.210 | 1 | .013 | .282 | 2.356 |
| | 치료법 | 1.797 | .473 | 14.449 | 1 | .000 | .871 | 2.724 |

연결함수: 로짓.

위 결과를 바탕으로 모형식을 세울 때 유의해야 할 점이 있다. SPSS에서 비례 오즈 로지스틱 회귀모형은 $ln(\frac{F_j}{1-F_j}) = \alpha_j - (\beta_1 x_1 + \beta_2 x_2)$ 으로 적합하기 때문에 각 회귀계수의 부호를 잘 살펴서 해석해야 한다. 출력결과에서 성별($x_1$)의 회귀계수는 -1.319, 유의확률은 0.013, 치료법($x_2$)의 회귀계수는 -1.797, 유의확률은 0.000으로 두 변수 모두 유의하게 반응변수인 통증의 개선도에 영향을 주고 있다는 것을 알 수 있다. 따라서 모수 추정치를 바탕으로 각 반응변수의 수준에 따른 모형식을 나타내면 다음 식과 같다.

$$ln\frac{F_1}{1-F_1} = 1.813 - 1.319x_1 - 1.797x_2$$

$$ln\frac{F_2}{1-F_2} = 2.667 - 1.319x_1 - 1.797x_2$$

따라서 통증의 개선도가 '전혀 없음'에 속할 추정된 로그오즈가 여성(1)이 남성(0)보다 −1.319만큼 더 작다는 것을 알 수 있다. 이는 여성의 통증의 개선도가 '전혀 없음' 범주에 속할 확률의 오즈는 남성의 $\text{Exp}(-1.319) = 0.267$배라는 의미이다. 유사한 방법으로 통증의 개선도가 '전혀 없음'에 속할 추정된 로그오즈는 새 치료법을 이용한 치료법이 플라시보 치료법보다 −1.797만큼 더 작고, 오즈는 $\text{Exp}(-1.797) = 0.166$배이다.

*** SPSS에서는 다항 로지스틱 회귀의 경우 이항 로지스틱 회귀와 달리 Exp(B) 출력을 제공하지 않는다.**

⑦ 마지막으로, 반응변수의 각 범주별로 계산된 누적확률을 해석해 보도록 하자. 「순서형 회귀: 출력결과」 대화상자에서 추정 반응 확률(E)에 체크한 결과가 원래 data 파일인 예제 10-6.sav의 가장 우측열에 새로운 변수로 추가된 것을 확인할 수 있다.

설명변수인 성별, 치료법의 범주에 따른 통증개선도의 추정반응확률은 각 설명변수의 범주별로 EST1_1(전혀없음), EST2_1(약간 있음), EST3_1의 변수(상당히 있음)에 계산되어 있다.

|  | 성별 | 치료법 | 통증의개선도 | 빈도 | EST1_1 | EST2_1 | EST3_1 |
|---|---|---|---|---|---|---|---|
| 1 | 1 | 1 | 1 | 6 | .2136 | .1760 | .6104 |
| 2 | 1 | 1 | 2 | 5 | .2136 | .1760 | .6104 |
| 3 | 1 | 1 | 3 | 16 | .2136 | .1760 | .6104 |
| 4 | 1 | 0 | 1 | 19 | .6211 | .1728 | .2061 |
| 5 | 1 | 0 | 2 | 7 | .6211 | .1728 | .2061 |
| 6 | 1 | 0 | 3 | 6 | .6211 | .1728 | .2061 |
| 7 | 0 | 1 | 1 | 7 | .5039 | .2008 | .2953 |
| 8 | 0 | 1 | 2 | 2 | .5039 | .2008 | .2953 |
| 9 | 0 | 1 | 3 | 5 | .5039 | .2008 | .2953 |
| 10 | 0 | 0 | 1 | 10 | .8597 | .0754 | .0649 |
| 11 | 0 | 0 | 3 | 1 | .8597 | .0754 | .0649 |

예를 들어, 여성(1)이 새 치료법(1)을 받은 경우 통증개선정도에 대하여 계산된 추정반응확률은 아래와 같이 해석할 수 있다.

$$P(\text{전혀 없음}|\text{여성, 새 치료법}) = 0.2135$$
$$P(\text{약간 있음}|\text{여성, 새 치료법}) = 0.1760$$
$$P(\text{상당히 있음}|\text{여성, 새 치료법}) = 0.6104$$

그 외 범주에 대해서도 유사한 방법으로 해석하면 된다.

### 10.2.2 명목형 반응변수의 경우

반응변수가 명목형일 때에는 앞 절에서처럼 누적 로짓(cumulative logit)을 이용하기보다는 일반화 로짓(generalized logit)을 이용하여 분석한다. 반응변수 $y$가 $J$개의 범주형 반응을 갖고 있고, 각 범주에 속할 확률, 즉 반응확률을 $\{p_1, p_2, \cdots, p_J\}$라고 하자. 여기서 모든 범주에서의 반응확률의 합은 1이 된다. 즉, $\sum_{j=1}^{J} p_j = 1$이다. $k$개의 설명변수를 갖는 $i$번째 개체의 설명변수 벡터를 $x = (1, x_1, x_2, \cdots, x_k)'$ 라 하고 그에 해당하는 모수 벡터를 $\beta_j{}' = (\alpha_j, \beta_{j1}, \beta_{j2}, \cdots, \beta_{jk})$ 라고 할 때 명목형 반응변수를 갖는 로지스틱 회귀모형을 분석하기 위한 일반화 로짓은 다음과 같이 정의된다.

$$ln(\frac{p_j}{p_1}) = \beta_j{}'x = \alpha_j + \sum_{l=1}^{k} \beta_{jl} x_l \quad (j = 2, \cdots, J)$$

위의 식을 보면 비례오즈 로지스틱 회귀모형과는 달리 $J-1$개의 범주에 대해 각각 다른 모수를 두고 있는 것을 알 수 있다. 첫 반응 범주 1을 분모에 두고 다른 수준의 범주 $j$를 분자에 놓고 로그를 취했는데 이 값을 기준범주 로짓이라고 한다. 여기서 $p_j$는 개체가 $j$번째 범주에 속할 확률이다. $p_j$는 위 식으로부터 쉽게 구할 수 있다.

$$p_j = \frac{\exp(\beta_j{}'x)}{1+\sum_{k=2}^{J}\exp(\beta_k{}'x)} \quad (j=2, \cdots, J)$$

또한 첫 범주는 모든 범주에 대한 반응확률의 값의 합이 1이 된다는 사실로부터 아래와 같이 구해진다.

$$p_1 = \frac{1}{1+\sum_{k=2}^{J}\exp(\beta_k{}'x)}$$

**예제 10.7** 자궁내막암을 진단받은 283명의 여성을 대상으로 세부암종(선암, 선편평세포암, 기타)의 분율이 연령대(50-64세/65-79세), 에스트로겐사용력, 흡연여부에 따라 달라지는지 조사한 결과를 분할표로 정리하였다. 반응변수인 세부 암종의 범주가 어떠한 순서를 갖고 있지 않으므로 일반화 로지스틱 회귀모형을 사용하여 분석해 보자. 각 범주 옆 괄호 안에 있는 값은 예제 파일에 입력된 코드값이다(다운로드 받은 예제 10-7.sav 파일을 이용한다).

| 연령대($x_1$) | 에스트로겐 사용력($x_2$) | 흡연여부($x_3$) | 세부암종($y$) | | |
|---|---|---|---|---|---|
| | | | 선암(1) | 선편평세포암(2) | 기타(3) |
| 50-64세(0) | 사용력 없음(0) | 비흡연(0) | 28명 | 3명 | 7명 |
| | | 흡연(1) | 6명 | 3명 | 0명 |
| | 사용력 있음(1) | 비흡연(0) | 31명 | 4명 | 10명 |
| | | 흡연(1) | 10명 | 1명 | 1명 |
| 65-79세(1) | 사용력 없음(0) | 비흡연(0) | 46명 | 19명 | 20명 |
| | | 흡연(1) | 1명 | 2명 | 0명 |
| | 사용력 있음(1) | 비흡연(0) | 57명 | 12명 | 18명 |
| | | 흡연(1) | 3명 | 1명 | 0명 |

① 다운로드 받은 예제 10-7.sav를 이용하여 로지스틱 회귀분석을 실시해 보자. 여기서도 빈도를 가중 케이스로 설정해 주어야 한다.

|  | 세부암종 | 연령대 | 에스트로겐사용력 | 흡연여부 | 빈도 |
|---|---|---|---|---|---|
| 1 | 1 | 0 | 0 | 0 | 28 |
| 2 | 2 | 0 | 0 | 0 | 3 |
| 3 | 3 | 0 | 0 | 0 | 7 |
| 4 | 1 | 1 | 0 | 0 | 46 |
| 5 | 2 | 1 | 0 | 0 | 19 |
| 6 | 3 | 1 | 0 | 0 | 20 |
| 7 | 1 | 0 | 1 | 0 | 31 |
| 8 | 2 | 0 | 1 | 0 | 4 |
| 9 | 3 | 0 | 1 | 0 | 10 |
| 10 | 1 | 1 | 1 | 0 | 57 |
| 11 | 2 | 1 | 1 | 0 | 12 |
| 12 | 3 | 1 | 1 | 0 | 18 |
| 13 | 1 | 0 | 0 | 1 | 6 |
| 14 | 2 | 0 | 0 | 1 | 3 |
| 15 | 1 | 1 | 0 | 1 | 1 |
| 16 | 2 | 1 | 0 | 1 | 2 |
| 17 | 1 | 0 | 1 | 1 | 10 |
| 18 | 2 | 0 | 1 | 1 | 1 |
| 19 | 3 | 0 | 1 | 1 | 1 |
| 20 | 1 | 1 | 1 | 1 | 3 |
| 21 | 2 | 1 | 1 | 1 | 1 |

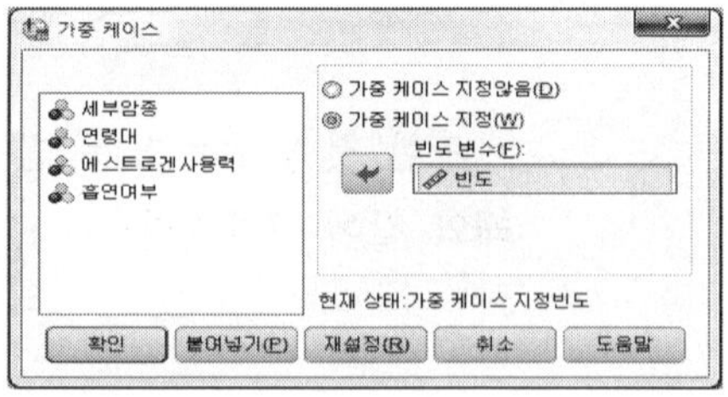


② 『분석(A) → 회귀분석(R) → 다항 로지스틱(M)』을 선택한다.

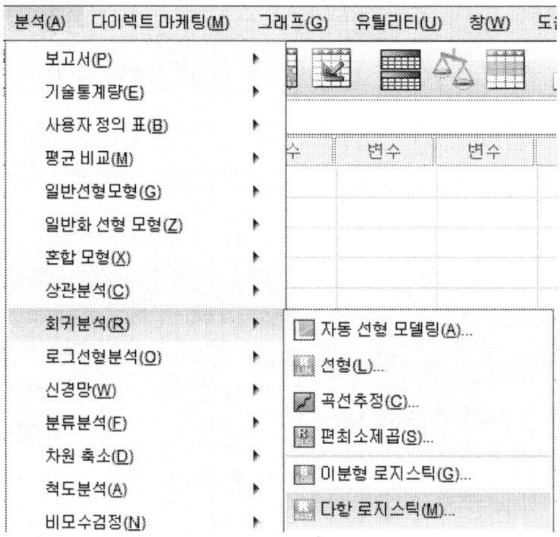


③ 변수목록에서 반응변수(종속변수)에 해당하는 세부암종을 선택하여 [종속변수(D)]로 이동시키고, 설명변수(독립변수)에 해당하는 연령대, 에스트로겐사용력, 흡연여부를 선택하여 [공변량(C)]으로 이동시킨다. 다음으로 〈참조범주(N)〉 버튼을 눌러 첫 범주(F)를 선택하여 참조범주를 선암으로 지정하고 〈계속(C)〉을 눌러 나온다.

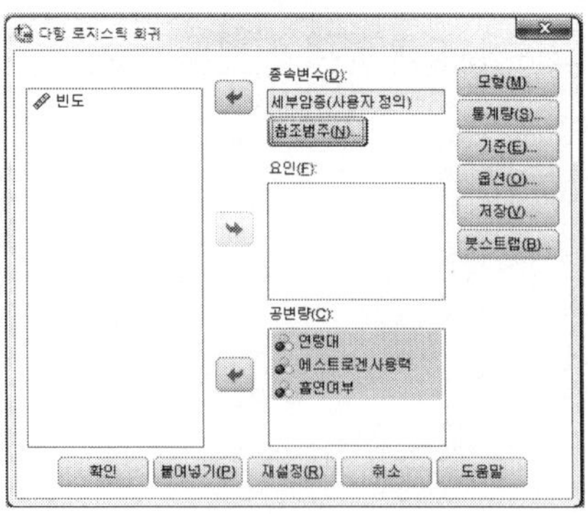


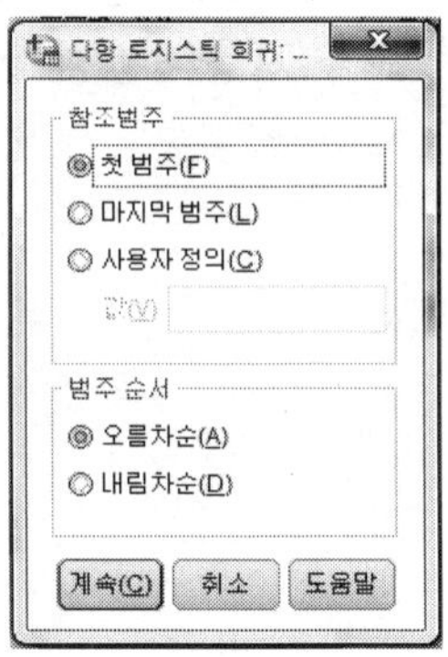

④ 〈통계량(S)〉 버튼을 눌러 「다항 로지스틱 회귀: 통계량」 대화상자에서 아래 그림처럼 〈적합도(G)〉에 체크한 후 〈계속(C)〉을 누른다. 〈저장(S)〉 버튼을 눌러 「다항 로지스틱 회귀: 저장」 대화상자에서 추정 반응 확률(E)에 체크하고 〈계속(C)〉를 누르고 확인을 누른다.

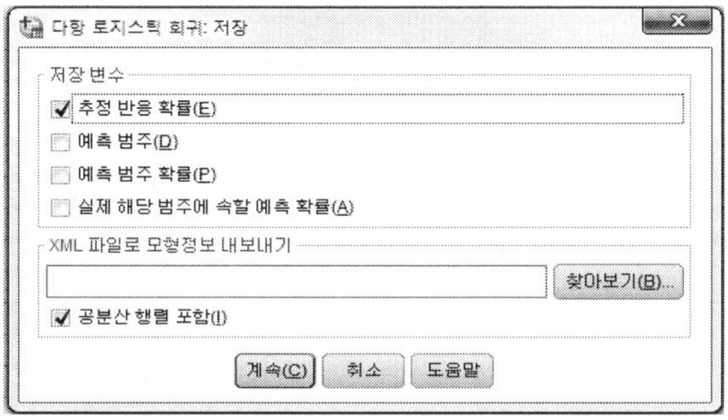


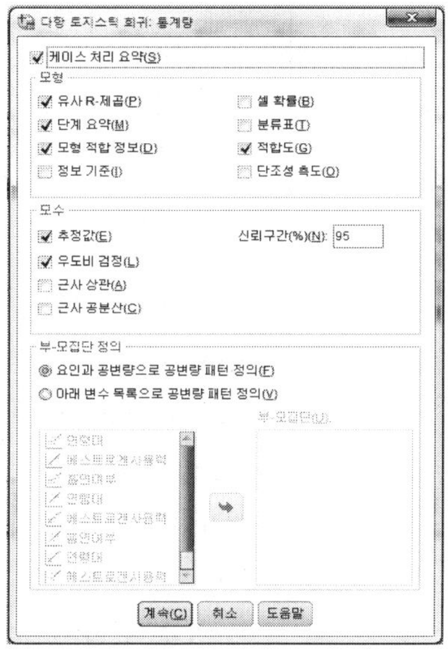


⑤ 모형의 적합도를 보면 우도비 카이제곱검정통계량과 피어슨의 카이제곱검정통계량 모두 $p-$값(유의확률)이 0.05보다 크므로 우리가 세운 모형이 자료에 잘 적합된다고 볼 수 있다. 또한 각 설명변수들의 회귀계수가 0이라는 귀무가설은 설명변수 연령대, 에스트로겐사용력, 흡연여부의 $p-$값(유의확률)이 각각 0.047, 0.180, 0.011로 연령대와 흡연여부는 유의하지만 에스트로겐사용력은 유의하지 않음을 알 수 있다.

**적합도**

| | 카이제곱 | 자유도 | 유의확률 |
|---|---|---|---|
| Pearson | 4.113 | 8 | .847 |
| 편차 | 4.507 | 8 | .809 |

**우도비 검정**

| | 모형 적합 기준 | 우도비 검정 | | |
|---|---|---|---|---|
| 효과 | 축소모형의 -2 로그 우도 | 카이제곱 | 자유도 | 유의확률 |
| 절편 | 79.406 | 33.914 | 2 | .000 |
| 연령대 | 51.609 | 6.117 | 2 | .047 |
| 에스트로겐사용력 | 48.919 | 3.427 | 2 | .180 |
| 흡연여부 | 54.495 | 9.003 | 2 | .011 |

카이제곱 통계량은 최종모형과 축소모형 사이의 -2 로그 우도 차입니다. 축소모형은 최종모형에서 효과 하나를 생략하여 만든 모형입니다. 영가설은 효과의 모든 모수가 0입니다.

⑥ 모수 추정 결과를 살펴보면, 아래 그림과 같다.

모수 추정값

| 세부암종[a] | | B | 표준오차 | Wald | 자유도 | 유의확률 | Exp(B) | Exp(B)에 대한 95% 신뢰구간 | |
|---|---|---|---|---|---|---|---|---|---|
| | | | | | | | | 하한 | 상한 |
| 1 | 절편 | -1.865 | .403 | 21.433 | 1 | .000 | | | |
| | 연령대 | .963 | .413 | 5.454 | 1 | .020 | 2.621 | 1.167 | 5.882 |
| | 에스트로겐사용력 | -.630 | .344 | 3.360 | 1 | .067 | .533 | .272 | 1.045 |
| | 흡연여부 | .872 | .525 | 2.756 | 1 | .097 | 2.392 | .854 | 6.700 |
| 2 | 절편 | -1.164 | .318 | 13.359 | 1 | .000 | | | |
| | 연령대 | .225 | .330 | .465 | 1 | .495 | 1.252 | .656 | 2.390 |
| | 에스트로겐사용력 | -.122 | .309 | .157 | 1 | .692 | .885 | .483 | 1.621 |
| | 흡연여부 | -1.808 | 1.047 | 2.983 | 1 | .084 | .164 | .021 | 1.276 |

a. 참조 범주는\ 0입니다.

표에서 세부암종 1이 선암 대비 선편평세포암의 일반화 로지스틱 회귀분석 결과이다. 연령대가 높아지면 선암에 비해 선편평세포암의 오즈가 2.621배 높다. 에스트로겐 사용력이 있는 사람은 없는 사람보다 선암 대비 선편평세포암의 오즈가 0.533배가 된다. 흡연자는 비흡연자보다 선암 대비 선편평세포암의 오즈가 2.392배가 된다. 세부암종 2는 선암 대비 기타 암종의 일반화 로지스틱 회귀분석 결과이다. 1과 마찬가지 방법으로 해석하면 된다.

$x_{i1}$을 연령대, $x_{i2}$를 에스트로겐사용력, $x_{i3}$를 흡연여부를 나타내는 설명변수라고 할 때 이 결과를 바탕으로 한 로지스틱 회귀모형은 아래와 같다.

$$\text{선암에 대한 선편평세포암의 로짓} = ln(\frac{p_2}{p_1})$$
$$= -1.865 + 0.963x_1 - 0.630x_2 + 0.872x_3$$

$$\text{선암에 대한 기타의 로짓} = ln(\frac{p_3}{p_1}) = -1.164 + 0.225x_1 - 0.122x_2 - 1.808x_3$$

선편평세포암과 기타의 비교는 위의 두 식의 차를 구하면 된다. 즉,

$$\text{기타에 대한 선편평세포암의 로짓} = ln(\frac{p_2}{p_3})$$
$$= -0.701 + 0.738x_1 - 0.508x_2 + 2.680x_3$$

이 된다.

⑦ 세부암종의 추정확률은 다음 그림과 같이 data 파일에서 각 설명변수의 범주별로, EST1_1(선암), EST2_1(선편평세포암), EST3_1(기타)에서 확인할 수 있다. 예를 들면 자궁내막암을 진단 받은 여성 중에 50-64세(0)이고 에스트로겐을 사용한 적이 없으며(0) 비흡연자(0)인 경우 선암(1)일 반응확률의 추정값은 첫 번째 행의 EST1_1열의 값인 0.6815이다.

|  | 세부암종 | 연령대 | 에스트로겐사용력 | 흡연여부 | 빈도 | EST1_1 | EST2_1 | EST3_1 |
|---|---|---|---|---|---|---|---|---|
| 1 | 1 | 0 | 0 | 0 | 28 | .6815 | .1056 | .2128 |
| 2 | 2 | 0 | 0 | 0 | 3 | .6815 | .1056 | .2128 |
| 3 | 3 | 0 | 0 | 0 | 7 | .6815 | .1056 | .2128 |
| 4 | 1 | 1 | 0 | 0 | 46 | .5564 | .2260 | .2176 |
| 5 | 2 | 1 | 0 | 0 | 19 | .5564 | .2260 | .2176 |
| 6 | 3 | 1 | 0 | 0 | 20 | .5564 | .2260 | .2176 |
| 7 | 1 | 0 | 1 | 0 | 31 | .7359 | .0607 | .2034 |
| 8 | 2 | 0 | 1 | 0 | 4 | .7359 | .0607 | .2034 |
| 9 | 3 | 0 | 1 | 0 | 10 | .7359 | .0607 | .2034 |
| 10 | 1 | 1 | 1 | 0 | 57 | .6401 | .1384 | .2215 |
| 11 | 2 | 1 | 1 | 0 | 12 | .6401 | .1384 | .2215 |
| 12 | 3 | 1 | 1 | 0 | 18 | .6401 | .1384 | .2215 |

## 10.3 연습문제

10.1 다음 자료는 나이에 따른 관상 동맥성 심장질환(Coronary Heart Disease, CHD) 여부를 조사한 자료이다. 로지스틱 회귀모형을 적합하고 결과를 해석하여라(다운로드 받은 연습문제 10_1.sav 파일을 사용하여라).

| 나이 | 질환 여부 | 나이 | 질환 여부 | 나이 | 질환 여부 |
|---|---|---|---|---|---|
| 22 | 0 | 40 | 0 | 54 | 0 |
| 23 | 0 | 41 | 1 | 55 | 1 |
| 24 | 0 | 46 | 0 | 58 | 1 |
| 27 | 0 | 47 | 0 | 60 | 1 |
| 28 | 0 | 48 | 0 | 60 | 0 |
| 30 | 0 | 49 | 1 | 62 | 1 |
| 30 | 0 | 49 | 0 | 65 | 1 |
| 32 | 0 | 50 | 1 | 67 | 1 |
| 33 | 0 | 51 | 0 | 71 | 1 |
| 35 | 1 | 51 | 1 | 77 | 1 |
| 38 | 0 | 52 | 0 | 81 | 1 |

10.2 다음은 나이, 교육정도, 출산희망여부, 현재 피임약 복용여부가 조사되어 있는 피지의 결혼한 여성을 대상으로 한 출산력조사 자료이다(다운로드 받은 연습문제 10_2.sav 파일을 사용하여라).

| 나이 | 교육정도 | 출산희망여부 | 피임약 복용여부 | 빈도 |
|---|---|---|---|---|
| 〈25 | low | yes | no | 53 |
| 〈25 | low | yes | yes | 6 |
| 〈25 | low | no | no | 10 |
| 〈25 | low | no | yes | 4 |
| 〈25 | high | yes | no | 212 |
| 〈25 | high | yes | yes | 52 |
| 〈25 | high | no | no | 50 |
| 〈25 | high | no | yes | 10 |
| 25-29 | low | yes | no | 60 |
| 25-29 | low | yes | yes | 14 |
| 25-29 | low | no | no | 19 |
| 25-29 | low | no | yes | 10 |

| 나이 | 교육정도 | 출산희망여부 | 피임약 복용여부 | 빈도 |
|---|---|---|---|---|
| 25–29 | high | yes | no | 155 |
| 25–29 | high | yes | yes | 54 |
| 25–29 | high | no | no | 65 |
| 25–29 | high | no | yes | 27 |
| 30–39 | low | yes | no | 112 |
| 30–39 | low | yes | yes | 33 |
| 30–39 | low | no | no | 77 |
| 30–39 | low | no | yes | 80 |
| 30–39 | high | yes | no | 118 |
| 30–39 | high | yes | yes | 46 |
| 30–39 | high | no | no | 68 |
| 30–39 | high | no | yes | 78 |
| 40–49 | low | yes | no | 35 |
| 40–49 | low | yes | yes | 6 |
| 40–49 | low | no | no | 46 |
| 40–49 | low | no | yes | 48 |
| 40–49 | high | yes | no | 8 |
| 40–49 | high | yes | yes | 8 |
| 40–49 | high | no | no | 12 |
| 40–49 | high | no | yes | 31 |

(1) 반응변수를 피임약 복용여부, 나머지 변수를 설명변수로 하는 로지스틱 회귀모형을 적합하여라.

(2) 변수선택법을 사용하여 최종모형을 결정하고 해석하여라.

**10.3** 다음 자료는 여성의 유방암에 대한 자가 진단횟수와 나이에 관한 조사결과이다. 비례오즈 모형을 적합하고 결과를 해석하여라.

| 나이 | 유방암 자가 진단횟수 | | |
|---|---|---|---|
| | 한 달에 한 번 | 가끔씩 | 전혀 안 한다 |
| 〈45 | 91 | 90 | 51 |
| 45–59 | 150 | 200 | 155 |
| 60+ | 109 | 198 | 172 |

**10.4** 아래 자료는 정신장애의 정도와 이와 관련된 설명변수로 사회 경제적 지위와 지난 3년 동안 경험한 중요한 사건(자녀출생, 이혼, 가족의 죽음, 새 직업 등)의 수를 조사한 자료이다. 여기서 정신장애의 정도(1=중증, 2=보통, 3=경증, 4=약간)를 순서형 반응변

수로, 나머지 변수들을 설명변수로 하여 비례오즈 로지스틱 회귀모형을 적합시키고 이를 해석하여라(다운로드 받은 연습문제 10_4.sav 파일을 사용하여라).

| 대상 | 정신장애 정도 | 사회경제적 지위 | 사건 | 대상 | 정신장애 정도 | 사회경제적 지위 | 사건 |
|---|---|---|---|---|---|---|---|
| 1 | 4 | 1 | 1 | 21 | 3 | 1 | 9 |
| 2 | 4 | 1 | 9 | 22 | 3 | 0 | 3 |
| 3 | 4 | 1 | 4 | 23 | 3 | 1 | 3 |
| 4 | 4 | 1 | 3 | 24 | 3 | 1 | 1 |
| 5 | 4 | 0 | 2 | 25 | 2 | 0 | 0 |
| 6 | 4 | 1 | 0 | 26 | 2 | 1 | 4 |
| 7 | 4 | 0 | 1 | 27 | 2 | 0 | 3 |
| 8 | 4 | 1 | 3 | 28 | 2 | 0 | 9 |
| 9 | 4 | 1 | 3 | 29 | 2 | 1 | 6 |
| 10 | 4 | 1 | 7 | 30 | 2 | 0 | 4 |
| 11 | 4 | 0 | 1 | 31 | 2 | 0 | 3 |
| 12 | 4 | 0 | 2 | 32 | 1 | 1 | 8 |
| 13 | 3 | 1 | 5 | 33 | 1 | 1 | 2 |
| 14 | 3 | 0 | 6 | 34 | 1 | 1 | 7 |
| 15 | 3 | 1 | 3 | 35 | 1 | 0 | 5 |
| 16 | 3 | 0 | 1 | 36 | 1 | 0 | 4 |
| 17 | 3 | 1 | 8 | 37 | 1 | 0 | 4 |
| 18 | 3 | 1 | 2 | 38 | 1 | 1 | 8 |
| 19 | 3 | 0 | 5 | 39 | 1 | 0 | 8 |
| 20 | 3 | 1 | 5 | 40 | 1 | 0 | 9 |

**10.5** 다음은 플로리다주의 고속도로 안전국과 자동차국에 의해 제공된 1988년도의 교통사고 자료이다. 변수들은 안전벨트 착용여부, 사고 당시 차에서 튕겨 나갔는지 여부와 사망여부로 분류되어 있다.

| 안전벨트 착용 여부 | 차에서 튕겨 나감 | 사망 | |
|---|---|---|---|
| | | 예 | 아니오 |
| 예 | 예 | 432 | 532 |
| | 아니오 | 269 | 552 |
| 아니오 | 예 | 659 | 270 |
| | 아니오 | 532 | 347 |

사망여부를 반응변수로 간주하여 로지스틱 회귀모형을 적합시킨 후 설명변수들이 반응변수에 미치는 효과를 해석하여라.

# 11장

# 비모수적 추론

11.1 두 집단의 비교
11.2 짝지은 비교
11.3 여러 집단의 비교
11.4 두 변수 간의 상관
11.5 연습문제

지금까지 다루어 온 통계적 추론들은 대부분 모집단에 대한 어떠한 가정을 토대로 하여 전개되었다. 예를 들어 모집단의 평균을 비교하기 위해 t-검정을 시행한다고 할 때 모집단이 정규분포로부터 나왔다는 가정을 하게 된다. 이러한 방법을 통칭하여 모수적(母數的; parametric) 방법이라고 한다. 그런데 만약 모집단에 대한 정보가 전혀 없거나 또는 정규분포와는 전혀 다른 형태를 가지고 있다면 이러한 가정에 근거한 검정방법은 타당하지 않게 된다.

이때에는 모집단의 분포에 대한 가정을 구체화하지 않는 추론과정이 필요하게 되는데 이러한 방법을 비모수적(非母數的; nonparametric) 방법이라고 한다. 비모수적 방법들은 대개 관측치 자체보다도 관측치의 부호나 순위를 사용하게 된다. 여기서는 비모수적 방법 중에서 독립표본에서 두 그룹의 중앙값을 비교하는 방법, 짝지은 표본에서 두 그룹의 중앙값을 비교하기 위한 방법, 그리고 여러 개의 그룹이 있을 때 이들의 중앙값을 비교하는 방법으로서 각각 순위합검정(rank sum test), 부호순위검정(signed rank test)과 크루스칼-왈리스 검정(Kruskal-Wallis test)에 대해 알아보겠다. 또한 SPSS를 이용하여 이들 검정을 수행하는 방법을 제시할 것이다.

## 11.1 두 집단의 비교

독립된 두 모집단으로부터 추출된 표본을 추출하여 두 그룹을 비교하기 위한 모수적 방법으로 이표본 t-검정을 배운 바 있다. 이러한 이표본 t-검정에 대응되는 비모수적 방법으로 윌콕슨의 순위합검정(Wilcoxon rank sum test)이 있다. t-검정과는 달리 순위합검정에서는 모집단의 분포가 정규분포라거나 분산이 동일하다는 등의 가정이 필요 없게 된다. 단지 두 집단의 분포 형태가 비슷한 유형을 가지고 있다는 가정만이 필요하다. 이때 두 분포의 중심위치(중앙값)가 차이가 있는지를 검정하게 된다.

### 11.1.1 순위합검정

먼저 두 가지 처리에 각각 $n_1$, $n_2$개의 표본이 할당되었다고 하자. 편의상 $n_1 \le n_2$라고 하고 $n = n_1 + n_2$라고 하자. 두 그룹의 데이터를 섞어 $n$개의 데이터를 크기순으로 나열하고 작은 값부터 차례로 순위를 매긴다. 같은 데이터 값(동점; tie)이 있다면 해당 순위들의 평균값을 매긴다. 예컨대 50이라는 데이터 값이 둘 있고 이것이 4번째로 작은 값이면 두 데이터 모두에 4.5(=(4+5)/2)라는 순위를 매긴다. 첫 번째 그룹에서 얻어진 $n_1$개 데이터의 순위를 모두 더한 것을 $T_1$이라고 하고, 두 번째 그룹에서의 $n_2$

개 데이터들의 순위합을 $T_2$라고 하자. $n$개 데이터들의 순위합은 $n(n+1)/2$이므로 항상 $T_1 + T_2 = n(n+1)/2$이 성립한다.

첫 번째 그룹(표본의 수가 작은 쪽)의 순위합 $T_1$을 검정통계량으로 한다. 예컨대 첫 번째 그룹이 두 번째 그룹에 비해 작은 값들이 많다면 첫 번째 그룹의 순위합은 상대적으로 작아지게 되고, 이 값이 충분히 작을 때 첫 번째 처리가 두 번째 처리보다 중앙값이 작다고 할 수 있을 것이다.

모수적 검정법에서와 마찬가지로 다음과 같은 세 가지 형태의 가설과 검정절차를 생각할 수 있다. 여기서 $M_1$과 $M_2$는 각각 두 그룹의 모집단의 중앙값(population median)을 의미한다.

① $H_0 : M_1 = M_2$ vs. $H_1 : M_1 > M_2$일 때, $T_1 \geq c_1$이면 귀무가설 기각

② $H_0 : M_1 = M_2$ vs. $H_1 : M_1 < M_2$일 때, $T_1 \leq c_2$이면 귀무가설 기각

③ $H_0 : M_1 = M_2$ vs. $H_1 : M_1 \neq M_2$일 때, $T_1 \geq c_1^*$ 또는 $T_1 \leq c_2^*$이면 귀무가설 기각

이때 기준이 되는 $c_1$, $c_2$, $c_1^*$, $c_2^*$는 $T_1$의 확률분포로부터 구해지는 것으로 $n$이 10보다 작을 경우 부록의 순위합검정통계량의 확률분포표를 이용하여 구할 수 있다. 예를 들어 부록의 표에서 $n_1 = 4$, $n_2 = 5$일 때 $P(T_1 \geq 28) = P(T_1 \leq 12) = 0.032$이다. 가설 ①의 경우이면 $T_1 \geq 28$일 때 유의수준 3.2%에서 귀무가설을 기각한다. 가설 ②라면 $T_1 \leq 12$일 때 유의수준 3.2%에서 귀무가설을 기각한다. 양측검정인 가설 ③의 경우이면 $P(T_1 \geq 29) = P(T_1 \leq 11) = 0.016$이므로 $T_1 \geq 29$이거나 $T_1 \leq 11$일 때 유의수준 3.2%로 귀무가설을 기각하게 된다.

*** 맨-위트니(Mann-Whitney) 방법**

윌콕슨의 순위합검정 외에 두 집단 비교를 위한 비모수적 방법으로 맨-위트니(Mann-Whitney)의 U 통계량이 많이 사용된다. 두 통계량은 $n_1 \leq n_2$일 때 다음의 관계를 가지며, 결과적으로 두 통계량이 동일한 분포를 가지므로 두 검정은 동치(equivalent)이다.

$$U = T_1 - \frac{n_1(n_1+1)}{2}$$

**예제 11.1** 10마리의 쥐를 5마리씩 두 그룹으로 나누어 한 그룹만 훈련을 시켰다. 이러한 학습효과가 비슷한 유형의 다른 훈련에도 영향을 미치는지 알아보기 위해 새로운 훈련을 시키고 어떤 기준에 도달할 때까지의 시행횟수를 기록하여 순위를 매긴 결과는 다음과

같다. 사전훈련을 한 그룹의 시행횟수가 그렇지 않은 그룹보다 적은지 순위합검정을 이용하여 알아보자.

| 사전 훈련그룹 (그룹 1) | | 비 훈련그룹 (그룹 2) | |
|---|---|---|---|
| 시행횟수 | 순위 | 시행횟수 | 순위 |
| 75 | 7 | 110 | 10 |
| 64 | 4 | 70 | 5 |
| 74 | 6 | 53 | 3 |
| 45 | 1 | 51 | 2 |
| 82 | 8 | 90 | 9 |
| 순위합 | 26 | 순위합 | 29 |

이때의 귀무가설과 대립가설은 다음과 같다.

$H_0 : M_1 = M_2$ (사전훈련을 한 경우와 하지 않은 경우의 시행횟수는 같다)
vs. $H_1 : M_1 < M_2$ (사전훈련을 한 그룹의 시행횟수가 그렇지 않은 그룹보다 적다)

이때의 기각역은 $T_1 \le c$의 형태이다. 부록의 순위합검정통계량의 확률분포표를 찾아보자. 이때 첫 번째 그룹의 개수가 5, 두 번째 그룹이 5인 경우에서 $P(T_1 \le 19) = 0.048$이고 $P(T_1 \le 20) = 0.075$이다. 즉 순위합이 19보다 작거나 같을 때 실제 유의수준 4.8%로 귀무가설을 기각할 수 있다. 그런데 그룹1의 순위합은 26이므로 귀무가설은 기각되지 않는다.

SPSS에서는 『분석(A)』 메뉴 중 『비모수검정(N) → 레거시 대화상자(L)』에서 독립인 2-표본, 독립인 k-표본, 대응되는 2-표본, 대응되는 k-표본, 1표본에 대한 콜모고로프-스미르노프(Kolmogorov-Smirnov)의 적합도검정 등 여러 비모수적 분석 방법을 제공하고 있다. 순위합검정은 이중에서 『2-독립표본』을 선택하면 구할 수 있다. 연구자가 직접 순위를 구하지 않아도 원래의 데이터대로 입력하면 검정결과를 제공해 준다.

**예제 11.2** SPSS를 이용하여 예제 11.1의 데이터에 대한 순위합검정을 해 보자. 다운로드 받은 파일 중 11-1.sav 파일을 열면 다음과 같은 데이터가 입력되어 있다.

① 『분석(A) → 비모수검정(N) → 레거시 대화상자(L) → 2-독립표본』을 선택한다.

| | 그룹 | 시행회수 |
|---|---|---|
| 1 | 1 | 75 |
| 2 | 1 | 64 |
| 3 | 1 | 74 |
| 4 | 1 | 45 |
| 5 | 1 | 82 |
| 6 | 2 | 110 |
| 7 | 2 | 70 |
| 8 | 2 | 53 |
| 9 | 2 | 51 |
| 10 | 2 | 90 |

② 「2–독립 표본 비모수검정」창이 나타나면 왼쪽의 목록에서 시행횟수를 선택하여 오른쪽의 [검정변수(T)]로 이동시키고 그룹을 선택하여 오른쪽의 [집단변수(G)]로 이동시킨 다음, 〈집단 정의(D)〉 버튼을 누른다. 「2–독립 표본 비모수검정: 집단 정의」 대화상자에서 [집단 1]과 [집단 2]에 각각 1, 2를 차례로 입력한다. 〈계속(C)〉을 누르고 나와서 〈정확(X)〉 버튼을 누른 후 아래와 같이 정확검정(E)을 선택한다. 〈계속(C)〉을 누르고 나온 후 〈확인〉을 누른다.

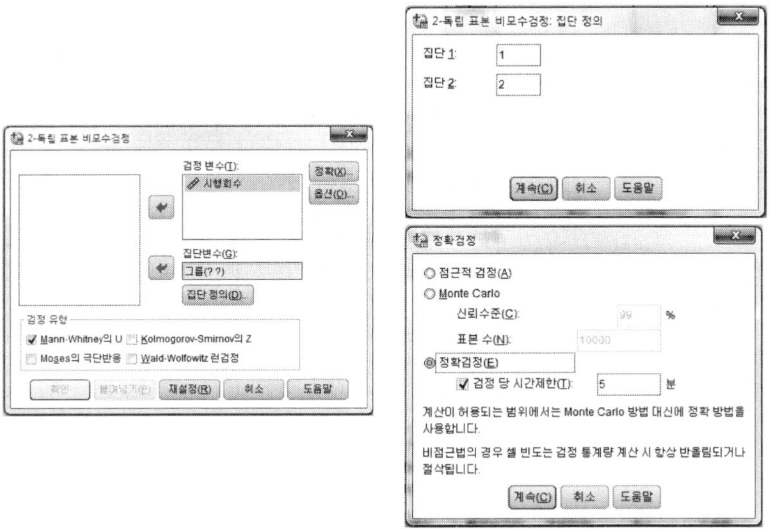


③ SPSS에서는 4가지 유형의 독립 2–표본 비모수검정법을 선택할 수 있다. 이 중 가장 많이 사용되는 검정의 유형은 본문에서 설명한 윌콕슨의 순위합검정법과 동치인 맨–위트니의 방법이다. 본 예제에서는 맨–위트니 방법을 선택하여 두 집단의 중앙값을 비교하자.

그 외 제시된 검정유형에 대해서 간단히 설명하면 다음과 같다. 콜모고로프–스미르노프의 Z 검정법은 두 집단의 누적확률분포함수 차이에 대한 최댓값 또는 최솟값으로 두 집단의 분포함수를 비교하는 검정법이다. 모제스의 극단반동법은 두 집단 중 대조군에 속해 있는 관측치들이 시험군에 비하여 양 극단값을 취할 확률이 높을 것으로 예상되는 경우에 실시하는 검정법이다. 왈트-볼프위츠의 런검정은 두 집단을 혼합하여 크기순으로 늘어놓은 후에 해당 값이 속한 집단 번호를 붙인다. 관측값의 순서대로 집단의 번호가 고루 섞여 있으면 두 집단은 동일하다고 판단하며 그렇지 않으면 두 집단은 서로 다른 집단으로 판단한다.

④ 순위합이 'Wilcoxon의 W'로 주어진다. 정확한 유의확률은 "정확 유의확률(양측)", "정확 유의확률(단측)" 부분을 참조하면 된다. 여기서 순위합은 26이다. 본 예제의 대립가설은 단측($H_1 : M_1 < M_2$)이므로 단측 유의확률을 구하기 위해 "정확 유의확률(단측)"를 참고하면 0.421이 되며, 유의수준 5%하에서 귀무가설은 기각되지 않는다. 따라서 사전훈련을 한 그룹의 시행횟수가 그렇지 않은 그룹보다 적다고 할 수 없다. 맨-위트니 검정통계량 가장 위에 'Mann-Whitney의 U'로 주어진다. 이 값은 $11(=26-\frac{5 \cdot 6}{2})$이지만, 유의확률은 같다.

**Mann-Whitney 검정**

순위

| | 사전훈련여부 | N | 평균 순위 | 순위합 |
|---|---|---|---|---|
| 시행회수 | 사전훈련 실시 그룹 | 5 | 5.20 | 26.00 |
| | 사전훈련 미실시 그룹 | 5 | 5.80 | 29.00 |
| | 전체 | 10 | | |

검정 통계량[a]

| | 시행회수 |
|---|---|
| Mann-Whitney의 U | 11.000 |
| Wilcoxon의 W | 26.000 |
| Z | -.313 |
| 근사 유의확률(양측) | .754 |
| 정확 유의확률[2*(단측 유의확률)] | .841[b] |
| 정확 유의확률(양측) | .841 |
| 정확 유의확률(단측) | .421 |
| 포인트 확률 | .075 |

a. 집단변수: 사전훈련여부

b. 동순위에 대해 수정된 사항이 없습니다.

### 11.1.2 순위합검정의 근사적 방법

만약 $n$이 크면 부록의 분포표로부터 찾을 수 없고 정규근사를 이용할 수 있다. $T_1$은 근사적으로 정규분포를 따르며 귀무가설하에서 평균과 분산은 각각

$$평균 = \frac{n_1(n+1)}{2}, \quad 분산 = \frac{n_1 n_2(n+1)}{12}$$

이 된다. 이제 다음과 같은 통계량

$$Z = \frac{T_1 - n_1(n+1)/2}{\sqrt{n_1 n_2 (n+1)/12}}$$

이 귀무가설하에서 표준정규분포를 따른다는 사실을 이용하여 검정한다. 즉, 다음의 절차를 따른다.

① $H_0 : M_1 = M_2$ vs. $H_1 : M_1 > M_2$일 때, $Z \geq z_\alpha$이면 귀무가설 기각

② $H_0 : M_1 = M_2$ vs. $H_1 : M_1 < M_2$일 때, $Z \leq -z_\alpha$이면 귀무가설 기각

③ $H_0 : M_1 = M_2$ vs. $H_1 : M_1 \neq M_2$일 때, $|Z| \geq z_{\alpha/2}$이면 귀무가설 기각

동점인 데이터의 경우에는 동점인 순위들의 평균을 해당순위로 사용하게 된다. 그런데 데이터에 동점(tie)인 관측치의 수가 많을 때에는 위의 정규근사에서 통계량을 약간 조정해 주어야 한다. 분산에 다음과 같은 수정인자를 곱해 준다.

$$\text{수정인자} = 1 - \frac{\sum_{j=1}^{k} t_j^3 - \sum_{j=1}^{k} t_j}{(n_1+n_2)[(n_1+n_2)^2 - 1]}$$

이다. 여기서 $k$는 동점이 나타나는 그룹의 개수이고 $t_j$는 $j$번째 동점그룹에서 동점인 데이터 값의 개수이다. 예를 들어 데이터가 5, 5, 5, 6, 6, 7이라면 동점은 5와 6이 있으므로 동점그룹의 수는 $k=2$이고, $t_1$은 3(=5가 세 번), $t_2$는 2(=6이 두 번)가 된다. 따라서 수정된 분산은

$$\text{수정된 분산} = \frac{n_1 n_2 (n+1)}{12}\left\{1 - \frac{\sum_{j=1}^{k} t_j^3 - \sum_{j=1}^{k} t_j}{(n_1+n_2)[(n_1+n_2)^2 - 1]}\right\}$$

이 되고, 검정통계량은 다음과 같이 수정된다.

$$Z^* = \frac{T_1 - \frac{n_1(n+1)}{2}}{\sqrt{\frac{n_1 n_2 (n+1)}{12}\left\{1 - \frac{\sum_{j=1}^{k} t_j^3 - \sum_{j=1}^{k} t_j}{(n_1+n_2)[(n_1+n_2)^2 - 1]}\right\}}}$$

**예제 11.3** 페닐키톤뇨증(PKU)으로 고통받는 어린이들이 혈청 페닐알라닌(serum phenylalanine)이 높으면 정신지체를 일으킨다고 생각된다. 다음 표는 페닐키톤뇨증을 앓고 있는 어린이들 중 일평균 혈청 페닐알라닌 수준이 10.0mg/dl 미만인 그룹(21명)과 평균수준

이 10.0 mg/dl 이상인 그룹(18명)의 정신연령점수이다. 두 그룹의 정신연령점수가 차이가 있는지 양측검정을 하여 알아보자.

| 고용량(그룹 1) (≥10.0 mg/dl) | | 저용량(그룹 2) (〈10.0 mg/dl) | |
|---|---|---|---|
| mMA | 순위 | mMA | 순위 |
| 28.0 | 1 | 34.5 | 2 |
| 35.0 | 3 | 37.5 | 6 |
| 37.0 | 4.5 | 39.5 | 7 |
| 37.0 | 4.5 | 40.0 | 8 |
| 43.5 | 9.0 | 45.5 | 11.5 |
| 44.0 | 10 | 47.0 | 14.5 |
| 45.5 | 11.5 | 47.0 | 14.5 |
| 46.0 | 13 | 47.5 | 16 |
| 48.0 | 17 | 48.7 | 19.5 |
| 48.3 | 18 | 49.0 | 21 |
| 48.7 | 19.5 | 51.0 | 23 |
| 51.0 | 23 | 51.0 | 23 |
| 52.0 | 25.5 | 52.0 | 25.5 |
| 53.0 | 28 | 53.0 | 28 |
| 53.0 | 28 | 54.0 | 31.5 |
| 54.0 | 31.5 | 54.0 | 31.5 |
| 54.0 | 31.5 | 55.0 | 34.5 |
| 55.0 | 34.5 | 56.5 | 36 |
| | | 57.0 | 37 |
| | | 58.5 | 38.5 |
| | | 58.5 | 38.5 |
| 순위합 | 313 | 순위합 | 467 |

위에서 순위는 예제 11.1에서와 마찬가지로 두 그룹의 데이터를 순서대로 나열하여 순위를 매긴 것이다. 동점인 것은 순위의 평균을 사용하였다. 여러 개의 동점이 발생하였는데 37이 2개, 45.5인 것이 2개, 47이 2개, 48.7이 2개, 51이 3개, 52가 2개, 53이 3개, 54가 4개, 55가 2개, 58.5가 2개이다. 즉 동점그룹의 수는 $k=10$이고 $t_j(j=1,\cdots,k)$는 각각 2, 2, 2, 2, 3, 2, 3, 4, 2, 2가 된다. 따라서 수정인자는

$$\text{수정인자} = 1 - \frac{\sum_{j=1}^{k} t_j^3 - \sum_{j=1}^{k} t_j}{(n_1+n_2)[(n_1+n_2)^2-1]} = 0.9975$$

로 계산된다. 귀무가설과 대립가설은 다음과 같다.

$$H_0 : M_1 = M_2 \text{ (저량그룹과 고량그룹의 정신연령은 차이가 없다)}$$

$$\text{vs. } H_1 : M_1 \neq M_2 \text{ (저량그룹과 고량그룹의 정신연령은 차이가 있다)}$$

이때 귀무가설하에서의 평균과 분산은 각각

$$\text{평균} = \frac{n_1(n+1)}{2} = 360,\ \text{분산} = \frac{n_1 n_2 (n+1)}{12} = 1260$$

으로 계산된다. 수정된 분산은 분산에 수정인자를 곱한 값,

$$\text{수정된 분산} = 1260 \times 0.9975 = 1256.85$$

이다. 표본의 크기가 크므로 정규근사를 이용하기로 한다. 검정통계량은

$$Z = \frac{313 - 360}{\sqrt{1256.85}} = -1.33$$

이다. 유의수준을 5%로 했을 때 정규분포의 양측검정의 임계치는 1.96이며, $|Z| < 1.96$이므로 귀무가설은 기각되지 않는다. 즉, 두 그룹의 정신연령 사이에는 유의한 차이가 없다.

**예제 11.4** SPSS를 이용하여 예제 11.3의 데이터에 대한 순위합검정을 해 보자. 다운로드 받은 예제 11-2.sav 파일을 열면 다음과 같은 데이터가 입력되어 있다.

| | 그룹 | nMA |
|---|---|---|
| 1 | 1 | 28.0 |
| 2 | 1 | 35.0 |
| 3 | 1 | 37.0 |
| 4 | 1 | 37.0 |
| 5 | 1 | 43.5 |
| 6 | 1 | 44.0 |
| 7 | 1 | 45.5 |
| 8 | 1 | 46.0 |
| 9 | 1 | 48.0 |
| 10 | 1 | 48.3 |
| 11 | 1 | 48.7 |
| 12 | 1 | 51.0 |
| 13 | 1 | 52.0 |
| 14 | 1 | 53.0 |
| 15 | 1 | 53.0 |
| 16 | 1 | 54.0 |
| 17 | 1 | 54.0 |
| 18 | 1 | 55.0 |
| 19 | 2 | 34.5 |
| 20 | 2 | 37.5 |
| 21 | 2 | 39.5 |
| 22 | 2 | 40.0 |
| 23 | 2 | 45.5 |

① 『분석(A) → 비모수검정(N) → 레거시 대화상자(L) → 2-독립표본』을 선택한다.

② 다음의 대화상자가 나타나면 왼쪽의 목록에서 nMA를 선택하여 오른쪽의 [검정 변수(T)]로 이동시키고 그룹을 선택하여 오른쪽의 [집단변수(G)]로 이동시킨 다음, 〈집단 정의〉 버튼을 누른다. 「집단 정의」 대화상자에서 [집단 1]과 [집단 2]에 각각 1, 2를 차례로 입력한다. [검정 유형]으로 'Mann-Whitney의 U(M)'을 선택한다. 〈계속(C)〉을 누르고 나와서 〈정확(X)〉 버튼을 누른 후 아래와 같이 '정확검정(E)'을 선택한다. 〈계속(C)〉을 누르고 나온 후 〈확인〉을 누른다.

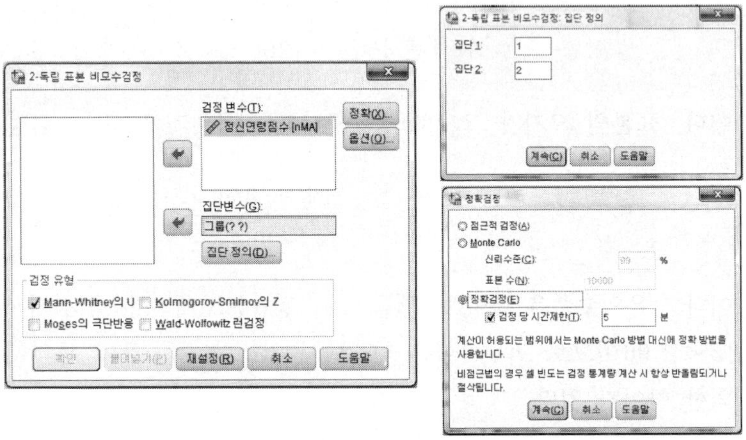

③ 출력결과는 다음과 같다. 먼저 윌콕슨 순위합검정통계량을 보면 313.00으로 계산되고, 양측 대립가설에 대한 정확한 p-값("정확 유의확률(양측)"부분)은 0.190이다. 한편 대표본 근사에 의한 검정통계량은 'Z'로 나와 있으며 이에 대한 양측 p-값이 '근사 유의확률(양측)'로 표시된다. 이 예에서 검정통계량 Z는 −1.326이며, 유의확률("근사 유의확률(양측)" 부분)은 0.185이므로 5% 유의수준하에서 귀무가설은 기각되지 못한다. 따라서 두 그룹의 정신연령점수는 차이가 있다고 할 수 없다.

**Mann-Whitney 검정**

순위

| | 페틸알라닌 수준주에 따른 구분 | N | 평균 순위 | 순위합 |
|---|---|---|---|---|
| 정신연령점수 | 고량그룹 | 18 | 17.39 | 313.00 |
| | 저량그룹 | 21 | 22.24 | 467.00 |
| | 전체 | 39 | | |

검정 통계량[a]

| | 정신연령점수 |
|---|---|
| Mann-Whitney의 U | 142.000 |
| Wilcoxon의 W | 313.000 |
| Z | -1.326 |
| 근사 유의확률(양측) | .185 |
| 정확 유의확률[2*(단측 유의확률)] | .192[b] |
| 정확 유의확률(양측) | .190 |
| 정확 유의확률(단측) | .095 |
| 포인트 확률 | .002 |

a. 집단변수: 페틸알라닌 수준주에 따른 구분

b. 등순위에 대해 수정된 사항이 없습니다.

## 11.2 짝지은 비교

11.1절에서 다룬 순위합검정은 독립된 두 집단의 비교를 위한 비모수적 방법으로서, 6장에서 다룬 이표본 t-검정에 대응되는 것이다. 이번에는 짝지은 두 표본이 있을 때 그들을 비교하기 위한 비모수적 방법인 윌콕슨의 부호순위검정(Wilcoxon signed rank test)에 대해 알아보자. 이것은 모수적 방법에서의 짝지은 t-검정에 해당된다고 하겠다.

### 11.2.1 부호순위검정

윌콕슨의 부호순위검정을 이용하여 짝지은 두 그룹을 비교하기 위해서는 짝지은 t-검정에서와 마찬가지로 먼저 각 쌍에서의 두 그룹의 차이를 계산하여야 한다. 이때 필요한 가정은 이러한 차이의 분포가 중앙값을 중심으로 대칭적인 형태라는 것이다.

$n$쌍의 데이터 $(x_i, y_i)$가 있다고 하고, 이들의 차이를 $d_i = x_i - y_i$라고 하자. 이때 $d_i = 0$인 데이터는 제외시킨다. 상식적으로 생각할 때 첫 번째 그룹의 데이터($x_i$)들이 더 큰 값을 갖는 경향이 있다면 $d_i$가 + 부호인 것이 많을 것이고, 그렇지 않고 두 번째 그룹의 데이터($y_i$)들이 더 크면 − 부호가 더 많을 것이다. 또한 단순히 +, −의 방향만 생각하지 말고 얼마나 큰지, 얼마나 작은지도 고려하는 것이 좋을 것이다. 이를 위해서 순위를 고려하게 된다.

먼저 차이의 절댓값 $|d_i|$를 구하여 작은 값부터 큰 값으로 (오름차순으로) 정렬한다. $d_i$가 +인 것들의 해당순위를 모두 더한 값($W^+$)을 검정통계량으로 한다. 즉,

$$W^+ = \sum_{i=1}^{n} \psi_i R_i^+$$

이며, 여기서 $R_i^+$는 $|d_i|$의 순위이고, $\psi_i$는 다음과 같이 정의되는 함수이다.

$$\psi_i = \begin{cases} 1 & \text{if } d_i > 0 \\ 0 & \text{if } d_i < 0 \end{cases}$$

이 값이 충분히 크면(작으면), 첫 번째 처리가 두 번째 처리보다 중심위치가 크다고(작다고) 할 수 있을 것이다. 역시 다음과 같은 세 가지 형태의 가설과 검정절차를 생각할 수 있다. 여기서 $M_d$는 두 그룹의 차이에 대한 모집단의 중앙값을 의미한다.

① $H_0 : M_d = 0$ vs. $H_1 : M_d > 0$일 때, $W^+ \geq c_1$이면 귀무가설 기각

② $H_0 : M_d = 0$ vs. $H_1 : M_d < 0$일 때, $W^+ \le c_2$이면 귀무가설 기각

③ $H_0 : M_d = 0$ vs. $H_1 : M_d \ne 0$일 때, $W^+ \ge c_1^*$ 또는 $W^+ \le c_2^*$이면 귀무가설 기각

이때 기준이 되는 $c_1$, $c_2$나 $c_1^*$, $c_2^*$는 $W^+$의 확률분포로부터 구해지는 것으로 $n$이 작을 때는 부록의 부호순위검정통계량 확률분포표를 이용하여 구할 수 있다. 예를 들어 부록의 표에서 $n=6$일 때 $P(W^+ \ge 20) = P(W^+ \le 1) = 0.031$이다. 가설 ①의 경우이면 $W^+ \ge 20$일 때 유의수준 3.1%에서 귀무가설을 기각한다. 가설 ②라면 $W^+ \le 1$일 때 유의수준 3.1%로 귀무가설을 기각한다. 양측검정인 가설 ③의 경우이면 $W^+ \ge 21$이거나 $W^+ \le 0$일 때 유의수준 3.2%로 귀무가설을 기각하게 된다. 이러한 방식으로 원하는 유의수준에서의 기각역을 찾으면 된다.

### 11.2.2 부호순위검정의 근사적 방법

만약 $n$이 크면 분포표로부터 찾을 수 없고 정규근사를 이용할 수 있다. $W^+$은 근사적으로 정규분포를 따르며 귀무가설하에서 평균과 분산은 각각

$$\text{평균} = \frac{n(n+1)}{4}, \quad \text{분산} = \frac{n(n+1)(2n+1)}{24}$$

이 된다. 이제 다음과 같은 통계량

$$Z = \frac{W^+ - n(n+1)/4}{\sqrt{n(n+1)(2n+1)/24}}$$

이 귀무가설하에서 표준정규분포를 따른다는 사실을 이용하여 검정한다. 즉,

① $H_0 : M_d = 0$ vs. $H_1 : M_d > 0$일 때, $Z \ge z_\alpha$이면 귀무가설 기각

② $H_0 : M_d = 0$ vs. $H_1 : M_d < 0$일 때, $Z \le -z_\alpha$이면 귀무가설 기각

③ $H_0 : M_d = 0$ vs. $H_1 : M_d \ne 0$일 때, $|Z| \ge z_{\alpha/2}$이면 귀무가설 기각

표본 중에서 $|d_j|$에 동점이 있을 때에는 순위에서 10.1절에서와 마찬가지로 평균 순위를 사용한다. 또한 정규근사를 사용할 때에 $W^+$의 분산을

$$\text{수정된 분산} = \frac{1}{24}n(n+1)(2n+1) - \frac{1}{48}\sum_{j=1}^{k} t_j(t_j-1)(t_j+1)$$

로 수정하여 사용한다. 여기서 $k$는 동점그룹의 수이고, $t_j$는 $j$번째 동점그룹의 크기

즉, 동점그룹에 포함된 관측값의 개수이다. 만약 동점이 없을 경우 $t_j = 1$이 된다.

**예제 11.5** 다음은 20명의 환자들이 어떤 재활 프로그램에 참가하기 전과 프로그램 이수 후의 재활정도를 측정한 것이다. 재활교육 전과 비교하여 교육 후 재활정도에 차이가 있다고 할 수 있는지 알아보자. 참가 전 점수와 참가 후 점수의 차이를 계산하여 차이의 절댓값을 구하고 순위를 매긴다. 부호순위는 이 순위에 각각의 부호를 붙인 것이다.

| 환자번호 | 참가 전 | 참가 후 | 차이(후-전) | \|차이\|의 순위 | 부호순위 |
|---|---|---|---|---|---|
| 1 | 10 | 15 | 5 | 8 | 8 |
| 2 | 8 | 10 | 2 | 3 | 3 |
| 3 | 5 | 10 | 5 | 8 | 8 |
| 4 | 14 | 13 | −1 | 1 | −1 |
| 5 | 15 | 25 | 10 | 14 | 14 |
| 6 | 22 | 20 | −2 | 3 | −3 |
| 7 | 17 | 20 | 3 | 5 | 5 |
| 8 | 10 | 22 | 12 | 18 | 18 |
| 9 | 8 | 16 | 8 | 10.5 | 10.5 |
| 10 | 20 | 18 | −2 | 3 | −3 |
| 11 | 16 | 24 | 8 | 10.5 | 10.5 |
| 12 | 10 | 23 | 13 | 19.5 | 19.5 |
| 13 | 15 | 25 | 10 | 14 | 14 |
| 14 | 5 | 15 | 10 | 14 | 14 |
| 15 | 24 | 20 | −4 | 6 | −6 |
| 16 | 20 | 25 | 5 | 8 | 8 |
| 17 | 14 | 24 | 10 | 14 | 14 |
| 18 | 10 | 23 | 13 | 19.5 | 19.5 |
| 19 | 15 | 25 | 10 | 14 | 14 |
| 20 | 14 | 25 | 11 | 17 | 17 |

이 때 귀무가설과 대립가설을 각각

$H_0$ : 프로그램 참가 전과 후의 재활정도에 차이가 없다. ($H_0 : M_d = 0$)
vs. $H_1$ : 프로그램 참가 후 재활정도에 차이가 있다. ($H_1 : M_d \neq 0$)

로 하고, 부호순위검정을 수행하자. 이때 부호순위에서 +인 것들의 합 $W^+ = 197$이다. 정규근사를 이용하여 검정을 하자. 먼저 귀무가설하에서의 평균과 분산은 각각

$$\text{평균} = \frac{20(20+1)}{4} = 105, \ \text{분산} = \frac{20 \times 21 \times 41}{24} = 717.5$$

이다. $|d_j|$가 동점인 경우가 2가 3개, 5가 3개, 10이 5개, 8이 2개, 13이 2개 있다. 따라서 $k=5$이고 $t_j(j=1, \cdots, 5)$는 각각 3, 3, 5, 2, 2이므로

$$수정된\ 분산 = 분산 - \frac{1}{48}\sum_{j=1}^{k} t_j(t_j - 1)(t_j + 1) = 717.5 - 3.75 = 713.75$$

이다. 수정된 분산을 사용한 검정통계량은

$$|Z| = |\frac{197 - 105}{\sqrt{713.75}}| = 3.44$$

이다. 유의수준을 5%로 했을 때 양측검정의 임계치 1.96보다 크므로 5% 유의수준하에서 귀무가설은 기각된다. 따라서 재활교육 전과 비교하여 교육 후 재활정도에는 차이가 있다고 할 수 있다.

SPSS에서 부호순위검정을 시행하려면 『분석(A)』 메뉴 중 『비모수검정(N) → 레거시 대화상자(L) → 2-대응표본(L)』을 선택하면 된다.

**예제 11.6** SPSS를 이용하여 예제 11.5의 데이터를 가지고 부호순위검정을 해 보자. 다운로드 받은 예제 11-5.sav 파일을 열면 데이터가 입력되어 있다.

| | 전 | 후 |
|---|---|---|
| 1 | 10 | 15 |
| 2 | 8 | 10 |
| 3 | 5 | 10 |
| 4 | 14 | 13 |
| 5 | 15 | 25 |
| 6 | 22 | 20 |
| 7 | 17 | 20 |
| 8 | 10 | 22 |
| 9 | 8 | 16 |
| 10 | 20 | 18 |
| 11 | 16 | 24 |
| 12 | 10 | 23 |
| 13 | 15 | 25 |
| 14 | 5 | 15 |
| 15 | 24 | 20 |
| 16 | 20 | 25 |
| 17 | 14 | 24 |
| 18 | 10 | 23 |
| 19 | 15 | 25 |
| 20 | 14 | 25 |

① 『분석(A) → 비모수검정(N) → 2-대응표본(L)』을 선택한다.

② 「2-대응표본 비모수검정」창에서 왼쪽의 목록에서 전과 후를 동시에 선택하여 오른쪽의 [검정 대응(T)]로 이동시킨다. 다음으로 [검정 유형]에서 'Wilcoxon'을 선

택한다.

그 외 다른 검정유형을 살펴보면, 부호검정은 차이($d_i$)가 음수가 되는 관측치의 수와 양수가 되는 관측치의 수를 세어 그 값이 유사하면 처리 전후에 차이가 없다고 판단하는 검정법이다. McNemar 검정은 짝지어진 이항형의 자료에 대한 검정법으로 9.3절에서 자세히 설명하였다. 주변동질성은 McNemar 검정법을 다항형의 자료로 확장한 것으로 생각하면 된다.

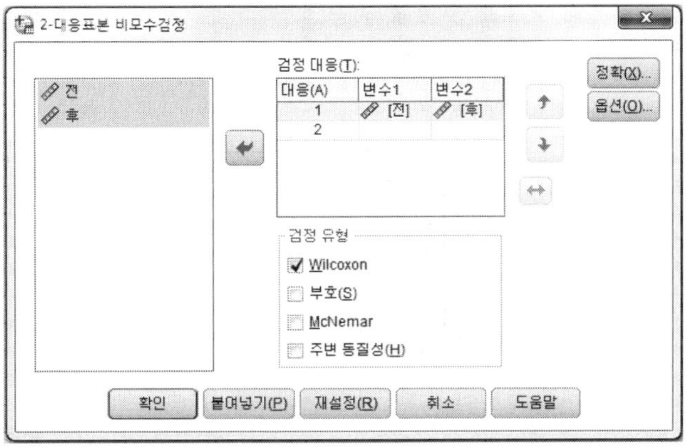


③ 검정통계량 $W^+$의 분포에 의한 유의확률을 계산하기 위하여, 〈정확(X)〉 버튼을 눌러 '정확검정(E)'을 선택한다. 〈계속(C)〉을 누르고 나와 〈확인〉을 누른다.

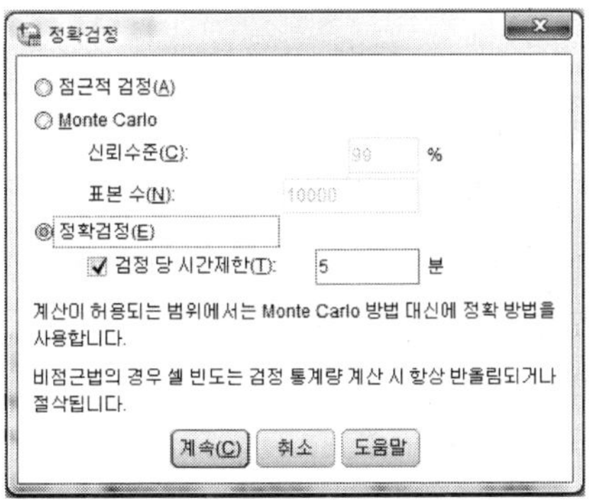


④ 출력결과는 다음과 같다.

순위표에서 '양의 순위' 부분의 순위합은 197로 예제 10.5의 결과와 일치한다. 그러나, $P(W^+ \leq 13) = P(W^+ \geq 197)$이므로, 순위합은 관측값의 차이를 계산한 순서와 가설의 방향을 맞추어 생각해 보면 혼동이 없을 것으로 생각된다.

근사 검정 결과를 보면, 검정통계량은 $-3.444$, 유의확률은 0.001로 유의수준 5%하에서 귀무가설은 기각된다. 따라서 교육 후 재활정도가 변화되었다고 할 수 있다.

**Wilcoxon 부호순위 검정**

**순위**

| | | N | 평균 순위 | 순위합 |
|---|---|---|---|---|
| 후 - 전 | 음의 순위 | 4[a] | 3.25 | 13.00 |
| | 양의 순위 | 16[b] | 12.31 | 197.00 |
| | 등순위 | 0[c] | | |
| | 전체 | 20 | | |

a. 후 < 전

b. 후 > 전

c. 후 = 전

**검정 통계량[a]**

| | 후 - 전 |
|---|---|
| Z | -3.444[b] |
| 근사 유의확률(양측) | .001 |
| 정확 유의확률(양측) | .000 |
| 정확 유의확률(단측) | .000 |
| 포인트 확률 | .000 |

a. Wilcoxon 부호순위 검정

b. 음의 순위를 기준으로.

## 11.3 여러 집단의 비교

이 절에서는 비교하고자 하는 그룹이 셋 이상인 경우에 중앙값을 비교하는 비모수적 방법을 소개하겠다. 앞의 7장에서는 집단이 셋 이상일 때 각 집단의 평균을 비교하는 방법으로 분산분석법을 소개하였다. 분산분석을 하기 위한 가정이 충족되지 않을 때에는 역시 비모수적 방법을 사용하게 되는데, 이를 위하여 가장 많이 사용되는 것이 크루스칼–왈리스 검정(Kruskal–Wallis test)이다. 크루스칼–왈리스 검정을 하기 위해서는 비교하고자 하는 그룹의 분포가 형태는 같고 위치만 다르다고 가정한다. 이 검정법은 두 집단의 중앙값 비교를 위한 비모수적 방법인 윌콕슨 순위합검정의 확장으로서, 그룹의 수가 2일 때에는 윌콕슨 순위합검정과 동일하다.

### 11.3.1 크루스칼–왈리스 검정

$k$개의 그룹이 있고 각 그룹에 $n_i$개씩 총 $N(=\sum_{i=1}^{k} n_i)$개의 관측치가 있다고 하자. 각 그룹의 중앙값이 모두 같은지(즉, $k$개 모집단의 분포가 모두 동일한지) 검정하고자 한

다. 각 그룹에서 모집단의 중앙값을 $M_1$, $M_2$, ⋯, $M_k$ 라고 할 때 귀무가설과 대립가설은 다음과 같이 된다.

$$H_0:\ M_1 = \cdots = M_k \quad \text{vs.}\quad H_1:\ M_i\text{들이 모두 같지는 않다.}$$

모든 그룹의 데이터를 통틀어 작은 값부터 오름차순으로 순위를 매기자(여기서도 동점이 생기면 평균 순위를 부여한다). 각 그룹별로 이들 순위의 합 $R_1$, $R_2$, ⋯, $R_k$ 를 계산한다. 모든 그룹의 분포가 전부 동일하다면(즉, 귀무가설이 맞다면) 각 그룹별로 이들 순위합의 평균이 비슷할 것이고 그렇지 않다면 차이가 날 것이다. 각 그룹에서의 순위평균을

$$\overline{R_i} = \frac{R_i}{n_i} \qquad (i = 1,\ \cdots,\ k)$$

라고 하자. 귀무가설이 맞다고 했을 때 순위평균은 $\overline{R} = \dfrac{N+1}{2}$ 이 된다. 검정통계량은 각 순위평균과 귀무가설하에서의 순위평균의 차이를 생각한 것으로 다음과 같다.

$$H = \frac{12}{N(N+1)} \sum_{i=1}^{k} n_i \left( \overline{R_i} - \frac{(N+1)}{2} \right)^2$$

$$= \frac{12}{N(N+1)} \sum_{i=1}^{k} \frac{R_i^2}{n_i} - 3(N+1)$$

이제 계산된 검정통계량 $H$가 충분히 클 때 귀무가설을 기각하게 된다. 즉, 유의수준 $\alpha$로 했을 때 $H \geq h_\alpha(k;n_1,\cdots,n_k)$이면 귀무가설을 기각하게 된다. 여기서 $h_\alpha(k;n_1,\cdots,n_k)$는 $P[H \geq h_\alpha(k;n_1,\cdots,n_k)] = \alpha$를 만족하는 상수이다. 그룹별 표본수가 작은 경우에는 부록의 크루스칼-왈리스 검정통계량의 확률분포표를 이용하여 구할 수 있다. $H$가 해당되는 표본 수에서의 임계치보다 크거나 같으면 제시된 $\alpha$ 수준으로 귀무가설을 기각한다.

### 11.3.2 크루스칼-왈리스 검정의 근사적 방법

표본수가 크면, 귀무가설하에서 검정통계량 $H$가 근사적으로 자유도가 $k-1$인 카이제곱분포를 따른다는 것을 이용하여

$$H > \chi^2_\alpha(k-1)$$

일 때 귀무가설을 기각한다. 여기서 $\chi^2_\alpha(k-1)$는 자유도가 $k-1$인 카이제곱분포에서의 상위 $\alpha$의 확률에 해당하는 임계치이다.

여기서도 동점이 있을 경우에는 평균 순위를 이용하여 계산하고, 검정통계량 $H$를

$$H^* = \frac{H}{1-\sum_{j=1}^{k}(t_j^3-t_j)/(N^3-N)}$$

로 수정한다. 여기서 $t_j$는 $j$번째 동점인 그룹의 크기이며, $k$는 동점그룹의 수이다.

**예제 11.7** 어떤 실험동물들을 3개의 그룹으로 나누어 두 그룹에는 각각 약 A와 약 B를 투여하고 나머지 한 그룹에는 아무런 처리를 하지 않은 다음, 이 세 가지 처리에 따른 반응시간을 비교하였다. 이 결과를 가지고 세 그룹의 반응시간에 차이가 있다고 할 수 있는지 알아보자. 아래의 표는 결과와 각 그룹의 순위를 구한 것이다. 동점인 경우 평균 순위를 구하였다.

| | 반응시간 | 순위 | 순위합 |
|---|---|---|---|
| 그룹 1 (약A) | 17 | 14 | 119 |
| | 20 | 15 | |
| | 40 | 20 | |
| | 31 | 16 | |
| | 35 | 17 | |
| | 36 | 18 | |
| | 38 | 19 | |
| 그룹 2 (약B) | 8 | 11 | 70 |
| | 7 | 8.5 | |
| | 9 | 13 | |
| | 8 | 11 | |
| | 8 | 11 | |
| | 7 | 8.5 | |
| | 6 | 7 | |
| 그룹 3 (무처리) | 2 | 1.5 | 21 |
| | 3 | 3 | |
| | 4 | 4 | |
| | 5 | 5.5 | |
| | 5 | 5.5 | |
| | 2 | 1.5 | |

이때 귀무가설과 대립가설은 다음과 같다.

$H_0$: 세 그룹의 반응시간은 모두 같다.
vs. $H_1$: 세 그룹의 반응시간이 모두 같지는 않다.

검정통계량은 다음과 같다.

$$H = \frac{12}{N(N+1)} \sum_{i=1}^{k} \frac{R_i^2}{n_i} - 3(N+1) = 16.90$$

이 예에서는 동점이 2가 2개, 5가 2개, 7이 2개, 8이 3개 발생하여(즉, $k=4$, $t_i = 2,2,2,3$), 수정인자는

$$1 - \sum_{j=1}^{k} (t_j^3 - t_j)/(N^3 - N) = 0.995$$

가 된다. 따라서 수정된 통계량은

$$H' = \frac{H}{0.995} = 16.98$$

이다. 근사를 이용하자. 이때의 자유도는 2(=그룹 수−1)이며, 부록에서 유의수준이 5%일 때 자유도 2인 카이제곱분포의 임계치는 5.99이다. 검정통계량 16.98은 이보다 크므로 귀무가설은 기각된다. 즉, 세 그룹에서의 반응시간이 모두 같다고 할 수는 없다.

**예제 11.8** SPSS에서 크루스칼-왈리스 검정을 해 보자. 예제 10.7의 데이터를 이용하자. 다운로드 받은 예제 11-7.sav 파일에 입력된 자료가 있다.

| | 그룹 | 반응시간 |
|---|---|---|
| 1 | 1 | 17 |
| 2 | 1 | 20 |
| 3 | 1 | 40 |
| 4 | 1 | 31 |
| 5 | 1 | 35 |
| 6 | 1 | 36 |
| 7 | 1 | 38 |
| 8 | 2 | 8 |
| 9 | 2 | 7 |
| 10 | 2 | 9 |
| 11 | 2 | 8 |
| 12 | 2 | 8 |
| 13 | 2 | 7 |
| 14 | 2 | 6 |
| 15 | 3 | 2 |
| 16 | 3 | 3 |
| 17 | 3 | 4 |
| 18 | 3 | 5 |
| 19 | 3 | 5 |
| 20 | 3 | 2 |

① 『분석(A) → 비모수검정(N) → 레거시 대화상자(L) → K-독립표본』을 선택한다.

② 다음의 대화상자가 나타나면 왼쪽의 목록에서 반응시간을 선택하여 오른쪽의 [검정 변수(T)]로 이동시키고, 그룹을 선택하여 오른쪽의 [집단변수(G)]로 이동시킨다. [검정 유형]에서 'Kruskal-Wallis의 H'를 선택한다.

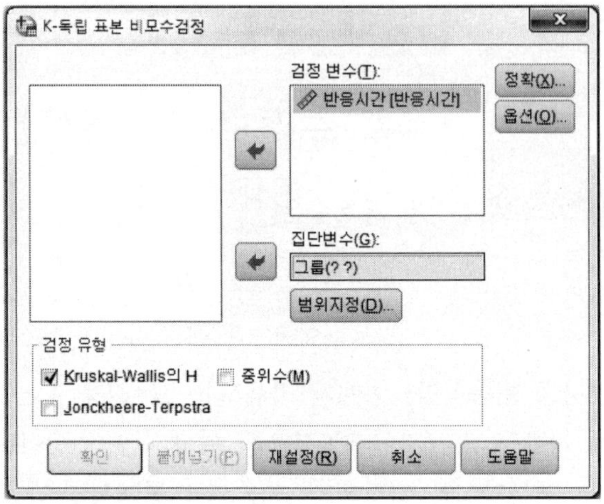


③ 〈범위지정(D)〉 버튼을 누른다. 「K-독립 표본 비모수검정: 범위지정」창에서는 비교할 그룹을 지정한 변수값의 최댓값과 최솟값을 정수값으로 지정한다. 지정된 범위를 벗어난 값은 분석에서 제외된다. 본 예제에서는 그룹을 '1, 2, 3'으로 입력하였으므로 아래 그림과 같이 [최솟값(N)]에 1을, [최댓값(X)]에 3을 입력하고 〈계속(C)〉을 누른다. 「K-독립 표본 비모수검정」창에서 〈확인〉을 누르면 결과가 보인다.

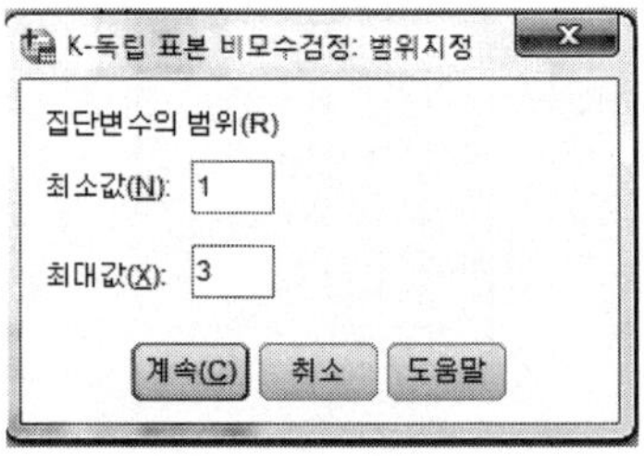


④ 〈정확(X)〉단추를 누르면 '점근적 검정(A)'이 디폴트로 선택되어 있다. 여기에서도 정확한 유의확률을 함께 구하려면 '정확검정(E)'을 선택한다.

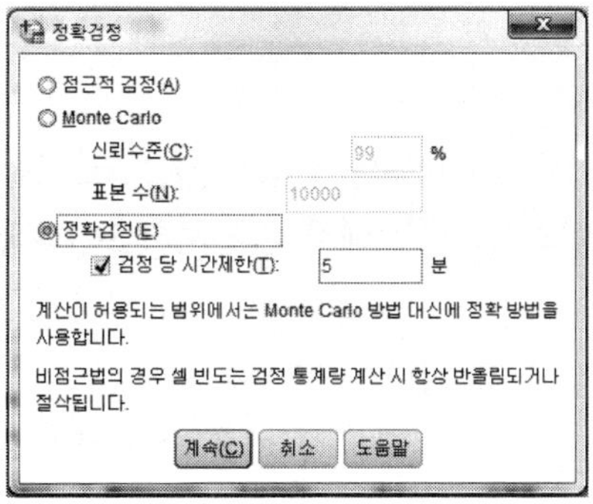


⑤ 출력결과는 다음과 같다. 각 처리에 대한 평균 순위가 나타난다. 무처리의 평균 순위가 다른 처리에 비해 매우 낮음을 알 수 있다. 검정통계량의 값은 "카이제곱"을 보면 되며 16.989이다. 이에 대한 근사 유의확률이나 정확 유의확률은 0.000으로 매우 작으므로 유의수준 5%하에서 귀무가설은 기각된다. 따라서 세 그룹의 반응시간에 차이가 있다고 할 수 있다.

**Kruskal-Wallis 검정**

순위

| | 처리 약 | N | 평균 순위 |
|---|---|---|---|
| 반응시간 | 약 A 처리 | 7 | 17.00 |
| | 약 B 처리 | 7 | 10.00 |
| | 무처리 | 6 | 3.50 |
| | 전체 | 20 | |

검정 통계량[a,b]

| | 반응시간 |
|---|---|
| 카이제곱 | 16.989 |
| 자유도 | 2 |
| 근사 유의확률 | .000 |
| 정확 유의확률 | .000 |
| 포인트 확률 | .000 |

a. Kruskal Wallis 검정

b. 집단변수: 처리 약

*** 정규성검정**

변수값이 정규분포를 따르는 경우에도 비모수적 방법을 쓸 수는 있지만 모수적 방법보다는 효율성이 떨어지게 된다. 정규분포를 따르는지 확인하기 위한 방법으로 3.1.2절에서 소개한 정규확률그림(Q–Q plot)이 있다. 정규성에 대한 가설검정을 하고 싶다면 콜모고로프–스미르노프(Kolmogorov–Smirnov) 검정이나 샤피로–윌크(Shapiro–Wilk) 검정을 실시할 수 있다. 단, 표본수가 작으면 귀무가설을 기각하기가 어렵게 되고, 표본수가 크면 정규분포에서 약간 어긋난 경우도 유의한 결과를 보이는 경향이 있어 절대적인 기준이 아님을 염두에 두어야 한다.

**예제 11.9** 예제 11.7에서 각 그룹별로 반응시간이 정규분포를 따르는지 SPSS를 이용하여 검정해 보자.

① 예제 11-4.sav 파일을 열고 『분석(A) → 기술통계량(E) → 데이터 탐색(E)』을 선택하여 「데이터 탐색」창에서 반응시간을 [종속변수(D)] 칸으로 옮기고, 각 그룹별로 정규성검정을 하기 위해 [요인(F)] 칸으로 그룹을 옮긴다. 두 집단을 비교할 때에도 이와 같이 각 집단이 정규분포를 따르는지를 확인하면 되고, 짝지은 비교 시에는 짝 간의 차이를 구하여 이를 종속변수로 놓으면 된다.

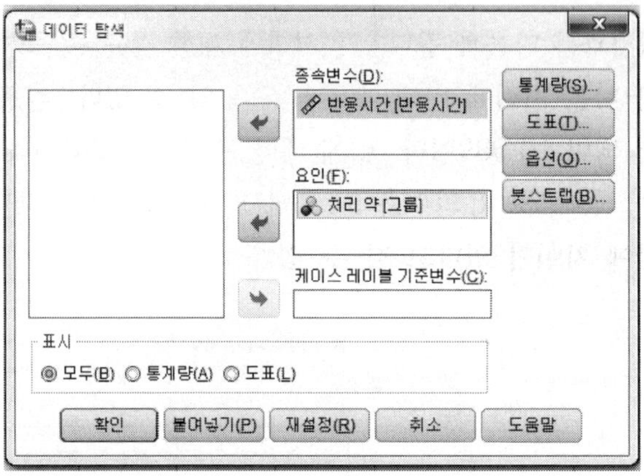


② 〈도표(T)〉를 눌러 「데이터 탐색: 도표」창이 나타나면, [검정과 함께 정규성도표(O)]를 선택한 후 〈계속(C)〉을 누르고 나온다. 「데이터 탐색」창에서 〈확인〉을 누른다.

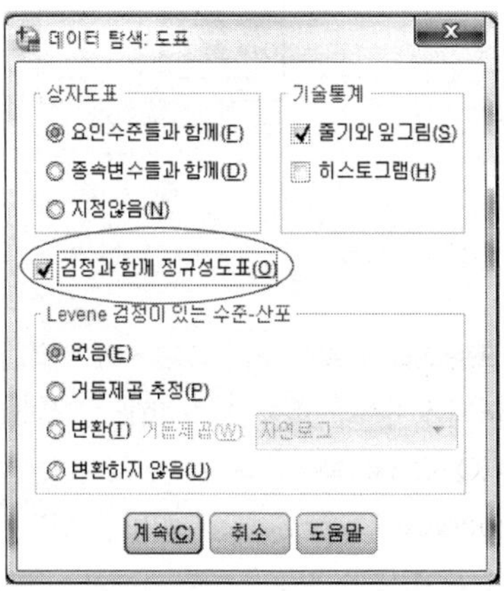


③ 결과창에 여러 기초통계량과 함께 정규성검정결과가 출력된다. 이때의 귀무가설은 "모집단이 정규분포를 따른다"이다. Kolmogorov-Smirnov 검정결과 세 집단 모두 p-값(유의확률)이 0.20으로 유의하지 않으며, Shapiro-Wilk 검정결과 역시

각 집단의 p-값이 0.153, 0.609, 0.191로 유의하지 않다. 즉, 이 데이터는 정규분포를 따르지 않는다고 할 수 없다.

정규성 검정

| | 처리 약 | Kolmogorov-Smirnov[a] 통계량 | 자유도 | 유의확률 | Shapiro-Wilk 통계량 | 자유도 | 유의확률 |
|---|---|---|---|---|---|---|---|
| 반응시간 | 약 A 처리 | .243 | 7 | .200* | .860 | 7 | .153 |
| | 약 B 처리 | .241 | 7 | .200* | .937 | 7 | .609 |
| | 무처리 | .195 | 6 | .200* | .861 | 6 | .191 |

*. 이것은 참 유의성의 하한입니다.

a. Lilliefors 유의확률 수정

## 11.4 두 변수 간의 상관

두 개의 양적변수 사이의 연관성을 나타내는 개념으로 상관계수가 있다. 상관계수에는 두 변수 사이의 관계의 정도와 방향의 개념이 포함되어 있으며, 그 대표적인 것으로 8장에서 소개한 바 있는 피어슨의 상관계수(Pearson's correlation coefficient)가 있다. 피어슨의 상관계수의 값은 연관성의 정도를 나타내며 부호는 연관성의 방향을 나타낸다. 비모수적인 방법에서 두 변수 간의 연관성 측도로는 스피어만의 순위상관계수(Spearman's rank correlation coefficient), 켄달의 타우(Kendall's tau) 등이 있는데 여기서는 스피어만의 순위상관계수에 대하여 알아보자.

$n$개의 관찰치 쌍 $(x_i, y_i), (i=1, \cdots, n)$ 이 있다고 하자. 첫 번째 관측치 중에서 $x_i$의 순위를 매긴 것을 $R_i$라고 하고, 두 번째 관측치에서 $y_i$의 순위를 매긴 것을 $S_i$라고 하자. 스피어만의 상관계수는

$$r_s = \frac{\sum_{i=1}^{n}(R_i - \overline{R})(S_i - \overline{S})}{\sqrt{\sum_{i=1}^{n}(R_i - \overline{R})^2 \sum_{i=1}^{n}(S_i - \overline{S})^2}}$$

로 정의된다. 여기서 $\overline{R} = \overline{S} = (n+1)/2$가 되므로, 이 식은 다음과 같이 계산하기 쉬운 식으로 표현할 수 있다.

$$r_s = 1 - \frac{6}{n(n^2-1)} \sum_{i=1}^{n}(R_i - S_i)^2$$

스피어만의 상관계수도 피어슨의 상관계수와 같이 $-1 \le r_s \le 1$의 값을 가지며, 이 값이 1에 가까우면 양의 상관이 있음을, $-1$에 가까우면 음의 상관이 있음을 의미하고, 0에 가까우면 상관이 없음을 나타낸다.

두 변수 간에 관련이 있다고 할 수 있는지 독립성검정을 행할 수 있다. 모집단에서의 상관계수를 $\rho$라고 할 때 이에 대한 가설의 형태와 기각역은 다음과 같다.

① $H_0 : \rho = 0$ vs. $H_1 : \rho > 0$일 때, $r_s \ge r(\alpha, n)$이면 귀무가설 기각
② $H_0 : \rho = 0$ vs. $H_1 : \rho < 0$일 때, $r_s \le -r(\alpha, n)$이면 귀무가설 기각
③ $H_0 : \rho = 0$ vs. $H_1 : \rho \ne 0$일 때, $r_s \ge r(\alpha/2, n)$ 또는 $r_s \le -r(\alpha/2, n)$이면 귀무가설 기각

여기서 $r(\alpha, n)$은 귀무가설하에서 $P[r_s \ge r(\alpha, n)] = \alpha$를 만족하는 값이다.

귀무가설하에서 $r_s$의 평균과 분산은 각각

$$\text{평균} = 0,\ \text{분산} = \frac{1}{n-1}$$

이 된다. 만약 표본의 크기가 크면 다음과 같은 통계량

$$Z_{rs} = \frac{r_s - 0}{\sqrt{1/(n-1)}} = r_s\sqrt{n-1}$$

이 귀무가설하에서 근사적으로 표준정규분포 $N(0,\ 1)$을 따른다는 사실을 이용하여 검정을 수행한다. 이때에도 동점이 있을 경우에는 평균 순위를 이용하여 계산하면 된다.

**예제 11.10** 수축기 혈압(systolic pressure)을 높게 측정하는 의사는 이완기 혈압(diastolic pressure)도 높게 측정하는 경향이 있는지 알아보기 위해 14명의 의사들에게 같은 환자의 혈압을 측정하여 각각 순위를 매겼다.

| 의사 | 1 | 2 | 3 | 4 | 5 | 6 | 7 | 8 | 9 | 10 | 11 | 12 | 13 | 14 |
|---|---|---|---|---|---|---|---|---|---|---|---|---|---|---|
| 수축기 | 140.2 | 132.5 | 131.7 | 131.8 | 135.6 | 130.8 | 135.7 | 133.2 | 143.6 | 141.2 | 140.8 | 140.2 | 143.9 | 141.8 |
| 순위 | 8.5 | 4 | 2 | 3 | 6 | 1 | 7 | 5 | 13 | 11 | 10 | 8.5 | 14 | 12 |
| 이완기 | 74.4 | 77.8 | 82.2 | 83.5 | 84.4 | 84.6 | 85.8 | 85.9 | 86.3 | 86.5 | 88 | 89.3 | 89.4 | 89.7 |
| 순위 | 1 | 2 | 3 | 4 | 5 | 6 | 7 | 8 | 9 | 10 | 11 | 12 | 13 | 14 |

이때 순위는 수축기 혈압에서의 순위와 이완기혈압에서의 순위를 각각 구한 것이다. 스피어만의 상관계수를 구해 보자.

$$r_s = 1 - \frac{6}{n(n^2-1)}\sum_{i=1}^{n}(R_i - S_i)^2 = 0.7088$$

로 계산된다. 이들 순위 간에 어느 정도 양의 상관이 있는 것으로 보인다. 즉, 수축기 혈압에서 순위가 높은 의사가 이완기혈압에서의 순위도 높은 경향이 있다고 할 수 있다. 정규근사를 이용하여 독립성검정을 해 보자. 단측검정($H_1 : \rho > 0$)을 한다고 할 때, 검정통계량은

$$Z_{rs} = \sqrt{13} \times 0.7088 = 2.56$$

이고, 유의수준 5%로 했을 때 정규분포의 상위 5%에 해당하는 임계치는 1.645이므로 $Z_{rs} > 1.645$이 되어 상관이 없다는 귀무가설은 기각된다. 즉, 수축기 혈압에서 순위가 높은 의사가 이완기혈압에서의 순위도 높은 경향이 있다고 할 수 있다.

**예제 11.11** 위의 예제 11.10의 데이터를 SPSS에서 계산해 보자. 입력된 데이터는 다운로드 받은 예제 11-10.sav 파일을 이용한다.

| | 수축기 | 이완기 |
|---|---|---|
| 1 | 140.2 | 74.4 |
| 2 | 132.5 | 77.8 |
| 3 | 131.7 | 82.2 |
| 4 | 131.8 | 83.5 |
| 5 | 135.6 | 84.4 |
| 6 | 130.8 | 84.6 |
| 7 | 135.7 | 85.8 |
| 8 | 133.2 | 85.9 |
| 9 | 143.6 | 86.3 |
| 10 | 141.2 | 86.5 |
| 11 | 140.8 | 88.0 |
| 12 | 140.2 | 89.3 |
| 13 | 143.9 | 89.4 |
| 14 | 141.8 | 89.7 |

① 『분석(A) → 상관분석(C) → 이변량 상관(B)』을 선택한다. 「이변량 상관계수」창이 나타나면 왼쪽의 목록에서 수축기와 이완기를 오른쪽의 [변수(V)]로 이동시키고, [상관계수] 부분에서 'Spearman'을 선택, '유의한 상관계수 플래그(F)'에 체크한 다음, 〈확인〉을 누른다.

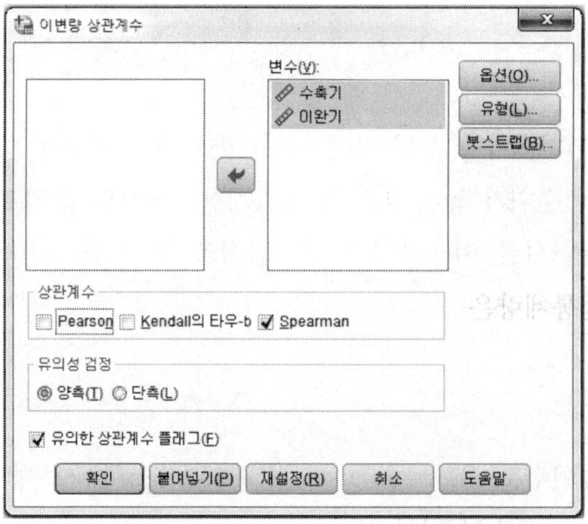


② 출력결과는 다음과 같다. 수축기와 이완기의 스피어만 순위 상관계수는 0.708로 순위 간에 어느 정도 양의 상관관계가 있는 것으로 보이며, 유의확률은 0.005로 유의수준 5%하에서 귀무가설은 기각된다. 따라서 수축기 혈압에서 순위가 높은 의사가 이완기 혈압에서의 순위도 높은 경향이 있다고 할 수 있다.

**상관관계**

| | | | 수축기 | 이완기 |
|---|---|---|---|---|
| Spearman의 rho | 수축기 | 상관계수 | 1.000 | .708** |
| | | 유의확률 (양측) | . | .005 |
| | | N | 14 | 14 |
| | 이완기 | 상관계수 | .708** | 1.000 |
| | | 유의확률 (양측) | .005 | . |
| | | N | 14 | 14 |

**. 상관관계가 0.01 수준에서 유의합니다(양측).

## 11.5 연습문제

11.1 인간 생식에 대한 흡연의 역효과에 대한 연구를 위해, 흡연을 하는 어머니 14명과 흡연하지 않는 어머니 18명에게서 태반조직에서의 카드뮴 수치를 측정하였다. 그 결과는 다음과 같다. 흡연자 집단의 카드뮴 수치가 비흡연자 집단의 수치보다 높다고 할 수 있는가?

| 집단 | 수치 |
|---|---|
| 비흡연자 | 10.0 8.4 12.8 25.0 11.8 9.8 12.5 15.4 23.5 9.4<br>25.1 19.5 25.5 9.8 7.5 11.8 12.2 15.0 |
| 흡연자 | 30.0 30.1 15.0 24.1 30.5 17.8 16.8 14.8 13.4 28.5<br>17.5 14.4 12.5 20.4 |

① 모수적 방법으로 두 집단 간 차이가 있는지 검정하여라.
② 비모수적 방법으로 두 집단 간 차이가 있는지 검정하여라.
③ 모수적 방법과 비모수적 방법에 의한 분석결과를 비교하여라.
④ 각 집단이 정규분포를 따르는지 알아보아라.
⑤ ④의 결과 어떤 분석이 더 적절한 것으로 생각되는가?

11.2 다음은 마른 여성과 뚱뚱한 여성들의 24시간 동안의 총 에너지소비량(MJ/day)을 조사한 것이다. 두 그룹 간에 에너지 소비량에 차이가 있는지 비모수적 방법으로 분석하여라.

| 마른 여성 | 6.13 7.05 7.48 7.48 7.53 7.58 7.90 8.08 8.09 8.11 8.40 10.15 10.88 |
|---|---|
| 뚱뚱한 여성 | 8.79 9.19 9.21 9.68 9.69 9.97 11.51 11.85 12.79 |

11.3 신생아 호흡장애(neonatal respiratory failure)를 가진 신생아에 대해 ECMO (extracorporeal membrane oxygenation)처리를 하는 데 대한 연구가 수행되었다. 이러한 처리가 소아의 좌심실(left ventricle)의 생산량을 감소시켜 체내로 유입되는 혈액량을 감소시키는 것으로 생각되었다. 다음의 데이터는 처리를 하기 전과 처리 도중의 좌심실의 치수를 잰 것이다. 처리 전과 처리 도중의 좌심실의 크기에 차이가 있는지 비모수적 방법으로 검정하여라.

| 번호 | ECMO 전 | ECMO 도중 |
|---|---|---|
| 1 | 1.6 | 1.6 |
| 2 | 2.0 | 2.0 |
| 3 | 1.2 | 1.2 |
| 4 | 1.6 | 1.6 |
| 5 | 1.6 | 1.5 |
| 6 | 1.7 | 1.6 |
| 7 | 1.6 | 1.5 |
| 8 | 1.6 | 1.7 |
| 9 | 1.6 | 1.4 |
| 10 | 1.7 | 1.5 |
| 11 | 1.0 | 1.3 |
| 12 | 1.5 | 1.8 |
| 13 | 1.5 | 1.8 |
| 14 | 1.4 | 1.8 |
| 15 | 1.5 | 2.0 |

**11.4** 다음의 표는 11명의 여성에 대해 월경전일(pre-menstrual days)과 월경후일(post-menstrual days)의 1일 섭취량을 비교하기 위해 월경 전 10일간의 1일 섭취량(kJ) 평균과 월경 후 10일간의 1일 섭취량(kJ) 평균을 조사한 결과이다. 월경을 전후로 섭취량에 차이가 있는지 비모수적 방법을 이용하여 검정하여라.

| 번호 | 월경 전 섭취량 | 월경 후 섭취량 |
|---|---|---|
| 1 | 5260 | 3910 |
| 2 | 5470 | 4220 |
| 3 | 5640 | 3885 |
| 4 | 6180 | 5160 |
| 5 | 6390 | 5645 |
| 6 | 6515 | 4680 |
| 7 | 6805 | 5265 |
| 8 | 7515 | 5975 |
| 9 | 7515 | 6790 |
| 10 | 8230 | 6900 |
| 11 | 8770 | 7335 |

① 전후의 차이가 정규분포를 따르는지 정규성그림과 정규성검정으로 알아보아라.
② 모수적 방법으로 전후의 차이가 있는지 검정하여라.
③ 비모수적 방법으로 전후의 차이가 있는지 검정하여라.

**11.5** 심한 편두통에 시달리는 어린이들을 랜덤하게 세 그룹으로 나누어, 한 그룹은 생물 피드백(biofeedback)과 이완반응(relaxation response)처리를 하고, 다른 그룹에는 생

물 피드백 없이 이완반응처리만을 하였으며, 나머지 한 그룹은 아무런 처리도 하지 않았다. 다음은 처리 후의 두통경감정도를 조사한 것이다. 세 가지 처리 방법에 따라 두통의 경감정도에 차이가 있는지 비모수적 방법으로 검정하여라.

| 이완반응 + 생물 피드백 | 이완반응 | 무처리 |
|---|---|---|
| 62 | 69 | 50 |
| 74 | 43 | −120 |
| 86 | 100 | 100 |
| 74 | 94 | −288 |
| 91 | 100 | 4 |
| 37 | 98 | −76 |

**11.6** 다음은 세 지역의 병원에서 어떤 외과치료를 받기 위해 입원한 환자들에게 청구된 일평균 의료비이다. 세 지역 간에 일평균 의료비에 차이가 있다고 할 수 있는지 5% 유의수준으로 검정하여라.

| 지역 1 | 지역 2 | 지역 3 |
|---|---|---|
| 80 | 58 | 84 |
| 78 | 72 | 101 |
| 85 | 64 | 107 |
| 71 | 63 | 115 |
| 82 | 62 | 126 |

**11.7** 다음은 18명의 정상적인 성인의 나이와 %FAT를 조사한 것이다. 나이와 %FAT 간에 관련이 있는지 알아보고자 한다.

| 번호 | 나이 | %FAT |
|---|---|---|
| 1 | 23 | 9.5 |
| 2 | 23 | 27.9 |
| 3 | 27 | 7.8 |
| 4 | 27 | 17.8 |
| 5 | 39 | 31.4 |
| 6 | 41 | 25.9 |
| 7 | 45 | 27.4 |
| 8 | 49 | 25.2 |
| 9 | 50 | 31.1 |
| 10 | 53 | 34.7 |
| 11 | 53 | 42.0 |
| 12 | 54 | 29.1 |
| 13 | 56 | 32.5 |
| 14 | 57 | 30.3 |
| 15 | 58 | 33.0 |
| 16 | 58 | 33.8 |
| 17 | 60 | 41.1 |
| 18 | 61 | 34.5 |

① 이들의 순위상관계수를 구하여라.

② 피어슨 상관계수를 구하여 비교하여라.

11.8 다음은 18구의 사체 해부결과 조직 내의 어떤 광물질의 농도(ppm)와 나이에 관한 데이터이다. 농도와 나이 간에 관련이 있는지 순위상관계수를 구하여라.

| 번호 | 나이 | 농도 |
|---|---|---|
| 1 | 82 | 169.63 |
| 2 | 85 | 48.94 |
| 3 | 83 | 41.16 |
| 4 | 64 | 63.95 |
| 5 | 82 | 21.09 |
| 6 | 53 | 5.40 |
| 7 | 26 | 6.33 |
| 8 | 47 | 4.26 |
| 9 | 37 | 3.62 |
| 10 | 49 | 4.82 |
| 11 | 65 | 108.22 |
| 12 | 40 | 10.20 |
| 13 | 32 | 2.69 |
| 14 | 50 | 6.16 |
| 15 | 62 | 23.87 |
| 16 | 33 | 2.70 |
| 17 | 36 | 3.15 |
| 18 | 53 | 60.59 |

# 연습문제 해답

## 3장

**1.**

①

| 수면시간(시간) | 도수 | 상대도수 |
|---|---|---|
| 0 이상 5 미만 | 16 | 0.356 |
| 5 이상 10 미만 | 18 | 0.400 |
| 10 이상 15 미만 | 9 | 0.200 |
| 15 이상 20 미만 | 2 | 0.044 |

②

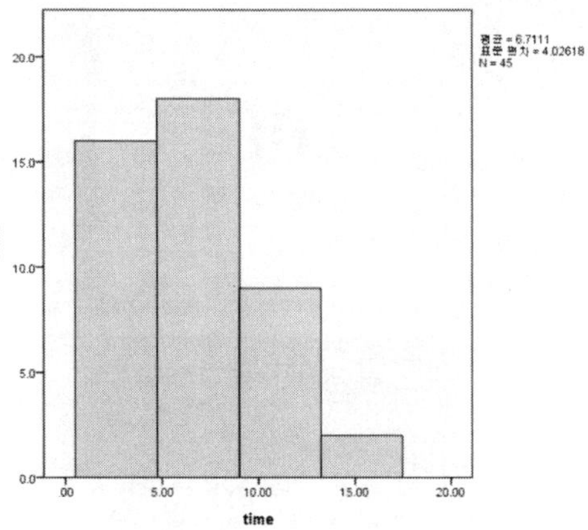


**3.**

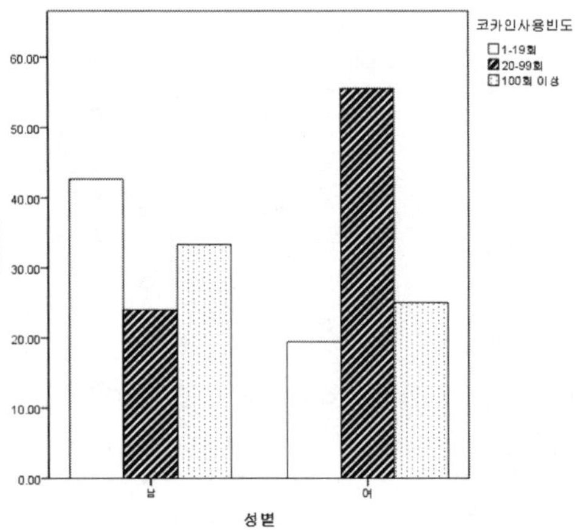


**5.**

① 평균: 22.25, 중앙값: 20, 최빈수: 17

② 범위: 20, 분산: 44.932, 표준편차: 6.703

③ 변동계수: 0.301

**7.**

① 평균: 4.074, 표준편차: 0.6965

② 중앙값: 4, 사분위범위: 1

③ 왜도: 0.077, 첨도: 1.102

④

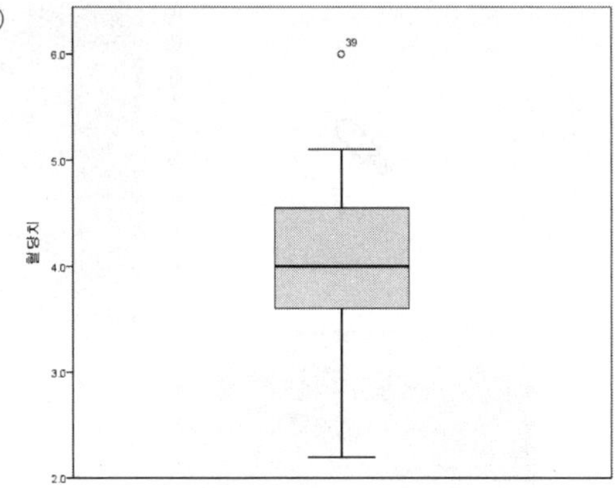


## 4장

**1.**

① 0.18

② 0.2

③ 0.08

**3.**

① 0.2097

② 0.9262

**5.**

① 0.1151

② 0.6731

7. 0.0118

9. $1.1342 \times 10^{-8}$

## 5장

1.

(146.5377, 148.2623)

3.

① (31.2899, 35.3102)
② 있다

5.

① 모평균의 점추정치: 113.28, 모분산의 점추정치: 200.095
② (106.24, 120.31), 모집단이 정규분포를 따르고 모분산을 모른다고 가정하였음
③ 포함되지 않음

7.

(0.0286, 0.2022)

9.

① $H_0 : p = 0.6 \ vs \ H_1 : p > 0.6$
② 귀무가설 기각
③ 0.0005

## 6장

1.

① (−0.867, −0.133)
② t=−2.689, df=151, p−value = 0.008, 귀무가설 기각

3.

t=−0.713, df=14, p=0.488, 귀무가설 기각 못함

5.

t=1.283, df=27, p=0.210, 귀무가설 기각 못함
(유의수준 0.05)

7.

df=21, $|t| = 13.159 > t_{0.025}(21) = 2.08$, 귀무가설 기각

## 7장

1.

①
$H_0$ : 각 처리별 혈청 프로테스테론 농도에는 차이가 없다.
$H_1$ : 적어도 하나의 처리는 다른 처리와 혈청 프로테스테론 농도에 차이가 있다.
② 독립성, 등분산성, 정규성

③

일원배치 분산분석

혈청 프로게스테론 농도

| | 제곱합 | df | 평균 제곱 | F | 유의확률 |
|---|---|---|---|---|---|
| 집단-간 | 488066.533 | 2 | 244033.267 | 30.578 | .000 |
| 집단-내 | 95767.200 | 12 | 7980.600 | | |
| 합계 | 583833.733 | 14 | | | |

p-value = 0.000, 귀무가설 기각

④ p-values

1: 비처리, 2: 에스트로겐 처리, 3: 프로테스테론 처리

| | Bonferroni | Tukey | S-N-K |
|---|---|---|---|
| 1 vs 2 | 0.016 | 0.014 | 〈0.05 |
| 1 vs 3 | 0.000 | 0.000 | 〈0.05 |
| 2 vs 3 | 0.003 | 0.002 | 〈0.05 |

⑤ 1: 비처리, 2: 에스트로겐 처리, 3: 프로테스테론 처리

| | p-value |
|---|---|
| 1 vs 2, 3 | 0.000 |

## 3.

①

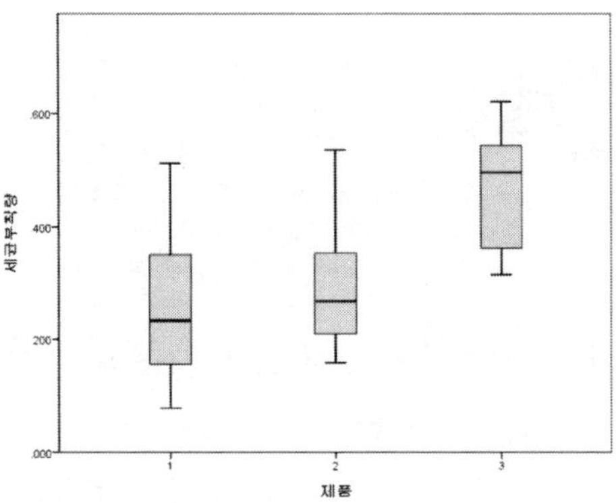


② F=20.201, df1=2, df2=57, p-value=0.000

③ Tukey의 경우

| | p-value |
|---|---|
| 1 vs 2 | 0.640 |
| 1 vs 3 | 0.000 |
| 2 vs 3 | 0.000 |

제품 3은 제품 1 및 제품 2와 유의한 차이가 있다.

## 5.

① $y_{ijk} = \mu + \alpha_i + \beta_j + (\alpha\beta)_{ij} + \epsilon_{ijk}$ ,

$\epsilon \sim i.i.d.\ \ N(0, \sigma^2)$

②

개체-간 효과 검정

종속변수: 감정적 성숙 점수

| 소스 | 제 III 유형 제곱합 | 자유도 | 평균제곱 | F | 유의확률 |
|---|---|---|---|---|---|
| 수정된 모형 | 1024.074[a] | 8 | 128.009 | 9.903 | .000 |
| 절편 | 12459.259 | 1 | 12459.259 | 963.897 | .000 |
| 나이 | 168.519 | 2 | 84.259 | 6.519 | .007 |
| 여부 | 635.185 | 2 | 317.593 | 24.570 | .000 |
| 나이 * 여부 | 220.370 | 4 | 55.093 | 4.262 | .013 |
| 오차 | 232.667 | 18 | 12.926 | | |
| 전체 | 13716.000 | 27 | | | |
| 수정된 합계 | 1256.741 | 26 | | | |

a. R 제곱 = .815 (수정된 R 제곱 = .733)

③

가설 1:

$H_0$ : 나이 그룹에 따라 감정적 성숙점수는 차이가 없다.

$H_1$ : 적어도 하나의 나이 그룹은 다른 그룹과 감정적 성숙점수에 차이가 있다.

=〉 p-value = 0.007

가설 2:

$H_0$ : 마리화나 사용정도에 따라 감정적 성숙점수는 차이가 없다.

$H_1$ : 적어도 한 수준의 마리화나 사용정도는 다른 수준과 감정적 성숙점수에 차이가 있다.

=〉 p-value = 0.000

가설 3:

$H_0$ : 나이에 따라 마리화나 사용정도별 감정적 성숙점수 양상에 차이가 없다.

$H_1$ : 나이에 따라 마리화나 사용정도별 감정적 성숙점수 양상에 차이가 있다.

=〉 p−value = 0.013

**7.**

①

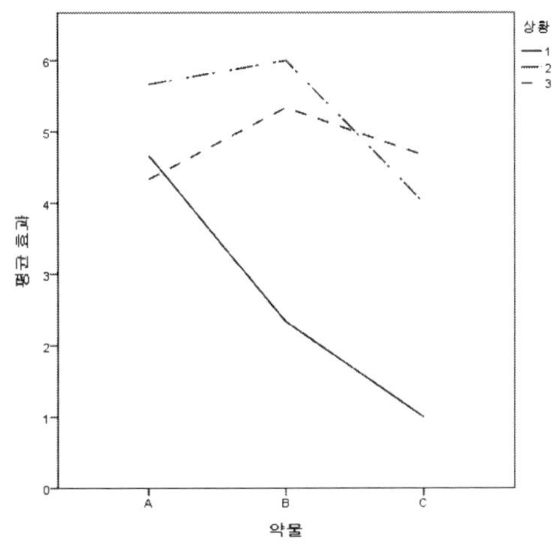


각 약물과 상황에 따라 평균효과가 차이가 있으며, 상호작용이 있는 것처럼 보인다.

②

개체-간 효과 검정

종속 변수: 효과

| 소스 | 제 III 유형 제곱합 | 자유도 | 평균 제곱 | F | 유의확률 |
|---|---|---|---|---|---|
| 수정 모형 | 62.667[a] | 8 | 7.833 | 7.833 | .000 |
| 절편 | 481.333 | 1 | 481.333 | 481.333 | .000 |
| 상황 | 33.556 | 2 | 16.778 | 16.778 | .000 |
| 약물 | 14.000 | 2 | 7.000 | 7.000 | .006 |
| 상황 * 약물 | 15.111 | 4 | 3.778 | 3.778 | .021 |
| 오차 | 18.000 | 18 | 1.000 | | |
| 합계 | 562.000 | 27 | | | |
| 수정 합계 | 80.667 | 26 | | | |

a. R 제곱 = .777 (수정된 R 제곱 = .678)

상황의 p−value = 0.000

약물의 p−value = 0.006

상황*약물의 p−value = 0.021

③ Tukey의 경우

상황

| | P−value |
|---|---|
| 1 vs 2 | 0.000 |
| 1 vs 3 | 0.001 |
| 2 vs 3 | 0.621 |

약물

| | P−value |
|---|---|
| A vs B | 0.762 |
| A vs C | 0.006 |
| B vs C | 0.029 |

## 8장

**1.**

① 0.857

② p−value 〈 0.001

**3.**

| | 점도 | PCV | PF | PP |
|---|---|---|---|---|
| 점도 | 1 | | | |
| PCV | 0.878 | 1 | | |
| PF | 0.456 | 0.428 | 1 | |
| PP | −0.107 | −0.173 | −0.062 | 1 |

**5.**

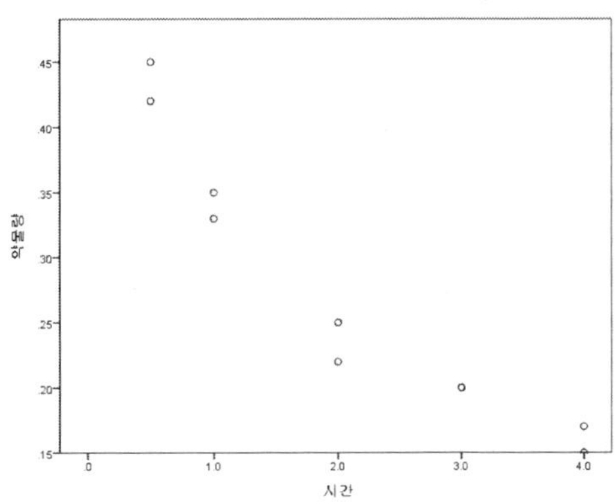


$\hat{y} = 37.456 + 0.080x$ ($x$: 시간, $y$: 약물량)

7.

① r=0.952, p-value 〈 0.001, 귀무가설 기각

② $\hat{y} = 0.430 - 0.074x$ , ($x$: 시간, $y$: 체온)
p-value 〈 0.001, 귀무가설 기각

③ Durbin-Watson: 0.582

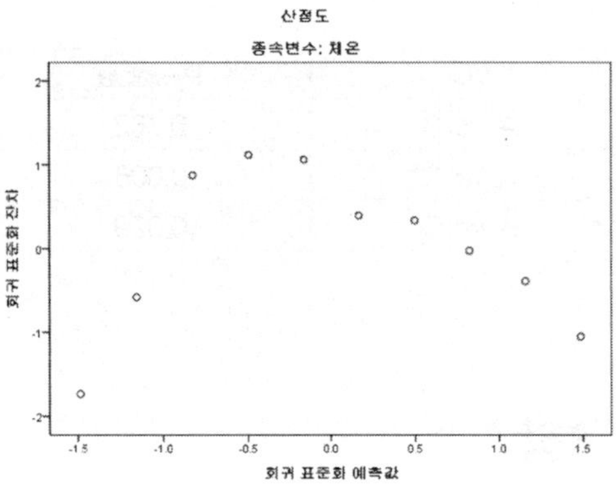


9.

단순회귀: 담배량

$\hat{y} = 3.995 + 0.245x_1$

($x_1$: 담배량, $y$: IA2점수), p-value=0.005

단순회귀: 코티닌수준

$\hat{y} = 4.264 + 0.153x_2$

($x_2$: 코티닌수준, $y$: IA2점수),

p-value=0.000(〈0.05)

다중회귀

$\hat{y} = 4.523 - 0.052x_1 + 0.170x_2$

($x_1$: 담배량, $x_2$: 코티닌수준, $y$: IA2점수)

p-value=0.467, 담배량

p-value=0.000(〈0.05), 코티닌 수준

11.

① $\hat{y} = 17.216 + 8.025x_1 - 26.775x_2$

($x_1$: 마취시간, $x_2$: 외상요인, $y$: 상태점수)

외상요인이 일정할 때 마취시간이 1시간 늘어날 때마다 상태점수는 약 8.025점 증가, 마취시간이 일정할 때 외상요인이 있는 경우에 없는 경우보다 상태점수가 26.775점 낮음

②

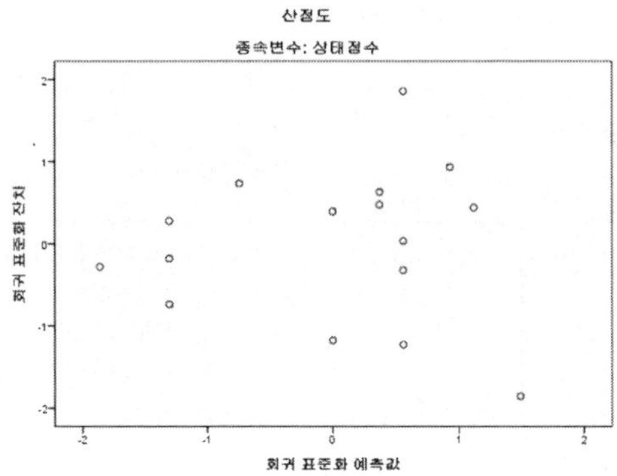


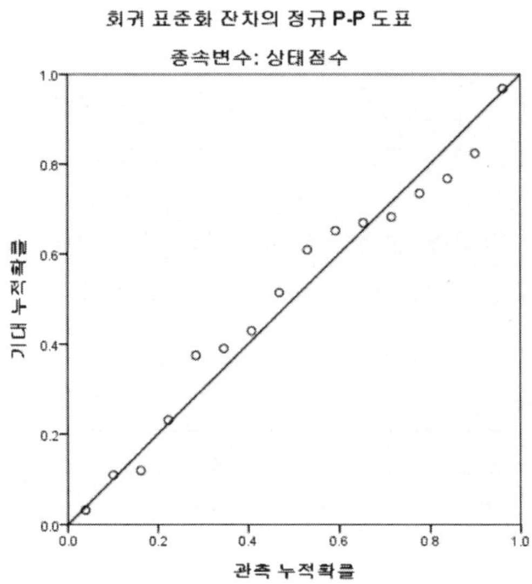


## 9장

1.

① 2.163, (0.773, 6.052)

② 2.440, (0.724, 8.232)

③ 위험요인의 유무에 따른 산후우울증 여부는 유의한 차이가 없음

**3.** 1.048, (0.905, 1.213)

구강피임약의 사용유무에 따라 유방암 발생을 높인다고 말할 수 없음

**5.**

$\chi^2$=20.606, p-value < 0.001

**7.**

$\chi^2$=8.575, p-value=0.072

**9.**

p-value=0.179

**11.**

① 민감도: 0.6279, 특이도: 0.8230

② 양성예측도: 0.2827, 음성예측도: 0.9522

**13.**

①

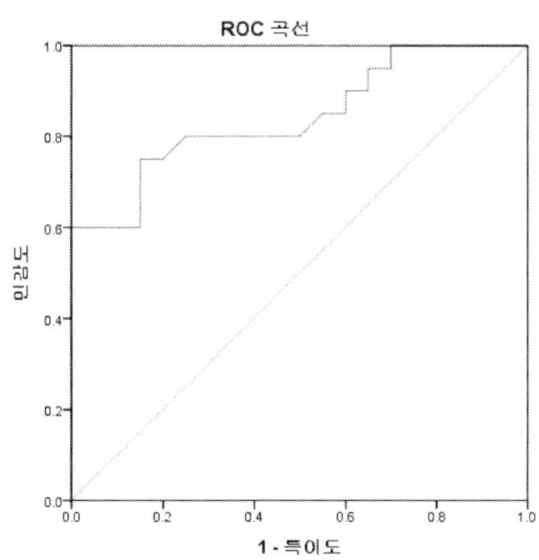


② 0.843

③ 0.890 or 1.265

(위음성일 때의 비용과 위양성일 때의 비용이 동일하다고 가정 시)

## 10장

**1.**

$$ln(\frac{p_x}{1-p_x}) = -6.708 + 0.132x_1,$$

($p_x$: 심장질환을 가질 확률, $x_1$: 나이)

나이가 많을수록 심장질환이 발병할 오즈가 높아지는 것을 알 수 있음.

**3.**

$$ln[\frac{F_1}{1-F_1}] = -0.551 + 0.731x_1 + 0.290x_2$$

$$ln[\frac{F_2}{1-F_2}] = 1.178 + 0.731x_1 + 0.290x_2$$

(단, $\begin{pmatrix} & x_1 & x_2 \\ <45 & 1 & 0 \\ 45-59 & 0 & 1 \\ 60+ & 0 & 0 \end{pmatrix}$),

($x_1$: 나이 가변수1, $x_2$: 나이 가변수2)

나이가 많을수록 유방암 자가진단 횟수가 적어지는 경향이 있는 것을 알 수 있음

**5.**

$$ln(\frac{p_x}{1-p_x}) = 0.416 - 1.122x_1 + 0.488x_2,$$

($x_1$: 안전벨트 착용여부, $x_2$: 차에서 튕겨나감)

안전벨트를 착용하지 않았을 때, 차에서 튕겨나갔을 때 사망할 오즈가 높은 것을 알 수 있음

## 11장

**1.**

① 2 sample t-검정 test, t=-2.468, df=30, p-value=0.020
② 윌콕슨의 순위합검정, W=229, p-value=0.009
③ 5% 유의수준하에서 모두 귀무가설이 기각됨
④ Shapiro-Wilks test 결과 흡연자 집단, 비흡연자 집단 모두 정규분포를 따르지 않음
⑤ 비모수적 방법이 더 적절함

**3.** 윌콕슨의 부호순위검정, W=47.5, p-value=0.231

**5.** 크루스칼-왈리스 검정, H=5.725, p-value=0.051

**7.**

① 0.754
② 0.792

# 부록

〈표 1〉 누적이항분포표
〈표 2〉 표준정규분포표
〈표 3〉 $t$–분포표
〈표 4〉 카이제곱분포표
〈표 5〉 $F$–분포표
〈표 6〉 윌콕슨 부호순위 검정통계량 분포표
〈표 7〉 윌콕슨 순위합 검정통계량 분포표
〈표 8〉 스튜던트화 범위 분포표
〈표 9〉 크루스칼–왈리스 검정통계량($H$) 분포표

## 표 1 | 누적이항분포표

$$P\{X \le c\} = \sum_{x=0}^{c} \binom{n}{x} p^x (1-p)^{n-x}$$

| $n$ | $c$ | $p$ | | | | | | | | | | |
|---|---|---|---|---|---|---|---|---|---|---|---|---|
| | | 0.05 | 0.1 | 0.2 | 0.3 | 0.4 | 0.5 | 0.6 | 0.7 | 0.8 | 0.9 | 0.95 |
| 1 | 0 | 0.950 | 0.900 | 0.800 | 0.700 | 0.600 | 0.500 | 0.400 | 0.300 | 0.200 | 0.100 | 0.050 |
| | 1 | 1.000 | 1.000 | 1.000 | 1.000 | 1.000 | 1.000 | 1.000 | 1.000 | 1.000 | 1.000 | 1.000 |
| 2 | 0 | 0.903 | 0.810 | 0.640 | 0.490 | 0.360 | 0.250 | 0.160 | 0.090 | 0.040 | 0.010 | 0.003 |
| | 1 | 0.998 | 0.990 | 0.960 | 0.910 | 0.840 | 0.750 | 0.640 | 0.510 | 0.360 | 0.190 | 0.098 |
| | 2 | 1.000 | 1.000 | 1.000 | 1.000 | 1.000 | 1.000 | 1.000 | 1.000 | 1.000 | 1.000 | 1.000 |
| 3 | 0 | 0.857 | 0.729 | 0.512 | 0.343 | 0.216 | 0.125 | 0.064 | 0.027 | 0.008 | 0.001 | 0.000 |
| | 1 | 0.993 | 0.972 | 0.896 | 0.784 | 0.648 | 0.500 | 0.352 | 0.216 | 0.104 | 0.028 | 0.007 |
| | 2 | 1.000 | 0.999 | 0.992 | 0.973 | 0.936 | 0.875 | 0.784 | 0.657 | 0.488 | 0.271 | 0.143 |
| | 3 | 1.000 | 1.000 | 1.000 | 1.000 | 1.000 | 1.000 | 1.000 | 1.000 | 1.000 | 1.000 | 1.000 |
| 4 | 0 | 0.815 | 0.656 | 0.410 | 0.240 | 0.130 | 0.063 | 0.026 | 0.008 | 0.002 | 0.000 | 0.000 |
| | 1 | 0.986 | 0.948 | 0.819 | 0.652 | 0.475 | 0.313 | 0.179 | 0.084 | 0.027 | 0.004 | 0.000 |
| | 2 | 1.000 | 0.996 | 0.973 | 0.916 | 0.821 | 0.688 | 0.525 | 0.348 | 0.181 | 0.052 | 0.014 |
| | 3 | 1.000 | 1.000 | 0.998 | 0.992 | 0.974 | 0.938 | 0.870 | 0.760 | 0.590 | 0.344 | 0.185 |
| | 4 | 1.000 | 1.000 | 1.000 | 1.000 | 1.000 | 1.000 | 1.000 | 1.000 | 1.000 | 1.000 | 1.000 |
| 5 | 0 | 0.774 | 0.590 | 0.328 | 0.168 | 0.078 | 0.031 | 0.010 | 0.002 | 0.000 | 0.000 | 0.000 |
| | 1 | 0.977 | 0.919 | 0.737 | 0.528 | 0.337 | 0.188 | 0.087 | 0.031 | 0.007 | 0.000 | 0.000 |
| | 2 | 0.999 | 0.991 | 0.942 | 0.837 | 0.683 | 0.500 | 0.317 | 0.163 | 0.058 | 0.009 | 0.001 |
| | 3 | 1.000 | 1.000 | 0.993 | 0.969 | 0.913 | 0.813 | 0.663 | 0.472 | 0.263 | 0.081 | 0.023 |
| | 4 | 1.000 | 1.000 | 1.000 | 0.998 | 0.990 | 0.969 | 0.922 | 0.832 | 0.672 | 0.410 | 0.226 |
| | 5 | 1.000 | 1.000 | 1.000 | 1.000 | 1.000 | 1.000 | 1.000 | 1.000 | 1.000 | 1.000 | 1.000 |
| 6 | 0 | 0.735 | 0.531 | 0.262 | 0.118 | 0.047 | 0.016 | 0.004 | 0.001 | 0.000 | 0.000 | 0.000 |
| | 1 | 0.967 | 0.886 | 0.655 | 0.420 | 0.233 | 0.109 | 0.041 | 0.011 | 0.002 | 0.000 | 0.000 |
| | 2 | 0.998 | 0.984 | 0.901 | 0.744 | 0.544 | 0.344 | 0.179 | 0.070 | 0.017 | 0.001 | 0.000 |
| | 3 | 1.000 | 0.999 | 0.983 | 0.930 | 0.821 | 0.656 | 0.456 | 0.256 | 0.099 | 0.016 | 0.002 |
| | 4 | 1.000 | 1.000 | 0.998 | 0.989 | 0.959 | 0.891 | 0.767 | 0.580 | 0.345 | 0.114 | 0.033 |
| | 5 | 1.000 | 1.000 | 1.000 | 0.999 | 0.996 | 0.984 | 0.953 | 0.882 | 0.738 | 0.469 | 0.265 |
| | 6 | 1.000 | 1.000 | 1.000 | 1.000 | 1.000 | 1.000 | 1.000 | 1.000 | 1.000 | 1.000 | 1.000 |
| 7 | 0 | 0.698 | 0.478 | 0.210 | 0.082 | 0.028 | 0.008 | 0.002 | 0.000 | 0.000 | 0.000 | 0.000 |
| | 1 | 0.956 | 0.850 | 0.577 | 0.329 | 0.159 | 0.063 | 0.019 | 0.004 | 0.000 | 0.000 | 0.000 |
| | 2 | 0.996 | 0.974 | 0.852 | 0.647 | 0.420 | 0.227 | 0.096 | 0.029 | 0.005 | 0.000 | 0.000 |
| | 3 | 1.000 | 0.997 | 0.967 | 0.874 | 0.710 | 0.500 | 0.290 | 0.126 | 0.033 | 0.003 | 0.000 |
| | 4 | 1.000 | 1.000 | 0.995 | 0.971 | 0.904 | 0.773 | 0.580 | 0.353 | 0.148 | 0.026 | 0.004 |
| | 5 | 1.000 | 1.000 | 1.000 | 0.996 | 0.981 | 0.938 | 0.841 | 0.671 | 0.423 | 0.150 | 0.044 |
| | 6 | 1.000 | 1.000 | 1.000 | 1.000 | 0.998 | 0.992 | 0.972 | 0.918 | 0.790 | 0.522 | 0.302 |
| | 7 | 1.000 | 1.000 | 1.000 | 1.000 | 1.000 | 1.000 | 1.000 | 1.000 | 1.000 | 1.000 | 1.000 |

| n | c | p | | | | | | | | | | |
|---|---|---|---|---|---|---|---|---|---|---|---|---|
| | | 0.05 | 0.1 | 0.2 | 0.3 | 0.4 | 0.5 | 0.6 | 0.7 | 0.8 | 0.9 | 0.95 |
| 8 | 0 | 0.663 | 0.430 | 0.168 | 0.058 | 0.017 | 0.004 | 0.001 | 0.000 | 0.000 | 0.000 | 0.000 |
| | 1 | 0.943 | 0.813 | 0.503 | 0.255 | 0.106 | 0.035 | 0.009 | 0.001 | 0.000 | 0.000 | 0.000 |
| | 2 | 0.994 | 0.962 | 0.797 | 0.552 | 0.315 | 0.145 | 0.050 | 0.011 | 0.001 | 0.000 | 0.000 |
| | 3 | 1.000 | 0.995 | 0.944 | 0.806 | 0.594 | 0.363 | 0.174 | 0.058 | 0.010 | 0.000 | 0.000 |
| | 4 | 1.000 | 1.000 | 0.990 | 0.942 | 0.826 | 0.637 | 0.406 | 0.194 | 0.056 | 0.005 | 0.000 |
| | 5 | 1.000 | 1.000 | 0.999 | 0.989 | 0.950 | 0.855 | 0.685 | 0.448 | 0.203 | 0.038 | 0.006 |
| | 6 | 1.000 | 1.000 | 1.000 | 0.999 | 0.991 | 0.965 | 0.894 | 0.745 | 0.497 | 0.187 | 0.057 |
| | 7 | 1.000 | 1.000 | 1.000 | 1.000 | 0.999 | 0.996 | 0.983 | 0.942 | 0.832 | 0.570 | 0.337 |
| | 8 | 1.000 | 1.000 | 1.000 | 1.000 | 1.000 | 1.000 | 1.000 | 1.000 | 1.000 | 1.000 | 1.000 |
| 9 | 0 | 0.630 | 0.387 | 0.134 | 0.040 | 0.010 | 0.002 | 0.000 | 0.000 | 0.000 | 0.000 | 0.000 |
| | 1 | 0.929 | 0.775 | 0.436 | 0.196 | 0.071 | 0.020 | 0.004 | 0.000 | 0.000 | 0.000 | 0.000 |
| | 2 | 0.992 | 0.947 | 0.738 | 0.463 | 0.232 | 0.090 | 0.025 | 0.004 | 0.000 | 0.000 | 0.000 |
| | 3 | 0.999 | 0.992 | 0.914 | 0.730 | 0.483 | 0.254 | 0.099 | 0.025 | 0.003 | 0.000 | 0.000 |
| | 4 | 1.000 | 0.999 | 0.980 | 0.901 | 0.733 | 0.500 | 0.267 | 0.099 | 0.020 | 0.001 | 0.000 |
| | 5 | 1.000 | 1.000 | 0.997 | 0.975 | 0.901 | 0.746 | 0.517 | 0.270 | 0.086 | 0.008 | 0.001 |
| | 6 | 1.000 | 1.000 | 1.000 | 0.996 | 0.975 | 0.910 | 0.768 | 0.537 | 0.262 | 0.053 | 0.008 |
| | 7 | 1.000 | 1.000 | 1.000 | 1.000 | 0.996 | 0.980 | 0.929 | 0.804 | 0.564 | 0.225 | 0.071 |
| | 8 | 1.000 | 1.000 | 1.000 | 1.000 | 1.000 | 0.998 | 0.990 | 0.960 | 0.866 | 0.613 | 0.370 |
| | 9 | 1.000 | 1.000 | 1.000 | 1.000 | 1.000 | 1.000 | 1.000 | 1.000 | 1.000 | 1.000 | 1.000 |
| 10 | 0 | 0.599 | 0.349 | 0.107 | 0.028 | 0.006 | 0.001 | 0.000 | 0.000 | 0.000 | 0.000 | 0.000 |
| | 1 | 0.914 | 0.736 | 0.376 | 0.149 | 0.046 | 0.011 | 0.002 | 0.000 | 0.000 | 0.000 | 0.000 |
| | 2 | 0.988 | 0.930 | 0.678 | 0.383 | 0.167 | 0.055 | 0.012 | 0.002 | 0.000 | 0.000 | 0.000 |
| | 3 | 0.999 | 0.987 | 0.879 | 0.650 | 0.382 | 0.172 | 0.055 | 0.011 | 0.001 | 0.000 | 0.000 |
| | 4 | 1.000 | 0.998 | 0.967 | 0.850 | 0.633 | 0.377 | 0.166 | 0.047 | 0.006 | 0.000 | 0.000 |
| | 5 | 1.000 | 1.000 | 0.994 | 0.953 | 0.834 | 0.623 | 0.367 | 0.150 | 0.033 | 0.002 | 0.000 |
| | 6 | 1.000 | 1.000 | 0.999 | 0.989 | 0.945 | 0.828 | 0.618 | 0.350 | 0.121 | 0.013 | 0.001 |
| | 7 | 1.000 | 1.000 | 1.000 | 0.998 | 0.988 | 0.945 | 0.833 | 0.617 | 0.322 | 0.070 | 0.012 |
| | 8 | 1.000 | 1.000 | 1.000 | 1.000 | 0.998 | 0.989 | 0.954 | 0.851 | 0.624 | 0.264 | 0.086 |
| | 9 | 1.000 | 1.000 | 1.000 | 1.000 | 1.000 | 0.999 | 0.994 | 0.972 | 0.893 | 0.651 | 0.401 |
| | 10 | 1.000 | 1.000 | 1.000 | 1.000 | 1.000 | 1.000 | 1.000 | 1.000 | 1.000 | 1.000 | 1.000 |
| 11 | 0 | 0.569 | 0.314 | 0.086 | 0.020 | 0.004 | 0.000 | 0.000 | 0.000 | 0.000 | 0.000 | 0.000 |
| | 1 | 0.898 | 0.697 | 0.322 | 0.113 | 0.030 | 0.006 | 0.001 | 0.000 | 0.000 | 0.000 | 0.000 |
| | 2 | 0.985 | 0.910 | 0.617 | 0.313 | 0.119 | 0.033 | 0.006 | 0.001 | 0.000 | 0.000 | 0.000 |
| | 3 | 0.998 | 0.981 | 0.839 | 0.570 | 0.296 | 0.113 | 0.029 | 0.004 | 0.000 | 0.000 | 0.000 |
| | 4 | 1.000 | 0.997 | 0.950 | 0.790 | 0.533 | 0.274 | 0.099 | 0.022 | 0.002 | 0.000 | 0.000 |
| | 5 | 1.000 | 1.000 | 0.988 | 0.922 | 0.753 | 0.500 | 0.247 | 0.078 | 0.012 | 0.000 | 0.000 |
| | 6 | 1.000 | 1.000 | 0.998 | 0.978 | 0.901 | 0.726 | 0.467 | 0.210 | 0.050 | 0.003 | 0.000 |
| | 7 | 1.000 | 1.000 | 1.000 | 0.996 | 0.971 | 0.887 | 0.704 | 0.430 | 0.161 | 0.019 | 0.002 |
| | 8 | 1.000 | 1.000 | 1.000 | 0.999 | 0.994 | 0.967 | 0.881 | 0.687 | 0.383 | 0.090 | 0.015 |
| | 9 | 1.000 | 1.000 | 1.000 | 1.000 | 0.999 | 0.994 | 0.970 | 0.887 | 0.678 | 0.303 | 0.102 |
| | 10 | 1.000 | 1.000 | 1.000 | 1.000 | 1.000 | 1.000 | 0.996 | 0.980 | 0.914 | 0.686 | 0.431 |
| | 11 | 1.000 | 1.000 | 1.000 | 1.000 | 1.000 | 1.000 | 1.000 | 1.000 | 1.000 | 1.000 | 1.000 |

| $n$ | $c$ | $p$ | | | | | | | | | | |
|---|---|---|---|---|---|---|---|---|---|---|---|---|
| | | 0.05 | 0.1 | 0.2 | 0.3 | 0.4 | 0.5 | 0.6 | 0.7 | 0.8 | 0.9 | 0.95 |
| 12 | 0 | 0.540 | 0.282 | 0.069 | 0.014 | 0.002 | 0.000 | 0.000 | 0.000 | 0.000 | 0.000 | 0.000 |
| | 1 | 0.882 | 0.659 | 0.275 | 0.085 | 0.020 | 0.003 | 0.000 | 0.000 | 0.000 | 0.000 | 0.000 |
| | 2 | 0.980 | 0.889 | 0.558 | 0.253 | 0.083 | 0.019 | 0.003 | 0.000 | 0.000 | 0.000 | 0.000 |
| | 3 | 0.998 | 0.974 | 0.795 | 0.493 | 0.225 | 0.073 | 0.015 | 0.002 | 0.000 | 0.000 | 0.000 |
| | 4 | 1.000 | 0.996 | 0.927 | 0.724 | 0.438 | 0.194 | 0.057 | 0.009 | 0.001 | 0.000 | 0.000 |
| | 5 | 1.000 | 0.999 | 0.981 | 0.882 | 0.665 | 0.387 | 0.158 | 0.039 | 0.004 | 0.000 | 0.000 |
| | 6 | 1.000 | 1.000 | 0.996 | 0.961 | 0.842 | 0.613 | 0.335 | 0.118 | 0.019 | 0.001 | 0.000 |
| | 7 | 1.000 | 1.000 | 0.999 | 0.991 | 0.943 | 0.806 | 0.562 | 0.276 | 0.073 | 0.004 | 0.000 |
| | 8 | 1.000 | 1.000 | 1.000 | 0.998 | 0.985 | 0.927 | 0.775 | 0.507 | 0.205 | 0.026 | 0.002 |
| | 9 | 1.000 | 1.000 | 1.000 | 1.000 | 0.997 | 0.981 | 0.917 | 0.747 | 0.442 | 0.111 | 0.020 |
| | 10 | 1.000 | 1.000 | 1.000 | 1.000 | 1.000 | 0.997 | 0.980 | 0.915 | 0.725 | 0.341 | 0.118 |
| | 11 | 1.000 | 1.000 | 1.000 | 1.000 | 1.000 | 1.000 | 0.998 | 0.986 | 0.931 | 0.718 | 0.460 |
| | 12 | 1.000 | 1.000 | 1.000 | 1.000 | 1.000 | 1.000 | 1.000 | 1.000 | 1.000 | 1.000 | 1.000 |
| 13 | 0 | 0.513 | 0.254 | 0.055 | 0.010 | 0.001 | 0.000 | 0.000 | 0.000 | 0.000 | 0.000 | 0.000 |
| | 1 | 0.865 | 0.621 | 0.234 | 0.064 | 0.013 | 0.002 | 0.000 | 0.000 | 0.000 | 0.000 | 0.000 |
| | 2 | 0.975 | 0.866 | 0.502 | 0.202 | 0.058 | 0.011 | 0.001 | 0.000 | 0.000 | 0.000 | 0.000 |
| | 3 | 0.997 | 0.966 | 0.747 | 0.421 | 0.169 | 0.046 | 0.008 | 0.001 | 0.000 | 0.000 | 0.000 |
| | 4 | 1.000 | 0.994 | 0.901 | 0.654 | 0.353 | 0.133 | 0.032 | 0.004 | 0.000 | 0.000 | 0.000 |
| | 5 | 1.000 | 0.999 | 0.970 | 0.835 | 0.574 | 0.291 | 0.098 | 0.018 | 0.001 | 0.000 | 0.000 |
| | 6 | 1.000 | 1.000 | 0.993 | 0.938 | 0.771 | 0.500 | 0.229 | 0.062 | 0.007 | 0.000 | 0.000 |
| | 7 | 1.000 | 1.000 | 0.999 | 0.982 | 0.902 | 0.709 | 0.426 | 0.165 | 0.030 | 0.001 | 0.000 |
| | 8 | 1.000 | 1.000 | 1.000 | 0.996 | 0.968 | 0.867 | 0.647 | 0.346 | 0.099 | 0.006 | 0.000 |
| | 9 | 1.000 | 1.000 | 1.000 | 0.999 | 0.992 | 0.954 | 0.831 | 0.579 | 0.253 | 0.034 | 0.003 |
| | 10 | 1.000 | 1.000 | 1.000 | 1.000 | 0.999 | 0.989 | 0.942 | 0.798 | 0.498 | 0.134 | 0.025 |
| | 11 | 1.000 | 1.000 | 1.000 | 1.000 | 1.000 | 0.998 | 0.987 | 0.936 | 0.766 | 0.379 | 0.135 |
| | 12 | 1.000 | 1.000 | 1.000 | 1.000 | 1.000 | 1.000 | 0.999 | 0.990 | 0.945 | 0.746 | 0.487 |
| | 13 | 1.000 | 1.000 | 1.000 | 1.000 | 1.000 | 1.000 | 1.000 | 1.000 | 1.000 | 1.000 | 1.000 |
| 14 | 0 | 0.488 | 0.229 | 0.044 | 0.007 | 0.001 | 0.000 | 0.000 | 0.000 | 0.000 | 0.000 | 0.000 |
| | 1 | 0.847 | 0.585 | 0.198 | 0.047 | 0.008 | 0.001 | 0.000 | 0.000 | 0.000 | 0.000 | 0.000 |
| | 2 | 0.970 | 0.842 | 0.448 | 0.161 | 0.040 | 0.006 | 0.001 | 0.000 | 0.000 | 0.000 | 0.000 |
| | 3 | 0.996 | 0.956 | 0.698 | 0.355 | 0.124 | 0.029 | 0.004 | 0.000 | 0.000 | 0.000 | 0.000 |
| | 4 | 1.000 | 0.991 | 0.870 | 0.584 | 0.279 | 0.090 | 0.018 | 0.002 | 0.000 | 0.000 | 0.000 |
| | 5 | 1.000 | 0.999 | 0.956 | 0.781 | 0.486 | 0.212 | 0.058 | 0.008 | 0.000 | 0.000 | 0.000 |
| | 6 | 1.000 | 1.000 | 0.988 | 0.907 | 0.692 | 0.395 | 0.150 | 0.031 | 0.002 | 0.000 | 0.000 |
| | 7 | 1.000 | 1.000 | 0.998 | 0.969 | 0.850 | 0.605 | 0.308 | 0.093 | 0.012 | 0.000 | 0.000 |
| | 8 | 1.000 | 1.000 | 1.000 | 0.992 | 0.942 | 0.788 | 0.514 | 0.219 | 0.044 | 0.001 | 0.000 |
| | 9 | 1.000 | 1.000 | 1.000 | 0.998 | 0.982 | 0.910 | 0.721 | 0.416 | 0.130 | 0.009 | 0.000 |
| | 10 | 1.000 | 1.000 | 1.000 | 1.000 | 0.996 | 0.971 | 0.876 | 0.645 | 0.302 | 0.044 | 0.004 |
| | 11 | 1.000 | 1.000 | 1.000 | 1.000 | 0.999 | 0.994 | 0.960 | 0.839 | 0.552 | 0.158 | 0.030 |
| | 12 | 1.000 | 1.000 | 1.000 | 1.000 | 1.000 | 0.999 | 0.992 | 0.953 | 0.802 | 0.415 | 0.153 |
| | 13 | 1.000 | 1.000 | 1.000 | 1.000 | 1.000 | 1.000 | 0.999 | 0.993 | 0.956 | 0.771 | 0.512 |
| | 14 | 1.000 | 1.000 | 1.000 | 1.000 | 1.000 | 1.000 | 1.000 | 1.000 | 1.000 | 1.000 | 1.000 |

| n | c | p | | | | | | | | | | |
|---|---|---|---|---|---|---|---|---|---|---|---|---|
| | | 0.05 | 0.1 | 0.2 | 0.3 | 0.4 | 0.5 | 0.6 | 0.7 | 0.8 | 0.9 | 0.95 |
| 15 | 0 | 0.463 | 0.206 | 0.035 | 0.005 | 0.000 | 0.000 | 0.000 | 0.000 | 0.000 | 0.000 | 0.000 |
| | 1 | 0.829 | 0.549 | 0.167 | 0.035 | 0.005 | 0.000 | 0.000 | 0.000 | 0.000 | 0.000 | 0.000 |
| | 2 | 0.964 | 0.816 | 0.398 | 0.127 | 0.027 | 0.004 | 0.000 | 0.000 | 0.000 | 0.000 | 0.000 |
| | 3 | 0.995 | 0.944 | 0.648 | 0.297 | 0.091 | 0.018 | 0.002 | 0.000 | 0.000 | 0.000 | 0.000 |
| | 4 | 0.999 | 0.987 | 0.836 | 0.515 | 0.217 | 0.059 | 0.009 | 0.001 | 0.000 | 0.000 | 0.000 |
| | 5 | 1.000 | 0.998 | 0.939 | 0.722 | 0.403 | 0.151 | 0.034 | 0.004 | 0.000 | 0.000 | 0.000 |
| | 6 | 1.000 | 1.000 | 0.982 | 0.869 | 0.610 | 0.304 | 0.095 | 0.015 | 0.001 | 0.000 | 0.000 |
| | 7 | 1.000 | 1.000 | 0.996 | 0.950 | 0.787 | 0.500 | 0.213 | 0.050 | 0.004 | 0.000 | 0.000 |
| | 8 | 1.000 | 1.000 | 0.999 | 0.985 | 0.905 | 0.696 | 0.390 | 0.131 | 0.018 | 0.000 | 0.000 |
| | 9 | 1.000 | 1.000 | 1.000 | 0.996 | 0.966 | 0.849 | 0.597 | 0.278 | 0.061 | 0.002 | 0.000 |
| | 10 | 1.000 | 1.000 | 1.000 | 0.999 | 0.991 | 0.941 | 0.783 | 0.485 | 0.164 | 0.013 | 0.001 |
| | 11 | 1.000 | 1.000 | 1.000 | 1.000 | 0.998 | 0.982 | 0.909 | 0.703 | 0.352 | 0.056 | 0.005 |
| | 12 | 1.000 | 1.000 | 1.000 | 1.000 | 1.000 | 0.996 | 0.973 | 0.873 | 0.602 | 0.184 | 0.036 |
| | 13 | 1.000 | 1.000 | 1.000 | 1.000 | 1.000 | 1.000 | 0.995 | 0.965 | 0.833 | 0.451 | 0.171 |
| | 14 | 1.000 | 1.000 | 1.000 | 1.000 | 1.000 | 1.000 | 1.000 | 0.995 | 0.965 | 0.794 | 0.537 |
| | 15 | 1.000 | 1.000 | 1.000 | 1.000 | 1.000 | 1.000 | 1.000 | 1.000 | 1.000 | 1.000 | 1.000 |
| 16 | 0 | 0.440 | 0.185 | 0.028 | 0.003 | 0.000 | 0.000 | 0.000 | 0.000 | 0.000 | 0.000 | 0.000 |
| | 1 | 0.811 | 0.515 | 0.141 | 0.026 | 0.003 | 0.000 | 0.000 | 0.000 | 0.000 | 0.000 | 0.000 |
| | 2 | 0.957 | 0.789 | 0.352 | 0.099 | 0.018 | 0.002 | 0.000 | 0.000 | 0.000 | 0.000 | 0.000 |
| | 3 | 0.993 | 0.932 | 0.598 | 0.246 | 0.065 | 0.011 | 0.001 | 0.000 | 0.000 | 0.000 | 0.000 |
| | 4 | 0.999 | 0.983 | 0.798 | 0.450 | 0.167 | 0.038 | 0.005 | 0.000 | 0.000 | 0.000 | 0.000 |
| | 5 | 1.000 | 0.997 | 0.918 | 0.660 | 0.329 | 0.105 | 0.019 | 0.002 | 0.000 | 0.000 | 0.000 |
| | 6 | 1.000 | 0.999 | 0.973 | 0.825 | 0.527 | 0.227 | 0.058 | 0.007 | 0.000 | 0.000 | 0.000 |
| | 7 | 1.000 | 1.000 | 0.993 | 0.926 | 0.716 | 0.402 | 0.142 | 0.026 | 0.001 | 0.000 | 0.000 |
| | 8 | 1.000 | 1.000 | 0.999 | 0.974 | 0.858 | 0.598 | 0.284 | 0.074 | 0.007 | 0.000 | 0.000 |
| | 9 | 1.000 | 1.000 | 1.000 | 0.993 | 0.942 | 0.773 | 0.473 | 0.175 | 0.027 | 0.001 | 0.000 |
| | 10 | 1.000 | 1.000 | 1.000 | 0.998 | 0.981 | 0.895 | 0.671 | 0.340 | 0.082 | 0.003 | 0.000 |
| | 11 | 1.000 | 1.000 | 1.000 | 1.000 | 0.995 | 0.962 | 0.833 | 0.550 | 0.202 | 0.017 | 0.001 |
| | 12 | 1.000 | 1.000 | 1.000 | 1.000 | 0.999 | 0.989 | 0.935 | 0.754 | 0.402 | 0.068 | 0.007 |
| | 13 | 1.000 | 1.000 | 1.000 | 1.000 | 1.000 | 0.998 | 0.982 | 0.901 | 0.648 | 0.211 | 0.043 |
| | 14 | 1.000 | 1.000 | 1.000 | 1.000 | 1.000 | 1.000 | 0.997 | 0.974 | 0.859 | 0.485 | 0.189 |
| | 15 | 1.000 | 1.000 | 1.000 | 1.000 | 1.000 | 1.000 | 1.000 | 0.997 | 0.972 | 0.815 | 0.560 |
| | 16 | 1.000 | 1.000 | 1.000 | 1.000 | 1.000 | 1.000 | 1.000 | 1.000 | 1.000 | 1.000 | 1.000 |
| 17 | 0 | 0.418 | 0.167 | 0.023 | 0.002 | 0.000 | 0.000 | 0.000 | 0.000 | 0.000 | 0.000 | 0.000 |
| | 1 | 0.792 | 0.482 | 0.118 | 0.019 | 0.002 | 0.000 | 0.000 | 0.000 | 0.000 | 0.000 | 0.000 |
| | 2 | 0.950 | 0.762 | 0.310 | 0.077 | 0.012 | 0.001 | 0.000 | 0.000 | 0.000 | 0.000 | 0.000 |
| | 3 | 0.991 | 0.917 | 0.549 | 0.202 | 0.046 | 0.006 | 0.000 | 0.000 | 0.000 | 0.000 | 0.000 |
| | 4 | 0.999 | 0.978 | 0.758 | 0.389 | 0.126 | 0.025 | 0.003 | 0.000 | 0.000 | 0.000 | 0.000 |
| | 5 | 1.000 | 0.995 | 0.894 | 0.597 | 0.264 | 0.072 | 0.011 | 0.001 | 0.000 | 0.000 | 0.000 |
| | 6 | 1.000 | 0.999 | 0.962 | 0.775 | 0.448 | 0.166 | 0.035 | 0.003 | 0.000 | 0.000 | 0.000 |
| | 7 | 1.000 | 1.000 | 0.989 | 0.895 | 0.641 | 0.315 | 0.092 | 0.013 | 0.000 | 0.000 | 0.000 |
| | 8 | 1.000 | 1.000 | 0.997 | 0.960 | 0.801 | 0.500 | 0.199 | 0.040 | 0.003 | 0.000 | 0.000 |
| | 9 | 1.000 | 1.000 | 1.000 | 0.987 | 0.908 | 0.685 | 0.359 | 0.105 | 0.011 | 0.000 | 0.000 |
| | 10 | 1.000 | 1.000 | 1.000 | 0.997 | 0.965 | 0.834 | 0.552 | 0.225 | 0.038 | 0.001 | 0.000 |

| $n$ | $c$ | $p$ | | | | | | | | | | |
|---|---|---|---|---|---|---|---|---|---|---|---|---|
| | | 0.05 | 0.1 | 0.2 | 0.3 | 0.4 | 0.5 | 0.6 | 0.7 | 0.8 | 0.9 | 0.95 |
| | 11 | 1.000 | 1.000 | 1.000 | 0.999 | 0.989 | 0.928 | 0.736 | 0.403 | 0.106 | 0.005 | 0.000 |
| | 12 | 1.000 | 1.000 | 1.000 | 1.000 | 0.997 | 0.975 | 0.874 | 0.611 | 0.242 | 0.022 | 0.001 |
| | 13 | 1.000 | 1.000 | 1.000 | 1.000 | 1.000 | 0.994 | 0.954 | 0.798 | 0.451 | 0.083 | 0.009 |
| | 14 | 1.000 | 1.000 | 1.000 | 1.000 | 1.000 | 0.999 | 0.988 | 0.923 | 0.690 | 0.238 | 0.050 |
| | 15 | 1.000 | 1.000 | 1.000 | 1.000 | 1.000 | 1.000 | 0.998 | 0.981 | 0.882 | 0.518 | 0.208 |
| | 16 | 1.000 | 1.000 | 1.000 | 1.000 | 1.000 | 1.000 | 1.000 | 0.998 | 0.977 | 0.833 | 0.582 |
| | 17 | 1.000 | 1.000 | 1.000 | 1.000 | 1.000 | 1.000 | 1.000 | 1.000 | 1.000 | 1.000 | 1.000 |
| 18 | 0 | 0.397 | 0.150 | 0.018 | 0.002 | 0.000 | 0.000 | 0.000 | 0.000 | 0.000 | 0.000 | 0.000 |
| | 1 | 0.774 | 0.450 | 0.099 | 0.014 | 0.001 | 0.000 | 0.000 | 0.000 | 0.000 | 0.000 | 0.000 |
| | 2 | 0.942 | 0.734 | 0.271 | 0.060 | 0.008 | 0.001 | 0.000 | 0.000 | 0.000 | 0.000 | 0.000 |
| | 3 | 0.989 | 0.902 | 0.501 | 0.165 | 0.033 | 0.004 | 0.000 | 0.000 | 0.000 | 0.000 | 0.000 |
| | 4 | 0.998 | 0.972 | 0.716 | 0.333 | 0.094 | 0.015 | 0.001 | 0.000 | 0.000 | 0.000 | 0.000 |
| | 5 | 1.000 | 0.994 | 0.867 | 0.534 | 0.209 | 0.048 | 0.006 | 0.000 | 0.000 | 0.000 | 0.000 |
| | 6 | 1.000 | 0.999 | 0.949 | 0.722 | 0.374 | 0.119 | 0.020 | 0.001 | 0.000 | 0.000 | 0.000 |
| | 7 | 1.000 | 1.000 | 0.984 | 0.859 | 0.563 | 0.240 | 0.058 | 0.006 | 0.000 | 0.000 | 0.000 |
| | 8 | 1.000 | 1.000 | 0.996 | 0.940 | 0.737 | 0.407 | 0.135 | 0.021 | 0.001 | 0.000 | 0.000 |
| | 9 | 1.000 | 1.000 | 0.999 | 0.979 | 0.865 | 0.593 | 0.263 | 0.060 | 0.004 | 0.000 | 0.000 |
| | 10 | 1.000 | 1.000 | 1.000 | 0.994 | 0.942 | 0.760 | 0.437 | 0.141 | 0.016 | 0.000 | 0.000 |
| | 11 | 1.000 | 1.000 | 1.000 | 0.999 | 0.980 | 0.881 | 0.626 | 0.278 | 0.051 | 0.001 | 0.000 |
| | 12 | 1.000 | 1.000 | 1.000 | 1.000 | 0.994 | 0.952 | 0.791 | 0.466 | 0.133 | 0.006 | 0.000 |
| | 13 | 1.000 | 1.000 | 1.000 | 1.000 | 0.999 | 0.985 | 0.906 | 0.667 | 0.284 | 0.028 | 0.002 |
| | 14 | 1.000 | 1.000 | 1.000 | 1.000 | 1.000 | 0.996 | 0.967 | 0.835 | 0.499 | 0.098 | 0.011 |
| | 15 | 1.000 | 1.000 | 1.000 | 1.000 | 1.000 | 0.999 | 0.992 | 0.940 | 0.729 | 0.266 | 0.058 |
| | 16 | 1.000 | 1.000 | 1.000 | 1.000 | 1.000 | 1.000 | 0.999 | 0.986 | 0.901 | 0.550 | 0.226 |
| | 17 | 1.000 | 1.000 | 1.000 | 1.000 | 1.000 | 1.000 | 1.000 | 0.998 | 0.982 | 0.850 | 0.603 |
| | 18 | 1.000 | 1.000 | 1.000 | 1.000 | 1.000 | 1.000 | 1.000 | 1.000 | 1.000 | 1.000 | 1.000 |
| 19 | 0 | 0.377 | 0.135 | 0.014 | 0.001 | 0.000 | 0.000 | 0.000 | 0.000 | 0.000 | 0.000 | 0.000 |
| | 1 | 0.755 | 0.420 | 0.083 | 0.010 | 0.001 | 0.000 | 0.000 | 0.000 | 0.000 | 0.000 | 0.000 |
| | 2 | 0.933 | 0.705 | 0.237 | 0.046 | 0.005 | 0.000 | 0.000 | 0.000 | 0.000 | 0.000 | 0.000 |
| | 3 | 0.987 | 0.885 | 0.455 | 0.133 | 0.023 | 0.002 | 0.000 | 0.000 | 0.000 | 0.000 | 0.000 |
| | 4 | 0.998 | 0.965 | 0.673 | 0.282 | 0.070 | 0.010 | 0.001 | 0.000 | 0.000 | 0.000 | 0.000 |
| | 5 | 1.000 | 0.991 | 0.837 | 0.474 | 0.163 | 0.032 | 0.003 | 0.000 | 0.000 | 0.000 | 0.000 |
| | 6 | 1.000 | 0.998 | 0.932 | 0.666 | 0.308 | 0.084 | 0.012 | 0.001 | 0.000 | 0.000 | 0.000 |
| | 7 | 1.000 | 1.000 | 0.977 | 0.818 | 0.488 | 0.180 | 0.035 | 0.003 | 0.000 | 0.000 | 0.000 |
| | 8 | 1.000 | 1.000 | 0.993 | 0.916 | 0.667 | 0.324 | 0.088 | 0.011 | 0.000 | 0.000 | 0.000 |
| | 9 | 1.000 | 1.000 | 0.998 | 0.967 | 0.814 | 0.500 | 0.186 | 0.033 | 0.002 | 0.000 | 0.000 |
| | 10 | 1.000 | 1.000 | 1.000 | 0.989 | 0.912 | 0.676 | 0.333 | 0.084 | 0.007 | 0.000 | 0.000 |
| | 11 | 1.000 | 1.000 | 1.000 | 0.997 | 0.965 | 0.820 | 0.512 | 0.182 | 0.023 | 0.000 | 0.000 |
| | 12 | 1.000 | 1.000 | 1.000 | 0.999 | 0.988 | 0.916 | 0.692 | 0.334 | 0.068 | 0.002 | 0.000 |
| | 13 | 1.000 | 1.000 | 1.000 | 1.000 | 0.997 | 0.968 | 0.837 | 0.526 | 0.163 | 0.009 | 0.000 |
| | 14 | 1.000 | 1.000 | 1.000 | 1.000 | 0.999 | 0.990 | 0.930 | 0.718 | 0.327 | 0.035 | 0.002 |
| | 15 | 1.000 | 1.000 | 1.000 | 1.000 | 1.000 | 0.998 | 0.977 | 0.867 | 0.545 | 0.115 | 0.013 |
| | 16 | 1.000 | 1.000 | 1.000 | 1.000 | 1.000 | 1.000 | 0.995 | 0.954 | 0.763 | 0.295 | 0.067 |
| | 17 | 1.000 | 1.000 | 1.000 | 1.000 | 1.000 | 1.000 | 0.999 | 0.990 | 0.917 | 0.580 | 0.245 |
| | 18 | 1.000 | 1.000 | 1.000 | 1.000 | 1.000 | 1.000 | 1.000 | 0.999 | 0.986 | 0.865 | 0.623 |
| | 19 | 1.000 | 1.000 | 1.000 | 1.000 | 1.000 | 1.000 | 1.000 | 1.000 | 1.000 | 1.000 | 1.000 |

| $n$ | $c$ | $p$ | | | | | | | | | | |
|---|---|---|---|---|---|---|---|---|---|---|---|---|
| | | 0.05 | 0.1 | 0.2 | 0.3 | 0.4 | 0.5 | 0.6 | 0.7 | 0.8 | 0.9 | 0.95 |
| 20 | 0 | 0.358 | 0.122 | 0.012 | 0.001 | 0.000 | 0.000 | 0.000 | 0.000 | 0.000 | 0.000 | 0.000 |
| | 1 | 0.736 | 0.392 | 0.069 | 0.008 | 0.001 | 0.000 | 0.000 | 0.000 | 0.000 | 0.000 | 0.000 |
| | 2 | 0.925 | 0.677 | 0.206 | 0.035 | 0.004 | 0.000 | 0.000 | 0.000 | 0.000 | 0.000 | 0.000 |
| | 3 | 0.984 | 0.867 | 0.411 | 0.107 | 0.016 | 0.001 | 0.000 | 0.000 | 0.000 | 0.000 | 0.000 |
| | 4 | 0.997 | 0.957 | 0.630 | 0.238 | 0.051 | 0.006 | 0.000 | 0.000 | 0.000 | 0.000 | 0.000 |
| | 5 | 1.000 | 0.989 | 0.804 | 0.416 | 0.126 | 0.021 | 0.002 | 0.000 | 0.000 | 0.000 | 0.000 |
| | 6 | 1.000 | 0.998 | 0.913 | 0.608 | 0.250 | 0.058 | 0.006 | 0.000 | 0.000 | 0.000 | 0.000 |
| | 7 | 1.000 | 1.000 | 0.968 | 0.772 | 0.416 | 0.132 | 0.021 | 0.001 | 0.000 | 0.000 | 0.000 |
| | 8 | 1.000 | 1.000 | 0.990 | 0.887 | 0.596 | 0.252 | 0.057 | 0.005 | 0.000 | 0.000 | 0.000 |
| | 9 | 1.000 | 1.000 | 0.997 | 0.952 | 0.755 | 0.412 | 0.128 | 0.017 | 0.001 | 0.000 | 0.000 |
| | 10 | 1.000 | 1.000 | 0.999 | 0.983 | 0.872 | 0.588 | 0.245 | 0.048 | 0.003 | 0.000 | 0.000 |
| | 11 | 1.000 | 1.000 | 1.000 | 0.995 | 0.943 | 0.748 | 0.404 | 0.113 | 0.010 | 0.000 | 0.000 |
| | 12 | 1.000 | 1.000 | 1.000 | 0.999 | 0.979 | 0.868 | 0.584 | 0.228 | 0.032 | 0.000 | 0.000 |
| | 13 | 1.000 | 1.000 | 1.000 | 1.000 | 0.994 | 0.942 | 0.750 | 0.392 | 0.087 | 0.002 | 0.000 |
| | 14 | 1.000 | 1.000 | 1.000 | 1.000 | 0.998 | 0.979 | 0.874 | 0.584 | 0.196 | 0.011 | 0.000 |
| | 15 | 1.000 | 1.000 | 1.000 | 1.000 | 1.000 | 0.994 | 0.949 | 0.762 | 0.370 | 0.043 | 0.003 |
| | 16 | 1.000 | 1.000 | 1.000 | 1.000 | 1.000 | 0.999 | 0.984 | 0.893 | 0.589 | 0.133 | 0.016 |
| | 17 | 1.000 | 1.000 | 1.000 | 1.000 | 1.000 | 1.000 | 0.996 | 0.965 | 0.794 | 0.323 | 0.075 |
| | 18 | 1.000 | 1.000 | 1.000 | 1.000 | 1.000 | 1.000 | 0.999 | 0.992 | 0.931 | 0.608 | 0.264 |
| | 19 | 1.000 | 1.000 | 1.000 | 1.000 | 1.000 | 1.000 | 1.000 | 0.999 | 0.988 | 0.878 | 0.642 |
| | 20 | 1.000 | 1.000 | 1.000 | 1.000 | 1.000 | 1.000 | 1.000 | 1.000 | 1.000 | 1.000 | 1.000 |
| 25 | 0 | 0.277 | 0.072 | 0.004 | 0.000 | 0.000 | 0.000 | 0.000 | 0.000 | 0.000 | 0.000 | 0.000 |
| | 1 | 0.642 | 0.271 | 0.027 | 0.002 | 0.000 | 0.000 | 0.000 | 0.000 | 0.000 | 0.000 | 0.000 |
| | 2 | 0.873 | 0.537 | 0.098 | 0.009 | 0.000 | 0.000 | 0.000 | 0.000 | 0.000 | 0.000 | 0.000 |
| | 3 | 0.966 | 0.764 | 0.234 | 0.033 | 0.002 | 0.000 | 0.000 | 0.000 | 0.000 | 0.000 | 0.000 |
| | 4 | 0.993 | 0.902 | 0.421 | 0.090 | 0.009 | 0.000 | 0.000 | 0.000 | 0.000 | 0.000 | 0.000 |
| | 5 | 0.999 | 0.967 | 0.617 | 0.193 | 0.029 | 0.002 | 0.000 | 0.000 | 0.000 | 0.000 | 0.000 |
| | 6 | 1.000 | 0.991 | 0.780 | 0.341 | 0.074 | 0.007 | 0.000 | 0.000 | 0.000 | 0.000 | 0.000 |
| | 7 | 1.000 | 0.998 | 0.891 | 0.512 | 0.154 | 0.022 | 0.001 | 0.000 | 0.000 | 0.000 | 0.000 |
| | 8 | 1.000 | 1.000 | 0.953 | 0.677 | 0.274 | 0.054 | 0.004 | 0.000 | 0.000 | 0.000 | 0.000 |
| | 9 | 1.000 | 1.000 | 0.983 | 0.811 | 0.425 | 0.115 | 0.013 | 0.000 | 0.000 | 0.000 | 0.000 |
| | 10 | 1.000 | 1.000 | 0.994 | 0.902 | 0.586 | 0.212 | 0.034 | 0.002 | 0.000 | 0.000 | 0.000 |
| | 11 | 1.000 | 1.000 | 0.998 | 0.956 | 0.732 | 0.345 | 0.078 | 0.006 | 0.000 | 0.000 | 0.000 |
| | 12 | 1.000 | 1.000 | 1.000 | 0.983 | 0.846 | 0.500 | 0.154 | 0.017 | 0.000 | 0.000 | 0.000 |
| | 13 | 1.000 | 1.000 | 1.000 | 0.994 | 0.922 | 0.655 | 0.268 | 0.044 | 0.002 | 0.000 | 0.000 |
| | 14 | 1.000 | 1.000 | 1.000 | 0.998 | 0.966 | 0.788 | 0.414 | 0.098 | 0.006 | 0.000 | 0.000 |
| | 15 | 1.000 | 1.000 | 1.000 | 1.000 | 0.987 | 0.885 | 0.575 | 0.189 | 0.017 | 0.000 | 0.000 |
| | 16 | 1.000 | 1.000 | 1.000 | 1.000 | 0.996 | 0.946 | 0.726 | 0.323 | 0.047 | 0.000 | 0.000 |
| | 17 | 1.000 | 1.000 | 1.000 | 1.000 | 0.999 | 0.978 | 0.846 | 0.488 | 0.109 | 0.002 | 0.000 |
| | 18 | 1.000 | 1.000 | 1.000 | 1.000 | 1.000 | 0.993 | 0.926 | 0.659 | 0.220 | 0.009 | 0.000 |
| | 19 | 1.000 | 1.000 | 1.000 | 1.000 | 1.000 | 0.998 | 0.971 | 0.807 | 0.383 | 0.033 | 0.001 |
| | 20 | 1.000 | 1.000 | 1.000 | 1.000 | 1.000 | 1.000 | 0.991 | 0.910 | 0.579 | 0.098 | 0.007 |
| | 21 | 1.000 | 1.000 | 1.000 | 1.000 | 1.000 | 1.000 | 0.998 | 0.967 | 0.766 | 0.236 | 0.034 |
| | 22 | 1.000 | 1.000 | 1.000 | 1.000 | 1.000 | 1.000 | 1.000 | 0.991 | 0.902 | 0.463 | 0.127 |
| | 23 | 1.000 | 1.000 | 1.000 | 1.000 | 1.000 | 1.000 | 1.000 | 0.998 | 0.973 | 0.729 | 0.358 |
| | 24 | 1.000 | 1.000 | 1.000 | 1.000 | 1.000 | 1.000 | 1.000 | 1.000 | 0.996 | 0.928 | 0.723 |
| | 25 | 1.000 | 1.000 | 1.000 | 1.000 | 1.000 | 1.000 | 1.000 | 1.000 | 1.000 | 1.000 | 1.000 |

## 표 2 | 표준정규분포표

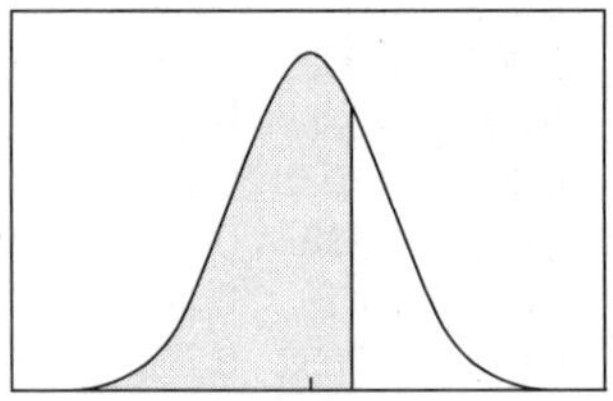


표의 숫자는 $z$와 같거나 작은 확률을 나타낸다.

| $z$ | .00 | .01 | .02 | .03 | .04 | .05 | .06 | .07 | .08 | .09 |
|---|---|---|---|---|---|---|---|---|---|---|
| −3.5 | .0002 | .0002 | .0002 | .0002 | .0002 | .0002 | .0002 | .0002 | .0002 | .0002 |
| −3.4 | .0003 | .0003 | .0003 | .0003 | .0003 | .0003 | .0003 | .0003 | .0003 | .0002 |
| −3.3 | .0005 | .0005 | .0005 | .0004 | .0004 | .0004 | .0004 | .0004 | .0004 | .0003 |
| −3.2 | .0007 | .0007 | .0006 | .0006 | .0006 | .0006 | .0006 | .0005 | .0005 | .0005 |
| −3.1 | .0010 | .0009 | .0009 | .0009 | .0008 | .0008 | .0008 | .0008 | .0007 | .0007 |
| −3.0 | .0013 | .0013 | .0013 | .0012 | .0012 | .0011 | .0011 | .0011 | .0010 | .0010 |
| −2.9 | .0019 | .0018 | .0018 | .0017 | .0016 | .0016 | .0015 | .0015 | .0014 | .0014 |
| −2.8 | .0026 | .0025 | .0024 | .0023 | .0023 | .0022 | .0021 | .0021 | .0020 | .0019 |
| −2.7 | .0035 | .0034 | .0033 | .0032 | .0031 | .0030 | .0029 | .0028 | .0027 | .0026 |
| −2.6 | .0047 | .0045 | .0044 | .0043 | .0041 | .0040 | .0039 | .0038 | .0037 | .0036 |
| −2.5 | .0062 | .0060 | .0059 | .0057 | .0055 | .0054 | .0052 | .0051 | .0049 | .0048 |
| −2.4 | .0082 | .0080 | .0078 | .0075 | .0073 | .0071 | .0069 | .0068 | .0066 | .0064 |
| −2.3 | .0107 | .0104 | .0102 | .0099 | .0096 | .0094 | .0091 | .0089 | .0087 | .0084 |
| −2.2 | .0139 | .0136 | .0132 | .0129 | .0125 | .0122 | .0119 | .0116 | .0113 | .0110 |
| −2.1 | .0179 | .0174 | .0170 | .0166 | .0162 | .0158 | .0154 | .0150 | .0146 | .0143 |
| −2.0 | .0228 | .0222 | .0217 | .0212 | .0207 | .0202 | .0197 | .0192 | .0188 | .0183 |
| −1.9 | .0287 | .0281 | .0274 | .0268 | .0262 | .0256 | .0250 | .0244 | .0239 | .0233 |
| −1.8 | .0359 | .0351 | .0344 | .0336 | .0329 | .0322 | .0314 | .0307 | .0301 | .0294 |
| −1.7 | .0446 | .0436 | .0427 | .0418 | .0409 | .0401 | .0392 | .0384 | .0375 | .0367 |
| −1.6 | .0546 | .0537 | .0526 | .0516 | .0505 | .0495 | .0485 | .0475 | .0465 | .0455 |
| −1.5 | .0668 | .0655 | .0643 | .0630 | .0618 | .0606 | .0594 | .0582 | .0571 | .0559 |
| −1.4 | .0808 | .0793 | .0778 | .0764 | .0749 | .0735 | .0721 | .0708 | .0694 | .0681 |
| −1.3 | .0968 | .0951 | .0934 | .0918 | .0901 | .0885 | .0869 | .0853 | .0838 | .0823 |
| −1.2 | .1151 | .1131 | .1112 | .1093 | .1075 | .1056 | .1038 | .1020 | .1003 | .0985 |
| −1.1 | .1357 | .1335 | .1314 | .1292 | .1271 | .1251 | .1230 | .1210 | .1190 | .1170 |
| −1.0 | .1587 | .1562 | .1539 | .1515 | .1492 | .1469 | .1446 | .1423 | .1401 | .1379 |
| −.9 | .1841 | .1814 | .1788 | .1762 | .1736 | .1711 | .1685 | .1660 | .1635 | .1611 |
| −.8 | .2119 | .2090 | .2061 | .2033 | .2005 | .1977 | .1949 | .1922 | .1894 | .1867 |
| −.7 | .2420 | .2389 | .2358 | .2327 | .2297 | .2266 | .2236 | .2206 | .2177 | .2148 |
| −.6 | .2743 | .2709 | .2676 | .2643 | .2611 | .2578 | .2546 | .2514 | .2483 | .2451 |
| −.5 | .3085 | .3050 | .3015 | .2981 | .2946 | .2912 | .2877 | .2843 | .2810 | .2776 |
| −.4 | .3446 | .3409 | .3372 | .3336 | .3300 | .3264 | .3228 | .3192 | .3156 | .3121 |
| −.3 | .3821 | .3783 | .3745 | .3707 | .3669 | .3632 | .3594 | .3557 | .3520 | .3483 |
| −.2 | .4207 | .4168 | .4129 | .4090 | .4052 | .4013 | .3974 | .3936 | .3897 | .3859 |
| −.1 | .4602 | .4562 | .4522 | .4483 | .4443 | .4404 | .4364 | .4325 | .4286 | .4247 |
| −.0 | .5000 | .4960 | .4920 | .4880 | .4840 | .4801 | .4761 | .4721 | .4681 | .4641 |

| $z$ | .00 | .01 | .02 | .03 | .04 | .05 | .06 | .07 | .08 | .09 |
|---|---|---|---|---|---|---|---|---|---|---|
| 0.0 | .5000 | .5040 | .5080 | .5120 | .5160 | .5199 | .5239 | .5279 | .5319 | .5359 |
| 0.1 | .5398 | .5438 | .5478 | .5517 | .5557 | .5596 | .5636 | .5675 | .5714 | .5753 |
| 0.2 | .5793 | .5832 | .5871 | .5910 | .5948 | .5987 | .6026 | .6064 | .6103 | .6141 |
| 0.3 | .6179 | .6217 | .6255 | .6293 | .6331 | .6368 | .6406 | .6443 | .6480 | .6517 |
| 0.4 | .6554 | .6591 | .6628 | .6664 | .6700 | .6736 | .6772 | .6808 | .6844 | .6879 |
| 0.5 | .6915 | .6950 | .6985 | .7019 | .7054 | .7088 | .7123 | .7157 | .7190 | .7224 |
| 0.6 | .7257 | .7291 | .7324 | .7357 | .7389 | .7422 | .7454 | .7486 | .7517 | .7549 |
| 0.7 | .7580 | .7611 | .7642 | .7673 | .7704 | .7734 | .7764 | .7794 | .7823 | .7852 |
| 0.8 | .7881 | .7910 | .7939 | .7967 | .7995 | .8023 | .8051 | .8078 | .8106 | .8133 |
| 0.9 | .8159 | .8186 | .8212 | .8238 | .8264 | .8289 | .8315 | .8340 | .8365 | .8389 |
| 1.0 | .8413 | .8438 | .8461 | .8485 | .8508 | .8531 | .8554 | .8577 | .8599 | .8621 |
| 1.1 | .8643 | .8665 | .8686 | .8708 | .8729 | .8749 | .8770 | .8790 | .8810 | .8830 |
| 1.2 | .8849 | .8869 | .8888 | .8907 | .8925 | .8944 | .8962 | .8980 | .8997 | .9015 |
| 1.3 | .9032 | .9049 | .9066 | .9082 | .9099 | .9115 | .9131 | .9147 | .9162 | .9177 |
| 1.4 | .9192 | .9207 | .9222 | .9236 | .9251 | .9265 | .9279 | .9292 | .9306 | .9319 |
| 1.5 | .9332 | .9345 | .9357 | .9370 | .9382 | .9394 | .9406 | .9418 | .9429 | .9441 |
| 1.6 | .9452 | .9463 | .9474 | .9484 | .9495 | .9505 | .9515 | .9525 | .9535 | .9545 |
| 1.7 | .9554 | .9564 | .9573 | .9582 | .9591 | .9599 | .9608 | .9616 | .9625 | .9633 |
| 1.8 | .9641 | .9649 | .9656 | .9664 | .9671 | .9678 | .9686 | .9693 | .9699 | .9706 |
| 1.9 | .9713 | .9719 | .9726 | .9732 | .9738 | .9744 | .9750 | .9756 | .9761 | .9767 |
| 2.0 | .9772 | .9778 | .9783 | .9788 | .9793 | .9798 | .9803 | .9808 | .9812 | .9817 |
| 2.1 | .9821 | .9826 | .9830 | .9834 | .9838 | .9842 | .9846 | .9850 | .9854 | .9857 |
| 2.2 | .9861 | .9864 | .9868 | .9871 | .9875 | .9878 | .9881 | .9884 | .9887 | .9890 |
| 2.3 | .9893 | .9896 | .9898 | .9901 | .9904 | .9906 | .9909 | .9911 | .9913 | .9916 |
| 2.4 | .9918 | .9920 | .9922 | .9925 | .9927 | .9929 | .9931 | .9932 | .9934 | .9936 |
| 2.5 | .9938 | .9940 | .9941 | .9943 | .9945 | .9946 | .9948 | .9949 | .9951 | .9952 |
| 2.6 | .9953 | .9955 | .9956 | .9957 | .9959 | .9960 | .9961 | .9962 | .9963 | .9964 |
| 2.7 | .9965 | .9966 | .9967 | .9968 | .9969 | .9970 | .9971 | .9972 | .9973 | .9974 |
| 2.8 | .9974 | .9975 | .9976 | .9977 | .9977 | .9978 | .9979 | .9979 | .9980 | .9981 |
| 2.9 | .9981 | .9982 | .9982 | .9983 | .9984 | .9984 | .9985 | .9985 | .9986 | .9986 |
| 3.0 | .9987 | .9987 | .9987 | .9988 | .9988 | .9989 | .9989 | .9989 | .9990 | .9990 |
| 3.1 | .9990 | .9991 | .9991 | .9991 | .9992 | .9992 | .9992 | .9992 | .9993 | .9993 |
| 3.2 | .9993 | .9993 | .9994 | .9994 | .9994 | .9994 | .9994 | .9995 | .9995 | .9995 |
| 3.3 | .9995 | .9995 | .9995 | .9996 | .9996 | .9996 | .9996 | .9996 | .9996 | .9997 |
| 3.4 | .9997 | .9997 | .9997 | .9997 | .9997 | .9997 | .9997 | .9997 | .9997 | .9998 |

## 표 3 | $t$-분포표

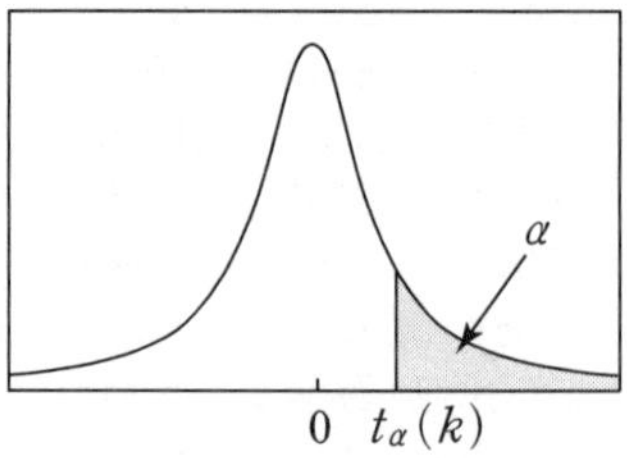


표의 숫자는 주어진 $\alpha$값에 대한 $t_\alpha(k)$의 값을 나타낸다.

| $k$ | $\alpha$ | | | | | | | | | | | |
|---|---|---|---|---|---|---|---|---|---|---|---|---|
| | .25 | .20 | .15 | .10 | .05 | .025 | .02 | .01 | .005 | .0025 | .001 | .0005 |
| 1 | 1.000 | 1.376 | 1.963 | 3.078 | 6.314 | 12.71 | 15.89 | 31.82 | 63.66 | 127.3 | 318.3 | 636.6 |
| 2 | 0.816 | 1.061 | 1.386 | 1.886 | 2.920 | 4.303 | 4.849 | 6.965 | 9.925 | 14.09 | 22.33 | 31.60 |
| 3 | 0.765 | 0.978 | 1.250 | 1.638 | 2.353 | 3.182 | 3.482 | 4.541 | 5.841 | 7.453 | 10.21 | 12.92 |
| 4 | 0.741 | 0.941 | 1.190 | 1.533 | 2.132 | 2.776 | 2.999 | 3.747 | 4.604 | 5.598 | 7.173 | 8.610 |
| 5 | 0.727 | 0.920 | 1.156 | 1.476 | 2.015 | 2.571 | 2.757 | 3.365 | 4.032 | 4.773 | 5.894 | 6.869 |
| 6 | 0.718 | 0.906 | 1.134 | 1.440 | 1.943 | 2.447 | 2.612 | 3.143 | 3.707 | 4.317 | 5.208 | 5.959 |
| 7 | 0.711 | 0.896 | 1.119 | 1.415 | 1.895 | 2.365 | 2.517 | 2.998 | 3.499 | 4.029 | 4.785 | 5.408 |
| 8 | 0.706 | 0.889 | 1.108 | 1.397 | 1.860 | 2.306 | 2.449 | 2.896 | 3.355 | 3.833 | 4.501 | 5.041 |
| 9 | 0.703 | 0.883 | 1.100 | 1.383 | 1.833 | 2.262 | 2.398 | 2.821 | 3.250 | 3.690 | 4.297 | 4.781 |
| 10 | 0.700 | 0.879 | 1.093 | 1.372 | 1.812 | 2.228 | 2.359 | 2.764 | 3.169 | 3.581 | 4.144 | 4.587 |
| 11 | 0.697 | 0.876 | 1.088 | 1.363 | 1.796 | 2.201 | 2.328 | 2.718 | 3.106 | 3.497 | 4.025 | 4.437 |
| 12 | 0.695 | 0.873 | 1.083 | 1.356 | 1.782 | 2.179 | 2.303 | 2.681 | 3.055 | 3.428 | 3.930 | 4.318 |
| 13 | 0.694 | 0.870 | 1.079 | 1.350 | 1.771 | 2.160 | 2.282 | 2.650 | 3.012 | 3.372 | 3.852 | 4.221 |
| 14 | 0.692 | 0.868 | 1.076 | 1.345 | 1.761 | 2.145 | 2.264 | 2.624 | 2.977 | 3.326 | 3.787 | 4.140 |
| 15 | 0.691 | 0.866 | 1.074 | 1.341 | 1.753 | 2.131 | 2.249 | 2.602 | 2.947 | 3.286 | 3.733 | 4.073 |
| 16 | 0.690 | 0.865 | 1.071 | 1.337 | 1.746 | 2.120 | 2.235 | 2.583 | 2.921 | 3.252 | 3.686 | 4.015 |
| 17 | 0.689 | 0.863 | 1.069 | 1.333 | 1.740 | 2.110 | 2.224 | 2.567 | 2.898 | 3.222 | 3.646 | 3.965 |
| 18 | 0.688 | 0.862 | 1.067 | 1.330 | 1.734 | 2.101 | 2.214 | 2.552 | 2.878 | 3.197 | 3.610 | 3.922 |
| 19 | 0.688 | 0.861 | 1.066 | 1.328 | 1.729 | 2.093 | 2.205 | 2.539 | 2.861 | 3.174 | 3.579 | 3.883 |
| 20 | 0.687 | 0.860 | 1.064 | 1.325 | 1.725 | 2.086 | 2.197 | 2.528 | 2.845 | 3.153 | 3.552 | 3.850 |
| 21 | 0.686 | 0.859 | 1.063 | 1.323 | 1.721 | 2.080 | 2.189 | 2.518 | 2.831 | 3.135 | 3.527 | 3.819 |
| 22 | 0.686 | 0.858 | 1.061 | 1.321 | 1.717 | 2.074 | 2.183 | 2.508 | 2.819 | 3.119 | 3.505 | 3.792 |
| 23 | 0.685 | 0.858 | 1.060 | 1.319 | 1.714 | 2.069 | 2.177 | 2.500 | 2.807 | 3.104 | 3.485 | 3.768 |
| 24 | 0.685 | 0.857 | 1.059 | 1.318 | 1.711 | 2.064 | 2.172 | 2.492 | 2.797 | 3.091 | 3.467 | 3.745 |
| 25 | 0.684 | 0.856 | 1.058 | 1.316 | 1.708 | 2.060 | 2.167 | 2.485 | 2.787 | 3.078 | 3.450 | 3.725 |
| 26 | 0.684 | 0.856 | 1.058 | 1.315 | 1.706 | 2.056 | 2.162 | 2.479 | 2.779 | 3.067 | 3.435 | 3.707 |
| 27 | 0.684 | 0.855 | 1.057 | 1.314 | 1.703 | 2.052 | 2.158 | 2.473 | 2.771 | 3.057 | 3.421 | 3.689 |
| 28 | 0.683 | 0.855 | 1.056 | 1.313 | 1.701 | 2.048 | 2.154 | 2.467 | 2.763 | 3.047 | 3.408 | 3.674 |
| 29 | 0.683 | 0.854 | 1.055 | 1.311 | 1.699 | 2.045 | 2.150 | 2.462 | 2.756 | 3.038 | 3.396 | 3.660 |
| 30 | 0.683 | 0.854 | 1.055 | 1.310 | 1.697 | 2.042 | 2.147 | 2.457 | 2.750 | 3.030 | 3.385 | 3.646 |
| 40 | 0.681 | 0.851 | 1.050 | 1.303 | 1.684 | 2.021 | 2.123 | 2.423 | 2.704 | 2.971 | 3.307 | 3.551 |
| 50 | 0.679 | 0.849 | 1.047 | 1.299 | 1.676 | 2.009 | 2.109 | 2.403 | 2.678 | 2.937 | 3.261 | 3.496 |
| 60 | 0.679 | 0.848 | 1.045 | 1.296 | 1.671 | 2.000 | 2.099 | 2.390 | 2.660 | 2.915 | 3.232 | 3.460 |
| 70 | 0.678 | 0.847 | 1.044 | 1.294 | 1.667 | 1.994 | 2.093 | 2.381 | 2.648 | 2.899 | 3.211 | 3.435 |
| 80 | 0.678 | 0.846 | 1.043 | 1.292 | 1.664 | 1.990 | 2.088 | 2.374 | 2.639 | 2.887 | 3.195 | 3.416 |
| 90 | 0.677 | 0.846 | 1.042 | 1.291 | 1.662 | 1.987 | 2.084 | 2.368 | 2.632 | 2.878 | 3.183 | 3.402 |
| 100 | 0.677 | 0.845 | 1.042 | 1.290 | 1.660 | 1.984 | 2.081 | 2.364 | 2.626 | 2.871 | 3.174 | 3.390 |
| 1000 | 0.675 | 0.842 | 1.037 | 1.282 | 1.646 | 1.962 | 2.056 | 2.330 | 2.581 | 2.813 | 3.098 | 3.300 |
| ∞ | 0.674 | 0.842 | 1.036 | 1.282 | 1.645 | 1.960 | 2.054 | 2.326 | 2.576 | 2.807 | 3.090 | 3.290 |

# 표 4 | 카이제곱분포표

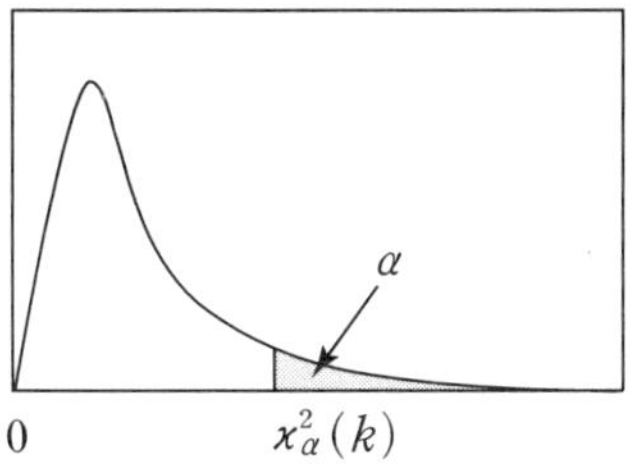


표의 숫자는 주어진 $\alpha$값에 대한 $\chi_{\alpha}^{2}(k)$의 값을 나타낸다.

| $k$ | $\alpha$ | | | | | | | |
|---|---|---|---|---|---|---|---|---|
| | .995 | .99 | .975 | .95 | .05 | .025 | .01 | .005 |
| 1 | .000039 | .000157 | .000982 | .003932 | 3.84146 | 5.02390 | 6.63489 | 7.87944 |
| 2 | .010025 | .020100 | .050636 | .102586 | 5.99148 | 7.37778 | 9.21035 | 10.59653 |
| 3 | .071724 | .114832 | .215795 | .351846 | 7.81473 | 9.34840 | 11.34488 | 12.83807 |
| 4 | .206990 | .297110 | .484419 | .710721 | 9.48773 | 11.14326 | 13.27670 | 14.86017 |
| 5 | .411740 | .554300 | .831211 | 1.14548 | 11.07048 | 12.83249 | 15.08632 | 16.74965 |
| 6 | .675727 | .872085 | 1.23734 | 1.63538 | 12.59158 | 14.44935 | 16.81187 | 18.54751 |
| 7 | .989265 | 1.23903 | 1.68986 | 2.16735 | 14.06713 | 16.01277 | 18.47532 | 20.27774 |
| 8 | 1.34440 | 1.64651 | 2.17972 | 2.73263 | 15.50731 | 17.53454 | 20.09016 | 21.95486 |
| 9 | 1.73491 | 2.08789 | 2.70039 | 3.32512 | 16.91896 | 19.02278 | 21.66605 | 23.58927 |
| 10 | 2.15585 | 2.55820 | 3.24696 | 3.94030 | 18.30703 | 20.48320 | 23.20929 | 25.18805 |
| 11 | 2.60320 | 3.05350 | 3.81574 | 4.57481 | 19.67515 | 21.92002 | 24.72502 | 26.75686 |
| 12 | 3.07379 | 3.57055 | 4.40378 | 5.22603 | 21.02606 | 23.33666 | 26.21696 | 28.29966 |
| 13 | 3.56504 | 4.10690 | 5.00874 | 5.89186 | 22.36203 | 24.73558 | 27.68818 | 29.81932 |
| 14 | 4.07466 | 4.66042 | 5.62872 | 6.57063 | 23.68478 | 26.11893 | 29.14116 | 31.31943 |
| 15 | 4.60087 | 5.22936 | 6.26212 | 7.26093 | 24.99580 | 27.48836 | 30.57795 | 32.80149 |
| 16 | 5.14216 | 5.81220 | 6.90766 | 7.96164 | 26.29622 | 28.84532 | 31.99986 | 34.26705 |
| 17 | 5.69727 | 6.40774 | 7.56418 | 8.67175 | 27.58710 | 30.19098 | 33.40872 | 35.71838 |
| 18 | 6.26477 | 7.01490 | 8.23074 | 9.39045 | 28.86932 | 31.52641 | 34.80524 | 37.15639 |
| 19 | 6.84392 | 7.63270 | 8.90651 | 10.11701 | 30.14351 | 32.85234 | 36.19077 | 38.58212 |
| 20 | 7.43381 | 8.26037 | 9.59077 | 10.85080 | 31.41042 | 34.16958 | 37.56627 | 39.99686 |
| 21 | 8.03360 | 8.89717 | 10.28291 | 11.59132 | 32.67056 | 35.47886 | 38.93223 | 41.40094 |
| 22 | 8.64268 | 9.54249 | 10.98233 | 12.33801 | 33.92446 | 36.78068 | 40.28945 | 42.79566 |
| 23 | 9.26038 | 10.19569 | 11.68853 | 13.09051 | 35.17246 | 38.07561 | 41.63833 | 44.18139 |
| 24 | 9.88620 | 10.85635 | 12.40115 | 13.84842 | 36.41503 | 39.36406 | 42.97978 | 45.55836 |
| 25 | 10.51965 | 11.52395 | 13.11971 | 14.61140 | 37.65249 | 40.64650 | 44.31401 | 46.92797 |
| 26 | 11.16022 | 12.19818 | 13.84388 | 15.37916 | 38.88513 | 41.92314 | 45.64164 | 48.28978 |
| 27 | 11.80765 | 12.87847 | 14.57337 | 16.15139 | 40.11327 | 43.19452 | 46.96284 | 49.64504 |
| 28 | 12.46128 | 13.56467 | 15.30785 | 16.92788 | 41.33715 | 44.46079 | 48.27817 | 50.99356 |
| 29 | 13.12107 | 14.25641 | 16.04705 | 17.70838 | 42.55695 | 45.72228 | 49.58783 | 52.33550 |
| 30 | 13.78668 | 14.95346 | 16.79076 | 18.49267 | 43.77295 | 46.97922 | 50.89218 | 53.67187 |
| 40 | 20.70658 | 22.16420 | 24.43306 | 26.50930 | 55.75849 | 59.34168 | 63.69077 | 66.76605 |
| 50 | 27.99082 | 29.70673 | 32.35738 | 34.76424 | 67.50481 | 71.42019 | 76.15380 | 79.48984 |
| 60 | 35.53440 | 37.48480 | 40.48171 | 43.18797 | 79.08195 | 83.29771 | 88.37943 | 91.95181 |
| 70 | 43.27531 | 45.44170 | 48.75754 | 51.73926 | 90.53126 | 95.02315 | 100.42505 | 104.21477 |
| 80 | 51.17193 | 53.53998 | 57.15315 | 60.39146 | 101.87947 | 106.62854 | 112.32879 | 116.32093 |
| 90 | 59.19633 | 61.75402 | 65.64659 | 69.12602 | 113.14523 | 118.13591 | 124.11620 | 128.29868 |
| 100 | 67.32753 | 70.06500 | 74.22188 | 77.92944 | 124.34210 | 129.56125 | 135.80689 | 140.16971 |

## 표 5 | $F$-분포표

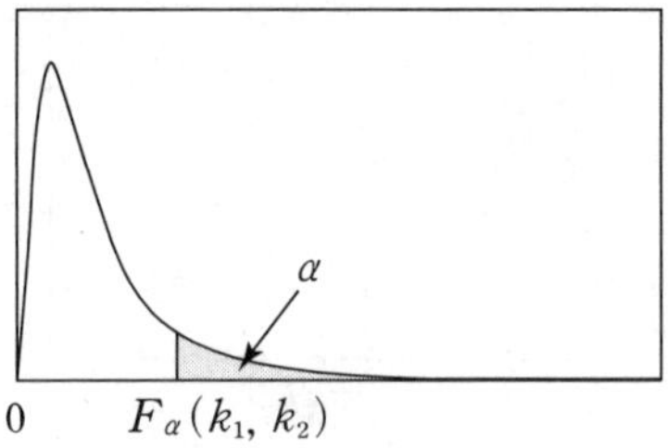

표의 숫자는 주어진 $\alpha$값에 대한 $F_{\alpha}(k_1, k_2)$의 값을 나타낸다.

| $k_2$ | $\alpha$ | $k_1$ | | | | | | | | |
|---|---|---|---|---|---|---|---|---|---|---|
| | | 1 | 2 | 3 | 4 | 5 | 6 | 7 | 8 | 9 |
| 1 | 0.100 | 39.86 | 49.50 | 53.59 | 55.83 | 57.24 | 58.20 | 58.91 | 59.44 | 59.86 |
| | 0.050 | 161.45 | 199.50 | 215.71 | 224.58 | 230.16 | 233.99 | 236.77 | 238.88 | 240.54 |
| | 0.025 | 647.79 | 799.48 | 864.15 | 899.60 | 921.83 | 937.11 | 948.20 | 956.64 | 963.28 |
| | 0.010 | 4052 | 4999 | 5404 | 5624 | 5764 | 5859 | 5928 | 5981 | 6022 |
| 2 | 0.100 | 8.53 | 9.00 | 9.16 | 9.24 | 9.29 | 9.33 | 9.35 | 9.37 | 9.38 |
| | 0.050 | 18.51 | 19.00 | 19.16 | 19.25 | 19.30 | 19.33 | 19.35 | 19.37 | 19.38 |
| | 0.025 | 38.51 | 39.00 | 39.17 | 39.25 | 39.30 | 39.33 | 39.36 | 39.37 | 39.39 |
| | 0.010 | 98.50 | 99.00 | 99.16 | 99.25 | 99.30 | 99.33 | 99.36 | 99.38 | 99.39 |
| 3 | 0.100 | 5.54 | 5.46 | 5.39 | 5.34 | 5.31 | 5.28 | 5.27 | 5.25 | 5.24 |
| | 0.050 | 10.13 | 9.55 | 9.28 | 9.12 | 9.01 | 8.94 | 8.89 | 8.85 | 8.81 |
| | 0.025 | 17.44 | 16.04 | 15.44 | 15.10 | 14.88 | 14.73 | 14.62 | 14.54 | 14.47 |
| | 0.010 | 34.12 | 30.82 | 29.46 | 28.71 | 28.24 | 27.91 | 27.67 | 27.49 | 27.34 |
| 4 | 0.100 | 4.54 | 4.32 | 4.19 | 4.11 | 4.05 | 4.01 | 3.98 | 3.95 | 3.94 |
| | 0.050 | 7.71 | 6.94 | 6.59 | 6.39 | 6.26 | 6.16 | 6.09 | 6.04 | 6.00 |
| | 0.025 | 12.22 | 10.65 | 9.98 | 9.60 | 9.36 | 9.20 | 9.07 | 8.98 | 8.90 |
| | 0.010 | 21.20 | 18.00 | 16.69 | 15.98 | 15.52 | 15.21 | 14.98 | 14.80 | 14.66 |
| 5 | 0.100 | 4.06 | 3.78 | 3.62 | 3.52 | 3.45 | 3.40 | 3.37 | 3.34 | 3.32 |
| | 0.050 | 6.61 | 5.79 | 5.41 | 5.19 | 5.05 | 4.95 | 4.88 | 4.82 | 4.77 |
| | 0.025 | 10.01 | 8.43 | 7.76 | 7.39 | 7.15 | 6.98 | 6.85 | 6.76 | 6.68 |
| | 0.010 | 16.26 | 13.27 | 12.06 | 11.39 | 10.97 | 10.67 | 10.46 | 10.29 | 10.16 |

| $k_2$ | $\alpha$ | $k_1$ | | | | | | | | |
|---|---|---|---|---|---|---|---|---|---|---|
| | | 1 | 2 | 3 | 4 | 5 | 6 | 7 | 8 | 9 |
| 6 | 0.100 | 3.78 | 3.46 | 3.29 | 3.18 | 3.11 | 3.05 | 3.01 | 2.98 | 2.96 |
| | 0.050 | 5.99 | 5.14 | 4.76 | 4.53 | 4.39 | 4.28 | 4.21 | 4.15 | 4.10 |
| | 0.025 | 8.81 | 7.26 | 6.60 | 6.23 | 5.99 | 5.82 | 5.70 | 5.60 | 5.52 |
| | 0.010 | 13.75 | 10.92 | 9.78 | 9.15 | 8.75 | 8.47 | 8.26 | 8.10 | 7.98 |
| 7 | 0.100 | 3.59 | 3.26 | 3.07 | 2.96 | 2.88 | 2.83 | 2.78 | 2.75 | 2.72 |
| | 0.050 | 5.59 | 4.74 | 4.35 | 4.12 | 3.97 | 3.87 | 3.79 | 3.73 | 3.68 |
| | 0.025 | 8.07 | 6.54 | 5.89 | 5.52 | 5.29 | 5.12 | 4.99 | 4.90 | 4.82 |
| | 0.010 | 12.25 | 9.55 | 8.45 | 7.85 | 7.46 | 7.19 | 6.99 | 6.84 | 6.72 |
| 8 | 0.100 | 3.46 | 3.11 | 2.92 | 2.81 | 2.73 | 2.67 | 2.62 | 2.59 | 2.56 |
| | 0.050 | 5.32 | 4.46 | 4.07 | 3.84 | 3.69 | 3.58 | 3.50 | 3.44 | 3.39 |
| | 0.025 | 7.57 | 6.06 | 5.42 | 5.05 | 4.82 | 4.65 | 4.53 | 4.43 | 4.36 |
| | 0.010 | 11.26 | 8.65 | 7.59 | 7.01 | 6.63 | 6.37 | 6.18 | 6.03 | 5.91 |
| 9 | 0.100 | 3.36 | 3.01 | 2.81 | 2.69 | 2.61 | 2.55 | 2.51 | 2.47 | 2.44 |
| | 0.050 | 5.12 | 4.26 | 3.86 | 3.63 | 3.48 | 3.37 | 3.29 | 3.23 | 3.18 |
| | 0.025 | 7.21 | 5.71 | 5.08 | 4.72 | 4.48 | 4.32 | 4.20 | 4.10 | 4.03 |
| | 0.010 | 10.56 | 8.02 | 6.99 | 6.42 | 6.06 | 5.80 | 5.61 | 5.47 | 5.35 |
| 10 | 0.100 | 3.29 | 2.92 | 2.73 | 2.61 | 2.52 | 2.46 | 2.41 | 2.38 | 2.35 |
| | 0.050 | 4.96 | 4.10 | 3.71 | 3.48 | 3.33 | 3.22 | 3.14 | 3.07 | 3.02 |
| | 0.025 | 6.94 | 5.46 | 4.83 | 4.47 | 4.24 | 4.07 | 3.95 | 3.85 | 3.78 |
| | 0.010 | 10.04 | 7.56 | 6.55 | 5.99 | 5.64 | 5.39 | 5.20 | 5.06 | 4.94 |
| 11 | 0.100 | 3.23 | 2.86 | 2.66 | 2.54 | 2.45 | 2.39 | 2.34 | 2.30 | 2.27 |
| | 0.050 | 4.84 | 3.98 | 3.59 | 3.36 | 3.20 | 3.09 | 3.01 | 2.95 | 2.90 |
| | 0.025 | 6.72 | 5.26 | 4.63 | 4.28 | 4.04 | 3.88 | 3.76 | 3.66 | 3.59 |
| | 0.010 | 9.65 | 7.21 | 6.22 | 5.67 | 5.32 | 5.07 | 4.89 | 4.74 | 4.63 |
| 12 | 0.100 | 3.18 | 2.81 | 2.61 | 2.48 | 2.39 | 2.33 | 2.28 | 2.24 | 2.21 |
| | 0.050 | 4.75 | 3.89 | 3.49 | 3.26 | 3.11 | 3.00 | 2.91 | 2.85 | 2.80 |
| | 0.025 | 6.55 | 5.10 | 4.47 | 4.12 | 3.89 | 3.73 | 3.61 | 3.51 | 3.44 |
| | 0.010 | 9.33 | 6.93 | 5.95 | 5.41 | 5.06 | 4.82 | 4.64 | 4.50 | 4.39 |

| $k_2$ | $\alpha$ | $k_1$ | | | | | | | | | | |
|---|---|---|---|---|---|---|---|---|---|---|---|---|
| | | 10 | 12 | 15 | 20 | 25 | 30 | 40 | 50 | 60 | 120 | 1000 |
| 1 | 0.100 | 60.19 | 60.71 | 61.22 | 61.74 | 62.05 | 62.26 | 62.53 | 62.69 | 62.79 | 63.06 | 63.30 |
| | 0.050 | 241.88 | 243.90 | 245.95 | 248.02 | 249.26 | 250.10 | 251.14 | 251.77 | 252.20 | 253.25 | 254.19 |
| | 0.025 | 968.63 | 976.72 | 984.87 | 993.08 | 998.09 | 1001.4 | 1005.6 | 1008.1 | 1009.8 | 1014.0 | 1017.8 |
| | 0.010 | 6055.9 | 6106.7 | 6157.0 | 6208.7 | 6239.9 | 6260.4 | 6286.4 | 6302.3 | 6313.0 | 6339.5 | 6362.8 |
| 2 | 0.100 | 9.39 | 9.41 | 9.42 | 9.44 | 9.45 | 9.46 | 9.47 | 9.47 | 9.47 | 9.48 | 9.49 |
| | 0.050 | 19.40 | 19.41 | 19.43 | 19.45 | 19.46 | 19.46 | 19.47 | 19.48 | 19.48 | 19.49 | 19.49 |
| | 0.025 | 39.40 | 39.41 | 39.43 | 39.45 | 39.46 | 39.46 | 39.47 | 39.48 | 39.48 | 39.49 | 39.50 |
| | 0.010 | 99.40 | 99.42 | 99.43 | 99.45 | 99.46 | 99.47 | 99.48 | 99.48 | 99.48 | 99.49 | 99.50 |
| 3 | 0.100 | 5.23 | 5.22 | 5.20 | 5.18 | 5.17 | 5.17 | 5.16 | 5.15 | 5.15 | 5.14 | 5.13 |
| | 0.050 | 8.79 | 8.74 | 8.70 | 8.66 | 8.63 | 8.62 | 8.59 | 8.58 | 8.57 | 8.55 | 8.53 |
| | 0.025 | 14.42 | 14.34 | 14.25 | 14.17 | 14.12 | 14.08 | 14.04 | 14.01 | 13.99 | 13.95 | 13.91 |
| | 0.010 | 27.23 | 27.05 | 26.87 | 26.69 | 26.58 | 26.50 | 26.41 | 26.35 | 26.32 | 26.22 | 26.14 |
| 4 | 0.100 | 3.92 | 3.90 | 3.87 | 3.84 | 3.83 | 3.82 | 3.80 | 3.80 | 3.79 | 3.78 | 3.76 |
| | 0.050 | 5.96 | 5.91 | 5.86 | 5.80 | 5.77 | 5.75 | 5.72 | 5.70 | 5.69 | 5.66 | 5.63 |
| | 0.025 | 8.84 | 8.75 | 8.66 | 8.56 | 8.50 | 8.46 | 8.41 | 8.38 | 8.36 | 8.31 | 8.26 |
| | 0.010 | 14.55 | 14.37 | 14.20 | 14.02 | 13.91 | 13.84 | 13.75 | 13.69 | 13.65 | 13.56 | 13.47 |
| 5 | 0.100 | 3.30 | 3.27 | 3.24 | 3.21 | 3.19 | 3.17 | 3.16 | 3.15 | 3.14 | 3.12 | 3.11 |
| | 0.050 | 4.74 | 4.68 | 4.62 | 4.56 | 4.52 | 4.50 | 4.46 | 4.44 | 4.43 | 4.40 | 4.37 |
| | 0.025 | 6.62 | 6.52 | 6.43 | 6.33 | 6.27 | 6.23 | 6.18 | 6.14 | 6.12 | 6.07 | 6.02 |
| | 0.010 | 10.05 | 9.89 | 9.72 | 9.55 | 9.45 | 9.38 | 9.29 | 9.24 | 9.20 | 9.11 | 9.03 |
| 6 | 0.100 | 2.94 | 2.90 | 2.87 | 2.84 | 2.81 | 2.80 | 2.78 | 2.77 | 2.76 | 2.74 | 2.72 |
| | 0.050 | 4.06 | 4.00 | 3.94 | 3.87 | 3.83 | 3.81 | 3.77 | 3.75 | 3.74 | 3.70 | 3.67 |
| | 0.025 | 5.46 | 5.37 | 5.27 | 5.17 | 5.11 | 5.07 | 5.01 | 4.98 | 4.96 | 4.90 | 4.86 |
| | 0.010 | 7.87 | 7.72 | 7.56 | 7.40 | 7.30 | 7.23 | 7.14 | 7.09 | 7.06 | 6.97 | 6.89 |
| 7 | 0.100 | 2.70 | 2.67 | 2.63 | 2.59 | 2.57 | 2.56 | 2.54 | 2.52 | 2.51 | 2.49 | 2.47 |
| | 0.050 | 3.64 | 3.57 | 3.51 | 3.44 | 3.40 | 3.38 | 3.34 | 3.32 | 3.30 | 3.27 | 3.23 |
| | 0.025 | 4.76 | 4.67 | 4.57 | 4.47 | 4.40 | 4.36 | 4.31 | 4.28 | 4.25 | 4.20 | 4.15 |
| | 0.010 | 6.62 | 6.47 | 6.31 | 6.16 | 6.06 | 5.99 | 5.91 | 5.86 | 5.82 | 5.74 | 5.66 |
| 8 | 0.100 | 2.54 | 2.50 | 2.46 | 2.42 | 2.40 | 2.38 | 2.36 | 2.35 | 2.34 | 2.32 | 2.30 |
| | 0.050 | 3.35 | 3.28 | 3.22 | 3.15 | 3.11 | 3.08 | 3.04 | 3.02 | 3.01 | 2.97 | 2.93 |
| | 0.025 | 4.30 | 4.20 | 4.10 | 4.00 | 3.94 | 3.89 | 3.84 | 3.81 | 3.78 | 3.73 | 3.68 |
| | 0.010 | 5.81 | 5.67 | 5.52 | 5.36 | 5.26 | 5.20 | 5.12 | 5.07 | 5.03 | 4.95 | 4.87 |
| 9 | 0.100 | 2.42 | 2.38 | 2.34 | 2.30 | 2.27 | 2.25 | 2.23 | 2.22 | 2.21 | 2.18 | 2.16 |
| | 0.050 | 3.14 | 3.07 | 3.01 | 2.94 | 2.89 | 2.86 | 2.83 | 2.80 | 2.79 | 2.75 | 2.71 |
| | 0.025 | 3.96 | 3.87 | 3.77 | 3.67 | 3.60 | 3.56 | 3.51 | 3.47 | 3.45 | 3.39 | 3.34 |
| | 0.010 | 5.26 | 5.11 | 4.96 | 4.81 | 4.71 | 4.65 | 4.57 | 4.52 | 4.48 | 4.40 | 4.32 |
| 10 | 0.100 | 2.32 | 2.28 | 2.24 | 2.20 | 2.17 | 2.16 | 2.13 | 2.12 | 2.11 | 2.08 | 2.06 |
| | 0.050 | 2.98 | 2.91 | 2.85 | 2.77 | 2.73 | 2.70 | 2.66 | 2.64 | 2.62 | 2.58 | 2.54 |
| | 0.025 | 3.72 | 3.62 | 3.52 | 3.42 | 3.35 | 3.31 | 3.26 | 3.22 | 3.20 | 3.14 | 3.09 |
| | 0.010 | 4.85 | 4.71 | 4.56 | 4.41 | 4.31 | 4.25 | 4.17 | 4.12 | 4.08 | 4.00 | 3.92 |
| 11 | 0.100 | 2.25 | 2.21 | 2.17 | 2.12 | 2.10 | 2.08 | 2.05 | 2.04 | 2.03 | 2.00 | 1.98 |
| | 0.050 | 2.85 | 2.79 | 2.72 | 2.65 | 2.60 | 2.57 | 2.53 | 2.51 | 2.49 | 2.45 | 2.41 |
| | 0.025 | 3.53 | 3.43 | 3.33 | 3.23 | 3.16 | 3.12 | 3.06 | 3.03 | 3.00 | 2.94 | 2.89 |
| | 0.010 | 4.54 | 4.40 | 4.25 | 4.10 | 4.01 | 3.94 | 3.86 | 3.81 | 3.78 | 3.69 | 3.61 |
| 12 | 0.100 | 2.19 | 2.15 | 2.10 | 2.06 | 2.03 | 2.01 | 1.99 | 1.97 | 1.96 | 1.93 | 1.91 |
| | 0.050 | 2.75 | 2.69 | 2.62 | 2.54 | 2.50 | 2.47 | 2.43 | 2.40 | 2.38 | 2.34 | 2.30 |
| | 0.025 | 3.37 | 3.28 | 3.18 | 3.07 | 3.01 | 2.96 | 2.91 | 2.87 | 2.85 | 2.79 | 2.73 |
| | 0.010 | 4.30 | 4.16 | 4.01 | 3.86 | 3.76 | 3.70 | 3.62 | 3.57 | 3.54 | 3.45 | 3.37 |

| $k_2$ | $\alpha$ | $k_1$ | | | | | | | | |
|---|---|---|---|---|---|---|---|---|---|---|
| | | 1 | 2 | 3 | 4 | 5 | 6 | 7 | 8 | 9 |
| 13 | 0.100 | 3.14 | 2.76 | 2.56 | 2.43 | 2.35 | 2.28 | 2.23 | 2.20 | 2.16 |
| | 0.050 | 4.67 | 3.81 | 3.41 | 3.18 | 3.03 | 2.92 | 2.83 | 2.77 | 2.71 |
| | 0.025 | 6.41 | 4.97 | 4.35 | 4.00 | 3.77 | 3.60 | 3.48 | 3.39 | 3.31 |
| | 0.010 | 9.07 | 6.70 | 5.74 | 5.21 | 4.86 | 4.62 | 4.44 | 4.30 | 4.19 |
| 14 | 0.100 | 3.10 | 2.73 | 2.52 | 2.39 | 2.31 | 2.24 | 2.19 | 2.15 | 2.12 |
| | 0.050 | 4.60 | 3.74 | 3.34 | 3.11 | 2.96 | 2.85 | 2.76 | 2.70 | 2.65 |
| | 0.025 | 6.30 | 4.86 | 4.24 | 3.89 | 3.66 | 3.50 | 3.38 | 3.29 | 3.21 |
| | 0.010 | 8.86 | 6.51 | 5.56 | 5.04 | 4.69 | 4.46 | 4.28 | 4.14 | 4.03 |
| 15 | 0.100 | 3.07 | 2.70 | 2.49 | 2.36 | 2.27 | 2.21 | 2.16 | 2.12 | 2.09 |
| | 0.050 | 4.54 | 3.68 | 3.29 | 3.06 | 2.90 | 2.79 | 2.71 | 2.64 | 2.59 |
| | 0.025 | 6.20 | 4.77 | 4.15 | 3.80 | 3.58 | 3.41 | 3.29 | 3.20 | 3.12 |
| | 0.010 | 8.68 | 6.36 | 5.42 | 4.89 | 4.56 | 4.32 | 4.14 | 4.00 | 3.89 |
| 16 | 0.100 | 3.05 | 2.67 | 2.46 | 2.33 | 2.24 | 2.18 | 2.13 | 2.09 | 2.06 |
| | 0.050 | 4.49 | 3.63 | 3.24 | 3.01 | 2.85 | 2.74 | 2.66 | 2.59 | 2.54 |
| | 0.025 | 6.12 | 4.69 | 4.08 | 3.73 | 3.50 | 3.34 | 3.22 | 3.12 | 3.05 |
| | 0.010 | 8.53 | 6.23 | 5.29 | 4.77 | 4.44 | 4.20 | 4.03 | 3.89 | 3.78 |
| 17 | 0.100 | 3.03 | 2.64 | 2.44 | 2.31 | 2.22 | 2.15 | 2.10 | 2.06 | 2.03 |
| | 0.050 | 4.45 | 3.59 | 3.20 | 2.96 | 2.81 | 2.70 | 2.61 | 2.55 | 2.49 |
| | 0.025 | 6.04 | 4.62 | 4.01 | 3.66 | 3.44 | 3.28 | 3.16 | 3.06 | 2.98 |
| | 0.010 | 8.40 | 6.11 | 5.19 | 4.67 | 4.34 | 4.10 | 3.93 | 3.79 | 3.68 |
| 18 | 0.100 | 3.01 | 2.62 | 2.42 | 2.29 | 2.20 | 2.13 | 2.08 | 2.04 | 2.00 |
| | 0.050 | 4.41 | 3.55 | 3.16 | 2.93 | 2.77 | 2.66 | 2.58 | 2.51 | 2.46 |
| | 0.025 | 5.98 | 4.56 | 3.95 | 3.61 | 3.38 | 3.22 | 3.10 | 3.01 | 2.93 |
| | 0.010 | 8.29 | 6.01 | 5.09 | 4.58 | 4.25 | 4.01 | 3.84 | 3.71 | 3.60 |
| 19 | 0.100 | 2.99 | 2.61 | 2.40 | 2.27 | 2.18 | 2.11 | 2.06 | 2.02 | 1.98 |
| | 0.050 | 4.38 | 3.52 | 3.13 | 2.90 | 2.74 | 2.63 | 2.54 | 2.48 | 2.42 |
| | 0.025 | 5.92 | 4.51 | 3.90 | 3.56 | 3.33 | 3.17 | 3.05 | 2.96 | 2.88 |
| | 0.010 | 8.18 | 5.93 | 5.01 | 4.50 | 4.17 | 3.94 | 3.77 | 3.63 | 3.52 |
| 20 | 0.100 | 2.97 | 2.59 | 2.38 | 2.25 | 2.16 | 2.09 | 2.04 | 2.00 | 1.96 |
| | 0.050 | 4.35 | 3.49 | 3.10 | 2.87 | 2.71 | 2.60 | 2.51 | 2.45 | 2.39 |
| | 0.025 | 5.87 | 4.46 | 3.86 | 3.51 | 3.29 | 3.13 | 3.01 | 2.91 | 2.84 |
| | 0.010 | 8.10 | 5.85 | 4.94 | 4.43 | 4.10 | 3.87 | 3.70 | 3.56 | 3.46 |
| 21 | 0.100 | 2.96 | 2.57 | 2.36 | 2.23 | 2.14 | 2.08 | 2.02 | 1.98 | 1.95 |
| | 0.050 | 4.32 | 3.47 | 3.07 | 2.84 | 2.68 | 2.57 | 2.49 | 2.42 | 2.37 |
| | 0.025 | 5.83 | 4.42 | 3.82 | 3.48 | 3.25 | 3.09 | 2.97 | 2.87 | 2.80 |
| | 0.010 | 8.02 | 5.78 | 4.87 | 4.37 | 4.04 | 3.81 | 3.64 | 3.51 | 3.40 |
| 22 | 0.100 | 2.95 | 2.56 | 2.35 | 2.22 | 2.13 | 2.06 | 2.01 | 1.97 | 1.93 |
| | 0.050 | 4.30 | 3.44 | 3.05 | 2.82 | 2.66 | 2.55 | 2.46 | 2.40 | 2.34 |
| | 0.025 | 5.79 | 4.38 | 3.78 | 3.44 | 3.22 | 3.05 | 2.93 | 2.84 | 2.76 |
| | 0.010 | 7.95 | 5.72 | 4.82 | 4.31 | 3.99 | 3.76 | 3.59 | 3.45 | 3.35 |
| 23 | 0.100 | 2.94 | 2.55 | 2.34 | 2.21 | 2.11 | 2.05 | 1.99 | 1.95 | 1.92 |
| | 0.050 | 4.28 | 3.42 | 3.03 | 2.80 | 2.64 | 2.53 | 2.44 | 2.37 | 2.32 |
| | 0.025 | 5.75 | 4.35 | 3.75 | 3.41 | 3.18 | 3.02 | 2.90 | 2.81 | 2.73 |
| | 0.010 | 7.88 | 5.66 | 4.76 | 4.26 | 3.94 | 3.71 | 3.54 | 3.41 | 3.30 |
| 24 | 0.100 | 2.93 | 2.54 | 2.33 | 2.19 | 2.10 | 2.04 | 1.98 | 1.94 | 1.91 |
| | 0.050 | 4.26 | 3.40 | 3.01 | 2.78 | 2.62 | 2.51 | 2.42 | 2.36 | 2.30 |
| | 0.025 | 5.72 | 4.32 | 3.72 | 3.38 | 3.15 | 2.99 | 2.87 | 2.78 | 2.70 |
| | 0.010 | 7.82 | 5.61 | 4.72 | 4.22 | 3.90 | 3.67 | 3.50 | 3.36 | 3.26 |

| $k_2$ | $\alpha$ | $k_1$ | | | | | | | | | | |
|---|---|---|---|---|---|---|---|---|---|---|---|---|
| | | 10 | 12 | 15 | 20 | 25 | 30 | 40 | 50 | 60 | 120 | 1000 |
| 13 | 0.100 | 2.14 | 2.10 | 2.05 | 2.01 | 1.98 | 1.96 | 1.93 | 1.92 | 1.90 | 1.88 | 1.85 |
| | 0.050 | 2.67 | 2.60 | 2.53 | 2.46 | 2.41 | 2.38 | 2.34 | 2.31 | 2.30 | 2.25 | 2.21 |
| | 0.025 | 3.25 | 3.15 | 3.05 | 2.95 | 2.88 | 2.84 | 2.78 | 2.74 | 2.72 | 2.66 | 2.60 |
| | 0.010 | 4.10 | 3.96 | 3.82 | 3.66 | 3.57 | 3.51 | 3.43 | 3.38 | 3.34 | 3.25 | 3.18 |
| 14 | 0.100 | 2.10 | 2.05 | 2.01 | 1.96 | 1.93 | 1.91 | 1.89 | 1.87 | 1.86 | 1.83 | 1.80 |
| | 0.050 | 2.60 | 2.53 | 2.46 | 2.39 | 2.34 | 2.31 | 2.27 | 2.24 | 2.22 | 2.18 | 2.14 |
| | 0.025 | 3.15 | 3.05 | 2.95 | 2.84 | 2.78 | 2.73 | 2.67 | 2.64 | 2.61 | 2.55 | 2.50 |
| | 0.010 | 3.94 | 3.80 | 3.66 | 3.51 | 3.41 | 3.35 | 3.27 | 3.22 | 3.18 | 3.09 | 3.02 |
| 15 | 0.100 | 2.06 | 2.02 | 1.97 | 1.92 | 1.89 | 1.87 | 1.85 | 1.83 | 1.82 | 1.79 | 1.76 |
| | 0.050 | 2.54 | 2.48 | 2.40 | 2.33 | 2.28 | 2.25 | 2.20 | 2.18 | 2.16 | 2.11 | 2.07 |
| | 0.025 | 3.06 | 2.96 | 2.86 | 2.76 | 2.69 | 2.64 | 2.59 | 2.55 | 2.52 | 2.46 | 2.40 |
| | 0.010 | 3.80 | 3.67 | 3.52 | 3.37 | 3.28 | 3.21 | 3.13 | 3.08 | 3.05 | 2.96 | 2.88 |
| 16 | 0.100 | 2.03 | 1.99 | 1.94 | 1.89 | 1.86 | 1.84 | 1.81 | 1.79 | 1.78 | 1.75 | 1.72 |
| | 0.050 | 2.49 | 2.42 | 2.35 | 2.28 | 2.23 | 2.19 | 2.15 | 2.12 | 2.11 | 2.06 | 2.02 |
| | 0.025 | 2.99 | 2.89 | 2.79 | 2.68 | 2.61 | 2.57 | 2.51 | 2.47 | 2.45 | 2.38 | 2.32 |
| | 0.010 | 3.69 | 3.55 | 3.41 | 3.26 | 3.16 | 3.10 | 3.02 | 2.97 | 2.93 | 2.84 | 2.76 |
| 17 | 0.100 | 2.00 | 1.96 | 1.91 | 1.86 | 1.83 | 1.81 | 1.78 | 1.76 | 1.75 | 1.72 | 1.69 |
| | 0.050 | 2.45 | 2.38 | 2.31 | 2.23 | 2.18 | 2.15 | 2.10 | 2.08 | 2.06 | 2.01 | 1.97 |
| | 0.025 | 2.92 | 2.82 | 2.72 | 2.62 | 2.55 | 2.50 | 2.44 | 2.41 | 2.38 | 2.32 | 2.26 |
| | 0.010 | 3.59 | 3.46 | 3.31 | 3.16 | 3.07 | 3.00 | 2.92 | 2.87 | 2.83 | 2.75 | 2.66 |
| 18 | 0.100 | 1.98 | 1.93 | 1.89 | 1.84 | 1.80 | 1.78 | 1.75 | 1.74 | 1.72 | 1.69 | 1.66 |
| | 0.050 | 2.41 | 2.34 | 2.27 | 2.19 | 2.14 | 2.11 | 2.06 | 2.04 | 2.02 | 1.97 | 1.92 |
| | 0.025 | 2.87 | 2.77 | 2.67 | 2.56 | 2.49 | 2.44 | 2.38 | 2.35 | 2.32 | 2.26 | 2.20 |
| | 0.010 | 3.51 | 3.37 | 3.23 | 3.08 | 2.98 | 2.92 | 2.84 | 2.78 | 2.75 | 2.66 | 2.58 |
| 19 | 0.100 | 1.96 | 1.91 | 1.86 | 1.81 | 1.78 | 1.76 | 1.73 | 1.71 | 1.70 | 1.67 | 1.64 |
| | 0.050 | 2.38 | 2.31 | 2.23 | 2.16 | 2.11 | 2.07 | 2.03 | 2.00 | 1.98 | 1.93 | 1.88 |
| | 0.025 | 2.82 | 2.72 | 2.62 | 2.51 | 2.44 | 2.39 | 2.33 | 2.30 | 2.27 | 2.20 | 2.14 |
| | 0.010 | 3.43 | 3.30 | 3.15 | 3.00 | 2.91 | 2.84 | 2.76 | 2.71 | 2.67 | 2.58 | 2.50 |
| 20 | 0.100 | 1.94 | 1.89 | 1.84 | 1.79 | 1.76 | 1.74 | 1.71 | 1.69 | 1.68 | 1.64 | 1.61 |
| | 0.050 | 2.35 | 2.28 | 2.20 | 2.12 | 2.07 | 2.04 | 1.99 | 1.97 | 1.95 | 1.90 | 1.85 |
| | 0.025 | 2.77 | 2.68 | 2.57 | 2.46 | 2.40 | 2.35 | 2.29 | 2.25 | 2.22 | 2.16 | 2.09 |
| | 0.010 | 3.37 | 3.23 | 3.09 | 2.94 | 2.84 | 2.78 | 2.69 | 2.64 | 2.61 | 2.52 | 2.43 |
| 21 | 0.100 | 1.92 | 1.87 | 1.83 | 1.78 | 1.74 | 1.72 | 1.69 | 1.67 | 1.66 | 1.62 | 1.59 |
| | 0.050 | 2.32 | 2.25 | 2.18 | 2.10 | 2.05 | 2.01 | 1.96 | 1.94 | 1.92 | 1.87 | 1.82 |
| | 0.025 | 2.73 | 2.64 | 2.53 | 2.42 | 2.36 | 2.31 | 2.25 | 2.21 | 2.18 | 2.11 | 2.05 |
| | 0.010 | 3.31 | 3.17 | 3.03 | 2.88 | 2.79 | 2.72 | 2.64 | 2.58 | 2.55 | 2.46 | 2.37 |
| 22 | 0.100 | 1.90 | 1.86 | 1.81 | 1.76 | 1.73 | 1.70 | 1.67 | 1.65 | 1.64 | 1.60 | 1.57 |
| | 0.050 | 2.30 | 2.23 | 2.15 | 2.07 | 2.02 | 1.98 | 1.94 | 1.91 | 1.89 | 1.84 | 1.79 |
| | 0.025 | 2.70 | 2.60 | 2.50 | 2.39 | 2.32 | 2.27 | 2.21 | 2.17 | 2.14 | 2.08 | 2.01 |
| | 0.010 | 3.26 | 3.12 | 2.98 | 2.83 | 2.73 | 2.67 | 2.58 | 2.53 | 2.50 | 2.40 | 2.32 |
| 23 | 0.100 | 1.89 | 1.84 | 1.80 | 1.74 | 1.71 | 1.69 | 1.66 | 1.64 | 1.62 | 1.59 | 1.55 |
| | 0.050 | 2.27 | 2.20 | 2.13 | 2.05 | 2.00 | 1.96 | 1.91 | 1.88 | 1.86 | 1.81 | 1.76 |
| | 0.025 | 2.67 | 2.57 | 2.47 | 2.36 | 2.29 | 2.24 | 2.18 | 2.14 | 2.11 | 2.04 | 1.98 |
| | 0.010 | 3.21 | 3.07 | 2.93 | 2.78 | 2.69 | 2.62 | 2.54 | 2.48 | 2.45 | 2.35 | 2.27 |
| 24 | 0.100 | 1.88 | 1.83 | 1.78 | 1.73 | 1.70 | 1.67 | 1.64 | 1.62 | 1.61 | 1.57 | 1.54 |
| | 0.050 | 2.25 | 2.18 | 2.11 | 2.03 | 1.97 | 1.94 | 1.89 | 1.86 | 1.84 | 1.79 | 1.74 |
| | 0.025 | 2.64 | 2.54 | 2.44 | 2.33 | 2.26 | 2.21 | 2.15 | 2.11 | 2.08 | 2.01 | 1.94 |
| | 0.010 | 3.17 | 3.03 | 2.89 | 2.74 | 2.64 | 2.58 | 2.49 | 2.44 | 2.40 | 2.31 | 2.22 |

| $k_2$ | $\alpha$ | $k_1$ | | | | | | | | |
|---|---|---|---|---|---|---|---|---|---|---|
| | | 1 | 2 | 3 | 4 | 5 | 6 | 7 | 8 | 9 |
| 25 | 0.100 | 2.92 | 2.53 | 2.32 | 2.18 | 2.09 | 2.02 | 1.97 | 1.93 | 1.89 |
| | 0.050 | 4.24 | 3.39 | 2.99 | 2.76 | 2.60 | 2.49 | 2.40 | 2.34 | 2.28 |
| | 0.025 | 5.69 | 4.29 | 3.69 | 3.35 | 3.13 | 2.97 | 2.85 | 2.75 | 2.68 |
| | 0.010 | 7.77 | 5.57 | 4.68 | 4.18 | 3.85 | 3.63 | 3.46 | 3.32 | 3.22 |
| 26 | 0.100 | 2.91 | 2.52 | 2.31 | 2.17 | 2.08 | 2.01 | 1.96 | 1.92 | 1.88 |
| | 0.050 | 4.23 | 3.37 | 2.98 | 2.74 | 2.59 | 2.47 | 2.39 | 2.32 | 2.27 |
| | 0.025 | 5.66 | 4.27 | 3.67 | 3.33 | 3.10 | 2.94 | 2.82 | 2.73 | 2.65 |
| | 0.010 | 7.72 | 5.53 | 4.64 | 4.14 | 3.82 | 3.59 | 3.42 | 3.29 | 3.18 |
| 27 | 0.100 | 2.90 | 2.51 | 2.30 | 2.17 | 2.07 | 2.00 | 1.95 | 1.91 | 1.87 |
| | 0.050 | 4.21 | 3.35 | 2.96 | 2.73 | 2.57 | 2.46 | 2.37 | 2.31 | 2.25 |
| | 0.025 | 5.63 | 4.24 | 3.65 | 3.31 | 3.08 | 2.92 | 2.80 | 2.71 | 2.63 |
| | 0.010 | 7.68 | 5.49 | 4.60 | 4.11 | 3.78 | 3.56 | 3.39 | 3.26 | 3.15 |
| 28 | 0.100 | 2.89 | 2.50 | 2.29 | 2.16 | 2.06 | 2.00 | 1.94 | 1.90 | 1.87 |
| | 0.050 | 4.20 | 3.34 | 2.95 | 2.71 | 2.56 | 2.45 | 2.36 | 2.29 | 2.24 |
| | 0.025 | 5.61 | 4.22 | 3.63 | 3.29 | 3.06 | 2.90 | 2.78 | 2.69 | 2.61 |
| | 0.010 | 7.64 | 5.45 | 4.57 | 4.07 | 3.75 | 3.53 | 3.36 | 3.23 | 3.12 |
| 29 | 0.100 | 2.89 | 2.50 | 2.28 | 2.15 | 2.06 | 1.99 | 1.93 | 1.89 | 1.86 |
| | 0.050 | 4.18 | 3.33 | 2.93 | 2.70 | 2.55 | 2.43 | 2.35 | 2.28 | 2.22 |
| | 0.025 | 5.59 | 4.20 | 3.61 | 3.27 | 3.04 | 2.88 | 2.76 | 2.67 | 2.59 |
| | 0.010 | 7.60 | 5.42 | 4.54 | 4.04 | 3.73 | 3.50 | 3.33 | 3.20 | 3.09 |
| 30 | 0.100 | 2.88 | 2.49 | 2.28 | 2.14 | 2.05 | 1.98 | 1.93 | 1.88 | 1.85 |
| | 0.050 | 4.17 | 3.32 | 2.92 | 2.69 | 2.53 | 2.42 | 2.33 | 2.27 | 2.21 |
| | 0.025 | 5.57 | 4.18 | 3.59 | 3.25 | 3.03 | 2.87 | 2.75 | 2.65 | 2.57 |
| | 0.010 | 7.56 | 5.39 | 4.51 | 4.02 | 3.70 | 3.47 | 3.30 | 3.17 | 3.07 |
| 40 | 0.100 | 2.84 | 2.44 | 2.23 | 2.09 | 2.00 | 1.93 | 1.87 | 1.83 | 1.79 |
| | 0.050 | 4.08 | 3.23 | 2.84 | 2.61 | 2.45 | 2.34 | 2.25 | 2.18 | 2.12 |
| | 0.025 | 5.42 | 4.05 | 3.46 | 3.13 | 2.90 | 2.74 | 2.62 | 2.53 | 2.45 |
| | 0.010 | 7.31 | 5.18 | 4.31 | 3.83 | 3.51 | 3.29 | 3.12 | 2.99 | 2.89 |
| 50 | 0.100 | 2.81 | 2.41 | 2.20 | 2.06 | 1.97 | 1.90 | 1.84 | 1.80 | 1.76 |
| | 0.050 | 4.03 | 3.18 | 2.79 | 2.56 | 2.40 | 2.29 | 2.20 | 2.13 | 2.07 |
| | 0.025 | 5.34 | 3.97 | 3.39 | 3.05 | 2.83 | 2.67 | 2.55 | 2.46 | 2.38 |
| | 0.010 | 7.17 | 5.06 | 4.20 | 3.72 | 3.41 | 3.19 | 3.02 | 2.89 | 2.78 |
| 60 | 0.100 | 2.79 | 2.39 | 2.18 | 2.04 | 1.95 | 1.87 | 1.82 | 1.77 | 1.74 |
| | 0.050 | 4.00 | 3.15 | 2.76 | 2.53 | 2.37 | 2.25 | 2.17 | 2.10 | 2.04 |
| | 0.025 | 5.29 | 3.93 | 3.34 | 3.01 | 2.79 | 2.63 | 2.51 | 2.41 | 2.33 |
| | 0.010 | 7.08 | 4.98 | 4.13 | 3.65 | 3.34 | 3.12 | 2.95 | 2.82 | 2.72 |
| 100 | 0.100 | 2.76 | 2.36 | 2.14 | 2.00 | 1.91 | 1.83 | 1.78 | 1.73 | 1.69 |
| | 0.050 | 3.94 | 3.09 | 2.70 | 2.46 | 2.31 | 2.19 | 2.10 | 2.03 | 1.97 |
| | 0.025 | 5.18 | 3.83 | 3.25 | 2.92 | 2.70 | 2.54 | 2.42 | 2.32 | 2.24 |
| | 0.010 | 6.90 | 4.82 | 3.98 | 3.51 | 3.21 | 2.99 | 2.82 | 2.69 | 2.59 |
| 200 | 0.100 | 2.73 | 2.33 | 2.11 | 1.97 | 1.88 | 1.80 | 1.75 | 1.70 | 1.66 |
| | 0.050 | 3.89 | 3.04 | 2.65 | 2.42 | 2.26 | 2.14 | 2.06 | 1.98 | 1.93 |
| | 0.025 | 5.10 | 3.76 | 3.18 | 2.85 | 2.63 | 2.47 | 2.35 | 2.26 | 2.18 |
| | 0.010 | 6.76 | 4.71 | 3.88 | 3.41 | 3.11 | 2.89 | 2.73 | 2.60 | 2.50 |
| 1000 | 0.100 | 2.71 | 2.31 | 2.09 | 1.95 | 1.85 | 1.78 | 1.72 | 1.68 | 1.64 |
| | 0.050 | 3.85 | 3.00 | 2.61 | 2.38 | 2.22 | 2.11 | 2.02 | 1.95 | 1.89 |
| | 0.025 | 5.04 | 3.70 | 3.13 | 2.80 | 2.58 | 2.42 | 2.30 | 2.20 | 2.13 |
| | 0.010 | 6.66 | 4.63 | 3.80 | 3.34 | 3.04 | 2.82 | 2.66 | 2.53 | 2.43 |

| $k_2$ | $\alpha$ | $k_1$ | | | | | | | | | | |
|---|---|---|---|---|---|---|---|---|---|---|---|---|
| | | 10 | 12 | 15 | 20 | 25 | 30 | 40 | 50 | 60 | 120 | 1000 |
| 25 | 0.100 | 1.87 | 1.82 | 1.77 | 1.72 | 1.68 | 1.66 | 1.63 | 1.61 | 1.59 | 1.56 | 1.52 |
| | 0.050 | 2.24 | 2.16 | 2.09 | 2.01 | 1.96 | 1.92 | 1.87 | 1.84 | 1.82 | 1.77 | 1.72 |
| | 0.025 | 2.61 | 2.51 | 2.41 | 2.30 | 2.23 | 2.18 | 2.12 | 2.08 | 2.05 | 1.98 | 1.91 |
| | 0.010 | 3.13 | 2.99 | 2.85 | 2.70 | 2.60 | 2.54 | 2.45 | 2.40 | 2.36 | 2.27 | 2.18 |
| 26 | 0.100 | 1.86 | 1.81 | 1.76 | 1.71 | 1.67 | 1.65 | 1.61 | 1.59 | 1.58 | 1.54 | 1.51 |
| | 0.050 | 2.22 | 2.15 | 2.07 | 1.99 | 1.94 | 1.90 | 1.85 | 1.82 | 1.80 | 1.75 | 1.70 |
| | 0.025 | 2.59 | 2.49 | 2.39 | 2.28 | 2.21 | 2.16 | 2.09 | 2.05 | 2.03 | 1.95 | 1.89 |
| | 0.010 | 3.09 | 2.96 | 2.81 | 2.66 | 2.57 | 2.50 | 2.42 | 2.36 | 2.33 | 2.23 | 2.14 |
| 27 | 0.100 | 1.85 | 1.80 | 1.75 | 1.70 | 1.66 | 1.64 | 1.60 | 1.58 | 1.57 | 1.53 | 1.50 |
| | 0.050 | 2.20 | 2.13 | 2.06 | 1.97 | 1.92 | 1.88 | 1.84 | 1.81 | 1.79 | 1.73 | 1.68 |
| | 0.025 | 2.57 | 2.47 | 2.36 | 2.25 | 2.18 | 2.13 | 2.07 | 2.03 | 2.00 | 1.93 | 1.86 |
| | 0.010 | 3.06 | 2.93 | 2.78 | 2.63 | 2.54 | 2.47 | 2.38 | 2.33 | 2.29 | 2.20 | 2.11 |
| 28 | 0.100 | 1.84 | 1.79 | 1.74 | 1.69 | 1.65 | 1.63 | 1.59 | 1.57 | 1.56 | 1.52 | 1.48 |
| | 0.050 | 2.19 | 2.12 | 2.04 | 1.96 | 1.91 | 1.87 | 1.82 | 1.79 | 1.77 | 1.71 | 1.66 |
| | 0.025 | 2.55 | 2.45 | 2.34 | 2.23 | 2.16 | 2.11 | 2.05 | 2.01 | 1.98 | 1.91 | 1.84 |
| | 0.010 | 3.03 | 2.90 | 2.75 | 2.60 | 2.51 | 2.44 | 2.35 | 2.30 | 2.26 | 2.17 | 2.08 |
| 29 | 0.100 | 1.83 | 1.78 | 1.73 | 1.68 | 1.64 | 1.62 | 1.58 | 1.56 | 1.55 | 1.51 | 1.47 |
| | 0.050 | 2.18 | 2.10 | 2.03 | 1.94 | 1.89 | 1.85 | 1.81 | 1.77 | 1.75 | 1.70 | 1.65 |
| | 0.025 | 2.53 | 2.43 | 2.32 | 2.21 | 2.14 | 2.09 | 2.03 | 1.99 | 1.96 | 1.89 | 1.82 |
| | 0.010 | 3.00 | 2.87 | 2.73 | 2.57 | 2.48 | 2.41 | 2.33 | 2.27 | 2.23 | 2.14 | 2.05 |
| 30 | 0.100 | 1.82 | 1.77 | 1.72 | 1.67 | 1.63 | 1.61 | 1.57 | 1.55 | 1.54 | 1.50 | 1.46 |
| | 0.050 | 2.16 | 2.09 | 2.01 | 1.93 | 1.88 | 1.84 | 1.79 | 1.76 | 1.74 | 1.68 | 1.63 |
| | 0.025 | 2.51 | 2.41 | 2.31 | 2.20 | 2.12 | 2.07 | 2.01 | 1.97 | 1.94 | 1.87 | 1.80 |
| | 0.010 | 2.98 | 2.84 | 2.70 | 2.55 | 2.45 | 2.39 | 2.30 | 2.25 | 2.21 | 2.11 | 2.02 |
| 40 | 0.100 | 1.76 | 1.71 | 1.66 | 1.61 | 1.57 | 1.54 | 1.51 | 1.48 | 1.47 | 1.42 | 1.38 |
| | 0.050 | 2.08 | 2.00 | 1.92 | 1.84 | 1.78 | 1.74 | 1.69 | 1.66 | 1.64 | 1.58 | 1.52 |
| | 0.025 | 2.39 | 2.29 | 2.18 | 2.07 | 1.99 | 1.94 | 1.88 | 1.83 | 1.80 | 1.72 | 1.65 |
| | 0.010 | 2.80 | 2.66 | 2.52 | 2.37 | 2.27 | 2.20 | 2.11 | 2.06 | 2.02 | 1.92 | 1.82 |
| 50 | 0.100 | 1.73 | 1.68 | 1.63 | 1.57 | 1.53 | 1.50 | 1.46 | 1.44 | 1.42 | 1.38 | 1.33 |
| | 0.050 | 2.03 | 1.95 | 1.87 | 1.78 | 1.73 | 1.69 | 1.63 | 1.60 | 1.58 | 1.51 | 1.45 |
| | 0.025 | 2.32 | 2.22 | 2.11 | 1.99 | 1.92 | 1.87 | 1.80 | 1.75 | 1.72 | 1.64 | 1.56 |
| | 0.010 | 2.70 | 2.56 | 2.42 | 2.27 | 2.17 | 2.10 | 2.01 | 1.95 | 1.91 | 1.80 | 1.70 |
| 60 | 0.100 | 1.71 | 1.66 | 1.60 | 1.54 | 1.50 | 1.48 | 1.44 | 1.41 | 1.40 | 1.35 | 1.30 |
| | 0.050 | 1.99 | 1.92 | 1.84 | 1.75 | 1.69 | 1.65 | 1.59 | 1.56 | 1.53 | 1.47 | 1.40 |
| | 0.025 | 2.27 | 2.17 | 2.06 | 1.94 | 1.87 | 1.82 | 1.74 | 1.70 | 1.67 | 1.58 | 1.49 |
| | 0.010 | 2.63 | 2.50 | 2.35 | 2.20 | 2.10 | 2.03 | 1.94 | 1.88 | 1.84 | 1.73 | 1.62 |
| 100 | 0.100 | 1.66 | 1.61 | 1.56 | 1.49 | 1.45 | 1.42 | 1.38 | 1.35 | 1.34 | 1.28 | 1.22 |
| | 0.050 | 1.93 | 1.85 | 1.77 | 1.68 | 1.62 | 1.57 | 1.52 | 1.48 | 1.45 | 1.38 | 1.30 |
| | 0.025 | 2.18 | 2.08 | 1.97 | 1.85 | 1.77 | 1.71 | 1.64 | 1.59 | 1.56 | 1.46 | 1.36 |
| | 0.010 | 2.50 | 2.37 | 2.22 | 2.07 | 1.97 | 1.89 | 1.80 | 1.74 | 1.69 | 1.57 | 1.45 |
| 200 | 0.100 | 1.63 | 1.58 | 1.52 | 1.46 | 1.41 | 1.38 | 1.34 | 1.31 | 1.29 | 1.23 | 1.16 |
| | 0.050 | 1.88 | 1.80 | 1.72 | 1.62 | 1.56 | 1.52 | 1.46 | 1.41 | 1.39 | 1.30 | 1.21 |
| | 0.025 | 2.11 | 2.01 | 1.90 | 1.78 | 1.70 | 1.64 | 1.56 | 1.51 | 1.47 | 1.37 | 1.25 |
| | 0.010 | 2.41 | 2.27 | 2.13 | 1.97 | 1.87 | 1.79 | 1.69 | 1.63 | 1.58 | 1.45 | 1.30 |
| 1000 | 0.100 | 1.61 | 1.55 | 1.49 | 1.43 | 1.38 | 1.35 | 1.30 | 1.27 | 1.25 | 1.18 | 1.08 |
| | 0.050 | 1.84 | 1.76 | 1.68 | 1.58 | 1.52 | 1.47 | 1.41 | 1.36 | 1.33 | 1.24 | 1.11 |
| | 0.025 | 2.06 | 1.96 | 1.85 | 1.72 | 1.64 | 1.58 | 1.50 | 1.45 | 1.41 | 1.29 | 1.13 |
| | 0.010 | 2.34 | 2.20 | 2.06 | 1.90 | 1.79 | 1.72 | 1.61 | 1.54 | 1.50 | 1.35 | 1.16 |

# 표 6 | 윌콕슨 부호순위 검정통계량 분포표

$$P = P\{W^+ \geq x\} = P\{W^+ \leq x^*\}$$

| $n=3$ | | | $n=4$ | | | $n=5$ | | | $n=6$ | | |
|---|---|---|---|---|---|---|---|---|---|---|---|
| $x$ | $P$ | $x^*$ | $x$ | $P$ | $x^*$ | $x$ | $P$ | $x^*$ | $x$ | $P$ | $x^*$ |
| 5 | .250 | 1 | 8 | .188 | 2 | 12 | .156 | 3 | 17 | .109 | 4 |
| 6 | .125 | 0 | 9 | .125 | 1 | 13 | .094 | 2 | 18 | .078 | 3 |
| 7 | 0 | | 10 | .062 | 0 | 14 | .062 | 1 | 19 | .047 | 2 |
| | | | 11 | 0 | | 15 | .031 | 0 | 20 | .031 | 1 |
| | | | | | | 16 | 0 | | 21 | .016 | 0 |
| | | | | | | | | | 22 | 0 | |

| $n=7$ | | | $n=8$ | | | $n=9$ | | | $n=10$ | | |
|---|---|---|---|---|---|---|---|---|---|---|---|
| $x$ | $P$ | $x^*$ | $x$ | $P$ | $x^*$ | $x$ | $P$ | $x^*$ | $x$ | $P$ | $x^*$ |
| 22 | .109 | 6 | 27 | .125 | 9 | 34 | .102 | 11 | 40 | .116 | 15 |
| 23 | .078 | 5 | 28 | .098 | 8 | 35 | .082 | 10 | 41 | .097 | 14 |
| 24 | .055 | 4 | 29 | .074 | 7 | 36 | .064 | 9 | 42 | .080 | 13 |
| 25 | .039 | 3 | 30 | .055 | 6 | 37 | .049 | 8 | 43 | .065 | 12 |
| 26 | .023 | 2 | 31 | .039 | 5 | 38 | .037 | 7 | 44 | .053 | 11 |
| 27 | .016 | 1 | 32 | .027 | 4 | 39 | .027 | 6 | 45 | .042 | 10 |
| 28 | .008 | 0 | 33 | .020 | 3 | 40 | .020 | 5 | 46 | .032 | 9 |
| | | | 34 | .012 | 2 | 41 | .014 | 4 | 47 | .024 | 8 |
| | | | 35 | .008 | 1 | 42 | .010 | 3 | 48 | .019 | 7 |
| | | | | | | | | | 49 | .014 | 6 |
| | | | | | | | | | 50 | .010 | 5 |

| $n=11$ | | | $n=12$ | | | $n=13$ | | | $n=14$ | | |
|---|---|---|---|---|---|---|---|---|---|---|---|
| $x$ | $P$ | $x^*$ | $x$ | $P$ | $x^*$ | $x$ | $P$ | $x^*$ | $x$ | $P$ | $x^*$ |
| 48 | .103 | 18 | 56 | .102 | 22 | 64 | .108 | 27 | 73 | .108 | 32 |
| 49 | .087 | 17 | 57 | .088 | 21 | 65 | .095 | 26 | 74 | .097 | 31 |
| 50 | .074 | 16 | 58 | .076 | 20 | 66 | .084 | 25 | 75 | .086 | 30 |
| 51 | .062 | 15 | 59 | .065 | 19 | 67 | .073 | 24 | 76 | .077 | 29 |
| 52 | .051 | 14 | 60 | .055 | 18 | 68 | .064 | 23 | 77 | .068 | 28 |
| 53 | .042 | 13 | 61 | .046 | 17 | 69 | .055 | 22 | 78 | .059 | 27 |
| 54 | .034 | 12 | 62 | .039 | 16 | 70 | .047 | 21 | 79 | .052 | 26 |
| 55 | .027 | 11 | 63 | .032 | 15 | 71 | .040 | 20 | 80 | .045 | 25 |
| 56 | .021 | 10 | 64 | .026 | 14 | 72 | .034 | 19 | 81 | .039 | 24 |
| 57 | .016 | 9 | 65 | .021 | 13 | 73 | .029 | 18 | 82 | .034 | 23 |
| 58 | .012 | 8 | 66 | .017 | 12 | 74 | .024 | 17 | 83 | .029 | 22 |
| 59 | .009 | 7 | 67 | .013 | 11 | 75 | .020 | 16 | 84 | .025 | 21 |
| | | | 68 | .010 | 10 | 76 | .016 | 15 | 85 | .021 | 20 |
| | | | | | | 77 | .013 | 14 | 86 | .018 | 19 |
| | | | | | | 78 | .011 | 13 | 87 | .015 | 18 |
| | | | | | | 79 | .009 | 12 | 88 | .012 | 17 |
| | | | | | | | | | 89 | .010 | 16 |

| $n=15$ | | | | | |
|---|---|---|---|---|---|
| $x$ | $P$ | $x^*$ | $x$ | $P$ | $x^*$ |
| 83 | .104 | 37 | 92 | .036 | 28 |
| 84 | .094 | 36 | 93 | .032 | 27 |
| 85 | .084 | 35 | 94 | .028 | 26 |
| 86 | .076 | 34 | 95 | .024 | 25 |
| 87 | .068 | 33 | 96 | .021 | 24 |
| 88 | .060 | 32 | 97 | .018 | 23 |
| 89 | .053 | 31 | 98 | .015 | 22 |
| 90 | .047 | 30 | 99 | .013 | 21 |
| 91 | .042 | 29 | 100 | .011 | 20 |
| | | | 101 | .009 | 19 |

# 표 7 | 윌콕슨 순위합 검정통계량 분포표

$$P = P\{W_s \geq x\} = P\{W_s \leq x^*\}$$

SMALLER SAMPLE SIZE=2

LARGER SAMPLE SIZE

| 3 | | | 4 | | | 5 | | | 6 | | |
|---|---|---|---|---|---|---|---|---|---|---|---|
| $x$ | $P$ | $x^*$ | $x$ | $P$ | $x^*$ | $x$ | $P$ | $x^*$ | $x$ | $P$ | $x^*$ |
| 8 | .200 | 4 | 10 | .133 | 4 | 11 | .190 | 5 | 13 | .143 | 5 |
| 9 | .100 | 3 | 11 | .067 | 3 | 12 | .095 | 4 | 14 | .071 | 4 |
| 10 | 0 | 2 | 12 | 0 | 2 | 13 | .048 | 3 | 15 | .036 | 3 |
| | | | | | | 14 | 0 | 2 | 16 | 0 | 2 |

| 7 | | | 8 | | | 9 | | | 10 | | |
|---|---|---|---|---|---|---|---|---|---|---|---|
| $x$ | $P$ | $x^*$ | $x$ | $P$ | $x^*$ | $x$ | $P$ | $x^*$ | $x$ | $P$ | $x^*$ |
| 15 | .111 | 5 | 16 | .133 | 6 | 18 | .109 | 6 | 19 | .136 | 7 |
| 16 | .056 | 4 | 17 | .089 | 5 | 19 | .073 | 5 | 20 | .091 | 6 |
| 17 | .028 | 3 | 18 | .044 | 4 | 20 | .036 | 4 | 21 | .061 | 5 |
| 18 | 0 | 2 | 19 | .022 | 3 | 21 | .018 | 3 | 22 | .030 | 4 |
| | | | 20 | 0 | 2 | 22 | 0 | 2 | 23 | .015 | 3 |

SMALLER SAMPLE SIZE=3

LARGER SAMPLE SIZE

| 3 | | | 4 | | | 5 | | | 6 | | |
|---|---|---|---|---|---|---|---|---|---|---|---|
| $x$ | $P$ | $x^*$ | $x$ | $P$ | $x^*$ | $x$ | $P$ | $x^*$ | $x$ | $P$ | $x^*$ |
| 13 | .200 | 8 | 16 | .114 | 8 | 18 | .125 | 9 | 20 | .131 | 10 |
| 14 | .100 | 7 | 17 | .057 | 7 | 19 | .071 | 8 | 21 | .083 | 9 |
| 15 | .050 | 6 | 18 | .029 | 6 | 20 | .036 | 7 | 22 | .048 | 8 |
| 16 | 0 | 5 | 19 | 0 | 5 | 21 | .018 | 6 | 23 | .024 | 7 |
| | | | | | | 22 | 0 | 5 | 24 | .012 | 6 |
| | | | | | | | | | 25 | 0 | 5 |

| 7 | | | 8 | | | 9 | | | 10 | | |
|---|---|---|---|---|---|---|---|---|---|---|---|
| $x$ | $P$ | $x^*$ | $x$ | $P$ | $x^*$ | $x$ | $P$ | $x^*$ | $x$ | $P$ | $x^*$ |
| 22 | .133 | 11 | 24 | .139 | 12 | 27 | .105 | 12 | 29 | .108 | 13 |
| 23 | .092 | 10 | 25 | .097 | 11 | 28 | .073 | 11 | 30 | .080 | 12 |
| 24 | .058 | 9 | 26 | .067 | 10 | 29 | .050 | 10 | 31 | .056 | 11 |
| 25 | .033 | 8 | 27 | .042 | 9 | 30 | .032 | 9 | 32 | .038 | 10 |
| 26 | .017 | 7 | 28 | .024 | 8 | 31 | .018 | 8 | 33 | .024 | 9 |
| 27 | .008 | 6 | 29 | .012 | 7 | 32 | .009 | 7 | 34 | .014 | 8 |
| 28 | 0 | 5 | 30 | .006 | 6 | | | | 35 | .007 | 7 |
| | | | 31 | 0 | 5 | | | | | | |

## SMALLER SAMPLE SIZE=4

### LARGER SAMPLE SIZE

**4**

| $x$ | $P$ | $x^*$ |
|---|---|---|
| 22 | .171 | 14 |
| 23 | .100 | 13 |
| 24 | .057 | 12 |
| 25 | .029 | 11 |
| 26 | .014 | 10 |
| 27 | 0 | 9 |

**5**

| $x$ | $P$ | $x^*$ |
|---|---|---|
| 25 | .143 | 15 |
| 26 | .095 | 14 |
| 27 | .056 | 13 |
| 28 | .032 | 12 |
| 29 | .016 | 11 |
| 30 | .008 | 10 |
| 31 | 0 | 9 |

**6**

| $x$ | $P$ | $x^*$ |
|---|---|---|
| 28 | .129 | 16 |
| 29 | .086 | 15 |
| 30 | .057 | 14 |
| 31 | .033 | 13 |
| 32 | .019 | 12 |
| 33 | .010 | 11 |

**7**

| $x$ | $P$ | $x^*$ |
|---|---|---|
| 31 | .115 | 17 |
| 32 | .082 | 16 |
| 33 | .055 | 15 |
| 34 | .036 | 14 |
| 35 | .021 | 13 |
| 36 | .012 | 12 |
| 37 | .006 | 11 |

**8**

| $x$ | $P$ | $x^*$ |
|---|---|---|
| 34 | .107 | 18 |
| 35 | .077 | 17 |
| 36 | .055 | 16 |
| 37 | .036 | 15 |
| 38 | .024 | 14 |
| 39 | .014 | 13 |
| 40 | .008 | 12 |

**9**

| $x$ | $P$ | $x^*$ |
|---|---|---|
| 36 | .130 | 20 |
| 37 | .099 | 19 |
| 38 | .074 | 18 |
| 39 | .053 | 17 |
| 40 | .038 | 16 |
| 41 | .025 | 15 |
| 42 | .017 | 14 |
| 43 | .010 | 13 |

**10**

| $x$ | $P$ | $x^*$ |
|---|---|---|
| 39 | .120 | 21 |
| 40 | .094 | 20 |
| 41 | .017 | 19 |
| 42 | .053 | 18 |
| 43 | .038 | 17 |
| 44 | .027 | 16 |
| 45 | .018 | 15 |
| 46 | .012 | 14 |
| 47 | .007 | 13 |

## SMALLER SAMPLE SIZE=5

### LARGER SAMPLE SIZE

**5**

| $x$ | $P$ | $x^*$ |
|---|---|---|
| 34 | .111 | 21 |
| 35 | .075 | 20 |
| 36 | .048 | 19 |
| 37 | .028 | 18 |
| 38 | .016 | 17 |
| 39 | .008 | 16 |

**6**

| $x$ | $P$ | $x^*$ |
|---|---|---|
| 37 | .123 | 23 |
| 38 | .089 | 22 |
| 39 | .063 | 21 |
| 40 | .041 | 20 |
| 41 | .026 | 19 |
| 42 | .015 | 18 |
| 43 | .009 | 17 |

**7**

| $x$ | $P$ | $x^*$ |
|---|---|---|
| 41 | .101 | 24 |
| 42 | .074 | 23 |
| 43 | .053 | 22 |
| 44 | .037 | 21 |
| 45 | .024 | 20 |
| 46 | .015 | 19 |
| 47 | .009 | 18 |

**8**

| $x$ | $P$ | $x^*$ |
|---|---|---|
| 44 | .111 | 26 |
| 45 | .085 | 25 |
| 46 | .064 | 24 |
| 47 | .047 | 23 |
| 48 | .033 | 22 |
| 49 | .023 | 21 |
| 50 | .015 | 20 |
| 51 | .009 | 19 |

**9**

| $x$ | $P$ | $x^*$ |
|---|---|---|
| 47 | .120 | 28 |
| 48 | .095 | 27 |
| 49 | .073 | 26 |
| 50 | .056 | 25 |
| 51 | .041 | 24 |
| 52 | .030 | 23 |
| 53 | .021 | 22 |
| 54 | .014 | 21 |
| 55 | .009 | 20 |

**10**

| $x$ | $P$ | $x^*$ |
|---|---|---|
| 51 | .103 | 29 |
| 52 | .082 | 28 |
| 53 | .065 | 27 |
| 54 | .050 | 26 |
| 55 | .038 | 25 |
| 56 | .028 | 24 |
| 57 | .020 | 23 |
| 58 | .014 | 22 |
| 59 | .010 | 21 |

SMALLER SAMPLE SIZE=6

LARGER SAMPLE SIZE

| 6 | | | 7 | | | 8 | | | 9 | | |
|---|---|---|---|---|---|---|---|---|---|---|---|
| $x$ | $P$ | $x^*$ | $x$ | $P$ | $x^*$ | $x$ | $P$ | $x^*$ | $x$ | $P$ | $x^*$ |
| 47 | .120 | 31 | 51 | .117 | 33 | 55 | .114 | 35 | 59 | .112 | 37 |
| 48 | .090 | 30 | 52 | .090 | 32 | 56 | .091 | 34 | 60 | .091 | 36 |
| 49 | .066 | 29 | 53 | .069 | 31 | 57 | .071 | 33 | 61 | .072 | 35 |
| 50 | .047 | 28 | 54 | .051 | 30 | 58 | .054 | 32 | 62 | .057 | 34 |
| 51 | .032 | 27 | 55 | .037 | 29 | 59 | .041 | 31 | 63 | .044 | 33 |
| 52 | .021 | 26 | 56 | .026 | 28 | 60 | .030 | 30 | 64 | .033 | 32 |
| 53 | .013 | 25 | 57 | .017 | 27 | 61 | .021 | 29 | 65 | .025 | 31 |
| 54 | .008 | 24 | 58 | .011 | 26 | 62 | .015 | 28 | 66 | .018 | 30 |
| | | | 59 | .007 | 25 | 63 | .010 | 27 | 67 | .013 | 29 |
| | | | | | | | | | 68 | .009 | 28 |

| 10 | | |
|---|---|---|
| $x$ | $P$ | $x^*$ |
| 63 | .110 | 39 |
| 64 | .090 | 38 |
| 65 | .074 | 37 |
| 66 | .059 | 36 |
| 67 | .047 | 35 |
| 68 | .036 | 34 |
| 69 | .028 | 33 |
| 70 | .021 | 32 |
| 71 | .016 | 31 |
| 72 | .011 | 30 |
| 73 | .008 | 29 |

SMALLER SAMPLE SIZE=7

LARGER SAMPLE SIZE

| 7 | | | 8 | | | 9 | | | 10 | | |
|---|---|---|---|---|---|---|---|---|---|---|---|
| $x$ | $P$ | $x^*$ | $x$ | $P$ | $x^*$ | $x$ | $P$ | $x^*$ | $x$ | $P$ | $x^*$ |
| 63 | .104 | 42 | 67 | .116 | 45 | 72 | .105 | 47 | 76 | .115 | 50 |
| 64 | .082 | 41 | 68 | .095 | 44 | 73 | .087 | 46 | 77 | .097 | 49 |
| 65 | .064 | 40 | 69 | .076 | 43 | 74 | .071 | 45 | 78 | .081 | 48 |
| 66 | .049 | 39 | 70 | .060 | 42 | 75 | .057 | 44 | 79 | .067 | 47 |
| 67 | .036 | 38 | 71 | .047 | 41 | 76 | .045 | 43 | 80 | .054 | 46 |
| 68 | .027 | 37 | 72 | .036 | 40 | 77 | .036 | 42 | 81 | .044 | 45 |
| 69 | .019 | 36 | 73 | .027 | 39 | 78 | .027 | 41 | 82 | .035 | 44 |
| 70 | .013 | 35 | 74 | .020 | 38 | 79 | .021 | 40 | 83 | .028 | 43 |
| 71 | .009 | 34 | 75 | .014 | 37 | 80 | .016 | 39 | 84 | .022 | 42 |
| | | | 76 | .010 | 36 | 81 | .011 | 38 | 85 | .017 | 41 |
| | | | | | | 82 | .008 | 37 | 86 | .012 | 40 |
| | | | | | | | | | 87 | .009 | 39 |

SMALLER SAMPLE SIZE=8

LARGER SAMPLE SIZE

| 8 | | | 9 | | | 10 | | |
|---|---|---|---|---|---|---|---|---|
| $x$ | $P$ | $x^*$ | $x$ | $P$ | $x^*$ | $x$ | $P$ | $x^*$ |
| 80 | .117 | 56 | 86 | .100 | 58 | 91 | .102 | 61 |
| 81 | .097 | 55 | 87 | .084 | 57 | 92 | .086 | 60 |
| 82 | .080 | 54 | 88 | .069 | 56 | 93 | .073 | 59 |
| 83 | .065 | 53 | 89 | .057 | 55 | 94 | .061 | 58 |
| 84 | .052 | 52 | 90 | .046 | 54 | 95 | .051 | 57 |
| 85 | .041 | 51 | 91 | .037 | 53 | 96 | .042 | 56 |
| 86 | .032 | 50 | 92 | .030 | 52 | 97 | .034 | 55 |
| 87 | .025 | 49 | 93 | .023 | 51 | 98 | .027 | 54 |
| 88 | .019 | 48 | 94 | .018 | 50 | 99 | .022 | 53 |
| 89 | .014 | 47 | 95 | .014 | 49 | 100 | .017 | 52 |
| 90 | .010 | 46 | 96 | .010 | 48 | 101 | .013 | 51 |
| | | | | | | 102 | .010 | 50 |

SMALLER SAMPLE SIZE=9

LARGER SAMPLE SIZE

| 9 | | | 10 | | |
|---|---|---|---|---|---|
| $x$ | $P$ | $x^*$ | $x$ | $P$ | $x^*$ |
| 100 | .111 | 71 | 106 | .106 | 74 |
| 101 | .095 | 70 | 107 | .091 | 73 |
| 102 | .081 | 69 | 108 | .078 | 72 |
| 103 | .068 | 68 | 109 | .067 | 71 |
| 104 | .057 | 67 | 110 | .056 | 70 |
| 105 | .047 | 66 | 111 | .047 | 69 |
| 106 | .039 | 65 | 112 | .039 | 68 |
| 107 | .031 | 64 | 113 | .033 | 67 |
| 108 | .025 | 63 | 114 | .027 | 66 |
| 109 | .020 | 62 | 115 | .022 | 65 |
| 110 | .016 | 61 | 116 | .017 | 64 |
| 111 | .012 | 60 | 117 | .014 | 63 |
| 112 | .009 | 59 | 118 | .011 | 62 |
| | | | 119 | .009 | 61 |

SMALLER SAMPLE SIZE=10

LARGER SAMPLE SIZE

| 10 | | |
|---|---|---|
| $x$ | $P$ | $x^*$ |
| 122 | .109 | 88 |
| 123 | .095 | 87 |
| 124 | .083 | 86 |
| 125 | .072 | 85 |
| 126 | .062 | 84 |
| 127 | .053 | 83 |
| 128 | .045 | 82 |
| 129 | .038 | 81 |
| 130 | .032 | 80 |
| 131 | .026 | 79 |
| 132 | .022 | 78 |
| 133 | .018 | 77 |
| 134 | .014 | 76 |
| 135 | .012 | 75 |
| 136 | .009 | 74 |

## 표 8 | 스튜던트화 범위 분포표: 상위 5%와 1%의 점

| 오차 자유도 | $\alpha$ | 처리수 $k$ | | | | | | | | | |
|---|---|---|---|---|---|---|---|---|---|---|---|
| | | 2 | 3 | 4 | 5 | 6 | 7 | 8 | 9 | 10 | 11 |
| 5 | .05 | 3.64 | 4.60 | 5.22 | 5.67 | 6.03 | 6.33 | 6.58 | 6.80 | 6.99 | 7.17 |
| | .01 | 5.70 | 6.97 | 7.80 | 8.42 | 8.91 | 9.32 | 9.67 | 9.97 | 10.24 | 10.80 |
| 6 | .05 | 3.46 | 4.34 | 4.90 | 5.31 | 5.63 | 5.89 | 6.12 | 6.32 | 6.49 | 6.65 |
| | .01 | 5.24 | 6.33 | 7.03 | 7.56 | 7.97 | 8.32 | 8.61 | 8.87 | 9.10 | 9.30 |
| 7 | .05 | 3.34 | 4.16 | 4.68 | 5.06 | 5.36 | 5.61 | 5.82 | 6.00 | 6.16 | 6.30 |
| | .01 | 4.95 | 5.92 | 6.54 | 7.01 | 7.37 | 7.68 | 7.94 | 8.17 | 8.37 | 8.55 |
| 8 | .05 | 3.26 | 4.04 | 4.53 | 4.89 | 5.17 | 5.40 | 5.60 | 5.77 | 5.92 | 6.05 |
| | .01 | 4.74 | 5.63 | 6.20 | 6.63 | 6.96 | 7.24 | 7.47 | 7.68 | 7.87 | 8.03 |
| 9 | .05 | 3.20 | 3.95 | 4.42 | 4.76 | 5.02 | 5.24 | 5.43 | 5.60 | 5.74 | 5.87 |
| | .01 | 4.60 | 5.43 | 5.96 | 6.35 | 6.66 | 6.91 | 7.13 | 7.32 | 7.49 | 7.65 |
| 10 | .05 | 3.15 | 3.88 | 4.33 | 4.65 | 4.91 | 5.12 | 5.30 | 5.46 | 5.60 | 5.72 |
| | .01 | 4.48 | 5.27 | 5.77 | 6.14 | 6.43 | 6.67 | 6.87 | 7.05 | 7.21 | 7.36 |
| 12 | .05 | 3.08 | 3.77 | 4.20 | 4.51 | 4.75 | 4.95 | 5.12 | 5.27 | 5.40 | 5.51 |
| | .01 | 4.32 | 5.04 | 5.50 | 5.84 | 6.10 | 6.32 | 6.51 | 6.67 | 6.81 | 6.94 |
| 15 | .05 | 3.01 | 3.67 | 4.08 | 4.37 | 4.60 | 4.78 | 4.94 | 5.08 | 5.20 | 5.31 |
| | .01 | 4.17 | 4.83 | 5.25 | 5.56 | 5.80 | 5.99 | 6.16 | 6.31 | 6.44 | 6.55 |
| 20 | .05 | 2.95 | 3.58 | 3.96 | 4.23 | 4.45 | 4.62 | 4.77 | 4.90 | 5.01 | 5.11 |
| | .01 | 4.02 | 4.64 | 5.02 | 5.29 | 5.51 | 5.69 | 5.84 | 5.97 | 6.09 | 6.19 |
| 30 | .05 | 2.89 | 3.49 | 3.84 | 4.10 | 4.30 | 4.46 | 4.60 | 4.72 | 4.83 | 4.92 |
| | .01 | 3.89 | 4.45 | 4.80 | 5.05 | 5.24 | 5.40 | 5.54 | 5.65 | 5.76 | 5.85 |
| 40 | .05 | 2.86 | 3.44 | 3.79 | 4.04 | 4.23 | 4.39 | 4.52 | 4.63 | 4.74 | 4.82 |
| | .01 | 3.82 | 4.37 | 4.70 | 4.93 | 5.11 | 5.27 | 5.39 | 5.50 | 5.60 | 5.69 |
| 60 | .05 | 2.83 | 3.40 | 3.74 | 3.98 | 4.16 | 4.31 | 4.44 | 4.55 | 4.65 | 4.73 |
| | .01 | 3.76 | 4.28 | 4.60 | 4.82 | 4.99 | 5.13 | 5.25 | 5.36 | 5.45 | 5.53 |
| 120 | .05 | 2.80 | 3.36 | 3.69 | 3.92 | 4.10 | 4.24 | 4.36 | 4.48 | 4.56 | 4.64 |
| | .01 | 3.70 | 4.20 | 4.50 | 4.71 | 4.87 | 5.01 | 5.12 | 5.21 | 5.30 | 5.38 |
| $\infty$ | .05 | 2.77 | 3.31 | 3.63 | 3.86 | 4.03 | 4.17 | 4.29 | 4.39 | 4.47 | 4.55 |
| | .01 | 3.64 | 4.12 | 4.40 | 4.60 | 4.76 | 4.88 | 4.99 | 5.08 | 5.16 | 5.23 |

## 표 9 | 크루스칼-왈리스 검정통계량($H$) 분포표: $P_0\{H \geq x\}$ ($k=3$일 때)

$$P_0\{H \geq x\} = \alpha \text{이면 } h_\alpha(n_1, n_2, n_3) = x$$

$n_1=1,\ n_2=1,\ n_3=2$

| $x$ | $P_0\{H \geq x\}$ |
|---|---|
| .300 | 1.000 |
| 1.800 | .833 |
| 2.700 | .500 |

$n_1=1,\ n_2=1,\ n_3=3$

| $x$ | $P_0\{H \geq x\}$ |
|---|---|
| .533 | 1.000 |
| .800 | .800 |
| 2.133 | .700 |
| 3.200 | .300 |

$n_1=1,\ n_2=1,\ n_3=4$

| $x$ | $P_0\{H \geq x\}$ |
|---|---|
| .143 | 1.000 |
| .786 | .933 |
| 1.000 | .800 |
| 1.286 | .667 |
| 2.143 | .600 |
| 2.500 | .467 |
| 3.571 | .200 |

$n_1=1,\ n_2=1,\ n_3=5$

| $x$ | $P_0\{H \geq x\}$ |
|---|---|
| .257 | 1.000 |
| .429 | .905 |
| 1.029 | .857 |
| 1.114 | .762 |
| 1.457 | .667 |
| 1.714 | .571 |
| 2.314 | .524 |
| 2.829 | .333 |
| 3.857 | .143 |

$n_1=1,\ n_2=2,\ n_3=2$

| $x$ | $P_0\{H \geq x\}$ |
|---|---|
| .000 | 1.000 |
| .400 | .933 |
| .600 | .867 |
| 1.400 | .733 |
| 2.000 | .600 |
| 2.400 | .467 |
| 3.000 | .333 |
| 3.600 | .200 |

$n_1=1,\ n_2=2,\ n_3=3$

| $x$ | $P_0\{H \geq x\}$ |
|---|---|
| .095 | 1.000 |
| .238 | .933 |
| .429 | .900 |
| .810 | .833 |
| .857 | .800 |
| 1.238 | .700 |
| 1.381 | .600 |
| 1.952 | .567 |
| 2.143 | .533 |
| 2.381 | .433 |
| 3.095 | .267 |
| 3.524 | .200 |
| 3.857 | .133 |
| 4.286 | .100 |

$n_1=1,\ n_2=2,\ n_3=4$

| $x$ | $P_0\{H \geq x\}$ |
|---|---|
| .000 | 1.000 |
| .161 | .971 |
| .268 | .933 |
| .321 | .895 |
| .536 | .857 |
| .643 | .819 |
| .696 | .800 |
| 1.018 | .781 |
| 1.071 | .743 |
| 1.125 | .705 |
| 1.286 | .667 |
| 1.393 | .629 |
| 1.446 | .590 |
| 1.875 | .533 |
| 2.036 | .495 |
| 2.143 | .476 |
| 2.250 | .457 |
| 2.411 | .400 |
| 2.571 | .305 |
| 2.786 | .286 |
| 2.893 | .267 |
| 3.161 | .190 |
| 3.696 | .171 |
| 3.750 | .133 |
| 4.018 | .114 |
| 4.500 | .076 |
| 4.821 | .057 |

$n_1=1,\ n_2=2,\ n_3=5$

| $x$ | $P_0\{H \geq x\}$ |
|---|---|
| .050 | 1.000 |
| .133 | .964 |
| .200 | .940 |
| .450 | .905 |
| .467 | .845 |
| .538 | .821 |
| .667 | .798 |
| .717 | .774 |
| 1.000 | .750 |
| 1.117 | .738 |
| 1.200 | .714 |
| 1.250 | .655 |
| 1.383 | .619 |
| 1.533 | .583 |
| 1.783 | .560 |
| 1.800 | .536 |
| 1.917 | .488 |
| 2.050 | .464 |
| 2.333 | .429 |
| 2.450 | .393 |
| 2.717 | .298 |
| 2.800 | .286 |
| 2.867 | .214 |
| 3.133 | .202 |
| 3.333 | .190 |
| 3.383 | .179 |
| 3.783 | .131 |
| 4.050 | .119 |
| 4.200 | .095 |
| 4.450 | .071 |
| 5.000 | .048 |
| 5.250 | .036 |

$n_1=1,\ n_2=3,\ n_3=3$

| $x$ | $P_0\{H \geq x\}$ |
|---|---|
| .000 | 1.000 |
| .143 | .986 |
| .286 | .957 |
| .571 | .871 |
| 1.000 | .771 |

## 표 9. (계속)

$n_1=1,\ n_2=3,\ n_3=3$

| $x$ | $P_0\{H \geq x\}$ |
|---|---|
| 1.143 | .743 |
| 1.286 | .600 |
| 1.571 | .571 |
| 2.000 | .514 |
| 2.286 | .486 |
| 2.571 | .329 |
| 3.143 | .243 |
| 3.286 | .157 |
| 4.000 | .129 |
| 4.571 | .100 |
| 5.143 | .043 |

$n_1=1,\ n_2=3,\ n_3=4$

| $x$ | $P_0\{H \geq x\}$ |
|---|---|
| .056 | 1.000 |
| .097 | .971 |
| .208 | .950 |
| .333 | .921 |
| .431 | .900 |
| .500 | .871 |
| .556 | .843 |
| .764 | .786 |
| .875 | .743 |
| 1.097 | .721 |
| 1.208 | .707 |
| 1.222 | .679 |
| 1.389 | .629 |
| 1.431 | .557 |
| 1.764 | .536 |
| 1.833 | .514 |
| 1.875 | .471 |
| 2.097 | .457 |
| 2.208 | .443 |
| 2.333 | .429 |
| 2.431 | .371 |
| 2.722 | .300 |
| 2.764 | .229 |
| 3.000 | .221 |
| 3.097 | .214 |
| 3.208 | .200 |
| 3.222 | .157 |

$n_1=1,\ n_2=3,\ n_3=4$

| $x$ | $P_0\{H \geq x\}$ |
|---|---|
| 3.764 | .136 |
| 3.889 | .129 |
| 4.056 | .093 |
| 4.097 | .086 |
| 4.208 | .079 |
| 4.764 | .071 |
| 5.000 | .057 |
| 5.208 | .050 |
| 5.389 | .036 |
| 5.833 | .021 |

$n_1=1,\ n_2=3,\ n_3=5$

| $x$ | $P_0\{H \geq x\}$ |
|---|---|
| .000 | 1.000 |
| .071 | .992 |
| .160 | .972 |
| .178 | .952 |
| .284 | .929 |
| .338 | .889 |
| .551 | .869 |
| .604 | .853 |
| .640 | .833 |
| .711 | .770 |
| .818 | .750 |
| .960 | .730 |
| 1.084 | .694 |
| 1.138 | .683 |
| 1.351 | .651 |
| 1.404 | .611 |
| 1.440 | .591 |
| 1.511 | .571 |
| 1.600 | .560 |
| 1.671 | .520 |
| 1.778 | .488 |
| 1.884 | .480 |
| 1.938 | .468 |
| 2.044 | .452 |
| 2.204 | .437 |
| 2.400 | .413 |
| 2.418 | .405 |
| 2.560 | .341 |

$n_1=1,\ n_2=3,\ n_3=5$

| $x$ | $P_0\{H \geq x\}$ |
|---|---|
| 2.844 | .258 |
| 2.951 | .218 |
| 3.040 | .210 |
| 3.218 | .190 |
| 3.271 | .183 |
| 3.378 | .143 |
| 3.484 | .135 |
| 3.804 | .131 |
| 3.840 | .123 |
| 4.018 | .095 |
| 4.284 | .083 |
| 4.338 | .079 |
| 4.551 | .075 |
| 4.711 | .056 |
| 4.871 | .052 |
| 4.960 | .048 |
| 5.404 | .044 |
| 5.440 | .036 |
| 5.760 | .028 |
| 6.044 | .020 |
| 6.400 | .012 |

$n_1=1,\ n_2=4,\ n_3=4$

| $x$ | $P_0\{H \geq x\}$ |
|---|---|
| .000 | 1.000 |
| .067 | .987 |
| .167 | .968 |
| .267 | .930 |
| .300 | .911 |
| .567 | .873 |
| .600 | .835 |
| .667 | .803 |
| .867 | .759 |
| .967 | .721 |
| 1.067 | .689 |
| 1.200 | .676 |
| 1.367 | .644 |
| 1.500 | .600 |
| 1.667 | .537 |
| 1.767 | .498 |
| 2.167 | .460 |

$n_1=1,\ n_2=4,\ n_3=4$

| $x$ | $P_0\{H \geq x\}$ |
|---|---|
| 2.267 | .410 |
| 2.400 | .384 |
| 2.467 | .349 |
| 2.667 | .305 |
| 2.700 | .260 |
| 2.967 | .235 |
| 3.000 | .222 |
| 3.267 | .178 |
| 3.367 | 171 |
| 3.467 | .152 |
| 3.867 | .121 |
| 3.900 | .108 |
| 4.067 | .102 |
| 4.167 | .083 |
| 4.267 | .070 |
| 4.800 | .067 |
| 4.867 | .054 |
| 4.967 | .048 |
| 5.100 | .041 |
| 5.667 | .035 |
| 6.000 | .029 |
| 6.167 | .022 |
| 6.667 | .010 |

$n_1=1,\ n_2=4,\ n_3=5$

| $x$ | $P_0\{H \geq x\}$ |
|---|---|
| .033 | 1.000 |
| .060 | .983 |
| .104 | .986 |
| .186 | .952 |
| .273 | .938 |
| .278 | .922 |
| .295 | .906 |
| .360 | .890 |
| .409 | .875 |
| .540 | .848 |
| .622 | .821 |
| .731 | .806 |
| .758 | .794 |
| .796 | .778 |
| .818 | .762 |

## 표 9. (계속)

| $n_1=1,\ n_2=4,\ n_3=5$ | |
|---|---|
| $x$ | $P_0\{H \geq x\}$ |
| .906 | .730 |
| .933 | .719 |
| .976 | .690 |
| 1.151 | .676 |
| 1.167 | .665 |
| 1.195 | .651 |
| 1.233 | .640 |
| 1.342 | .625 |
| 1.369 | .614 |
| 1.495 | .606 |
| 1.500 | .589 |
| 1.587 | .562 |
| 1.604 | .535 |
| 1.669 | .517 |
| 1.778 | .498 |
| 1.806 | .483 |
| 1.849 | .468 |
| 1.931 | .460 |
| 2.040 | .441 |
| 2.067 | .432 |
| 2.106 | .419 |
| 2.242 | .406 |
| 2.286 | .400 |
| 2.455 | .394 |
| 2.460 | .354 |
| 2.504 | .346 |
| 2.591 | .300 |
| 2.651 | .286 |
| 2.896 | .251 |
| 2.913 | .222 |
| 2.940 | .216 |
| 3.000 | .208 |
| 3.087 | .194 |
| 3.158 | .187 |
| 3.240 | .183 |
| 3.349 | .151 |
| 3.524 | .146 |
| 3.595 | .138 |
| 3.682 | .132 |
| 3.813 | .110 |
| 3.960 | .102 |
| 3.987 | .098 |
| 4.206 | .095 |
| 4.222 | .087 |

| $n_1=1,\ n_2=4,\ n_3=5$ | |
|---|---|
| $x$ | $P_0\{H \geq x\}$ |
| 4.287 | .071 |
| 4.549 | .067 |
| 4.636 | .063 |
| 4.724 | .060 |
| 4.833 | .059 |
| 4.860 | .056 |
| 4.896 | .044 |
| 5.078 | .041 |
| 5.160 | .038 |
| 5.515 | .037 |
| 5.558 | .035 |
| 5.596 | .033 |
| 5.733 | .027 |
| 5.776 | .025 |
| 5.858 | .024 |
| 5.864 | .022 |
| 5.967 | .021 |
| 6.431 | .019 |
| 6.578 | .016 |
| 6.818 | .013 |
| 6.840 | .011 |
| 6.954 | .008 |
| 7.364 | .005 |

| $n_1=1,\ n_2=5,\ n_3=5$ | |
|---|---|
| $x$ | $P_0\{H \geq x\}$ |
| .000 | 1.000 |
| .036 | .994 |
| .109 | .982 |
| .146 | .956 |
| .182 | .944 |
| .327 | .920 |
| .400 | .885 |
| .436 | .872 |
| .546 | .847 |
| .582 | .802 |
| .727 | .792 |
| .836 | .771 |
| .909 | .752 |
| .982 | .716 |
| 1.127 | .669 |
| 1.200 | .646 |

| $n_1=1,\ n_2=5,\ n_3=5$ | |
|---|---|
| $x$ | $P_0\{H \geq x\}$ |
| 1.309 | .630 |
| 1.346 | .605 |
| 1.600 | .584 |
| 1.636 | .571 |
| 1.709 | .509 |
| 1.746 | .493 |
| 1.782 | .468 |
| 1.927 | .462 |
| 2.000 | .438 |
| 2.146 | .422 |
| 2.182 | .411 |
| 2.327 | .379 |
| 2.436 | .374 |
| 2.509 | .361 |
| 2.582 | .314 |
| 2.727 | .286 |
| 2.909 | .242 |
| 2.946 | .227 |
| 3.236 | .188 |
| 3.346 | .168 |
| 3.382 | .161 |
| 3.527 | .141 |
| 3.600 | .132 |
| 3.636 | .116 |
| 3.927 | .113 |
| 4.036 | .105 |
| 4.109 | .086 |
| 4.182 | .082 |
| 4.400 | .076 |
| 4.546 | .074 |
| 4.800 | .056 |
| 4.909 | .053 |
| 5.127 | .046 |
| 5.236 | .039 |
| 5.636 | .033 |
| 5.709 | .030 |
| 5.782 | .027 |
| 6.000 | .022 |
| 6.146 | .019 |
| 6.509 | .018 |
| 6.546 | .015 |
| 6.582 | .014 |
| 6.727 | .012 |
| 6.836 | .011 |

| $n_1=1,\ n_2=5,\ n_3=5$ | |
|---|---|
| $x$ | $P_0\{H \geq x\}$ |
| 7.309 | .009 |
| 7.527 | .008 |
| 7.746 | .005 |
| 8.182 | .002 |

| $n_1=2,\ n_2=2,\ n_3=2$ | |
|---|---|
| $x$ | $P_0\{H \geq x\}$ |
| .000 | 1.000 |
| .286 | .933 |
| .857 | .800 |
| 1.143 | .667 |
| 2.000 | .533 |
| 2.571 | .400 |
| 3.429 | .333 |
| 3.714 | .200 |
| 4.571 | .067 |

| $n_1=2,\ n_2=2,\ n_3=3$ | |
|---|---|
| $x$ | $P_0\{H \geq x\}$ |
| .000 | 1.000 |
| .179 | .971 |
| .214 | .895 |
| .500 | .857 |
| .607 | .800 |
| .714 | .743 |
| .857 | .686 |
| 1.179 | .657 |
| 1.357 | .619 |
| 1.464 | .562 |
| 1.607 | .524 |
| 1.929 | .467 |
| 2.000 | .438 |
| 2.214 | .419 |
| 2.429 | .381 |
| 2.464 | .362 |
| 2.750 | .324 |
| 2.857 | .286 |
| 3.179 | .267 |
| 3.429 | .248 |

## 표 9. (계속)

$n_1=2,\ n_2=2,\ n_3=3$

| $x$ | $P_0\{H \geq x\}$ |
|---|---|
| 3.607 | .238 |
| 3.750 | .219 |
| 3.929 | .181 |
| 4.464 | .105 |
| 4.500 | .067 |
| 4.714 | .048 |
| 5.357 | .029 |

$n_1=2,\ n_2=2,\ n_3=4$

| $x$ | $P_0\{H \geq x\}$ |
|---|---|
| .000 | 1.000 |
| .125 | .971 |
| .167 | .914 |
| .333 | .890 |
| .458 | .862 |
| .500 | .814 |
| .667 | .757 |
| .792 | .733 |
| 1.000 | .695 |
| 1.125 | .657 |
| 1.333 | .581 |
| 1.500 | .552 |
| 1.792 | .514 |
| 1.833 | .486 |
| 2.000 | .448 |
| 2.125 | .410 |
| 2.458 | .362 |
| 2.667 | .333 |
| 2.792 | .314 |
| 2.833 | .295 |
| 3.000 | .276 |
| 3.125 | .248 |
| 3.167 | .229 |
| 3.458 | .210 |
| 3.667 | .190 |
| 4.000 | .181 |
| 4.125 | .152 |
| 4.167 | .105 |
| 4.458 | .100 |
| 4.500 | .090 |
| 5.125 | .052 |

$n_1=2,\ n_2=2,\ n_3=4$

| $x$ | $P_0\{H \geq x\}$ |
|---|---|
| 5.333 | .033 |
| 5.500 | .024 |
| 6.000 | .014 |

$n_1=2,\ n_2=2,\ n_3=5$

| $x$ | $P_0\{H \geq x\}$ |
|---|---|
| .000 | 1.000 |
| .093 | .984 |
| .133 | .937 |
| .240 | .913 |
| .360 | .881 |
| .373 | .844 |
| .533 | .807 |
| .573 | .791 |
| .773 | .759 |
| .840 | .722 |
| .893 | .685 |
| .960 | .653 |
| 1.093 | .638 |
| 1.200 | .606 |
| 1.373 | .590 |
| 1.440 | .563 |
| 1.493 | .542 |
| 1.533 | .516 |
| 1.693 | .495 |
| 1.800 | .474 |
| 2.133 | .452 |
| 2.160 | .444 |
| 2.173 | .402 |
| 2.293 | .381 |
| 2.333 | .365 |
| 2.373 | .344 |
| 2.693 | .317 |
| 2.760 | .296 |
| 2.973 | .275 |
| 3.093 | .265 |
| 3.133 | .254 |
| 3.240 | .238 |
| 3.333 | .206 |
| 3.360 | .196 |
| 3.573 | .185 |

$n_1=2,\ n_2=2,\ n_3=5$

| $x$ | $P_0\{H \geq x\}$ |
|---|---|
| 3.773 | .175 |
| 3.840 | .164 |
| 3.973 | .159 |
| 4.093 | .148 |
| 4.200 | .138 |
| 4.293 | .122 |
| 4.373 | .090 |
| 4.573 | .085 |
| 4.800 | .063 |
| 4.893 | .061 |
| 5.040 | .056 |
| 5.160 | .034 |
| 5.693 | .029 |
| 6.000 | .019 |
| 6.133 | 013 |
| 6.533 | 008 |

$n_1=2,\ n_2=3,\ n_3=3$

| $x$ | $P_0\{H \geq x\}$ |
|---|---|
| .028 | 1.000 |
| .111 | .968 |
| .222 | .946 |
| .250 | .896 |
| .472 | .864 |
| .556 | .807 |
| .694 | .757 |
| 1.000 | .686 |
| 1.111 | .671 |
| 1.139 | .600 |
| 1.361 | .564 |
| 1.444 | .539 |
| 1.806 | .511 |
| 1.889 | .446 |
| 2.000 | .425 |
| 2.028 | .396 |
| 2.250 | .368 |
| 2.472 | .357 |
| 2.694 | .329 |
| 2.778 | .307 |
| 2.889 | .286 |
| 3.139 | .243 |

$n_1=2,\ n_2=3,\ n_3=3$

| $x$ | $P_0\{H \geq x\}$ |
|---|---|
| 3.222 | .221 |
| 3.361 | .207 |
| 3.778 | .200 |
| 3.806 | .179 |
| 4.028 | .164 |
| 4.111 | .129 |
| 4.250 | .121 |
| 4.556 | .100 |
| 4.694 | .093 |
| 5.000 | .075 |
| 5.139 | .061 |
| 5.361 | .032 |
| 5.556 | .025 |
| 6.250 | .011 |

$n_1=2,\ n_2=3,\ n_3=4$

| $x$ | $P_0\{H \geq x\}$ |
|---|---|
| .000 | 1.000 |
| .078 | .987 |
| .100 | .965 |
| .111 | .944 |
| .244 | .922 |
| .278 | .902 |
| .311 | .881 |
| .344 | .862 |
| .400 | .844 |
| .444 | .829 |
| .544 | .811 |
| .600 | .794 |
| .611 | .770 |
| .700 | .756 |
| .778 | .722 |
| .811 | .703 |
| .900 | .689 |
| .978 | .673 |
| 1.000 | .660 |
| 1.078 | .627 |
| 1.111 | .614 |
| 1.178 | .602 |
| 1.244 | .586 |
| 1.344 | .571 |

## 표 9. (계속)

| $n_1=2,\ n_2=3,\ n_3=4$ | |
|---|---|
| $x$ | $P_0\{H \geq x\}$ |
| 1.378 | .559 |
| 1.411 | .548 |
| 1.500 | .537 |
| 1.600 | .511 |
| 1.611 | .502 |
| 1.678 | .478 |
| 1.711 | .468 |
| 1.778 | .457 |
| 1.844 | .448 |
| 1.944 | .437 |
| 2.144 | .417 |
| 2.178 | .406 |
| 2.200 | .398 |
| 2.211 | .376 |
| 2.244 | .368 |
| 2.378 | .357 |
| 2.400 | .346 |
| 2.411 | .338 |
| 2.444 | .329 |
| 2.500 | .321 |
| 2.778 | .294 |
| 2.800 | .284 |
| 2.911 | .271 |
| 2.944 | .262 |
| 3.011 | .256 |
| 3.100 | .251 |
| 3.111 | .238 |
| 3.244 | .232 |
| 3.278 | .225 |
| 3.300 | .216 |
| 3.311 | .203 |
| 3.444 | .197 |
| 3.478 | .190 |
| 3.544 | .184 |
| 3.600 | .175 |
| 3.811 | .168 |
| 3.844 | .163 |
| 3.911 | .159 |
| 3.978 | .156 |
| 4.000 | .149 |
| 4.078 | .140 |
| 4.200 | .137 |
| 4.278 | .124 |
| 4.311 | .108 |

| $n_1=2,\ n_2=3,\ n_3=4$ | |
|---|---|
| $x$ | $P_0\{H \geq x\}$ |
| 4.378 | .105 |
| 4.444 | .102 |
| 4.511 | .098 |
| 4.544 | .086 |
| 4.611 | .083 |
| 4.711 | .079 |
| 4.811 | .076 |
| 4.878 | .073 |
| 4.900 | .071 |
| 4.978 | .059 |
| 5.078 | .057 |
| 5.144 | .054 |
| 5.378 | .052 |
| 5.400 | .051 |
| 5.444 | .046 |
| 5.500 | .040 |
| 5.611 | .032 |
| 5.800 | .030 |
| 6.000 | .024 |
| 6.111 | .021 |
| 6.144 | .014 |
| 6.300 | .011 |
| 6.444 | .008 |
| 7.000 | .005 |

| $n_1=2,\ n_2=3,\ n_3=5$ | |
|---|---|
| $x$ | $P_0\{H \geq x\}$ |
| .014 | 1.000 |
| .069 | .981 |
| .113 | .966 |
| .131 | .951 |
| .142 | .932 |
| .273 | .917 |
| .276 | .901 |
| .306 | .886 |
| .331 | .869 |
| .364 | .855 |
| .451 | .823 |
| .549 | .807 |
| .567 | .794 |
| .622 | .781 |
| .636 | .769 |
| .713 | .743 |
| .724 | .714 |
| .767 | .703 |
| .887 | .692 |
| .942 | .680 |
| 1.014 | .659 |
| 1.058 | .648 |
| 1.091 | .638 |
| 1.149 | .616 |
| 1.178 | .593 |
| 1.276 | .579 |
| 1.324 | .569 |
| 1.378 | .537 |
| 1.451 | .529 |
| 1.586 | .519 |
| 1.596 | .510 |
| 1.614 | .502 |
| 1.713 | .483 |
| 1.727 | .474 |
| 1.760 | .459 |
| 1.814 | .451 |
| 1.858 | .444 |
| 1.876 | .429 |
| 2.022 | .420 |
| 2.033 | .403 |
| 2.076 | .396 |
| 2.106 | .389 |
| 2.196 | .382 |
| 2.251 | .375 |
| 2.294 | .368 |
| 2.367 | .362 |
| 2.454 | .356 |
| 2.458 | .350 |
| 2.469 | .336 |
| 2.487 | .330 |
| 2.546 | .321 |
| 2.633 | .294 |
| 2.749 | .287 |
| 2.818 | .279 |
| 2.894 | .269 |
| 2.924 | .263 |
| 2.949 | .257 |
| 2.798 | .252 |
| 3.022 | .248 |
| 3.069 | .243 |
| 3.167 | .237 |
| 3.186 | .233 |
| 3.273 | .222 |
| 3.331 | .211 |
| 3.342 | .206 |
| 3.386 | .201 |
| 3.414 | .193 |
| 3.506 | .189 |
| 3.546 | .183 |
| 3.604 | .175 |
| 3.676 | .171 |
| 3.767 | .167 |
| 3.778 | .159 |
| 3.822 | .156 |
| 3.909 | .152 |
| 3.942 | .146 |
| 3.996 | .139 |
| 4.058 | .137 |
| 4.069 | .132 |
| 4.204 | .129 |
| 4.214 | .125 |
| 4.233 | .122 |
| 4.258 | .120 |
| 4.331 | .117 |
| 4.378 | .113 |
| 4.494 | .101 |
| 4.651 | .091 |
| 4.694 | .089 |
| 4.724 | .087 |
| 4.727 | .085 |
| 4.814 | .071 |
| 4.869 | .067 |
| 4.913 | .063 |
| 4.942 | .062 |
| 5.076 | .060 |
| 5.087 | .053 |
| 5.106 | .052 |
| 5.251 | .049 |
| 5.349 | .046 |
| 5.513 | .044 |
| 5.524 | .043 |
| 5.542 | .041 |
| 5.727 | .037 |

## 표 9. (계속)

$n_1=2,\ n_2=3,\ n_3=5$

| $x$ | $P_0\{H \geq x\}$ |
|---|---|
| 5.742 | .034 |
| 5.786 | .033 |
| 5.804 | .033 |
| 5.949 | .026 |
| 6.004 | .025 |
| 6.033 | .024 |
| 6.091 | .021 |
| 6.124 | .020 |
| 6.294 | .017 |
| 6.386 | .016 |
| 6.414 | .015 |
| 6.818 | .012 |
| 6.822 | .010 |
| 6.909 | .009 |
| 6.949 | .006 |
| 7.182 | .004 |
| 7.636 | .002 |

$n_1=2,\ n_2=4,\ n_3=4$

| $x$ | $P_0\{H \geq x\}$ |
|---|---|
| .000 | 1.000 |
| .054 | .988 |
| .082 | .970 |
| .191 | .940 |
| .218 | .910 |
| .273 | .893 |
| .327 | .879 |
| .409 | .848 |
| .491 | .820 |
| .627 | .779 |
| .736 | .757 |
| .764 | .712 |
| .873 | .685 |
| .954 | .671 |
| 1.091 | .651 |
| 1.146 | .638 |
| 1.173 | .596 |
| 1.282 | .577 |
| 1.309 | .559 |
| 1.364 | .537 |
| 1.582 | .526 |
| 1.636 | .510 |
| 1.718 | .488 |
| 1.827 | .441 |
| 1.964 | .426 |
| 2.046 | .400 |
| 2.236 | .386 |
| 2.264 | .375 |
| 2.373 | .363 |
| 2.454 | .338 |
| 2.509 | .317 |
| 2.673 | .301 |
| 2.809 | .281 |
| 2.918 | .272 |
| 2.946 | .263 |
| 3.054 | .239 |
| 3.136 | .228 |
| 3.327 | .220 |
| 3.354 | .210 |
| 3.464 | .192 |
| 3.491 | .185 |
| 3.682 | .180 |
| 3.764 | .166 |
| 3.818 | .152 |
| 4.009 | .142 |
| 4.364 | .125 |
| 4.418 | .120 |
| 4.446 | .103 |
| 4.554 | .098 |
| 4.582 | .094 |
| 4.691 | .080 |
| 4.773 | .075 |
| 4.854 | .071 |
| 4.991 | .065 |
| 5.127 | .057 |
| 5.236 | .052 |
| 5.454 | .046 |
| 5.509 | .044 |
| 5.536 | .042 |
| 5.646 | .039 |
| 5.727 | .034 |
| 5.946 | .028 |
| 6.082 | .025 |
| 6.327 | .024 |
| 6.409 | .022 |
| 6.546 | .020 |
| 6.600 | .017 |
| 6.627 | .016 |
| 6.873 | .011 |
| 7.036 | .006 |
| 7.282 | .004 |
| 7.854 | .002 |

$n_1=2,\ n_2=4,\ n_3=5$

| $x$ | $P_0\{H \geq x\}$ |
|---|---|
| .000 | 1.000 |
| .041 | .992 |
| .064 | .979 |
| .068 | .965 |
| .141 | .952 |
| .154 | .939 |
| .164 | .926 |
| .223 | .913 |
| .254 | .902 |
| .273 | .891 |
| .300 | .880 |
| .323 | .866 |
| .368 | .855 |
| .404 | .832 |
| .504 | .823 |
| .518 | .812 |
| .541 | .801 |
| .564 | .791 |
| .573 | .781 |
| .614 | .759 |
| .618 | .749 |
| .654 | .740 |
| .723 | .730 |
| .791 | .720 |
| .841 | .710 |
| .864 | .701 |
| .891 | .691 |
| .904 | .683 |
| .914 | .674 |
| .950 | .657 |
| .954 | .649 |
| 1.018 | .640 |
| 1.023 | .632 |
| 1.050 | .623 |
| 1.091 | .614 |
| 1.200 | .607 |
| 1.204 | .599 |
| 1.268 | .592 |
| 1.291 | .576 |
| 1.314 | .569 |
| 1.318 | .562 |
| 1.391 | .554 |
| 1.414 | .537 |
| 1.450 | .529 |
| 1.473 | .521 |
| 1.518 | .507 |
| 1.591 | .499 |
| 1.618 | .491 |
| 1.641 | .485 |
| 1.664 | .479 |
| 1.704 | .472 |
| 1.750 | .465 |
| 1.754 | .459 |
| 1.814 | .452 |
| 1.823 | .432 |
| 1.973 | .427 |
| 2.004 | .420 |
| 2.018 | .403 |
| 2.073 | .398 |
| 2.114 | .392 |
| 2.118 | .387 |
| 2.141 | .381 |
| 2.164 | .375 |
| 2.223 | .371 |
| 2.254 | .366 |
| 2.291 | .361 |
| 2.318 | .351 |
| 2.323 | .346 |
| 2.391 | .335 |
| 2.454 | .329 |
| 2.473 | .324 |
| 2.504 | .320 |
| 2.550 | .315 |
| 2.618 | .311 |
| 2.700 | .306 |
| 2.723 | .301 |
| 2.754 | .296 |

## 표 9. (계속)

$n_1=2,\ n_2=4,\ n_3=5$

| $x$ | $P_0\{H \geq x\}$ |
|---|---|
| 2.768 | .285 |
| 2.773 | .273 |
| 2.868 | .267 |
| 2.891 | .262 |
| 2.904 | .258 |
| 2.914 | .249 |
| 2.973 | .246 |
| 3.023 | .237 |
| 3.050 | .234 |
| 3.064 | .231 |
| 3.118 | .226 |
| 3.164 | .221 |
| 3.268 | .217 |
| 3.314 | .214 |
| 3.341 | .208 |
| 3.364 | .200 |
| 3.414 | .197 |
| 3.454 | .193 |
| 3.523 | .190 |
| 3.564 | .187 |
| 3.568 | .184 |
| 3.573 | .181 |
| 3.618 | .178 |
| 3.641 | .175 |
| 3.654 | .170 |
| 3.700 | .164 |
| 3.704 | .160 |
| 3.791 | .157 |
| 3.800 | .151 |
| 3.818 | .148 |
| 3.823 | .145 |
| 3.864 | .143 |
| 4.041 | .139 |
| 4.064 | .135 |
| 4.073 | .133 |
| 4.091 | .130 |
| 4.141 | .128 |
| 4.154 | .126 |
| 4.200 | .123 |
| 4.223 | .121 |
| 4.250 | .119 |
| 4.323 | .116 |
| 4.364 | .114 |
| 4.368 | .112 |
| 4.404 | .110 |
| 4.500 | .104 |
| 4.518 | .101 |
| 4.541 | .098 |
| 4.614 | .090 |
| 4.664 | .088 |
| 4.768 | .079 |
| 4.791 | .078 |
| 4.800 | .076 |
| 4.818 | .074 |
| 4.841 | .072 |
| 4.868 | .071 |
| 4.950 | .063 |
| 5.073 | .061 |
| 5.154 | .059 |
| 5.164 | .053 |
| 5.254 | .052 |
| 5.268 | .051 |
| 5.273 | .049 |
| 5.300 | .048 |
| 5.314 | .046 |
| 5.414 | .045 |
| 5.518 | .043 |
| 5.523 | .042 |
| 5.564 | .038 |
| 5.641 | .037 |
| 5.664 | .036 |
| 5.754 | .035 |
| 5.823 | .034 |
| 5.891 | .032 |
| 5.954 | .030 |
| 5.973 | .029 |
| 6.004 | .026 |
| 6.041 | .025 |
| 6.068 | .025 |
| 6.118 | .024 |
| 6.141 | .023 |
| 6.223 | .022 |
| 6.368 | .021 |
| 6.391 | .021 |
| 6.473 | .020 |
| 6.504 | .020 |
| 6.541 | .017 |
| 6.550 | .017 |
| 6.564 | .016 |
| 6.654 | .016 |
| 6.723 | .015 |
| 6.904 | .014 |
| 6.914 | .013 |
| 7.000 | .013 |
| 7.018 | .012 |
| 7.064 | .012 |
| 7.118 | .010 |
| 7.204 | .009 |
| 7.254 | .009 |
| 7.291 | .008 |
| 7.450 | .007 |
| 7.500 | .007 |
| 7.568 | .006 |
| 7.573 | .005 |
| 7.773 | .004 |
| 7.814 | .003 |
| 8.018 | .002 |
| 8.114 | .001 |
| 8.591 | .001 |

$n_1=2,\ n_2=5,\ n_3=5$

| $x$ | $P_0\{H \geq x\}$ |
|---|---|
| .008 | 1.000 |
| .046 | .988 |
| .069 | .978 |
| .077 | .966 |
| .169 | .947 |
| .192 | .928 |
| .254 | .896 |
| .323 | .877 |
| .377 | .859 |
| .415 | .830 |
| .446 | .822 |
| .538 | .807 |
| .562 | .775 |
| .623 | .759 |
| .692 | .749 |
| .746 | .735 |
| .808 | .719 |
| .815 | .688 |
| .908 | .674 |
| .931 | .661 |
| 1.115 | .638 |
| 1.154 | .611 |
| 1.185 | .593 |
| 1.277 | .569 |
| 1.300 | .558 |
| 1.362 | .552 |
| 1.431 | .539 |
| 1.485 | .528 |
| 1.523 | .516 |
| 1.554 | .506 |
| 1.646 | .496 |
| 1.669 | .486 |
| 1.731 | .463 |
| 1.854 | .445 |
| 1.915 | .434 |
| 1.923 | .424 |
| 2.015 | .407 |
| 2.038 | .398 |
| 2.223 | .379 |
| 2.262 | .374 |
| 2.285 | .363 |
| 2.292 | .353 |
| 2.385 | .345 |
| 2.408 | .330 |
| 2.469 | .323 |
| 2.538 | .315 |
| 2.592 | .300 |
| 2.662 | .292 |
| 2.754 | .286 |
| 2.777 | .279 |
| 2.908 | .276 |
| 2.962 | .270 |
| 3.023 | .243 |
| 3.031 | .234 |
| 3.123 | .228 |
| 3.146 | .218 |
| 3.331 | .210 |
| 3.369 | .203 |
| 3.392 | .198 |
| 3.492 | .190 |
| 3.515 | .186 |
| 3.577 | .181 |

## 표 9. (계속)

| $x$ | $P_0\{H \geq x\}$ |
|---|---|
| | $n_1=2,\ n_2=5,\ n_3=5$ |
| 3.646 | .169 |
| 3.738 | .165 |
| 3.769 | .163 |
| 3.862 | .150 |
| 3.885 | .146 |
| 4.015 | .136 |
| 4.069 | .132 |
| 4.131 | .130 |
| 4.138 | .127 |
| 4.231 | .124 |
| 4.254 | .114 |
| 4.438 | .106 |
| 4.477 | .103 |
| 4.508 | .100 |
| 4.623 | .097 |
| 4.685 | .092 |
| 4.754 | .084 |
| 4.808 | .081 |
| 4.846 | .073 |
| 4.877 | .068 |
| 4.992 | .066 |
| 5.054 | .060 |
| 5.177 | .057 |
| 5.238 | .054 |
| 5.246 | .051 |
| 5.338 | .047 |
| 5.546 | .045 |
| 5.585 | .041 |
| 5.608 | .040 |
| 5.615 | .039 |
| 5.708 | .037 |
| 5.731 | .036 |
| 5.792 | .032 |
| 5.915 | .030 |
| 5.985 | .028 |
| 6.077 | .027 |
| 6.231 | .026 |
| 6.346 | .025 |
| 6.354 | .021 |
| 6.446 | .020 |
| 6.469 | .019 |
| 6.654 | .017 |
| 6.692 | .016 |
| 6.815 | .015 |

$n_1=2,\ n_2=5,\ n_3=5$

| $x$ | $P_0\{H \geq x\}$ |
|---|---|
| 6.838 | .014 |
| 6.969 | .013 |
| 7.023 | .013 |
| 7.185 | .012 |
| 7.208 | .011 |
| 7.269 | .010 |
| 7.338 | .010 |
| 7.392 | .009 |
| 7.462 | .008 |
| 7.577 | .007 |
| 7.762 | .007 |
| 7.923 | .006 |
| 8.008 | .006 |
| 8.077 | .006 |
| 8.131 | .005 |
| 8.169 | .003 |
| 8.292 | .003 |
| 8.377 | .002 |
| 8.562 | .002 |
| 8.685 | .001 |
| 8.938 | .001 |
| 9.423 | .000 |

$n_1=3,\ n_2=3,\ n_3=3$

| $x$ | $P_0\{H \geq x\}$ |
|---|---|
| .000 | 1.000 |
| .089 | .993 |
| .267 | .929 |
| .356 | .879 |
| .622 | .829 |
| .800 | .721 |
| 1.067 | .664 |
| 1.156 | .629 |
| 1.422 | .543 |
| 1.689 | .511 |
| 1.867 | .439 |
| 2.222 | .382 |
| 2.400 | .361 |
| 2.489 | .339 |
| 2.756 | .296 |
| 3.200 | .254 |
| 3.289 | .232 |

$n_1=3,\ n_2=3,\ n_3=3$

| $x$ | $P_0\{H \geq x\}$ |
|---|---|
| 3.467 | .196 |
| 3.822 | .168 |
| 4.267 | .139 |
| 4.356 | .132 |
| 4.622 | .100 |
| 5.067 | .086 |
| 5.422 | .071 |
| 5.600 | .050 |
| 5.689 | .029 |
| 5.956 | .025 |
| 6.489 | .011 |
| 7.200 | .004 |

$n_1=3,\ n_2=3,\ n_3=4$

| $x$ | $P_0\{H \geq x\}$ |
|---|---|
| .018 | 1.000 |
| .046 | .984 |
| .118 | .970 |
| .164 | .941 |
| .200 | .925 |
| .336 | .895 |
| .346 | .869 |
| .409 | .842 |
| .454 | .830 |
| .482 | .817 |
| .636 | .791 |
| .700 | .764 |
| .746 | .717 |
| .891 | .690 |
| 1.064 | .656 |
| 1.073 | .633 |
| 1.136 | .611 |
| 1.182 | .602 |
| 1.209 | .582 |
| 1.427 | .541 |
| 1.473 | .523 |
| 1.573 | .513 |
| 1.618 | .497 |
| 1.654 | .481 |
| 1.791 | .447 |
| 1.800 | .433 |

$n_1=3,\ n_2=3,\ n_3=4$

| $x$ | $P_0\{H \geq x\}$ |
|---|---|
| 1.864 | .415 |
| 2.091 | .402 |
| 2.200 | .389 |
| 2.227 | .368 |
| 2.300 | .351 |
| 2.382 | .326 |
| 2.518 | .314 |
| 2.527 | .303 |
| 2.664 | .291 |
| 2.882 | .281 |
| 2.927 | .273 |
| 2.954 | .253 |
| 3.027 | .244 |
| 3.073 | .234 |
| 3.109 | .220 |
| 3.254 | .212 |
| 3.364 | .203 |
| 3.391 | .196 |
| 3.609 | .188 |
| 3.682 | .180 |
| 3.754 | .178 |
| 3.800 | .165 |
| 3.836 | .150 |
| 3.973 | .143 |
| 4.046 | .132 |
| 4.091 | .126 |
| 4.273 | .123 |
| 4.336 | .117 |
| 4.382 | .111 |
| 4.564 | .106 |
| 4.700 | .101 |
| 4.709 | .092 |
| 4.818 | .085 |
| 4.846 | .081 |
| 5.000 | .074 |
| 5.064 | .070 |
| 5.109 | .068 |
| 5.254 | .064 |
| 5.436 | .062 |
| 5.500 | .056 |
| 5.573 | .053 |
| 5.727 | .050 |
| 5.791 | .046 |
| 5.936 | .036 |

## 표 9. (계속)

| $n_1=3,\ n_2=3,\ n_3=4$ | |
|---|---|
| $x$ | $P_0\{H \geq x\}$ |
| 5.982 | .034 |
| 6.018 | .027 |
| 6.154 | .025 |
| 6.300 | .023 |
| 6.564 | .017 |
| 6.664 | .014 |
| 6.709 | .013 |
| 6.746 | .010 |
| 7.000 | .006 |
| 7.318 | .004 |
| 7.436 | .002 |
| 8.018 | .001 |

| $n_1=3,\ n_2=3,\ n_3=5$ | |
|---|---|
| $x$ | $P_0\{H \geq x\}$ |
| .000 | 1.000 |
| .048 | .994 |
| .061 | .970 |
| .133 | .958 |
| .170 | .948 |
| .194 | .926 |
| .242 | .902 |
| .315 | .890 |
| .376 | .868 |
| .412 | .847 |
| .436 | .826 |
| .533 | .804 |
| .546 | .794 |
| .594 | .783 |
| .679 | .765 |
| .776 | .725 |
| .848 | .686 |
| .970 | .668 |
| 1.042 | .641 |
| 1.079 | .624 |
| 1.103 | .609 |
| 1.200 | .594 |
| 1.212 | .587 |
| 1.261 | .571 |
| 1.442 | .539 |
| 1.503 | .526 |

| $n_1=3,\ n_2=3,\ n_3=5$ | |
|---|---|
| $x$ | $P_0\{H \geq x\}$ |
| 1.515 | .512 |
| 1.527 | .505 |
| 1.576 | .491 |
| 1.648 | .478 |
| 1.746 | .450 |
| 1.770 | .437 |
| 1.867 | .425 |
| 2.012 | .414 |
| 2.048 | .403 |
| 2.061 | .393 |
| 2.133 | .382 |
| 2.170 | .367 |
| 2.182 | .358 |
| 2.194 | .352 |
| 2.315 | .342 |
| 2.376 | .334 |
| 2.594 | .315 |
| 2.667 | .306 |
| 2.679 | .298 |
| 2.715 | .291 |
| 2.836 | .267 |
| 2.861 | .258 |
| 2.970 | .242 |
| 3.079 | .239 |
| 3.103 | .232 |
| 3.333 | .218 |
| 3.382 | .215 |
| 3.394 | .209 |
| 3.442 | .196 |
| 3.467 | .184 |
| 3.503 | .179 |
| 3.576 | .173 |
| 3.648 | .167 |
| 3.709 | .162 |
| 3.879 | .156 |
| 3.927 | .149 |
| 4.012 | .144 |
| 4.048 | .139 |
| 4.170 | .135 |
| 4.194 | .126 |
| 4.242 | .122 |
| 4.303 | .117 |
| 4.315 | .113 |
| 4.412 | .109 |

| $n_1=3,\ n_2=3,\ n_3=5$ | |
|---|---|
| $x$ | $P_0\{H \geq x\}$ |
| 4.533 | .097 |
| 4.679 | .094 |
| 4.776 | .090 |
| 4.800 | .087 |
| 4.848 | .085 |
| 4.861 | .082 |
| 4.909 | .079 |
| 5.042 | .077 |
| 5.079 | .069 |
| 5.103 | .067 |
| 5.212 | .065 |
| 5.261 | .062 |
| 5.346 | .058 |
| 5.442 | .055 |
| 5.503 | .053 |
| 5.515 | .051 |
| 5.648 | .049 |
| 5.770 | .047 |
| 5.867 | .042 |
| 6.012 | .040 |
| 6.061 | .033 |
| 6.109 | .032 |
| 6.194 | .027 |
| 6.303 | .026 |
| 6.315 | .021 |
| 6.376 | .020 |
| 6.533 | .019 |
| 6.594 | .019 |
| 6.715 | .014 |
| 6.776 | .013 |
| 6.861 | .012 |
| 6.982 | .011 |
| 7.079 | .009 |
| 7.333 | .008 |
| 7.467 | .008 |
| 7.503 | .006 |
| 7.515 | .005 |
| 7.636 | .004 |
| 7.879 | .003 |
| 8.048 | .002 |
| 8.242 | .001 |
| 8.727 | .001 |

| $n_1=3,\ n_2=4,\ n_3=4$ | |
|---|---|
| $x$ | $P_0\{H \geq x\}$ |
| .000 | 1.000 |
| .046 | .993 |
| .053 | .981 |
| .144 | .959 |
| .167 | .937 |
| .182 | .925 |
| .212 | .913 |
| .326 | .890 |
| .348 | .870 |
| .386 | .850 |
| .409 | .829 |
| .477 | .819 |
| .576 | .799 |
| .598 | .779 |
| .659 | .761 |
| .667 | .742 |
| .712 | .731 |
| .727 | .713 |
| .848 | .704 |
| .894 | .685 |
| .932 | .668 |
| .962 | .651 |
| 1.053 | .635 |
| 1.076 | .620 |
| 1.136 | .604 |
| 1.144 | .597 |
| 1.296 | .582 |
| 1.303 | .568 |
| 1.326 | .553 |
| 1.394 | .539 |
| 1.417 | .524 |
| 1.500 | .510 |
| 1.546 | .503 |
| 1.598 | .490 |
| 1.636 | .477 |
| 1.682 | .470 |
| 1.750 | .457 |
| 1.803 | .444 |
| 1.909 | .421 |
| 1.962 | .409 |
| 2.053 | .388 |
| 2.144 | .378 |
| 2.227 | .368 |
| 2.296 | .354 |

## 표 9. (계속)

| $n_1=3,\ n_2=4,\ n_3=4$ | |
|---|---|
| $x$ | $P_0\{H \geq x\}$ |
| 2.303 | .344 |
| 2.326 | .334 |
| 2.394 | .325 |
| 2.417 | .315 |
| 2.598 | .306 |
| 2.636 | .290 |
| 2.667 | .281 |
| 2.712 | .276 |
| 2.848 | .269 |
| 2.894 | .261 |
| 2.909 | .254 |
| 2.932 | .250 |
| 2.962 | .243 |
| 3.076 | .230 |
| 3.136 | .218 |
| 3.326 | .212 |
| 3.386 | .207 |
| 3.394 | .201 |
| 3.417 | .195 |
| 3.477 | .190 |
| 3.576 | .184 |
| 3.598 | .178 |
| 3.659 | .173 |
| 3.682 | .162 |
| 3.727 | .160 |
| 3.803 | .154 |
| 3.848 | .150 |
| 3.932 | .145 |
| 3.962 | .140 |
| 4.144 | .135 |
| 4.167 | .131 |
| 4.212 | .129 |
| 4.296 | .125 |
| 4.303 | .121 |
| 4.326 | .116 |
| 4.348 | .113 |
| 4.409 | .106 |
| 4.477 | .102 |
| 4.546 | .099 |
| 4.576 | .097 |
| 4.598 | .093 |
| 4.712 | .090 |
| 4.750 | .087 |
| 4.894 | .084 |

| $n_1=3,\ n_2=4,\ n_3=4$ | |
|---|---|
| $x$ | $P_0\{H \geq x\}$ |
| 5.053 | .078 |
| 5.144 | .073 |
| 5.182 | .068 |
| 5.212 | .066 |
| 5.296 | .063 |
| 5.303 | .061 |
| 5.326 | .058 |
| 5.386 | .054 |
| 5.500 | .052 |
| 5.576 | .051 |
| 5.598 | .049 |
| 5.667 | .047 |
| 5.803 | .045 |
| 5.932 | .043 |
| 5.962 | .041 |
| 6.000 | .040 |
| 6.046 | .039 |
| 6.053 | .035 |
| 6.144 | .032 |
| 6.167 | .031 |
| 6.182 | .030 |
| 6.348 | .027 |
| 6.386 | .026 |
| 6.394 | .025 |
| 6.409 | .023 |
| 6.417 | .022 |
| 6.546 | .021 |
| 6.659 | .020 |
| 6.712 | .019 |
| 6.727 | .018 |
| 6.962 | .017 |
| 7.000 | .016 |
| 7.053 | .014 |
| 7.076 | .011 |
| 7.136 | .011 |
| 7.144 | .010 |
| 7.212 | .009 |
| 7.477 | .006 |
| 7.598 | .004 |
| 7.636 | .004 |
| 7.682 | .003 |
| 7.848 | .003 |
| 8.227 | .002 |
| 8.326 | .001 |

| $n_1=3,\ n_2=4,\ n_3=4$ | |
|---|---|
| $x$ | $P_0\{H \geq x\}$ |
| 8.909 | .001 |

| $n_1=3,\ n_2=4,\ n_3=5$ | |
|---|---|
| $x$ | $P_0\{H \geq x\}$ |
| .010 | 1.000 |
| .030 | .990 |
| .060 | .981 |
| .081 | .972 |
| .092 | .963 |
| .118 | .953 |
| .138 | .944 |
| .173 | .935 |
| .180 | .926 |
| .214 | .917 |
| .241 | .908 |
| .256 | .900 |
| .265 | .891 |
| .276 | .882 |
| .323 | .874 |
| .337 | .865 |
| .368 | .857 |
| .426 | .841 |
| .430 | .833 |
| .462 | .825 |
| .491 | .817 |
| .503 | .809 |
| .542 | .784 |
| .549 | .777 |
| .626 | .769 |
| .645 | .754 |
| .692 | .746 |
| .727 | .738 |
| .737 | .716 |
| .799 | .709 |
| .830 | .696 |
| .831 | .689 |
| .856 | .667 |
| .953 | .660 |
| 1.004 | .654 |
| 1.041 | .641 |
| 1.045 | .628 |

| $n_1=3,\ n_2=4,\ n_3=5$ | |
|---|---|
| $x$ | $P_0\{H \geq x\}$ |
| 1.062 | .621 |
| 1.103 | .615 |
| 1.106 | .609 |
| 1.118 | .602 |
| 1.137 | .590 |
| 1.164 | .584 |
| 1.188 | .578 |
| 1.241 | .572 |
| 1.246 | .566 |
| 1.260 | .553 |
| 1.349 | .548 |
| 1.414 | .542 |
| 1.445 | .537 |
| 1.465 | .522 |
| 1.472 | .516 |
| 1.487 | .506 |
| 1.506 | .495 |
| 1.558 | .490 |
| 1.568 | .479 |
| 1.599 | .475 |
| 1.615 | .465 |
| 1.718 | .460 |
| 1.733 | .455 |
| 1.753 | .450 |
| 1.780 | .446 |
| 1.814 | .441 |
| 1.856 | .437 |
| 1.906 | .427 |
| 1.927 | .423 |
| 1.938 | .418 |
| 1.964 | .400 |
| 1.968 | .396 |
| 1.985 | .391 |
| 2.019 | .387 |
| 2.030 | .383 |
| 2.060 | .379 |
| 2.103 | .375 |
| 2.112 | .366 |
| 2.169 | .358 |
| 2.272 | .354 |
| 2.308 | .350 |
| 2.337 | .346 |
| 2.349 | .343 |
| 2.368 | .335 |

## 표 9. (계속)

| $n_1=3,\ n_2=4,\ n_3=5$ | | $n_1=3,\ n_2=4,\ n_3=5$ | | $n_1=3,\ n_2=4,\ n_3=5$ | | $n_1=3,\ n_2=4,\ n_3=5$ | |
|---|---|---|---|---|---|---|---|
| $x$ | $P_0\{H\geq x\}$ | $x$ | $P_0\{H\geq x\}$ | $x$ | $P_0\{H\geq x\}$ | $x$ | $P_0\{H\geq x\}$ |
| 2.388 | .332 | 3.753 | .161 | 5.137 | .068 | 6.580 | .021 |
| 2.395 | .321 | 3.773 | .159 | 5.158 | .067 | 6.635 | .020 |
| 2.472 | .318 | 3.785 | .156 | 5.180 | .065 | 6.676 | .020 |
| 2.481 | .311 | 3.810 | .152 | 5.291 | .063 | 6.703 | .019 |
| 2.491 | .307 | 3.831 | .150 | 5.308 | .062 | 6.780 | .019 |
| 2.522 | .301 | 3.865 | .148 | 5.342 | .061 | 6.785 | .018 |
| 2.573 | .294 | 3.876 | .146 | 5.349 | .061 | 6.799 | .016 |
| 2.580 | .291 | 3.958 | .144 | 5.353 | .059 | 6.830 | .016 |
| 2.641 | .288 | 4.015 | .140 | 5.414 | .058 | 6.891 | .015 |
| 2.645 | .284 | 4.030 | .137 | 5.426 | .057 | 7.004 | .015 |
| 2.676 | .281 | 4.060 | .134 | 5.549 | .054 | 7.010 | .015 |
| 2.677 | .278 | 4.122 | .132 | 5.568 | .052 | 7.096 | .014 |
| 2.737 | .271 | 4.154 | .131 | 5.619 | .051 | 7.106 | .014 |
| 2.830 | .266 | 4.180 | .125 | 5.631 | .050 | 7.188 | .013 |
| 2.887 | .263 | 4.195 | .124 | 5.656 | .049 | 7.195 | .012 |
| 2.908 | .260 | 4.235 | .121 | 5.660 | .048 | 7.256 | .012 |
| 2.949 | .251 | 4.241 | .119 | 5.677 | .047 | 7.260 | .012 |
| 2.953 | .248 | 4.276 | .117 | 5.718 | .046 | 7.272 | .012 |
| 2.964 | .240 | 4.318 | .115 | 5.722 | .045 | 7.791 | .011 |
| 3.010 | .238 | 4.327 | .112 | 5.753 | .044 | 7.318 | .011 |
| 3.035 | .235 | 4.368 | .110 | 5.780 | .043 | 7.395 | .011 |
| 3.087 | .232 | 4.419 | .109 | 5.804 | .041 | 7.445 | .010 |
| 3.092 | .222 | 4.426 | .107 | 5.814 | .040 | 7.465 | .010 |
| 3.106 | .219 | 4.487 | .106 | 5.862 | .040 | 7.477 | .009 |
| 3.137 | .216 | 4.522 | .105 | 5.876 | .039 | 7.523 | .007 |
| 3.195 | .214 | 4.523 | .103 | 5.964 | .038 | 7.568 | .007 |
| 3.256 | .209 | 4.549 | .099 | 6.026 | .038 | 7.641 | .007 |
| 3.260 | .206 | 4.564 | .097 | 6.030 | .037 | 7.708 | .006 |
| 3.312 | .204 | 4.645 | .095 | 6.060 | .037 | 7.753 | .006 |
| 3.318 | .199 | 4.676 | .093 | 6.087 | .035 | 7.810 | .006 |
| 3.353 | .197 | 4.754 | .091 | 6.164 | .035 | 7.876 | .006 |
| 3.414 | .194 | 4.789 | .089 | 6.173 | .034 | 7.887 | .006 |
| 3.445 | .192 | 4.810 | .088 | 6.231 | .033 | 7.906 | .005 |
| 3.462 | .190 | 4.830 | .083 | 6.265 | .032 | 7.927 | .005 |
| 3.496 | .188 | 4.856 | .082 | 6.272 | .030 | 8.030 | .005 |
| 3.503 | .183 | 4.881 | .081 | 6.337 | .030 | 8.060 | .004 |
| 3.506 | .181 | 4.891 | .078 | 6.368 | .029 | 8.077 | .004 |
| 3.568 | .179 | 4.939 | .075 | 6.369 | .029 | 8.118 | .004 |
| 3.580 | .177 | 4.953 | .074 | 6.395 | .026 | 8.122 | .004 |
| 3.599 | .173 | 4.983 | .073 | 6.410 | .025 | 8.215 | .003 |
| 3.626 | .169 | 5.041 | .072 | 6.491 | .025 | 8.256 | .003 |
| 3.703 | .165 | 5.045 | .071 | 6.522 | .024 | 8.430 | .002 |
| 3.722 | .163 | 5.106 | .070 | 6.542 | .023 | 8.446 | .002 |

## 표 9. (계속)

| $n_1=3,\ n_2=4,\ n_3=5$ | |
|---|---|
| $x$ | $P_0\{H\geq x\}$ |
| 8.481 | .002 |
| 8.503 | .001 |
| 8.573 | .001 |
| 8.626 | .001 |
| 8.795 | .001 |
| 9.035 | .001 |
| 9.118 | .001 |
| 9.199 | .000 |
| 9.692 | .000 |

| $n_1=3,\ n_2=5,\ n_3=5$ | |
|---|---|
| $x$ | $P_0\{H\geq x\}$ |
| .000 | 1.000 |
| .026 | .996 |
| .035 | .989 |
| .088 | .974 |
| .106 | .959 |
| .114 | .951 |
| .141 | .944 |
| .193 | .930 |
| .220 | .916 |
| .237 | .902 |
| .264 | .895 |
| .316 | .880 |
| .352 | .866 |
| .422 | .840 |
| .457 | .819 |
| .484 | .813 |
| .536 | .800 |
| .563 | .788 |
| .580 | .763 |
| .659 | .751 |
| .695 | .745 |
| .721 | .733 |
| .774 | .721 |
| .791 | .698 |
| .826 | .686 |
| .879 | .675 |
| .950 | .653 |
| 1.029 | .648 |

| $n_1=3,\ n_2=5,\ n_3=5$ | |
|---|---|
| $x$ | $P_0\{H\geq x\}$ |
| 1.037 | .643 |
| 1.055 | .632 |
| 1.064 | .611 |
| 1.116 | .602 |
| 1.134 | .592 |
| 1.143 | .583 |
| 1.248 | .573 |
| 1.266 | .563 |
| 1.292 | .554 |
| 1.371 | .550 |
| 1.407 | .541 |
| 1.450 | .514 |
| 1.459 | .506 |
| 1.512 | .497 |
| 1.565 | .480 |
| 1.688 | .472 |
| 1.723 | .460 |
| 1.741 | 453 |
| 1.750 | .445 |
| 1.802 | .438 |
| 1.829 | .431 |
| 1.855 | .420 |
| 1.934 | .413 |
| 1.978 | .393 |
| 2.066 | .386 |
| 2.136 | .380 |
| 2.145 | .377 |
| 2.163 | .370 |
| 2.198 | .364 |
| 2.250 | .351 |
| 2.321 | .339 |
| 2.374 | .327 |
| 2.409 | .321 |
| 2.479 | .315 |
| 2.488 | .310 |
| 2.514 | .305 |
| 5.593 | .229 |
| 2.620 | .294 |
| 2.637 | .289 |
| 2.716 | .276 |
| 2.752 | .271 |
| 2.778 | .267 |
| 2.848 | .262 |

| $n_1=3,\ n_2=5,\ n_3=5$ | |
|---|---|
| $x$ | $P_0\{H\geq x\}$ |
| 2.857 | .257 |
| 2.884 | .255 |
| 2.936 | .246 |
| 2.963 | .241 |
| 3.094 | .237 |
| 3.112 | .224 |
| 3.121 | .220 |
| 3.165 | .216 |
| 3.191 | .208 |
| 3.279 | .206 |
| 3.306 | .202 |
| 3.429 | .195 |
| 3.464 | .191 |
| 3.516 | .187 |
| 3.622 | .173 |
| 3.648 | .167 |
| 3.666 | .164 |
| 3.745 | .161 |
| 3.780 | .158 |
| 3.798 | .152 |
| 3.807 | .147 |
| 3.912 | .144 |
| 3.965 | .142 |
| 3.991 | .139 |
| 4.114 | .136 |
| 4.141 | .135 |
| 4.150 | .132 |
| 4.202 | .127 |
| 4.220 | .125 |
| 4.255 | .117 |
| 4.308 | .112 |
| 4.352 | .110 |
| 4.378 | .107 |
| 4.457 | .105 |
| 4.466 | .104 |
| 4.536 | .102 |
| 4.545 | .100 |
| 4.571 | .098 |
| 4.694 | .094 |
| 4.774 | .092 |
| 4.826 | .089 |
| 4.835 | .088 |
| 4.888 | .082 |

| $n_1=3,\ n_2=5,\ n_3=5$ | |
|---|---|
| $x$ | $P_0\{H\geq x\}$ |
| 4.914 | .079 |
| 4.941 | .077 |
| 4.993 | .075 |
| 5.020 | .072 |
| 5.064 | .070 |
| 5.152 | .067 |
| 5.169 | .065 |
| 5.222 | .065 |
| 5.284 | .063 |
| 5.363 | .062 |
| 5.407 | .059 |
| 5.486 | .057 |
| 5.494 | .056 |
| 5.521 | .055 |
| 5.574 | .053 |
| 5.600 | .051 |
| 5.626 | .051 |
| 5.706 | .046 |
| 5.802 | .045 |
| 5.837 | .042 |
| 5.934 | .040 |
| 5.943 | .039 |
| 6.022 | .038 |
| 6.048 | .037 |
| 6.198 | .035 |
| 6.207 | .034 |
| 6.250 | .034 |
| 6.259 | .033 |
| 6.286 | .031 |
| 6.312 | .030 |
| 6.365 | .030 |
| 6.391 | .028 |
| 6.435 | .027 |
| 6.488 | .025 |
| 6.550 | .024 |
| 6.593 | .024 |
| 6.655 | .022 |
| 6.734 | .022 |
| 6.752 | .021 |
| 6.866 | .019 |
| 6.892 | .018 |
| 6.945 | .018 |
| 6.963 | .017 |

표 9. (계속)

| $n_1=3,\ n_2=5,\ n_3=5$ | |
|---|---|
| $x$ | $P_0\{H \geq x\}$ |
| 6.998 | .015 |
| 7.050 | .015 |
| 7.121 | .014 |
| 7.209 | .014 |
| 7.226 | .012 |
| 7.288 | .012 |
| 7.306 | .012 |
| 7.314 | .011 |
| 7.437 | .011 |
| 7.543 | .010 |
| 7.578 | .010 |
| 7.622 | .009 |
| 7.736 | .009 |
| 7.763 | .008 |
| 7.780 | .008 |
| 7.859 | .007 |
| 7.894 | .007 |
| 7.912 | .007 |
| 8.026 | .006 |
| 8.079 | .006 |
| 8.106 | .006 |
| 8.237 | .005 |
| 8.264 | .005 |
| 8.316 | .005 |
| 8.334 | .005 |
| 8.545 | .004 |
| 8.571 | .004 |
| 8.580 | .004 |
| 8.650 | .003 |
| 8.659 | .003 |
| 8.791 | .002 |
| 8.809 | .002 |
| 8.950 | .002 |
| 9.002 | .002 |
| 9.055 | .001 |
| 9.284 | .001 |
| 9.336 | .001 |
| 9.398 | .001 |
| 9.521 | .000 |
| 9.635 | .000 |
| 9.916 | .000 |
| 10.057 | .000 |
| 10.550 | .000 |

| $n_1=4,\ n_2=4,\ n_3=4$ | |
|---|---|
| $x$ | $P_0\{H \geq x\}$ |
| .000 | 1.000 |
| .038 | .994 |
| .115 | .968 |
| .154 | .941 |
| .269 | .913 |
| .346 | .864 |
| .462 | .840 |
| .500 | .815 |
| .615 | .770 |
| .731 | .746 |
| .808 | .706 |
| .962 | .667 |
| 1.038 | .648 |
| 1.077 | .630 |
| 1.192 | .592 |
| 1.385 | .557 |
| 1.423 | .540 |
| 1.500 | .510 |
| 1.654 | .480 |
| 1.846 | .452 |
| 1.885 | .436 |
| 2.000 | .397 |
| 2.192 | .370 |
| 2.346 | .348 |
| 2.423 | .327 |
| 2.462 | .307 |
| 2.577 | .296 |
| 2.808 | .277 |
| 2.885 | .260 |
| 2.923 | .252 |
| 3.038 | .234 |
| 3.115 | .219 |
| 3.231 | .212 |
| 3.500 | .197 |
| 3.577 | .173 |
| 3.731 | .162 |
| 3.846 | .151 |
| 3.962 | .145 |
| 4.154 | .136 |
| 4.192 | .131 |
| 4.269 | .122 |
| 4.308 | .114 |
| 4.500 | .104 |

| $n_1=4,\ n_2=4,\ n_3=4$ | |
|---|---|
| $x$ | $P_0\{H \geq x\}$ |
| 4.654 | .097 |
| 4.769 | .094 |
| 4.885 | .086 |
| 4.962 | .080 |
| 5.115 | .074 |
| 5.346 | .063 |
| 5.538 | .057 |
| 6.654 | .055 |
| 5.692 | .049 |
| 5.808 | .044 |
| 6.000 | .040 |
| 6.038 | .037 |
| 6.269 | .033 |
| 6.500 | .030 |
| 6.577 | .026 |
| 6.615 | .024 |
| 6.731 | .021 |
| 6.962 | .019 |
| 7.038 | .018 |
| 7.269 | .016 |
| 7.385 | .015 |
| 7.423 | .013 |
| 7.538 | .011 |
| 7.654 | .008 |
| 7.731 | .007 |
| 8.000 | .005 |
| 8.115 | .003 |
| 8.346 | .002 |
| 8.654 | .001 |
| 8.769 | .001 |
| 9.269 | .001 |
| 9.846 | .000 |

| $n_1=4,\ n_2=4,\ n_3=5$ | |
|---|---|
| $x$ | $P_0\{H \geq x\}$ |
| .000 | 1.000 |
| .030 | .996 |
| .033 | .981 |
| .086 | .974 |
| .096 | .967 |

| $n_1=4,\ n_2=4,\ n_3=5$ | |
|---|---|
| $x$ | $P_0\{H \geq x\}$ |
| .119 | .952 |
| .132 | .937 |
| .201 | .930 |
| .218 | .916 |
| .228 | .903 |
| .267 | .889 |
| .297 | .875 |
| .343 | .869 |
| .376 | .862 |
| .382 | .849 |
| .399 | .836 |
| .425 | .823 |
| .475 | .811 |
| .528 | .798 |
| .544 | .792 |
| .597 | .780 |
| .610 | .768 |
| .613 | .757 |
| .640 | .745 |
| .689 | .734 |
| .742 | .723 |
| .771 | .711 |
| .804 | .706 |
| .824 | .695 |
| .860 | .690 |
| .870 | .679 |
| .903 | .668 |
| .910 | .658 |
| .940 | .647 |
| 1.019 | .637 |
| 1.058 | .627 |
| 1.068 | .617 |
| 1.124 | .607 |
| 1.167 | .598 |
| 1.187 | .589 |
| 1.190 | .584 |
| 1.203 | .574 |
| 1.256 | .565 |
| 1.272 | .556 |
| 1.299 | .548 |
| 1.371 | .539 |
| 1.404 | .534 |
| 1.414 | .526 |

## 표 9. (계속)

| $n_1=4,\ n_2=4,\ n_3=5$ | |
|---|---|
| $x$ | $P_0\{H \geq x\}$ |
| 1.454 | .518 |
| 1.503 | .509 |
| 1.530 | .501 |
| 1.533 | .493 |
| 1.586 | .485 |
| 1.596 | .477 |
| 1.615 | .469 |
| 1.668 | .465 |
| 1.701 | .458 |
| 1.718 | .450 |
| 1.744 | .443 |
| 1.810 | .436 |
| 1.876 | .429 |
| 1.899 | .422 |
| 1.929 | .414 |
| 1.942 | .408 |
| 1.958 | .401 |
| 2.047 | .388 |
| 2.110 | .375 |
| 2.140 | .371 |
| 2.143 | .365 |
| 2.176 | .362 |
| 2.196 | .356 |
| 2.275 | .344 |
| 2.387 | .338 |
| 2.390 | .332 |
| 2.403 | .327 |
| 2.440 | .316 |
| 2.443 | .310 |
| 2.453 | .305 |
| 2.558 | .299 |
| 2.575 | .293 |
| 2.601 | .288 |
| 2.667 | .283 |
| 2.670 | .279 |
| 2.733 | .271 |
| 2.756 | .267 |
| 2.799 | .262 |
| 2.881 | .257 |
| 2.904 | .253 |
| 2.918 | .249 |
| 2.967 | .245 |
| 2.987 | .240 |
| 2.997 | .236 |

| $n_1=4,\ n_2=4,\ n_3=5$ | |
|---|---|
| $x$ | $P_0\{H \geq x\}$ |
| 3.013 | .228 |
| 3.086 | .224 |
| 3.119 | .221 |
| 3.129 | .217 |
| 3.168 | .214 |
| 3.218 | .210 |
| 3.260 | .206 |
| 3.297 | .202 |
| 3.330 | .200 |
| 3.382 | .197 |
| 3.432 | .190 |
| 3.442 | .187 |
| 3.481 | .183 |
| 3.511 | .180 |
| 3.590 | .176 |
| 3.613 | .170 |
| 3.630 | .167 |
| 3.640 | .164 |
| 3.656 | .160 |
| 3.696 | .157 |
| 3.758 | .154 |
| 3.828 | .151 |
| 3.910 | .146 |
| 3.986 | .143 |
| 3.989 | .141 |
| 4.025 | .139 |
| 4.042 | .134 |
| 4.068 | .132 |
| 4.075 | .130 |
| 4.118 | .127 |
| 4.170 | .125 |
| 4.200 | .122 |
| 4.233 | .121 |
| 4.253 | .119 |
| 4.272 | .117 |
| 4.289 | .114 |
| 4.332 | .112 |
| 4.381 | .108 |
| 4.447 | .106 |
| 4.497 | .104 |
| 4.553 | .102 |
| 4.619 | .100 |
| 4.668 | .098 |
| 4.685 | .096 |

| $n_1=4,\ n_2=4,\ n_3=5$ | |
|---|---|
| $x$ | $P_0\{H \geq x\}$ |
| 4.701 | .094 |
| 4.711 | .092 |
| 4.728 | .091 |
| 4.747 | .089 |
| 4.760 | .088 |
| 4.813 | .086 |
| 4.830 | .084 |
| 4.833 | .082 |
| 4.896 | .081 |
| 4.975 | .077 |
| 5.014 | .076 |
| 5.024 | .074 |
| 5.028 | .073 |
| 5.090 | .071 |
| 5.172 | .069 |
| 5.196 | .068 |
| 5.225 | .066 |
| 5.344 | .065 |
| 5.360 | .063 |
| 5.370 | .062 |
| 5.387 | .061 |
| 5.410 | .060 |
| 5.440 | .059 |
| 5.476 | .057 |
| 5.486 | .056 |
| 5.489 | .056 |
| 5.519 | .054 |
| 5.568 | .052 |
| 5.571 | .051 |
| 5.618 | .050 |
| 5.657 | .049 |
| 5.687 | .048 |
| 5.756 | .047 |
| 5.782 | .046 |
| 5.815 | .045 |
| 5.819 | .043 |
| 5.914 | .042 |
| 6.003 | .042 |
| 6.013 | .041 |
| 6.030 | .040 |
| 6.096 | .039 |
| 6.119 | .038 |
| 6.132 | .037 |
| 6.201 | .036 |

| $n_1=4,\ n_2=4,\ n_3=5$ | |
|---|---|
| $x$ | $P_0\{H \geq x\}$ |
| 6.214 | .034 |
| 6.228 | .033 |
| 6.267 | .032 |
| 6.310 | .031 |
| 6.343 | .030 |
| 6.382 | .029 |
| 6.399 | .028 |
| 6.462 | .027 |
| 6.544 | .027 |
| 6.547 | .026 |
| 6.597 | .026 |
| 6.672 | .024 |
| 6.676 | .024 |
| 6.804 | .023 |
| 6.860 | .022 |
| 6.870 | .022 |
| 6.887 | .021 |
| 6.890 | .021 |
| 6.943 | .020 |
| 6.953 | .020 |
| 6.976 | .019 |
| 7.058 | .018 |
| 7.075 | .017 |
| 7.101 | .017 |
| 7.124 | .016 |
| 7.190 | .016 |
| 7.203 | .015 |
| 7.233 | .015 |
| 7.240 | .014 |
| 7.256 | .014 |
| 7.418 | .014 |
| 7.467 | .013 |
| 7.470 | .013 |
| 7.497 | .013 |
| 7.503 | .012 |
| 7.586 | .012 |
| 7.596 | .012 |
| 7.714 | .011 |
| 7.744 | .011 |
| 7.760 | .009 |
| 7.767 | .009 |
| 7.797 | .009 |
| 7.810 | .009 |
| 7.833 | .008 |

## 표 9. (계속)

$n_1=4,\ n_2=4,\ n_3=5$

| $x$ | $P_0\{H \geq x\}$ |
|---|---|
| 7.942 | .007 |
| 7.981 | .007 |
| 8.047 | .006 |
| 8.113 | .006 |
| 8.130 | .006 |
| 8.140 | .005 |
| 8.156 | .005 |
| 8.189 | .005 |
| 8.403 | .004 |
| 8.440 | .004 |
| 8.456 | .004 |
| 8.525 | .003 |
| 8.558 | .003 |
| 8.571 | .003 |
| 8.604 | .003 |
| 8.703 | .003 |
| 8.733 | .003 |
| 8.782 | .002 |
| 8.868 | .002 |
| 8.997 | .002 |
| 9.053 | .001 |
| 9.099 | .001 |
| 9.129 | .001 |
| 9.168 | .001 |
| 9.396 | .001 |
| 9.528 | .001 |
| 9.590 | .001 |
| 9.613 | .000 |
| 9.758 | .000 |
| 10.118 | .000 |
| 10.187 | .000 |
| 10.681 | .000 |

$n_1=4,\ n_2=5,\ n_3=5$

| $x$ | $P_0\{H \geq x\}$ |
|---|---|
| .006 | 1.000 |
| .020 | .994 |
| .043 | .988 |
| .051 | .976 |
| .086 | .970 |

$n_1=4,\ n_2=5,\ n_3=5$

| $x$ | $P_0\{H \geq x\}$ |
|---|---|
| .111 | .958 |
| .131 | .946 |
| .143 | .935 |
| .180 | .929 |
| .203 | .923 |
| .223 | .912 |
| .226 | .901 |
| .271 | .890 |
| .280 | .879 |
| .326 | .874 |
| .360 | .863 |
| .371 | .852 |
| .386 | .841 |
| .463 | .821 |
| .500 | .805 |
| .523 | .800 |
| .543 | .790 |
| .546 | .781 |
| .591 | .771 |
| .600 | .752 |
| .691 | .742 |
| .706 | .738 |
| .726 | .729 |
| .751 | .720 |
| .771 | .711 |
| .783 | .693 |
| .843 | .684 |
| .863 | .675 |
| .866 | .667 |
| .966 | .658 |
| .980 | .654 |
| 1.000 | .650 |
| 1.003 | .642 |
| 1.011 | .626 |
| 1.046 | .617 |
| 1.071 | .610 |
| 1.140 | .594 |
| 1.183 | .587 |
| 1.186 | .579 |
| 1.286 | .572 |
| 1.300 | .553 |
| 1.323 | .547 |
| 1.331 | .540 |
| 1.346 | .532 |

$n_1=4,\ n_2=5,\ n_3=5$

| $x$ | $P_0\{H \geq x\}$ |
|---|---|
| 1.366 | .525 |
| 1.411 | .518 |
| 1.423 | .512 |
| 1.483 | .505 |
| 1.551 | .498 |
| 1.560 | .492 |
| 1.606 | .485 |
| 1.620 | .479 |
| 1.643 | .470 |
| 1.651 | .458 |
| 1.686 | .455 |
| 1.711 | .449 |
| 1.731 | .443 |
| 1.743 | .437 |
| 1.803 | .431 |
| 1.826 | .425 |
| 1.871 | .420 |
| 1.963 | .414 |
| 1.971 | .409 |
| 1.986 | .398 |
| 2.006 | .393 |
| 2.031 | .382 |
| 2.051 | .377 |
| 2.063 | .372 |
| 2.100 | .369 |
| 2.143 | .364 |
| 2.191 | .354 |
| 2.246 | .349 |
| 2.280 | .344 |
| 2.306 | .339 |
| 2.351 | .335 |
| 2.371 | .330 |
| 2.383 | .326 |
| 2.420 | .322 |
| 2.443 | .319 |
| 2.463 | .307 |
| 2.466 | .302 |
| 2.511 | .298 |
| 2.520 | .294 |
| 2.566 | .292 |
| 2.600 | .288 |
| 2.626 | .284 |
| 2.691 | .280 |
| 2.740 | .276 |

$n_1=4,\ n_2=5,\ n_3=5$

| $x$ | $P_0\{H \geq x\}$ |
|---|---|
| 2.783 | .272 |
| 2.786 | .268 |
| 2.831 | .257 |
| 2.840 | .254 |
| 2.886 | .250 |
| 2.931 | .246 |
| 2.946 | .239 |
| 2.966 | .236 |
| 2.991 | .232 |
| 3.023 | .229 |
| 3.083 | .224 |
| 3.103 | .221 |
| 3.160 | .218 |
| 3.240 | .215 |
| 3.243 | .211 |
| 3.266 | .209 |
| 3.286 | .203 |
| 3.311 | .200 |
| 3.343 | .197 |
| 3.380 | .188 |
| 3.403 | .187 |
| 3.471 | .184 |
| 3.540 | .176 |
| 3.571 | .174 |
| 3.586 | .170 |
| 3.651 | .167 |
| 3.743 | .162 |
| 3.746 | .160 |
| 3.791 | .155 |
| 3.800 | .153 |
| 3.846 | .151 |
| 3.883 | .148 |
| 3.891 | .144 |
| 3.906 | .142 |
| 3.926 | .140 |
| 3.951 | .137 |
| 3.971 | .135 |
| 4.043 | .133 |
| 4.063 | .131 |
| 4.166 | .127 |
| 4.200 | .124 |
| 4.203 | .122 |
| 4.246 | .120 |
| 4.271 | .118 |

## 표 9. (계속)

| $n_1=4,\ n_2=5,\ n_3=5$ | |
|---|---|
| $x$ | $P_0\{H \ge x\}$ |
| 4.291 | .115 |
| 4.303 | .113 |
| 4.363 | .111 |
| 4.383 | .110 |
| 4.386 | .108 |
| 4.486 | .106 |
| 4.500 | .105 |
| 4.520 | .101 |
| 4.523 | .099 |
| 4.531 | .098 |
| 4.591 | .096 |
| 4.611 | .095 |
| 4.660 | .093 |
| 4.706 | .092 |
| 4.806 | .089 |
| 4.843 | .088 |
| 4.851 | .086 |
| 4.866 | .084 |
| 4.886 | .083 |
| 4.911 | .079 |
| 4.943 | .078 |
| 4.980 | .076 |
| 5.023 | .075 |
| 5.071 | .074 |
| 5.126 | .073 |
| 5.163 | .070 |
| 5.171 | .069 |
| 5.186 | .068 |
| 5.206 | .067 |
| 5.231 | .066 |
| 5.263 | .064 |
| 5.323 | .063 |
| 5.400 | .061 |
| 5.446 | .059 |
| 5.460 | .058 |
| 5.483 | .057 |
| 5.491 | .056 |
| 5.526 | .056 |
| 5.571 | .055 |
| 5.583 | .052 |
| 5.620 | .051 |
| 5.643 | .050 |
| 5.666 | .049 |

| $n_1=4,\ n_2=5,\ n_3=5$ | |
|---|---|
| $x$ | $P_0\{H \ge x\}$ |
| 5.711 | .048 |
| 5.780 | .048 |
| 5.803 | .047 |
| 5.811 | .046 |
| 5.871 | .045 |
| 5.903 | .043 |
| 5.963 | .042 |
| 5.983 | .042 |
| 5.986 | .041 |
| 6.031 | .040 |
| 6.086 | .040 |
| 6.100 | .038 |
| 6.123 | .037 |
| 6.146 | .037 |
| 6.166 | .035 |
| 6.211 | .035 |
| 6.223 | .034 |
| 6.283 | .034 |
| 6.303 | .033 |
| 6.351 | .032 |
| 6.406 | .031 |
| 6.440 | .030 |
| 6.451 | .029 |
| 6.486 | .029 |
| 6.531 | .028 |
| 6.543 | .028 |
| 6.603 | .027 |
| 6.623 | .026 |
| 6.626 | .026 |
| 6.671 | .025 |
| 6.760 | .025 |
| 6.763 | .024 |
| 6.771 | .024 |
| 6.786 | .023 |
| 6.806 | .022 |
| 6.831 | .022 |
| 6.900 | .021 |
| 6.943 | .020 |
| 7.000 | .019 |
| 7.046 | .019 |
| 7.080 | .018 |
| 7.106 | .018 |
| 7.171 | .018 |

| $n_1=4,\ n_2=5,\ n_3=5$ | |
|---|---|
| $x$ | $P_0\{H \ge x\}$ |
| 7.183 | .017 |
| 7.220 | .017 |
| 7.243 | .017 |
| 7.266 | .016 |
| 7.311 | .015 |
| 7.320 | .015 |
| 7.426 | .015 |
| 7.446 | .014 |
| 7.471 | .014 |
| 7.491 | .014 |
| 7.503 | .013 |
| 7.563 | .013 |
| 7.586 | .012 |
| 7.631 | .012 |
| 7.640 | .011 |
| 7.686 | .011 |
| 7.720 | .011 |
| 7.766 | .010 |
| 7.791 | .010 |
| 7.823 | .010 |
| 7.860 | .010 |
| 7.903 | .009 |
| 7.906 | .009 |
| 8.006 | .009 |
| 8.043 | .009 |
| 8.051 | .008 |
| 8.066 | .008 |
| 8.086 | .008 |
| 8.131 | .008 |
| 8.143 | .007 |
| 8.223 | .007 |
| 8.226 | .007 |
| 8.271 | .006 |
| 8.280 | .006 |
| 8.340 | .006 |
| 8.363 | .006 |
| 8.371 | .005 |
| 8.386 | .005 |
| 8.431 | .005 |
| 8.463 | .005 |
| 8.523 | .005 |
| 8.543 | .005 |
| 8.546 | .004 |

| $n_1=4,\ n_2=5,\ n_3=5$ | |
|---|---|
| $x$ | $P_0\{H \ge x\}$ |
| 8.683 | .004 |
| 8.691 | .004 |
| 8.726 | .004 |
| 8.751 | .004 |
| 8.771 | .004 |
| 8.969 | .003 |
| 8.980 | .003 |
| 9.000 | .003 |
| 9.011 | .003 |
| 9.026 | .003 |
| 9.071 | .002 |
| 9.103 | .002 |
| 9.163 | .002 |
| 9.231 | .002 |
| 9.286 | .002 |
| 9.323 | .001 |
| 9.411 | .001 |
| 9.503 | .001 |
| 9.506 | .001 |
| 9.606 | .001 |
| 9.643 | .001 |
| 9.651 | .001 |
| 9.686 | .001 |
| 9.926 | .001 |
| 9.986 | .000 |
| 10.051 | .000 |
| 10.063 | .000 |
| 10.100 | .000 |
| 10.260 | .000 |
| 10.511 | .000 |
| 10.520 | .000 |
| 10.566 | .000 |
| 10.646 | .000 |
| 11.023 | .000 |
| 11.083 | .000 |
| 11.571 | .000 |

| $n_1=5,\ n_2=5,\ n_3=5$ | |
|---|---|
| $x$ | $P_0\{H \ge x\}$ |
| .000 | 1.000 |
| .020 | .998 |

## 표 9. (계속)

| $n_1=5,\ n_2=5,\ n_3=5$ | | $n_1=5,\ n_2=5,\ n_3=5$ | | $n_1=5,\ n_2=5,\ n_3=5$ | | $n_1=5,\ n_2=5,\ n_3=5$ | |
|---|---|---|---|---|---|---|---|
| $x$ | $P_0\{H \geq x\}$ | $x$ | $P_0\{H \geq x\}$ | $x$ | $P_0\{H \geq x\}$ | $x$ | $P_0\{H \geq x\}$ |
| .060 | .983 | 2.340 | .330 | 5.120 | .072 | 8.000 | .009 |
| .080 | .968 | 2.420 | .319 | 5.180 | .070 | 8.060 | .009 |
| .140 | .954 | 2.480 | .314 | 5.360 | .065 | 8.180 | .008 |
| .180 | .925 | 2.540 | .304 | 5.420 | .063 | 8.240 | .008 |
| .240 | .911 | 2.580 | .294 | 5.460 | .060 | 8.340 | .007 |
| .260 | .898 | 2.660 | .284 | 5.540 | .055 | 8.420 | .007 |
| .320 | .871 | 2.780 | .265 | 5.580 | .053 | 8.540 | .006 |
| .380 | .858 | 2.880 | .256 | 5.660 | .051 | 8.640 | .006 |
| .420 | .832 | 2.940 | .252 | 5.780 | .049 | 8.660 | .006 |
| .500 | .807 | 2.960 | .239 | 5.820 | .048 | 8.720 | .005 |
| .540 | .794 | 3.020 | .231 | 5.840 | .046 | 8.780 | .005 |
| .560 | .783 | 3.120 | .223 | 6.000 | .044 | 8.820 | .005 |
| .620 | .759 | 3.140 | .216 | 6.020 | .043 | 8.880 | .004 |
| .720 | .736 | 3.260 | .208 | 6.080 | .040 | 8.960 | .004 |
| .740 | .725 | 3.380 | .201 | 6.140 | .038 | 9.060 | .004 |
| .780 | .703 | 3.420 | .190 | 6.180 | .036 | 9.140 | .003 |
| .860 | .681 | 3.440 | .184 | 6.260 | .035 | 9.260 | .003 |
| .960 | .660 | 3.500 | .177 | 6.320 | .033 | 9.360 | .003 |
| .980 | .650 | 3.620 | .171 | 6.480 | .032 | 9.380 | .003 |
| 1.040 | .620 | 3.660 | .165 | 6.500 | .031 | 9.420 | .002 |
| 1.140 | .601 | 3.780 | .159 | 6.540 | .030 | 9.500 | .002 |
| 1.220 | .582 | 3.840 | .153 | 6.620 | .028 | 9.620 | .002 |
| 1.260 | .564 | 3.760 | .150 | 6.660 | .027 | 9.680 | .001 |
| 1.280 | .547 | 3.920 | .145 | 6.720 | .026 | 9.740 | .001 |
| 1.340 | .538 | 3.980 | .137 | 6.740 | .025 | 9.780 | .001 |
| 1.460 | .521 | 4.020 | .132 | 6.860 | .024 | 9.920 | .001 |
| 1.500 | .505 | 4.160 | .127 | 6.980 | .021 | 9.980 | .001 |
| 1.520 | .497 | 4.220 | .123 | 7.020 | .020 | 10.140 | .001 |
| 1.580 | .481 | 4.340 | .118 | 7.220 | .019 | 10.220 | .001 |
| 1.620 | .466 | 4.380 | .110 | 7.260 | .018 | 10.260 | .000 |
| 1.680 | .459 | 4.460 | .105 | 7.280 | .018 | 10.500 | .000 |
| 1.820 | .444 | 4.500 | .102 | 7.340 | .016 | 10.580 | .000 |
| 1.860 | .416 | 4.560 | .100 | 7.440 | .015 | 10.640 | .000 |
| 1.940 | .403 | 4.580 | .096 | 7.760 | .015 | 10.820 | .000 |
| 2.000 | .390 | 4.740 | .092 | 7.580 | .014 | 11.060 | .000 |
| 2.060 | .383 | 4.820 | .089 | 7.620 | .013 | 11.180 | .000 |
| 2.160 | .371 | 4.860 | .085 | 7.740 | .012 | 11.520 | .000 |
| 2.180 | .365 | 4.880 | .084 | 7.760 | .012 | 11.580 | .000 |
| 2.220 | .353 | 4.940 | .081 | 7.940 | .011 | 12.020 | .000 |
| 2.240 | .342 | 5.040 | .075 | 7.980 | .011 | 12.500 | .000 |

# 참고문헌


1. 강현철·한상태·허명회 (2004). 『예제로 배우는 SAS 분산분석 입문』. 자유아카데미.
2. 강현철·한상태·김기영·전명식 (2005). 『예제로 배우는 SAS 다변량 자료분석 입문』. 자유아카데미.
3. 김기영·강현철·전명식·이성건 (2015). 『예제를 통한 회귀분석』. 자유아카데미.
4. 박동권 (1995). 『실험계획법』. 자유아카데미.
5. 박성현 (2007). 『회귀분석』, 민영사.
6. 박유성·김기환 (2002). 『SAS/ETS를 이용한 시계열 자료분석 I』. 자유아카데미.
7. 박태성·이승연 (2009). 『범주형 자료분석 개론』. 자유아카데미.
8. 박홍선 (2005). 『SAS를 이용한 실험계획과 분산분석』. 자유아카데미.
9. 성내경 (2012). 『실험설계와 분석』. 자유아카데미.
10. 송문섭·박창순·김홍기 (2015). 『비모수 통계학: R과 함께』. 자유아카데미.
11. 이재원·박미라·유한나 (2011). 『생명과학연구를 위한 통계적 방법』. 자유아카데미.
12. 이재창·송일성 (1995). 『SAS 비모수 통계분석』. 자유아카데미.
13. 허명회·서혜선 (2001). 『SAS 회귀분석』. 자유아카데미.
14. Chow, S and Liu, J (2013). *Design and Analysis of Clinical Trials: Concepts and Methodologies, 3rd Edition*. Wiley.
15. Dawson-Saunders, B. and Trapp, R. G. (2004). *Basic & Clinical Biostatistics, 4th Edition*, McGraw-Hill.
16. Hanley, T. A. and McNeil, B. J. (1983). A method comparing the areas under receiver operator characteristic curves derived from the same cases. *Radiology*, 148, 839-843.
17. Meinert, C. L. and Tonascia, S. (2012). *Clinical Trials, 2nd Edition*. New York; Oxford Univ. Press.
18. Montgomery, D. C. (2012). *Design and analysis of experiments, 8th Edition*, Wiley.
19. Sutton, A., Abrams, K. R., Jones, D. R., Sheldon, T. A. and Song, F. (2000). *Methods for meta analysis in medical research*, Wiley.

# 찾아보기

■ ㅊ



■ ㅋ



■ ㅌ



■ ㅍ

**| 저자 소개 |**

**박미라**
고려대학교 통계학과 졸업
고려대학교 대학원 통계학과(석사)
고려대학교 대학원 통계학과(박사)
현) 을지대학교 의과대학 예방의학교실 교수
e-mail : mira@eulji.ac.kr

**이재원**
서울대학교 계산통계학과 졸업
서울대학교 대학원 통계학과(석사)
위스컨신대학교 통계학과(박사)
미네소타대학교 통계학과 조교수
남가주대학교(USC) 예방의학과 조교수
미국 아동암그룹(CCG) 생물통계학자
현) 고려대학교 통계학과 교수
e-mail : jael@korea.ac.kr

**조숙정**
덕성여자대학교 통계학과 졸업
고려대학교 대학원 통계학과(석사)
고려대학교 대학원 통계학과(박사)
한국싸스소프트웨어(주) 컨설턴트
(주)종근당 임상통계팀장
현) ICON Clinical Research, Biostatistic, 이사
e-mail : jewerse@daum.net

SPSS를 이용한
**의학데이터의 통계분석 –제2판–**

| 저　　자 박미라 · 이재원 · 조숙정
| 발 행 인 김지영
| 발 행 처 자유아카데미
| 주　　소 경기도 파주시 회동길 37-42 파주출판도시
| 전　　화 031-955-1321
| 팩　　스 031-955-1322
| 홈페이지 www.freeaca.com
| 전자우편 main@freeaca.com(대표)
editor@freeaca.com(편집)
crm@freeaca.com(영업)
| 등　　록 제406-2003-017호, 1980. 7. 12
| 제2판1쇄 2016년 11월 1일 발행
| 제2판4쇄 2022년 7월 25일 발행
| 정　　가 27,000원

저자와의
협의하에
인지생략


ISBN 979-11-5808-109-6 93310